Markus Krajewski
# Wirtschaftsvölkerrecht

Markus Krajewski

# Wirtschaftsvölkerrecht

C. F. Müller Verlag
Heidelberg

*Markus Krajewski*, Jahrgang 1969, Studium der Rechts-, Politik- und Wirtschaftswissenschaft in Hamburg und Tallahassee (USA), M. S. in International Affairs in Tallahassee (1995), Promotion und Assessorexamen in Hamburg (2001), von 2001 bis 2003 DAAD-Lektor an der School of Law, Kings College London, seit 2003 Juniorprofessor für Öffentliches und Europäisches Wirtschaftsrecht und Wirtschaftsvölkerrecht an der Universität Potsdam.

Ausgewählte Veröffentlichungen: Verfassungsperspektiven und Legitimation des Rechts der Welthandelsorganisation (2001), National Regulation and Trade Liberalization in Services (2003).

Bibliografische Information der Deutschen Nationalbibliothek
Die Deutsche Nationalbibliothek verzeichnet diese Publikation in der Deutschen Nationalbibliografie; detaillierte bibliografische Daten sind im Internet über ‹http://dnb.d-nb.de› abrufbar.

ISBN 13: 978-3-8114-3171-3
ISBN 10: 3-8114-3171-4

© 2006 C. F. Müller, Verlagsgruppe Hüthig Jehle Rehm GmbH,
Heidelberg, München, Landsberg, Berlin

Jede Verwertung außerhalb der engen Grenzen des Urheberrechtsgesetzes ist ohne Zustimmung des Verlages unzulässig und strafbar. Das gilt insbesondere für Vervielfältigungen, Übersetzungen, Mikroverfilmungen und die Einspeicherung und Bearbeitung in elektronischen Systemen.

www.cfmueller-verlag.de

Satz: Gottemeyer, Rot
Druck: Gulde-Druck, Tübingen
Printed in Germany

# Vorwort

Die WTO erklärt das europäische Verbot von hormonbehandeltem Rindfleisch für rechtswidrig, ein internationales Schiedsgericht urteilt über den zulässigen Umfang einer kommunalen Genehmigung nach mexikanischem Recht und der IWF meint, das Arbeitslosengeld II in Deutschland müsse noch stärker gekürzt werden, wenn ein Arbeitsloser zumutbare Arbeit ablehne: Allein diese drei Begebenheiten machen deutlich, wie groß der Einfluss des Wirtschaftsvölkerrechts auf das nationale Recht inzwischen ist und wie stark internationales und nationales Recht miteinander verflochten sind. Dadurch rücken auch scheinbar „ferne" Rechtsgebiete in das Interesse des juristischen Studiums.

Dies ist aber nur ein Grund, warum das Wirtschaftsvölkerrecht zunehmend Gegenstand der juristischen Ausbildung wird. Die praktische Bedeutung des Wirtschaftsvölkerrechts für den internationalen Waren-, Dienstleistungs- und Kapitalverkehr ist kaum zu unterschätzen. Für ein weltweites Handelsvolumen von ca. 11 Bio. US$, Auslandsinvestitionen im Wert von knapp 600 Mrd. US$ und internationale Finanztransaktionen im Umfang von 500 Bio. US$ (Zahlen für 2004) stellt das Wirtschaftsvölkerrecht den völkerrechtlichen Rahmen dar. Wirtschaftsvölkerrecht ist somit das Völkerrecht der wirtschaftlichen Globalisierung. Nicht zuletzt deshalb entfaltet es auch eine besondere (rechts-)politische Relevanz.

Ziel dieses Lehrbuchs ist eine überblicksartige Einführung in das Wirtschaftsvölkerrecht. Die Darstellung legt einen Schwerpunkt auf die Erläuterung von allgemeinen Prinzipien und Strukturen und verzichtet daher auf eine vertiefte Erörterung zahlreicher Detailprobleme. Da das Wirtschaftsvölkerrecht nicht zum juristischen Pflichtfachkanon gehört, sondern regelmäßig Teil der Wahlfachstudiums ist, gibt es keinen sog. „examensrelevanten Stoff" dieses Rechtsgebiet. Die Auswahl der in diesem Lehrbuch behandelten Aspekte berücksichtigt einerseits, was nach meinem Dafürhalten vernünftigerweise von Studierenden in einer Wahlfachprüfung erwartet werden kann und andererseits, welche Themen des Wirtschaftsvölkerrechts von allgemeinem rechtswissenschaftlichen und rechtspolitischen Interesse sein könnten.

Das Buch verzichtet bewusst auf die vollständige Aufbereitung aller behandelten Aspekte und auf einen ausführlichen Fußnotenapparat. Anhand der weiterführenden Literaturhinweise können die Leserinnen und Leser die behandelten Materien vertiefen und sich weitere Quellen, insbesondere auch das ausländische Schrifttum, erschließen. Einzelne Problembereiche werden allerdings exemplarisch ausführlicher erörtert, insbesondere um zentrale Prinzipien und Grundsätze deutlich zu machen.

Idee und Konzeption für das vorliegende Lehrbuch beruhen auf Studienmaterialen, die ich für Lehrveranstaltungen an der Universität Potsdam und am King's College London erstellt habe. Entsprechend ist auch das Buch mit dem Ziel geschrieben worden, von

Studierenden als Lern- und Arbeitsbuch genutzt zu werden. Einführungsfälle, Prüfungsschemata, Merk- und Definitionssätze sowie Wiederholungsfragen am Schluss jedes Abschnitts dienen diesem Ziel.

Das Buch richtet sich in erster Linie an Studentinnen und Studenten der Rechtswissenschaft, die ein internationalrechtliches Wahlfach studieren. Darüber hinaus wendet es sich an Studierende der Wirtschafts- und Sozialwissenschaften und anderer Fächer, die sich ohne den Hintergrund eines rechtswissenschaftlichen Studiums mit wirtschaftsvölkerrechtlichen Fragen befassen wollen. Schließlich hoffe ich, dass sich das Buch auch einem weiteren Leserkreis erschließt, der aus beruflichen Gründen an einem Überblick über das Wirtschaftsvölkerrecht interessiert ist.

Beim Verfassen dieses Lehrbuchs habe ich von verschiedenen Seiten Hilfe erfahren. Für unterstützende Arbeiten und die Mühen des Korrekturlesens danke ich meinen wissenschaftlichen Hilfskräften *Maika Engelke* und *Jan Schubert* sowie meinen studentischen Hilfskräften *Julia Scherwath* und *Franziska Gless*. Zu danken habe ich auch den Potsdamer Studierenden, die sich für Teile des Buchs als „Probeleser" betätigten und manchen Druckfehler aufspürten. Schließlich gilt mein Dank Herrn *Jan Ceyssens, LL. M.* und Herrn *Markus Perkams* für wertvolle Hinweise zum Kapitel über das Investitionsschutzrecht. Es versteht sich von selbst, dass ausschließlich ich für alle Unzulänglichkeiten des Buchs verantwortlich bin. Über Hinweise auf Fehler, Verbesserungsvorschläge und sonstige Kommentare aus dem Kreis der Leserinnen und Leser würde ich mich sehr freuen (Adresse: Universität Potsdam, August-Bebel-Str. 89, 14482 Potsdam, oder mkrajews@uni-potsdam.de).

Literatur und Entscheidungspraxis konnte bis Juni 2006 berücksichtigt werden; die angegeben Internetquellen wurden am 30. Juni 2006 zum letzten Mal besucht.

Potsdam, im Juli 2006  *Markus Krajewski*

# Inhaltsverzeichnis

*Vorwort* .................................................................... V
*Hinweise zum Auffinden der Rechtsquellen des Wirtschaftsvölkerrechts* ........ XIII
*Abkürzungsverzeichnis* ...................................................... XV

## § 1 Grundlagen ............................................................. 1
### I. Wirtschaftsvölkerrecht als Teil des internationalen Wirtschaftsrechts .... 1
1. Elemente des internationalen Wirtschaftsrechts ..................... 2
   a) Nationales Wirtschaftsrecht .................................... 2
   b) Völkerrecht der internationalen Wirtschaftsbeziehungen .......... 4
   c) Europäisches Wirtschaftsrecht .................................. 5
   d) Internationale Standards und die sog. „Lex mercatoria" .......... 7
2. Abgrenzung des Wirtschaftsvölkerrechts von anderen Elementen des internationalen Wirtschaftsrechts ............................... 8
3. Gegenstand dieses Lehrbuchs ....................................... 10
### II. Völkerrechtliche Grundlagen des Wirtschaftsvölkerrechts ............... 12
1. Völkerrechtssubjekte .............................................. 13
   a) Staaten ........................................................ 14
   b) Internationale Organisationen .................................. 16
   c) Individuen ..................................................... 17
   d) Transnationale Unternehmen ..................................... 18
   e) Nichtregierungsorganisationen .................................. 19
2. Rechtsquellen des Völkerrechts .................................... 20
   a) Völkerrechtliche Verträge ...................................... 21
   b) Völkergewohnheitsrecht ......................................... 24
   c) Sonstige Völkerrechtsquellen ................................... 25
3. Grundprinzipien des Völkerrechts .................................. 26
   a) Souveräne Gleichheit ........................................... 26
   b) Friedliche Streitbeilegung ..................................... 27
   c) Völkerrechtliche Verantwortlichkeit ............................ 28
   d) Diplomatischer Schutz .......................................... 29
4. Innerstaatliche Geltung und Wirkung des Völkerrechts ............... 31
### III. Theorie der internationalen Wirtschaftsbeziehungen .................... 34
1. Außenwirtschaftstheorie ........................................... 34
2. Internationale Politische Ökonomie ................................ 36

## § 2 Welthandelsrecht ... 39

### I. Umfang und Struktur des Welthandels ... 39
### II. Theorie des Außenhandels und der Handelspolitik ... 41
1. Klassische Theorie der komparativen Kostenvorteile ... 41
2. Erweiterungen und Modifikationen der klassischen Theorie ... 43
3. Theorie und politische Ökonomie der Handelspolitik ... 46

### III. Entwicklung des Welthandelssystems ... 48
1. Zur Bedeutung der geschichtlichen Entwicklung für das Verständnis des Welthandelsrechts ... 48
2. Internationale Handelsbeziehungen bis zum Ende des Zweiten Weltkriegs ... 49
3. GATT 1947 ... 51
   a) Gründung des GATT 1947 ... 51
   b) Struktur und Funktion des GATT 1947 ... 52
   c) GATT-Verhandlungsrunden ... 53
4. Die Uruguay-Runde (1986–1994) ... 54
5. Entwicklung der WTO seit 1995 ... 55
   a) Die WTO bis zur Ministerkonferenz von Seattle 1999 ... 56
   b) Die Doha Development Agenda ... 57

### IV. Allgemeines WTO-Recht ... 59
1. Das WTO-Übereinkommen im Überblick ... 59
2. Institutionelles Recht ... 62
   a) Rechtsstellung und Mitglieder der WTO ... 62
   b) Organe der WTO ... 64
   c) Entscheidungsfindung und Beschlussfassung ... 66
3. WTO-Streitbeilegung ... 68
   a) Rechtsgrundlage und allgemeine Prinzipien der Streitschlichtung ... 68
   b) Organe der Streitbeilegung und Beteiligte am Verfahren ... 70
   c) Verfahrensablauf ... 72
   d) Auslegungsregel, anwendbares Recht und Normkonflikte ... 80
4. Innerstaatliche und innergemeinschaftliche Wirkung des WTO-Rechts ... 83

### V. Warenhandel ... 87
1. Grundprinzipien des GATT ... 88
   a) Meistbegünstigungsgrundsatz (Art. I GATT) ... 89
   b) Inländerbehandlung (Art. III GATT) ... 94
   c) Prinzip der Zollbindung (Art. II GATT) ... 102
   d) Beseitigung mengenmäßiger Beschränkungen (Art. XI GATT) ... 103
   e) Allgemeine Ausnahmen (Art. XX GATT) ... 104
   f) Handel und Umwelt ... 110
2. Übereinkommen über die Anwendung gesundheitspolizeilicher und pflanzenschutzrechtlicher Maßnahmen (SPS) ... 115
   a) Allgemeines ... 115

  b) Anwendungsbereich ............................................. 116
  c) Allgemeine Prinzipien und Pflichten ............................ 117
 3. Übereinkommen über technische Handelshemmnisse (TBT) .......... 122
  a) Anwendungsbereich ............................................. 122
  b) Pflichten für technische Vorschriften ............................ 124
 4. Handelspolitische Schutzinstrumente ................................ 126
  a) Allgemeines .................................................. 126
  b) Antidumpingübereinkommen .................................... 127
  c) Übereinkommen über Subventionen und Ausgleichsmaßnahmen ... 129
  d) Übereinkommen über Schutzmaßnahmen ........................ 132

**VI. Dienstleistungshandel** ................................................ 134
 1. Hintergrund des Dienstleistungshandels .............................. 134
 2. Allgemeines Übereinkommen über den Handel mit Dienstleistungen
  (GATS) ............................................................. 136
  a) Anwendungsbereich des GATS ................................... 136
  b) Meistbegünstigungsgrundsatz (Art. II GATS) ...................... 139
  c) Marktzugang (Art. XVI GATS) und Inländerbehandlung
   (Art. XVII GAT) ................................................. 142
  d) Disziplinen für innerstaatliche Regulierung (Art. VI GATS) .......... 148
  e) Allgemeine Ausnahmen (Art. XIV GATS) .......................... 149
  f) Sektorale Sonderregime für Telekommunikation und Finanzdienstleistungen ................................................. 151
  g) GATS und öffentliche Dienstleistungen ........................... 151

**VII. Handelsbezogene Aspekte des geistigen Eigentums** .................... 154
 1. Hintergrund des Handelsbezugs geistiger Eigentumsrechte ............. 154
  a) Begriff und Schutz des „geistigen Eigentums" im internationalen
   Recht ........................................................... 154
  b) Geistiges Eigentum und internationaler Handel ................... 155
 2. Übereinkommen über handelsbezogene Aspekte der Rechte
  des geistigen Eigentums (TRIPS) ..................................... 156
  a) Ziele und Grundprinzipien des TRIPS ............................. 157
  b) Materielle Schutzstandards ..................................... 158
  c) Durchsetzung .................................................. 161
  d) TRIPS und Zugang zu HIV/AIDS-Medikamenten .................... 162

## § 3 Internationales Investitionsrecht ..................................... 167

**I. Wirtschaftlicher Hintergrund** ........................................... 167
 1. Umfang und Verteilung von Auslandsinvestitionen ..................... 167
 2. Formen von Auslandsinvestitionen und ihre wirtschaftliche Bewertung .. 169

**II. Rechtsgrundlagen** ..................................................... 170
 1. Einleitung ......................................................... 171
 2. Gewohnheitsrecht .................................................. 172

3. Völkervertragsrecht .............................. 174
   a) Bilaterale Investitionsabkommen .............................. 174
   b) Regionale Abkommen .............................. 176
   c) Multilaterale Abkommen .............................. 178
4. Investor-Staat-Verträge .............................. 182
5. Richtlinien und Kodizes über Investorpflichten .............................. 184

III. Materielle Elemente des Investitionsschutzes .............................. 186
1. Schutzumfang .............................. 187
   a) Sachlicher Anwendungsbereich: Investition/Kapitalanlage .............................. 187
   b) Persönlicher Anwendungsbereich: Investor .............................. 189
2. Enteignungen .............................. 191
   a) Begriff .............................. 191
   b) Voraussetzungen und Rechtsfolgen einer Enteignung .............................. 195
   c) Anerkennung ausländischer Enteignungen im innerstaatlichen Recht . 198
3. Weitere Schutzstandards .............................. 199
   a) Inländerbehandlung .............................. 199
   b) Meistbegünstigungsgrundsatz .............................. 201
   c) Gerechte und billige Behandlung .............................. 202
   d) Transferfreiheit und Abschirmklauseln .............................. 203
4. Marktliberalisierung als neues Element des Investitionsrechts .............................. 205

IV. Streitbeilegung .............................. 206
1. Zwischenstaatliche Verfahren .............................. 207
2. Investor-Staat-Verfahren .............................. 208
   a) Bedeutung und Verfahrensarten .............................. 208
   b) Zuständigkeit eines ICSID-Schiedsgerichts .............................. 209
   c) Zusammensetzung eines ICSID-Schiedsgerichts und anwendbares Recht .............................. 212
   d) Inhalt, Rechtsfolgen und Überprüfbarkeit von ICSID-Entscheidungen .............................. 213

# § 4 Internationales Währungs- und Finanzrecht .............................. 217

I. Wirtschaftstheoretische Grundlagen .............................. 217
1. Formen des internationalen Finanzverkehrs .............................. 218
2. Struktur und Bedeutung der Zahlungsbilanz .............................. 219
3. Aspekte des Währungssystems .............................. 221
   a) Währungskonvertibilität .............................. 222
   b) Wechselkurssystem .............................. 223

II. Entwicklung der internationalen Währungsordnung .............................. 225
1. Internationale Währungsordnung bis zur Konferenz von Bretton Woods .............................. 226
2. Das Bretton-Woods System (1945 bis 1976) .............................. 227
   a) Feste Wechselkurse und Währungskonvertibilität .............................. 227

  b) Niedergang des Bretton Woods-Systems und Liberalisierung der Finanzbeziehungen .......... 229
  3. Probleme und Herausforderungen des gegenwärtigen Systems ........ 230
   a) Währungs- und Finanzkrisen .......... 230
   b) Eine „neue internationale Finanzarchitektur"? .......... 232
 III. Der Internationale Währungsfonds (IWF) .......... 234
  1. Institutionelle Grundlagen .......... 234
   a) Rechtsstellung .......... 234
   b) Bedeutung von Quoten und Sonderziehungsrechten .......... 235
   c) Organe und Entscheidungsfindung .......... 236
  2. Aufgaben des IWF .......... 240
   a) Allgemeine Grundlagen .......... 240
   b) Kreditvergabe .......... 241
   c) Politiküberwachung .......... 246
  3. Verpflichtungen der IWF-Mitglieder .......... 248
   a) Wechselkursregelungen .......... 248
   b) Devisenkontrollen .......... 249
 IV. Die Bank für Internationalen Zahlungsausgleich (BIZ) .......... 253
  1. Institutionelle Grundlagen .......... 253
   a) Rechtsstellung .......... 254
   b) Organe .......... 255
  2. Aufgaben .......... 256
  3. Baseler Ausschuss für Bankenaufsicht .......... 256

## § 5 Entwicklungsvölkerrecht .......... 259

 I. Grundlagen .......... 259
  1. Hintergrund .......... 259
  2. Allgemeine Prinzipien des Entwicklungsvölkerrechts .......... 261
  3. Problemkreise .......... 262
 II. Handel und Entwicklung .......... 263
  1. Sonderregeln für Entwicklungsländer im WTO-Recht .......... 264
   a) Geschichtlicher Hintergrund .......... 264
   b) Besondere und differenzierte Behandlung als Grundsatz des WTO-Rechts .......... 265
   c) Präferenzsysteme und die Enabling Clause .......... 266
  2. Rohstoffabkommen .......... 269
  3. EG-AKP-Assoziierungsabkommen .......... 271
 III. Finanzierung und Verschuldung .......... 273
  1. Entwicklungsfinanzierung durch die Weltbank .......... 273
  2. Staatsverschuldung und Zahlungskrisen .......... 275
   a) Hintergrund und Maßnahmen zur Reduzierung der Verschuldungskrise .......... 275

b) Zahlungsnotstand und Insolvenzverfahren für Staaten .............. 277
IV. Recht auf Entwicklung als Menschenrecht? .......................... 279

## § 6 Regionale Wirtschaftsintegration ................................ 283
I. Grundlagen ...................................................... 283
   1. Formen regionaler Integration ................................. 283
   2. Proliferation und Wandel regionaler Integration ............... 287
II. Verhältnis regionaler zu multilateraler Integration ................ 288
   1. Grundsätzliche Perspektiven ................................... 288
   2. Regionale Integrationsabkommen und WTO-Recht .................. 290
III. Beispiele regionaler Integration ................................ 293
   1. NAFTA ........................................................ 293
   2. Integrationsabkommen in Lateinamerika und der Karibik ......... 296
   3. ASEAN ........................................................ 298

*Sachverzeichnis* ...................................................... 301

# Hinweise zum Auffinden der Rechtsquellen des Wirtschaftsvölkerrechts

Wie jedes Rechtsgebiet kann auch das Wirtschaftsvölkerrecht nicht ohne die Kenntnis der einschlägigen Normen verstanden werden. Auch wenn wichtige Normen in diesem Buch im Wortlaut zitiert werden, sind die Texte der jeweiligen völkerrechtlichen Verträge unerlässliche Hilfsmittel für das Studium des Wirtschaftsvölkerrechts. Leider gibt es keine Textsammlung, die alle in diesem Buch erörterten Verträge enthält. Folgende Textsammlungen sind auf dem Markt erhältlich:

- Sartorius II, Internationale Verträge, Europarecht (C. H. Beck). Diese Loseblattsammlung, die als Standardtextsammlung für das Völker- und Europarecht gilt, enthält neben allgemeinen völkerrechtlichen Verträgen folgende wirtschaftsvölkerrechtliche Normen: IWF- und Weltbank-Übereinkommen, ICSID- und MIGA-Abkommen, WTO-Übereinkommen, GATT und das WTO-Streitschlichtungsübereinkommen (DSU).
- WTO, Welthandelsorganisation (Beck-Texte im dtv). Diese Sammlung enthält die wichtigsten WTO-Verträge, aber keine weiteren wirtschaftsvölkerrechtlichen Normen.
- Völker- und Europarecht, mit WTO-Recht (C. F. Müller). Diese etwas preisgünstigere Alternative zum Sartorius II enthält neben dem allgemeinen Völkerrecht einige wichtige WTO-Verträge (WTO-Übereinkommen, GATT, GATS, TRIPS, DSU und TPRM). Weitere WTO-Verträge und der Mustervertrag für die deutschen Investitionsschutzverträge werden auf den Verlagsseiten im Internet bereitgestellt.

In Ergänzung zu diesen Sammlungen ist daher auf das Amtsblatt der Europäischen Union für die Verträge, denen die EG beigetreten ist und das Bundesgesetzblatt Teil II für die Verträge, denen die Bundesrepublik Deutschland beigetreten ist, zurückzugreifen. Das Amtsblatt der EU ist ab 1998 unter http://europa.eu.int/eur-lex/de/index.html und das Bundesgesetzblatt II ab 2002 unter http://frei.bundesgesetzblatt.de/index.php (Nur-Lese-Version) im Internet abrufbar. Wirtschaftsvölkerrechtliche Verträge, denen (auch) die Schweiz beigetreten ist, finden sich in der Systematischen Sammlung des Schweizer Bundesrechts, die im Internet unter http://www.admin.ch/ch/d/sr/iindex.html zur Verfügung steht.

Dokumente internationaler Organisationen und Entscheidungen internationaler Schiedsgerichte sind zunehmend ebenfalls im Internet aufzufinden. Neben den allgemeinen Internetadressen von WTO, IWF, Weltbank u. a. sind zu nennen:
- http://www.wto.org/english/tratop_e/dispu_e/dispu_status_e.htm (alle Entscheidungen der Panels und des Appellate Body der WTO)
- http://docsonline.wto.org/gen_home.asp?language=1&_=1 (Suchmaske für alle WTO Dokumente)

- http://www.worldbank.org/icsid/cases/awards.htm (Entscheidungen des International Centre for Settlement of Investment Disputes, ICSID)
- http://www.sice.oas.org/TRADEE.ASP (Sammlung regionaler Integrationsabkommen auf dem amerikanischen Kontinent)

# Abkürzungsverzeichnis

| | |
|---|---|
| ABl. | Amtsblatt der Europäischen Union |
| ASEAN | Association of Southeast Asian Nations |
| AVR | Archiv des Völkerrechts |
| BGBl. | Bundesgesetzblatt |
| BIZ | Bank für Internationalen Zahlungsausgleich |
| CAFTA | Central American Free Trade Agreement |
| CARICOM | Caribbean Community |
| CISG | Convention on International Sale of Goods |
| CMLR | Common Market Law Review |
| DDA | Doha Development Agenda |
| DSB | Dispute Settlement Body |
| DSU | Dispute Settlement Understanding |
| EFARev | European Foreign Affairs Review |
| EGV | Vertrag zur Gründung der Europäischen Gemeinschaft |
| EWR | Europäischer Wirtschaftsraum |
| GATS | General Agreement on Trade in Services |
| GATT | General Agreement on Tariffs and Trade |
| GSP | Generalized System of Preferences |
| ICC | International Chamber of Commerce |
| ICSID | International Centre for Settlement of Investment Disputes |
| ILC | International Law Commission |
| ILO | International Labour Organisation |
| ITO | International Trade Organization |
| IWF | Internationaler Währungsfonds |
| JIEL | Journal of International Economic Law |
| JWT | Journal of World Trade |
| LDCs | Least developed countries |
| MAI | Multilateral Agreement on Investment |
| MIGA | Multilaterale Investitions-Garantie Agentur |
| NAFTA | North American Free Trade Agreement |
| NGOs | Non-governmental organisations |
| NWWO | Neue Weltwirtschaftsordnung |
| OECD | Organisation for Economic Co-operation and Development |
| SCM | Agreement on Subsidies and Countervailing Measures |
| SPS | Agreement on the Application of Sanitary and Phytosanitary Measures |
| SZR | Sonderziehungsrechte |
| TBT | Agreement on Technical Barriers to Trade |
| TPRB | Trade Policy Review Body |
| TPRM | Trade Policy Review Mechanism |
| TRIMs | Agreement on Trade-Related Investment Measures |
| TRIPS | Agreement on Trade-Related Aspects of Intellectual Property Rights |
| UNCITRAL | United Nations Commission on International Trade Law |
| UNCTAD | United Nations Conference on Trade and Development |
| VRÜ | Verfassung und Recht in Übersee (Zeitschrift) |
| WTO | World Trade Organization |
| WVK | Wiener Konvention über das Recht der Verträge |
| ZaöRV | Zeitschrift für ausländisches öffentliches Recht und Völkerrecht |

# § 1 Grundlagen

## I. Wirtschaftsvölkerrecht als Teil des internationalen Wirtschaftsrechts

Literatur: *Herdegen*, Internationales Wirtschaftsrecht, 5. Aufl., 2005, § 1; *Gramlich*, Internationales Wirtschaftsrecht, 2004, Kapitel 1; *Weiß/Hermann*, Welthandelsrecht, 2003, § 4; *Tietje*, Transnationales Wirtschaftsrecht aus öffentlich-rechtlicher Perspektive, ZvglRWiss 101 (2002), 404; *Behrens*, Elemente eines Begriffs des Internationalen Wirtschaftsrechts, RabelsZ 50 (1986), 483; *Fikentscher*, Wirtschaftsrecht I – Weltwirtschaftsrecht und Europäisches Wirtschaftsrecht, 1983, § 4.

---

**Ausgangsfall**

Die G GmbH, ein Unternehmen der Textilbranche mit Sitz in Deutschland, produziert Markenbekleidung. Im April 2005 schloss sie mit dem chinesischen Textilunternehmen T einen Vertrag über die Lieferung von 50 000 T-Shirts aus Baumwolle in verschiedenen Farben zum Preis von 2,50 € pro T-Shirt. Laut Vertrag war die Ware zwischen dem 10. und 15. Juli 2005 „Cost, Insurance, Freight (CIF)" nach Hamburg zu liefern.

Am 10. Juni 2005 schlossen die EG und die VR China ein Übereinkommen zur Beschränkung der Einfuhr von Textil- und Bekleidungserzeugnissen aus China in die EG. Auf Grundlage dieses Übereinkommens legte die Europäische Kommission durch die Verordnung 1234/2005 Höchstmengen (Quoten) für die Einfuhr von bestimmten Textilwaren fest. Nach dieser Verordnung war die Einfuhr von Textilwaren in die EG von einer Einfuhrgenehmigung abhängig, die von den Behörden der Mitgliedstaaten nach Zustimmung der Kommission erteilt wurde. In Deutschland wurden die Einfuhrgenehmigungen vom Bundesamt für Wirtschaft und Ausfuhrkontrolle (BAFA) erteilt. Am 10. Juli 2005 teilte die EG Kommission den Behörden der Mitgliedstaaten mit, dass die festgelegten Quoten erschöpft seien und, dass sie keinen weiteren Einfuhrgenehmigungen zustimmen werde.

Am 15. Juli 2005 trafen die 50 000 T-Shirts in Hamburg ein und wurden in einem Zolllager gelagert. Die G beantragte daraufhin beim BAFA eine Einfuhrgenehmigung, die vom BAFA unter Hinweis auf die Quotenerschöpfung abgelehnt wurde. Gleichzeitig beantragte die G beim zuständigen Zollamt Hamburg-Freihafen die Abfertigung der T-Shirts zum freien Verkehr. Der Antrag wurde mit der Begründung abgelehnt, dass G über keine Einfuhrgenehmigung verfüge.

Erst nachdem sich die EG und die VR China im September 2005 auf eine Aufhebung der Einfuhrbeschränkungen geeinigt haben, werden die T-Shirts freigegeben. Nachdem G die Waren in Empfang genommen hat, stellt sie fest, dass nur weiße und keine farbigen T-Shirts geliefert wurden.

G fragt, gegen wen sie Schadensersatzansprüche geltend machen kann und an welche Gerichte sie sich wenden muss.

Sachverhalt nach BVerfG, EuZW 2005, 767 = NVwZ 2006, 79

---

Der Sachverhalt des Ausgangsfalls betrifft eine typische Konstellation der internationalen Wirtschaftsbeziehungen: Der grenzüberschreitende Austausch von Gütern wird durch verschiedene Ereignisse gestört. Dies wirft eine Reihe von Rechtsfragen auf, deren Antworten in unterschiedlichen Rechtsgebieten zu finden sind. Das **Wirtschaftsvölkerrecht** ist eines dieser Rechtsgebiete. Bevor es in den folgenden Kapiteln im Einzelnen dargestellt wird, soll sein Inhalt und seine Abgrenzung zu anderen Rechtsgebieten erläutert werden.

## 1. Elemente des internationalen Wirtschaftsrechts

2 **Internationale Wirtschaftsbeziehungen** umfassen den grenzüberschreitenden Austausch von Gütern (Waren und Dienstleistungen), den grenzüberschreitenden Transfer von Kapital und Zahlungsmitteln sowie den grenzüberschreitenden wirtschaftlichen Verkehr von Personen (Unternehmen und Privatpersonen). Internationale Wirtschaftsbeziehungen werden von einer Vielzahl unterschiedlicher Rechtsregeln erfasst. Unabhängig von ihrer Zuordnung zum nationalen oder internationalen, privaten oder öffentlichen Recht können alle Rechtsnormen, die die Regelung internationaler Wirtschaftsbeziehungen zum Gegenstand haben, als **internationales Wirtschaftsrecht** oder **Recht der internationalen Wirtschaft** bezeichnet werden. Diese Betrachtungsweise des Rechts knüpft an den einheitlichen Vorgang einer internationalen Wirtschaftstransaktion an und betrachtet die Gesamtheit der Regeln, die diesen Vorgang betreffen (können).[1]

3 Trotz des Bezugs auf einen einheitlichen Lebenssachverhalt unterscheiden sich die Regeln des internationalen Wirtschaftsrechts in verschiedener Hinsicht: Sie betreffen teils das Verhältnis der Staaten untereinander bzw. zwischen Staaten und Privatrechtssubjekten (öffentlich-rechtliche Dimension) und teils das Verhältnis von Privatrechtssubjekten untereinander (privatrechtliche Dimension). Zum Teil entstammen sie dem nationalen Recht, zum Teil dem internationalen Recht (Völkerrecht) und zum Teil dem supranationalen Recht (Europarecht). Hinzu treten unverbindliche Standards und internationale Handelsbräuche, die für die internationalen Wirtschaftsbeziehungen von großer Bedeutung sind.

### a) Nationales Wirtschaftsrecht

4 Nationales Recht, das sich auf Sachverhalte der internationalen Wirtschaft bezieht, kann von den Staaten grundsätzlich **rechtlich autonom**, d. h. ohne Kooperation mit anderen Staaten gesetzt werden. Die für das internationale Wirtschaftsrecht typische Durchdringung und Verzahnung von nationalem Recht, Europa- und Völkerrecht führt jedoch dazu, dass das nationale Recht **selten tatsächlich autonom** gesetzt wird. Zu den Rechtsgebieten des nationalen Rechts, die als Teil des internationalen Wirtschaftsrechts angesehen werden können, gehören in erster Linie das Zoll- und Außenwirtschaftsrecht als öffentlich-rechtliche Materie und das internationale Privatrecht als privatrechtliche Materie.

5 Das **Zollrecht** betrifft die Lenkung von Außenhandelsströmen mit fiskalischen Mitteln, weshalb es häufig gemeinsam mit dem Steuerrecht betrachtet wird.[2] Da in den Mitgliedstaaten der Europäischen Gemeinschaft das Zollrecht auf europäischer Ebene harmonisiert ist (Gemeinsamer Zolltarif und Zollkodex)[3], gehört es für die Bundes-

---

1 *Dolzer*, in: Graf Vitzthum (Hrsg.), Völkerrecht, 3. Aufl., 2004, 6. Abschnitt, Rn. 11.
2 Dazu *Witte/Wolffgang*, Lehrbuch des Zollrechts, 4. Aufl., 2003.
3 Dazu unten Rn. 20.

republik Deutschland nicht zum nationalen Recht im eigentlichen Sinne. Der Vollzug des Zollrechts obliegt aber – wie zumeist im Europarecht – den Behörden der Mitgliedstaaten, d. h. in Deutschland den Zollämtern. Das Verwaltungsverfahren und der gerichtliche Rechtsschutz bestimmen sich nach den allgemeinen Vorschriften der Abgabenordnung (AO) und der Finanzgerichtsordnung (FGO) sowie dem Zollverfahrensgesetz (ZollVG). Rechtsschutz in Zollsachen gewähren danach in erster Linie die Finanzgerichte. Hält ein Finanzgericht Fragen der Wirksamkeit oder der Auslegung des EG-Rechts für streiterheblich, kann es diese Fragen gem. Art. 234 EGV dem EuGH vorlegen.[4]

Das **Außenwirtschaftsrecht** ist eine Sondermaterie des öffentlichen Wirtschaftsrechts (Wirtschaftsverwaltungsrecht) und umfasst Ein- und Ausfuhrregelungen.[5] Es ist weitgehend im **Außenwirtschaftsgesetz** (AWG) von 1961 und der Außenwirtschaftsverordnung (AWV) kodifiziert. Zum Außenwirtschaftsrecht gehört auch die Erteilung von Einfuhr- und Ausfuhrgenehmigungen, die häufig auf europäischen Vorschriften beruhen. Die Durchführung des Außenwirtschaftsrechts obliegt zu gro-ßen Teilen dem Bundesamt für Wirtschaft und Ausfuhrkontrolle. Verfahrensrecht und Rechtsschutz richten sich nach dem allgemeinen Verwaltungsrecht.   6

Das **Internationale Privatrecht** (auch Kollisionsrecht) klärt bei Sachverhalten mit Auslandsberührung, welches nationale Recht auf den Sachverhalt Anwendung findet.[6] Es enthält dagegen keine materiell-rechtlichen Regeln.   7

Internationales Privatrecht ist – entgegen seiner Bezeichnung – nationales Recht. Das deutsche internationale Privatrecht wird im **Einführungsgesetz zum BGB (EGBGB)** geregelt. Nach Art. 3 Abs. 1 EGBGB findet das internationale Privatrecht auf Sachverhalte „mit Verbindung zum Recht eines ausländischen Staats" Anwendung. Nach Art. 3 Abs. 2 EGBGB gehen Regelungen in völkerrechtlichen Verträgen, „soweit sie unmittelbar anwendbares innerstaatliches Recht geworden sind, den Vorschriften dieses Gesetzes vor." Zu diesen Regeln zählt z. B. das sog. UN-Kaufrecht.[7]   8

Nach Art. 27 Abs. 1 EGBGB können die Vertragsparteien durch Vereinbarung einer **Rechtswahlklausel** frei bestimmen, welches Recht anwendbar sein soll. Haben die Parteien keine Rechtswahl getroffen, ist nach Art. 28 Abs. 1 EGBGB das Recht des Staats anzuwenden, zu dem der Vertrag die engsten Verbindungen aufweist. Nach Art. 28 Abs. 2 EGBGB wird vermutet, dass dies der Staat ist, in dem die Partei, die die charakteristische Leistung zu erbringen hat, ihren gewöhnlichen Aufenthalt hat.   9

Da jede nationale Rechtsordnung über ein internationales Privatrecht verfügt, kann es vorkommen, dass die jeweiligen nationalen Rechtsnormen für einen Auslandssach-   10

---

4  *Streinz*, Europarecht, 7. Aufl., 2005, Rn. 653.
5  Dazu *Bryde*, Außenwirtschaftsrecht, in: Achternberg/Püttner/Würtenberg (Hrsg.), Besonderes Verwaltungsrecht, Band I, 2. Aufl., 2000, 307 und *Gramlich*, Außenwirtschaftsrecht – Ein Grundriß, 1991.
6  Dazu *Kegel/Schurig*, Internationales Privatrecht, 9. Aufl., 2004 und *Kropholler*, Internationales Privatrecht, 5. Aufl., 2005.
7  Dazu unten Rn. 14.

verhalt auf unterschiedliche Rechtsordnungen verweisen. Um Rechtsunsicherheiten zu vermeiden, bemühen sich die Staaten um eine **Vereinheitlichung ihres internationalen Privatrechts**. Dies geschieht mit Hilfe von völkerrechtlichen Verträgen.[8]

### b) Völkerrecht der internationalen Wirtschaftsbeziehungen

11 Völkerrecht ist internationales Recht, das zwischen Staaten (und anderen Völkerrechtssubjekten) gilt.[9] Völkerrechtliche Normen, die auf internationale Wirtschaftsbeziehungen Anwendung finden, können grundsätzlich in das Wirtschaftsvölkerrecht (im engeren Sinne) und die völkerrechtlichen Grundlagen des Einheitsrechts unterteilt werden.

12 Zum **Wirtschaftsvölkerrecht** zählen die völkerrechtlichen Regeln, die die Beziehungen zwischen Staaten untereinander bzw. zwischen Staaten und Privatrechtssubjekten betreffen (z. B. Zölle und andere Abgaben, Ein- und Ausfuhrkontrollen, Devisenkontrollen, Enteignungen). Dementsprechend umfasst das Wirtschaftsvölkerrecht bilaterale, regionale und multilaterale Regeln des internationalen Handels, der ausländischen Investitionen und der internationalen Finanz- und Währungsbeziehungen.[10]

> **Definition: Wirtschaftsvölkerrecht** umfasst die **völkerrechtlichen Regeln** des **internationalen Wirtschaftsverkehrs**, die **öffentlich-rechtliche Beziehungen**, d. h. Beziehungen zwischen Staaten und zwischen Staaten und Privatrechtssubjekten, betreffen.

13 Unter dem internationalen **Einheitsrecht** (Einheitsprivatrecht) werden völkerrechtliche Abkommen verstanden, die sich auf den privaten Wirtschaftsverkehr beziehen und einheitliche Regeln für bestimmte internationale Transaktionen bereithalten.[11] Die jeweiligen Abkommen sind ihrer Natur nach Völkerrecht, so dass sich ihre Anwendung nach den allgemeinen Regeln für die Anwendung von Völkerrecht richtet.[12] Die Abkommen enthalten jedoch nicht in erster Linie Regeln für das Verhalten der Staaten, sondern für den Rechtsverkehr privater Wirtschaftssubjekte untereinander. Das Einheitsrecht umfasst sowohl völkerrechtliche Verträge, die das internationale Privatrecht vereinheitlichen (Einheitskollisionsrecht) als auch Verträge, die materielle oder prozessuale Regeln für verschiedene Privatrechtsverhältnisse enthalten. Für das Einheitsrecht ist die Vorrangklausel des Art. 3 Abs. 2 EGBGB einschlägig: Einheitsrecht hat danach Vorrang vor den Verweisungsvorschriften des internationalen Privatrechts.

14 Ein für den internationalen Wirtschaftsverkehr praktisch bedeutsames Beispiel des materiellen Einheitsrecht ist das Übereinkommen der Vereinten Nationen über Verträge über den internationalen Warenkauf von 1980 (Convention on Contracts for the Inter-

---

8 Dazu unten Rn. 13.
9 Zum Völkerrecht allgemein unten Rn. 39 ff.
10 Zu den Materien des Wirtschaftsvölkerrechts, siehe unten Rn. 35.
11 *Herdegen*, Internationales Wirtschaftsrecht, 5. Aufl., 2005, § 2, Rn. 35; *Reithmann/Martiny*, Internationales Vertragsrecht, 6. Aufl., 2004, Rn. 2 f.
12 Dazu unten Rn. 106 ff.

national Sale of Goods, **CISG**), das auch als **UN-Kaufrecht** bezeichnet wird.[13] Es handelt sich um Regeln des Kaufrechts, die in den Vertragsstaaten des CISG auf internationale Warenkäufe Anwendung finden. Das CISG enthält z. B. Regeln über den Abschluss von Verträgen (Art. 14 ff. CISG), Käufer- und Verkäuferpflichten (Art. 30 ff. und 53 ff. CISG), die Vertragsmäßigkeit der Ware (Art. 35 ff. CISG), Rechtsbehelfe des Käufers und Verkäufers (Art. 45 ff. und Art. 61 ff. CISG) Gefahrtragung (Art. 66 ff. CISG) und Schadensersatz (Art. 74 ff. CISG).

Ein weiterer wichtiger Bereich, in dem Wirtschaftsprivatrecht durch völkerrechtliche Verträge vereinheitlicht wird, ist das **Transportrecht**.[14] So enthält z. B. das Übereinkommen über den Beförderungsvertrag im internationalen Straßengüterverkehr von 1956 (Convention relative au contrat de transport international de merchandises par route, **CMR**) einheitliche Regeln für den Transport im Straßenverkehr.[15] In prozessualer Hinsicht sind vor allem das New Yorker Übereinkommen über die **Anerkennung und Vollstreckung ausländischer Schiedssprüche** von 1958[16] und das Haager Übereinkommen über die **Beweisaufnahme im Ausland in Zivil- und Handelssachen** von 1970[17] bedeutsam.

Ansätze zur Rechtsvereinheitlichung finden sich teilweise **auch im Wirtschaftsvölkerrecht**, z. B. im Abkommen über handelsbezogene Aspekte des geistigen Eigentums (TRIPS).[18] In diesem Abkommen werden Mindeststandards für verschiedene Schutzrechte des Immaterialgüterschutzes (Patente, Marken, Urheberrecht) festgelegt.

#### c) Europäisches Wirtschaftsrecht

Sowohl der Wirtschaftsverkehr der Mitgliedstaaten der Europäischen Union untereinander als auch der Wirtschaftsverkehr zwischen den EU-Mitgliedstaaten und sog. Drittstaaten wird in weiten Teilen durch das EG-Recht geregelt. Den **innergemeinschaftlichen Wirtschaftsverkehr** betreffen vor allem die Grundfreiheiten des Waren-, Personen-, Dienstleistungs- und Kapitalverkehrs, das harmonisierte Binnenmarktrecht und das gemeinschaftliche Wettbewerbsrecht (Art. 81 ff. EGV).[19]

Für die Beziehungen zu Drittstaaten sind das **gemeinschaftliche Zollrecht** und das **EG-Außenwirtschaftsrecht**[20] von zentraler Bedeutung. Da die Gemeinschaft in diesen

---

13 BGBl. 1989 II, S. 588, ber. BGBl. 1990 II, S. 1699 = Sartorius II, Nr. 465. Dazu *Schlechtriem*, Internationales UN-Kaufrecht, 2. Aufl., 2003 und *Horn*, Das UN-Kaufrecht im System des deutschen Rechts, JA 2000, 421.
14 Siehe *Kronke/Melis/Schnyder* (Hrsg.), Handbuch internationales Wirtschaftsrecht, 2005, Teil E.
15 BGBl. 1961 II, S. 1119.
16 BGBl. 1961 II, S. 122. Dazu Herdegen, Internationales Wirtschaftsrecht, 5. Aufl., 2005, § 8 Rn. 11.
17 BGBl. 1977 II, S. 1472. Dazu Herdegen, Internationales Wirtschaftsrecht, 5. Aufl., 2005, § 8 Rn. 33.
18 Dazu § 2 Rn. 489 ff.
19 Siehe speziell zum europäischen Wirtschaftsrecht Enchelmaier, Europäisches Wirtschaftsrecht, 2005; Hailbronner/Jochum, Europarecht II, 2005 und Kilian, Europäisches Wirtschaftsrecht, 2. Aufl., 2003.
20 Dazu *Schwarz*, Einführung in das Europäische Außenwirtschaftsrecht, JA 2003, 169 und *Streinz*, Europarecht, 7. Aufl., Rn. 707-745.

Bereichen weitgehend über ausschließliche Kompetenzen verfügt (vgl. Art. 23 ff. und 133 ff. EGV), kann sie nach außen einheitlich auftreten. Das EG-Zoll- und Außenwirtschaftsrecht ist seinem Wesen nach daher auch eher mit nationalem Wirtschaftsrecht als mit Wirtschaftsvölkerrecht vergleichbar. Allerdings beruht auch das „autonome" EG-Außenwirtschaftsrecht auf völkerrechtlichen Grundlagen.

19 Zu den wichtigsten allgemeinen Vorschriften des für die Außenbeziehungen relevanten Europäischen Wirtschaftsrechts gehören folgende Rechtsakte:

20 **Zollrechtliche Vorschriften**
- Verordnung (EWG) Nr. 2658/87 des Rates vom 23. Juli 1987 über die zolltarifliche und statistische Nomenklatur sowie den **Gemeinsamen Zolltarif** (GZT)[21], der die verschiedenen Tarifpositionen der Außenzölle der EG umfasst.
- Verordnung (EWG) Nr. 2913/92 des Rates vom 12. Oktober 1992 zur Festlegung des **Zollkodex** der Gemeinschaften[22], in der das Zollverfahren geregelt wird.

21 **Ein- und Ausfuhrrecht**
- Verordnung (EG) Nr. 3285/94 des Rates vom 22. Dezember 1994 über die gemeinsame **Einfuhrregelung**[23], die den Grundsatz der Einfuhrfreiheit festlegt.
- Verordnung (EWG) Nr. 2603/69 des Rates vom 20. Dezember 1969 zur Festlegung einer gemeinsamen **Ausfuhrregelung**[24], die den Grundsatz der Ausfuhrfreiheit festlegt.
- Verordnung (EG) Nr. 1334/2000 des Rates vom 22. Juni 2000 über eine Gemeinschaftsregelung für die Kontrolle der Ausfuhr von Gütern und Technologien mit doppeltem Verwendungszweck[25] (sog. **„Dual use"-Güter**), die die Ausfuhr von Gütern, die zu zivilen und militärischen Zwecken genutzt werden können, genehmigungspflichtig macht.

22 **Handelspolitische Schutzinstrumente**[26]
- Verordnung (EG) Nr. 384/96 des Rates vom 22. Dezember 1995 über den Schutz gegen gedumpte Einfuhren aus nicht zur Europäischen Gemeinschaft gehörenden Ländern[27] (**Antidumping-Verordnung**)
- Verordnung (EG) Nr. 2026/97 des Rates vom 6. Oktober 1997 über den Schutz gegen subventionierte Einfuhren aus nicht zur Europäischen Gemeinschaft gehörenden Ländern[28] (**Antisubventions-Verordnung**)
- Verordnung (EG) Nr. 3286/94 des Rates vom 22. Dezember 1994 zur Festlegung der Verfahren der Gemeinschaft im Bereich der gemeinsamen Handelspolitik zur Ausübung der Rechte der Gemeinschaft nach internationalen Handelsregeln, ins-

---

21 ABl. 1987 L 256/1. Zuletzt geändert durch Verordnung (EG) Nr. 267/2006, ABl. 2006 L 47/1.
22 ABl. 1992 L 302/1. Zuletzt geändert durch Verordnung (EG) Nr. 648/2005, ABl. 2005 L 117/13.
23 ABl. 1994 L 349/53. Zuletzt geändert durch Verordnung (EG) Nr. 2200/2004, ABl. 2004 L 374/1.
24 ABl. 1969 L 324/25. Zuletzt geändert durch Verordnung (EWG) Nr. 3918/91, ABl. 1991 L 372/31.
25 ABl. 2000 L 159/1. Zuletzt geändert durch Verordnung (EG) Nr. 1504/2004, ABl. 2004 L 281/1.
26 Siehe dazu auch § 2 Rn. 391 ff.
27 ABl. 1996 L 56/1. Zuletzt geändert durch Verordnung (EG) Nr. 2117/2005, ABl. 2005 L 340/17.
28 ABl. 1997 L 288/1. Zuletzt geändert durch Verordnung (EG) Nr. 461/2004, ABl. 2004 L 77/12.

besondere den im Rahmen der Welthandelsorganisation vereinbarten Regeln (sog. **„Trade Barriers Regulation"**)[29].

Diese allgemeinen Regeln werden durch zahlreiche Spezialregeln und Einzelfallentscheidungen vor allem der Kommission ergänzt. Weder die allgemeinen noch die speziellen Regeln des europäischen Außenwirtschaftsrechts dürfen allerdings den Vorgaben des Wirtschaftsvölkerrechts widersprechen, soweit die EG an diese Vorgaben gebunden ist (Art. 300 Abs. 7 EGV). 23

Schließlich ist auch das **Europäische Privat- und Verfahrensrecht** für die internationalen Wirtschaftsbeziehungen bedeutsam.[30] Die Harmonisierung des Privat- und Verfahrensrechts beruht inzwischen weitgehend auf europäischem Sekundärrecht (Verordnungen und Richtlinien). Zuvor waren jedoch auch völkerrechtliche Verträge zwischen den Mitgliedstaaten der EG von Bedeutung, wie z. B. das Europäische Gerichtsstands- und Vollstreckungsübereinkommen (EuGVÜ) von 1968. 24

### d) Internationale Standards und die sog. „Lex mercatoria"

Internationale Wirtschaftsbeziehungen werden von einer Vielzahl von Standards, Gebräuchen und freiwilligen Übereinkünften bestimmt, die teils kodifiziert und teils ungeschrieben sind. Häufig sind diese Normen **nicht Recht im formellen Sinne**, da es sich um unverbindliche Empfehlungen an Hoheitsträger oder an private Wirtschaftssubjekte handelt. Diese Normen entfalten erst dann rechtliche Geltung und Wirkung, wenn sie von ihren Adressaten, d. h. von den Staaten oder den privaten Wirtschaftssubjekten in verbindliche Rechtsregeln (Gesetze, Verordnungen oder Verträge) übernommen werden. 25

Dies gilt zum einen für internationale unverbindliche **Standards**, die von internationalen öffentlichen Einrichtungen oder Zusammenschlüssen entwickelt werden und von den Staaten als Grundlage für nationale Rechtsvorschriften übernommen werden können. Teilweise wird in Normen des nationalen Wirtschaftsrechts oder des Wirtschaftsvölkerrechts allerdings auf diese Standards Bezug genommen oder sie werden in eine Rechtsmaterie inkorporiert. 26

> **Beispiel 1:** Die Baseler Eigenkapitalvereinbarung von 2004 (Basel II).[31] Es handelt sich um Richtlinien für die Bankenaufsicht, die von einem besonderen Ausschuss der Zentralbanken Belgiens, Kanadas, Frankreichs, Deutschlands, Japans, Luxemburgs, Italiens, der Niederlande, Spaniens, Schwedens, der Schweiz, Großbritanniens und der USA erarbeitet werden und die jeweils in nationales Recht umgesetzt werden sollen.
>
> **Beispiel 2:** Die lebensmittelrechtlichen Standards der Codex Alimentarius Kommission der Ernährungs- und Landwirtschaftsorganisation der Vereinten Nationen (FAO) und der Weltgesundheitsorganisation (WHO). Die Codex Alimentarius Kommission ist ein Gremium von unab-

---

29 ABl. 1994 L 349/71. Zuletzt geändert durch die Verordnung (EG) Nr. 356/95, ABl. 1995 L 41/3.
30 *Oppermann*, Europarecht, § 81, Rn. 58 ff. und *Kreuzer/Wagner*, Europäisches Internationales Zivilverfahrensrecht, Teil Q und *dies.*, Europäisches Internationales Privatrecht, Teil R, in: Dauses (Hrsg.) Handbuch des EU-Wirtschaftsrechts, Stand August 2005.
31 Dazu § 4 Rn. 826 ff.

hängigen Lebensmittelexperten, die gesundheitliche Standards für Lebensmittel formulieren. Ihre Standards gelten als Vorschläge für nationale Gesetzgeber. Zugleich wird jedoch im WTO-Übereinkommen über gesundheitspolizeiliche und pflanzenschutzrechtliche Maßnahmen (SPS) auf sie Bezug genommen.[32]

27 Für den internationalen Wirtschaftsverkehr von erheblicher praktischer Bedeutung sind internationale Handelsbräuche und privatwirtschaftliche Standards („**Lex mercatoria**" oder transnationales Wirtschaftsrecht).[33] Hierbei handelt es sich um Regeln des internationalen Wirtschaftsverkehrs, die sich aus der Praxis entwickelt haben. Die einzelnen Normen werden teilweise in Standards von internationalen Unternehmens- oder Wirtschaftsverbänden kodifiziert. Darüber hinaus werden sie auch von internationalen Schiedsgerichten entwickelt und angewandt.

> **Beispiel:** Die von der internationalen Handelskammer (International Chamber of Commerce, ICC) in Paris standardisierten Vertragsbedingungen der sog. INCOTERMS.[34] Zu den bekanntesten zählen die Kürzel „FOB" (Free on Board), wonach der Exporteur (nur) verpflichtet ist, die Ware an Bord des Seeschiffes zu transportieren und „CIF" (Cost, Insurance, Freight), wonach der Exporteur die Kosten für Transport und Versicherung bis zum Bestimmungshafen übernimmt.

28 Die INCOTERMS und andere standardisierte Handelsklauseln können als eine Art internationale Allgemeine Geschäftsbedingungen verstanden werden. Sie müssen stets in einen Vertrag inkorporiert werden. Erst dadurch werden sie rechtlich verbindlich. Die Regeln können nur durchgesetzt werden, wenn sie in einer nationalen Rechtsordnung als verbindliche Teile des Vertrags anerkannt werden. Ob und in welchem Umfang dies der Fall ist, ergibt sich aus dem jeweiligen nationalen Recht. Teilweise wird auf die Lex mercatoria auch im internationalen Einheitsrecht Bezug genommen (vgl. Art. 9 CISG). Bei der Lex mercatoria handelt es sich also **nicht um eine eigenständige Rechtsordnung**, die neben nationalem (staatlichem) und Völkerrecht besteht.

### 2. Abgrenzung des Wirtschaftsvölkerrechts von anderen Elementen des internationalen Wirtschaftsrechts

29 Die verschiedenen Elemente des internationalen Wirtschaftsrechts stehen nicht losgelöst nebeneinander. Vielmehr bestehen vielfach **wechselseitige Abhängigkeiten, Überschneidungen und Durchdringungen.** Einige sind bereits angeklungen: Völkerrechtliche Regeln beeinflussen nationales und europäisches Recht. Normen, die zunächst unverbindlich sind, können in verbindliches Recht transformiert werden. Ebenso lassen sich die Rechtsgebiete nicht immer trennscharf unterscheiden, das gilt vor allem für die Trennung von öffentlich-rechtlichen und privatrechtlichen Materien und die Abgrenzung von Rechtsregeln und internationalen unverbindlichen Standards. Aus diesen Gründen wird die strikte Trennung von nationalem und internationalem Recht

---

32 Dazu § 2 Rn. 368 ff.
33 *Ehricke,* Zur Einführung: Grundstrukturen und Probleme der Lex mercatoria, JuS 1990, 967.
34 *Piltz,* INCOTERMS 2000 – Ein Praxisüberblick, RIW 2000, 485.

bzw. öffentlichem Recht und Privatrecht in der rechtswissenschaftlichen Literatur teilweise als unangemessen für das Verständnis des internationalen Wirtschaftsrechts angesehen.

Trotz der unbestreitbaren Verknüpfungen und wechselseitigen Bezüge der verschiedenen Materien des internationalen Wirtschaftsrechts **unterscheiden** sich die einzelnen Elemente jedoch erheblich mit Blick auf ihre Rechtsetzung, Anwendung und Durchsetzung und bezüglich der zu regelnden Rechtsbeziehungen. So lässt sich das Wirtschaftsvölkerrecht von den anderen Materien des internationalen Wirtschaftsrechts zum einen durch seine **Rechtsnatur** (Völkerrecht) und zum anderen durch die zu regelnden **Rechtsverhältnisse** (öffentlich-rechtliche Verhältnisse) **abgrenzen**. 30

Durch seine **völkerrechtliche Qualität** unterscheidet sich das Wirtschaftsvölkerrecht vom nationalen und europäischen Außenwirtschaftsrecht und internationalen Privatrecht. Diese Abgrenzung ist sinnvoll, da die völkerrechtliche Rechtsetzung, Interpretation und Durchsetzung anderen Regeln folgt, als die innerstaatliche Rechtsetzung. Außerdem unterscheiden sich die Rechtssubjekte des Völkerrechts von denjenigen des innerstaatlichen Rechts.[35] Auch wenn sich z. B. das WTO-Recht und das nationale Außenwirtschaftsrecht z. T. auf die gleichen Rechtsmaterien beziehen (Zölle, Einfuhrregelungen, handelspolitische Abwehrmaßnahmen) sind die Materien theoretisch und praktisch zu trennen. 31

Von den völkerrechtlichen Grundlagen des Einheitsrechts kann das Wirtschaftsvölkerrecht durch seinen Bezug auf **öffentlich-rechtliche Rechtsverhältnisse** abgegrenzt werden. Diese Trennung ist für eine Rechtsordnung, die zwischen öffentlichem und privatem Recht unterscheidet, zweckmäßig. Außerdem verfolgen öffentliches und privates internationales Wirtschaftsrecht unterschiedliche Ziele bzw. müssen unterschiedlichen Interessen gerecht werden. Für das internationale private Wirtschaftsrecht steht – ähnlich wie im nationalen Recht – der Gedanke der Parteiautonomie und der effizienten Regelung von Wirtschaftsbeziehungen im Vordergrund, während das öffentliche internationale Wirtschaftsrecht öffentlichen Zwecken dient und auch die Regulierung der Wirtschaft zur Verfolgung externer Ziele (Verbraucherschutz, Umweltschutz, etc.) betreffen kann. 32

Zusammenfassend stellt Figur 1 das **Wirtschaftsvölkerrecht im System der Elemente des internationalen Wirtschaftsrechts** dar. Da sich nationales und supranationales Recht (EG-Recht) aus Sicht des Völkerrechts zunehmend angleichen und ähnliche Funktionen übernehmen, werden beide Rechtskreise auf einer Ebene dargestellt. 33

---

35 Siehe dazu im Überblick unten Rn. 41 ff.

*Figur 1: Wirtschaftsvölkerrecht im System des internationalen Wirtschaftsrechts*

### 3. Gegenstand dieses Lehrbuchs

34 Während sich das Wirtschaftsvölkerrecht zwar von den anderen Materien des internationalen Wirtschaftsrechts theoretisch abgrenzen lässt, besteht über seinen genauen Umfang und über die Materien, die zum Wirtschaftsvölkerrecht zu zählen sind, in der rechtswissenschaftlichen Literatur und Ausbildungspraxis keine vollständige Einigkeit. Die in diesem Lehrbuch behandelten Materien des Wirtschaftsvölkerrechts orientieren sich an dem klassischen Kanon des sog. **„International Economic Law"**, wie es in Großbritannien und den USA gelehrt wird[36] bzw. des **„Droit international économique"** im französischen Verständnis.[37] Dieser Kanon umfasst auch das, was an den meisten deutschen Fakultäten unter Wirtschaftsvölkerrecht verstanden und gelehrt wird. Damit wird zugleich der völkerrechtliche Teil von Lehrveranstaltungen abgedeckt, die sich mit dem internationalen Wirtschaftsrecht allgemein befassen.

35 Zum **Kern des Wirtschaftsvölkerrechts** zählen drei Rechtsgebiete:
- Das Recht des **Welthandels,** vor allem in seiner Kodifikation durch das Recht der Welthandelsorganisation (WTO). Dazu gehören die institutionellen Regeln, insbesondere das Recht der Streitbeilegung in der WTO und das materielle Recht des Warenhandels, des Dienstleistungshandels und der handelsbezogenen Aspekte des geistigen Eigentums.
- Das Recht der ausländischen **Investitionen**. Dazu zählen die völkergewohnheitsrechtlichen und vertraglichen Regeln zum Investitionsschutz (z. B. Schutz vor Enteig-

---

36 Z. B. *Qureshi*, International Economic Law, 1999 und *Lowenfeld*, International Economic Law, 2002.
37 *Carreau/Julliard*, Droit international économique, 2003.

nungen), zur Beilegung von Streitigkeiten zwischen Staaten und Investoren und zur Absicherung des wirtschaftlichen Werts einer Investition durch Investitionsgarantien.
- Das Recht des internationalen **Währungs- und Finanzverkehrs.** Hierunter wird das internationale Währungs- und Finanzsystem verstanden, wie es in den sog. Abkommen von Bretton Woods zur Gründung des Internationalen Währungsfonds (IWF) und der Weltbank materiell (z.B. flexible Wechselkurse) und institutionell (z. B. durch Vergabe von Krediten an Staaten zur Überbrückung von Zahlungsbilanzschwierigkeiten) ausgestaltet wird.

Getrennt von diesen drei Kerngebieten behandelt das Lehrbuch das Recht der außereuropäischen **regionalen Wirtschaftsintegration** (NAFTA, Mercosur, etc.) und das **Entwicklungsvölkerrecht**, das es sich um Sondermaterien des Wirtschaftsvölkerrechts handelt, die handels-, investitions- und finanzrechtliche Aspekte enthalten, sich jedoch besser als geschlossene Materien darstellen lassen. 36

Das vorliegende Lehrbuch befasst sich **nicht** mit dem **internationalen Steuerrecht**[38], obwohl es nach der hier entwickelten Definition jedenfalls in Teilen auch zum Wirtschaftsvölkerrecht zählt. Der Ausschluss des internationalen Steuerrechts legitimiert sich durch die Komplexität der Materie, die sich erst bei vertieften Kenntnissen des nationalen Steuerrechts erschließt und dadurch, dass das internationale Steuerrecht klassischerweise nicht als Teil des Wirtschaftsvölkerrechts gelehrt wird. 37

Ebenfalls **nicht** Gegenstand dieses Lehrbuchs sind Elemente **anderer völkerrechtlicher Teilordnungen**, die wirtschaftliche Bezüge aufweisen, wie z. B. die seerechtlichen Regeln über die ausschließliche Wirtschaftszone oder die Bewirtschaftung des Meeresbodens, umweltvölkerrechtliche Handels- und Verbringungsverbote gefährlicher Stoffe oder die Regeln des Rechts der kollektiven Sicherheit über Handelssanktionen. Diesen Materien ist gemein, dass sie nicht in erster Linie auf die Regelung von internationalen Wirtschaftsbeziehungen abzielen, sondern diese lediglich betreffen und andere Zwecke verfolgen. Sie werden in der Ausbildungspraxis regelmäßig als Teil des allgemeinen Völkerrechts oder in eigenen Spezialveranstaltungen (Seerecht, Umweltvölkerrecht, etc.) gelehrt. Für Darstellungen dieser Materien kann auf die allgemeinen völkerrechtlichen Lehrbücher verwiesen werden. 38

---
**Lösungshinweise zum Ausgangsfall**

Zivilrechtliche Ansprüche mit Auslandsbezug richten sich grundsätzlich nach einer innerstaatlichen Rechtsordnung, auf die das internationale Privatrecht (Kollisionsrecht) verweist. Völkerrechtlich begründetes Einheitsrecht geht jedoch vor (Art. 3 Abs. 2 EGBGB). Bei Kaufverträgen findet das einheitliche UN-Kaufrecht (CISG) Anwendung, wenn die Vertragsparteien ihren Aufenthalt in Staaten haben, die Parteien des CISG sind (Art. 1 Abs. 1 CISG). Da sowohl China als auch die Bundesrepublik Deutschland Mitglieder des CISG sind, findet das CISG auf den Vertrag zwischen G und T Anwendung. Die Pflichten der Parteien werden durch die INCOTERMS-Klausel „CIF" konkretisiert, deren Bedeutung gem. Art. 9 CISG Vertragsinhalt geworden ist.

---

38 Dazu *Dolzer*, in: Graf Vitzthum (Hrsg.), Völkerrecht, 3. Aufl., 2004, 6. Abschnitt, Rn. 101 ff. Allgemein *Wilke*, Lehrbuch des internationalen Steuerrechts, 7. Aufl., 2002.

Nach Art. 45 Abs. 1 lit b) CISG kann der Käufer Schadensersatz verlangen, wenn der Verkäufer seine Pflichten nicht erfüllt hat. Zu den Verkäuferpflichten gehört gem. Art. 35 Abs. 1 CISG, die Waren vertragsgemäß zu liefern. Daher kann G von T Schadensersatz nach dem CISG verlangen.

Ansprüche der G auf die zollrechtliche Freigabe der Textilien und auf Erteilung einer Einfuhrlizenz richten sich nach dem europäischen Außenwirtschafts- und Zollrecht. Da dieses jedoch von den Behörden der Mitgliedstaaten der EG ausgeführt wird, wird der Rechtsschutz von nationalen Gerichten gewährt. Will G gegen die Ablehnung der Abfertigung der Waren zum freien Verkehr vorgehen, muss sie sich an das Finanzgericht wenden. Will G gegen die Versagung der Einfuhrgenehmigung durch das BAFA vorgehen, muss sie sich an das Verwaltungsgericht wenden. Sind Fragen der Auslegung des Gemeinschaftsrechts erheblich, können beide Gerichte den EuGH gem. Art. 234 EGV anrufen.

Das europäische Außenwirtschafts- und Zollrecht muss mit dem Wirtschaftsvölkerrecht, insbesondere dem WTO-Recht, übereinstimmen. Das Übereinkommen zwischen der EG und der VR China, auf dem die Einfuhrbeschränkungen beruhen, verstößt möglicherweise gegen das Verbot von mengenmäßigen Beschränkungen gem. Art. XI GATT oder das Verbot freiwilliger Ausfuhrbeschränkungen gem. Art. 11 des WTO-Übereinkommens über Schutzmaßnahmen.[39] Nach der Rechtsprechung des EuGH ist das WTO-Recht jedoch nicht unmittelbar anwendbar, so dass sich G in einem Gerichtsverfahren nicht darauf berufen kann (dazu § 2 Rn. 289 ff.).

▶ **Lern- und Wiederholungsfragen zu § 1 I.:**
1. Identifizieren Sie einige nationale, europäische und völkerrechtliche Regeln, die einen internationalen Warenkauf berühren können.
2. Welche Unterschiede und Gemeinsamkeiten bestehen zwischen dem Wirtschaftsvölkerrecht und den völkerrechtlichen Grundlagen des Einheitsrechts?
3. Welche Unterschiede und Gemeinsamkeiten bestehen zwischen dem Wirtschaftsvölkerrecht und dem Außenwirtschaftsrecht?

## II. Völkerrechtliche Grundlagen des Wirtschaftsvölkerrechts

Literatur: *Hölscheidt/Ridinger/Zitterbart*, Grundzüge des Völkerrechts und seine Bezüge zum Europa- und Verfassungsrecht, Teil 1 und 2, JURA 2005, 83 und 224; *Herdegen*, Völkerrecht, 5. Aufl., 2006; *Graf Vitzthum* (Hrsg.), Völkerrecht, 3. Aufl., 2004; *Ipsen*, Völkerrecht, 5. Aufl., 2004; *Doehring*, Völkerrecht, 2. Aufl. 2003; *Buergenthal/Doehring/Kokott/Maier*, Grundzüge des Völkerrechts, 3. Aufl., 2003; *Geiger*, Grundgesetz und Völkerrecht, 3. Aufl., 2002; *Kimminich/Hobe*, Einführung in das Völkerrecht, 7. Aufl., 2000.

**Ausgangsfall**

Bei der Förderung von Erdöl muss das mit dem Erdöl vermengte Gas (sog. assoziiertes Gas) vom Erdöl getrennt und beseitigt werden. Das assoziierte Gas kann weiterverarbeitet, in die Erde zurückgepumpt oder abgefackelt, d. h. offen verbrannt, werden. Die Abfackelung hat schwere umwelt- und gesundheitliche Auswirkungen, weswegen das Abfackeln von Gas in vielen Staaten der Welt verboten ist. Entsprechende Vorschriften gelten seit 1984 auch in Petrolia, einem Staat in Westafrika. Dennoch fackeln die Erdölförderunternehmen in Petrolia, vor allem das trans-

---

39 Dazu § 2 Rn. 423.

nationale Erdölunternehmen S, weiter in großem Umfang assoziierte Gase ab. Gegen diese Praxis wird seit langem national und international von Betroffenen und Umweltverbänden protestiert.

Da diese Proteste bislang keinen Erfolg hatten, erheben mehrere betroffene Bürger unterstützt von Umweltschutzorganisationen Klage gegen S, eine Gesellschaft englischen Rechts, vor dem zuständigen nationalen Gericht mit dem Antrag, das Abfackeln zu verbieten. Die Kläger berufen sich dabei auf nationales Verfassungs- und Verwaltungsrecht und auf die Normen der Vereinten Nationen für die Verantwortlichkeiten transnationaler Unternehmen und anderer Wirtschaftsunternehmen im Hinblick auf die Menschenrechte, insbes. auf Art. 14 dieser Normen, der wie folgt lautet:

„Transnationale Unternehmen und andere Wirtschaftsunternehmen führen ihre Tätigkeit im Einklang mit den die Erhaltung der Umwelt betreffenden innerstaatlichen Gesetzen und sonstigen Vorschriften, Verwaltungspraktiken und Politiken der Länder, in denen sie tätig sind, sowie im Einklang mit den einschlägigen internationalen Übereinkünften, Grundsätzen, Zielen, Verantwortlichkeiten und Standards in Bezug auf die Umwelt und unter Achtung der Menschenrechte, der öffentlichen Gesundheit und Sicherheit, der Bioethik und des Vorsorgeprinzips und ganz allgemein in einer Art und Weise durch, die zu dem umfassenderen Ziel der nachhaltigen Entwicklung beiträgt."

Kann das nationale Gericht diese Vorschrift anwenden?

*Anmerkung:* Die Normen der Vereinten Nationen für die Verantwortlichkeiten transnationaler Unternehmen und anderer Wirtschaftsunternehmen im Hinblick auf die Menschenrechte wurden von der Unterkommission zum Schutz und zur Förderung der Menschenrechte am 13. 8. 2003 einstimmig angenommen.

Sachverhalt nach Federal High Court of Nigeria, Urteil vom 14. 11. 2005, Gbemre/Shell Petroleum et al., Text unter http://www.climatelaw.org/cases

Da das Wirtschaftsvölkerrecht **Teilgebiet des Völkerrechts** ist, gilt das allgemeine Völkerrecht auch in den internationalen Wirtschaftsbeziehungen. Die Grundzüge des allgemeinen Völkerrechts, soweit sie für das Wirtschaftsvölkerrecht relevant sind, sollen daher im Folgenden überblicksartig dargestellt werden. Für eine vertiefte Befassung muss auf die völkerrechtliche Lehrbuchliteratur verwiesen werden.

Die Grundlagen des Völkerrechts erschließen sich am besten, wenn man zunächst die **Subjekte** des Völkerrechts und seine **Rechtsquellen** und danach einige zentrale **Rechtsprinzipien** des Völkerrechts betrachtet. Zu klären ist schließlich auch das **Verhältnis** des Völkerrechts **zum innerstaatlichen Recht**.

## 1. Völkerrechtssubjekte

Wie jede Rechtsordnung muss das Völkerrecht die Frage beantworten, welche Personen von der Rechtsordnung als Subjekte anerkannt werden. Die Völkerrechtssubjektivität bestimmt sich dabei nicht danach, welche Institutionen und Personen in den internationalen Beziehungen tatsächlich eine Rolle spielen. Vielmehr kommt es darauf an, dass einer Person oder Institution durch die Völkerrechtsordnung die Fähigkeit zuerkannt wird, **Träger von völkerrechtlichen Rechten und Pflichten** zu sein. Völkerrechtssubjekte sind Subjekte, deren **Verhalten unmittelbar durch das Völkerrecht geregelt** werden kann.

42 Im Allgemeinen lassen sich zwei Kategorien von Völkerrechtsubjekten unterscheiden, die im Folgenden kurz dargestellt werden: **Staaten** und **andere Völkerrechtssubjekte**, insbesondere internationale Organisationen.[40]

43 Völkerrechtssubjekte sind nicht identisch mit den **Akteuren der internationalen Wirtschaftsbeziehungen**. Unter Akteuren der internationalen Wirtschaftsbeziehungen sind alle Institutionen und Personen zu verstehen, deren Verhalten sich auf den internationalen Austausch von Gütern, Kapital und Arbeitskraft bezieht. Dazu zählen neben den Staaten und internationalen Organisationen vor allem die natürlichen und juristischen Personen, die an diesem Austausch direkt beteiligt sind, insbesondere die international tätigen Unternehmen.

### a) Staaten

44 Auch wenn in Zeiten zunehmender wirtschaftlicher Globalisierung staatliche Grenzen an Bedeutung verlieren und staatliche Einfluss- und Steuerungsmöglichkeiten verschwinden, gehören Staaten weiterhin zu den **zentralen Akteuren** der internationalen Wirtschaftsbeziehungen. Staaten spielen für das Wirtschaftsvölkerrecht eine **doppelte Rolle**: Zum einen wirken sie durch die innerstaatliche und völkerrechtliche Rechtsetzung und Rechtsdurchsetzung und durch die Beachtung bzw. Verletzung der rechtlichen Regeln auf die Rahmenbedingungen internationaler Wirtschaftsbeziehungen ein (**Rolle als Rechtssubjekt**). Zum anderen beteiligen sie sich auch selbst am wirtschaftlichen Austausch, etwa durch die Ausbeutung und den Verkauf von Rohstoffen durch staatliche Monopole oder Staatsunternehmen (**Rolle als Wirtschaftssubjekt**). Die Rolle des Staats als Wirtschaftssubjekt ist jedoch durch den Bedeutungsverlust planwirtschaftlicher Modelle und im Zuge der weltweiten Privatisierung von Staatsunternehmen deutlich zurückgegangen.

45 Da das Völkerrecht als „zwischenstaatliches" Recht verstanden wird, setzt es die **Völkerrechtssubjektivität der Staaten** notwendig voraus. Staaten leiten ihre Völkerrechtssubjektivität von keinen anderen Rechtssubjekten ab: Sie sind originäre (oder „geborene") Völkerrechtssubjekte. Ihre Völkerrechtssubjektivität ist nicht auf bestimmte Materien beschränkt (absolute Völkerrechtssubjektivität) und gilt gegenüber allen anderen Völkerrechtssubjekten (generelle Völkerrechtssubjektivität).

46 Ein Staat definiert sich im Völkerrecht auf der Grundlage der von *Georg Jellinek* begründeten Drei-Elemente-Lehre durch ein abgegrenztes **Territorium** (Staatsgebiet), eine ständige **Bevölkerung** (Staatsvolk) und eine effektive, dauerhafte **Regierung** (Staatsgewalt).[41] Als viertes Element wird z. T. die Fähigkeit, mit anderen Staaten Bezie-

---

40 Neben den internationalen Organisationen gibt es noch andere Völkerrechtssubjekte, die jedoch für das Wirtschaftsvölkerrecht von äußerst geringer Bedeutung sind, so z. B. anerkannte Aufständische, der Heilige Stuhl, das Internationale Komitee des Roten Kreuzes (IKRK) und der Souveräne Malteserorden. Dazu *Hailbronner*, in: Graf Vitzthum (Hrsg.), Völkerrecht, 3. Aufl., 2004, 3. Abschn., Rn. 39-43.
41 Zu den Elementen eines Staats *Ipsen-Epping*, Völkerrecht, 5. Aufl., 2004, § 5 und *Hailbronner*, in: Graf Vitzthum (Hrsg.), Völkerrecht, 3. Aufl., 2004, 3. Abschn., Rn. 77 ff.

hungen aufnehmen zu können genannt, die jedoch regelmäßig bei Vorhandensein einer effektiven und dauerhaften Regierung gegeben sein wird. Der **Anerkennung** eines Staats durch andere Staaten oder internationale Organisationen kommt keine konstitutive, sondern nur eine **deklaratorische Bedeutung** zu.[42]

Die Grenzen des Territoriums eines Staats müssen im Wesentlichen feststehen, d. h. der Staat muss über ein **anerkanntes Kerngebiet** verfügen. Das Territorium bedarf keiner Mindestgröße. Auch sog. Klein- oder Mikrostaaten sind Staaten i. S. des Völkerrechts. Das Staatsgebiet muss Teil der (natürlichen) Erdoberfläche sein; eine Bohrinsel kann also kein Staatsgebiet sein. Es umfasst in räumlicher Hinsicht neben dem **Landgebiet** (einschließlich der Binnengewässer) auch das **Erdreich** unter dem Landgebiet und den **Luftraum** über dem Staatsgebiet. Auf dem Meer wird das **Küstenmeer** bis zu einer Entfernung von 12 Seemeilen von der Küste hinzugezählt. Die sog. Ausschließliche Wirtschaftszone (AWZ), die bis zu 200 Seemeilen ab der Küste umfassen kann, ist nicht Teil des Staatsgebiets. Der Staat verfügt hier jedoch über das ausschließliche Recht der wirtschaftlichen Nutzung (vor allem Fischerei-Rechte).[43]

47

Auch die **Bevölkerung** eines Staats muss keine Mindestgröße erreichen. Sie muss auch keine ethnisch, religiös oder sprachlich homogene Gruppe sein. Erforderlich ist lediglich eine gewisse dauerhafte Verbundenheit mit dem Staat. Regelmäßig wird diese bei natürlichen Personen durch die **Staatsangehörigkeit** ausgedrückt. Juristische Personen verfügen über keine Staatsangehörigkeit; ihre Zuordnung zu einer nationalen Rechtsordnung (Staatszugehörigkeit) erfolgt über das Gesellschaftsstatut.[44]

48

Von zentraler Bedeutung für die Staatsqualität ist die Ausübung einer **effektiven und dauerhaften Staatsgewalt**. Dazu zählt die Fähigkeit einer Regierung, das Staatsgebiet und die Bevölkerung nach innen effektiv und dauerhaft zu kontrollieren und die staatliche Ordnung zu organisieren (innere Souveränität). Zum anderen ist erforderlich, dass der Staat unabhängig von anderen Staaten oder internationalen Organisationen nach außen selbständig handeln kann (äußere Souveränität).

49

Wird in einem Staat insgesamt keine effektive Staatsgewalt mehr ausgeübt, spricht man von einem „**failed state**".[45] Dies ist z. B. dann der Fall, wenn sich in einem Staat mehrere rivalisierende Gruppen bekämpfen und öffentliche Aufgaben nicht mehr wahrgenommen werden (Bsp. Somalia und Liberia). Der „failed state" bleibt jedoch weiterhin Völkerrechtssubjekt; ihm fehlt allerdings die völkerrechtliche Handlungsfähigkeit.

50

---

42 *Ipsen-Epping/Gloria*, Völkerrecht, 5. Aufl., 2004, § 22 Rn. 25 ff. und *Hailbronner*, in: Graf Vitzthum (Hrsg.), Völkerrecht, 3. Aufl., 2004, 3. Abschn., Rn. 168 ff.
43 *Ipsen-Gloria*, Völkerrecht, 5. Aufl., 2004, §§ 51 ff.; *Graf Vitzthum*, in ders. (Hrsg.), Völkerrecht, 3. Aufl., 2004, 5. Abschn., Rn. 38 ff.
44 Dazu unten Rn. 104 f.
45 *Ipsen-Epping*, Völkerrecht, 5. Aufl., 2004, § 5 Rn. 11 ff. und *Hailbronner*, in: Graf Vitzthum (Hrsg.), Völkerrecht, 3. Aufl., 2004, 3. Abschn., Rn. 85.

**51** Hat sich auf einem Territorium eine neue Herrschaftsgewalt etabliert, deren Dauerhaftigkeit noch nicht sicher ist, kann man von einem stabilisierten (lokalen) **de facto-Regime** sprechen.[46] Ein Gebiet, auf dem ein de facto-Regime etabliert ist, hat noch keine Staatseigenschaften. Das de facto-Regime wird aber als partielles Völkerrechtssubjekt anerkannt, so dass es etwa den Schutz des eigenen Territoriums beanspruchen kann. Das Regime der Taliban, das zwischen 1996 und 2001 über wesentliche Teile des Gebiets von Afghanistan herrschte, wurde als de facto-Regime bezeichnet.

### b) Internationale Organisationen

**52** In den internationalen Wirtschaftsbeziehungen spielen internationale Organisationen eine zentrale Rolle. Dies gilt sowohl für **globale Organisationen**, d. h. Organisationen mit universeller (z. B. Vereinte Nationen, Internationaler Währungsfonds, Weltbank) oder nahezu universeller Mitgliedschaft (z. B. WTO) als auch für **regionale Organisationen** (z. B. OECD[47]), von denen insbesondere regionale Integrationsorganisationen wie die EG oder der Mercosur von großer Bedeutung sind.[48]

**53** Die Völkerrechtssubjektivität der internationalen Organisationen leitet sich von der Völkerrechtssubjektivität der Staaten ab und wird daher auch als derivativ bezeichnet („gekorene Völkerrechtssubjekte").[49] Sie ist regelmäßig partiell, d. h. sie gilt nur für bestimmte Materien oder Sachgebiete. Zumeist ist sie auch relativ oder partikular, d. h. sie gilt nur gegenüber bestimmten anderen Völkerrechtssubjekten.

**54** Die Völkerrechtssubjektivität internationaler Organisationen wird durch den **Willen ihrer Gründungsmitglieder** begründet, die Organisation mit Rechten und Pflichten auszustatten. Die Begründung der Rechtspersönlichkeit kann sich **ausdrücklich** aus dem Gründungsvertrag der internationalen Organisation ergeben, wie z. B. im Fall der WTO.

Art. VIII:1 Übereinkommen zur Gründung der Welthandelsorganisation (WTO)
Die WTO besitzt Rechtspersönlichkeit; von jedem ihrer Mitglieder wird ihr die Rechtsfähigkeit eingeräumt, die zur Wahrnehmung ihrer Aufgaben erforderlich ist.

**55** Art. VIII:1 WTO-Übereinkommen begründet nicht nur ausdrücklich die Völkerrechtssubjektivität der WTO, sondern macht auch deutlich, dass die Fähigkeit, Trägerin von Rechten zu sein, der WTO von ihren Mitgliedern eingeräumt wird. Außerdem zeigt Art. VIII:1, dass die Rechtsfähigkeit der WTO partiell ist, da sie auf den Umfang beschränkt ist, der „zur Wahrnehmung ihrer Aufgaben erforderlich ist".

---

46 *Ipsen-Epping*, Völkerrecht, 5. Aufl., 2004, § 8 Rn. 15 ff. und *Graf Vitzthum*, in: ders. (Hrsg.), Völkerrecht, 3. Aufl., 2004, 1. Abschn., Rn. 5.
47 Organisation for Economic Cooperation and Development. Es handelt sich um einen Zusammenschluss von überwiegend europäischen und nordamerikanischen Industrie- und Schwellenländern mit Sitz in Paris.
48 Zu regionalen Integrationsorganisationen siehe § 6.
49 Zur Völkerrechtspersönlichkeit internationaler Organisationen *Ipsen-Epping*, Völkerrecht, 5. Aufl., 2004, § 6 Rn. 2 ff. und *Hailbronner*, in: Graf Vitzthum (Hrsg.), Völkerrecht, 3. Aufl., 2004, 3. Abschn., Rn. 12.

Die Völkerrechtspersönlichkeit internationaler Organisationen kann sich auch **implizit** 56
aus dem Gründungsvertrag ergeben. Dies hat der Internationale Gerichtshof z. B. für
die Charta der **Vereinten Nationen** angenommen. In seinem Gutachten über die
Frage, ob die Vereinten Nationen gegenüber einem Staat Ansprüche wegen der Ermordung eines UN-Bediensteten geltend machen können, bejahte der IGH die Völkerrechtspersönlichkeit der Vereinten Nationen mit einer funktionalen Perspektive. Die Vereinten Nationen könnten ihre Aufgaben nach der UN-Charta nur erfüllen, wenn sie
Völkerrechtssubjekt seien:

„In the opinion of the Court, the Organization was intended to exercise and enjoy, and is in fact exercising and enjoying, functions and rights which can only be explained on the basis of the possession of a large measure of international personality and the capacity to operate upon an international plane. It is at present the supreme type of international organization, and it could not carry out the intentions of its founders if it was devoid of international personality. It must be acknowledged that its Members, by entrusting certain functions to it, with the attendant duties and responsibilities, have clothed it with the competence required to enable those functions to be effectively discharged. Accordingly, the Court has come to the conclusion that the Organization is an international person. That is not the same thing as saying that it is a State, which it certainly is not, or that its legal personality and rights and duties are the same as those of a State. Still less is it the same thing as saying that it is „a super-State", whatever that expression may mean. It does not even imply that all its rights and duties must be upon the international plane, any more than all the rights and duties of a State must be upon that plane. What it does mean is that it is a subject of international law and capable of possessing international rights and duties, and that it has capacity to maintain its rights by bringing international claims."[50]

Die Völkerrechtspersönlichkeit einer internationalen Organisation gilt zunächst nur 57
gegenüber ihren **Mitgliedern**. Gegenüber Nicht-Mitgliedern wird sie erst begründet,
wenn diese die Völkerrechtspersönlichkeit der internationalen Organisation mittels einer förmlichen Erklärung oder durch die Begründung von rechtlichen Beziehungen
faktisch anerkennen. Hierin zeigt sich, dass die Völkerrechtspersönlichkeit einer internationalen Organisation relativ ist. Die Völkerrechtspersönlichkeit gilt nur gegenüber
Mitgliedern und solchen Nicht-Mitgliedern, die diese ausdrücklich anerkannt haben.

c) **Individuen**

Individuen wurde **bis zur Mitte des 20. Jahrhunderts generell keine Völkerrechts-** 58
**subjektivität** zugebilligt. Soweit das Völkerrecht Rechte und Pflichten für Individuen
begründete, galten diese zunächst nur für die Staaten. Rechte und Pflichten, die sich
auf Individuen bezogen, mussten zunächst in staatliches Recht umgesetzt werden. Auf
völkerrechtlicher Ebene konnten diese Rechte nur von Staaten wahrgenommen werden. Das Individuum trat aus völkerrechtlicher Sicht stets nur als Angehöriger eines
Staats in Erscheinung („Meditiatisierung des Individuums").

Diese Auffassung ist heute überholt.[51] Zwar können nach wie vor völkerrechtliche In- 59
dividualrechte von den Staaten im Wege des diplomatischen Schutzes eingefordert

---
50 IGH, Reparations for Injuries, Gutachten vom 11.4.1948, ICJ Reports 1949, 174, 179. Siehe auch *Dörr*, Kompendium völkerrechtlicher Rechtsprechung, 2004, Fall 10.
51 *Ipsen-Epping*, Völkerrecht, 5. Aufl., 2004, § 7.

werden.⁵² Die regional und international verbürgten **Menschenrechte** können jedoch unmittelbar geltende völkerrechtliche Rechte für Individuen begründen. Dies gilt insbesondere für die Europäische Menschenrechtskonvention (EMRK). In jüngster Zeit werden zunehmend auch Pflichten von Individuen angenommen, z. B. im entstehenden **Völkerstrafrecht**. Insofern geht man **heute** davon aus, dass Individuen jedenfalls eine **partielle Völkerrechtssubjektivität** zukommt.

### d) Transnationale Unternehmen

60 Transnationale oder multinationale Unternehmen, d. h. Unternehmen, die durch Zweigniederlassungen in mehr als einem Staat wirtschaftlich tätig sind, gehören zu den **Hauptakteuren der internationalen Wirtschaftsbeziehungen**. Sie sind für einen großen Teil des internationalen Waren- und Dienstleistungshandels, der ausländischen Direktinvestitionen und des internationalen Kapital- und Zahlungsverkehrs verantwortlich. Die wirtschaftliche Macht transnationaler Unternehmen zeigt sich plastisch daran, dass die Jahresumsätze mancher Unternehmen das Bruttoinlandsprodukt zahlreicher Staaten um ein Vielfaches übersteigen. Transnationale Unternehmen beeinflussen auch die Aushandlung völkerrechtlicher Verträge, wie z. B. der Einfluss US-amerikanischer Unternehmen auf die Verhandlungen zum Dienstleistungsabkommen der WTO (GATS) und das Übereinkommen über handelsbezogene Aspekte des geistigen Eigentums (TRIPS) zeigt.⁵³

61 Trotz ihrer tatsächlichen Bedeutung für die internationalen Wirtschaftsbeziehungen und das Wirtschaftsvölkerrecht ist die rechtliche Qualifizierung von multinationalen Unternehmen aus völkerrechtlicher Sicht, insbesondere die Frage einer Völkerrechtssubjektivität, hochumstritten.⁵⁴ Nach überwiegender Auffassung sind multinationale Unternehmen **keine Völkerrechtssubjekte,** da es (derzeit noch) keine unmittelbar geltenden Völkerrechtsregeln gibt, durch die multinationalen Unternehmen direkte Rechte und Pflichten übertragen werden.

62 Die Frage der Völkerrechtssubjektivität transnationaler Unternehmen ist jedoch nicht pauschal zu beantworten. Vielmehr ist zu prüfen, ob transnationalen Unternehmen **im Einzelfall** durch völkerrechtliche Normen Rechte oder Pflichten übertragen wurden. In Investitionsschutzverträgen kann multinationalen Unternehmen z. B. das Recht eingeräumt werden, Streitigkeiten im Rahmen einer Investor-Staat-Streitschlichtung⁵⁵ zu lösen. Wenn dieses Recht unabhängig von der Zustimmung des Sitzstaats ausgeübt werden kann, begründet der Vertrag für multinationale Unternehmen eine **völkerrechtliche Rechtsposition**. In einem solchen Fall ist auch eine partielle Völkerrechtssubjektivität multinationaler Unternehmen anzunehmen.

---

52 Dazu unten Rn. 102 f.
53 Dazu § 2 Rn. 427, 488.
54 *Fischer,* Transnational Enterprises, in: Bernhardt (ed.), Encyclopedia of Public International Law, Band IV, 2003, 921 und *Nowrot,* Nun sag, wie hast du's mit den Global Players? Die Friedenswarte 2004, 119.
55 Dazu § 3 Rn. 653 ff.

In gleicher Weise ist denkbar, dass durch eine völkerrechtliche Norm Pflichten für transnationale Unternehmen begründet werden. Allerdings sind die **Kodizes,** für das Verhalten transnationaler Unternehmen die in internationalen Organisationen bisher entwickelt wurden, stets **unverbindliche Richtlinien** geblieben.[56] Dies gilt sowohl für die von der OECD 1976 erlassenen und im Jahr 2000 überarbeiteten „OECD Guidelines for Multinational Enterprises"[57] als auch für die von der ILO 1977 angenommene und ebenfalls 2000 geänderte „Tripartite Declaration of Principles Concerning Multinational Enterprises".[58] Trotzdem finden diese Richtlinien auf freiwilliger Basis durchaus Beachtung.

63

Die „Normen der Vereinten Nationen für die Verantwortlichkeiten transnationaler Unternehmen und anderer Wirtschaftsunternehmen im Hinblick auf die Menschenrechte" der UN-Unterkommission zum Schutz und zur Förderung der Menschenrechte von 2003, auf die sich die Kläger im Ausgangsfall berufen haben, sind ebenfalls (noch) nicht verbindlich.[59] Sollten sie allerdings zu einem verbindlichen Regelwerk erstarken, etwa indem sie Teil eines völkerrechtlichen Abkommens werden, würden sie multinationalen Unternehmen unmittelbar völkerrechtliche Pflichten übertragen, so dass auch insofern von einer partiellen Völkerrechtssubjektivität multinationaler Unternehmen gesprochen werden könnte.

64

e) **Nichtregierungsorganisationen**

Nationale und internationale Nichtregierungsorganisationen (Non-governmental organisations, NGOs) spielen in den internationalen Beziehungen eine zunehmende Rolle. Dies gilt vor allem für den internationalen Menschenrechtsschutz (z. B. amnesty international) und den Umweltschutz (z. B. Greenpeace, WWF). In den internationalen Wirtschaftsbeziehungen sind vor allem **Unternehmensverbände und -zusammenschlüsse** (z. B. die internationale Handelskammer, ICC oder der Dachverband der europäischen Industrie, UNICE) und **zivilgesellschaftliche Gruppen**, die sich kritisch mit dem gegenwärtigen Weltwirtschaftssystem auseinandersetzen (z. B. ATTAC), von praktischer Bedeutung.

65

Von wenigen Ausnahmen vor allem in regionalen Menschenrechtskonventionen abgesehen begründet das Völkerrecht **keine Rechte und Pflichten** für Nichtregierungsorganisationen.[60] Gleichwohl unterhalten einige internationale Organisationen förmli-

66

---

56 Dazu § 3 Rn. 582 ff.
57 Text unter http://www.oecd.org/dataoecd/56/36/1922428.pdf. Dazu *Klingenberg,* Die Leitsätze der OECD für multinationale Unternehmen – ein Vorbild für die neue Welthandelsrunde?, ZvglRWiss 101 (2002), 421.
58 Text unter http://www.ilo.org/ilolex/english/iloquerymtn1.htm.
59 Text unter http://daccess-ods.un.org/TMP/771022.5.html. Dazu *Nowrot,* Die UN-Norms on the Responsibility of Transnational Corporations and Other Business Enterprises with Regard to Human Rights – Gelungener Beitrag zur transnationalen Rechtsverwirklichung oder das Ende des Global Compact?, Beiträge zum transnationalen Wirtschaftsrecht Heft 21, 2003, im Internet unter http://www.wirtschaftsrecht.uni-halle.de/Heft21.pdf.
60 *Hobe,* Die Völkerrechtssubjektivität internationaler nichtstaatlicher Organisationen, AVR 37 (1999), 152.

che Kontakte zu diesen Organisationen. So werden z. B. NGOs im Wirtschafts- und Sozialrat der Vereinten Nationen (ECOSOC) verschiedene Beteiligungsrechte eingeräumt. Andere internationale Organisationen, wie etwa die WTO, verstehen sich in erster Linie als Organisation von Staaten und lehnen förmliche Beziehungen zu NGOs ab.

### 2. Rechtsquellen des Völkerrechts

67 Die allgemein anerkannten Rechtsquellen des Völkerrechts werden in Art. 38 Abs. 1 des Statuts des Internationalen Gerichtshofs (IGH-Statut)[61] aufgeführt.

> **Wichtige Norm: Art. 38 Abs. 1 IGH-Statut**
> 1. Der Gerichtshof, dessen Aufgabe es ist, die ihm unterbreiteten Streitigkeiten nach dem Völkerrecht zu entscheiden, wendet an
> (a) internationale Übereinkünfte allgemeiner oder besonderer Natur, in denen von den streitenden Staaten ausdrücklich anerkannte Regeln festgelegt sind;
> (b) das internationale Gewohnheitsrecht als Ausdruck einer allgemeinen, als Recht anerkannten Übung;
> (c) die von den Kulturvölkern anerkannten allgemeinen Rechtsgrundsätze;
> (d) vorbehaltlich des Artikels 59 richterliche Entscheidungen und die Lehrmeinung der fähigsten Völkerrechtler der verschiedenen Nationen als Hilfsmittel zur Feststellung von Rechtsnormen.

68 Die Rechtsquellen des Völkerrechts sind demnach **völkerrechtliche Verträge** (Art. 38 Abs. 1 lit. a) IGH Statut), **Völkergewohnheitsrecht** (Art. 38 Abs. 1 lit. b) IGH Statut) und die **allgemeinen Rechtsgrundsätze** (Art. 38 Abs. 1 lit. c) IGH Statut).[62] Keine Völkerrechtsquellen sind Gerichtsentscheidungen (z. B. des IGH oder des Europäischen Gerichtshofs für Menschenrechte). Sie können jedoch – ebenso wie bedeutsame und international anerkannte völkerrechtliche Lehrmeinungen – als Rechtserkenntnisquellen oder Hilfsquellen zur Ermittlung völkerrechtlicher Normen herangezogen werden.

> **Merke: Völkerrechtsquellen** sind völkerrechtliche **Verträge**, **Völkergewohnheitsrecht** und **allgemeine Rechtsgrundsätze**.

69 Der Kanon der völkerrechtlichen Quellen macht den **„genossenschaftlichen" Charakter** des Völkerrechts deutlich. Die Völkerrechtssubjekte sind keinem Recht unterworfen, das von einer übergeordneten Instanz gesetzt wird. Vielmehr sind die Rechtssubjekte auch die Rechtsetzer. Insofern lassen sich die meisten Völkerrechtsregeln auf den Willen der Staaten zurückführen: Verträge bedürfen der Zustimmung der Vertragsparteien und Gewohnheitsrecht setzt die – wenigstens implizite – Zustimmung der Staaten voraus.[63]

---
61 BGBl. 1973 II, S. 503 = Sartorius II, Nr. 2.
62 Zu den Rechtsquellen des Völkerrechts *Ipsen-Heintschel von Heinegg,* Völkerrecht, 5. Aufl., 2004, §§ 9-21 *und Graf Vitzthum,* in: ders. (Hrsg.), Völkerrecht, 3. Aufl., 2004, Abschn. 1, Rn. 113 ff.
63 Unten Rn. 84 ff.

Im Gegensatz zum nationalen Recht gibt es innerhalb des Völkerrechts grundsätzlich **keine förmliche Normenhierarchie**, sondern es gelten allenfalls die allgemeinen Kollisionsregeln des „lex specialis derogat legi generali" (das spezielle Gesetz verdrängt das allgemeine) und „lex posterior derogat legi priori" (das spätere Gesetz verdrängt das frühere).[64] In der praktischen Anwendung bedeuten diese Grundsätze allerdings, dass ein völkerrechtlicher Vertrag jedenfalls für seine Vertragsparteien dem Gewohnheitsrecht im Allgemeinen vorgeht, da er regelmäßig spezieller als das Gewohnheitsrecht ist und zumeist auch jüngeren Datums.

70

Eine gewisse Ausnahme von der Gleichrangigkeit der Völkerrechtsquellen stellt das sog. **ius cogens (= zwingendes Völkerrecht)** dar.[65] Eine Rechtsregel gilt dann als ius cogens, wenn sie aufgrund ihrer elementaren Bedeutung für die internationale Gemeinschaft nicht mehr abgeändert werden darf. Dazu zählt z. B. das Verbot der Sklaverei und das Verbot des Völkermordes. Vertragsrecht und Gewohnheitsrecht, das gegen ius cogens verstößt, ist unwirksam. Insofern kommt dem ius cogens eine Vorrangstellung gegenüber „einfachem" Völkerrecht zu. Normen des ius cogens entfalten regelmäßig auch eine sog. **erga omnes**-Wirkung, mit der Folge, dass ihre Verletzung von allen Staaten gerügt werden kann.

71

Ebenfalls von besonderer Bedeutung ist die **Charta der Vereinten Nationen.** Gem. Art. 103 UN-Charta gehen die Verpflichtungen der UN-Charta allen anderen vertraglichen Verpflichtungen vor. Eine entsprechende Vorschrift findet sich in Art. XXI lit. c) des Allgemeinen Zoll- und Handelsabkommens (GATT), wonach die Bestimmungen des GATT die Vertragsparteien nicht daran hindern, Maßnahmen aufgrund von Verpflichtungen aus der UN-Charta zu treffen.[66] Dieser Vorrang der UN-Charta gegenüber anderen völkerrechtlichen Verpflichtungen begründet sich in der fundamentalen Bedeutung der UN-Charta für die Staatengemeinschaft; sie wird daher teilweise auch als die **Verfassung der internationalen Gemeinschaft** bezeichnet.[67]

72

### a) Völkerrechtliche Verträge

Völkerrechtliche Verträge sind im modernen Völkerrecht und auch im Wirtschaftsvölkerrecht die **praktisch bedeutsamste Rechtsquelle**. Die Mehrzahl der völkerrechtlichen Verträge sind zwischenstaatliche (bilaterale oder multilaterale) Verträge. Daneben existieren auch Verträge zwischen Staaten und internationalen Organisationen und Verträge von internationalen Organisationen untereinander.

73

Unter einem völkerrechtlichen Vertrag versteht man jede rechtsverbindliche Übereinkunft zwischen Völkerrechtssubjekten, die völkerrechtliche Rechte und Pflichten zum

74

---

64 Art. 30 WVK.
65 Dazu *Ipsen-Heintschel von Heinegg*, Völkerrecht, 5. Aufl., 2004, § 15 Rn. 36 ff. und *Graf Vitzthum*, in: ders. (Hrsg.), Völkerrecht, 3. Aufl., 2004, 1. Abschn., Rn. 126.
66 Dazu § 2 Rn. 338.
67 *Verdross/Simma*, Universelles Völkerrecht, 3. Aufl., 1984, §§ 89 ff.

Inhalt hat.[68] Auf die Bezeichnung („Vertrag", „Letter of Understanding", „Memorandum") kommt es nicht an. Verträge zwischen Völkerrechtssubjekten, die sich nicht auf völkerrechtliche Inhalte beziehen (etwa die Miete von Büros) unterliegen nicht dem Völkerrecht.

> **Definition: Völkerrechtliche Verträge** sind **Vereinbarungen** zwischen zwei oder mehreren **Völkerrechtssubjekten** auf dem **Gebiet des Völkerrechts**.

75 Die Regeln über **Zustandekommen, Gültigkeit, Auslegung und Beendigung** völkerrechtlicher Verträge werden als allgemeines Völkervertragsrecht bezeichnet, das im Wesentlichen in der **Wiener Konvention über das Recht der Verträge** von 1969 (Wiener Vertragsrechtskonvention, WVK) kodifiziert ist.[69] Da die WVK selbst ein völkerrechtlicher Vertrag ist, bindet sie nur ihre Vertragsparteien. Nach allgemeiner Meinung wurden in der WVK jedoch die völkergewohnheitsrechtlich geltenden Regeln über völkerrechtliche Verträge kodifiziert. Daher können die Grundlagen und die wichtigsten Regeln der WVK in einer Falllösung grundsätzlich auch dann angewendet werden, wenn ein beteiligter Staat nicht Partei der WVK ist.

76 Die Rechtsfolgen eines **Verstoßes** gegen einen völkerrechtlichen Vertrag sind in der WVK nicht kodifiziert. Sie bestimmen sich nach den Regeln über die **völkerrechtliche Verantwortlichkeit** der Staaten.[70]

**Zustandekommen völkerrechtlicher Verträge**

77 Völkerrechtliche Verträge können in einem einphasigen oder mehrphasigen Verfahren zu Stande kommen.[71] Von einem **einphasigen Verfahren** wird gesprochen, wenn zum Inkrafttreten des Vertrags die Zustimmung des Staatsorgans, das den Vertrag ausgehandelt hat, genügt (vgl. Art. 12 WVK). Bei dem – für die meisten multilateralen und inhaltlich bedeutsamen Verträge erforderlichen – mehrphasigen Verfahren sind an Aushandlung und Vertragsschluss mehrere Staatsorgane beteiligt. Im **mehrphasigen Verfahren** können im Wesentlichen folgende Schritte unterschieden werden:
1. Die **Vertragsverhandlungen** werden durch die Vertreter der Staaten (vgl. Art. 7 WVK) geführt. Formal wird die Bundesrepublik durch den Bundespräsidenten vertreten (Art. 59 Abs. 1 GG), der seine Vertretungsbefugnis jedoch stets auf Regierungsmitglieder, Diplomaten oder Ministerialbeamte überträgt.
2. Nach Abschluss der Verhandlungen wird der **Vertragstext** durch Zustimmung der Verhandlungsführer festgelegt und **angenommen** (vgl. Art. 9 und 10 WVK). Dies geschieht durch Unterzeichnung oder Paraphierung, d. h. Unterzeichnung mit dem

---

68 Zu völkerrechtlichen Verträgen *Ipsen-Heintschel von Heinegg*, Völkerrecht, 5. Aufl., 2004, §§ 9–15 und *Graf Vitzthum*, in: ders. (Hrsg.), Völkerrecht, 3. Aufl., 2004, 1. Abschn., Rn. 113 ff.
69 BGBl. 1985 II, S. 926 = Sartorius II Nr. 320.
70 Dazu unten Rn. 98 ff.
71 Vgl. *Geiger*, Grundgesetz und Völkerrecht, 3. Aufl., 2002, § 20 III und *Schweitzer*, Staatsrecht III, 8. Aufl. 2004, Rn. 142 ff.

Namenskürzel. Die Unterzeichnung führt jedoch nicht zur Bindung an den Vertrag, sondern begründet lediglich die Verpflichtung, den Vertrag dem innerstaatlichen Zustimmungsprozess zuzuleiten. Außerdem sind die Staaten verpflichtet, den Vertragszweck nicht zu vereiteln (Art. 18 WVK).

3. Nach Annahme des Vertragstextes müssen in jedem Vertragsstaat die jeweils zuständigen nationalen Organe zustimmen. Welche dies sind und wann eine Zustimmung erforderlich ist, bestimmt sich nach dem nationalen Verfassungsrecht. Bei wichtigen Verträgen ist regelmäßig eine **Zustimmung des Parlaments** erforderlich. In der Bundesrepublik muss der Bundestag, ggf. auch der Bundesrat in Form eines Zustimmungsgesetzes zustimmen. In Art. 59 Abs. 2 GG ist festgelegt, dass „Verträge, welche die politischen Beziehungen des Bundes regeln oder sich auf Gegenstände der Bundesgesetzgebung beziehen" der Zustimmung oder der Mitwirkung der jeweils zuständigen Gesetzgebungsorgane des Bundes in der Form eines Bundesgesetzes bedürfen. Nach Zustimmung des Parlaments erfolgt die **Ratifikation**, d. h. die förmliche Erklärung durch das Staatsoberhaupt, an den Vertrag gebunden zu sein.

4. Nach Abschluss des innerstaatlichen Ratifikationsverfahrens erfolgt der **Austausch bzw. die Hinterlegung der Ratifikationsurkunden** bei einem Depositar (Art. 16 WVK). Damit ist auch das völkerrechtliche Zustimmungsverfahren abgeschlossen.

5. Ein bilateraler Vertrag **tritt in Kraft**, wenn beide Parteien zugestimmt haben. Multilaterale Verträge können dagegen bereits nach Vorliegen der Zustimmung einer bestimmten Mindestzahl der Vertragsparteien in Kraft treten, wenn dies ausdrücklich im Vertrag vorgesehen ist (Art. 24 WVK). Ansonsten treten auch multilaterale Verträge erst in Kraft, wenn alle Vertragsparteien zugestimmt haben.

Zu beachten ist, dass ein **Verstoß gegen nationale Verfahrensvorschriften** über das Zustandekommen eines völkerrechtlichen Vertrags nur beachtlich ist, wenn er offenkundig ist und eine Vorschrift von grundlegender Bedeutung betrifft (vgl. Art. 46 WVK).

### Auslegung völkerrechtlicher Verträge

Zahlreiche internationale Streitigkeiten entzünden sich an unterschiedlichen Auslegungen völkerrechtlicher Verträge. Die allgemeinen Regeln zur Interpretation von Verträgen sind daher von hoher praktischer Bedeutung. Grundsätzlich werden Verträge nach dem **Wortlaut** der Norm, ihrem **Zusammenhang (Kontext)** sowie dem **Ziel und Zweck des Vertrags** interpretiert, Art. 31 Abs. 1 WVK.[72]

> **Wichtige Norm: Art. 31 Abs. 1 WVK**
> Ein Vertrag ist nach Treu und Glauben in Übereinstimmung mit der gewöhnlichen, seinen Bestimmungen in ihrem Zusammenhang zukommenden Bedeutung und im Lichte seines Zieles und Zweckes auszulegen.

---

72 Zur Auslegung völkerrechtlicher Verträge *Ipsen-Heintschel von Heinegg,* Völkerrecht, 5. Aufl., 2004, § 11 und *Graf Vitzthum,* in: ders. (Hrsg.), Völkerrecht, 3. Aufl., 2004, Abschn. 1, Rn. 123 ff.

80 Art. 31 Abs. 2 und 3 WVK konkretisieren diese allgemeine Regel. Danach gehören gem. Art. 31 Abs. 2 WVK zum Zusammenhang des Vertrags u. a. die Präambel des Vertrags, seine Anlagen, und jede sich auf den Vertrag beziehende Übereinkunft, die zwischen allen Vertragsparteien anlässlich des Vertragsabschlusses getroffen wurde. Gem. Art. 31 Abs. 3 WVK ist die **spätere Praxis der Vertragsparteien** zu berücksichtigen. Dazu zählt jede spätere Übereinkunft zwischen den Vertragsparteien über die Auslegung des Vertrags oder die Anwendung seiner Bestimmungen und jede spätere Übung bei der Anwendung des Vertrags, aus der die Übereinstimmung der Vertragsparteien über seine Auslegung hervorgeht. Schließlich ist gem. Art. 31 Abs. 3 lit. c) WVK „jeder in den Beziehungen zwischen den Vertragsparteien anwendbare einschlägige Völkerrechtssatz" zu berücksichtigen.

81 Nur ergänzend können die **Umstände des Vertragsschlusses** (historischer Hintergrund) berücksichtigt werden: Nach Art. 32 WVK sind die vorbereitenden Arbeiten und die Umstände des Vertragsabschlusses ergänzende Auslegungsmittel, die herangezogen werden können, um eine gem. Art. 31 gefundene Auslegung zu bestätigen oder, wenn die Auslegung nach Art. 31 WVK „die Bedeutung mehrdeutig oder dunkel lässt oder zu einem offensichtlich sinnwidrigen oder unvernünftigen Ergebnis führt."

### Rechtswirkungen völkerrechtlicher Verträge

82 Grundsätzlich berechtigen und verpflichten völkerrechtliche Verträge nur ihre Vertragsparteien, d. h. sie gelten nur **inter partes**. Die Verletzung eines Vertrags kann auch nur von den Vertragsparteien geltend gemacht werden. Eine Berechtigung oder Verpflichtung Dritter aus einem Vertrag ist grundsätzlich nicht möglich (Art. 34 WVK). Bestimmte fundamentale Normen des Völkerrechts können ausnahmsweise eine Wirkung gegenüber allen Staaten haben (**erga omnes**).

83 Zu den wichtigsten Grundsätzen des Völkervertragsrechts gehört die allgemeine Verpflichtung, Verträge einzuhalten und nach Treu und Glauben zu erfüllen („**Pacta sunt servanda**"), Art. 26 WVK. Eine Berufung auf **innerstaatliches Recht**, das der Erfüllung einer Vertragspflicht entgegensteht, zur Rechtfertigung eines Vertragsverstoßes ist nicht zulässig, Art. 27 WVK. Die völkerrechtliche Verpflichtung besteht grundsätzlich unabhängig von der jeweils innerstaatlich geltenden Rechtslage. Verträge, die gegen **ius cogens** (zwingendes Völkerrecht) verstoßen, sind ipso iure nichtig, Art. 53 Abs. 1 WVK.

### b) Völkergewohnheitsrecht

84 Trotz der fortschreitenden Kodifizierung des Völkerrechts spielt das Völkergewohnheitsrecht immer noch eine bedeutende Rolle. Völkergewohnheitsrecht umfasst die Summe der Regeln, die in der **Staatenpraxis** tatsächlich und **in ständiger Übung** angewandt werden (*consuetudo*) und bezüglich derer eine **gemeinsame Rechtsüberzeugung** der Staaten besteht (**opinio iuris**), vgl. Art. 38 Abs. 1 lit. b IGH-Statut.[73]

---

73 Dazu *Ipsen-Heintschel von Heinegg,* Völkerrecht, 5. Aufl., 2004, § 16 und *Graf Vitzthum,* in: ders. (Hrsg.), Völkerrecht, 3. Aufl., 2004, 1. Abschn., Rn. 131 ff.

> **Merke: Völkergewohnheitsrecht** erfordert eine von einer **Rechtsüberzeugung** getragene allgemeine **Übung**.

Der **Nachweis** von Völkergewohnheitsrecht kann im Einzelnen schwierig sein. Erforderlich ist, dass eine hinreichend große Zahl von Staaten sich in einer bestimmten Weise verhält und zu erkennen gibt, dass ihr Verhalten auf einer Rechtsüberzeugung beruht. Um Rechtssicherheit herzustellen werden gewohnheitsrechtliche Regeln häufig in völkerrechtlichen Verträgen kodifiziert. Hat sich die Praxis und Rechtsüberzeugung nur in einer bestimmten Region entwickelt, kann **regionales Gewohnheitsrecht** entstehen. 85

Völkergewohnheitsrecht gilt für alle Staaten, unabhängig davon, ob ihnen eine tatsächliche Praxis nachgewiesen werden kann. Lediglich ein Staat, der ausdrücklich zu erkennen gibt, dass er eine bestimmte Norm nicht für Gewohnheitsrecht hält bzw. dem Entstehen einer solchen Norm widerspricht (sog. **persistent objector**), ist nicht an das Gewohnheitsrecht gebunden. 86

### c) Sonstige Völkerrechtsquellen

Nach Art. 38 Abs. 1 lit. c) IGH-Statut sind auch die **allgemeinen Rechtsgrundsätze** eine Rechtsquelle (der Zusatz „von den Kulturvölkern anerkannt" ist heute bedeutungslos).[74] Die allgemeinen Rechtsgrundsätze haben lückenfüllende Funktion und werden aus einer Rechtsvergleichung zwischen den wichtigsten Rechtssystemen der Welt gewonnen. Bsp.: Verbot des Rechtsmissbrauchs, Verwirkung eines Rechts, Grundsätze der ungerechtfertigten Bereicherung, Grundsatz von Treu und Glauben, estoppel-Prinzip (*venire contra factum proprium*). 87

Bei **Entscheidungen internationaler Organisationen**[75] ist zwischen verbindlichen und unverbindlichen Entscheidungen und zwischen internen und externen Rechtswirkungen zu unterscheiden. Grundsätzlich können alle internationalen Organisationen Entscheidungen treffen, die **im organisationsinternen Bereich Rechtswirkung** entfalten. So kann eine internationale Organisation z. B. entscheiden, ob Beobachter an den Sitzungen ihrer Organe teilnehmen können oder nicht. 88

**Entscheidungen mit Rechtswirkung nach außen** können internationale Organisationen grundsätzlich nur dann fällen, wenn sie dazu ausdrücklich ermächtigt wurden, wie z. B. der Sicherheitsrat der Vereinten Nationen gem. Art. 25 UN-Charta oder die Organe der Europäischen Gemeinschaft gem. Art. 249 EGV. Eine solche Befugnis ist allerdings eher selten im Völkerrecht. **Typischerweise** sind die Resolutionen und Entscheidungen internationaler Organisationen **unverbindlich** (vgl. z. B. Art. 10, 11 UN-Charta für die Generalversammlung der Vereinten Nationen). 89

---

74 Zu allgemeinen Rechtsgrundsätzen *Ipsen-Heintschel von Heinegg*, Völkerrecht, 5. Aufl., 2004, § 17 und *Graf Vitzthum*, in: ders. (Hrsg.), Völkerrecht, 3. Aufl., 2004, 1. Abschn., Rn. 142 ff.
75 Dazu *Ipsen-Heintschel von Heinegg*, Völkerrecht, 5. Aufl., 2004, § 18, Rn. 18 ff und *Klein,* in: Graf Vitzthum (Hrsg.), Völkerrecht, 3. Aufl., 2004, 4. Abschn., Rn. 114 ff.

90  Trotz ihrer Unverbindlichkeit sind Entscheidungen internationaler Organisationen praktisch nicht unbedeutend. So können z. B. einstimmig verabschiedete Erklärungen der UN-Generalversammlung oder Abschlusserklärungen von internationalen Konferenzen als **Ausdruck eines gemeinsamen und einheitlichen Willens der internationalen Gemeinschaft** angesehen werden. Insofern können sie u. U. auch als Ausdruck einer allgemeinen Rechtsüberzeugung für den Nachweis von Völkergewohnheitsrecht verstanden werden oder von Gerichten als Auslegungshilfe von förmlichen Rechtsquellen herangezogen werden. Um diese faktischen Wirkungen von formell unverbindlichen Erklärungen zu beschreiben, wird teilweise der Begriff „**soft law**" verwandt. Damit soll deutlich gemacht werden, dass es sich um Normen handelt, die zwar nicht rechtlich verbindlich sind, denen aber gleichwohl ein hoher moralischer Verbindlichkeitsgrad zukommt. Ein wichtiges Beispiel hierfür ist die Erklärung über die völkerrechtlichen Grundsätze für freundschaftliche Beziehungen und Zusammenarbeit zwischen den Staaten der Generalversammlung vom 24.10.1970 (Friendly Relations Declaration).[76]

91  Ist abzusehen, dass sich eine noch nicht verbindliche Regel zu einer rechtsverbindlichen Regel verfestigt, z. B. bei einem völkerrechtlichen Vertrag, dessen Inkrafttreten noch aussteht, aber absehbar ist, kann auch von **Völkerrecht in statu nascendi** (Völkerrecht „vor der Geburt") gesprochen werden. Von einer derartigen Norm kann vor allem die Verpflichtung ausgehen, die Entstehung der Norm nicht zu vereiteln.

### 3. Grundprinzipien des Völkerrechts

#### a) Souveräne Gleichheit

92  Grundlage des gegenwärtigen Völkerrechts ist die **souveräne Gleichheit** aller Staaten (Art. 2 Abs. 1 UN-Charta).[77] Hieraus ergibt sich zunächst das Recht der Staaten ihre inneren Angelegenheiten ohne Einmischung von außen zu gestalten und damit der **Grundsatz der Nichteinmischung** in die inneren Angelegenheiten. Die staatliche Souveränität wird heute jedoch durch international geltende Menschenrechte eingeschränkt. Insbesondere Menschenrechtsverletzungen sind keine innere Angelegenheit der Staaten mehr.

93  Die staatliche Souveränität äußert sich auch in der **Territorial- und Personalhoheit** der Staaten, d. h. in dem Recht, Sachverhalte auf dem eigenen Territorium bzw. das Verhalten der eigenen Staatsangehörigen zu regeln. Unter bestimmten Umständen dürfen die Staaten auch Hoheitsakte erlassen, die über die Territorial- und Personalhoheit hinausgehen (**extraterritoriale Wirkung**). So ist z. B. im internationalen Kartellrecht anerkannt, dass Kartellbehörden wettbewerbswidriges Verhalten ausländischer Unternehmen im Ausland überprüfen dürfen, wenn sich das Verhalten auf den Wettbewerb

---

76 Res. 2625 (XXV) = Sartorius II, Nr. 4.
77 *Ipsen-Epping*, Völkerrecht, 5. Aufl., 2004, § 26, Rn. 7 ff. und *Graf Vitzthum*, in: ders. (Hrsg.), 1. Abschn., Rn. 45 ff.

auf dem inländischen Markt bzw. im Fall der EG auf dem europäischen Binnenmarkt auswirkt.[78]

In wirtschaftlicher Hinsicht drückt sich die staatliche Souveränität vor allem in der **wirtschaftlichen Souveränität** aus. Sie umfasst das Recht, das nationale Wirtschaftssystem frei zu bestimmen. Das allgemeine Völkerrecht enthält keine Vorgaben darüber, ob eine Wirtschaft markt- oder planwirtschaftlichen Prinzipien folgen soll. Außerdem hat jeder Staat das souveräne Recht zur Ausbeutung der natürlichen Rohstoffe auf dem eigenen Territorium. Diese Grundsätze und weitere Prinzipien wurden in der **Charta der wirtschaftlichen Rechte und Pflichten der Staaten** vom 12. 12. 1974 von der UN-Generalversammlung ausformuliert. Aufgrund des Widerstandes zahlreicher Industriestaaten gegen die sehr weitreichenden Rechte, die Entwicklungsländern in der Charta eingeräumt wurden, wird sie allgemein nicht als Ausdruck von Gewohnheitsrecht angesehen.[79]

94

### b) Friedliche Streitbeilegung

Im Völkerrecht gilt der Grundsatz der **Streitbeilegung mit friedlichen Mitteln** (Art. 2 (3) UN-Charta).[80] Die Mittel der Streitbeilegung können in diplomatische und institutionalisierte Verfahren unterteilt werden. Sie sind beispielhaft in Art. 33 Abs. 1 UN-Charta aufgezählt: Verhandlung, Untersuchung, Vermittlung und Vergleich zählen zu den diplomatischen Verfahren. Schiedsspruch, gerichtliche Entscheidung und die Inanspruchnahme regionaler Einrichtungen sind institutionalisierte Verfahren.

95

Aus rechtlicher Sicht kommt vor allem den schiedsgerichtlichen und gerichtlichen Entscheidungen eine erhebliche Bedeutung zu. Allerdings besteht auf globaler Ebene **keine obligatorische Gerichtsbarkeit**. Der Internationale Gerichtshof (IGH) ist zwar das oberste Rechtsprechungsorgan der Vereinten Nationen und kann jede Art von Rechtsstreitigkeiten zwischen Staaten verbindlich entscheiden. Die **Zuständigkeit des IGH** ist jedoch nur gegeben, wenn die streitbeteiligten Staaten diese anerkannt haben.[81] Im Wesentlichen sind drei Wege der Zuständigkeitsbegründung zu unterscheiden:

96

- Zunächst kann ein Staat eine **einseitige, obligatorische Unterwerfungserklärung** nach Art. 36 Abs. 2 IGH-Statut abgeben. Damit erklärt er generell seine Anerkennung der Zuständigkeit des IGH. Allerdings hat nur eine Minderheit der Staaten eine solche Erklärung abgegeben. Zudem werden Unterwerfungserklärungen oft mit Vorbehalten versehen (Art. 36 Abs. 3 IGH-Statut). Die Zuständigkeit des IGH wird im Übrigen erst dann begründet, wenn beide Streitparteien eine Unterwerfungserklärung abgegeben haben.

---

78 *Herdegen,* Internationales Wirtschaftsrecht, 5. Aufl., 2005, § 2, Rn. 63 ff.
79 Siehe zum weiteren Kontext § 5 Rn. 834 ff.
80 *Ipsen-Fischer,* Völkerrecht, 5. Aufl., 2004, § 62 und *Schröder,* in: Graf Vitzthum (Hrsg.), Völkerrecht, 3. Aufl., 2004, 7. Abschn., Rn. 57 ff.
81 *Ipsen-Fischer,* Völkerrecht, 5. Aufl., 2004, § 62, Rn. 44 und *Schröder,* in: Graf Vitzthum (Hrsg.), Völkerrecht, 3. Aufl., 2004, 7. Abschn., Rn. 87 ff.

- Häufiger ist, dass sich **zwei Staaten** für einen aktuellen Streit **ad hoc einigen**, dem IGH die Beilegung des Streits zu übertragen oder dass eine Partei Klage beim IGH erhebt und die andere Partei der Zuständigkeit des IGH im Laufe des Verfahrens zustimmt bzw. sich rügelos auf das Verfahren einlässt (*forum prorogatum*), Art. 36 Abs. 1 IGH-Statut.
- Die Zuständigkeit des IGH kann sich auch aus einer speziellen **Klausel in einem völkerrechtlichen Vertrag** ergeben (kompromissarische Klausel). Oft ist die Zuständigkeit dann auf die Materie des jeweiligen Vertrags beschränkt. Denkbar ist aber auch, dass Staaten alle Streitigkeiten zwischen ihnen generell dem IGH übertragen (so z. B. Art. 1 des Europäischen Übereinkommens zur friedlichen Streitbeilegung von 1957).[82]

97 Im Wirtschaftsvölkerrecht sind die **speziellen Streitbeilegungsmechanismen** der multilateralen und regionalen Wirtschaftsorganisationen (z. B. WTO und NAFTA) von erheblicher praktischer Bedeutung. Diese z. T. gerichtförmig ausgestalteten Verfahren werden von den beteiligten Staaten rege genutzt und treten an die Stelle der allgemeinen völkerrechtlichen Streitbeilegungsmittel. Insbesondere das **Streitbeilegungsverfahren der WTO**[83] hat bereits eine beeindruckend hohe Zahl von Streitfällen beigelegt. Anders als die Zuständigkeit des IGH, ist die Zuständigkeit des WTO-Streitbeilegungsverfahrens nicht von der Zustimmung der Streitparteien abhängig. Im internationalen Investitionsschutzrecht werden in erster Linie **ad hoc Schiedsgerichte** genutzt.[84] Schiedsgerichte werden jeweils für einen speziellen Streitfall gebildet. Die Parteien haben durch die Auswahl der Schiedsrichter und die Begrenzung des Streitgegenstandes hier größere Einflussmöglichkeiten als in einem gerichtlichen Verfahren.

### c) Völkerrechtliche Verantwortlichkeit

98 Verletzt ein Staat eine Regel des Völkerrechts, begründet dies seine völkerrechtliche Verantwortlichkeit.[85] Daraus leiten sich die Verpflichtungen des verletzenden Staats (z. B. zu Wiedergutmachung und Schadensersatz) und die Rechte des verletzten Staats (z. B. zur Forderung von Reparationen oder zur Ergreifung von Gegenmaßnahmen) ab. Die Grundsätze der völkerrechtlichen Verantwortlichkeit von Staaten wurden von der International Law Commission der Vereinten Nationen im Jahr 2001 in sog. **Draft Articles** festgehalten.[86] Die Draft Articles kodifizieren zu einem großen Teil Gewohnheitsrecht, so dass sie ähnlich wie die WVK in der Fallpraxis angewandt werden können.

99 **Voraussetzung** für die völkerrechtliche Verantwortlichkeit ist nach Art. 2 Draft Articles das Vorliegen eines einem Staat zurechenbaren Tuns oder Unterlassens und die daraus resultierende Verletzung einer völkerrechtlichen Verpflichtung. **Rechtsfolge** ist nach

---

82 BGBl. II 1961, S. 82 = Sartorius II, Nr. 112.
83 Näher § 2 Rn. 234 ff.
84 Dazu § 3 Rn. 650, 655.
85 *Ipsen-Ipsen*, Völkerrecht, 5. Aufl., 2004, § 39, Rn. 1 und *Schröder*, in: Graf Vitzthum (Hrsg.), Völkerrecht, 3. Aufl., 2004, 7. Abschn., Rn. 6.
86 Anlage zur Resolution der Generalversammlung 56/83 (2001) = Sartorius II, Nr. 6.

Art. 30 und 31 Draft Articles die Beendigung der Rechtsverletzung und die Wiedergutmachung der Rechtsverletzung. Wiedergutmachung soll primär durch die Wiederherstellung des ursprünglichen Zustandes (restitution) erfolgen (Art. 35 Draft Articles). Wenn dies nicht möglich ist, soll Schadensersatz (compensation) geleistet werden. Ist auch dies nicht möglich, sind andere Formen der Genugtuung (satisfaction), wie z. B. eine förmliche Entschuldigung, denkbar, Art. 36 und 37 Draft Articles. Unabhängig von den Rechtsfolgen der Staatenverantwortlichkeit besteht in jedem Fall die Pflicht zur Beachtung der verletzten Norm weiter, Art. 29 Draft Articles.

Leistet ein verantwortlicher Staat keine Wiedergutmachung, ist der verletzte Staat zu **Gegenmaßnahmen** berechtigt, Art. 49 Draft Articles. Gegenmaßnahmen bestehen regelmäßig in der Aussetzung völkerrechtlicher Verpflichtungen gegenüber dem verletzenden Staat. Eine Aussetzung des Gewaltverbots, fundamentaler Menschenrechte, des humanitären Völkerrechts und von Normen des zwingenden Völkerrechts ist allerdings nicht gestattet, Art. 50 Draft Articles. Zudem müssen Gegenmaßnahmen dem Verhältnismäßigkeitsgrundsatz genügen, Art. 51 Draft Articles.

Im Wirtschaftsvölkerrecht werden diese allgemeinen Prinzipien teilweise von **Sonderrechtsordnungen** überlagert. So enthält das Streitschlichtungsübereinkommen der WTO detaillierte Regeln über die Rechtsfolgen einer festgestellten Rechtsverletzung.[87]

### d) Diplomatischer Schutz

Einige Normen des Völkerrechts bewirken faktisch den **Schutz individueller Rechtspositionen**, auch wenn sie formal nur Staaten berechtigen. Dazu zählen z. B. die Regeln über konsularischen Schutz im Ausland und zahlreiche wirtschaftsvölkerrechtliche Prinzipien wie der Nichtdiskriminierungsgrundsatz, Marktzugangsrechte oder der Enteignungsschutz. Häufig kann die Verletzung dieser Normen durch einen Staat von den tatsächlich betroffenen Individuen oder Unternehmen nicht selbst geltend gemacht werden, da völkerrechtliche Normen grundsätzlich nur Staaten berechtigen oder verpflichten. Daher können Staaten „im Namen" ihrer Staatsangehörigen die Rechtsverletzung geltend machen und ggf. Wiedergutmachung verlangen. Diese Art der Geltendmachung von Rechten und Interessen gegenüber einem anderen Staat wird als **diplomatischer Schutz** bezeichnet.[88]

Voraussetzungen für die Ausübung des diplomatischen Schutzes ist neben der Rechtsverletzung und der Erschöpfung des innerstaatlichen Rechtswegs (local remedies rule) vor allem die Berechtigung zur Schutzgewährung, die bei natürlichen Personen durch die Staatsangehörigkeit und bei juristischen Personen durch die Zugehörigkeit zu dem Schutz ausübenden Staat begründet wird. Das Völkerrecht enthält keine Vorgaben darüber, wie die **Staatsangehörigkeit natürlicher Personen** zu erwerben ist. Allerdings muss eine tatsächliche Beziehung (genuine link) zwischen dem Individuum und dem

---

87 Dazu unten § 2 Rn. 273 ff.
88 Dazu *Ipsen-Epping/Gloria*, Völkerrecht, 5. Aufl., 2004, § 24, Rn. 31 und *Hailbronner*, in: Graf Vitzthum (Hrsg.), Völkerrecht, 3. Aufl., 2004, 3. Abschn., Rn. 110.

Staat bestehen. In der Praxis wird die Staatsangehörigkeit zumeist durch Abstammung (*ius sanguinis*), durch Geburt im Land (*ius soli*) oder durch Einbürgerung erworben.

104 Die **Staatszugehörigkeit juristischer Personen** bestimmt sich nach dem jeweils geltenden nationalen Gesellschaftsrecht. Die Zugehörigkeit kann entweder nach dem Recht des Staats bestimmt werden, nach dessen Recht das Unternehmen gegründet wurde (Gründungstheorie) oder nach dem Recht des Staats, in dem das Unternehmen seinen tatsächlichen Geschäftssitz hat (Sitztheorie) oder nach dem Recht des Staats, dessen Staatsangehörigkeit die Mehrheit der Eigentümer des Unternehmens besitzen (Kontrolltheorie).[89] Das Völkerrecht enthält keine Präferenz für eine Zuordnungsmethode, setzt aber wiederum eine tatsächliche Verbindung zwischen Unternehmen und Staat voraus. Dies hat der IGH im *Barcelona Traction* Urteil bestätigt:[90]

**Sachverhalt (vereinfacht)**

Die Anteile der Barcelona Traction, Light, and Power Ltd., eines Unternehmens kanadischen Rechts mit Tätigkeit in Spanien, wurden zu knapp 90 % von belgischen Bürgern und Unternehmen gehalten. Nach der Beschlagnahmung des Vermögens des Unternehmens durch einen spanischen Insolvenzverwalter machte Belgien diplomatischen Schutz zu Gunsten seiner Bürger geltend und reichte Klage gegen Spanien ein. Dem IGH stellte sich u. a. die Frage, ob wegen des hohen Anteils belgischer Anteilseigner die Zuordnung des Unternehmens zum kanadischen Recht ausgeschlossen werden könne. Dies verneinte der IGH. Zu möglichen Zuordnungen führte er aus:

**Auszug aus dem IGH-Urteil:**[91]

„In allocating corporate entities to States for purposes of diplomatic protection, international law is based, but only to a limited extent, on an analogy with the rules governing the nationality of individuals. The traditional rule attributes the right of diplomatic protection of a corporate entity to the State under the laws of which it is incorporated and in whose territory it has its registered office. These two criteria have been confirmed by long practice and by numerous international Instruments. This notwithstanding, further or different links are at times said to be required in order that a right of diplomatic protection should exist. Indeed, it has been the practice of some States to give a Company incorporated under their law diplomatic protection solely when it has its seat (siege sotial) or management or centre of control in their territory, or when a majority or a substantial proportion of the shares has been owned by nationals of the State concerned. Only then, it has been held, does there exist between the Corporation and the State in question a genuine connection of the kind familiar from other branches of international law. However, in the particular field of the diplomatic protection of corporate entities, no absolute test of the „genuine connection" has found general acceptance."

105 Die Gründungstheorie überwiegt im anglo-amerikanischen Recht; die Sitztheorie gilt in vielen kontinentaleuropäischen Staaten, u. a. in Deutschland. Bei international tätigen Unternehmen kann es zu unterschiedlichen Zuordnungen kommen, z. B., wenn eine nach US-amerikanischem Recht gegründete Gesellschaft ihren Hauptsitz in Deutschland hat. Welches Recht dann Anwendung findet, entscheidet das jeweilige **internationale Gesellschaftsrecht** (Kollisionsrecht). Da in Deutschland die Sitztheorie vorherrscht, könnte deutsches Recht anwendbar sein. Dies könnte zur Folge haben, dass

---

89 *Ipsen-Epping*, Völkerrecht, 5. Aufl., 2004, § 24, Rn. 21 ff.
90 IGH, Case Concerning the Barcelona Traction, Light and Power Company, Limited (New Application: 1962) (Belgium v. Spain), Urt. v. 5.2.1970, ICJ Reports 1970, 3. Siehe auch *Dörr*, Kompendium völkerrechtlicher Rechtsprechung, 2004, Fall 21.
91 ICJ Reports 1970, 3, Rn. 70.

das Unternehmen nach deutschem Recht neu gegründet werden müsste.[92] Um derartige praktisch unerwünschte Folgen zu vermeiden, können die Staaten völkerrechtlich vereinbaren, dass sie das Gesellschaftsstatut einer Auslandsgesellschaft gegenseitig anerkennen.[93]

### 4. Innerstaatliche Geltung und Wirkung des Völkerrechts

Völkerrecht gilt grundsätzlich nur zwischen den Subjekten des Völkerrechts. Zahlreiche völkerrechtliche Normen beziehen sich jedoch auf das Verhalten von Staaten gegenüber Individuen (z. B. im Wirtschaftsvölkerrecht) oder auf das Verhalten von Individuen untereinander (z. B. im materiellen Einheitsrecht). Damit diese Normen in einer innerstaatlichen Rechtsordnung beachtliches Recht werden (**innerstaatliche Geltung**), müssen sie in das nationale Recht umgesetzt werden.[94] Das Völkerrecht verlangt nur, dass derartige Normen umgesetzt werden, lässt den Staaten aber die Freiheit, wie sie dies tun.

106

Das „Wie" der Umsetzung von Völkerrecht in innerstaatliches Recht bemisst sich regelmäßig nach nationalem Verfassungsrecht. In der Staatenpraxis haben sich im Wesentlichen drei Methoden herausgebildet.

107

- **Adoption**
  Sämtliche völkerrechtliche Verpflichtungen des Staats werden *ipso iure,* d. h. ohne einen weiteren innerstaatlichen Rechtsakt, Bestandteil des nationalen Rechtes. Die Norm verliert auf diese Weise ihren völkerrechtlichen Charakter nicht. Völkerrecht gilt somit als Völkerrecht in der innerstaatlichen Rechtsordnung.

108

- **Transformation**
  Zur innerstaatlichen Geltung einer völkerrechtlichen Norm muss diese durch einen konkreten Umsetzungsakt in nationales Recht umgewandelt werden. Typischerweise geschieht dies durch den Erlass eines dem Völkerrecht entsprechenden Gesetzes. Dadurch verliert die Norm ihren Charakter als Völkerrecht.

109

- **Vollzug**
  Ein Mittelweg zwischen Adoption und Transformation besteht darin, dass eine (konkrete oder allgemeine) Norm des nationalen Rechts das Völkerrecht in der innerstaatlichen Rechtsordnung für anwendbar erklärt. Das Völkerrecht verliert somit nicht seinen Charakter als Völkerrecht, gilt aber – anders als bei der Adoption – nicht *ipso iure*, sondern bedarf eines Rechtsanwendungsbefehls in der nationalen Rechtsordnung.

110

---

92 Vgl. dazu den Sachverhalt in EuGH, Rs. C-208/00, Überseering, Slg. 2002, I-9919.
93 *Herdegen,* Internationales Wirtschaftsrecht, 5. Aufl., 2005, § 15, Rn. 13 ff.
94 Hierzu und zum Folgenden *Geiger,* Grundgesetz und Völkerrecht, 3.Aufl., 2002, §§ 29-32 und *Schweitzer,* Staatsrecht III, 8. Aufl., 2004, Rn. 418 ff.

111 Für die Einbeziehung völkerrechtlicher Verpflichtungen der **Bundesrepublik** in das innerstaatliche Recht ist zwischen den allgemeinen Regeln des Völkerrechts auf der einen Seite und völkerrechtlichen Verträgen auf der anderen Seite zu unterscheiden.

112 Die **allgemeinen Regeln des Völkerrechts** werden nach Art. 25 GG in die innerstaatliche Rechtsordnung einbezogen. Danach sind die allgemeinen Regeln des Völkerrechts Bestandteil des Bundesrechtes. Sie gehen im Rang den einfachen Bundesgesetzen vor. Unter den allgemeinen Regeln des Völkerrechts werden das universelle Gewohnheitsrecht und die allgemeinen Rechtsgrundsätze verstanden. Die h. A. geht davon aus, dass diese Normen nach Art. 25 GG ohne Weiteres Teil des innerstaatlichen Rechts werden. Insoweit kann von einer Adoption gesprochen werden.

113 **Völkerrechtliche Verträge** bedürfen zu ihrer innerstaatlichen Geltung grundsätzlich der Umsetzung durch ein Bundesgesetz in Form des Zustimmungsgesetzes gem. Art. 59 Abs. 2 GG.[95] Nach h. A. wird der Vertrag dadurch nicht in nationales Recht umgewandelt, sondern behält seine völkerrechtliche Qualität. Für völkerrechtliche Verträge wird insofern ein konkreter Vollzugsbefehl erteilt.

114 Die Einbeziehung einer völkerrechtlichen Norm in die innerstaatliche Rechtsordnung bedeutet, dass sie als beachtliches Recht gilt und von den Behörden und Gerichten angewandt werden kann. Hiervon ist die Frage, ob sich Individuen vor Gericht unmittelbar auf eine Völkerrechtsnorm berufen können (**unmittelbare Anwendbarkeit**) strikt zu trennen. Eine solche Berufung ist grundsätzlich nur dann möglich, wenn die Norm nach ihrem Wortlaut, Sinn und Zweck und nach dem Willen der Vertragsparteien Einzelne berechtigen soll. Ein Vertrag, auf den sich Individuen ohne Weiteres unmittelbar berufen können, wird auch als „self-executing" bezeichnet. Während die unmittelbare Anwendbarkeit z. B. bei der Europäischen Menschenrechtskonvention allgemein akzeptiert wird, ist sie bzgl. der Normen des Wirtschaftsvölkerrechts, vor allem des WTO-Rechts, umstritten. Die Rechtspraxis in der EG, den USA und anderen wichtigen Handelsnationen wendet diese Normen nicht unmittelbar an, was vor allem in der deutschen Rechtswissenschaft stark kritisiert wird.[96]

115 Im Fall einer Kollision zwischen innerstaatlichem Recht und Völkerrecht ist nach dem **Rang** der völkerrechtlichen Norm in der innerstaatlichen Rechtsordnung zu fragen. In der deutschen Verfassungsordnung stehen die allgemeinen Regeln des Völkerrechts (Art. 25 GG) im Rang zwischen Verfassungsrecht und einfachem Bundesrecht. Völkerrechtliche Verträge stehen auf derselben Stufe wie einfache Bundesgesetze (Art. 59 Abs. 2 GG). Im EG-Recht stehen völkerrechtliche Verträge und Völkergewohnheitsrecht im Rang zwischen primärem und sekundärem Gemeinschaftsrecht (Art. 300 Abs. 6 und 7 EGV).[97]

---

95 Dazu oben Rn. 77.
96 Dazu auch § 2 Rn. 295.
97 *Streinz*, Europarecht, 7. Aufl., 2005, Rn. 693.

## Lösungshinweise zum Ausgangsfall

Im Ausgangsfall stellen sich dem nationalen Gericht folgende Fragen: Kann S nach völkerrechtlichen Normen verpflichtet werden, d. h. ist S ein (partielles) Völkerrechtssubjekt? Handelt es sich bei Art. 14 der UN Normen um eine völkerrechtliche Norm? Wenn es sich um Völkerrecht handelt, wie ist diese Vorschrift im innerstaatlichen Recht anzuwenden und zu beachten?

Nach h. M. gehören transnationale Unternehmen nicht zum Kreis der Völkerrechtssubjekte. Folgt man dieser Ansicht, dürfte das nationale Gericht im Ausgangsfall gegenüber S von vornherein keine völkerrechtlichen Regeln anwenden, da S kein Völkerrechtssubjekt ist und somit auch nicht Träger völkerrechtlicher Pflichten sein kann. Auf die Qualität der Normen der Vereinten Nationen für die Verantwortlichkeiten transnationaler Unternehmen käme es nicht an. Dagegen kann man einwenden, dass multinationalen Unternehmen im Einzelfall durch Völkerrecht Rechte und Pflichten übertragen werden, so dass sie als partielle Völkerrechtssubjekte angesehen werden können. Folgt man dieser differenzierenden und daher vorzugswürdigen Ansicht ist zu prüfen, ob es sich bei den Normen um verbindliches Völkerrecht handelt, das unmittelbar Pflichten für S begründet.

Um festzustellen, ob es sich bei den Normen um verbindliches Recht handelt sind sie zunächst an dem klassischen Kanon der Völkerrechtsquellen zu überprüfen. Unabhängig von ihrer Bezeichnung können die Normen in keinem Fall als völkerrechtlicher Vertrag angesehen werden, da sie keine Vereinbarung zwischen Völkerrechtssubjekten darstellen. Die Normen können auch nicht als Ausdruck von Gewohnheitsrecht angesehen werden. Zum einen fehlt es an einer tatsächlichen Praxis der Staaten, multinationale Unternehmen für Verstöße gegen Menschenrechte und Umweltschutzprinzipien allgemein verantwortlich zu machen. Zum anderen haben bereits mehrere Staaten (u. a. die USA) den UN Normen ausdrücklich widersprochen, so dass auch nicht von einer gemeinsamen Rechtsüberzeugung gesprochen werden kann.

Fraglich ist, ob es sich bei den Normen um verbindliches Sekundärrecht einer internationalen Organisation handelt. Die Normen beruhen auf einem Beschluss der UN-Unterkommission zum Schutz und zur Förderung der Menschenrechte, der jedoch nur eine Empfehlung für die UN-Menschenrechtskommission ist, die wiederum dem Wirtschafts- und Sozialrat der Vereinten Nationen untergeordnet ist. Keines der genannten Gremien besitzt die Kompetenz, nach außen rechtsverbindliche Normen zu setzen.

Die Normen bleiben also in jedem Fall unverbindlich. Aufgrund ihres vorläufigen Charakters und ihrer Umstrittenheit dürften sie nicht einmal als soft law anzusehen sein. Die Frage, ob die Normen in innerstaatliches Recht umgesetzt wurden, stellt sich somit nicht mehr.

## ▶ Lern- und Wiederholungsfragen zu § 1 II.:

1. Erläutern und bewerten Sie den Unterschied zwischen Rechtssubjekten des Wirtschaftsvölkerrechts und den Akteuren der internationalen Wirtschaftsbeziehungen.
2. Welche Rechtsquellen des Wirtschaftsvölkerrechts kennen Sie und wie entstehen diese?
3. Welches sind die Rechtsfolgen eines Verstoßes gegen eine völkerrechtliche Norm?
4. Können sich Individuen ohne Weiteres vor einem innerstaatlichen Gericht auf die Vorschriften eines völkerrechtlichen Vertrags berufen?

## III. Theorie der internationalen Wirtschaftsbeziehungen

116 Die grundlegende Kenntnis einiger wichtiger wirtschafts- und sozialwissenschaftlicher Theorien der internationalen Wirtschaftsbeziehungen ist auch für ein Studium des Wirtschaftsvölkerrechts sinnvoll, da so die Prinzipien und Wertungen, die den Rechtsregeln zu Grunde liegen, besser verstanden und kritisch hinterfragt werden können.

### 1. Außenwirtschaftstheorie

Literatur: *Rose/Sauernheimer*, Theorie der Außenwirtschaft, 14. Aufl., 2006; *Krugman/Obstfeld*, Internationale Wirtschaft – Theorie und Praxis der Außenwirtschaft, 6. Aufl., 2004; *Dieckheuer*, Internationale Wirtschaftsbeziehungen, 5. Aufl., 2001; *Koch*, Internationale Wirtschaftsbeziehungen, 2 Bände, 2. Aufl., 1997/1998.

117 Die wirtschaftswissenschaftliche Theorie der internationalen Wirtschaftsbeziehungen (Außenwirtschaftstheorie) befasst sich zum einen mit dem **internationalen Handel** (Außenhandelstheorie und Theorie der Handelspolitik) und zum anderen mit den **internationalen Finanzen** (Währungs- und Wechselkurssysteme).[98] Die **Außenhandelstheorie** untersucht die Ursachen des internationalen Handels, Umfang, Richtung und Struktur der Handelsströme sowie die Auswirkungen des internationalen Handels auf eine Volkswirtschaft. Die **Theorie der Handelspolitik** fragt, welche wirtschaftlichen Auswirkungen die verschiedenen handelspolitischen Instrumente haben. Aus den jeweiligen empirischen Erkenntnissen leiten diese Theorien auch Werturteile über bestimmte politische Entscheidungen und Handlungsempfehlungen für die Politik ab. Die Theorie der **Währungs- und Wechselkurssysteme** untersucht die Voraussetzungen und Auswirkungen der verschiedenen Währungs- und Wechselkurspolitiken.

118 Die beiden Hauptschwerpunkte der Außenwirtschaftstheorie (internationaler Handel und internationale Finanzen) lassen sich vereinfacht **jeweils einem Teilgebiet des Wirtschaftsvölkerrechts zuordnen,** nämlich dem Welthandelsrecht auf der einen Seite und dem internationalen Währungs- und Finanzrecht auf der anderen Seite. Aufgrund der Sachnähe der wirtschaftswissenschaftlichen Aussagen zu den jeweiligen Rechtsfragen werden diese Ansätze daher in den Kapiteln zu den genannten Teilgebieten vorgestellt. Dabei müssen sich die Darstellungen auf knappe und kurze Einführungen und Überblicke beschränken. Für eine weitergehende und vertiefte Befassung mit diesen Theorien sind die zitierten oder andere einschlägige volkwirtschaftliche Lehrbücher heranzuziehen.

119 Bereits an dieser Stelle ist allerdings auf zwei allgemeine Probleme des Rückgriffs auf wirtschaftswissenschaftliche Theorien in der rechtlichen Analyse hinzuweisen: Erstens

---

98 Siehe zu dieser Unterteilung der Außenwirtschaftstheorie auch *Krugman/Obstfeld*, International Economics – Theory and Policy, 7th ed., 2006, 8 sowie *Koch*, Internationale Wirtschaftsbeziehungen, Band 1: Internationaler Handel und Band 2: Internationale Wirtschafts- und Finanzbeziehungen, 2. Aufl., 1997/1998.

ist grundsätzlich sorgfältig zwischen der **empirischen und der normativen Dimension** wirtschaftswissenschaftlicher Theorien zu differenzieren. Eine wirtschaftswissenschaftliche Theorie kann einerseits Aussagen darüber treffen, wie der Umfang und die Struktur internationaler Handels- und Finanzströme zu erklären sind oder wie sich bestimmte wirtschaftspolitische Entscheidungen auf das Volkseinkommen auswirken. Aus den jeweiligen empirischen Analysen, die z. T. auf abstrakten und komplexen Modellen beruhen, werden andererseits auch normative Aussagen über bestimmte politische Entscheidungen getroffen, die jedoch vor dem Hintergrund der tatsächlichen politischen und ökonomischen Bedingungen zu beurteilen sind. Für die sinnvolle Nutzung wirtschaftswissenschaftlicher Theorien im Rahmen der Erörterung von Rechtsfragen muss zwischen einem empirisch belegbaren Befund und einer normativ zu hinterfragenden Politikempfehlung unterschieden werden.

> **Beispiel:** Die Theorie der Handelspolitik kann mathematisch nachweisen, dass ein Zoll ein weniger effizientes Instrument zum Schutz der einheimischen Industrie ist als die gezielte Subventionierung dieser Industrie. Daraus wird die normative Aussage abgeleitet, dass Zölle abzubauen sind. Tatsächlich stellen Zölle für viele Entwicklungsländer eine wesentliche Einnahmequelle des Staats dar, da die wirtschaftliche Basis für ein allgemeines Steuerwesen fehlt. Subventionen sind zudem Instrumente, die aus finanziellen Gründen von vielen Staaten nicht eingesetzt werden können.

Zum zweiten ist zu beachten, dass die normativen Aussagen der Außenwirtschaftstheorie regelmäßig davon ausgehen, dass es für ein Land grundsätzlich sinnvoll und wünschenswert ist, die Menge der für den Konsum zur Verfügung stehenden Güter zu erhöhen. Diese Annahme beruht auf der Prämisse der klassischen **Wohlfahrtsökonomie,** nach der die Erhöhung der Konsummöglichkeiten, d. h. entweder die Reduzierung des Preises oder die Ausdehnung des Angebots, stets wohlfahrtssteigernd ist. **Ökologische und soziale Konsequenzen** bzw. deren normative Bewertungen werden aus dieser Annahme (zunächst) **ausgenommen**.

120

Die sog. **konservative Wohlfahrtsfunktion** weist dagegen darauf hin, dass eine Gesellschaft Einkommenssteigerungen z. B. durch die Reduktion von Preisen, einen relativ geringen Wohlfahrtsgewinn beimessen kann, während sie Einkommensverlusten einen relativ hohen Wohlfahrtsverlust zuschreibt. Die Gesellschaft hat dann ein größeres Interesse an der Einkommensbewahrung für alle Gruppen als an der Einkommenssteigerung einiger weniger. Sie versucht deshalb, Einkommensverluste für einzelne gesellschaftliche Gruppen möglichst zu vermeiden. Um dies zu erreichen ist die Gesellschaft auch bereit, auf eine mögliche Erweiterung der Konsummöglichkeiten zu verzichten.

121

> **Beispiel:** Eine Maßnahme, die dazu führt, dass statt 5000 t importierte Äpfel jährlich 1000 t einheimische Äpfel auf dem Markt eines Lands zur Verfügung stehen, reduziert nach den Prämissen der klassischen Wohlfahrtsökonomie die gesamtgesellschaftliche Wohlfahrt. Nach der konservativen Wohlfahrtsfunktion würde es die gesamtgesellschaftliche Wohlfahrt dagegen steigern, wenn auf diese Weise die einheimischen Apfelbauern nicht vom Markt verdrängt und weiterhin ein Einkommen erzielen würden.

## 2. Internationale Politische Ökonomie

**Literatur:** *Schirm*, Internationale Politische Ökonomie, 2004; *Scherrer*, Internationale Politische Ökonomie als Systemkritik, in: Hellmann/Wolf/Zürn (Hrsg.), Die neuen Internationalen Beziehungen, 2003; *Gilpin*, Global Political Economy, 2001; *Altvater/Mahnkopf*, Grenzen der Globalisierung, 1997.

122 Die Internationale Politische Ökonomie (IPÖ) untersucht die Wechselwirkungen von Politik und Wirtschaft im internationalen Kontext. Dabei geht es einerseits um die Auswirkungen nationaler Politik auf die internationale Wirtschaft – insofern bestehen Berührungspunkte zur Theorie und politischen Ökonomie der Handelspolitik – und andererseits um die Auswirkungen internationaler Wirtschaftsstrukturen auf die nationale Politik. Die zentrale Frage der IPÖ lautet: „Wie beeinflussen sich das nationalstaatliche Gemeinwohlinteresse und das transnationale Eigennutzinteresse der Ökonomie gegenseitig"?[99] Mit dieser Frage wird zugleich der grundlegende **Unterschied zwischen** der am Gemeinwohlinteresse orientierten und hauptsächlich auf Ebene des NationalStaats agierenden **Politik** und der an Gewinnmaximierung orientierten und oft global ausgerichteten **Wirtschaft** deutlich.

123 Traditionellerweise werden in der IPÖ **drei große Schulen** unterschieden: Nationalismus bzw. Realismus, Liberalismus und Marxismus. Diese drei Schulen beruhen auf grundsätzlich unterschiedlichen Prämissen und Methoden und kommen insofern auch zu unterschiedlichen Antworten auf die zentrale Frage der IPÖ. In neueren Beiträgen verliert die Unterteilung in diese Schulen an Bedeutung. Stattdessen ist erkannt worden, dass jede Schule wichtige Beiträge liefern kann, dass aber auch jeder Ansatz Kritik ausgesetzt ist.

124 Im Mittelpunkt der IPÖ steht die Analyse von **Institutionen und Interessen, von Macht und Strukturen.** Diese Betrachtungen können wichtige rechtstatsächliche Erkenntnisse über Bedeutung und Funktion wirtschaftsvölkerrechtlicher Regeln liefern. Dies gilt z. B. für folgende Untersuchungsgegenstände der IPÖ[100]:

125 ■ **Bedeutung einzelner Staaten bzw. Handelsblöcke für das internationale Handelssystem**
Das **Welthandelssystem wird durch wenige Staaten bzw. Handelsblöcke geprägt**. Während in der unmittelbaren Nachkriegszeit die politische und wirtschaftliche Hegemonie der USA dazu führte, dass das Welthandelssystem in weiten Teilen auf US-amerikanischen Vorstellungen beruhte, sind heute Kooperationen und Konflikte zwischen den großen Handelsblöcken USA, EG und Japan prägend. Die Mehrheit der anderen Staaten kann dieser Vormachtstellung wenig entgegensetzen. Vor diesem Hintergrund kann gefragt werden, inwieweit der völkerrechtliche Grundsatz der Gleichheit der Staaten der Realität des internationalen Wirtschaftssystems entspricht.

---
99 *Schirm*, Internationale Politische Ökonomie, 2004, 237.
100 Siehe dazu z. B. *Schirm*, Internationale Politische Ökonomie, 2004, 260 ff., 266 ff. und 281 ff.

- **Rolle der internationalen Finanzinstitutionen für die wirtschaftliche Entwicklung der Entwicklungsländer**  126
  Der **Internationale Währungsfonds (IWF)** und die **Weltbank** sind für zahlreiche Entwicklungsländer nicht nur wichtige Finanzgeber, sondern beeinflussen durch ihre verschiedenen Programme und Politikempfehlungen auch die Wirtschaftspolitik in diesen Ländern.[101] Zwar bleiben die Länder gemäß dem Grundsatz der wirtschaftlichen Souveränität[102] aus völkerrechtlicher Sicht unabhängig bei der Gestaltung ihrer Politik. Durch den Einfluss der internationalen Finanzinstitutionen wird die tatsächliche **Souveränität** aber u. U. **deutlicher und subtiler eingeschränkt** als durch formelle völkerrechtliche Regelungen. Damit stellt sich die Frage, in welchem Umfang der Grundsatz der nationalen Souveränität in diesem Fällen noch als Erklärungsmuster der Realität geeignet ist.

- **Einfluss multinationaler Konzerne auf nationale und internationale Politik**  127
  **Multinationale Konzerne**, die sich im Ausland niederlassen, üben einen erheblichen **Einfluss auf die jeweiligen politischen und ökonomischen Rahmenbedingungen** aus. Darüber hinaus beeinflussen sie das internationale Handels- und Finanzsystem deutlich. Diese tatsächlichen Möglichkeiten multinationaler Konzerne werden von ihrer völkerrechtlichen Stellung nicht hinreichend erfasst. Damit stellt sich die Frage, ob die Ablehnung der Völkerrechtssubjektivität internationaler Konzerne noch angemessen ist.

Ebenfalls von besonderer Bedeutung für das Wirtschaftsvölkerrecht sind die jüngsten Ansätze der IPÖ, die sich mit den Herausforderungen und der Steuerung der Prozesse der Globalisierung befassen. **Globalisierung** wird als der wachsende Anteil grenzüberschreitender wirtschaftlicher Aktivitäten an der Gesamtwirtschaftstätigkeit verstanden. Entscheidende Ursachen für dieses Phänomen sind technologische Innovationen und gesunkene Transportkosten. Über den genauen Umfang und die Ursachen der Globalisierung besteht in den Sozial- und Wirtschaftswissenschaften keine Einigkeit. Unumstritten ist nur, dass die **nationalstaatlichen Steuerungsmodelle und -instrumente** angesichts der Verflechtung der Volkswirtschaften, der Mobilität von Produktion und Produktionsfaktoren **zunehmend an die Grenzen ihrer Effektivität geraten**.  128

Insofern entsteht die Notwendigkeit, die internationalen Wirtschaftsbeziehungen auch auf internationaler Ebene zu steuern. Da auf globaler Ebene keine staatsähnlichen Gebilde entstehen, geschieht diese Steuerung in einem Netz aus unterschiedlichen Institutionen und mit Regeln unterschiedlicher Rechtsqualität, die auf verschiedenen Ebenen und in verschiedenen Kontexten das Verhalten der Akteure bestimmen. Dieses Phänomen kann als **Global Economic Governance** bezeichnet werden. Kurz wird Global Economic Governance als „multilaterales, regelgestütztes Management der Weltwirtschaft"[103] bezeichnet. Die Wahl des Begriffs *governance* zeigt dabei, dass es nicht um förmliches Regieren (*government*), sondern um das Steuern bestimmter Sachverhalte mit unterschiedlichen Methoden geht.  129

---

101 Dazu § 4 Rn. 786 ff., 881.
102 Dazu oben Rn. 94.
103 *Schirm*, Internationale Politische Ökonomie, 2004, 237.

130 **Akteure** dieser Global Economic Governance sind neben den Staaten, internationale Organisationen, nicht-staatliche Gruppen sowie internationale Zusammenschlüsse aller Art (z. B. die Gruppe der G8-Staaten). Die **Regeln** der Global Economic Governance sind teilweise formelle Rechtsregeln und teilweise unverbindliche Standards und Kodizes, die auch von den Akteuren selbst entwickelt werden.

131 Vertreter der **kritischen Internationalen Politischen Ökonomie**[104] sehen den normativen Gehalt der Global Economic Governance als problematisch an, da damit unterstellt werde, dass die Globalisierungsprobleme allein durch neue Formen des Managements gelöst werden könnten. Globalisierung könne jedoch nicht als bloßes Steuerungsproblem begriffen werden. Vielmehr bestehe das Problem der Globalisierung auch darin, dass neoliberale Politikmodelle verfestigt werden und ungerechte Verteilungsstrukturen vertieft würden. Des Weiteren sei die demokratische Legitimation zahlreicher Institutionen der Global Economic Governance unzureichend.

132 Die Lösung der durch die Globalisierung hervorgerufenen oder verschärften Probleme besteht nach Ansicht von kritischen Autoren nicht in der Entwicklung und Verbesserung neuer Steuerungsinstrumente, sondern vor allem in einer **grundsätzlichen Neugestaltung der internationalen Wirtschaftsbeziehungen**. Aufgabe einer kritischen Auseinandersetzung mit dem gegenwärtigen globalen Wirtschaftsmodell sei die Formulierung von Alternativen für eine demokratisch legitimierte, sozial gerechte und ökologisch nachhaltige Gestaltung der Weltwirtschaft.

133 Dieser kurze Abriss des neuen Untersuchungsfeldes Global Economic Governance macht zweierlei deutlich:
- Erstens, die Fragen und Phänomene, die unter dem Stichwort „Global Economic Governance" untersucht werden, berühren zentrale Aspekte des Wirtschaftsvölkerrechts. Insofern besteht ein enger theoretischer und praktischer **Zusammenhang zwischen dem Wirtschaftsvölkerrecht und Global Economic Governance.**
- Zweitens, die traditionellen Methoden und Instrumente des Wirtschaftsvölkerrechts erfassen allenfalls Teilaspekte der Global Economic Governance. Die **rechtswissenschaftliche Durchdringung** dieses neuen Phänomens **steht noch am Anfang.**

134 Die Überprüfung und ggf. notwendige Modifizierung traditioneller Verständnisse anhand neuer Realitäten ist jedoch dringend geboten, wenn die Rechtswissenschaft dem Anspruch gerecht werden soll, auf aktuelle Fragen adäquate Antworten zu suchen und für die Bewertung aktueller Sachverhalte angemessene Methoden bereit zu halten. Dieser Anspruch soll jedenfalls die Darstellung und Diskussion des Wirtschaftsvölkerrechts auf den kommenden Seiten leiten. Damit soll das geltende Wirtschaftsvölkerrecht zugleich in den Kontext der sozialen, wirtschaftlichen und politischen Realitäten der internationalen Wirtschaftsbeziehungen eingebettet werden.

---

104 Vgl. z. B. *Scherrer*, Internationale Politische Ökonomie als Systemkritik, in: Hellmann/Wolf/Zürn (Hrsg.), Die neuen Internationalen Beziehungen, 2003, 484 ff.

# § 2 Welthandelsrecht

Unter dem Welthandelsrecht wird das **Recht der Welthandelsorganisation** (World Trade Organization, WTO) bezeichnet, d. h. die Übereinkommen der WTO-Rechtsordnung. Hierin erschöpfen sich die völkerrechtlichen Regeln des internationalen Handels jedoch nicht. Vielmehr werden Handelsfragen auch in regionalen und bilateralen Abkommen, insbesondere in Freihandelsabkommen und regionalen Integrationsrechtsordnungen, geregelt.[1] Hinzu treten weitere multinationale Verträge, die Sonderrecht für bestimmte Güter schaffen (z. B. Rohstoffabkommen[2]) und ebenfalls Handelsfragen betreffen. Wenn in diesem Kapitel gleichwohl ausschließlich das Welthandelsrecht behandelt wird, liegt dies zum einen an der zentralen Bedeutung dieses Rechtsgebiets für den grenzüberschreitenden Austausch von Gütern und Dienstleistungen und zum anderen daran, dass weitere handelsrechtliche Aspekte in den Kapiteln über regionale Integrationsabkommen und das Entwicklungsvölkerrecht behandelt werden.

135

## I. Umfang und Struktur des Welthandels

Vor einer Darstellung der Regeln des Welthandelssystems ist es sinnvoll, einen kurzen Blick auf Umfang und Struktur der weltweiten Handelsbeziehungen zu werfen, die den tatsächlichen Hintergrund des Welthandelsrechts darstellen. Das **Volumen des weltweiten Handels** (gemessen am Exportvolumen) betrug im Jahr 2004 ca. 11 000 Mrd. US$. Es umfasst damit rund ein **Viertel des Weltbruttosozialprodukts**. Gut 80 % des weltweiten Handels entfallen auf den Warenhandel; 20 % betreffen den Dienstleistungshandel. Zwischen 1994 und 2004 wuchs der Umfang des Welthandels um durchschnittlich knapp 6 % jährlich; das Weltbruttosozialprodukt dagegen nur um durchschnittlich gut 2 % jährlich.[3] Damit setzt sich ein Trend fort, der bereits seit Anfang der 1950er Jahre zu beobachten ist: Der internationale Handel verzeichnet grundsätzlich höhere Wachstumsraten als das Weltbruttosozialprodukt. Dadurch wird deutlich, dass der **Integrationsgrad der internationalen Wirtschaftsbeziehungen** in den vergangenen Jahrzehnten stetig **zugenommen** hat.

136

Während die aggregierten Zahlen die Bedeutung des globalen Handels für die Weltwirtschaft insgesamt verdeutlichen, ermöglicht erst eine nach **Regionen und Ländern differenzierende Betrachtung** ein genaues Bild über den Umfang und die Auswirkungen des Handels auf einzelne Länder und Ländergruppen. Fast die Hälfte des weltweiten Warenexports (45 %) entfällt auf Europa, wofür maßgeblich die EU verantwortlich ist. Rund ein Viertel des Weltexports stammt aus Asien, in erster Linie aus China, Indien

137

---
1 Dazu § 6 Rn. 937 ff.
2 Dazu § 5 Rn. 856 ff.
3 WTO, World Trade Report 2005, 1.

und den sog. vier asiatischen Tigern (Taiwan, Hong Kong, Singapur und Korea). Für knapp 15 % des Exportvolumens sind die Staaten Nordamerikas (USA, Kanada und Mexiko) verantwortlich. Weitgehend marginalisiert sind Süd- und Mittelamerika sowie Afrika mit jeweils ca. 3 % Anteil am Weltexport. Die regionale Aufteilung des Importvolumens und des Dienstleistungshandels ist vergleichbar.[4] Die Problematik dieser Verteilung wird auch deutlich, wenn man sich vor Augen führt, dass im Jahr 2004 die Hälfte des Welthandelsvolumens auf nur 10 Länder entfiel.[5] Insgesamt zeigt sich eine **extreme regionale Ungleichheit** des weltweiten Handels.

138 Nicht nur das Volumen, auch die Ausrichtung des internationalen Handels, ist regional unausgewogen. In den großen Handelsblöcken des Nordens dominiert der **intraregionale Handel**. Über die Hälfte des Exportvolumens Nordamerikas und Asiens betrifft Exporte innerhalb der jeweiligen Region; in Europa bleiben sogar knapp dreiviertel aller Exporte in der Region.[6] Der innerafrikanische Handel ist dagegen mit 10 % am Gesamtvolumen der Exporte Afrikas äußerst gering. Über 60 % der Exporte aus Afrika gehen nach Europa und Nordamerika. Auch für Süd- und Mittelamerika spielt der Handel mit Nordamerika und Europa eine größere Rolle als der intraregionale Handel. Für die meisten **Entwicklungsländer** gilt, dass ihre Handelsbeziehungen **einseitig auf die Märkte des Nordens ausgerichtet** sind.

139 Insgesamt zeigt sich, dass die globalen Handelsbeziehungen durch eine **Dominanz der Industrieländer** geprägt sind. Zwar nimmt der Anteil von Entwicklungsländern am internationalen Handel ebenso wie der Umfang des sog. Süd-Süd-Handels (Handel zwischen Entwicklungsländern) seit einigen Jahren zu; diese Entwicklung geht jedoch in erster Linie auf die gestiegene Bedeutung einiger weniger ostasiatischer Länder, insbesondere Chinas, zurück.[7]

140 Die Bedeutung des internationalen Handels für die einzelnen Volkswirtschaften und damit auch die **Abhängigkeit vom Handel einzelner Länder variiert stark**. Während in einigen kleineren Ländern wie etwa in Belgien oder Irland der Anteil der Ex- und Importe am Bruttosozialprodukt bei über 150 % liegt, ist das Verhältnis in Staaten mit großen Binnenmärkten, etwa den USA, Brasilien oder Indien mit zwischen 20 und 30 % deutlich geringer.[8] Für den „Exportweltmeister" Deutschland ist das Verhältnis von Ex- und Importen zum Bruttosozialprodukt mit 70 % immer noch relativ hoch.[9] In einigen am wenigsten entwickelten Staaten liegt der Wert teilweise unter 10 %, was zeigt, dass diese Länder vom internationalen Handel nahezu ausgeschlossen sind.

---

4 Eigene Berechnungen nach WTO, World Trade Report 2005, 19 f.
5 Eigene Berechnung nach WTO, International Trade Statistics 2005, 21, Table I.5.
6 Zahlen nach WTO, International Trade Statistics 2005, 39.
7 UNCTAD, Trade and Development Report 2005, 132 ff.
8 WTO, International Trade Statistics 2005, 249.
9 Zahlen nach WTO Statistics Database, http://stat.wto.org/.

## II. Theorie des Außenhandels und der Handelspolitik

Literatur: *Rose/Sauernheimer,* Theorie der Außenwirtschaft, 14. Aufl., 2006; *Krugman/Obstfeld,* Internationale Wirtschaft – Theorie und Praxis der Außenwirtschaft, 6. Aufl., 2004; *Dieckheuer,* Internationale Wirtschaftsbeziehungen, 5. Aufl., 2001; *Sykes,* Comparative Advantage and the Normative Economics of International Trade Policy, JIEL 1998, 49; *Koch,* Internationale Wirtschaftsbeziehungen, Band 1: Internationaler Handel, 2. Aufl., 1997.

### 1. Klassische Theorie der komparativen Kostenvorteile

„The theory by David Ricardo, who uses the example of England producing cloth and Portugal producing wine, (…) is the basis for the idea of the benefits of open trade. By producing goods and services in which it has a comparative advantage – and importing others – a country manages to create more value than it would otherwise do. In ideal conditions, trade allows countries to specialize in products that they produce best and import others, and everyone stands to gain. As a consequence, the economies of all countries grow."

*WTO-Generaldirektor Pascal Lamy*[10]

Wie das Zitat aus einer Rede von WTO-Generaldirektor Pascal Lamy zeigt, liegen den herrschenden politischen Vorstellungen von den internationalen Handelsbeziehungen theoretische Überlegungen zu Grunde, die von *David Ricardo* Anfang des 19. Jahrhunderts entwickelt wurden. *Ricardo* – ebenso wie vor ihm bereits *Adam Smith* – wandte sich gegen den in seiner Zeit vorherrschenden **Merkantilismus**, nach dem ein Land seinen Reichtum dadurch mehrt, dass es möglichst viele Güter exportiert und möglichst wenig Güter importiert.[11] *Smith* und *Ricardo* wiesen dagegen auf die wohlfahrtssteigernde **Wirkung der internationalen Arbeitsteilung** hin.

141

Diese Wirkung ist besonders offensichtlich, wenn Produkte gehandelt werden, die in einem Land günstiger produziert werden können als in einem anderen Land. So können tropische Früchte z. B. günstiger in tropischen Ländern als in Ländern mit kälterem Klima produziert werden. Tropische Länder haben einen absoluten Kostenvorteil für die Produktion dieser Güter. Nach der **Theorie der absoluten Kostenvorteile** ist es sinnvoll, wenn sich Länder auf die Produktion solcher Güter spezialisieren, die sie – absolut gesehen – günstiger produzieren können, als andere Länder.

142

*David Ricardo* erweiterte diese Überlegungen zur **Theorie der komparativen Kostenvorteile**.[12] Danach ist für den Handel zwischen zwei Ländern nicht der Unterschied zwischen den absoluten Produktionskosten der Güter in den jeweiligen Ländern maß-

143

---

10 Rede vor dem 5. Münchener Wirtschaftsgipfel am 4. Mai 2006, im Internet unter http://www.wto.org/english/news_e/sppl_e/sppl24_e.htm.
11 Dazu unten Rn. 169.
12 *Ricardo,* Principles of Political Economy and Taxation, 1817; deutsch: Über die Grundsätze der politischen Ökonomie und Besteuerung. Siehe auch die Darstellungen bei *Rose/Sauernheimer,* Theorie der Außenwirtschaft, 14. Aufl., 2006, 416 ff.; *Dieckheuer,* Internationale Wirtschaftsbeziehungen, 5. Aufl., 2001, 49 ff.; *Koch,* Internationale Wirtschaftsbeziehungen, Band 1: Internationaler Handel, 2. Aufl., 1997, 83 ff.

geblich, sondern der Unterschied zwischen den relativen Produktionskosten der verschiedenen Güter innerhalb eines Lands. Kann ein Land ein bestimmtes Gut günstiger produzieren als ein anderes Gut, besitzt es für ersteres einen komparativen Kostenvorteil. Anders als bei der Theorie der absoluten Kostenvorteile werden also nicht die Produktionskosten in verschiedenen Ländern verglichen, sondern das **Verhältnis der Produktionskosten verschiedener Güter in einem Land**. Handel findet nach der Theorie der komparativen Kostenvorteile zwischen Ländern mit unterschiedlichen komparativen Kostenvorteilen statt.

144 Die Theorie geht davon aus, dass ein Land durch internationalen Handel die Menge der ihm zur Verfügung stehenden Güter gegenüber einer Situation, in der alle Güter im Inland produziert werden (Autarkie), erhöhen kann, wenn es sich auf die Produktion der Güter konzentriert, für die ein komparativer Kostenvorteil besteht, und andere Güter auf dem Weltmarkt eintauscht. Die **Teilnahme am Handel erhöht so das Volkseinkommen**. Nach der Theorie der komparativen Kostenvorteile ist es auch dann für ein Land lohnend, am Handel teilzunehmen, wenn es für alle benötigten Produkte einen absoluten Kostenvorteil besitzt, d. h. alle Produkte absolut gesehen günstiger produziert als der potentielle Handelspartner. Umgekehrt folgert die Theorie, dass auch ein Land, das im Vergleich zu anderen Ländern über keinen absoluten Kostenvorteil verfügt, sinnvoll am internationalen Handel teilnehmen kann.

Die Theorie der komparativen Kostenvorteile lässt sich in Anlehnung an Ricardo mit folgendem **rechnerischem Beispiel** erläutern: Es werden zwei Länder (England und Portugal), zwei Güter (Tuch und Wein) und ein variabler Produktionsfaktor (Arbeit) unterstellt. Folgende Produktionskosten bestehen für die Güter in den beiden Ländern: In Portugal werden für die Produktion von einer Einheit Wein 10 Arbeitseinheiten (AE) und für eine Einheit Tuch 20 AE benötigt. In England werden für eine Einheit Wein 30 AE und eine Einheit Tuch 40 AE benötigt. In Portugal kann also sowohl Wein als auch Tuch billiger hergestellt werden als in England. Portugal besitzt für beide Produkte einen absoluten Kostenvorteil.

Drückt man die Kosten der jeweiligen Güter in Opportunitätskosten aus, d. h. in den Kosten, die erforderlich sind, um das jeweils andere Produkt herzustellen, gilt folgendes: Portugal kann statt einer Einheit Wein 0,5 Einheiten Tuch produzieren und umgekehrt statt einer Einheit Tuch zwei Einheiten Wein. England kann statt einer Einheit Wein 0,75 Einheiten Tuch produzieren und umgekehrt statt einer Einheit Tuch 1,33 Einheiten Wein. Relativ gesehen kann daher Portugal im Vergleich zum Tuch mehr Wein als England produzieren (2 > 1,33), während England im Vergleich zum Aufwand, in England Wein zu produzieren, mehr Tuch als Portugal produzieren kann (0,75 > 0,5). Portugal hat somit einen komparativen Kostenvorteil für Wein; England dagegen für Tuch.

Spezialisieren sich beide Länder auf die Herstellung des Produktes, das sie relativ gesehen günstiger produzieren können und exportieren dieses, stehen ihnen insgesamt mehr Güter zur Verfügung, als wenn sie alle Güter allein herstellen würden. Rechnerisch lässt sich dies wie folgt herleiten: Portugal kann mit 100 AE z. B. 5 Einheiten Wein und 2,5 Einheiten Tuch produzieren. Würde sich Portugal dagegen auf die Weinproduktion spezialisieren, d. h. mit 100 AE 10 Einheiten Wein produzieren, könnte es z. B. 5 Einheiten Wein für den internen Konsum behalten und die übrigen 5 Einheiten Wein gegen Tuch aus England tauschen. Da in England eine Einheit Wein 0,75 Einheiten Tuch kostet, erhält Portugal für 5 Einheiten Wein 3,75 Einheiten Tuch. Insgesamt hat Portugal daher unter Einsatz von 100 Arbeitseinheiten 5 Einheiten Wein und 3,75 Einheiten Tuch erhalten und damit insgesamt mehr erlangt als ohne Handel mit England. Entsprechendes gilt für England bezüglich des Handels mit Portugal.

Wem diese rechnerische Erläuterung zu kompliziert erscheint, dem hilft u. U. folgendes **Beispiel aus dem Alltag**, das der Nobelpreisträger Paul Samuelson benutzt hat, um die Vorteile von Arbeitsteilung zu erläutern:[13] Eine Rechtsanwältin kann einen juristischen Schriftsatz in durchschnittlich 2 Stunden verfassen. Außerdem kann sie 100 Wörter pro Minute tippen. Sie beschäftigt einen Sekretär, der nur 60 Wörter pro Minute tippen kann und kaum Rechtskenntnisse hat. Zur Verfassung eines Schriftsatzes würde er drei Tage benötigen. Obwohl die Rechtsanwältin ihrem Sekretär sowohl hinsichtlich der Schreibgeschwindigkeit als auch des Verfassens von Schriftsätzen überlegen ist (und somit „absolute" Kostenvorteile für beide Tätigkeiten hat), lohnt es sich für die Anwältin, den Sekretär zu beschäftigen. Zwar könnte sie ihre Schriftsätze schneller tippen als er, es ist jedoch effizienter, wenn sie ihre gesamte Zeit dem Verfassen von Schriftsätzen widmet und es dem Sekretär überlässt, die Schriftsätze zu tippen, da sie so insgesamt mehr erwirtschaften kann, als sie es allein könnte.

> **Merke:** Nach der **Theorie der komparativen Kostenvorteile erhöht die Teilnahme am internationalen Handel die in einem Land zur Verfügung stehende Gütermenge**, wenn sich das Land auf die Produktion der **Güter spezialisiert, für die ein komparativer Kostenvorteil besteht** und diese exportiert.

Als **Politikempfehlung** wird aus der Theorie der komparativen Kostenvorteile abgeleitet, dass sich die Länder auf Produkte mit komparativem Kostenvorteil spezialisieren sollen und dass sich alle Länder am internationalen Handel ohne Einschränkungen beteiligen sollen. Handelsschranken, insbesondere wenn sie inländische Produkte vor Produkten schützen, die günstiger importiert werden könnten, gelten als ineffizient. Insofern wird aus der Theorie der komparativen Kostenvorteile die Forderung nach **Handelsliberalisierung**, d. h. dem Abbau von Handelsschranken abgeleitet. Idealerweise sollten die Länder eine Politik des **Freihandels**, d. h. des Verzichts auf sämtliche Handelsschranken) verfolgen.

Diese Politikempfehlungen gelten auch für ein Land, dessen Handelspartner an Handelsschranken festhalten. Der Abbau von Handelsschranken führt nämlich in jedem Fall zu einer Erhöhung der Konsummöglichkeiten. Daher ist es für ein Land grundsätzlich sinnvoll ist, den Handel zu liberalisieren, unabhängig davon, wie sich die anderen Länder verhalten **(unilaterale Handelsliberalisierung)**.

## 2. Erweiterungen und Modifikationen der klassischen Theorie

Die klassische Theorie der komparativen Kostenvorteile wurde im Laufe der Zeit erweitert und ausdifferenziert. Nach dem sog. *Heckscher-Ohlin*-**Theorem** unterscheiden sich die Länder vor allem durch unterschiedliche Kosten der Produktionsfaktoren.[14] Für die Erklärung des internationalen Handels wird nicht mehr auf komparative Kostenvorteile für bestimmte Güter abgestellt, sondern auf komparative **Kostenvorteile für Produktionsfaktoren** (Faktorausstattung). Demnach sollte sich ein Land auf die Produktion derjenigen Güter konzentrieren, die eine intensive Nutzung der Produktionsfaktoren erfordern, für die ein Kostenvorteil besteht. Länder mit einem komparativen

---

13 *Samuelson/Nordhaus,* Volkswirtschaftslehre, 8. Aufl., 1987.
14 *Rose/Sauernheimer,* Theorie der Außenwirtschaft, 14. Aufl., 2006, 416 ff.; *Dieckheuer,* Internationale Wirtschaftsbeziehungen, 5. Aufl., 2001, 85 ff.; *Koch,* Internationale Wirtschaftsbeziehungen, Band 1: Internationaler Handel, 2. Aufl., 1997, 90 ff.

Kostenvorteil für Kapital sollten sich auf kapitalintensive Güter spezialisieren und Länder mit einem Kostenvorteil für Arbeit sollten sich auf arbeitsintensive Produkte spezialisieren.

148  In der neueren Außenwirtschaftstheorie werden weitere Aspekte in die Betrachtung mit einbezogen. Es wurde z. B. erkannt, dass das Vorhandensein komparativer Kostenvorteile nicht ausreicht, um die Ursachen des internationalen Handels bzw. Art und Umfang des internationalen Handels zu erklären, da andere Faktoren die Bedeutung komparativer Kostenvorteile relativieren oder ergänzen. So erhöhen steigende **Skalenerträge** (economies of scale) Produktionsvorteile und sichern die Marktposition bestehender Produzenten ab.[15] Unter Skalenerträgen versteht man sinkende Pro-Stück-Kosten bei steigenden Produktionsmengen, z. B. aufgrund eines effizienteren Einsatzes von Ressourcen oder Maschinen. Weiterhin sind in der Realität häufig keine vollkommenen Märkte anzutreffen, die von der Theorie der komparativen Kostenvorteile vorausgesetzt werden. Statt dessen verfälschen nationale und internationale Monopole oder Oligopole den Wettbewerb und führen zu **unvollkommenen Märkten**.[16]

149  Zu einer Relativierung der klassischen Theorie führte auch die Beobachtung, dass ein großer Teil des internationalen Handels zwischen Ländern mit ähnlicher Faktorausstattung stattfindet und oft ähnliche Produkte betrifft (**intra-industrieller Handel**[17]). So importiert z. B. Deutschland Autos nach Japan und in die USA; beide Länder exportieren jedoch auch Autos nach Deutschland. Eine derartige Handelsbeziehung kann nicht durch unterschiedliche komparative Kostenvorteile erklärt werden, sondern beruht auf zunehmenden Differenzierungen von Produkten und Präferenzen.

150  Deutliche Einschränkungen hat die klassische Theorie auch mit Blick auf die Teilnahme von **Entwicklungsländern** am internationalen Handel erfahren: Zunächst ist zu sehen, dass die Faktorausstattung von Industrie- und Entwicklungsländern und damit auch die Bedingungen für die Teilnahme am internationalen Handel unterschiedlich sind, was auch historische Gründe hat (**Kolonialismus**). Außerdem schafft der Export von landwirtschaftlichen Produkten und Rohstoffen größere Abhängigkeiten von den Entwicklungen auf dem Weltmarkt als der Export von Industriegütern. Die Handelsbeziehungen zwischen Industrie- und Entwicklungsländern sind daher **strukturell ungleich**. Dies hängt auch mit einer **Verschlechterung der *terms of trade*** für Entwicklungsländer zusammen.[18] Unter den terms of trade versteht man die tatsächlichen Austauschverhältnisse auf dem Weltmarkt, d. h. das Verhältnis von Exporterlösen zu Importkosten. Durch den Verfall der Weltmarktpreise für Rohstoffe und landwirtschaftliche

---

15 *Rose/Sauernheimer*, Theorie der Außenwirtschaft, 14. Aufl., 2006, 559 ff.; *Dieckheuer*, Internationale Wirtschaftsbeziehungen, 5. Aufl., 2001, 117 ff.; *Koch*, Internationale Wirtschaftsbeziehungen, Band 1: Internationaler Handel, 2. Aufl., 1997, 93, 96.
16 *Rose/Sauernheimer*, Theorie der Außenwirtschaft, 14. Aufl., 2006, 557 f.; *Dieckheuer*, Internationale Wirtschaftsbeziehungen, 5. Aufl., 2001, 123 ff.
17 *Dieckheuer*, Internationale Wirtschaftsbeziehungen, 5. Aufl., 2001, 140 ff.; *Koch*, Internationale Wirtschaftsbeziehungen, Band 1: Internationaler Handel, 2. Aufl., 1997, 92 ff.
18 *Dieckheuer*, Internationale Wirtschaftsbeziehungen, 5. Aufl., 2001, 105 ff.; *Koch*, Internationale Wirtschaftsbeziehungen, Band 1: Internationaler Handel, 2. Aufl., 1997, 16 ff.

Güter und die steigenden Kosten von Investitionsgütern (z. B. Maschinen) müssten viele Entwicklungsländer ihre Exportmenge erheblich mehr steigern, um eine gleichbleibende Menge an Investitionsgütern importieren zu können. Trotz einer Steigerung des Handelsvolumens kann es so zu Wohlfahrtsverlusten kommen, wenn die terms of trade sich deutlich verschlechtern.

Umstritten sind auch die Auswirkungen von Freihandel auf die Bestrebungen von Entwicklungs- und Transformationsländern, eigene Industrien aufzubauen. Bereits im 19. Jahrhundert vertrat *Friedrich List* die These, dass die Heranführung junger Industriezweige („**infant industries**") an den internationalen Wettbewerb durch **vorübergehende Schutzinstrumente** gefördert werden kann.[19] Dieses Argument wurde seitdem häufig wiederholt, obwohl es von der Außenwirtschaftstheorie immer wieder kritisch bewertet wurde. Unabhängig von seiner theoretischen Fundierung, entspricht es jedenfalls der historischen Erfahrung vieler Industrieländer, die während ihrer Industrialisierung häufig hohe Schutzzölle verhängten und erst nach Abschluss dieser Phase Verfechter von Handelsliberalisierungen wurden.[20]

151

Auf der Basis der verschiedenen Beobachtungen und Erkenntnisse sind immer komplexere Modelle zur Erklärung und Analyse des internationalen Handels entwickelt worden. Diese haben an der **grundsätzlich positiven Bewertung des internationalen Handels** zwar wenig geändert. Es können jedoch zahlreiche Situationen aufgezeigt werden, in denen handelspolitische Schutzinstrumente sinnvoll sein können und uneingeschränkter Freihandel schädlich sein kann. Insofern gelangt die moderne Wirtschaftswissenschaft heute zu deutlich **differenzierteren Aussagen**, als es zuweilen in der öffentlichen Auseinandersetzung über die Vor- und Nachteile des Freihandels erscheint.

152

Die Außenwirtschaftstheorie befasst sich in der Regel allerdings nicht mit der **Verteilung der Gewinne** aus dem internationalen Handel **innerhalb eines Lands**. Der Wohlfahrtsgewinn durch Handel wirkt sich nicht in allen Sektoren der Volkswirtschaft gleich aus, sondern einige Sektoren profitieren mehr von einer Teilnahme am Handel als andere. Die Teilnahme am Welthandel kann auch zu Einkommensverlusten führen, wenn einheimische Produktion durch ausländische Konkurrenz verdrängt wird. Internationaler Handel teilt eine Gesellschaft häufig in **Gewinner und Verlierer.**

153

In der Wohlfahrtsökonomie wird vertreten, dass es auf die tatsächlichen Effekte nicht entscheidend ankommt. Viel eher sei darauf abzustellen, ob die Gewinne, die auf internationalem Handel beruhen, die Verluste ausgleichen, so dass es zu einer **Kompensierung der Verlierer** durch die Gewinner kommen könnte (sog. *Kaldor-Hicks* Kriterium). Solange dies der Fall sei, sei die Teilnahme am Handel gesamtwirtschaftlich sinnvoll. Ob ein Ausgleich tatsächlich stattfindet, spielt dagegen für dieses Kriterium keine Rolle. Insofern führt auch die Möglichkeit von wirtschaftlichen Verlusten für Teile

154

---

19 *Dieckheuer,* Internationale Wirtschaftsbeziehungen, 5. Aufl., 2001, 163 f.; *Koch,* Internationale Wirtschaftsbeziehungen, Band 1: Internationaler Handel, 2. Aufl., 1997, 126 f.
20 *Chang,* Kicking Away the Ladder – Development Strategy in Historical Perspective, 2002.

der Volkswirtschaft bzw. der Gesellschaft nicht zu einer Einschränkung der grundsätzlich positiven Bewertung des internationalen Handels durch die Außenwirtschaftstheorie.

### 3. Theorie und politische Ökonomie der Handelspolitik

155 Während die Außenwirtschaftstheorie nach den Bedingungen und Voraussetzungen von internationalen Handelsbeziehungen fragt, untersucht die Theorie der Handelspolitik die wirtschaftlichen **Auswirkungen einzelner außenhandelspolitischer Instrumente.** Dabei können vier Typen von Instrumenten unterschieden werden, deren Auswirkungen auf Konsumenten, inländische und ausländische Produzenten und den öffentlichen Haushalt untersucht werden. Die Kategorisierung und die daraus folgende Bewertung ist auch für die rechtliche Einordnung dieser Instrumente von Bedeutung.

156 ▪ Zölle[21]
Ein Zoll ist eine Geldabgabe, die an den Grenzübertritt einer Ware gebunden ist. Sie wird als Stückzoll, d. h. pro Einheit einer bestimmten Ware (z. B. 5 € pro Tonne) oder als Wertzoll (Zoll ad valorem, z. B. 5 % des Verkaufspreises) erhoben. Zölle bedeuten **Einkommensverluste für Konsumenten,** da der Zoll über den Verkaufspreis auf die Konsumenten abgewälzt wird. Zölle führen auch zu sog. **Rentengewinnen**[22] **für inländische Produzenten,** deren Produkte mit dem importierten Gut konkurrieren. Die inländischen Produzenten können ihre Preise den Preisen der durch den Zoll verteuerten ausländischen Produkten anpassen und erhalten so eine höhere Gewinnmarge als ausländische Produzenten. Positiv ist zu berücksichtigen, dass Zölle eine **wichtige Einnahmequelle für den Staat** darstellen. Dies gilt insbesondere für Entwicklungsländer, da Zölle im Vergleich zu Steuern nur Kontrollen an den Außengrenzen, aber keine Verwaltung innerhalb des Lands erfordern und damit wesentlich leichter einzutreiben sind.

157 ▪ Importquoten (Importkontingente)[23]
Bei einer Importquote legt der Staat fest, dass nur eine bestimmte Menge einer Ware importiert werden darf und verteilt Importlizenzen an inländische Importeure. Inländische Produzenten und solche Importeure, die eine Lizenz erhalten haben, erlangen so **Rentengewinne.** Konsumenten erleiden ebenso wie bei Zöllen **Einkommensverluste,** da inländische Produzenten nur geringer Konkurrenz ausgesetzt sind und so ihre Produkte über dem Weltmarktpreis verkaufen können. Anders als bei Zöllen erhält der **Staat** aber **keine Einnahmen.**

---

21 *Rose/Sauernheimer,* Theorie der Außenwirtschaft, 14. Aufl., 2006, 595 ff.; *Dieckheuer,* Internationale Wirtschaftsbeziehungen, 5. Aufl., 2001, 152 ff.; *Koch,* Internationale Wirtschaftsbeziehungen, Band 1: Internationaler Handel, 2. Aufl., 1997, 126 ff.
22 Unter Rentengewinnen versteht man einen geldwerten Vorteil, den ein Wirtschaftsteilnehmer erhält, ohne dafür eine wirtschaftliche Leistung erbracht zu haben. Regelmäßig entstehen Rentengewinne, wenn eine bestimmte Gruppe von Wirtschaftsteilnehmern gegenüber ihren Konkurrenten durch eine staatliche Regel bevorzugt wird.
23 *Dieckheuer,* Internationale Wirtschaftsbeziehungen, 5. Aufl., 2001, 171 ff.; *Koch,* Internationale Wirtschaftsbeziehungen, Band 1: Internationaler Handel, 2. Aufl., 1997, 135 f.

- **Freiwillige Selbstbeschränkungen**[24]  158
  Unternehmen bzw. Staaten verpflichten sich freiwillig, nur eine bestimmte Menge eines Gutes zu exportieren. Diese Selbstverpflichtungen beruhen jedoch nur selten auf echten freiwilligen Beschränkungen, sondern oft auf Druck von Handelspartnern oder auf unverbindlichen Vereinbarungen zwischen den Handelspartnern. Die im Ausgangsfall zu Abschnitt I des vorherigen Kapitels erwähnte Vereinbarung zwischen China und der EG stellt eine Form der „freiwilligen Selbstbeschränkung" dar.[25] Freiwillige Selbstbeschränkungen ermöglichen **keine Einnahmen für den Staat und führen zu Verlusten für die Konsumenten** wegen mangelnder Konkurrenz. Lediglich die inländischen Produzenten und die ausländischen Produzenten, die ihre Waren weiterhin exportieren können, erhalten Rentengewinne.

- **Subventionen für inländische Produzenten und Produkte**[26]  159
  Eine Subvention ist eine geldwerte Leistung an einen Produzenten oder Konsumenten. Subventionen haben nach der Theorie der Handelspolitik **nur wenig negative Auswirkungen**, da sie zwar zu Verlusten für den Staat, dafür aber zu Gewinnen für die unterstützten Produzenten und zu Gewinnen für die Konsumenten führen. Nur mittelbar werden ausländische Produzenten, die durch die Subventionen stärkerer Konkurrenz ausgesetzt sind, benachteiligt. Daher hält die Theorie der Handelspolitik Subventionen für das am besten geeignete Instrument zur Förderung der einheimischen Wirtschaft. Allerdings können **Exportsubventionen** oder Subventionen für eigentlich nicht konkurrenzfähige Betriebe die Preise künstlich niedrig halten, wodurch die Wettbewerbsbedingungen verzerrt werden. Zu beachten ist auch, dass Subventionen in erster Linie Industriestaaten zur Verfügung stehen, da sie über entsprechende Haushaltsmittel verfügen. Entwicklungsländer können von Subventionen aus finanziellen Gründen häufig keinen Gebrauch machen und greifen schon deswegen häufiger auf Zölle und Importquoten zurück.

Aus ökonomischer Sicht lassen sich die **handelspolitischen Instrumente** nach ihrer Effizienz und dem Grad ihrer Auswirkung auf Konsumenten und Produzenten wie folgt **bewerten**: Am wenigsten ineffizient sind Subventionen, ihnen folgen Zölle, dann Importquoten und schließlich freiwillige Selbstbeschränkungen.  160

Ausgehend von dieser Bewertung der außenwirtschaftspolitischen Instrumente untersucht die **politische Ökonomie der Handelspolitik,** warum sich Regierungen für bestimmte handelspolitische Instrumente entscheiden, obwohl diese aus ökonomischer Sicht nicht optimal sind. Dabei bewertet die politische Ökonomie der Handelspolitik entsprechend den Methoden der „public choice" politische Entscheidungen nach den Grundsätzen der ökonomischen Nutzenmaximierung. Politische Entscheidungen ergehen danach auf der Grundlage, welche Gruppe sich am besten für ihre eigenen Interes-  161

---

24 *Dieckheuer,* Internationale Wirtschaftsbeziehungen, 5. Aufl., 2001, 174; *Koch,* Internationale Wirtschaftsbeziehungen, Band 1: Internationaler Handel, 2. Aufl., 1997, 137 ff.
25 Siehe § 1 Rn. 1.
26 *Dieckheuer,* Internationale Wirtschaftsbeziehungen, 5. Aufl., 2001, 176 ff.; *Koch,* Internationale Wirtschaftsbeziehungen, Band 1: Internationaler Handel, 2. Aufl., 1997, 142.

sen stark machen kann (**Lobbying**). Produzenten können sich regelmäßig besser organisieren als Konsumenten, da ihre Gruppe überschaubarer ist und die Auswirkungen des Handels für sie direkter spürbar sind. Daher besteht bei den Regierungen grundsätzlich eine **Neigung zu ineffizienten Handelsbeschränkungen** und zu Protektionismus.

162 Diese aus Sicht der Entscheidungsträger rationale Neigung kann **durch völkerrechtliche Verpflichtungen zur Liberalisierung des Handels überwunden** werden. Die Staaten binden sich also an völkerrechtliche Abkommen, um den Forderungen nach Protektionismus widerstehen zu können. Die politische Ökonomie bemüht hierfür das Bild des Odysseus, der sich selbst an den Mast bindet, um von den Sirenenklängen nicht verführt zu werden. Auch wenn dieses Bild und der Erklärungsansatz intuitiv einzuleuchten scheint, ist es schwierig, einen Kausalzusammenhang zwischen Lobbyismus und Protektionismus empirisch eindeutig nachzuweisen.

▶ **Lern- und Wiederholungsfragen zu § 2 II.:**
1. Unter welchen Voraussetzungen ist die Teilnahme am internationalen Handel nach der Theorie der komparativen Kostenvorteile sinnvoll?
2. Wie wird dieser Befund durch neuere Erkenntnisse oder Beobachtungen der Wirtschaftswissenschaften eingeschränkt? Welche Probleme der Teilnahme am internationalen Handel können insbesondere für Entwicklungsländer auftreten?
3. Wie wirken sich die verschiedenen Instrumente der Handelspolitik auf Verbraucher, inländische und ausländische Produzenten und die öffentliche Hand aus?
4. Wie lassen sich völkerrechtliche Vereinbarungen über Handelsliberalisierung aus Sicht der politischen Ökonomie der Handelspolitik erklären?

## III. Entwicklung des Welthandelssystems

Literatur: *Hilf/Oeter*, WTO-Recht, 2005, §§ 4–6, 31 und 36; *Trebilcock/Howse*, The Regulation of International Trade, 3rd ed., 2005, S. 20–25; *Weiß/Herrmann*, Welthandelsrecht, 2003, §§ 5, 6; *Krenzler*, Die Nachkriegsentwicklung des Welthandelssystems – von der Havanna-Charta zur WTO, in: Prieß/Berrisch (Hrsg.), WTO-Handbuch, 2003.

### 1. Zur Bedeutung der geschichtlichen Entwicklung für das Verständnis des Welthandelsrechts

163 Die WTO wurde 1995 gegründet[27], so dass auch erst ab diesem Zeitpunkt von einer WTO-Rechtsordnung gesprochen werden kann. Die WTO-Rechtsordnung beruht jedoch in zentralen Elementen auf dem Welthandelssystem, das nach dem zweiten Weltkrieg auf der Grundlage des Allgemeinen Zoll- und Handelsabkommens von 1947

---
27 Dazu unten Rn. 190.

(General Agreement on Tariffs and Trade, GATT 1947[28]) entstand. Dies war wiederum eine Reaktion auf die Politik des Protektionismus der Zwischenkriegszeit und deren Zusammenhang mit der Weltwirtschaftskrise in den 1920er Jahren. Daher ist die Kenntnis der **Grundzüge der geschichtlichen Entwicklung des Welthandelssystems** für das Verständnis des gegenwärtigen Welthandelsrechts erforderlich.

Insbesondere zwischen der Rechtsordnung des GATT 1947 und dem WTO-Recht besteht eine enge Verknüpfung, die sich darin äußert, dass Entscheidungen und Verfahrensregeln des GATT 1947 gem. Art. XVI:1 des Übereinkommens zur Gründung der WTO (WTO-Übereinkommen)[29] ausdrücklich in das WTO-Recht einbezogen werden.

164

> **Wichtige Norm: Art. XVI:1 WTO-Übereinkommen**
> Sofern in diesem Übereinkommen oder in den Multilateralen Handelsübereinkommen nichts anderes vorgesehen ist, lässt sich die WTO von den Beschlüssen, Verfahren und üblichen Praktiken der VERTRAGSPARTEIEN des GATT 1947 sowie der im Rahmen des GATT 1947 eingesetzten Organe leiten.

Die Bedeutung dieser Vorschriften für das Verhältnis der Rechtsordnung des GATT 1947 zur Rechtsordnung der WTO hat der Appellate Body, das ständige Revisionsorgan der WTO-Streitschlichtung[30], im Fall *Japan – Alcoholic Beverages*[31] so zusammengefasst:

165

„Article XVI:1 of the WTO Agreement (…) bring[s] the legal history and experience under the GATT 1947 into the new realm of the WTO in a way that ensures continuity and consistency in a smooth transition from the GATT 1947 system. This affirms the importance to the Members of the WTO of the experience acquired by the CONTRACTING PARTIES to the GATT 1947 – and acknowledges the continuing relevance of that experience to the new trading system served by the WTO."[32]

Das aktuelle Welthandelsrecht beruht somit auf historischen Grundlagen, von denen es sich nicht verabschiedet hat, sondern die es integrieren möchte. Dies unterstreicht die besondere **Relevanz der historischen Entwicklung** des internationalen Handelssystems für das WTO-Recht.

166

## 2. Internationale Handelsbeziehungen bis zum Ende des Zweiten Weltkriegs

Grenzüberschreitende Handelsbeziehungen bestehen seit der Herausbildung der ersten politischen Einheiten in den frühen Hochkulturen Asiens und Afrikas. In der **Antike** entwickelte sich vor allem der Seehandel im Mittelmeerraum zu einem wichtigen Wirtschaftsfaktor. Vertragliche Regeln zur Förderung aber auch zur Reglementierung

167

---

28 Dazu unten Rn. 174 ff.
29 Dazu unten Rn. 205 ff.
30 Zum Appellate Body unten Rn. 243 ff., 267 ff.
31 Zu diesem Fall unten Rn. 323.
32 *Japan – Taxes on Alcoholic Beverages*, WT/DS8, 10, 11/AB/R, Bericht des Appellate Body am 1.11.1996 angenommen. Im Internet unter http://www.wto.org/english/tratop_e/dispu_e/cases_e/ds8_e.htm.

des Handels lassen sich daher auch seit dieser Zeit nachweisen. Im **Mittelalter** spielten Verträge zwischen Fürsten und Kaufleuten eine wichtige Rolle für die rechtliche Gestaltung von grenzüberschreitenden Handelsbeziehungen. Auch der Städtebund der Hanse diente der Sicherung und der Förderung des Handels.

168 Bei den Gebietskörperschaften und politischen Einheiten der Antike und des Mittelalters handelte es sich allerdings nicht um Staaten im heutigen Sinne. Die rechtlichen Beziehungen zwischen diesen Einheiten können daher auch nicht mit Kategorien des modernen Völkerrechts erfasst werden, da sich dies erst mit dem **Entstehen der Nationalstaaten im 17. Jahrhundert** herausbildete. Erst ab diesem Zeitpunkt kann somit von Wirtschaftsvölkerrecht im eigentlichen Sinne gesprochen werden.

169 Die absolutistischen Nationalstaaten des 17. Jahrhunderts verfolgten überwiegend eine u. a. auf den französischen Finanzminister *Jean Baptiste Colbert* (1619–1683) zurückgehende Politik des **Merkantilismus**. Ziel dieser Politik war die Vermehrung des Staatsvermögens durch eine Förderung von Exporten und eine Verteuerung von Importen durch Zölle. Mit dem Merkantilismus ging eine staatliche Steuerung des internationalen Handels einher, die sich von den tendenziell offenen Handelsbeziehungen des Mittelalters unterschied.

170 Zu Beginn des industriellen Zeitalters im 18. Jahrhundert verfolgte zunächst nur Großbritannien eine **liberale Außenwirtschaftspolitik**, die den Zielen des Freihandels verpflichtet war. Zur Absicherung dieser Politik wurden auch völkerrechtliche Verträge eingesetzt, die mit den Grundsätzen der Inländerbehandlung und des Meistbegünstigungsprinzips auch erste Prinzipien enthielten, die bis heute zu den Kernvorschriften des Wirtschaftsvölkerrechts gehören.[33] In Kontinentaleuropa herrschte dagegen noch eine **Schutzzollpolitik** vor, die wesentlich zur Industrialisierung beitrug.[34] Erst in der Spätphase der Industrialisierung ab Mitte des 19. Jahrhunderts setzte sich das liberale Leitbild der Handelsfreiheit bzw. des Freihandels in den Staaten Westeuropas und Nordamerikas durch. In diese Zeit fällt auch die Gründung des **Deutschen Zollvereins**, als einer ersten echten Zollunion im Jahr 1865.

171 Mit der Ausdehnung kolonialer Einflussgebiete, der politischen Unterwerfung der Kolonien und der systematischen Ausbeutung ihrer Rohstoffe (**Imperialismus**) wuchs gegen Ende des 19. Jahrhunderts der Umfang des weltweiten Handels. Die Herausbildung großer Kartelle und Monopole, die auch transnational agierten, führte in der Phase des **Hochkapitalismus** ebenfalls zu einer erheblichen globalen wirtschaftlichen Integration. Ab Mitte des 19. Jahrhunderts kann man daher von einer sich herausbildenden **Weltwirtschaft** im heutigen Sinne sprechen.

172 Der **1. Weltkrieg** führte zu einem Zusammenbruch der weltweiten Wirtschaftsbeziehungen. In den Jahren zwischen den beiden Weltkriegen wandten sich die meisten Staaten einer protektionistischen Wirtschaftspolitik zu. Dadurch ging auch der Umfang

---

33 Dazu unten Rn. 304 ff., 315 ff.
34 Dazu oben Rn. 151.

des internationalen Handels zurück. Inflation und Währungskrisen prägten die 1920er Jahre, eine Entwicklung, die im Börsencrash von 1929 gipfelte, der eine **Weltwirtschaftskrise** auslöste. Mit der Weltwirtschaftskrise der 1930er eng verbunden ist das Erstarken des Faschismus in Europa, wenn man daran auch nicht dessen Hauptursache sehen kann. Insbesondere die NS-Diktatur und die Katastrophe des **Zweiten Weltkriegs** machten der Weltgemeinschaft jedoch die Notwendigkeit einer Neuorientierung des internationalen Wirtschaftssystems nach Kriegsende deutlich.

Die Neuorientierung des internationalen Handels-, Währungs- und Finanzsystems ist ideengeschichtlich und tatsächlich in einem Kontext mit der Gründung der Vereinten Nationen 1945 zu sehen. Bereits 1944 wurde auf der Konferenz von **Bretton Woods** der Internationale Währungsfonds (IWF) und die Weltbank gegründet.[35] Im Rahmen des Wirtschafts- und Sozialrats der UNO fanden ab 1946 Verhandlungen über eine **Internationale Handelsorganisation** (International Trade Organisation, ITO) statt, deren Rechtsordnung – neben IWF und Weltbank – die dritte Säule der Weltwirtschaftsordnung der Nachkriegszeit werden sollte.

173

## 3. GATT 1947

### a) Gründung des GATT 1947

Das **Allgemeine Zoll- und Handelsabkommen** (General Agreement on Tariffs and Trade, GATT) sollte Teil der ITO-Rechtsordnung werden. Über das GATT und die ITO wurde allerdings getrennt verhandelt, was daran lag, dass die US-amerikanische Regierung über ein Mandat zum Aushandeln und Abschluss eines reinen Zollabkommens verfügte, die Gründung einer internationalen Organisation jedoch einer anschließenden Zustimmung durch den Kongress bedurfte. Die Verhandlungsparteien konnten sich bereits im Jahr 1947 auf einen Text für das GATT einigen, der am 30. Oktober 1947 unterzeichnet wurde. Um die liberalisierende Wirkung des GATT bereits vor Inkrafttreten des ITO-Übereinkommens nutzen zu können, setzten zunächst 23 Vertragsparteien das GATT auf der Grundlage eines Protokolls über die vorläufige Anwendung (Protocol of Provisional Application) am **1. Januar 1948 in Kraft**.[36]

174

Die **Charta zur Errichtung einer Internationalen Handelsorganisation (ITO)** wurde 1948 auf der Konferenz von Havanna verabschiedet (Havanna Charta). Sie sah ein umfangreiches Programm vor, das neben Handelsliberalisierung auch internationales Wettbewerbsrecht, Auslandsinvestitionen und Beschäftigungs- und Entwicklungspoli-

175

---

35 Dazu § 4 Rn. 717 ff.
36 Das ursprüngliche GATT blieb im Kern auch nach der Revision des Welthandelsrecht durch die Uruguay-Runde im Jahr 1994 in Kraft. Zur Abgrenzung wird das ursprüngliche Abkommen in der WTO als GATT 1947 bezeichnet und das nach 1994 geltende Abkommen als GATT 1994. In der Literatur ist die Bezeichnung teilweise unterschiedlich. Wenn im Folgenden von „GATT 1947" die Rede ist, ist damit das multilaterale Handelssystem von 1948–1994, d. h. vom Inkrafttreten des GATT 1947 bis zum Inkrafttreten des WTO-Übereinkommens, gemeint. Werden einzelne Artikel des GATT erwähnt, wird die Bezeichnung „GATT" gewählt, da sich der Wortlaut der Vorschriften nicht geändert hat.

tik enthielt. Die Havanna Charta wurde zwar von 53 Staaten unterzeichnet; ihr **Inkrafttreten scheiterte** jedoch, da US-Präsident Truman davon absah, die Charta dem Kongress zur Ratifikation vorzulegen. Aufgrund der gescheiterten Ratifikation in den USA ratifizierten auch die meisten anderen Staaten die Charta nicht.

### b) Struktur und Funktion des GATT 1947

176 Das GATT 1947 war ein multilateraler völkerrechtlicher Vertrag, der aufgrund seiner **geplanten Integration in die Rechtsordnung der ITO** über keine institutionelle Struktur, insbesondere über keine eigenen Organe, verfügte. Als sich herausstellte, dass die Havanna Charta nicht in Kraft treten würde und das GATT 1947 somit nicht in eine institutionelle Struktur eingegliedert werden würde, entstand bei den Vertragsparteien das Bedürfnis, ihren Handelsbeziehungen einen gewissen organisatorischen Rahmen zu geben. Aus den zunächst nur informellen Strukturen entstand im Laufe der Jahre eine **de facto-Organisation.** Ob das GATT 1947 aus völkerrechtlicher Sicht als internationale Organisation angesehen werden konnte, war umstritten. Gegen die Einordnung als Organisation wurde eingewandt, dass die Vertragsparteien keine ausdrückliche Organisationseigenschaft vorgesehen hatten. Dieser Streit ist durch die Gründung der WTO gegenstandslos geworden.

177 Hauptorgan des GATT 1947 war die **Versammlung der Vertragsparteien.** Um diese Versammlung der Vertreter der Vertragsparteien von den tatsächlichen völkerrechtlichen Vertragsparteien (d. h. den Staaten, die dem GATT beigetreten waren) zu unterscheiden, wurde die Versammlung der Vertragsparteien als „VERTRAGSPARTEIEN" (Schreibweise in Großbuchstaben) bezeichnet.

Art. XXV:1 GATT
Die Vertreter der Vertragsparteien treten periodisch zusammen, um die Durchführung derjenigen Bestimmungen dieses Abkommens sicherzustellen, die ein gemeinsames Vorgehen erfordern, und um allgemein die Durchführung dieses Abkommens und die Erreichung seiner Ziele zu erleichtern. Sooft in diesem Abkommen die gemeinsam handelnden Vertragsparteien erwähnt sind, werden sie als VERTRAGSPARTEIEN bezeichnet.

178 Die **VERTRAGSPARTEIEN** trafen periodisch und ad hoc zusammen und erfüllten die Funktion, die in internationalen Organisationen typischerweise von einer Mitgliederversammlung erfüllt wird. Die Aufgaben und Befugnisse der VERTRAGSPARTEIEN wurden mit Gründung der WTO gemäß Ziffer 2 b) GATT 1994 entweder von der WTO als Organisation oder von der Ministerkonferenz der WTO[37] übernommen.

179 Im Laufe der Jahre entstanden **weitere Organe**, die den VERTRAGSPARTEIEN untergeordnet waren und die verschiedene institutionelle Aufgaben übernahmen. So wurde 1960 der GATT-Rat geschaffen, der regelmäßiger als die VERTRAGSPARTEIEN tagte. Ebenso entwickelte sich ein **institutionalisiertes Streitbeilegungssystem.** Als Grundlage der Streitschlichtung im GATT 1947 galten Artikel XXII, XXIII GATT. Danach sollten bei Streitigkeiten zunächst die betroffenen Parteien miteinander Konsultationen füh-

---
37 Dazu unten Rn. 221.

ren. Erwiesen sich diese als erfolglos, waren Konsultationen der VERTRAGSPARTEIEN mit den Streitparteien vorgesehen. Statt direkter Konsultationen der VERTRAGSPARTEIEN wurden seit Mitte der 1950er Jahre ad hoc Schiedsgerichte (Panel) eingesetzt, denen ein Streit zur Entscheidung vorgelegt wurde. Allerdings bedurfte sowohl die Einsetzung eines Panels als auch die Annahme seiner Entscheidung einer Entscheidung der VERTRAGSPARTEIEN, die im Konsens ergehen musste. Damit kam der beklagten Partei für die Einsetzung des Panels ein **faktisches Vetorecht** zu. Ebenso konnte die unterlegene Partei die Annahme einer Entscheidung verhindern. Dies beeinträchtigte die Effektivität des Verfahrens deutlich.

Die materiell-rechtlichen Vorschriften des GATT 1947 enthielten in erster Linie **Diskriminierungsverbote und Verpflichtungen zum Abbau von Zöllen und anderen Handelshemmnissen**. Da das GATT 1947 heute als Kern des GATT 1994 weiterbesteht, wie sich aus Ziffer 1 GATT 1994 ergibt, sind die materiell-rechtlichen Regeln des GATT 1947 auch Teil des WTO-Rechts. Sie werden daher in diesem Zusammenhang dargestellt.

180

Die Rechtsordnung des GATT 1947 enthielt eine Besonderheit, die an dieser Stelle kurz erwähnt werden muss. Das Protokoll über die vorläufige Anwendung des GATT verpflichtete keine der Vertragsparteien zu einer Änderung bestehender Gesetze. Daraus folgte, dass nationales Recht, das dem GATT entgegenstand und bereits vor dessen Inkrafttreten galt, beibehalten werden durfte (sog. **„grandfather rights"**).

181

c) GATT-Verhandlungsrunden

Die Geschichte des GATT 1947 ist durch mehrjährige **multilaterale Verhandlungsrunden** geprägt, in deren Rahmen schrittweise Zölle gesenkt wurden. Zum Abbau anderer Handelshemmnisse wurden außerdem verschiedene völkerrechtliche Abkommen ausgehandelt, die neben das GATT 1947 traten. Mit ihnen wurde die Rechtsordnung des GATT 1947 präzisiert und erweitert.

182

Den ersten fünf Verhandlungsrunden des GATT zwischen 1947 und 1961 gelang ein **erheblicher Abbau der Zölle**. Die Zollreduktion führte jedoch dazu, dass **nicht-tarifäre Handelsschranken**, insbesondere handelspolitischen Abwehr- und Schutzmaßnahmen, an Bedeutung zunahmen. Bereits in der sechsten GATT-Runde, der Kennedy-Runde (1962–1967) wurde daher neben einer weiteren Zollreduzierung ein Abkommen zu **Antidumping-Maßnahmen** ausgehandelt.[38]

183

In der Tokio-Runde (1973–1979) wurde dieses Abkommen um weitere Zusatzabkommen ergänzt (**Tokio-Kodizes**), die unter anderem Subventionen, Zollwertbestimmungen und technische Handelshemmnisse betrafen. Die zusätzlichen Abkommen der Kennedy- und der Tokio-Runde waren eigenständige völkerrechtliche Verträge, die neben dem GATT bestanden. Die GATT-Vertragsparteien hatten die Wahl, einem Nebenabkommen beizutreten oder fernzubleiben. Diese Möglichkeit wurde als **„GATT à la carte"** bezeichnet und hatte zur Folge, dass innerhalb des GATT-Systems Verträge mit unterschied-

184

---

38 Zu Dumping siehe unten Rn. 396 ff.

lichen Mitgliedschaften bestanden. Der Umfang der materiellen Verpflichtungen der GATT-Vertragsparteien unterschied sich somit zum Teil erheblich. Zudem verfügten einige Abkommen über eigenständige Verfahren zur Streitschlichtung. Betraf ein Streitfall mehrere Abkommen, konnte sich die klagende Partei daher dasjenige Abkommen und Streitbeilegungsverfahren aussuchen, das für die klagende Partei die größten Erfolgsaussichten bot. Diese Zersplitterung der Rechtsordnung des GATT 1947 wurde als Missstand empfunden und war ein Anlass für die Verhandlungen der Uruguay-Runde.

### 4. Die Uruguay-Runde (1986–1994)

185　Grundlegende Veränderungen erfuhr das Welthandelssystem durch die 1986 in Punta del Este (Uruguay) eröffnete **achte GATT-Handelsrunde**, die sog. Uruguay-Runde. Die Verhandlungen umfassten sowohl traditionelle Themen wie Zollabbau als auch Themen, die erstmals auf der Tagesordnung des Welthandelssystems standen wie Dienstleistungen, geistiges Eigentum und Investitionen. Außerdem sollte der Landwirtschafts- und Textilhandel in das Welthandelsrecht wieder eingegliedert werden, da sich für diese Sektoren im Laufe der Jahre Sonderregime herausgebildet hatten, für die Regeln des GATT nicht galten. In den Verhandlungen standen die Interessen der Industrieländer am Dienstleistungshandel, am Schutz des geistigen Eigentums und am Schutz von Auslandsinvestitionen den Interessen der Entwicklungsländer am Abbau der Handelsbeschränkungen für landwirtschaftliche Produkte und Textilien gegenüber.

186　Die institutionelle Neugestaltung des Welthandelssystems insbesondere durch die **Gründung einer neuen internationalen Organisation** war zu Beginn der Verhandlungen noch kein Thema. Erst im Jahr 1990 schlugen Kanada und die EG eine „Multilaterale Handelsorganisation" vor, die als Dach der verschiedenen Abkommen dienen sollte.

187　Die auf ursprünglich vier Jahre angelegten Verhandlungen sollten nach 1990 durch die **Ministerkonferenz in Brüssel** abgeschlossen werden, was jedoch aufgrund zahlreicher Meinungsverschiedenheiten, vor allem im Agrarsektor, scheiterte. Der **Konflikt zwischen den USA und der EG** über die **Subventionierung der Landwirtschaft** erwies sich in diesem Kontext als zentraler Streitpunkt. Hintergrund dieses Streits war die unterschiedliche Art und Weise der Förderung der Landwirtschaft: Während die USA direkt die Produzenten landwirtschaftlicher Produkte unterstützten, wurden in der EG die Agrarprodukte selbst, z. B. durch Ausfuhrsubventionen, unterstützt. Zwar verbessern beide Formen der Unterstützung die Wettbewerbsfähigkeit der heimischen Landwirtschaft, die Unterstützungssysteme wirken sich jedoch unterschiedlich auf die Weltmarktpreise aus.

188　Ende 1991 legte GATT-Generalsekretär *Arthur Dunkel* einen Entwurf für eine Abschlusserklärung vor (Draft Final Act, auch **Dunkel-Draft**), der auch eine Multilaterale Handelsorganisation vorsah. Dennoch dauerte es noch weitere zwei Jahre, bis die Verhandlungsführer Einigkeit in allen Fragen erzielen konnten. Dies lag vor allem an dem US-EG-Konflikt um die Landwirtschaftspolitik, der im November 1992 durch das sog. **Blair-House-Abkommen** beigelegt werden konnte.

Die Verhandlungen fanden am 15. 12. 1993 ihr **formelles Ende**, da an diesem Tag das Verhandlungsmandat des US-Präsidenten endete. Die **Schlussakte der Uruguay-Runde** (Final Act) wurde am 15. 4. 1994 **in Marrakesch** (Marokko), unterzeichnet.

189

Diese Schlussakte enthält das Übereinkommen von Marrakesch zur Gründung der Welthandelsorganisation (WTO-Übereinkommen) und eine Reihe von ministeriellen Erklärungen und Entscheidungen. Das WTO-Übereinkommen ist ein einheitliches, für alle Mitglieder der WTO verbindliches Handelsübereinkommen mit vier Anhängen, in denen sich die verschiedenen materiellen Handelsabkommen befinden.[39] Die Integration des gesamten Welthandelsrechts in einen einheitlichen Rahmen wird auch als **single undertaking** oder **single package** bezeichnet. Die Zersplitterung der GATT-Rechtsordnung wurde damit beendet. Das WTO-Übereinkommen trat am **1. 1. 1995** mit 76 Mitgliedern in Kraft.

190

Das genaue **Verhältnis zwischen der Rechtsordnung des GATT 1947 und der WTO-Rechtsordnung** ist völkerrechtlich nicht einfach zu bestimmen. Grundsätzlich handelt es sich bei den Abkommen des GATT 1947 und den WTO-Übereinkommen um völkerrechtlich verschiedene Verträge, die in einer Übergangszeit auch nebeneinander existierten. Allerdings sind mit Ausnahme des GATT selbst inzwischen alle multilateralen Übereinkommen der Rechtsordnung des GATT 1947 außer Kraft getreten. Funktional kann man die WTO daher als Nachfolgerin des GATT 1947 bezeichnen.

191

> **Merke:** Die **Rechtsordnung der WTO** trat nach Abschluss der Uruguay-Runde 1994 **an die Stelle** der **Rechtsordnung des GATT 1947**.

## 5. Entwicklung der WTO seit 1995

Die Entwicklung des Welthandelsrechts ging nach der Gründung der WTO weiter. Zum einen fanden in einigen Dienstleistungssektoren (z. B. Finanzdienstleistungen und Telekommunikation) noch bis Ende 1997 Verhandlungen statt, die im Rahmen der Uruguay-Runde nicht abgeschlossen werden konnten. Zum anderen befinden sich die WTO-Mitglieder nach einem zunächst gescheiterten Versuch im Jahr 1999 nunmehr seit 2001 in einer neuen multilateralen Verhandlungsrunde (sog. **Doha Development Agenda**).

192

Die Weiterentwicklung des Welthandelssystems beruht auf verschiedenen Gründen: Zunächst bestehen auch nach Abschluss der Uruguay-Runde Handelshemmnisse, wie Zölle und Subventionen, an deren Abbau die WTO-Mitglieder interessiert sind. Außerdem verpflichten verschiedene WTO-Vorschriften die Mitglieder zu Verhandlungen über Aspekte, über die in der Uruguay-Runde keine Einigkeit erzielt wurde bzw. die nach den Vorstellungen der Verhandlungsführer der Uruguay-Runde weiter entwickelt werden sollten (sog. „built in" agenda). Schließlich sind viele Handelsdiplomaten,

193

---

39 Dazu unten Rn. 205 ff.

Politiker und Wissenschaftler generell der Auffassung, dass das multilaterale Handelssystem durch weitere Handelsliberalisierungen ständig in Bewegung gehalten werden muss, damit es nicht zusammenbricht (sog. Fahrrad-Theorie).

### a) Die WTO bis zur Ministerkonferenz von Seattle 1999

194 Die ersten Jahre der WTO standen im Zeichen der Etablierung und Konsolidierung des neuen Systems. Gleichzeitig wurden jedoch auch Themen aufgegriffen, mit denen das Mandat der WTO über die in der Uruguay-Runde verhandelten Themen hinaus ausgedehnt werden sollte.

195 So wurden auf der **Ministerkonferenz von Singapur** 1996 Themen auf die Tagesordnung der WTO gesetzt, an denen die Industrieländer ein besonderes Interesse hatten (Handel und Investitionen, Handel und Wettbewerb, Transparenz im öffentlichen Beschaffungswesen und Handelserleichterung, sog. **„Singapore Issues"**). Allerdings sollten zu diesen Themen keine Verhandlungen stattfinden, sondern lediglich erste Sondierungen im Rahmen von Arbeitsgruppen. Eine Befassung der WTO mit **Sozialstandards** im Welthandel wurde dagegen abgelehnt und auf die Zuständigkeit der Internationalen Arbeitsorganisation (ILO) für diese Frage verwiesen.

196 Keine wesentlichen inhaltlichen Entscheidungen wurden auf der **Ministerkonferenz von Genf** im Jahr 1998 getroffen. Abgesehen von einer Entscheidung zu elektronischem Handel (e-commerce) stand diese Konferenz ganz im Zeichen des 50-jährigen Jubiläums des Welthandelssystems. Parallel zur Ministerkonferenz fanden die ersten, noch sehr begrenzten, globalisierungskritischen Demonstrationen statt.

197 Für die dritte **Ministerkonferenz in Seattle** im Jahr 1999 war dagegen die Eröffnung einer neuen umfassenden multilateralen Handelsrunde geplant, die den programmatischen Namen Millenniumsrunde (**Millennium Round**) tragen sollte. Neben klassischen Themen wie Zollsenkungen und Marktzugang wollten einige WTO-Mitglieder, darunter die EG, im Rahmen der neuen Runde auch über neue Fragen wie Investitionen und Wettbewerb verhandeln.

198 Diese Erweiterung der Aufgaben der WTO ging vielen **Entwicklungsländern** jedoch zu weit. Die in Seattle geschlossener und mit deutlicheren Positionen auftretende Gruppe der Entwicklungsländer war insbesondere nicht bereit, über neue Fragen zu verhandeln, wenn in den Bereichen, die für sie von Interesse waren (Landwirtschaft) kein Fortschritt erzielt werden würde. In Seattle traten zudem die alten **Interessensgegensätze zwischen den USA und der EG** in Landwirtschaftsfragen erneut zu Tage. Schließlich wurde die Ministerkonferenz von umfangreichen **Demonstrationen und Protesten** von Umwelt- und Entwicklungsorganisationen und Gewerkschaften begleitet, die sich gegen das einseitig auf Handelsliberalisierung gerichtete Mandat der WTO und der neuen Runde wandten. Demonstranten und Polizeikräfte lieferten sich tagelange z. T. gewaltsame Auseinandersetzungen („Battle of Seattle"). Sowohl den internen Gegensätzen als auch den externen Protesten dürfte es geschuldet sein, dass die Ministerkonferenz von Seattle **ergebnislos zu Ende** ging. Das Scheitern der Millen-

niumsrunde und die in den globalisierungskritischen Protesten sichtbar gewordene weltweite Skepsis gegenüber weiteren Handelsliberalisierungen stürzten die WTO in eine **Legitimationskrise**.

### b) Die Doha Development Agenda

Nach dem Misserfolg von Seattle wagten sich die WTO-Mitglieder erst Ende 2001 erneut an den Versuch, eine neue Handelsrunde zu eröffnen. Diese sollte zum einen ein gegenüber dem Programm der Millenniumsrunde deutlich reduzierten Umfang haben und zum anderen die Stellung der Entwicklungsländer verbessern. Auf der **Ministerkonferenz von Doha (2001)** einigten sich die Mitglieder auf eine neue Runde, der der programmatische Titel **Doha Development Agenda (DDA)** gegeben wurde. In Doha verabschiedeten die WTO-Mitglieder auch eine **Erklärung zu TRIPS und öffentlichem Gesundheitswesen**, mit der die inhaltliche Klärung einiger Bestimmungen des TRIPS angestrebt wurde, die den Zugang zu dringend von den Entwicklungsländern benötigten Medikamenten betraf.[40]

199

Die Verhandlungen der DDA umfassen eine Reihe von Themenbereichen, wobei jeweils die Interessen von Entwicklungsländern besonders beachtet werden sollten. Zu den wichtigsten Themen zählt der verbesserte **Marktzugang** für landwirtschaftliche Produkte und nicht-landwirtschaftliche Produkte. Für landwirtschaftliche Produkte spielt dabei der **Abbau von Exportsubventionen und inländischen Unterstützungsmaßnahmen** eine zentrale Rolle, während im Bereich nicht-landwirtschaftlicher Produkte nach wie vor der Abbau von Zöllen, insbesondere der sog. **Zolleskalation** im Mittelpunkt steht. Unter Zolleskalation wird eine Staffelung der Zölle verstanden, bei der für unverarbeitete Produkte niedrigere Zölle gelten als für verarbeitete Produkte. Zolleskalation in Industrieländern behindert insbesondere in Entwicklungsländern die Weiterverarbeitung von Produkten für den Export.

200

Ein weiteres wichtiges Element sind die in der DDA integrierten Verhandlungen über die weitere Liberalisierung des Dienstleistungshandels.[41] Andere Verhandlungsthemen betreffen Technologietransfer, Maßnahmen zur Unterstützung der personellen Kapazitäten von Entwicklungsländern (capacity building) und Verschuldung. Daneben finden auch Verhandlungen über regionale Integrationsabkommen und die Reform des Streitbeilegungssystems statt. Die Verhandlungen der DDA werden als sog. **„single undertaking approach"** geführt, d. h., sämtliche Verhandlungsergebnisse sollen Teil eines Gesamtergebnisses werden.

201

Einen Rückschlag erlitten die Verhandlungen der DDA nach dem Scheitern der **Ministerkonferenz von Cancún** im Jahr 2003. Neben einer Bewertung des bis dato erreichten Stands der Verhandlungen, sollte die in Doha vertagte Entscheidung über den Beginn von Verhandlungen über ein Investitionsabkommen in der WTO getroffen werden. Aufgrund fundamentaler Interessensgegensätze zwischen Industrie- und Entwick-

202

---

40 Dazu unten Rn. 519.
41 Dazu unten Rn. 461.

lungsländern fanden die WTO-Mitglieder jedoch keinen Konsens und gingen – wie schon in Seattle – erneut ohne Abschlusserklärung auseinander.

203 Der fehlende Konsens in Cancún führte auch dazu, dass in den Verhandlungen der DDA kaum Forschritte erzielt wurden. Dies zwang die WTO-Mitglieder im Sommer 2004 und erneut auf der **Ministerkonferenz von Hong Kong** im Dezember 2005 dazu, den Fahrplan für die DDA zu überarbeiten. Trotz dieser Bemühungen bleiben zahlreiche Details offen. Bis in den Sommer 2006 gelang es den WTO Mitgliedern nicht, sich in zentralen Fragen der DDA zu einigen. Die Hauptstreitpunkte waren zuletzt – wieder einmal – im Landwirtschaftssektor zu suchen. Die USA, die EG und einige große Entwicklungsländer konnten sich nicht auf einen erweiterten Marktzugang und den Abbau von Subventionen für landwirtschaftliche Produkte einigen.

203a Da die Positionen der WTO-Mitglieder zu weit auseinander lagen, wurden die **Verhandlungen der DDA Ende Juli 2006 auf unbestimmte Zeit ausgesetzt**. Unklar ist, ob und zu welchem Zeitpunkt die Verhandlungen wieder aufgenommen werden können. Das (vorläufige) Scheitern der DDA bedeutet zum einen, dass es zu keiner weiteren Liberalisierung in den Bereichen Landwirtschaft, Dienstleistungen und Industriegüter kommen wird. Zum anderen werden aber auch die offenen Fragen, die das Regelwerk der WTO betreffen („built in" agenda) vorerst nicht gelöst werden. Der in der Uruguay-Runde vereinbarte Rechtsrahmen der WTO bleibt vom Scheitern der DDA jedoch zunächst unberührt. Allerdings dürfte die Bedeutung von bilateralen und regionalen Vereinbarungen in Zukunft weiter zunehmen.[41a]

204 Insgesamt zeigt die Entwicklung der WTO seit 1999, dass sowohl unter ihren Mitgliedern, insbesondere zwischen Industrie- und Entwicklungsländern, als auch in den Bevölkerungen der WTO-Mitglieder **tiefgreifende Meinungsverschiedenheiten** bestehen. Diese beziehen sich sowohl auf die Vor- und Nachteile von Handelsliberalisierungen für Entwicklung, Umwelt und soziale Gerechtigkeit als auch auf die Struktur der internationalen Handelsbeziehungen, wie sie gegenwärtig durch die WTO geprägt werden. Zunehmend wird deutlich, dass das institutionelle System der WTO nur begrenzt zur Lösung grundlegender **Fragen und Probleme, die sich in Folge der Globalisierung der Weltwirtschaft stellen**, beitragen kann.

> ▶ Lern- und Wiederholungsfragen zu § 2 II.:
> 1. Auf welche historischen Erfahrungen sollte mit der Gründung der Internationalen Handelsorganisation (ITO) und des GATT reagiert werden?
> 2. Was versteht man unter „GATT à la carte" und auf welche Weise konnte dieser Zustand in der WTO beendet werden?
> 3. Welche Themenbereiche wurden durch die Uruguay-Runde neu in die Welthandelsordnung eingefügt?
> 4. Warum scheiterten die Ministerkonferenzen von Seattle (1999) und Cancún (2003) und welche Folgerungen kann man daraus für die Zukunft des Welthandelssystems ziehen?

---

41a Siehe allgemein dazu § 6.

## IV. Allgemeines WTO-Recht

**Literatur:** *Hilf/Oeter,* WTO-Recht, 2005, §§ 7, 8, 27; *Tietje,* Die institutionelle Ordnung der WTO, in: Prieß/Berrisch (Hrsg.), WTO-Handbuch, 2003; *Weiß/Herrmann,* Welthandelsrecht, 2003, §§ 7, 9, 10; *Ohlhoff,* Streitbeilegung in der WTO, in: Prieß/Berrisch (Hrsg.), WTO-Handbuch, 2003; *Stoll/Schorkopf,* WTO – Welthandelsordnung und Welthandelsrecht, 2002, S. 11–27, 145–175; *Heselhaus,* Die Welthandelsorganisation, JA 1999, 76; *Stoll,* Die WTO: Neue Welthandelsorganisation, neue Welthandelsordnung, ZaöRV 1994, 241.

### 1. Das WTO-Übereinkommen im Überblick

Das **Übereinkommen von Marrakesch zur Gründung der WTO** (WTO-Übereinkommen)[42] ist ein Rahmenübereinkommen mit institutionellen Vorschriften für das Welthandelssystem. Die materiell-rechtlichen Regeln des Welthandels und weitere institutionelle Regeln sind in Übereinkommen niedergelegt, die sich in den **Anhängen** zum WTO-Übereinkommen befinden und die daher integrale Bestandteile des WTO-Übereinkommens sind. Diese Übereinkommen umfassen zunächst die multilateralen Handelsübereinkommen der Anhänge 1, 2, und 3, die gem. Art. II:2 WTO-Übereinkommen für alle Mitglieder verbindlich sind. Hinzutreten zwei plurilaterale Handelsübereinkommen in Anhang 4, die gem. Art. II:3 WTO-Übereinkommen nur für diejenigen WTO-Mitglieder verbindlich sind, die sie angenommen haben. 205

Zu den multilateralen Handelsübereinkommen zählen zunächst die **materiell-rechtlichen Vorschriften** des Welthandelsrechts (Anhang 1). Diese unterteilen sich in die Übereinkommen über den **Warenhandel** in Anhang 1A, das Allgemeine Übereinkommen über den Handel mit **Dienstleistungen** (General Agreement on Trade in Services, GATS) in Anhang 1B[43] und das Übereinkommen über handelsbezogene Aspekte der **Rechte des geistigen Eigentums** (Agreement on Trade-Related Aspects of Intellectual Property Rights, TRIPS) in Anhang 1C.[44] 206

Während sich in Anhang 1B und 1C jeweils nur ein Übereinkommen findet, enthält Anhang 1A mehrere Übereinkommen. Das wichtigste ist das **Allgemeine Zoll- und Handelsabkommen 1994** (GATT), das sich aus dem GATT 1947[45], den Protokollen und Beschlüssen der VERTRAGSPARTEIEN des GATT 1947 (sog. „GATT acquis") und sechs Vereinbarungen über die Auslegung verschiedener Artikel des GATT[46] zusammensetzt. 207

---

42 BGBl. 1994 II, S. 1625; ABl. 1994 L 336/3 = Sartorius II, Nr. 500 = WTO Beck-Texte, Nr. 1 = Völker- und Europarecht, C.F. Müller, Nr. 100. Im Internet unter http://europa.eu.int/eur-lex/lex/LexUriServ/LexUriServ.do?uri=CELEX:21994A1223(01):DE:HTML.
43 Dazu unten Rn. 431 ff.
44 Dazu unten Rn. 489 ff.
45 Dazu oben Rn. 174 ff.
46 Vereinbarung zur Auslegung des Artikels II Absatz 1 Buchstabe b) des Allgemeinen Zoll- und Handelsabkommens 1994, Vereinbarung zur Auslegung des Artikels XVII des Allgemeinen Zoll- und Handelsabkommens 1994 (Staatshandelsunternehmen), Vereinbarung über Zahlungsbilanzbestimmungen des Allgemeinen Zoll- und Handelsabkommens 1994, Vereinbarung zur Auslegung des Artikels XXIV des Allgemeinen Zoll- und Handelsabkommens 1994, Vereinbarung über

208  Neben dem GATT 1994 enthält Anhang 1A folgende **zwölf weitere Übereinkommen über den Warenhandel**:
- Übereinkommen über die Landwirtschaft
- Übereinkommen über die Anwendung gesundheitspolizeilicher und pflanzenschutzrechtlicher Maßnahmen (SPS) [47]
- Übereinkommen über Textilwaren und Bekleidung
- Übereinkommen über technische Handelshemmnisse (TBT) [48]
- Übereinkommen über handelsbezogene Investitionsmaßnahmen (TRIMs)
- Übereinkommen zur Durchführung des Artikels VI des Allgemeinen Zoll- und Handelsabkommens 1994 (Anti-Dumping-Abkommen) [49]
- Übereinkommen zur Durchführung des Artikels VII des Allgemeinen Zoll- und Handelsabkommens 1994 (Zollwertbestimmung)
- Übereinkommen über Vorversandkontrollen
- Übereinkommen über Ursprungsregeln
- Übereinkommen über Einfuhrlizenzverfahren
- Übereinkommen über Subventionen und Ausgleichsmaßnahmen (SCM) [50]
- Übereinkommen über Schutzmaßnahmen [51]

209  Ebenfalls zu den multilateralen Übereinkommen zählen die Vereinbarung über Regeln und Verfahren zur **Beilegung von Streitigkeiten** (Dispute Settlement Understanding, DSU) [52] in Anhang 2 des WTO-Übereinkommens und der Mechanismus zur **Überprüfung der Handelspolitik** (Trade Policy Review Mechanism, TPRM), in Anhang 3.

210  Zu den **plurilateralen Handelsübereinkommen** in Anhang 4 gehören das Übereinkommen über den **Handel mit Zivilluftfahrzeugen** und das Übereinkommen über das **Öffentliche Beschaffungswesen**.

211  Das Streitbeilegungsübereinkommen DSU, der handelspolitische Überprüfungsmechanismus TPRM und die institutionellen Rahmenvorschriften des WTO-Übereinkommens gelten für alle materiell-rechtlichen Übereinkommen und können als gemeinsames Dach des materiell-rechtlichen Rechts verstanden werden.[53] Lässt man die plurilateralen Abkommen aufgrund ihrer geringen Mitgliedschaft außer Betracht, unterteilt sich das materiell-rechtliche Welthandelsrecht in die drei Bereiche Waren, Dienstleistungen und handelsbezogene Aspekte des geistigen Eigentums. Bildlich lässt sich die Struktur des WTO-Übereinkommens dann mit folgendem **Drei-Säulen-Modell** darstellen:

---

Befreiungen von Verpflichtungen nach dem Allgemeinen Zoll- und Handelsabkommen 1994 („waiver"), Vereinbarung zur Auslegung des Artikels XXVIII des Allgemeinen Zoll- und Handelsabkommens 1994, Vereinbarung zur Auslegung des Artikels XXXV des Allgemeinen Zoll- und Handelsabkommens 1994.

47  Dazu unten Rn. 359 ff.
48  Dazu unten Rn. 377 ff.
49  Dazu unten Rn. 396 ff.
50  Dazu unten Rn. 407 ff.
51  Dazu unten Rn. 418 ff.
52  Dazu unten Rn. 235 ff.
53  Das DSU gilt für plurilaterale Übereinkommen nur, wenn die Mitglieder dieser Übereinkommen einen dahingehenden Beschluss gefasst haben (siehe Appendix 1 des DSU).

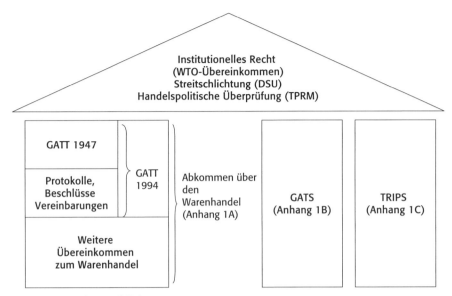

*Figur 2: Drei-Säulen-Modell der WTO*

Nicht alle Übereinkommen der WTO-Rechtsordnung sind von gleicher wirtschaftlicher und praktischer Bedeutung. Neben dem WTO-Übereinkommen selbst ist das Streitschlichtungsübereinkommen in institutioneller Hinsicht besonders wichtig. Der Mechanismus zur Überprüfung der Handelspolitik, mit dem regelmäßig die Wirtschafts- und Handelspolitik eines WTO-Mitglieds durch die anderen Mitglieder begutachtet wird, ist dagegen weniger bedeutsam. In materiell-rechtlicher Hinsicht sind neben den drei Hauptabkommen GATT, GATS und TRIPS vor allem das TBT- und SPS-Übereinkommen, die Übereinkommen über handelspolitische Maßnahmen (Anti-Dumping-, Subventions- und Schutzmaßnahmen-Übereinkommen) sowie das Übereinkommen zur Landwirtschaft wichtig.

212

Das **Verhältnis** der einzelnen Übereinkommen der WTO-Rechtsordnung zueinander ist wie folgt geregelt: Nach Art. XVI:3 des WTO-Übereinkommens hat das **WTO-Übereinkommen** bei einem Konfliktfall **Vorrang gegenüber den multilateralen Handelsübereinkommen** der Anhänge 1–3. Für die materiell-rechtlichen Übereinkommen besteht lediglich eine Regel für den Konfliktfall zwischen dem GATT und den anderen Übereinkommen über den Warenhandel. Nach der allgemeinen Auslegungsregel zu Anhang 1 A sind im Konfliktfall die Bestimmungen der anderen Übereinkommen maßgebend, d. h. den **speziellen Übereinkommen über den Warenhandel** ist ein **Vorrang vor dem GATT** einzuräumen. Eine Anwendung der allgemeinen Regeln (*lex posterior*, *lex specialis*[54]) auf die übrigen Konfliktfälle dürfte daran scheitern, dass alle WTO-Überein-

213

---

54 Dazu § 1 Rn. 70.

kommen am gleichen Tag in Kraft getreten sind (1.1.1995) und auch größtenteils Materien betreffen, die sich nicht überschneiden. Konflikte sollten daher bereits durch eine entsprechende Interpretation der jeweiligen Übereinkommen vermieden werden.

### 2. Institutionelles Recht

> **Ausgangsfall**
>
> Zur Vorbereitung für die nächste WTO-Ministerkonferenz soll im Allgemeinen Rat der Entwurf für ein Abschlussdokument verabschiedet werden. Über weite Teile des Textes besteht Einigkeit unter den Mitgliedern der WTO. Eine Reihe von Entwicklungsländern äußern jedoch Bedenken und Kritik an einer Textpassage zu den Verhandlungen im Landwirtschaftssektor. Nach ihrer Meinung wird darin zu wenig auf die Belange der Entwicklungsländer Rücksicht genommen. Nach informellen Konsultationen mit einigen der Kritiker schlägt der Vorsitzende des Allgemeinen Rates eine Kompromissformulierung vor, die in der folgenden Aussprache allerdings immer noch von vier Ländern, darunter Indien, kritisiert wird.
>
> Am Ende der Aussprache fragt der Vorsitzende die Mitglieder des Allgemeinen Rates, ob über seinen Vorschlag Konsens bestehe. Mit Ausnahme von Indien äußert sich kein anwesendes WTO-Mitglied ablehnend.
>
> Der Vorsitzende stellt darauf hin fest, dass ein Konsens nicht erreicht werden könne und schlägt vor, über seinen Vorschlag abstimmen zu lassen. Dagegen protestiert Indien in scharfer Form, weil dadurch die geltende Praxis der Entscheidungsfindung im Konsens verletzt würde. Gleichwohl ordnet der Vorsitzende eine Abstimmung an. Der Vorschlag wird mit 75 gegen 3 Stimmen bei 2 Enthaltungen angenommen.
>
> War das Verhalten des Vorsitzenden rechtmäßig?

#### a) Rechtsstellung und Mitglieder der WTO

214 Die WTO ist eine **internationale Organisation**, die nach Artikel VII des WTO-Übereinkommens Rechtsfähigkeit besitzt. Sie ist somit ein eigenständiges Völkerrechtssubjekt.[55] Der Sitz der WTO ist in **Genf**.

215 Die WTO ist **keine UN-Sonderorganisation**. Die Verhandlungsführer der Uruguay-Runde haben bei Gründung der WTO – aus politischen Gründen – darauf verzichtet, die WTO formell in die UN-Familie zu integrieren. Damit sind sie der Tradition des GATT 1947 gefolgt, das ebenfalls außerhalb der UN-Familie stand. Während diese Entscheidung zu Zeiten des GATT noch mit dessen umstrittener Organisationseigenschaft und einer bis Mitte der 1980er Jahre begrenzten Mitgliederzahl gerechtfertigt werden konnte, steht nunmehr eine globale Wirtschaftsorganisation außerhalb des rechtlichen Rahmens der Vereinten Nationen. Die WTO unterhält allerdings besondere Beziehungen zur UN und zu einigen UN-Sonderorganisationen, insbesondere zum IWF, zur Weltbank und zur UNCTAD. Aus diesem Grunde dürfte die Stellung der WTO außerhalb des UN-Systems eher von symbolischer Bedeutung sein, da sich durch den formalen Charakter

---

55 Siehe dazu § 1 Rn. 54 f.

einer UN-Sonderorganisation kaum praktische Veränderungen gegenüber der gegenwärtigen Situation ergäben.

Zurzeit zählt die WTO 149 **Mitglieder** (Stand 2006). Mitglieder der WTO können nicht nur Staaten sein, sondern auch selbständige Zollgebiete, sofern sie volle Autonomie über ihre Außenwirtschaftsbeziehungen besitzen (z. B. Hong Kong), Art. XII:1 WTO-Übereinkommen. 216

Die **Europäischen Gemeinschaften**[56] sind neben ihren 25 Mitgliedstaaten gem. Art. XI:1 WTO-Übereinkommen ebenfalls eigenständiges Mitglied der WTO. Bei Abstimmungen[57] übt entweder die EG ihr Stimmrecht aus, die dann über soviel Stimmen verfügt, wie sie Mitgliedstaaten hat oder die EG-Mitgliedstaaten stimmen selbst ab, was eine Stimmabgabe durch die EG ausschließt (Art. IX:1 WTO-Übereinkommen). 217

Bei Abschluss der Uruguay-Runde war zwischen den Mitgliedstaaten und der EG, insbesondere der Kommission, umstritten, ob die **EG die ausschließliche Kompetenz** zum Beitritt zur WTO hatte oder ob eine **geteilte Kompetenz von EG und Mitgliedstaaten** bestand. Im Wesentlichen drehte sich der Streit um den Umfang des Begriffs „gemeinsame Handelspolitik" in Art. 133 EG-Vertrag. Der EuGH entschied in Gutachten 1/94 (WTO), dass die EG und ihre Mitgliedstaaten das WTO-Übereinkommen gemeinsam abschließen und unterzeichnen mussten, da die EG zwar ausschließlich für den Warenhandel zuständig sei, im Bereich der Dienstleistungen und den handelsbezogenen Aspekten des geistigen Eigentums die Mitgliedstaaten jedoch in erster Linie zuständig waren.[58] Es handelt sich bei dem WTO-Übereinkommen somit um ein gemischtes Abkommen.[59] 218

Die **WTO-Amtssprachen** sind Englisch, Französisch und Spanisch. Das WTO-Übereinkommen ist auch nur in diesen Sprachen verbindlich. Die im Bundesgesetzblatt und im Amtsblatt der EU verwendete **deutsche Fassung** ist **keine amtliche Übersetzung**. Da die deutsche Fassung der WTO-Texte auch teilweise fehlerhaft und missverständlich ist, sollten für eine exakte Lösung von Rechtsfragen stets die authentischen Fassungen herangezogen werden. 219

---

56 Sowohl die Europäische Gemeinschaft (EG) als auch die Europäische Atomenergiegemeinschaft sind formal WTO-Mitglieder. Aus Praktikabilitätsgründen wird im Folgenden jedoch nur von der EG gesprochen.
57 Zu Bedeutung von Abstimmungen siehe unten Rn. 231.
58 EuGH, Gutachten 1/94, Slg. 1994, I-5267. Mit der gegenwärtig gültigen Fassung des Art. 133 EGV (Fassung des Vertrags von Nizza) haben die Mitgliedstaaten auf diese Entscheidung reagiert und grundsätzlich eine ausschließliche Zuständigkeit der EG für alle drei Bereiche begründet. Im Dienstleistungshandel besteht allerdings eine gemischte Kompetenz für einige besonders sensible Sektoren (Gesundheit, Bildung, Soziales, Kultur und audiovisuelle Dienstleistungen). Der Vertrag über eine Verfassung für Europa von 2004 gibt diese Ausnahme auf und überträgt der Europäischen Union die alleinige Kompetenz für den gesamten Bereich des WTO-Rechts, Art. III-315 Abs. 1 EuVerfV.
59 Dazu *Streinz*, Europarecht, 7. Aufl., 2005, Rn. 486, 685.

### b) Organe der WTO

**220** Die WTO verfügt über eine relativ **einfache Organstruktur**, die sich aus der Organstruktur des GATT 1947 entwickelt hat.[60] An ihrer Spitze steht die Ministerkonferenz. Der Allgemeine Rat ist das ständig tagende Beschlussorgan. Daneben existieren verschiedene weitere Räte, Ausschüsse und Arbeitsgruppen. Die WTO verfügt auch über ein Sekretariat unter Leitung des Generaldirektors, das sich aus organisationseigenen Bediensteten zusammensetzt. Ein Exekutivausschuss oder Lenkungsgremium existiert in der WTO ebenso wenig wie eine parlamentarische Versammlung.

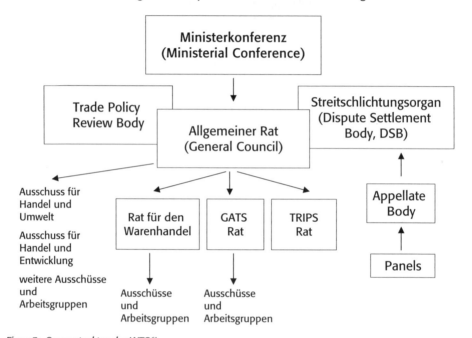

*Figur 3: Organstruktur der WTO*[61]

**221** Die **Ministerkonferenz** (= Ministerial Conference) ist das höchste Organ der WTO und tritt mindestens alle zwei Jahre zusammen, um die Entwicklung des Welthandels politisch zu koordinieren, Art. IV:1 WTO-Übereinkommen.[62] Sie setzt sich regelmäßig aus den Wirtschafts- oder Handelsministern der WTO-Mitglieder zusammen. Die Ministerkonferenz ist für alle Fragen, die mulilaterale Übereinkommen betreffen, zuständig und kann hierzu Beschlüsse fassen. Die Ministerkonferenz ernennt den Generaldirektor der WTO und legt dessen Amtszeit, Aufgaben und Befugnisse fest. Die Ministerkonferenz entscheidet über die Aufnahme neuer Mitglieder (Art. XII:2 WTO-Übereinkommen). Sie

---

60 Dazu oben Rn. 177 ff.
61 Organigramm nach einer Darstellung auf der Internetseite der WTO. Siehe http://www.wto.org/english/thewto_e/whatis_e/tif_e/org2_e.htm.
62 Vgl. die Übersicht über die bisherigen Ministerkonferenzen oben Rn. 195 ff.

hat schließlich die Kompetenz, das WTO-Übereinkommen und die multilateralen Handelsübereinkommen verbindlich auszulegen (Art. IX:2 WTO-Übereinkommen).

Der **Allgemeine Rat** (General Council) nimmt die Aufgaben der Ministerkonferenz zwischen deren Tagungen wahr (Art. IV:2 WTO-Übereinkommen) und kommt regelmäßig einmal monatlich zusammen. Er ist das zentrale Organ der WTO und kann über alle die Organisation betreffenden Fragen (Beitritte, Ausnahmegenehmigungen, Beziehungen zu den zwischenstaatlichen und nichtstaatlichen Organisationen) entscheiden. Der Allgemeine Rat genehmigt den Jahreshaushalt der WTO (Artikel VII WTO-Übereinkommen) und kann ebenfalls verbindliche Auslegungsentscheidungen treffen (Art. IX:2 WTO-Übereinkommen). Er tritt außerdem als Streitbeilegungsgremium (Dispute Settlement Body, DSB) bzw. als Organ zur Überprüfung der Handelspolitiken (Trade Policy Review Body, TPRB) zusammen, Artikel IV:3 und 4 des WTO-Übereinkommens.

222

Unter Leitung des Allgemeinen Rats sind drei weitere, **spezielle Räte** tätig, die den drei „Säulen" des WTO-Übereinkommens zugeordnet sind (Rat für den Handel mit Waren, Rat für den Handel mit Dienstleistungen und Rat für handelsbezogene Aspekte der geistigen Eigentumsrechte). Gemäß Artikel IV:5 des WTO-Übereinkommens überwachen sie die Wirkungsweise der jeweiligen Übereinkommen. Die Aufgaben der Haupträte ergeben sich aus den jeweiligen Abkommen oder werden vom Allgemeinen Rat festgelegt.

223

Dem Allgemeinen Rat, dem Rat für Warenhandel und dem Rat für Dienstleistungshandel sind eine Reihe von **Ausschüssen** (committees) und **Arbeitsgruppen** (working groups/working parties) untergeordnet. Einige haben thematisch übergreifende Aufgabenfelder (z. B. Ausschuss für Handel und Umwelt, Ausschuss für Handel und Entwicklung), andere sind auf bestimmte Aspekte eines Übereinkommens beschränkt (z. B. die Arbeitsgruppe zu innerstaatlicher Regulierung nach Art. VI:4 GATS). Sie erarbeiten Empfehlungen und Vorschläge für die Ministerkonferenz, den Allgemeinen Rat und die speziellen Räte.

224

In allen Organen der WTO sind sämtliche WTO-Mitglieder vertreten (**Plenarorgane**). Die WTO verfügt über keine Organe mit begrenzter Mitgliederzahl, wie z. B. die Vereinten Nationen. Dieses Prinzip dient einer egalitären Repräsentation in den WTO-Organen und ist von den Organen des GATT 1947 übernommen worden. Es entspricht dem Grundsatz der souveränen Gleichheit der Staaten.[63]

225

In der Realität zeigt sich allerdings, dass nicht alle Mitglieder an der Entscheidungsfindung in den Organen in gleichem Umfang teilnehmen können, weil ihnen die personellen Ressourcen dazu fehlen. Insbesondere die am wenigsten entwickelten **Entwicklungsländer** (LDCs) verfügen **nicht über ausreichend Personal** in ihren diplomatischen Vertretungen, um an allen Sitzungen der verschiedenen WTO-Organe teilnehmen zu können. Einige Staaten verfügen nicht einmal über eine ständige diplomatische Vertretung am Sitz der WTO in Genf.

226

---

63 Dazu § 1 Rn. 92.

227 Das **WTO-Sekretariat** besteht aus ca. 550 Bediensteten und ist für eine internationale Organisation ein vergleichsweise kleines Sekretariat (Zum Vergleich: Das UN-Sekretariat hat ca. 8.900 Bedienstete). Die Aufgabe des Sekretariates besteht in der technischen und organisatorischen Unterstützung der WTO-Organe einschließlich der Streitbeilegungsorgane bei der Erfüllung ihrer Aufgaben und in der Sicherstellung der organisatorischen Struktur der WTO. Eine besondere Einheit des Sekretariats dient der Unterstützung des Appellate Body.

228 Das Sekretariat wird von einem **Generaldirektor** geleitet. Seit 2005 ist der ehemalige EG-Handelskommissar *Pascal Lamy* Generaldirektor der WTO. Dem Generaldirektor kommen einige Funktionen im Rahmen der Streitbeilegung zu. Im Übrigen ist sein formeller Einfluss auf die WTO-Praxis gering. Durch persönliches Engagement kann er jedoch insbesondere bei Verhandlungen eine wichtige praktische Rolle spielen. So kann er z. B. versuchen, in schwierigen Verhandlungssituationen neue Impulse zu geben oder die Kompromisssuche zu erleichtern. Sowohl der Generaldirektor als auch das Sekretariat sind gemäß Artikel VI:4 WTO-Übereinkommen an Weisungen nicht gebunden.

### c) Entscheidungsfindung und Beschlussfassung

229 Grundregel der Beschlussfassung in der WTO ist, dass eine Entscheidung im **Konsens** gefasst werden soll, Art. IX:1 WTO-Übereinkommen. Diese Praxis hat die WTO vom GATT 1947 übernommen (vgl. dazu auch Art. XVI:1 WTO-Übereinkommen[64]).

Artikel IX: Beschlussfassung
(1) Die WTO setzt die nach dem GATT 1947 übliche Praxis der Beschlussfassung durch Konsens fort. Falls ein Beschluss nicht durch Konsens gefasst werden kann, wird über die strittige Angelegenheit durch Abstimmung beschlossen, sofern nichts anderes vorgesehen ist. (…)

230 Der Begriff des Konsenses ist in einer Fußnote zu Art. IX WTO-Übereinkommen **legaldefiniert**. Danach gilt ein Beschluss als durch Konsens gefasst, „wenn kein auf der beschlussfassenden Tagung anwesendes Mitglied gegen den vorgeschlagenen Beschluss förmlich Einspruch erhebt." Diese Definition macht deutlich, dass der Begriff **Konsens** im WTO-Recht **nicht mit Einstimmigkeit gleichgesetzt** werden kann. Zum einen wird nur auf die anwesenden Mitglieder abgestellt. Zum anderen werden alle Stimmen als „Ja"-Stimmen gezählt, die sich nicht ausdrücklich gegen einen Vorschlag aussprechen.

> **Merke:** Konsens im WTO-Recht bedeutet **nicht Einstimmigkeit**, sondern lediglich, dass **kein anwesendes Mitglied förmlich Einspruch** erhebt.

231 Kann kein Konsens gefunden werden, wird gem. Artikel IX:1 S. 2 WTO-Übereinkommen durch **Abstimmung** beschlossen. Jedes Mitglied hat in der Ministerkonferenz und im

---

64 Siehe oben Rn. 164.

Allgemeinen Rat je eine Stimme.[65] Bei Abstimmungen wird grundsätzlich durch einfache Mehrheit entschieden. Allerdings gelten teilweise besondere Mehrheiten: So ist für die authentische Interpretation des WTO-Rechts und die Befreiung von einer WTO-Verpflichtung durch einen *waiver* eine Dreiviertelmehrheit erforderlich (Art. IX:2 und 3 WTO-Übereinkommen). Die Aufnahme neuer Mitglieder bedarf einer Zweidrittelmehrheit (Art. X:1 WTO-Übereinkommen). Trotz der ausdifferenzierten Abstimmungsregeln finden in der WTO **faktisch keine Abstimmungen** statt. Vielmehr werden alle Entscheidungen grundsätzlich im Konsens getroffen. Die WTO folgt auch darin der Praxis des GATT 1947.

Auf den ersten Blick scheint das Konsensverfahren Mitglieder vor Entscheidungen gegen ihren Willen zu schützen und daher dem Souveränitätsprinzip zu dienen. Allerdings ist zu beachten, dass das Verfahren **nur die tatsächlich anwesenden Mitglieder schützt**. Kleinere Entwicklungsländer, die aufgrund einer geringen personellen Kapazität, nicht an allen Sitzungen teilnehmen können, sind an Konsensentscheidungen oft nicht beteiligt und können sie damit auch nicht verhindern.

232

Weiterhin ist zu berücksichtigen, dass den Entscheidungen oft **informelle Verhandlungen und Konsultationen** vorausgehen (sog. „green room"-Prozesse), welche die Entscheidung faktisch vorwegnehmen. Diese informellen Verfahren sind problematisch, weil an ihnen oft nur wenige WTO-Mitglieder teilnehmen, deren Auswahl zudem wenig transparent ist. Auch insoweit sind kleinere Staaten und Entwicklungsländer in den tatsächlichen Entscheidungsverfahren der WTO benachteiligt.[66]

233

---

**Lösungshinweise zum Ausgangsfall**

Der Vorsitzende des Allgemeinen Rats hat zu Recht festgestellt, dass kein Konsens vorlag, da Indien förmlich gegen den Vorschlag Stellung bezog und somit seinen Einspruch dagegen deutlich machte. Ob er eine Abstimmung durchführen durfte, ist nicht eindeutig zu beantworten. Für die Rechtmäßigkeit des Vorgehens des Vorsitzenden könnte man argumentieren, dass Art. IX:1 S. 2 WTO-Übereinkommen gerade für derartige Fälle geschaffen worden sei. Abstimmungen sollen danach möglich sein, wenn auch nach intensivem Bemühen kein Konsens erzielt werden konnte. Unter Hinweis auf die die im GATT 1947 übliche Praxis (Art. XVI:1 WTO-Übereinkommen) könnte Indien dagegen argumentieren, dass eine einmalige Konsultation nicht ausreicht, sondern dass verstärkte Bemühungen um einen Konsens notwendig sind. Tatsächlich handhabt es die WTO in der Praxis so, dass bei fehlendem Konsens erneut informell beraten wird. Wie bei unüberbrückbaren Gegensätzen zu verfahren ist, ist nicht endgültig geklärt. In der Praxis vermeiden die WTO-Mitglieder in einem solchen Fall eine förmliche Entscheidung.

---

65 Zurr Stimmenzahl der EG siehe oben Rn. 217.
66 Zu Reformüberlegungen siehe Rudisch, Die institutionelle Struktur der Welthandelsorganisationen (WTO): Reformüberlegungen, Halle 2002. Im Internet unter http://www.wirtschaftsrecht.uni-halle.de/Heft2.pdf.

## 3. WTO-Streitbeilegung

**Ausgangsfall**

Die EG-Bananenmarktordnung sieht Präferenzzölle und andere Sonderkonditionen für Bananen aus den sog. AKP-Staaten vor. Ecuador, Guatemala, Honduras, Mexiko und die USA sehen darin eine Verletzung verschiedener Bestimmungen des GATT und des GATS. Nach erfolglosen Konsultationen beantragen sie daher die Einsetzung eines Panels.

Die EG widerspricht dem Antrag der USA, da es den USA an einem berechtigten Interesse für ein Verfahren gegen die EG mangele. Die USA produzierten kaum einheimische Bananen. Jedenfalls exportierten sie derzeit keine einheimischen Bananen in die EG und hätten auch nicht behauptet, dies in absehbarer Zeit zu tun. Insofern mangele es ihnen an der Befugnis, eine Beschwerde zu erheben. Die EG begründet dies mit einem allgemeinen Grundsatz des Völkerrechts, wonach ein Staat vor einem internationalen Gericht oder Schiedsgericht stets eine besondere Klagebefugnis geltend machen müsse.

An dem Verfahren möchte Japan als Drittbeteiligter teilnehmen. Die EG widerspricht auch diesem Begehren. Wenn schon eine klagende Partei ein berechtigtes Interesse nachweisen müsse, gelte dies erst recht für einen Drittbeteiligten. Japan habe aber auch kein aktuelles Interesse an der Einfuhr eigener Bananen in die Gemeinschaft.

Ist die Beschwerde der USA zulässig und kann sich Japan als Dritter an dem Verfahren beteiligen?

Fall nach European Communities – Regime for the Importation, Sale and Distribution of Bananas, WT/DS27.

234 Die Streitbeilegung in der WTO wird von vielen Autoren als eigentlicher Erfolg der WTO gefeiert und als „Herzstück" des WTO-Rechts bezeichnet.[67] Die Bilanz der WTO-Streitschlichtung in den ersten zehn Jahren ist in der Tat eindrucksvoll: Zwischen Januar 1995 und Juni 2006 wurden insgesamt 344 Streitgegenstände anhängig gemacht. In 98 Fällen kam es zu einer rechtsverbindlichen Entscheidung des Panels oder Appellate Body. Die übrigen Verfahren wurden einvernehmlich gelöst, eingestellt oder dauern noch an. Die WTO-Streitschlichtung dürfte derzeit das **effizienteste und effektivste völkerrechtliche Streitbeilegungsverfahren** sein. Der Internationale Gerichtshof (IGH) hatte sich z. B. in der Zeit zwischen 1995 und Mitte 2006 lediglich mit 25 Streitfällen zu befassen.

### a) Rechtsgrundlage und allgemeine Prinzipien der Streitschlichtung

235 Rechtsgrundlage der WTO-Streitschlichtung ist die Vereinbarung über Regeln und Verfahren zur Beilegung von Streitigkeiten (**Dispute Settlement Understanding, DSU**), die sich in Anhang 2 des WTO-Übereinkommens befindet.[68] Das DSU ist für alle WTO-Mitglieder **obligatorisch**. Eine ausdrückliche Unterwerfung unter die Jurisdiktion des DSU oder eine Zustimmung zu einem Verfahren ist – anders als beim IGH[69] – nicht

---

67 *Hilf/Oeter*, WTO-Recht, 2005, § 27, Rn. 1.
68 BGBl. 1994 II, S. 1749; ABl. 1994 L 336/234 = Sartorius II, Nr. 515 = WTO Beck-Texte, Nr. 14 = Völker- und Europarecht, C.F. Müller, Nr. 106. Im Internet unter http://europa.eu.int/eur-lex/lex/LexUriServ/LexUriServ.do?uri=CELEX:21994A1223(18):DE:HTML.
69 Dazu § 1 Rn. 96.

erforderlich, d. h. ein Verfahren kann auch gegen den Willen der beklagten Partei durchgeführt werden.

Das WTO-Streitschlichtungsverfahren ist aus dem **Streitschlichtungsverfahren des GATT 1947** entwickelt worden, jedoch mit einigen entscheidenden Veränderungen.[70] Dazu gehört vor allem die Umkehrung des Konsensprinzips (sog. **„negatives" Konsensprinzip**) für die Einsetzung von Panels und die Annahme von Entscheidungen.[71] Während im GATT 1947 eine Partei eine für sie negative Entscheidung durch ihr Veto verhindern konnte, besteht diese Möglichkeit im WTO-Streitschlichtungsverfahren nicht mehr.

236

Der **Anwendungsbereich** des DSU umfasst gemäß Artikel 1.1 i. V. m. Anhang 1 DSU das WTO-Übereinkommen, die Übereinkommen über den Warenhandel, das GATS, das TRIPS und das DSU selbst. Auf Streitigkeiten über die Auslegung und Anwendung plurilateraler Handelsübereinkommen findet das DSU nur dann Anwendung, wenn die Vertragsparteien des entsprechenden Abkommens eine dahingehende Entscheidung (ggf. mit Modifikationen) treffen. Einige der Handelsübereinkommen enthalten ergänzende Regeln über die Streitbeilegung. Gemäß Artikel 1.2 DSU sind diese vorrangig, d. h. die Bestimmungen des DSU treten im Konfliktfall als allgemeine Regeln zurück.

237

Grundidee des WTO-Streitbeilegungsverfahrens ist die gütliche Streitbeilegung. Das Verfahren räumt daher im Unterschied zum Verfahrensrecht des IGH oder des EuGH Konsultationsmöglichkeiten zwischen den streitbefangenen Parteien breiten Raum ein. Die Streitbeilegung dient der **Wahrung der Rechte und Pflichten** der WTO-Mitglieder und der **Klärung des Rechts**. Sie darf vorhandene Rechte und Pflichten weder einschränken, noch erweitern (Artikel 3.2 DSU).

238

Die **Ziele der Streitbeilegung** sind in Artikel 3.7 DSU genannt und genießen unterschiedliche Prioritäten:
- Eine für beide Seiten akzeptable und mit dem Welthandelsrecht vereinbare Lösung eines Streits durch **Einigung der Streitparteien** ist anderen Lösungen in jedem Fall vorzuziehen. Dadurch wird deutlich, dass das Streitschlichtungsverfahren nicht in erster Linie ein Verfahren zur objektiven Wahrung und Durchsetzung von Recht ist, sondern primär auf die Lösung von Handelsstreitigkeiten abzielt.
- Einigen sich die Parteien nicht, sieht Art. 3.7 DSU vor, dass das erste Ziel einer Streitschlichtung die **Rücknahme** der mit dem Welthandelsrecht unvereinbaren Maßnahmen ist.
- Ist die Rücknahme nicht sofort möglich, kann vorübergehend bis zur Rücknahme Schadensersatz verlangt werden (**Kompensation**).
- Als letztes Mittel ist die **Aussetzung von Zugeständnissen** zum Nachteil des Rechtsverletzers („Handelssanktionen") genannt. Dafür ist eine Genehmigung des DSB erforderlich.

239

---

70  Zum Streitbeilegungsverfahren des GATT 1947 siehe oben Rn. 179.
71  Dazu im Einzelnen unten Rn. 263.

240 Das Verhältnis der unterschiedlichen Folgen einer Streitschlichtung zueinander entspricht im Wesentlichen den allgemeinen Grundsätzen der **völkerrechtlichen Verantwortlichkeit**.[72] Das DSU regelt die Rechte und Pflichten der WTO-Mitglieder bei Streitigkeiten jedoch abschließend, so dass auf die allgemeinen Regeln nicht als Alternative zu den im DSU vorgesehenen Maßnahmen zurückgegriffen werden kann. Entsprechend sind die WTO-Mitglieder gem. Art. 23.1 DSU verpflichtet, bei Streitigkeiten über Rechte und Pflichten aus dem Welthandelsrecht **ausschließlich das WTO-Streitschlichtungsverfahren** zu nutzen. Eine Klage vor dem IGH ist danach ausgeschlossen. Da sowohl die Rechtsfolgen als auch die Geltendmachung einer Rechtsverletzung abschließend geregelt sind, kann man das WTO-Recht auch als völkerrechtliches **„self-contained regime"** bezeichnen. Das schließt allerdings nicht aus, dass das allgemeine Völkerrecht zur Interpretation des WTO-Rechts und zur Ergänzung bei Lücken im WTO-Recht herangezogen werden kann.

### b) Organe der Streitbeilegung und Beteiligte am Verfahren

241 Organe des WTO-Streitschlichtungsmechanismus sind die für jeden Streitfall *ad hoc* einzusetzenden Panels, die ständige Überprüfungsinstanz des Appellate Body und der Dispute Settlement Body. Am Verfahren sind darüber hinaus neben den Streitparteien der Generaldirektor und das Sekretariat, ggf. Drittbeteiligte und Verfasser von sog. *amicus curiae briefs* beteiligt.

### Panel

242 Ein Panel wird vom DSB **für jeden Streitfall** getrennt und ad hoc eingesetzt. Es besteht regelmäßig aus **drei Schiedsrichtern**, die von den Streitparteien ausgewählt werden können (Art. 8.5 DSU). In Betracht kommen Regierungsvertreter, Handelsdiplomaten, praktisch tätige Handelsjuristen oder Wissenschaftler („hochqualifizierte Einzelpersonen", Art. 8.1 DSU). Das Sekretariat führt eine Liste von Personen, die als Panelmitglied in Betracht kommen. Hierzu schlagen die WTO-Mitglieder geeignete Personen vor, über deren Aufnahme auf die Liste der DSB entscheidet, Art. 8.4 DSU. Einigen sich die Streitparteien nicht binnen 20 Tagen nach Einsetzung des Panels über dessen Mitglieder, werden sie vom Generaldirektor bestimmt, Art. 8.7 DSU. Die Auswahl und die Zusammensetzung der WTO Panels ähnelt insgesamt der im privaten Wirtschaftsrecht und im internationalen Investitionsrecht üblichen Praxis der Bestimmung von Schiedsgerichten.[73]

### Appellate Body

243 Der Appellate Body ist ein **ständiges Überprüfungsorgan** für die Entscheidungen der Panels (Art. 17 DSU). Der Appellate Body besteht aus sieben Personen, die vom DSB mit einer Amtszeit von vier Jahren ernannt werden (Art. 17.2 DSU). Die Mitglieder des Appellate Body müssen „anerkannte und angesehene Fachleute" mit ausgewiesenen

---

72 Dazu § 1 Rn. 98 ff.
73 Dazu § 3 Rn. 668.

Sachkenntnissen im Recht und in Handelsfragen und von Regierungen unabhängig sein (Art. 17.3 DSU).

Die Überprüfungskompetenz des Appellate Body ist **auf Rechtsfragen beschränkt** (Art. 17.6 DSU). Insofern ist die deutsche Übersetzung des Begriffs Appellate Body „Berufungsgremium" irreführend. In der deutschen Rechtsmittelterminologie ist der Appellate Body keine Berufungs- sondern eine **Revisionsinstanz**. 244

Regelmäßig entscheidet über einen Fall eine **division** (= Kammer) des Appellate Body von drei Mitgliedern. Sondervoten einzelner Mitglieder sind zulässig, aber selten. Sie sind jedoch in anonymisierter Form abzufassen (Art. 17.11 DSU). 245

**Dispute Settlement Body**
Der Dispute Settlement Body (DSB) ist das **oberste Organ der WTO-Streitschlichtung**. Er ist gemäß Art. 2 DSU ein eigenes Organ, personell aber identisch mit dem Allgemeinen Rat, vgl. Art. IV:3 WTO-Übereinkommen.[74] Der DSB setzt die Panels ein, nimmt die Entscheidungen der Panels und des Appellate Body formal an, überwacht die Umsetzung von Entscheidungen und Empfehlungen und genehmigt die Aussetzung von Zugeständnissen (Art. 2.1 DSU). Der DSB ist ein politisches Organ und unterscheidet sich in Zusammensetzung und Aufgaben von den quasi-gerichtlichen Organen Panel und Appellate Body. 246

**Generaldirektor, Sekretariat**
Der Generaldirektor und das Sekretariat unterstützen die Organe der Streitbeilegung. Der **Generaldirektor** kann gem. Art. 5.6 DSU kraft Amtes Vermittlungsdienste anbieten. Er bestimmt die Panel-Mitglieder, wenn sich die Streitparteien nicht einigen können (Art. 8.7 DSU). 247

Das **Sekretariat** unterstützt gem. Art. 27.1 DSU die Panels in fachlicher und technischer Hinsicht. Die Unterstützungsleistungen gehen dabei teilweise soweit, dass die Berichte der Panels vom Sekretariat weitgehend vorformuliert werden. Der Appellate Body verfügt über ein eigenes Sekretariat, das organisatorisch und personell vom übrigen WTO-Sekretariat getrennt ist. 248

**Streitparteien**
Die WTO-Streitbeilegung ist ein reines Verfahren zwischen Völkerrechtssubjekten („zwischenstaatliches" Verfahren[75]). An den Verfahren können **nur WTO-Mitglieder** beteiligt sein. Die WTO selbst bzw. ihre Organe können nicht Streitpartei sein. Das Streitbeilegungsverfahren ist für Staaten, die nicht WTO-Mitglieder sind und andere internationale Organisationen nicht zugänglich. 249

---

74 Dazu oben Rn. 222.
75 Die Bezeichnung zwischenstaatlich ist ungenau, da nicht nur Staaten WTO-Mitglieder sind, dazu oben Rn. 216 f.

250 **Privatpersonen** sind **nicht beteiligtenfähig** und müssen ihre Interessen von ihrer jeweiligen Regierung vertreten lassen. Dennoch üben die von einem WTO-Streit betroffenen Wirtschaftssubjekte faktisch einen großen Einfluss auf den Streit aus. Die meisten WTO-Streitigkeiten gehen auf Beschwerden von Unternehmen gegen bestimmte Maßnahmen eines anderen WTO-Mitglieds zurück. Hinter den Verfahren stehen regelmäßig wirtschaftliche Interessen internationaler Konzerne. So wird z. B. der Streit zwischen Japan und den USA über Beschränkungen des Zugangs zum japanischen Fotoartikelmarkt[76] in der WTO-Praxis kurz „Kodak versus Fuji" genannt. Hinter den Interessen der USA stand der Kodak-Konzern und hinter den Interessen Japans der Fuji-Konzern. Beide Unternehmen haben einen erheblichen Einfluss auf die Verfahrensführung und die Schriftsätze der jeweiligen Staaten ausgeübt.

**Drittbeteiligte**

251 WTO-Mitglieder, die nicht unmittelbare Streitparteien sind, können als Drittbeteiligte zugelassen werden, wenn sie ein **wesentliches Interesse** an einer Angelegenheit vorbringen, Art. 10.2, Art. 17.4 DSU. Sie haben das Recht, angehört zu werden und Vorlagen einzureichen, Art. 10.2 DSU.

**Sachverständige und sog. „amicus curiae briefs"**

252 Art. 13 DSU enthält das Recht des Panels, von Einzelpersonen, Gremien oder Sachverständigen **Informationen oder fachlichen Rat** einzuholen.

253 Eine Besonderheit in der WTO-Streitschlichtung sind sog. **„amicus curiae briefs"** (Schriftsätze eines „Freunds des Gerichts"), ein aus dem US-amerikanischen Prozessrecht stammendes Rechtsinstitut. Es handelt sich um schriftliche **Stellungnahmen von Nicht-Beteiligten** zum tatsächlichen Hintergrund oder zu Rechtsfragen eines Verfahrens. Vereinzelt haben Lobbyverbände und Umweltschutzorganisationen von diesem Institut im Rahmen von WTO-Streitbeilegungsverfahren Gebrauch gemacht. Innerhalb der WTO-Mitgliedschaft ist umstritten, in welchem Umfang diese Stellungnahmen von den Panels und dem Appellate Body berücksichtigt werden sollen. Der Appellate Body hat entschieden, dass Panels und er selbst auf der Basis von Art. 13 DSU amicus curiae briefs berücksichtigen können, aber nicht müssen. Bislang hat der Appellate Body noch keinen amicus curiae brief inhaltlich berücksichtigt.

**c) Verfahrensablauf**

254 Das Streitbeilegungsverfahren der WTO gliedert sich in **fünf Verfahrensschritte**: Konsultationen, Panel-Verfahren, Appellate Body-Verfahren, Überwachung der Umsetzung der Entscheidung und Durchsetzung der Entscheidung mithilfe von Sanktionen. Nicht in allen Fällen werden alle fünf Schritte durchlaufen. So kommt es z. B. nicht immer zu einem Verfahren vor dem Appellate Body und auch nicht immer ist eine zwangsweise Durchsetzung erforderlich.

---

76 *Japan – Measures Affecting Consumer Photographic Film and Paper*, Bericht des Panels am 22.4.1998 angenommen, WT/DS44/R. Im Internet unter http://www.wto.org/english/tratop_e/dispu_e/cases_e/ds44_e.htm.

Während des gesamten Verfahrens bis zum Abschluss des Panel-Verfahrens können 255
die Parteien versuchen, ihren Streit freiwillig durch **Gute Dienste, Vergleich und Vermittlung** beizulegen (Art. 5 DSU). Mit dieser Möglichkeit wird das primäre Ziel des DSU
– die Beilegung von Streitigkeiten[77] – unterstützt.

**Konsultationen**
Das Streitbeilegungsverfahren der WTO beginnt mit **obligatorischen Konsultationen** 256
zwischen den Streitparteien über eine einvernehmliche Lösung (Art. 4 DSU). Dazu
richtet das beschwerdeführende WTO-Mitglied an das beschuldigte Mitglied einen Antrag auf Aufnahme von Konsultationen. Das beschuldigte Mitglied soll einen Monat
nach Antragstellung mit dem beschwerdeführenden Mitglied Verhandlungen über eine
einvernehmliche Lösung eröffnen (Art. 4.3 DSU). Führen diese Verhandlungen nicht
binnen 60 Tagen zum Erfolg oder weigert sich das beschuldigte Mitglied, in Verhandlungen einzutreten, kann das beschwerdeführende Mitglied die Einsetzung eines Panels beantragen (Art. 4.3 und 4.7 DSU).

Zweck der dem Panel vorgeschalteten Konsultationsphase ist es, den Parteien in jedem Fall die Möglichkeit zu geben, den Streit einvernehmlich zu lösen. In ca. **einem Drittel aller Fälle** führen Konsultation zu einer Lösung des Streits.[78] Häufig finden die 257
Konsultationen jedoch nur pro forma statt, wenn die Partein ihre Positionen bereits
festgelegt haben.

**Verfahren vor dem Panel**
Führen die obligatorischen Konsultationen nicht zum Ziel, kann das beschwerdeführende Mitglied beim DSB die **Einsetzung eines Panels beantragen**. In diesem Antrag 258
sind die strittigen Maßnahmen zu nennen und die Rechtsgrundlage der Beschwerde
kurz zusammen zu fassen (Art. 6.2 DSU).

**Grundlage einer Beschwerde** ist – wie im GATT 1947 – nicht zwingend eine Rechtsverletzung, sondern die **„Zunichtemachung oder Schmälerung von Vorteilen"** (nulli- 259
fication or impairement of benefits), Art. XXIII:1 GATT i. V. m. Art. 3.1 DSU. Nach Art. 3.8
DSU gilt eine Rechtsverletzung *prima facie* als Zunichtemachung oder Schmälerung
von Vorteilen, so dass regelmäßig kein weiterer Grund außer der Rechtsverletzung
angegeben werden muss, um die Streitschlichtungsorgane anzurufen **(violation complaint)**. Allerdings berechtigt auch ein Verhalten, das ein erzeugtes Vertrauen verletzt,
ohne dass eine WTO-Vorschrift verletzt wurde, zur Einleitung eines Streitbeilegungsverfahrens **(non-violation complaint)**.

> **Beispiel:** Ein WTO-Mitglied verpflichtet sich zur Reduzierung eines Zollsatzes, erlässt aber gleichzeitig ein – rechtmäßiges – nicht-tarifäres Handelshemmnis, das faktisch die Wirkung der Zollsenkung aufhebt. Der von einem Exporteur aufgrund der Zollsenkung erwartete Vorteil wurde so zunichte gemacht. In einem solchen Fall kann der exportierende Staat das nicht-tarifäre Handelshemmnis als Zunichtemachung eines Vorteils angreifen.

---

77 Siehe oben Rn. 239.
78 Eigene Berechnung auf der Grundlage der Zahlen vom 1. 3. 2006.

260 Non-violation complaints waren vor allem zu einer Zeit sinnvoll, als das Welthandelssystem noch keine Regeln für nicht-tarifäre Handelshemmnisse enthielt. Da die wichtigsten nicht-tarifären Handelshemmnisse heute vom WTO-Recht erfasst werden, haben non-violation complaints ihre praktische Bedeutung weitgehend verloren.

261 Die beschwerdeführende Partei muss eine **Beschwerdebefugnis** (standing) geltend machen können. Dazu muss sie Interessen benennen, die über ein allgemeines Interesse an der Einhaltung des Rechts hinausgehen. Im WTO-Recht besteht mithin **keine Möglichkeit einer Popularklage**. Allerdings sind an das Vorliegen der Antragsbefugnis keine gesteigerten Voraussetzungen zu stellen. Ein besonderes rechtliches Interesse oder ein tatsächliches wirtschaftliches Interesse sind nicht erforderlich. Anders als Drittbeteiligte (Art. 10.2. DSU) muss ein beschwerdeführendes Mitglied auch kein substantielles Interesse vorweisen. Es genügt, dass die beschwerdeführende Partei **potentielle Exportinteressen** geltend macht. Diese können auch mit zunehmenden wirtschaftlichen Verflechtungen begründet werden.

262 Die genannten Grundsätze wurden vom Appellate Body im Verfahren *EC – Bananas* begründet. In der Entscheidung, die im Folgenden auszugsweise wiedergegeben wird, untersuchte der Appellate Body zunächst einige Spezialvorschriften des DSU und setzte sich dann mit den von der EG vorgebrachten Urteilen des IGH auseinander. Er wies die Relevanz dieser Urteile nicht pauschal zurück, konnte ihnen jedoch keine allgemeine völkerrechtliche Regel zur Frage der Antragsbefugnis entnehmen. Der Appellate Body stellte dann auf Art. XXIII GATT ab und unterstrich so die Bedeutung dieser Vorschrift auch in der WTO-Streitschlichtung. Aus Art. XXIII GATT und 3.7. DSU leitete er ein **weites Ermessen** der Mitglieder **zur Anrufung eines Panels** ab.

**Sachverhalt**
(vgl. Ausgangsfall)

**Auszug aus dem Bericht des Appellate Body:**[79]
„(...) We do not accept that the need for a „legal interest" is implied in the DSU or in any other provision of the *WTO Agreement*. It is true that under Article 4.11 of the DSU, a Member wishing to join in multiple consultations must have „a substantial trade interest", and that under Article 10.2 of the DSU, a third party must have „a substantial interest" in the matter before a panel. But neither of these provisions in the DSU, nor anything else in the *WTO Agreement*, provides a basis for asserting that parties to the dispute have to meet any similar standard. (...)

The participants in this appeal have referred to certain judgments of the International Court of Justice and the Permanent Court of International Justice relating to whether there is a requirement, in international law, of a legal interest to bring a case. We do not read any of these judgments as establishing a general rule that in all international litigation, a complaining party must have a „legal interest" in order to bring a case. Nor do these judgments deny the need to consider the question of standing under the dispute settlement provisions of any multilateral treaty, by referring to the terms of that treaty.

---

79 *European Communities – Regime for the Importation, Sale and Distribution of Bananas*, WT/DS27/AB/R, Bericht des Appellate Body am 25.9.1997 angenommen, Absätze 132–136, zitiert ohne Fußnoten. Im Internet unter http://www.wto.org/english/tratop_e/dispu_e/cases_e/ds27_e.htm.

This leads us to examine Article XXIII of the GATT 1994, which is the dispute settlement provision for disputes brought pursuant to the GATT 1994 (…) The chapeau of Article XXIII:1 of the GATT 1994 provides:

If any Member should consider that any benefit accruing to it directly or indirectly under this Agreement is being nullified or impaired or that the attainment of any objective of the Agreement is being impeded …

Of special importance for determining the issue of standing, in our view, are the words „[i]f any Member should consider …". This provision in Article XXIII is consistent with Article 3.7 of the DSU, which states:

Before bringing a case, a Member shall exercise its judgement as to whether action under these procedures would be fruitful. (…)

Accordingly, we believe that a Member has broad discretion in deciding whether to bring a case against another Member under the DSU. The language of Article XXIII:1 of the GATT 1994 and of Article 3.7 of the DSU suggests, furthermore, that a Member is expected to be largely self-regulating in deciding whether any such action would be „fruitful".

We are satisfied that the United States was justified in bringing its claims under the GATT 1994 in this case. The United States is a producer of bananas, and a potential export interest by the United States cannot be excluded. The internal market of the United States for bananas could be affected by the EC banana regime, in particular, by the effects of that regime on world supplies and world prices of bananas. We also agree with the Panel's statement that:

… with the increased interdependence of the global economy, … Members have a greater stake in enforcing WTO rules than in the past since any deviation from the negotiated balance of rights and obligations is more likely than ever to affect them, directly or indirectly."

Der DSB setzt auf Antrag der beschwerdeführenden Partei ein Panel ein, wenn er nicht im Konsens beschließt, den Antrag abzulehnen, Art. 6.1 DSU. Dieses **negative Konsensprinzip** unterscheidet die WTO-Streitschlichtung von der Streitschlichtung des GATT 1947, in der ein Konsens, d. h. auch die Zustimmung der beklagten Partei, zur Einsetzung eines Panels erforderlich war. Das negative Konsensprinzip hat zur Folge, dass der Antrag auf Einsetzung des Panels regelmäßig und automatisch angenommen wird, da für eine Ablehnung der Einsetzung auch die Stimme der beantragenden Partei erforderlich wäre. Man kann daraus ein **Recht auf ein Panel** ableiten. 263

> **Merke:** Die **Einsetzung eines Panels**, die **Annahme einer Entscheidung** des Panels und des Appellate Bodys und die **Genehmigung von Sanktionen** können nur durch einen Konsens aller WTO-Mitglieder verhindert werden (**negativer Konsens**).

> **Definition:** Unter dem **negativen Konsensprinzip** versteht man die Regel, dass eine **Entscheidung nur im Konsens abgelehnt** werden kann. Fehlt es an einem negativen Konsens, wird die Entscheidung automatisch getroffen.

**Aufgabe des Panels** ist es, eine objektive Beurteilung des Sachverhalts und seiner Vereinbarkeit mit Welthandelsrecht abzugeben, um so dem DSB bei seinen Empfehlungen und Entscheidungen zu helfen, Art. 11 DSU. Das Panel-Verfahren setzt sich aus dem Austausch von Schriftsätzen der Streitparteien und aus mündlichen Verhandlungen der Parteien und Drittbeteiligten mit dem Panel zusammen (Art. 12 DSU und Anhang 3 zum DSU). Die Verfahren vor dem Panel sind **nicht öffentlich.** Das Panel soll 264 grundsätzlich **binnen 6 Monaten** zu einer Entscheidung kommen, Art. 12.8 DSU. Das Verfahren endet mit einem Bericht des Panels an den DSB.

265 Spätestens 60 Tage nach der Vorlage des Berichts hat der DSB über die Annahme zu befinden. Die **Entscheidung über die Annahme** beruht wiederum auf dem negativen Konsensprinzip. Insofern kann – anders als im GATT 1947 – regelmäßig von einer Annahme des Berichts ausgegangen werden. Die unterlegene Partei kann die Annahme des Berichts durch den DSB nur dadurch verhindern, dass sie den Appellate Body anruft, Art. 16.4 DSU.

266 Erst der **vom DSB angenommene Panel-Bericht ist völkerrechtlich verbindlich**. Damit wird deutlich, dass das Panel zwar in der Sache, formal jedoch der DSB den Streit entscheidet. Entsprechend enthält der „Tenor" einer Panel-Entscheidung nur eine Empfehlung an den DSB.

**Verfahren vor dem Appellate Body**

267 Der Appellate Body befasst sich mit einer Revision des Panel-Berichts. Ebenso wie beim Panelverfahren ist das Verfahren vor dem Appellate Body vertraulich und nicht öffentlich. Der Appellate Body kann den **Panel-Bericht bestätigen, abändern oder aufheben**, Art. 17.13 DSU. Er ist allerdings auf die Behandlung der in dem Rechtsmittel von den Parteien gerügten Teile des Panel-Berichts beschränkt. Der Appellate Body kann einen Fall nicht zur erneuten Verhandlung an das Panel zurückverweisen. Bei hinreichender Sachverhaltsaufklärung durch das Panel kann er eine vom Panel fehlerhaft oder nicht beantwortete Frage selbst beantworten. Bei mangelnder Sachverhaltsaufklärung durch das Panel, hebt der Appellate Body die Entscheidung des Panels über die betreffende Frage auf und lässt ihre Beantwortung offen. In diesem Fall können die Parteien ein neues Verfahren anstrengen.

268 Auch der Bericht des Appellate Body muss **vom DSB angenommen** werden, damit er völkerrechtlich verbindlich wird. Ebenso wie der Panel-Bericht wird der Appellate Body-Bericht **automatisch angenommen**, wenn der DSB ihn nicht durch Konsens verwirft, Art. 17.14 DSU.

> **Merke:** Panel und der Appellate Body entscheiden einen Streit zwar **in der Sache**. Formal äußern sie jedoch nur **Empfehlungen**, die erst mit **Annahme durch den DSB völkerrechtlich verbindlich** werden.

**Überwachung der Umsetzung der Entscheidungen**

269 Haben Panel und/oder Appellate Body eine Rechtsverletzung festgestellt, enthalten ihre Beschlüsse gem. Art. 19 DSU die Empfehlung, dass die unterliegende Partei **ihr Recht in Einklang mit den Verpflichtungen des WTO-Rechts** bringt. In Ausnahmefällen kann ein Panel oder der Appellate Body auch konkrete Empfehlungen zur Umsetzung aussprechen. Dagegen haben die WTO-Streitschlichtungsorgane nicht die Befugnis, nationale Maßnahmen oder Gesetze, die nicht mit dem WTO-Recht vereinbar sind, aufzuheben. Ein angenommener Panel- oder Appellate Body-Bericht enthält die **pri-**

märe **Rechtspflicht,** die das WTO-Recht verletzende(n) Maßnahme(n) zurückzunehmen bzw. mit dem WTO-Recht in Übereinstimmung zu bringen. Die Empfehlungen der angenommenen Berichte sind umgehend zu beachten, Art. 21.1 DSU.

Die vom DSB angenommenen Panel- und Appellate Body-Berichte sind nur für die Parteien verbindlich und enthalten formell **keine verbindliche Auslegung** der jeweils strittigen Normen, da die verbindliche Auslegung des WTO-Rechts der Ministerkonferenz und dem Allgemeinen Rat vorbehalten ist, vgl. Artikel IX:2 WTO-Übereinkommen. Zudem besteht **keine förmliche Präzedenzwirkung** der Entscheidungen der Panels oder des Appellate Bodys. Aus Gründen der Konsistenz und Rechtssicherheit kommt den Entscheidungen, vor allem denjenigen des Appellate Body, jedoch eine **faktische Bindungswirkung** zu. Die Interpretation des WTO-Rechts durch den Appellate Body wird von der Rechtspraxis als allgemein verbindlich angesehen. Panels weichen von einer gefestigten Praxis des Appellate Body grundsätzlich nicht ab. 270

Die Umsetzung der angenommenen Berichte durch die unterlegene Streitpartei wird durch den **DSB überwacht.** Nach Art. 21.3 DSU muss die unterlegene Streitpartei den DSB binnen 30 Tagen nach der Annahme des Panel- oder Appellate Body-Berichts darüber informieren, wie sie den Bericht umsetzen will. Ist eine sofortige Umsetzung nicht möglich, kann ein **angemessener Zeitraum zur Umsetzung** gewährt werden, der 15 Monate nicht überschreiten soll, Art. 21.3 lit. c) DSU. 271

Ein **Streit über die ordnungsgemäße Umsetzung** eines Berichts ist mit Hilfe des Streitschlichtungsverfahrens zu lösen, wobei wiederum ein Panel zur Bewertung der Umsetzung eingesetzt wird (sog. **compliance panel**), Art. 21.5 DSU. Nach Möglichkeit soll das ursprüngliche Panel erneut mit der Sache befasst werden. Gegen die Entscheidung des compliance Panels kann auch der Appellate Body angerufen werden. 272

### Durchsetzung der Entscheidungen
Befolgt das unterlegene Mitglied die Entscheidung nicht, stellt sich die Frage nach den Konsequenzen. Das DSU nimmt gegenüber den allgemeinen Rechtsfolgen einer völkerrechtlichen Verantwortlichkeit einige Abänderungen vor. Nach Art. 22.1 und 22.2 DSU können sich die Streitparteien entweder auf **Entschädigungszahlungen** einigen oder das obsiegende Mitglied kann **Gegenmaßnahmen** ergreifen, indem es Zugeständnisse oder sonstigen Pflichten gegenüber dem unterlegenen Mitglied aussetzt. Sowohl die Zahlung von Entschädigungen als auch die Aussetzung von Zugeständnissen sind nur **vorrübergehende Maßnahmen** und keine Alternative zur vollständigen Befolgung der Entscheidungen. Sie sollen also „Beugecharakter" haben. 273

Die **Aussetzung von Zugeständnissen** ist die eigentliche Sanktion des WTO-Streitschlichtungsverfahrens. In der Regel werden Zollzugeständnisse ausgesetzt, d. h. das obsiegende Mitglied erhebt „Strafzölle" auf Produkte des unterlegenen Mitglieds. Die Durchsetzung der WTO-Streitschlichtungsentscheidungen ist insofern eine **bilaterale Angelegenheit.** Ihre Wirksamkeit hängt damit auch entscheidend von Umfang und Struktur der bilateralen Handelsbeziehungen der Streitparteien und ihren wechselseitigen Abhängigkeiten ab. Die Möglichkeiten eines kleinen Lands wirksam Zugeständnisse 274 gegenüber einem großen Land auszusetzen, von dem es ggf. politisch und wirtschaftlich abhängt, sind somit begrenzt. Große und wirtschaftlich mächtigere WTO-Mitglieder können es sich zudem besser „leisten", Sanktionen hinzunehmen. Dies geschieht vor allem dann, wenn die Befolgung der WTO-Entscheidung schwierige innenpolitische Konflikte zur Folge hatte.

> **Beispiel:** Der DSB nahm am 13. 2. 1998 den Bericht des Appellate Body im Verfahren EC – Hormones[80] an, in dem das EG-Importverbot für hormonbehandeltes Rindfleisch als Verstoß gegen WTO-Recht angesehen wurde. Die EG erhielt Zeit, die Entscheidung bis zum 13. 5. 1999 umzusetzen. Da die EG diese Frist nicht einhielt, gestattete der DSB den USA und Kanada am 26. 7. 1999 Zollzugeständnisse in Höhe eines zuvor gem. Art. 22.6 DSU bestimmten Betrages gegenüber der EG auszusetzen. Die EG nahm diese Maßnahmen hin, da eine Abschaffung des EG-Importverbots in der Bevölkerung und im Europäischen Parlament auf Widerstände gestoßen wäre. Erst Ende 2003 gab die EG eine Änderung des EG-Importverbots bekannt. Die USA und Kanada sahen darin jedoch keine korrekte Umsetzung der Entscheidung von 1998 und behielten ihre Sanktionen aufrecht. Der Streit über die korrekte Umsetzung dauert noch an.

> **Merke:** „**Handelssanktionen**" als Reaktion auf eine nicht-umgesetzte WTO-Streitschlichtungsentscheidung sind **Handelsbeschränkungen** (z. B. Zölle), die das **obsiegende Mitglied gegenüber dem unterlegenen Mitglied** verhängen darf.

275 **Art und Umfang** der Zugeständnisse, die ausgesetzt werden dürfen, sind im DSU genauer festgelegt: Zugeständnisse sollen aus demselben Sektor ausgesetzt werden, in dem ein Rechtsverstoß festgestellt wurde, Art. 22.3 (a) DSU. Ist das nicht möglich oder nicht wirksam, sollen Zugeständnisse aus dem verletzten Übereinkommen ausgesetzt werden, Art. 22.3 (b) DSU. Ist die Aussetzung von Zugeständnissen aus dem betreffenden Übereinkommen nicht möglich oder nicht wirksam, kann die Aussetzung von Zugeständnissen aus anderen Übereinkommen beantragt werden (**cross retaliation**), Art. 22.3 (c) DSU. Die ausgesetzten Zugeständnisse müssen wirtschaftlich dem Wert der Rechtsverletzung des unterlegenen Mitglieds entsprechen, Art. 22.4 DSU.

276 Über die Aussetzung von Zugeständnissen sowie ihre Höhe entscheidet der DSB auf Antrag der obsiegenden Partei, wobei wiederum ein negativer Konsens gilt, Art. 22.6 DSU. **Widerspricht die unterlegene Partei** Art und Umfang der Aussetzung von Zugeständnissen, wird **erneut ein Panel** mit der Streitbeilegung betraut und zwar entweder das ursprüngliche Panel oder ein vom Generaldirektor ernannter Schiedsrichter, Art. 22.6 DSU. Der Appellate Body kann gegen die Entscheidung dieses Panels oder Schiedsrichters – anders als im Verfahren nach Art. 21. 5 DSU (compliance Verfahren) – nicht mehr angerufen werden.

277 Ein schwieriges praktisches Problem betrifft das **Verhältnis des Verfahrens nach Art. 21.5 DSU zur Aussetzung von Zugeständnissen nach Art. 22 DSU**. Dabei geht es vor allem um die Frage, ob bei Streit über die korrekte Umsetzung einer Entscheidung

---

80 *European Communities – Measures Concerning Meat and Meat Products (Hormones)*, WT/DS26, WT/DS48. Dazu auch unten Rn. 370 ff.

grundsätzlich erst das Verfahren nach Art. 21.5 DSU durchlaufen werden muss, bevor eine Aussetzung von Zugeständnissen nach Art. 22 DSU herbeigeführt werden kann oder ob die Aussetzung von Zugeständnissen bereits vorher erfolgen kann (sog. **„sequencing"-Problematik**). Da das Verfahren nach Art. 21.5 DSU keinen Suspensiveffekt für die Aussetzung von Zugeständnissen hat, kann ein obsiegendes WTO-Mitglied bereits die Aussetzung von Zugeständnissen beantragen, wenn die Frage der korrekten Umsetzung durch das unterlegene Mitglied noch in einem Verfahren nach Art. 21.5 DSU anhängig ist. Das unterlegene Mitglied kann dann nur eine Überprüfung nach Art. 22.6 DSU beantragen, da diese Suspensiveffekt hat. Es ist allerdings unklar, ob ein Panel im Verfahren nach Art. 22.6 DSU auch darüber zu befinden hat, ob und in welchem Umfang die unterlegene Partei den Bericht umgesetzt hat. Grundsätzlich soll das Verfahren nach Art. 22.6 DSU nur klären, ob die Bemessungsgrundsätze für die Aussetzung von Zugeständnissen richtig angewandt wurden. Wenn die unterlegene Partei den Bericht allerdings teilweise bereits umgesetzt hat, reduziert sich der zulässige Umfang der Aussetzung von Zugeständnissen. Daher könnte man argumentieren, dass diese Frage im Verfahren nach Art. 22.6 DSU überprüft werden sollte. Dies ist allerdings dann problematisch, wenn dies zeitgleich in einem Verfahren nach Art. 21.5 DSU geschieht. Die sequencing-Problematik spielte vor allem im Bananenmarktstreit zwischen der EG und den USA eine Rolle.[81] Der **Appellate Body** hat zu diesem Fragenkomplex bisher **keine abschließende Stellung** bezogen. Sie ist auch ein zentraler Gegenstand der seit einigen Jahren andauernden **Verhandlungen über die Reform des DSU**.

### Fristen

Das Streitbeilegungsverfahren der WTO ist insgesamt durch **kurze Fristen** geprägt. Die Konsultationsphase kann bereits nach sechzig Tagen beendet werden (Art. 4.7 DSU). Zwischen dem Antrag auf Einsetzung eines Panels und dessen Konstituierung liegen maximal zwei Monate (Art. 6.1 DSU). Das Panel soll innerhalb von sechs Monaten zu einer Entscheidung kommen (Art. 12.8 DSU). Der Appellate Body hat grundsätzlich sogar nur 60 Tage Zeit für die Überprüfung der Panel-Entscheidung (Art. 17.5 DSU). Insgesamt soll ein Verfahren im Regelfall und wenn die Parteien nichts anderes vereinbaren **neun Monate** (ohne Anrufung des Appellate Body) **bzw. zwölf Monate** (mit Anrufung des Appellate Body) **nicht überschreiten**, Art. 20 DSU. In der Praxis werden die Fristen allerdings verlängert, wenn sich das Verfahren als besonders komplex und umfangreich herausstellt. Trotz der Verlängerungsmöglichkeit der Fristen stellt sich das WTO-Streitbeilegungsverfahren im Vergleich mit anderen völkerrechtlichen Streitbeilegungsverfahren als verhältnismäßig zügiges Verfahren dar.

278

Die verschiedenen Phasen und Abschnitte des Streitbeilegungsverfahrens lassen sich vereinfacht graphisch wie folgt darstellen:

279

---

81 Dazu *Hilf/Oeter*, WTO-Recht, 2005, § 27 Rn. 63.

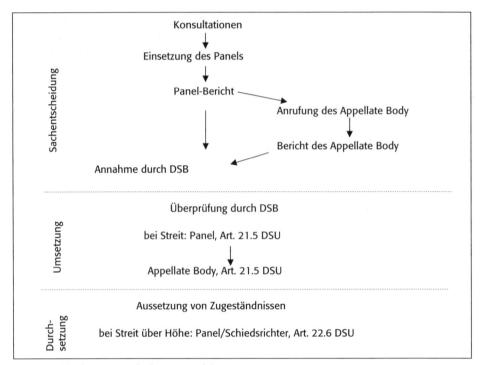

*Figur 4: Ablauf eines Streitbeilegungsverfahrens*

### d) Auslegungsregel, anwendbares Recht und Normkonflikte

280 Panel und Appellate Body haben die vom DSU erfassten Übereinkommen anzuwenden und auszulegen. Nach Art. 3.2 DSU finden die **allgemeinen Auslegungsregeln** des Völkerrechts Anwendung.

> **Wichtige Norm: Art. 3.2 DSU**
> Das Streitbeilegungssystem der WTO ist ein zentrales Element zur Schaffung von Sicherheit und Vorhersehbarkeit im multilateralen Handelssystem. Die Mitglieder erkennen an, dass es dazu dient, die Rechte und Pflichten der Mitglieder aus den unter die Vereinbarung fallenden Übereinkommen zu bewahren und die geltenden Bestimmungen dieser Übereinkommen im Einklang mit den herkömmlichen Regeln der Auslegung des Völkerrechts zu klären. Die Empfehlungen und Entscheidungen des DSB können die in den unter die Vereinbarung fallenden Übereinkommen enthaltenen Rechte und Pflichten weder ergänzen noch einschränken.

281 Bei den allgemeinen Auslegungsregeln handelt es sich um die völkergewohnheitsrechtlichen Regeln der Vertragsauslegung, wie sie in **Art. 31 ff. der Wiener Vertragsrechtskonvention (WVK)** niedergelegt sind.[82] Dies wird aus der englischen Fassung der Norm deutlich, die von „customary rules of interpretation of public international

---

82 Dazu § 1 Rn. 79 ff.

law" spricht. Ausgangspunkt der Auslegung ist daher der Wortlaut eines Begriffs. Dieser genügt regelmäßig jedoch nicht, so dass der Kontext und Sinn und Zweck der Vorschrift berücksichtigt werden müssen. Ergänzend und nur sekundär ist die Entstehungsgeschichte heranzuziehen (Art. 32 WVK). Die Bedeutung der allgemeinen Regeln für das WTO-Recht hat der Appellate Body bereits in *US – Gasoline,* einem seiner ersten Entscheidungen, anerkannt:[83]

„[T]he Panel (...) overlooked a fundamental rule of treaty interpretation. This rule has received its most authoritative and succinct expression in the Vienna Convention on the Law of Treaties which provides in relevant part:

ARTICLE 31
General rule of interpretation
1. A treaty shall be interpreted in good faith in accordance with the ordinary meaning to be given to the terms of the treaty in their context and in the light of its object and purpose.

The „general rule of interpretation" set out above has been relied upon by all of the participants and third participants, although not always in relation to the same issue. That general rule of interpretation has attained the status of a rule of customary or general international law. As such, it forms part of the "customary rules of interpretation of public international law" which the Appellate Body has been directed, by Article 3(2) of the *DSU*, to apply in seeking to clarify the provisions of the *General Agreement* and the other "covered agreements" of the *Marrakesh Agreement Establishing the World Trade Organization* (the "*WTO Agreement*"). That direction reflects a measure of recognition that the *General Agreement* is not to be read in clinical isolation from public international law."

Neben den allgemeinen Regeln der WVK können auch andere Auslegungsregeln berücksichtigt werden. So hat der Appellate Body im Verfahren *EC – Asbestos* den Grundsatz, dass eine Regel des WTO-Rechts **im Zweifel souveränitätsschonend auszulegen** ist (*in dubio mitius*) verwandt.[84] Die Normen des WTO-Rechts können auch **evolutiv** ausgelegt werden. Dies bietet sich z. B. bei den Regeln des GATT an, das vor knapp 60 Jahren ausgehandelt wurde. Ein Begriff kann heute anders verstanden werden, als zum Zeitpunkt der Entstehung des GATT.[85]

282

**Völkerrechtliche Verträge, die nicht Teil der WTO-Rechtsordnung** sind, sind grundsätzlich keine Rechtsquellen des WTO-Rechts. Sie können von den Streitschlichtungsorganen nicht direkt angewendet werden, da sie nicht in Anhang 1 des DSU aufgeführt sind. Ausnahmsweise können sie dann anwendbar sein, **wenn das WTO-Recht ausdrücklich auf diese Bezug nimmt** (z. B. das TRIPS auf bestehende Verträge im Bereich des geistigen Eigentums[86]). Eine Berücksichtigung ist darüber hinaus allenfalls nach Art. 31 III lit c) WVK als **Kontext der auszulegenden Norm des WTO-Rechts** möglich

283

---

83 *US-Standards for Reformulated and Conventional Gasoline*, WT/DS2/AB/R, Bericht des Appellate Body am 20.5.1996 angenommen, Abschnitt III.B, zitiert ohne Fußnoten. Im Internet unter http://www.wto.org/english/tratop_e/dispu_e/cases_e/ds2_e.htm.
84 *EC-Measures Concerning Meat and Meat Products (Hormones)*, WT/DS26 undWT/DS48, Bericht des Appellate Body am 13.2.1998 angenommen, Abs. 154. Im Internet unter http://www.wto.org/english/tratop_e/dispu_e/cases_e/ds26_e.htm.
85 *US – Import Prohibition of Certain Shrimp and Shrimp Products,* WT/DS58, Bericht des Appellate Body am 6.11.1998 angenommen, Abs. 129, 130. Im Internet unter http://www.wto.org/english/tratop_e/dispu_e/cases_e/ds58_e.htm.
86 Dazu unten Rn. 496.

(„jeder in den Beziehungen zwischen den Vertragsparteien anwendbare einschlägige Völkerrechtssatz").

284 **Völkerrechtliches Gewohnheitsrecht,** das nicht die allgemeinen Auslegungsregeln betrifft und **allgemeine Grundsätze des Völkerrechts** können keine über die WTO-Verträge hinausgehenden Rechte und Pflichten der WTO-Mitglieder begründen. Gewohnheitsrechtliche Regeln und allgemeine Grundsätze können daher nicht direkt angewendet werden. Sie können jedoch zur **Ergänzung und Interpretation des WTO-Rechts** herangezogen werden, zumal auch das WTO-Recht auf gewohnheitsrechtlichen Regeln wie *pacta sunt servanda* und der Gleichheit aller Staaten basiert. Darauf hat der Appellate Body hingewiesen, als er in der oben zitieren Passage davon sprach, dass das WTO-Recht nicht in „klinischer Isolation" (clinical isolation) vom allgemeinen Völkerrecht zu sehen sei.

285 Die Frage der Anwendbarkeit anderer völkerrechtlicher Verträge im Rahmen der Streitbeilegung stellt sich insbesondere, wenn eine **Kollision zwischen WTO-Recht und anderem Völkerrecht** vorliegt, d. h. wenn zwei Verträge miteinander in Konflikt geraten. Folgende **Konstellationen** sind denkbar:
- Eine völkerrechtliche Regelung **verbietet** ein bestimmtes staatliches Verhalten, während eine andere Regel dieses Verhalten **gebietet**. So kann z. B. eine Regel den Handel mit einem Staat allgemein verbieten (z. B. Sanktion des UN-Sicherheitsrates) oder den Handel mit bestimmten Produkten verbieten (z. B. Giftmüll), während eine andere Regel Importverbote oder andere Handelshemmnisse generell verbietet (z. B. Art. XI GATT[87]). In einem solchen Fall kann ein Staat, der Vertragspartei beider Abkommen ist, nicht beide Pflichten gleichzeitig erfüllen.
- Eine Regel **verbietet** ein Verhalten, während eine andere dieses Verhalten ausdrücklich **gestattet**. So kann z. B. ein Abkommen Handelsbeschränkungen in bestimmten Fällen gestatten, ein anderes diese aber verbieten. In einem solchen Fall könnte der Staat ohne Rechtsverstoß dem Abkommen, das Handelsbeschränkungen verbietet, Folge leisten, ohne das andere Abkommen zu verletzen. Allerdings würden die Rechte aus dem Abkommen, das ein Verhalten erlaubt, deutlich eingeschränkt.

286 Konflikte zwischen dem WTO-Recht und anderen völkerrechtlichen Verträgen sind generell durch **harmonische Auslegung** zu vermeiden (praktische Konkordanz). Lässt sich der Konflikt durch Auslegung nicht vermeiden, ist zu fragen, ob einem Vertrag Vorrang zukommt. Dazu können die Verträge **explizite Vorrangregeln** enthalten (z. B. Art. XXI lit c) GATT für Sanktionen des UN-Sicherheitsrates). Andernfalls kann für die Lösung eines Konflikts auf Art. 30 WVK zurückgegriffen werden, wonach ein späterer völkerrechtlicher Vertrag einem früheren vorgeht, vorausgesetzt, die Vertragsparteien sind identisch (**lex posterior**).[88] Diese Regel ist jedoch aufgrund ihrer formellen Starrheit und linearen Struktur nicht geeignet, Konflikte zwischen komplexen, multilateralen

---

87 Dazu unten Rn. 334 ff.
88 Dazu § 1 Rn. 70.

Systemen mit unterschiedlichen und wechselnden Mitgliedschaften zu lösen. Im Völkerrecht sind daher nur dann Konflikte zwischen Rechtsordnungen zu vermeiden, wenn diese bereits zum Zeitpunkt der Vertragsverhandlungen erkannt und mit Hilfe spezieller Regeln gelöst werden. Gelingt dies nicht, bleiben **verschiedene völkerrechtliche Pflichten und Ordnungen** nebeneinander bestehen.

Praktisch relevant wird die Lösung eines materiell-rechtlichen Konflikts jedoch nur dann, wenn ein Gericht oder Streitbeilegungsorgan die Kompetenz besitzt, beide relevanten Normen anzuwenden. Wenn – wie im Streitbeilegungsverfahren der WTO – die Organe aufgrund einer begrenzten Jurisdiktion ohnehin nur WTO-Recht anwenden können und dürfen, kommt es in der Praxis weitgehend zur **Nichtbeachtung anderer völkerrechtlicher Normen**. 287

---

**Lösungshinweise zum Ausgangsfall**

Die von der EG behauptete allgemeine Regel des Völkerrechts kann im WTO-Recht nicht direkt angewandt werden, da sie nicht Teil der WTO-Rechtsordnung ist. Sie kann jedoch für die Auslegung des WTO-Rechts eine Rolle spielen. Dazu ist jedoch zu fragen, ob das WTO-Recht selbst eine Norm enthält, die die Antragsbefugnis regelt und die ausgelegt werden muss. Eine spezielle Regel, aus der sich eine besondere Antragsbefugnis ergibt, enthält das DSU jedoch nicht. Hieraus leitet der Appellate Body ab, dass keine gesteigerten Anforderungen an die Antragsbefugnis zu stellen sind. Potentielle Handelsinteressen, die die USA vorliegend geltend machen können, reichen aus. Auf eine Regel des allgemeinen Völkerrechts kommt es somit entgegen der Auffassung der EG nicht an. Japan muss allerdings gem. Art. 10.2 DSU ein wesentliches Interesse vorweisen, das über die Beschwerdebefugnis hinausgehen dürfte. Im Originalfall wurde über diese Frage jedoch nicht entschieden, da die Streitparteien sie nicht aufgeworfen hatten.

---

### 4. Innerstaatliche und innergemeinschaftliche Wirkung des WTO-Rechts

Nach den allgemeinen Grundsätzen bedarf WTO-Recht – wie jede völkerrechtliche Norm – zur **internen Geltung** der Umsetzung in das innerstaatliche bzw. innergemeinschaftliche Recht. Da das WTO-Übereinkommen europarechtlich ein gemischtes Abkommen ist[89], wurde es sowohl von der EG als auch von ihren Mitgliedstaaten unterzeichnet und entsprechend den nationalen Bestimmungen ratifiziert. In Deutschland hat der Bundestag am 29. 6. 1994 mit wenigen Gegenstimmen und der Bundesrat am 8. 7. 1994 einstimmig dem WTO-Übereinkommen zugestimmt. 288

Die **unmittelbare Anwendbarkeit**[90] des WTO-Rechts gehört zu den umstrittensten Fragen des Wirtschaftsvölkerrechts. Zu unterscheiden ist zwischen der unmittelbaren Anwendbarkeit der Übereinkommen und der unmittelbaren Anwendbarkeit von Entscheidungen des DSB. 289

---

89 Dazu oben Rn. 218.
90 Allgemein zur unmittelbaren Anwendbarkeit § 1 Rn. 114. Speziell zum Gemeinschaftsrecht *Pischel*, Die unmittelbare Anwendbarkeit von Völkerrecht in der Rechtsordnung der Europäischen Gemeinschaft, JA 2001, 578.

**290** Aus den **WTO-Übereinkommen selbst** ergeben sich diesbezüglich **keine Antworten**. Dies hat ein WTO-Panel ausdrücklich festgestellt und damit das WTO-Recht vom EG-Recht abgegrenzt.

„Under the doctrine of direct effect, which has been found to exist most notably in the legal order of the EC but also in certain free trade area agreements, obligations addressed to States are construed as creating legally enforceable rights and obligations for individuals. Neither the GATT nor the WTO has so far been interpreted by GATT/WTO institutions as a legal order producing direct effect. Following this approach, the GATT/WTO did not create a new legal order the subjects of which comprise both contracting parties or Members and their nationals."[91]

**291** In Ermangelung einer ausdrücklichen Regel im WTO-Recht, bleibt es den WTO-Mitgliedern überlassen, ob sie das WTO-Recht unmittelbar anwenden wollen. Für die EG-Rechtsordnung hat der **EuGH** dies – in Übereinstimmung mit seiner Rechtsprechung zum GATT 1947 – **stets abgelehnt**. Grundlegend für die Ablehnung der unmittelbaren Anwendbarkeit des WTO-Rechts durch den EuGH ist das Urteil in der Rechtssache **Portugal/Rat**.[92] Der EuGH untersuchte in diesem Urteil zunächst, ob sich die unmittelbare Anwendbarkeit aus dem WTO-Recht selbst ergäbe und stellte dabei maßgeblich auf die Regeln über die Streitbeilegung ab:

„Zwar unterscheiden sich die WTO-Übereinkünfte – wie die portugiesische Regierung feststellt – insbesondere aufgrund der Stärkung der Schutzregelung und des Streitbeilegungsmechanismus erheblich vom GATT 1947. Gleichwohl räumt das mit diesen Übereinkommen geschaffene System der Verhandlung zwischen den Mitgliedern einen hohen Stellenwert ein.

Erstes Ziel des Streitbeilegungsmechanismus ist gemäß Artikel 3 Absatz 7 der Vereinbarung über Regeln und Verfahren zur Beilegung von Streitigkeiten (Anhang 2 des WTO-Übereinkommens; DSU) zwar grundsätzlich die Rücknahme der betreffenden Maßnahmen, wenn diese als mit den WTO-Vorschriften unvereinbar befunden werden. Wenn die sofortige Rücknahme der Maßnahmen praktisch nicht möglich ist, kann jedoch als vorübergehende Maßnahme bis zur Rücknahme der betreffenden Maßnahme auf Schadensersatzleistungen zurückgegriffen werden.

Zwar ist die Entschädigung nach Artikel 22 Absatz 1 DSU nur eine vorübergehende Maßnahme, die zur Verfügung steht, wenn die Empfehlungen und Entscheidungen des in Artikel 2 Absatz 1 DSU vorgesehenen Streitbeilegungsgremiums nicht innerhalb eines angemessenen Zeitraums umgesetzt werden; diese Vorschrift gibt der vollen Umsetzung einer Empfehlung, eine Maßnahme mit den WTO-Übereinkommen in Einklang zu bringen, den Vorrang.

Doch sieht Artikel 22 Absatz 2 DSU vor, daß ein Mitglied, das seiner Pflicht zur Ausführung der genannten Empfehlungen und Entscheidungen nicht innerhalb eines angemessenen Zeitraums nachkommt, falls es darum ersucht wird, vor Ablauf dieses Zeitraums Verhandlungen mit jeder Partei aufnimmt, die das Streitbeilegungsverfahren angestrengt hat, mit dem Ziel, einvernehmlich eine Entschädigung festzulegen.

Dürften die Gerichte mit den WTO-Übereinkommen unvereinbare innerstaatliche Rechtsvorschriften nicht anwenden, so würde den Legislativ- und Exekutivorganen der Mitglieder somit die ihnen in Artikel 22 DSU eingeräumte Befugnis genommen, auf dem Verhandlungsweg Lösungen zu erreichen, selbst wenn diese nur als vorübergehende zulässig sind.

---

91 *US-Section 301-310 of the Trade Act of 1974*, Bericht des Panels vom 22.12.1999, Absatz 7.72, WT/DS152/R. Im Internet unter http://www.wto.org/english/tratop_e/dispu_e/cases_e/ds152_e.htm.
92 EuGH, Rs. C-149/96, Portugal/Rat, Urteil vom 23.11.1999, Slg. 1999, I-8395. Dazu *Neugärtner/Puth*, Die Wirkung der WTO-Übereinkommen im Gemeinschaftsrecht, JuS 2000, 640.

Die Auslegung der WTO-Übereinkünfte im Licht ihres Zieles und Zweckes ergibt mithin, dass in ihnen nicht festgelegt ist, mit welchen rechtlichen Maßnahmen die Mitglieder diese Übereinkünfte nach Treu und Glauben in ihre interne Rechtsordnung umzusetzen haben." [93]

Dann wandte sich der EuGH der Frage zu, wie das WTO-Recht in der innergemeinschaftlichen Rechtsordnung zu bewerten sei. Zwei Aspekte spielten dabei eine zentrale Rolle: Das Verhalten der Handelspartner der EG (USA, Japan, etc.) und das Verhältnis der EG-Organe untereinander, insbesondere des Gerichtshofes zu den politischen Organen Rat und Kommission: 292

„Außerdem folgern unstreitig einige Mitglieder, die zu den wichtigsten Handelspartnern der Gemeinschaft gehören, aus Sinn und Zweck der WTO-Übereinkünfte, daß diese nicht zu den Normen gehören, an denen ihre Gerichte die Rechtmäßigkeit der internen Rechtsvorschriften messen. (…)

Hätte der Gemeinschaftsrichter unmittelbar die Aufgabe, die Vereinbarkeit des Gemeinschaftsrechts mit diesen Regelungen zu gewährleisten, so würde den Legislativ- und Exekutivorganen der Gemeinschaft der Spielraum genommen, über den die entsprechenden Organe der Handelspartner der Gemeinschaft verfügen." [94]

Der EuGH stützt seine Ablehnung der unmittelbaren Anwendbarkeit somit einerseits auf eine Auslegung des WTO-Rechts, insbesondere des DSU, in der er maßgeblich auf die **Möglichkeit von Verhandlungen im Streitbeilegungsverfahren** abstellt. Andererseits lehnt er es aus rechtspolitischen bzw. verfassungsrechtlichen Überlegungen ab, durch eine Anerkennung der unmittelbaren Anwendbarkeit des WTO-Rechts den **handelspolitischen Spielraum der EG-Organe** im Vergleich zu dem Spielraum der Organe der anderen WTO-Mitglieder **einzuschränken**. 293

Der EuGH hat diese Rechtsprechung auch auf die **bindenden Entscheidungen des DSB** übertragen.[95] In diesem Zusammenhang hat er auch wiederholt, dass **eine unmittelbare Anwendbarkeit** des WTO-Rechts **nur** in Betracht kommt, wenn die Gemeinschaft eine bestimmte, im Rahmen der WTO übernommene, **Verpflichtung erfüllen wollte,** oder wenn die Gemeinschaftshandlung **ausdrücklich** auf spezielle Bestimmungen der WTO-Übereinkünfte **verweist**. Eine solche besondere Erfüllung einer Verpflichtung könne aber bei den Verpflichtungen, eine DSB-Entscheidung umzusetzen nicht angenommen werden. Auch hier stellte der EuGH wiederum maßgeblich auf die Möglichkeit von Verhandlungslösungen ab: 294

„Artikel 22 Absatz 2 der Streitbeilegungsvereinbarung sieht (…) vor, dass ein Mitglied, das seine Pflicht verletzt, den genannten Empfehlungen und Entscheidungen innerhalb eines angemessenen Zeitraums nachzukommen, auf entsprechendes Ersuchen vor Ablauf dieses Zeitraums mit jeder Partei, die das Streitbeilegungsverfahren angestrengt hat, Verhandlungen mit dem Ziel aufnimmt, einvernehmlich eine Entschädigung festzulegen. (…)

Außerdem bleibt nach Artikel 22 Absatz 8 der Streitbeilegungsvereinbarung die Streitigkeit gemäß Artikel 21 Absatz 6 der Streitbeilegungsvereinbarung bis zu ihrer Lösung auf der Tagesordnung des DSB, d. h., bis die Maßnahme, die als mit den WTO-Regeln unvereinbar angesehen worden ist, „eingestellt" wird oder bis die Parteien eine „für alle Seiten zufrieden stellende Lösung" gefunden haben.

---

93 EuGH, o. Fn. 92, Rn. 36–41.
94 EuGH, o. Fn. 92, Rn. 43 und 46.
95 EuGH, Rs. C-377/02, Van Parys, Urteil vom 1. 3. 2005, Slg. 2005, I-1465.

Für den Fall einer Meinungsverschiedenheit über die Frage, ob Maßnahmen zur Umsetzung der Empfehlungen und Entscheidungen des DSB mit den WTO-Regeln vereinbar sind, bestimmt Artikel 21 Absatz 5 der Streitbeilegungsvereinbarung, dass die Streitigkeit „unter Inanspruchnahme dieser Streitbeilegungsverfahren" entschieden wird, was die Suche der Parteien nach einer Verhandlungslösung einschließt."[96]

> **Merke:** WTO-Recht ist in der Gemeinschaftsrechtsordnung **nicht unmittelbar anwendbar**, d. h. einzelne können sich **vor Gericht nicht darauf berufen**. Dies gilt **auch für Entscheidungen des DSB**.

295 Die Bewertung der Bedeutung von Verhandlungslösungen im Rahmen der WTO-Streitbeilegung durch den EuGH wird in der **Literatur kritisiert**. Dem Gerichtshof wird vor allem vorgeworfen, den quasi-gerichtlichen Charakter des WTO-Verfahrens zu missachten und die rechtliche Bindungswirkung der Entscheidungen in Frage zu stellen. Die dogmatische Begründung der Ablehnung der unmittelbaren Anwendbarkeit des WTO-Rechts durch den EuGH ist tatsächlich nicht völlig überzeugend, da sie nur auf einen bestimmten Aspekt der Streitschlichtung abstellt. Rechtspolitisch ist dem EuGH jedoch zuzugeben, dass die unmittelbare Anwendbarkeit des WTO-Rechts erhebliche praktische Auswirkungen auf das gesamte WTO-System und auf das konstitutionelle Gefüge des europäischen Außenwirtschaftsrechts hätte.

▶ **Lern- und Wiederholungsfragen zu § 2 II.:**
1. Welche Aufgaben erfüllen die Ministerkonferenz, der Allgemeine Rat, das Sekretariat und der Generaldirektor der WTO?
2. Die Zusammensetzung aller WTO-Organe als Plenarorgane und die Regel, dass eine Entscheidung im Konsensverfahren getroffen werden muss, werden als „souveränitätsschonend" bezeichnet. Erläutern und bewerten Sie diese Bezeichnung vor dem Hintergrund der tatsächlichen Machtverhältnisse und Beteiligungsmöglichkeiten in der WTO.
3. Welches Verfahren stellt sicher, dass jede beschwerdeführende Partei ein Recht auf Einsetzung eines Panels hat und, dass jeder Bericht des Appellate Body nahezu automatisch vom DSB angenommen wird?
4. Vergleichen Sie die Rechtsfolgen der Entscheidung des DSB (Art. 21, 22 DSU) mit den Rechtsfolgen der allgemeinen völkerrechtlichen Verantwortlichkeit.
5. Was versteht man unter der „sequencing"-Problematik im Verhältnis von Art. 21.5 zu 22 DSU?
6. Nach welchen Regeln wird das WTO-Recht ausgelegt und welche Rolle spielen völkerrechtliche Normen, die nicht Teil der WTO-Rechtsordnung sind, in der WTO-Streitschlichtung?
7. Stimmen Sie mit der Charakterisierung des EuGH überein, wonach das DSU Verhandlungslösungen einen hohen Stellenwert einräumt? Gilt dies für alle Phasen des Streitschlichtungsmechanismus gleichermaßen?

---

96 EuGH, o. Fn. 95, Rn. 45–47.

## V. Warenhandel

**zum GATT:** *Hilf/Oeter,* WTO-Recht, 2005, §§ 9, 10, 30; *Trebilcock/Howse,* The Regulation of International Trade, 3rd ed., 2005, Chapters 2, 3, 6, 7; *Weiß/Herrmann,* Welthandelsrecht, 2003, §§ 11, 12, A-C; *Berrisch,* Das Allgemeine Zoll- und Handelsabkommen (GATT 1994), in: Prieß/Berrisch (Hrsg.), WTO-Handbuch, 2003; *Hailbronner/Bierwagen,* Das GATT – Magna Charta des Welthandels, JA 1988, 318.

**zum TBT- und SPS-Übereinkommen:** *Hilf/Oeter,* WTO-Recht, 2005, §§ 20, 21; *Trebilcock/Howse,* The Regulation of International Trade, 3rd ed., 2005, Chapter 7; *Weiß/Herrmann,* Welthandelsrecht, 2003, § 12 D; *Kamann,* Das Übereinkommen über die Anwendung gesundheitspolizeilicher und pflanzenschutzrechtlicher Maßnahmen, in: Prieß/Berrisch (Hrsg.), WTO-Handbuch, 2003; *Tietje,* Das Übereinkommen über Technische Handelshemmnisse, in: Prieß/Berrisch (Hrsg.), WTO-Handbuch, 2003.

**zu den Übereinkommen über handelspolitische Instrumente:** *Hilf/Oeter,* WTO-Recht, 2005, §§ 11–13; *Trebilcock/Howse,* The Regulation of International Trade, 3rd ed., 2005, Chapters 8–10; *Weiß/Herrmann,* Welthandelsrecht, 2003, § 14; *Berrisch/Düerkop,* Das Anti-Dumping-Übereinkommen, in: Prieß/Berrisch (Hrsg.), WTO-Handbuch, 2003; *Pitschas,* Das Übereinkommen über Subventionen und Ausgleichsmaßnahmen, in: Prieß/Berrisch (Hrsg.), WTO-Handbuch, 2003; *Berrisch,* Das Übereinkommen über Schutzmaßnahmen, in: Prieß/Berrisch (Hrsg.), WTO-Handbuch, 2003.

Wie oben ausgeführt, umfassen die multilateralen Übereinkommen über den **Warenhandel** (Anhang 1A des WTO-Übereinkommen) das **GATT 1994** und zwölf **weitere Übereinkommen**, die Vorschriften zu einzelnen Sektoren (Landwirtschaft und Textilien) bzw. bestimmten Handelsbeschränkungen und handelspolitischen Instrumenten enthalten. Das GATT 1994 selbst besteht aus dem GATT 1947, einer Reihe von Protokollen, Entscheidungen und Beschlüssen der VERTRAGSPARTEIEN und sechs Vereinbarungen zur Auslegung von GATT-Artikeln. 296

Aus der Fülle dieser Regeln können **im Rahmen dieses Lehrbuchs** nur die wichtigsten und unter Ausbildungsgesichtspunkten relevantesten Aspekte behandelt werden. Daher werden zunächst die Grundprinzipien des GATT vorgestellt. Da es sich bei den zwölf Sonderübereinkommen um hochkomplexe Abkommen handelt, können auch sie in diesem Lehrbuch nicht ausführlich behandelt werden. Statt dessen werden einige Übereinkommen, anhand derer zentrale Fragen des Welthandelsrechts erläutert werden können, überblicksartig vorgestellt. Im Einzelnen werden das Übereinkommen über die Anwendung gesundheitspolizeilicher und pflanzenschutzrechtlicher Maßnahmen (SPS), das Übereinkommen über technische Handelshemmnisse (TBT), sowie das Anti-Dumping-Abkommen, das Übereinkommen über Subventionen und Ausgleichsmaßnahmen und das Übereinkommen über Schutzmaßnahmen behandelt. Für eine vertiefte Darstellung dieser Übereinkommen und für eine Behandlung der hier nicht thematisierten Übereinkommen, muss auf die Spezialliteratur zum Welthandelsrecht verwiesen werden. 297

## 1. Grundprinzipien des GATT

**298** Die wichtigsten Grundprinzipien des GATT[97] werden bereits in seiner Präambel angedeutet:

> „(...) in dem Wunsche, zur Verwirklichung dieser Ziele durch den Abschluss von Vereinbarungen beizutragen, die auf der Grundlage der Gegenseitigkeit und zum gemeinsamen Nutzen auf einen wesentlichen Abbau der Zölle und anderer Handelsschranken sowie die Beseitigung der Diskriminierung im internationalen Handel abzielen (...)".

**299** Ziel des GATT ist danach der Abbau von tarifären und nicht-tarifären Handelsschranken und die Beseitigung von Diskriminierung auf der Grundlage von Gegenseitigkeit (Reziprozität) und zum gemeinsamen Nutzen. Allgemein kann dieses Programm als **„Handelsliberalisierung"** bezeichnet werden. Im Gegensatz zu einer völligen Abschaffung von Handelsschranken wie in einem Freihandelsabkommen oder einer Zollunion[98] bezweckt das GATT also keinen völligen Freihandel, sondern (nur) den sukzessiven Abbau von Handelsschranken.

**300** Der **Grundsatz der Reziprozität** bedeutet, dass Handelszugeständnisse nicht einseitig gewährt werden müssen. Statt dessen sollen die Verhandlungspartner auf Zugeständnisse einer Seite mit gleichwertigen Zugeständnissen antworten. Zugeständnisse sollen also in einem wechselseitigen (= reziproken) Verhältnis stehen. Der Reziprozitätsgrundsatz spielt vor allem in den Verhandlungen über Zollabbau und den Abbau anderer Handelsschranken eine Rolle. Er ist für die Rechtsanwendung von geringerer Bedeutung. Dem Reziprozitätsprinzip liegt der Gedanke zu Grunde, dass ein Abbau von Handelsschranken gegen den Widerstand der zuvor geschützten Produzenten leichter durchzusetzen ist, wenn er mit Exportchancen in anderen Sektoren „erkauft" werden kann.

> **Beispiel:** In den Verhandlungen der Doha Development Agenda[99] verlangen verschiedene WTO-Mitglieder von der EG den weiteren Abbau von Subventionen in der Landwirtschaft. Diese Forderung stößt EG-intern auf Widerstand. Die EG fordert ihrerseits von zahlreichen WTO-Mitgliedern einen verbesserten Marktzugang für Dienstleistungen. Wenn sie dies erreicht, wäre der Subventionsabbau im Landwirtschaftssektor EG-intern leichter zu rechtfertigen.

**301** Der Grundsatz des **Abbaus von Handelsschranken** umfasst einerseits die in den verschiedenen Runden ausgehandelten **Zollreduzierungen** und die Bindung von Zöllen durch Listen (Art. II GATT)[100] und andererseits das **Verbot von quantitativen Marktzugangsbeschränkungen**, wie Ein- und Ausfuhrverbote oder Kontingente (Art. XI GATT)[101].

---

97 Im Folgenden wird nur die Bezeichnung „GATT" verwendet, wenn auf den Text des GATT, d. h. auf das in das GATT 1994 integrierte GATT 1947, Bezug genommen wird und „GATT 1994" wenn auf alle Teile des Übereinkommens abgestellt werden soll. Siehe auch Fn. 36.
98 Dazu § 6 Rn. 913 ff.
99 Dazu oben Rn. 199 ff.
100 Dazu unten Rn. 331 ff.
101 Dazu unten Rn. 334 ff.

Der Grundsatz der **Nichtdiskriminierung** findet zum einen Ausdruck im Allgemeinen **Meistbegünstigungsprinzip**[102] gem. Art. I GATT, der eine Diskriminierung zwischen gleichartigen Produkten aus verschiedenen WTO-Mitgliedern verbietet und im Grundsatz der **Inländerbehandlung**[103] (teilweise auch Inländergleichbehandlung) gem. Art. III GATT, der eine Diskriminierung zwischen inländischen und ausländischen gleichartigen Produkten verbietet.

301a

> **Merke:** Die wichtigsten **Grundprinzipien des GATT** sind: Reziprozität, Abbau von Handelsschranken und Nichtdiskriminierung.

Dem GATT können **weitere wichtige Prinzipien** entnommen werden, wie z. B. das Transparenzgebot für innerstaatliche Vorschriften, Sonderregelungen für Entwicklungsländer, Ausnahmevorschriften zum Schutz der öffentlichen Ordnung und Sicherheit, der Gesundheit oder der Umwelt, und der Verhältnismäßigkeitsgrundsatz als allgemeines Rechtsprinzip.[104] Diese Prinzipien und die bereits in der GATT-Präambel erwähnten Grundprinzipien sind nicht nur für das GATT relevant, sondern gelten in ähnlicher Weise in den übrigen multilateralen Handelsübereinkommen. Sie können daher als **allgemeine Grundsätze des materiellen WTO-Rechts** angesehen werden.

302

Über das WTO-Recht hinaus sind einige der genannten Prinzipien auch **für andere Materien des Wirtschaftsvölkerrechts** von Bedeutung. Die Grundsätze der Nichtdiskriminierung und das Transparenzprinzip finden sich z. B. im internationalen Investitionsschutzrecht.[105] Der Abbau von Handelsschranken ist vor allem in regionalen Integrationssystemen von großer Bedeutung.[106] Sonderregelungen für Entwicklungsländer sind ein wesentlicher Bestandteil des Entwicklungsvölkerrechts.[107]

303

### a) Meistbegünstigungsgrundsatz (Art. I GATT)

> **Ausgangsfall**
>
> Importia gewährt für Automobile und Automobilteile Zollfreiheit unter der Bedingung, dass die begünstigten Produkte von Herstellern stammen, die in Importia eine gewerbliche Niederlassung haben und in einem bestimmten Mindestumfang in Importia Automobile produzieren. Die entsprechende Regelung ist herkunftsneutral formuliert. Sie stellt also nicht auf den Unternehmenssitz des Herstellers ab, sondern verlangt lediglich, dass der Hersteller (auch) in Importia produziert. Die in Importia tatsächlich tätigen Hersteller sind jedoch ausschließlich Unternehmen aus Autonien, einem Nachbarstaat von Importia.
>
> Mobilia sieht in der Gewährung der Zollfreiheit einen Verstoß gegen das Meistbegünstigungsprinzip des Art. I:1 GATT, da die Zollfreiheit die Wettbewerbsbedingungen zwischen Unternehmen aus Autonien und aus Mobilia auf dem Markt von Importia verzerre. Importia verweist

---

102 Dazu unten Rn. 304 ff.
103 Dazu unten Rn. 315 ff.
104 Siehe z. B. die Darstellungen bei *Hilf/Oeter*, WTO-Recht, 2005, § 7, Rn. 35–61.
105 Dazu § 3 Rn. 627 ff., 637.
106 Dazu § 6 Rn. 937 ff.
107 Dazu § 5 Rn. 844 ff.

dagegen darauf, dass Unternehmen aus Mobilia ebenfalls von der Zollfreiheit profitieren könnten, wenn sie die Voraussetzungen hierfür erfüllten.

Sachverhalt nach *Canada – Certain Measures Affecting the Automotive Industry*, WT/DS139/AB/R, WT/DS142/AB/R.

304 Der allgemeine Meistbegünstigungsgrundsatz ist in **Artikel I:1 GATT** niedergelegt.

> **Wichtige Norm: Art. I:1 GATT**
> Bei Zöllen und Belastungen aller Art, die anlässlich oder im Zusammenhang mit der Einfuhr oder Ausfuhr oder bei der internationalen Überweisung von Zahlungen für Einfuhren und Ausfuhren auferlegt werden, bei dem Erhebungsverfahren für solche Zölle und Belastungen, bei allen Vorschriften und Förmlichkeiten im Zusammenhang mit der Einfuhr oder Ausfuhr und bei allen in Artikel III Absätze 2 und 4 behandelten Angelegenheiten werden alle Vorteile, Vergünstigungen, Vorrechte oder Befreiungen, die eine Vertragspartei für eine Ware gewährt, welche aus einem anderen Land stammt oder für dieses bestimmt ist, unverzüglich und bedingungslos für alle gleichartigen Waren gewährt, die aus den Gebieten der anderen Vertragsparteien stammen oder für diese bestimmt sind.[108]

305 Reduziert man die etwas umständliche Formulierung von Art. I:1 GATT auf ihren Kern, bedeutet sie Folgendes: Ein WTO-Mitglied[109] hat grundsätzlich jeden **Vorteil**, den es **einer ausländischen Ware** gewährt, ohne Weiteres („unverzüglich und bedingungslos") **einer gleichartigen Ware aus einem anderen WTO-Mitglied** zu gewähren. Das Meistbegünstigungsprinzip verlangt von den WTO-Mitgliedern somit die **Gleichbehandlung der Mitglieder** untereinander. Insofern geht es – anders als der Begriff Meistbegünstigung, insbesondere der englische Begriff („most-favoured-nation") suggerieren könnte – nicht um eine spezielle Begünstigung, sondern um die gleiche Gewährung von Vergünstigungen.

> **Merke:** Der allgemeine **Meistbegünstigungsgrundsatz** verbietet die **Diskriminierung von importierten Produkten unterschiedlicher Herkunft**.

306 Zweck des allgemeinen Meistbegünstigungsgrundsatzes ist die Schaffung **gleicher Ausgangsbedingungen** für alle WTO-Mitglieder. Die WTO-Mitglieder sollen die Wettbe-

---

108 Die Formulierung ist dem englischen Original nachempfunden und erleichtert das Verständnis von Art. I GATT nicht. Der Text in der Schweizer Übersetzung ist etwas leichter zugänglich: „Alle Vorteile, Vergünstigungen, Vorrechte oder Befreiungen, die von einem Vertragspartner für ein Erzeugnis gewährt werden, das aus irgendeinem anderen Land stammt oder für irgendein anderes Land bestimmt ist, werden sofort und bedingungslos auch auf jedes gleichartige Erzeugnis ausgedehnt, das aus den Gebieten anderer Vertragspartner stammt oder für sie bestimmt ist. Diese Bestimmung bezieht sich auf Zölle und andere Abgaben jeder Art, die die Einfuhr oder Ausfuhr belasten oder anlässlich der Einfuhr oder Ausfuhr erhoben werden, sowie auf diejenigen, die die zwischenstaatliche Überweisung von Geldmitteln zur Bezahlung der Einfuhr oder Ausfuhr belasten, auf die Art der Erhebung dieser Zölle, Steuern oder anderen Abgaben, auf die Gesamtheit der Vorschriften und Förmlichkeiten für die Einfuhr oder Ausfuhr sowie auf alle anderen Fragen, die in den Ziffern 2 und 4 des Artikels III behandelt werden."
109 Nach Ziff. 2 a) GATT 1994 bezeichnet der Ausdruck „Vertragspartei" im GATT ab 1995 ein Mitglied der WTO.

werbsbedingungen im internationalen Handel nicht durch Präferenzen und Zugeständnisse an einzelne Mitglieder verfälschen. Das Meistbegünstigungsprinzip gewährt somit kein bestimmtes, absolutes Niveau an Handelsliberalisierung, sondern lediglich, dass der jeweilige Standard gegenüber allen Mitgliedern gleich angewandt wird.

Der Meistbegünstigungsgrundsatz ist somit ein **Diskriminierungsverbot** bzw. ein **Gleichbehandlungsgrundsatz**. Die Prüfung, ob der Meistbegünstigungsgrundsatz verletzt ist, kann ähnlich wie die Prüfung von anderen Gleichheitssätzen aufgebaut werden. Im Mittelpunkt der Prüfung steht die Bildung eines **Vergleichspaares** und die Feststellung der **Ungleichbehandlung** (Diskriminierung). Für die Vergleichspaarbildung ist beim Meistbegünstigungsgrundsatz festzustellen, ob eine Ware, die aus einem anderen Land stammt und eine Ware, die aus einem anderen WTO-Mitglied stammt, „**gleichartig**" (*like*) sind. Um eine Ungleichbehandlung bzw. Diskriminierung festzustellen, ist zu prüfen, ob ein **Vorteil**, der der einen Ware gewährt wurde, **nicht unverzüglich und bedingungslos** an die andere Ware **weitergegeben** wurde. 307

Bevor die Gleichartigkeit der Ware und die Ungleichbehandlung geprüft werden, ist allerdings festzustellen, ob der **Anwendungsbereich** des Art. I:1 GATT eröffnet ist. Dazu muss die in Rede stehende Maßnahme unter einer der in Art. I:1 GATT genannten **Maßnahmentypen** subsumierbar sein. Der Anwendungsbereich ist sehr weit: Er umfasst sowohl Grenzmaßnahmen (Zölle, Ein- und Ausfuhrabgaben, etc.) als auch innerstaatliche Maßnahmen wie interne Abgaben (Art. III:2 GATT) und interne Verwaltungsvorschriften (Art. III:4 GATT).[110] Eine unter Art. I:1 GATT fallende Maßnahme muss außerdem einen **Vorteil** (Vergünstigung, Vorrecht oder Befreiung) für ausländische Waren darstellen. 308

> **Prüfungsschema Art. I:1 GATT**
> 1. Anwendungsbereich
>    a) Erfasste Maßnahme
>       = Zölle, andere Grenzmaßnahmen und innerstaatliche Maßnahmen (Art. III:2 und III:4 GATT)
>    b) Gewährung eines Vorteils
> 2. Vergleichspaar
>    = gleichartige Waren aus unterschiedlichen Ländern
> 3. Diskriminierung
>    = keine unverzügliche und unbedingte Weitergabe des Vorteils

Die beiden **Hauptprobleme** bei der Prüfung des Meistbegünstigungsgrundsatzes betreffen die genaue Bestimmung der Gleichartigkeit einer Ware und den Umfang des Diskriminierungsverbots. 309

Der Begriff der Gleichartigkeit („**likeness**") wird im GATT an verschiedenen Stellen verwendet und ist somit ein zentraler Begriff des Welthandelsrechts (vgl. Art. I, II:2, III:2 und 4, VI:1, IX:1, XI:2(c), XIII:1, XVI:4, XIX:1 GATT). Allerdings ist die Bedeutung des 310

---

110 Zu Art. III GATT unten Rn. 315 ff.

Begriffs in den verschiedenen Vorschriften nicht völlig deckungsgleich. Allgemein gilt nur, dass die Waren nicht identisch sein müssen und dass für die Bestimmung der Gleichartigkeit zentral ist, ob ein **Wettbewerbsverhältnis zwischen den beiden Produkten** besteht. Hierzu kann sowohl auf Produkteigenschaften und Gebrauchsmöglichkeiten als auch auf die Vorlieben und Geschmäcker der Verbraucher abgestellt werden. Da sich bei der Bestimmung der **Gleichartigkeit bei Art. III GATT** ein ähnliches Problem stellt und die WTO-Streitschlichtungsorgane hierzu bereits einige Fälle entschieden haben, wird auf die Frage der Gleichartigkeit dort eingegangen.[111]

311　Bezüglich des Umfangs des Diskriminierungsverbots stellt sich die Frage, ob nur eine direkte bzw. formale Diskriminierung (*de jure* **Diskriminierung**) oder auch eine indirekte bzw. faktische Diskriminierung (*de facto* **Diskriminierung**) erfasst wird. Betrachtet man den Ausgangsfall, wird der Unterschied zwischen *de jure* und *de facto* Diskriminierung sofort deutlich: Die Zollfreiheit, die Importia bestimmten Automobilen und Automobilteilen gewährt, ist formal nicht-diskriminierend, da der Ursprung der Produkte formal keine Rolle spielt. Hätte Importias Zollvorschrift nur Produkten aus Autonien Zollfreiheit gewährt, wäre die Maßnahme formal diskriminierend gewesen. Faktisch bevorzugt die Zollfreiheit jedoch Produkte aus Autonien und diskriminiert Produkte aus Mobilia. Deshalb stellt sich die Frage, ob auch eine solche Maßnahme von Art. I:1 GATT erfasst werden soll.

312　In der Rechtssache *Canada – Automotive Industry*, auf der der Ausgangsfall beruht und die zu den Leitentscheidungen zu Art. I:1 GATT gehört, äußerte sich der Appellate Body wie folgt zu der Frage[112]:

„(...) One main issue remains in dispute: has the import duty exemption, accorded by the measure to motor vehicles originating in some countries (...) also been accorded to like motor vehicles from all other Members, in accordance with Article I:1 of the GATT 1994?

In approaching this question, we observe first that the words of Article I:1 do not restrict its scope only to cases in which the failure to accord an „advantage" to like products of all other Members appears *on the face* of the measure, or can be demonstrated on the basis of the words of the measure. Neither the words „*de jure*" nor „*de facto*" appear in Article I:1. Nevertheless, we observe that Article I:1 does not cover only „in law", or *de jure*, discrimination. As several GATT panel reports confirmed, Article I:1 covers also „in fact", or *de facto*, discrimination. Like the Panel, we cannot accept Canada's argument that Article I:1 does not apply to measures which, on their face, are „origin-neutral".

We note next that Article I:1 requires that „*any advantage*, favour, privilege or immunity granted by any Member to *any product* originating in or destined for any other country shall be accorded immediately and unconditionally to the like product originating in or destined for the territories of *all other Members*." (emphasis added) The words of Article I:1 refer not to *some* advantages granted „"with respect to" the subjects that fall within the defined scope of the Article, but to „*any advantage*"; not to *some* products, but to „*any product*"; and not to like products from *some* other Members, but to like products originating in or destined for „*all other*" Members. (...)

---

111　Siehe unten Rn. 322 ff.
112　*Canada – Certain Measures Affecting the Automotive Industry*, Bericht des Appellate Body am 19.6.2000 angenommen, WT/DS139/AB/R, WT/DS/142/AB/R, Absätze 77 ff. Im Internet unter http://www.wto.org/english/tratop_e/dispu_e/cases_e/ds139_e.htm.

The object and purpose of Article I:1 supports our interpretation. That object and purpose is to prohibit discrimination among like products originating in or destined for different countries. The prohibition of discrimination in Article I:1 also serves as an incentive for concessions, negotiated reciprocally, to be extended to all other Members on an MFN basis."

Damit ist deutlich, dass auch eine *de facto* Diskriminierung von Art. I:1 GATT erfasst wird. Noch nicht geklärt ist allerdings die Frage, wann eine *de facto* Diskriminierung vorliegt. Die Entscheidung in *Canada – Automotive Industry* war insofern „einfach", als der kanadischen Maßnahme ein bilateraler Vertrag zwischen Kanada und den USA zu Grunde lag und es somit nahe lag, dass die kanadische Maßnahme die Privilegierung US-amerikanischer Hersteller bezweckte. Nicht immer dürfte die Situation jedoch so deutlich sein. Den Streitbeilegungsorganen haben insofern einen erheblichen Ermessensspielraum bei der Beurteilung, wann es Maßnahme als *de facto* Diskriminierung anzusehen ist. 313

Neben den allgemeinen Ausnahmen des GATT[113] sind vom Meistbegünstigungsgrundsatz spezielle Ausnahmen möglich. Zu den wichtigsten zählen: 314
- Art. XXIV:4-10 GATT: Ausnahmen für Freihandelszonen und Zollunionen. In beiden Fällen gewähren sich die Mitglieder untereinander besondere Privilegien (z. B. Zollfreiheit), die sie nicht auf Drittstaaten erweitern wollen. Daher nennt Art. XXIV:4-10 Bedingungen, nach denen derartige regionale Integrationsabkommen zulässig sind.[114]
- Die „**Enabling Clause**" für allgemeine Präferenzsysteme (GSP = Generalized System of Preferences) zu Gunsten von Entwicklungsländern. Die Enabling Clause (deutsch: „Ermächtigungsklausel") ist eine generelle Ausnahme von Art. I:1 GATT, die 1979 im Rahmen der Tokio-Runde von den VERTRAGSPARTEIEN beschlossen wurde und daher gem. Ziffer 1 b) (iv) GATT 1994 als Teil des GATT 1994 anzusehen ist. Sie gestattet es Industriestaaten, unter bestimmten Voraussetzungen Präferenzsysteme (z. B. präferentielle Zölle) für Entwicklungsländer einzurichten. Wichtigste Bedingung ist, dass ein allgemeines Präferenzsystem **nicht willkürlich bestimmte Entwicklungsländer diskriminieren** darf.[115]

---

**Lösungshinweise zum Ausgangsfall**

Die Gewährung von Zollfreiheit durch Importia ist eine Maßnahme, die in den Anwendungsbereich von Art. I:1 fällt: Sie ist eine Vorschrift im Zusammenhang mit der Einfuhr, die einen Vorteil gewährt. Dieser Vorteil wird Automobilen und Automobilteilen aus Autonien („einem anderen Land") gewährt. Automobile und Automobilteile aus Autonien und Automobile und Automobilteile aus Mobilia sind gleichartige Waren, da sie auf denselben Märkten miteinander konkurrieren. Fraglich ist mithin allein, ob Waren aus Mobilia diskriminiert werden. Eine *de jure* Diskriminierung liegt nicht vor, da die Regelung herkunftsneutral formuliert ist. Allerdings werden Waren aus Mobilia faktisch benachteiligt, da sie die Bedingungen, die an die Zollfreiheit geknüpft sind, nicht erfüllen. Hierin kann man eine *de facto* Diskriminierung sehen, wie es der Appellate Body in *Canada – Automotive Industry* getan hat. Der Sachverhalt enthält keine

---

113 Dazu unten Rn. 338 ff.
114 Siehe insgesamt dazu auch § 6 Rn. 928 ff.
115 Dazu § 5 Rn. 853 ff.

Hinweise über den Hintergrund und die konkreten Umstände der Gewährung von Zollfreiheit, insbesondere wird kein Abkommen zwischen Importia und Autonien erwähnt, das dem US-amerikanisch-kanadischen Abkommen in *Canada – Automotive Industry* ähnelt. Daher könnte auch argumentiert werden, dass die Maßnahme nicht diskriminierend ist, da Unternehmen aus Mobilia grundsätzlich die Bedingungen an Zollfreiheit auch erfüllen könnten. Insbesondere ist nicht von einem bilateralen Vertrag zwischen Importia und Autonien die Rede, was den Ausgangsfall von *Canada – Automotive Industry* unterscheidet.

### b) Inländerbehandlung (Art. III GATT)

**Ausgangsfall 1**

Abstinentia unterwirft alkoholische Getränke einem ausgeklügelten Steuersystem. Danach werden die Getränke in verschiedene Klassen eingeteilt, für die unterschiedlich hohe Steuersätze gelten. Die Regel wirkt sich so aus, dass Weißwein mit einem Steuersatz von 50 %, Rotwein mit einem Steuersatz von 55 % und Portwein mit einem Steuersatz von 100 % belegt ist. In Abstinentia wird traditionell Weißwein produziert; Rotwein und Portweine werden dagegen aus dem Ausland importiert. Vinia, aus dem Rot- und Portweine nach Abstinentia importiert werden, sieht in den Steuersätzen einen Verstoß gegen Art. III GATT.

**Ausgangsfall 2**

In Bovenien wird seit Jahrhunderten Rinderzucht auf hohem Niveau betrieben. Rindfleisch gehört zu den traditionellen Bestandteilen der bovenischen Küche. Bis vor wenigen Jahren wurde der bovenische Markt ausschließlich von inländischen Produzenten beliefert. Seit einiger Zeit wird jedoch vermehrt Rindfleisch aus Carnien nach Bovenien importiert. Um dem Verbraucher deutlich zu machen, welches Fleisch aus Bovenien stammt und welches Rindfleisch importiert wurde, verfügt die Regierung, dass importiertes Rindfleisch nur in speziellen Geschäften, deren Zahl begrenzt ist, verkauft werden darf. Verstößt diese Maßnahme gegen Art. III GATT?

Sachverhalt nach *Korea – Measures Affecting Imports of Fresh, Chilled and Frozen Beef*, WT/DS161/AB/R, WT/DS169/AB/R.

315　Das zweite Element der Nichtdiskriminierung im GATT ist der Grundsatz der Inländerbehandlung. Teilweise wird inhaltlich korrekter auch von Inländer*gleich*behandlung gesprochen. Der Begriff Inländerbehandlung ist allerdings sprachlich näher am englischen Originalbegriff „national treatment" und überwiegt in der Praxis. Die Inländerbehandlung erfasst **Regelungen, die innerstaatliche Produkte und ausländische Produkte gleichermaßen betreffen**, wie etwa das innerstaatliche Abgabenrecht oder Vorschriften über den Verkauf von Waren. Zölle und Importbeschränkungen werden dagegen nicht von der Inländerbehandlung erfasst, da inländische Produkte diesen Belastungen gerade nicht unterliegen. Der Grundsatz der Inländerbehandlung verlangt, dass innerstaatliche Regeln **Produkte aus einem anderen WTO-Mitglied nicht schlechter behandeln als inländische Produkte**.

> **Merke:** Der Grundsatz der **Inländerbehandlung** verbietet die **Diskriminierung von importierten gegenüber inländischen** Produkten.

316　Die Inländerbehandlung bezweckt ebenso wie der Meistbegünstigungsgrundsatz den Schutz der **Gleichheit der Wettbewerbsbedingungen**. Nachdem eine ausländische Ware die Zollgrenze überquert hat und ordnungsgemäß eingeführt wurde, soll sie

# V. Warenhandel

keinen **schlechteren Bedingungen als gleichartige inländische Waren unterliegen**. Damit dient die Inländerbehandlung in erster Linie der Abwehr von Protektionismus durch innerstaatliche Steuer- und Verwaltungsvorschriften. Die Inländerbehandlung soll verhindern, dass innerstaatliche Vorschriften zum Schutz einheimischer Waren vor ausländischer Konkurrenz eingesetzt werden.

Der Grundsatz der Inländerbehandlung ist in **Art. III GATT** niedergelegt. Seine wichtigsten Bestimmungen sind die Absätze 1, 2 und 4.

317

> **Wichtige Normen: Art. III:1, III:2 und III:4 GATT**
> (1) Die Vertragsparteien erkennen an, dass die inneren Abgaben und sonstigen Belastungen, die Gesetze, Verordnungen und sonstige Vorschriften über den Verkauf, das Angebot, den Einkauf, die Beförderung, Verteilung oder Verwendung von Waren im Inland sowie innerstaatliche Mengenvorschriften über die Mischung, Veredelung oder Verwendung von Waren nach bestimmten Mengen oder Anteilen auf eingeführte oder inländische Waren nicht derart angewendet werden sollen, dass die inländische Erzeugung geschützt wird.
> (2) Waren, die aus dem Gebiet einer Vertragspartei in das Gebiet einer anderen Vertragspartei eingeführt werden, dürfen weder direkt noch indirekt höheren inneren Abgaben oder sonstigen Belastungen unterworfen werden als gleichartige inländische Waren. Auch sonst darf eine Vertragspartei innere Abgaben oder sonstige Belastungen auf eingeführte oder inländische Waren nicht in einer Weise anwenden, die den Grundsätzen des Absatzes 1 widerspricht.
> (4) Waren, die aus dem Gebiet einer Vertragspartei in das Gebiet einer anderen Vertragspartei eingeführt werden, dürfen hinsichtlich aller Gesetze, Verordnungen und sonstigen Vorschriften über den Verkauf, das Angebot, den Einkauf, die Beförderung, Verteilung oder Verwendung im Inland keine weniger günstige Behandlung erfahren als gleichartige Waren inländischen Ursprungs. (…)

Zusätzlich zu den genannten Absätzen von Art. III GATT ist die **Anmerkung zu Artikel III** von Bedeutung, die sich in Anlage I zum GATT befindet und gem. Art. XXXIV GATT Bestandteil des GATT ist. Die Anmerkung lautet auszugsweise wie folgt:

318

Innere Abgaben oder sonstige Belastungen, Gesetze, Verordnungen oder sonstige Vorschriften der in Absatz l erwähnten Art, die sowohl auf eingeführte als auch auf gleichartige inländische Waren Anwendung finden und bei den eingeführten Waren im Zeitpunkt oder am Ort der Einfuhr erhoben oder angewendet werden, gelten dennoch als innere Abgaben oder sonstige innere Belastungen oder als Gesetze, Verordnungen oder sonstige Vorschriften im Sinne des Absatzes l und fallen demnach unter Artikel III. (…)

Absatz 2
Eine Abgabe, die dem Absatz 2 Satz l entspricht, gilt nur dann als mit Satz 2 unvereinbar, wenn die belastete Ware mit einer anderen unmittelbar konkurrierenden oder zum gleichen Zweck geeigneten, aber nicht mit einer ähnlichen Abgabe belasteten Ware im Wettbewerb steht.

**Absatz 1** von Art. III GATT formuliert ein **allgemeines Prinzip**, wonach Abgaben und sonstige Vorschriften, die nicht unmittelbar an den Grenzübertritt einer Ware anknüpfen und daher einheimische und ausländische Produkte gleichermaßen betreffen können, nicht so angewendet werden dürfen, dass inländische Produkte geschützt werden (engl. Original: „so as to afford protection"). Absatz 1 legt lediglich den Schutzzweck des Art. III GATT fest und ist zur Auslegung der einzelnen Verpflichtungen von Absatz 2 und 4 heranzuziehen. Absatz 1 enthält aber – anders als Art. III:2 und III:4 GATT – keine eigenständige Verpflichtung der WTO-Mitglieder.

319

320 Absatz 2 und Absatz 4 von Artikel III GATT unterscheiden sich nach ihrem Anwendungsbereich. Art. III:2 GATT bezieht sich auf „Abgaben oder Belastungen", d. h. **fiskalische Maßnahmen**. Innerhalb von Art. III:2 GATT ist zwischen Satz 1 und Satz 2 zu differenzieren, wobei sich der genaue Unterschied erst aus der Anmerkung zu Absatz 2 GATT ergibt. Art. III:2 Satz 1 GATT betrifft „gleichartige" Waren, während Art. III:2 Satz 2 i. V. m. Anmerkung zu Art. III GATT „unmittelbar konkurrierende oder zum gleichen Zweck geeignete" Waren betrifft. Art. III:4 GATT bezieht sich auf „Gesetze, Verordnungen und sonstigen Vorschriften über den Verkauf, das Angebot, den Einkauf, die Beförderung, Verteilung oder Verwendung im Inland", d. h. **nicht-fiskalische bzw. regulative Maßnahmen**. Insgesamt enthält Art. III GATT somit **drei verschiedene Verpflichtungen** zur Inländerbehandlung.

321 Der konkrete Prüfungsaufbau variiert zwar zwischen Art. III:2, Satz 1; Art. III:2, Satz 2 und Art. III:4. Es handelt sich jedoch in allen Fällen um **Nichtdiskriminierungstatbestände**, so dass die Struktur der Prüfungsreihenfolge – wie beim Allgemeinen Meistbegünstigungsgrundsatz – der Prüfung eines Gleichheitssatzes entspricht.

- **Art. III:2 Satz 1** bezieht sich auf **gleichartige** („like") Produkte. Bei diesen ist jede **höhere Besteuerung** zu Lasten des ausländischen Produkts verboten. Jede noch so geringe Höherbesteuerung des ausländischen Produkts genügt für eine Verletzung von Art. III:2 Satz 1 GATT. Es existiert keine de-minimis-Grenze, d. h. selbst minimale Unterschiede führen zu einem Verstoß gegen das Prinzip der Inländerbehandlung, unabhängig davon, ob die unterschiedliche Behandlung ausländischer und inländischer Waren den Markt überhaupt beeinflusst. Es ist auch kein Nachweis einer protektionistischen Wirkung erforderlich.

> **Prüfungsschema III:2, Satz 1 GATT**
> 1. Anwendungsbereich
>    = Abgabe oder Belastung (= fiskalische Maßnahme)
> 2. Vergleichspaar
>    = ausländisches und inländisches Produkt sind gleichartig
> 3. Diskriminierung
>    = ausländisches Produkt ist höher besteuert

- **Art. III:2 Satz 2** i. V. m. der Anmerkung zu Artikel III bezieht sich auf „**unmittelbar konkurrierende oder zum gleichen Zweck geeignete**" („directly competitive or substitutable") Produkte. Bei diesen ist eine **Ungleichbehandlung** nur dann verboten, wenn sie **protektionistische Zwecke** verfolgt, was sich aus Art. III:1 GATT ergibt. Erfasst wird nicht jede Ungleichbehandlung, sondern nur eine spürbare Ungleichbehandlung. Hierzu genügen minimale Unterschiede nicht. Zur Feststellung der protektionistischen Wirkung ist auf die **Ziele und die Auswirkungen der jeweiligen Maßnahme** anhand ihrer Struktur und ihres Inhalt („design, architecture and structure"[116]) abzustellen. Der Nachweis einer protektionistischen Inten-

---

116 *Japan – Taxes on Alcoholic Beverages*, WT/DS10/AB/R, WT/DS11/AB/R, WT/DS8/AB/R; Bericht des Appellate Body am 1.11.1996 angenommen, Abschnitt H. 2. (c). Im Internet unter http://www.wto.org/english/tratop_e/dispu_e/cases_e/ds8_e.htm.

tion des Normgebers ist allerdings ebenso wenig erforderlich, wie eine messbare Auswirkung der Maßnahme auf tatsächliche Handelsströme.

> **Prüfungsschema Art. III:2, Satz 2 i. V. m. Anmerkung zu Art. III**
> 1. Anwendungsbereich
>    = Abgabe oder Belastung (= fiskalische Maßnahme)
> 2. Vergleichspaar
>    = ausländisches und inländisches Produkt sind unmittelbar konkurrierend oder zum gleichen Zweck geeignet
> 3. Diskriminierung
>    = (spürbar) ungleiche Besteuerung des ausländischen Produkts UND
>    = Besteuerung verfolgt protektionistischen Zweck

- **Absatz 4** enthält ein Verbot der Schlechterbehandlung ausländischer Produkte durch sonstige Vorschriften, die den Verkauf, das Angebot, den Einkauf, die Beförderung, Verteilung oder Verwendung regeln. Er betrifft also **innerstaatliche Regeln nicht-fiskalischer Art.** Nicht von Art. III:4 GATT erfasst sind Regeln, die bereits den Marktzugang des ausländischen Produkts beschränken. Es ist also danach zu differenzieren, ob es sich um eine interne Maßnahme (Art. III) oder eine Außenhandelsmaßnahme (Art. XI) handelt.[117] Die Vorschrift stellt auf die Gleichartigkeit der Produkte ab und verbietet, dass ausländische Produkte eine **weniger günstige Behandlung** erfahren als inländische. Eine weniger günstige Behandlung umfasst sowohl *de jure* als auch *de facto* Diskriminierungen.[118] Entscheidend ist, ob die Wettbewerbsbedingungen zu Ungunsten des ausländischen Produkts verändert werden.[119]

> **Prüfungsschema Art. III:4 GATT**
> 1. Anwendungsbereich
>    = Vorschrift über den Verkauf, das Angebot, den Einkauf, die Beförderung, Verteilung oder Verwendung im Inland (= nicht-fiskalische Maßnahme)
> 2. Vergleichspaar
>    = ausländisches und inländisches Produkt sind gleichartig
> 3. Diskriminierung
>    = ausländisches Produkt wird weniger günstig behandelt, als inländisches, d. h. die Wettbewerbsbedingungen wurden zu Lasten des ausländischen Produkts verändert

Ähnlich wie bei dem Meistbegünstigungsgrundsatz ist auch im Rahmen des Inländerbehandlungsgrundsatzes die Bestimmung der **Gleichartigkeit** und die Bestimmung der **Diskriminierung** von zentraler Bedeutung. 322

In *Japan – Alcoholic Beverages* stellte der Appellate Body grundsätzlich fest, dass die Bedeutung des Begriffs „gleichartig" in den verschiedenen Vorschriften des GATT **nicht einheitlich** sei. In einigen Vorschriften ist der Begriff eher eng, in anderen eher weit. 323

---
117 Dazu unten Rn. 334 f.
118 Siehe dazu oben Rn. 311 ff.
119 Dazu unten Rn. 330.

Der Appellate Body benutzte zur plastischen Beschreibung der Flexibilität des Begriffs hierzu das Bild eines Akkordeons und führte zu **gleichartig im Sinne des Art III:2 Satz 1 GATT** Folgendes aus[120]:

> We agree with the practice under the GATT 1947 of determining whether imported and domestic products are „like" on a case-by-case basis. (...) This will always involve an unavoidable element of individual, discretionary judgement. (...)
>
> No one approach to exercising judgement will be appropriate for all cases. (...) [T]here can be no one precise and absolute definition of what is „like". The concept of „likeness" is a relative one that evokes the image of an accordion. The accordion of "likeness" stretches and squeezes in different places as different provisions of the *WTO Agreement* are applied. The width of the accordion in any one of those places must be determined by the particular provision in which the term „like" is encountered as well as by the context and the circumstances that prevail in any given case to which that provision may apply. We believe that, in Article III:2, first sentence of the GATT 1994, the accordion of „likeness" is meant to be narrowly squeezed. (...).

324 An dieser Stelle ist darauf hinzuweisen, dass die **Enge bzw. Weite des Begriffs „gleichartig" erhebliche praktische Auswirkungen** hat. Je enger die Vergleichsgruppen sind, d. h., je mehr zwei Waren gemeinsam haben müssen, um gleichartig i. S. d. Art. III GATT zu sein, umso geringer ist die liberalisierende und wettbewerbsfördernde Wirkung von Art. III GATT, denn die Vorschrift kommt dann nur in wenigen Fällen zur Anwendung. Umgekehrt gilt: Fasst man die Gruppen sehr weit, d. h. sind viele Waren „gleichartig", dann sind die betreffenden Vergünstigungen auf eine größere Gruppe von Waren auszudehnen.

325 Obwohl gleichartig i. S. d. Art. III:2 Satz 1 GATT enger zu verstehen ist als gleichartig gem. Art. III:4 GATT, kann für die konkrete Bestimmung der Gleichartigkeit von inländischen und ausländischen Produkten auf ähnliche Kriterien zurückgegriffen werden. In der WTO-Streitschlichtungspraxis haben sich die **Kriterien**, die bereits 1970 von einer GATT Arbeitsgruppe (*Working Party on Border Tax Adjustments*) entwickelt worden waren, als zentrale Kriterien herausgebildet:
- Eigenschaften, Qualität und Natur des Produktes, d. h. die **physischen Eigenschaften** eines Produkts
- **Endverbrauch** des Produktes
- Vorlieben und Gewohnheiten der **Verbraucher**, d. h. Verbrauchererwartung und Verbraucherverhalten

326 Zu diesen drei Kriterien ist die **Zolltarifklassifikation**, d. h. die Klassifizierung von Waren durch die jeweiligen Zolltarife[121], als viertes Kriterium im Lauf der Entscheidungspraxis hinzugekommen. Die vier Kriterien sind allerdings nicht schematisch abzuprüfen, sondern dienen lediglich der Auslegung des Begriffs „gleichartig" und damit der Feststellung einer Wettbewerbsbeziehung. Dass diese Wettbewerbsbeziehung auch

---

120 *Japan – Alcoholic Beverages*, o. Fn. 116, Abschnitt H. 1. (a).
121 Dazu unten Rn. 333.

durch Aspekte des Gesundheitsschutzes bestimmt werden kann, hat der Appellate Body in *EC – Asbestos*[122] deutlich gemacht.

### Sachverhalt

Frankreich erließ ein Produktions- und Importverbot für Asbestfasern, da diese krebserregend sind. Asbesthaltiger Zement durfte nicht mehr nach Frankreich eingeführt werden. Kanada griff das französische Verbot u.a. als Verstoß gegen Art. III:4 GATT an.

Zur Feststellung der behaupteten Verletzung von Art. III:4 untersuchte der Appellate Body ob Asbestfaser („chrystoline asbesots fibres") und andere Industriefaser („PCG fibres") bzw. asbesthaltiger Zement und asbestsfreier Zement „gleichartig" i. S. d. Art. III:4 GATT seien. Daher musste er sich zunächst grundsätzlich mit dem Begriff gleichartig gem. Art. III:4 GATT befassen. Auf der Grundlage der Kriterien der *Working Party on Border Tax Adjustments* lehnte er eine Gleichartigkeit der genannten Produkte ab, wobei er maßgeblich auf die krebserregende Eigenschaft von Asbest abstellte.

### Auszug aus dem Bericht des Appellate Body[123]:

„[T]he word „like" in Article III:4 is to be interpreted to apply to products that are in such a competitive relationship. Thus, a determination of „likeness" under Article III:4 is, fundamentally, a determination about the nature and extent of a competitive relationship between and among products. (…)

The Report of the Working Party on Border Tax Adjustments outlined an approach for analyzing „likeness" that has been followed and developed since by several panels and the Appellate Body. This approach has, in the main, consisted of employing four general criteria in analyzing „likeness": (i) the properties, nature and quality of the products; (ii) the end-uses of the products; (iii) consumers' tastes and habits – more comprehensively termed consumers' perceptions and behaviour – in respect of the products; and (iv) the tariff classification of the products. (…)

Panels must examine fully the physical properties of products. In particular, panels must examine those physical properties of products that are likely to influence the competitive relationship between products in the marketplace. In the case of chrysotile asbestos fibres, their molecular structure, chemical composition, and fibrillation capacity are important because the microscopic particles and filaments of chrysotile asbestos fibres are carcinogenic in humans, following inhalation. (…) This carcinogenicity, or toxicity, constitutes, as we see it, a defining aspect of the physical properties of chrysotile asbestos fibres. The evidence indicates that PCG fibres, in contrast, do not share these properties, at least to the same extent. We do not see how this highly significant physical difference *cannot* be a consideration in examining the physical properties of a product as part of a determination of "likeness" under Article III:4 of the GATT 1994. (…)

[W]e are also persuaded that evidence relating to consumers' tastes and habits would establish that the health risks associated with chrysotile asbestos fibres influence consumers' behaviour with respect to the different fibres at issue. We observe that, as regards *chrysotile asbestos and PCG fibres*, the consumer of the fibres is a *manufacturer* who incorporates the fibres into another product, such as cement-based products or brake linings. We do not wish to speculate on what the evidence regarding these consumers would have indicated; rather, we wish to highlight that consumers' tastes and habits regarding *fibres*, even in the case of commercial parties, such as manufacturers, are very likely to be shaped by the health risks associated with a product which is known to be highly carcinogenic. A manufacturer cannot, for instance, ignore the preferences of the ultimate consumer of its products. If the risks posed by a particular product are sufficiently great, the ultimate consumer

---

122 *EC – Measures Affecting Asbestos and Asbestos-Containing Products*, Bericht des Appellate Body am 11.4.2001 angenommen, WT/DS135. Im Internet unter http://www.wto.org/english/tratop_e/dispu_e/cases_e/ds135_e.htm. Siehe zu diesem Verfahren auch Gramlich, Das französische Asbestverbot vor der WTO, Arbeitspapiere aus dem Institut für Wirtschaftsrecht, 2002, unter http://www.wirtschaftsrecht.uni-halle.de/Heft5.pdf.
123 *EC – Asbestos*, o. Fn. 122, Abs. 95 ff.

may simply cease to buy that product. This would, undoubtedly, affect a manufacturer's decisions in the marketplace. Moreover, in the case of products posing risks to human health, we think it likely that manufacturers' decisions will be influenced by other factors, such as the potential civil liability that might flow from marketing products posing a health risk to the ultimate consumer, or the additional costs associated with safety procedures required to use such products in the manufacturing process."

327 Der Appellate Body stellte in *EC – Asbestos* nicht nur fest, dass sich die physische Beschaffenheit der Produkte unterschied, sondern auch, dass die gesundheitsgefährdende Wirkung der Asbestfaser das Verbraucherverhalten beeinflusste. Im Ergebnis hielt er die Produkte daher nicht für gleichartig.

328 Der Begriff **„unmittelbar konkurrierend oder zum gleichen Zweck geeignet" gem. Art. III:2, Satz 2 GATT** hat einen weiteren Umfang als der Begriff „gleichartig" im Sinne des Art. III:2 Satz 1, geht jedoch nicht über den Anwendungsbereich von „gleichartig" gem. Art. III:4 GATT hinaus. Seine Bedeutung ist auch nach wirtschaftlichen Gesichtspunkten zu bestimmen. Es können ähnliche Kriterien wie bei der Bestimmung der Gleichartigkeit in Betracht. Entscheidend ist auf die sog. **Kreuzpreiselastizität** abzustellen, d. h. auf die relative Bereitschaft der Verbraucher, bei Preisveränderungen das Produkt durch ein Konkurrenzprodukt (Substitutionsgut) zu ersetzen.

> **Beispiel:** Die Kreuzpreiselastizität von Butter und Margarine ist positiv: Steigt der Butterpreis, weichen die Verbraucher auf Margarine aus. Die Substitutionselastizität von Butter und Brot ist dagegen gering. Steigt der Butterpreis kaufen die Verbraucher nicht mehr Brot.

329 Ein Sonderproblem betrifft die Frage, ob zur Bestimmung der Gleichartigkeit zweier Produkte auch deren **Herstellungsmethoden** *(Process and Production Methods, PPMs)* herangezogen werden können. Die Frage stellt sich insbesondere bei Umwelt- und Sozialstandards[124]: Sind Produkte, die z. B. besonders umweltverträglich hergestellt worden sind und andere Produkte „gleichartig"? Nach allgemeiner, aber nicht unbestrittener Auffassung, können Herstellungsmethoden (PPMs) bei der Bestimmung der Gleichartigkeit zweier Produkte im Prinzip nicht berücksichtigt werden. Etwas anderes kann aber gelten, wenn sich die Produktionsmethode in der physischen Beschaffenheit des Produkts niederschlägt. So könnte auch unter Rückgriff auf die Argumentation des Appellate Body in *EC – Asbestos* argumentiert werden, dass Obst aus ökologischem Landbau und konventionelles Obst nicht gleichartig sind, wenn sich in letzterem noch Rückstände von Pestiziden finden.

330 Wie oben erwähnt, ist das zweite zentrale Merkmal von Art. III GATT die **Diskriminierung**. Für eine Verletzung von Art. III:2 Satz 1 genügt jede höhere Besteuerung; bei Art. III:2 Satz 2 GATT muss die Besteuerung zusätzlich eine protektionistische Wirkung haben. Bei Art. III:4 GATT ist eine „weniger günstige Behandlung" verboten. Diesen Begriff hat der Appellate Body in *Korea – Beef* näher ausgelegt. Er hat dabei – ähnlich wie bei dem Begriff der Gleichartigkeit – auf den Zweck der Inländerbehandlung, nämlich den Schutz der Wettbewerbsgleichheit, abgestellt. Eine weniger günstige Be-

---

124 Dazu unten Rn. 349 f.

handlung liegt danach dann vor, wenn die Wettbewerbsbedingungen zu Ungunsten des ausländischen Produkts verändert werden[125]:

„(…) Article III:4 requires only that a measure accord treatment to imported products that is „no less favourable" than that accorded to like domestic products. A measure that provides treatment to imported products that is *different* from that accorded to like domestic products is not necessarily inconsistent with Article III:4, as long as the treatment provided by the measure is „no less favourable". According „treatment no less favourable" means, as we have previously said, according *conditions of competition* no less favourable to the imported product than to the like domestic product. In *Japan – Taxes on Alcoholic Beverages*, we described the legal standard in Article III as follows:

The broad and fundamental purpose of Article III is to avoid protectionism in the application of internal tax and regulatory measures. More specifically, the purpose of Article III „is to ensure that internal measures ‚not be applied to imported or domestic products so as to afford protection to domestic production'". Toward this end, Article III obliges Members of the WTO to provide *equality of competitive conditions* for imported products in relation to domestic products. „[T]he intention of the drafters of the Agreement was clearly to treat the imported products in the same way as the like domestic products once they had been cleared through customs. Otherwise indirect protection could be given". (emphasis added)

This interpretation, which focuses on the *conditions of competition* between imported and domestic like products, implies that a measure according formally *different* treatment to imported products does not *per se*, that is, necessarily, violate Article III:4. (…)

A formal difference in treatment between imported and like domestic products is thus neither necessary, nor sufficient, to show a violation of Article III:4. Whether or not imported products are treated „less favourably" than like domestic products should be assessed instead by examining whether a measure modifies the *conditions of competition* in the relevant market to the detriment of imported products."

> **Merke:** Für die Bestimmung, ob inländische und ausländische Produkte **„gleichartig"** sind und, ob das ausländische Produkt **„weniger günstig"** behandelt wurde, ist die **Wettbewerbssituation** und ihre **Veränderung** durch eine staatliche Maßnahme entscheidend.

**Lösungshinweis zu Ausgangsfall 1**

Das Steuergesetz von Absentia ist an Art. III:2 GATT zu prüfen, da es sich um eine Abgabe bzw. sonstige Belastung handelt. Ein Verstoß gegen Art. III:2 Satz 1 GATT liegt dann vor, wenn der Streit gleichartige Waren betrifft. Der Begriff der Gleichartigkeit ist bei Art. III:2 Satz 1 grundsätzlich eng auszulegen. Nimmt man die Kriterien der Working Group on Border Tax Adjustments zu Hilfe, könnte man argumentieren, dass Rot- und Weißwein gleichartig sind. Die physischen Eigenschaften sind vergleichbar; das Gleiche gilt für den Endverbrauch und – mit Einschränkungen – wohl auch für Verbrauchererwartungen. Nimmt man Gleichartigkeit an, liegt ein Verstoß gegen Art. III:2 Satz 1 vor, da Rotwein mit 55 % höher als Weißwein besteuert ist, der nur einem Steuersatz von 50 % unterliegt. Auf die Höhe des Unterschieds kommt es nicht an. Weißwein und Portwein könnten als unmittelbar miteinander konkurrierende oder zum gleichen Zweck

---

125 *Korea – Measures Affecting Imports of Fresh, Chilled and Frozen Beef*, WT/DS161/AB/R, WT/DS169/AB/R, Bericht des Appellate Body am 10.1.2001 angenommen, Absätze 135 ff., zitiert ohne Fußnoten. Im Internet unter http://www.wto.org/english/tratop_e/dispu_e/cases_e/ds169_e.htm.

geeignete Produkte gem. Art. III:2 Satz 2 angesehen werden. Ob dies der Fall ist, müsste mit Hilfe einer Marktanalyse festgestellt werden. Unterstellt man ein Konkurrenzverhältnis, liegt wohl auch eine Verletzung vor, da ein besonders hoher Steuerunterschied (50 %) regelmäßig protektionistische Wirkungen haben dürfte.

**Lösungshinweis zu Ausgangsfall 2**

Die Maßnahme ist an Art. III:4 GATT zu prüfen, da sie den Verkauf von Waren betrifft. Inländisches und ausländisches Rindfleisch sind – nahezu – identische Produkte, so dass man ohne Weiteres von einer Gleichartigkeit gem. Art. III:4 GATT ausgehen kann. Dies gilt um so eher, da die Gleichartigkeit i. S. d. Art. III:4 GATT weit zu verstehen ist. Etwas anderes könnte aber gelten, wenn ausländisches Fleisch nachweislich geringeren Gesundheitsstandards genügt. Dazu enthält der Sachverhalt jedoch keine Hinweise. Zu prüfen ist somit eine Schlechterbehandlung des ausländischen Rindfleischs. Durch die Schaffung eines eigenen Vertriebsweges, der noch dazu quantitativ beschränkt ist, werden die Wettbewerbsbedingungen von ausländischem Rindfleisch gegenüber inländischem Rindfleisch verschlechtert, so dass auch eine Diskriminierung (hier sogar eine *de jure* Diskriminierung, da direkt auf die Herkunft des Rindfleischs abgestellt wird) anzunehmen ist.

### c) Prinzip der Zollbindung (Art. II GATT)

331   Das WTO-Recht gestattet den Mitgliedern grundsätzlich, **Zölle** als Handelsbeschränkungen beizubehalten. Allerdings verpflichten sich die WTO-Mitglieder, ihre Zölle zu binden, d. h. Maximalzollsätze festzulegen, die sie nicht überschreiten dürfen. Diese Maximalzölle werden in Listen eingetragen, die als Anhang zum GATT (Art. II:7 GATT) rechtsverbindlich sind **(Zollbindung durch Listen)**. Die Zollbindung durch Listen bezweckt die Konstanz und Berechenbarkeit der Transaktionskosten im internationalen Handel und die Transparenz der Zölle. Ein Zoll gilt gem. Art. I GATT grundsätzlich für alle WTO-Mitglieder **(Meistbegünstigungszoll)**. Wenn spezielle Zollpräferenzen, z. B. für Entwicklungsländer, gewährt werden, wird von einem **Präferenzzoll** gesprochen.

332   Da Zölle grundsätzlich eine protektionistische Wirkung haben und den internationalen Handel beschränken, haben es sich die GATT-Vertragsparteien und nunmehr die WTO-Mitglieder zur Aufgabe gemacht, die in den Listen angegebenen **Maximalzölle in Verhandlungsrunden schrittweise zu reduzieren** (Art. XXVIII[bis] GATT).

333   Im Zusammenhang mit der Anwendung von Zöllen ergeben sich eine Reihe von praktischen Problemen, für deren Lösung die WTO-Rechtsordnung nur teilweise Regeln bereit hält:
- Die Produktbeschreibungen und Klassifizierungen der verschiedenen Waren (**Zollklassifizierung oder Zollnomenklatur**), auf die Zölle erhoben werden, sind international **nicht vereinheitlicht**. Grundsätzlich können die WTO-Mitglieder somit unterschiedliche Klassifizierungen benutzen. Praktisch wenden jedoch nahezu alle Staaten das **Harmonisierte System (HS)** an, das im Rahmen der Weltzollorganisation (World Customs Organization) entwickelt wurde. Aus diesem Grunde reduziert sich das Problem der nicht-vereinheitlichten Zollklassifizierung in der Praxis.
- Da die meisten Zölle Wertzölle sind, d. h. an den Wert der Ware anknüpfen, ist die Bestimmung dieses Werts von zentraler Bedeutung für die praktische Anwendung eines Zolls (**Zollwertbestimmung**). Art. VII GATT und das Übereinkommen zur

Interpretation von Art. VII GATT (Zollwertübereinkommen) sehen vor, dass auf den „wirklichen Wert", d. h. den Handelswert der Waren abzustellen ist und enthalten genaue Regeln zur Berechnung dieses Werts.

- Zwar ist ein Zoll typischerweise ein Meistbegünstigungszoll und gilt daher für alle WTO-Mitglieder in gleicher Weise. Für Nichtmitglieder der WTO oder für Entwicklungsländer können jedoch höhere bzw. niedrigere Zölle gelten. Daher stellt sich die Frage, wie der **Ursprung einer Ware** zu bestimmen ist. Dies ist vor allem dann problematisch, wenn die Ware in verschiedenen Ländern produziert bzw. aus Produkten verschiedener Länder hergestellt wurde. Art. IX GATT und das Übereinkommen über Ursprungsregeln befassen sich mit diesem Problem, enthalten jedoch nur allgemeine Regeln, wie die Verpflichtung zu Transparenz und Nichtdiskriminierung. Über eine Harmonisierung der materiellen Regeln zur Ursprungsbestimmung wird derzeit in der WTO verhandelt.

### d) Beseitigung mengenmäßiger Beschränkungen (Art. XI GATT)

Anders als Zölle sind **mengenmäßige Beschränkungen** (wie Kontingente oder Einfuhrgenehmigungen) gemäß Art. XI GATT **grundsätzlich verboten**. Der Anwendungsbereich von Art. XI GATT wird weit verstanden und beschränkt sich nicht auf quantitative Beschränkungen, sondern erfasst auch andere Handelsbeschränkungen beim Grenzübergang einer Ware. Art. XI verbietet somit generell Maßnahmen, die den **Marktzugang** für ausländische Waren **beschränken** („bei der Einfuhr"). Ebenso sind Maßnahmen, die die Ausfuhr einer Ware beschränken, verboten. Interne Vorschriften, die inländische und ausländische Waren gleichermaßen betreffen (z.B. ein Produktionsverbot), werden dagegen nicht erfasst. Für sie gilt die Inländerbehandlung gem. Art. III:4 GATT.[126]

334

Die **Abgrenzung zwischen Art. III:4 und Art. XI GATT** gestaltet sich allerdings schwierig, da beide Vorschriften innerstaatliche, nicht-fiskalische Regelungen betreffen können. So ist z. B. ein allgemeines **innerstaatliches Verkaufsverbot** für bestimmte gesundheitsschädliche Waren **zugleich ein absolutes Einfuhrverbot** entsprechender ausländischer Waren. Als Importverbot wird die Maßnahme von Art. XI GATT erfasst. Als innerstaatliches Verkaufsverbot unterfällt sie Art. III:4 GATT. Die Abgrenzung von Art. III:4 und Art. XI GATT ergibt sich aus der oben bereits erwähnten Anmerkung zu Art. III GATT, nach der „innere Abgaben oder sonstige Belastungen, Gesetze, Verordnungen (…), die sowohl auf eingeführte als auch auf gleichartige inländische Waren Anwendung finden und bei den eingeführten Waren im Zeitpunkt oder am Ort der Einfuhr erhoben oder angewendet werden" in den Anwendungsbereich von Art. III GATT fallen.[127] Man kann dies auch so formulieren: Wird eine Maßnahme nur anlässlich, aber nicht wegen des Grenzübertritts einer ausländischen Ware durchgeführt, handelt es sich um eine innerstaatliche Maßnahme gem. Art. III GATT. Wenn also ein Einfuhrverbot nur die Umsetzung eines allgemeinen Verkaufsverbots an der Grenze ist, findet

335

---
126 Dazu oben Rn. 315 ff.
127 Siehe oben Rn. 318.

Art. III GATT Anwendung. Handelt es sich dagegen um eine selbständige Maßnahme, ist Art. XI GATT anzuwenden.

336 Art. II und XI GATT können als Ausdruck des sog. **„tariffs only-Grundsatzes"** angesehen werden. Zur Begrenzung von Importen sollen die WTO-Mitglieder grundsätzlich nur Zölle und keine quantitativen oder anderen Maßnahmen einsetzen. Zölle müssen zwar reduziert werden, sind jedoch erlaubt. Nicht-tarifäre Beschränkungen sind dagegen verboten. Diese **rechtliche Qualifizierung entspricht auch der ökonomischen Bewertung** der beiden Instrumente, wie sie von der Theorie der Handelspolitik vertreten wird.[128]

337 Die Beziehungen der bisher erörterten vier zentralen Prinzipien des GATT (Meistbegünstigung, Inländerbehandlung, Zollbindung und Verbot mengenmäßiger Beschränkungen) zueinander und ihre Abgrenzung voneinander kann durch folgende Grafik verdeutlicht werden.

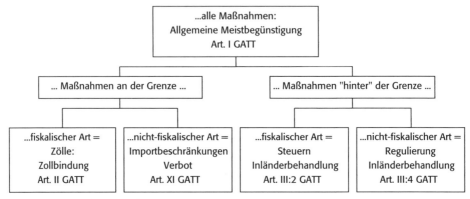

*Figur 5: System der GATT-Pflichten*

### e) Allgemeine Ausnahmen (Art. XX GATT)

**Ausgangsfall**

Sanitarien, ein Entwicklungsland, möchte dem zunehmenden Tabakkonsum von Jugendlichen Einhalt gebieten. Wissenschaftliche Studien haben ergeben, dass jugendliche Raucher in erster Linie Zigaretten aus Smokia, einem Industriestaat, konsumieren, da diese als modern gelten und mit Gefühlen von Freiheit und Unabhängigkeit assoziiert werden. Einheimische Zigaretten werden dagegen von Jugendlichen kaum konsumiert. Nachdem Sanitarien Smokia vergeblich um eine Unterstützung bei der Bekämpfung des Tabakkonsums von Jugendlichen gebeten hat, beschränkt Sanitarien die Einfuhr von Zigaretten aus Smokia auf 1 Million Stangen pro Jahr und belegt ausländische Zigaretten mit einer Sondersteuer in Höhe von 50 %. Einheimische Zigaretten werden mit 20% besteuert. Sanitarien ist der Auffassung, dass die Maßnahmen aus Gründen des Gesundheitsschutzes von Jugendlichen erforderlich seien.

Sachverhalt nach *Thailand – Restrictions on Importation of and Internal Taxes on Cigarettes*, GATT Panel Bericht vom 7. 11. 1990.

---

128 Dazu oben Rn. 155 ff.

Die GATT-Verpflichtungen gelten nicht ausnahmslos. Meistbegünstigungsgrundsatz, In- 338
länderbehandlung, Zollbindung und Verbot mengenmäßiger Beschränkungen kennen
jeweils spezielle Ausnahmen, die nur für den jeweiligen Grundsatz gelten. Darüber
hinaus bestehen **allgemeinen Ausnahmen**, die für alle GATT-Pflichten gelten und die
eine Verletzung des GATT-Rechts rechtfertigen können. So enthält **Art. XXI GATT** Ausnahmen zur Wahrung der (nationalen) Sicherheit, die z. B. für Maßnahmen gelten, die
sich auf spaltbare Stoffe oder den Handel mit Militärgütern beziehen. Art. XXI GATT
erfasst auch Maßnahmen aufgrund von Verpflichtungen aus der UN-Charta. Hierzu
gehören vor allem Sanktionen des UN-Sicherheitsrates. Die **wichtigste allgemeine
Ausnahmevorschrift** ist **Art. XX GATT**, auf die sich die folgenden Darstellungen beschränken.

> **Wichtige Norm: Art. XX GATT**
> Unter dem Vorbehalt, dass die folgenden Maßnahmen nicht so angewendet werden, dass sie zu
> einer willkürlichen und ungerechtfertigten Diskriminierung zwischen Ländern, in denen gleiche
> Verhältnisse bestehen, oder zu einer verschleierten Beschränkung des internationalen Handels
> führen, darf keine Bestimmung dieses Abkommens so ausgelegt werden, dass sie eine Vertrags-
> partei daran hindert, folgende Maßnahmen zu beschließen oder durchzuführen:
> (a) Maßnahmen zum Schutze der öffentlichen Sittlichkeit;
> (b) Maßnahmen zum Schutze des Lebens und der Gesundheit von Menschen, Tieren und Pflan-
> zen;
> (c) Maßnahmen für die Ein- oder Ausfuhr von Gold oder Silber;
> (d) Maßnahmen, die zur Anwendung von Gesetzen oder sonstigen Vorschriften erforderlich
> sind, welche nicht gegen dieses Abkommen verstoßen (…);
> (e) Maßnahmen hinsichtlich der in Strafvollzugsanstalten hergestellten Waren
> (f) Maßnahmen zum Schutze des nationalen Kulturgutes von künstlerischem, geschichtlichem
> oder archäologischem Wert;
> (g) Maßnahmen zur Erhaltung erschöpflicher Naturschätze, sofern solche Maßnahmen im Zu-
> sammenhang mit Beschränkungen der inländischen Produktion oder des inländischen Ver-
> brauches angewendet werden.
> (h) – (j) (…)

Art. XX GATT ist der Erkenntnis geschuldet, dass es in bestimmten Situationen sinnvoll 339
und legitim ist, handelsbeschränkende Maßnahmen aufrecht zu halten oder einzuführen, um wichtige Gemeinschaftsgüter (öffentliche Ordnung, Gesundheit, Umweltschutz,
etc.) zu schützen. Art. XX soll einen **Ausgleich zwischen Handelsliberalisierung und
dem Schutz anderer Gemeinschaftsgüter** ermöglichen. Allerdings ist zu beachten,
dass Art. XX als Ausnahmevorschrift konzipiert ist: Handelsbeschränkungen zum Schutz
von wichtigen Gemeinschaftsgütern sollen die Ausnahme bleiben; Handelsliberalisierung und andere Gemeinschaftsgüter stehen im WTO-Recht nicht auf der gleichen
Ebene.

Der Appellate Body hat in ständiger Entscheidungspraxis die Prüfungsreihenfolge von 340
Art. XX als „**Zwei-Stufen-Test**" („two-tier") bezeichnet. Danach besteht Art. XX aus folgenden Elementen:
- Das erste Element von Art. XX ist die abschließende **Liste mit legitimen Schutz-
  zwecken** (lit. a bis j), mit deren Verfolgung eine Verletzung des GATT gerechtfertigt
  werden kann. Diese Liste zählt enumerativ diejenigen Rechtsgüter auf, zu deren

Schutz ein WTO-Mitglied Maßnahmen ergreifen darf, die eigentlich gegen das GATT verstoßen würden. Zu prüfen ist also, ob das von einer Maßnahme verfolgte Ziel von Art. XX GATT erfasst wird. Praktisch bedeutsam ist Art. XX GATT insbesondere für **gesundheits- und umweltpolitische Maßnahmen** der WTO-Mitglieder. Die wichtigsten Rechtfertigungsgründe stellen daher Art. XX (b) (Gesundheitsschutz) und Art. XX (g) (Erhaltung erschöpflicher Naturschätze) dar.[129] Die WTO-Mitglieder können dabei **autonom bestimmen, welches Schutzniveau** sie für ein bestimmtes Gemeinschaftsgut erreichen wollen. Neben dem jeweiligen Rechtsgut ist zu prüfen, ob die Maßnahme in der von den einzelnen Klauseln geforderten **Beziehung zu dem Schutzgut** steht. So muss die Maßnahme bei Art. XX (a), (b), und (d) notwendig („necessary") sein, um das Ziel zu erreichen und sich bei Art. XX (c), (g) und (e) auf das jeweilige Politikziel beziehen („relating to"). Die deutsche Übersetzung gibt diese zusätzliche Bedingung nicht wieder. Die Bedingung ergibt sich jedoch aus dem authentischen englischen Text.[130]

- Das zweite Element ist der allgemeine Vorbehalt der **Einführungsklausel („chapeau")** des Art. XX GATT. Verfolgt eine Maßnahme einen der in lit. a bis j aufgezählten Schutzzwecke, so ist diese Maßnahme nur zulässig, wenn auch die Voraussetzungen des chapeaus erfüllt sind. Das ist der Fall, wenn die Anwendung der Maßnahme **keine willkürliche und ungerechtfertigte Diskriminierung oder verschleierte Handelsbeschränkung** ist.

---

**Prüfungsschema Art. XX GATT**
1. Verfolgung eines legitimen Ziels
   a) Schutzgut in Art. lit. (a) bis (j) genannt
      = z. B. Schutz der menschlichen Gesundheit, Schutz der natürlichen Ressourcen
   b) Maßnahme „notwendig" oder „in Bezug" zum Schutzgut
2. Anforderungen der Einführungsklausel (chapeau)
   = Anwendung der Maßnahme ist keine willkürliche und ungerechtfertigte Diskriminierung oder verschleierte Handelsbeschränkung

---

341 Von praktisch hoher Relevanz ist die Frage, wann eine Maßnahme **„notwendig"** i. S. des Art. XX GATT ist und in welchem Umfang die Streitschlichtungsorgane der WTO dies überprüfen können. Aus der bisherigen Streitschlichtungspraxis ergibt sich, dass die „Notwendigkeit" der Maßnahme dann gegeben ist, wenn **keine andere weniger**

---

129 Zum Umweltschutz und zur Bedeutung von Art. XX (g) siehe unten Rn. 351 ff.
130 Im englischen Original lautet Art. XX GATT auszugsweise wie folgt: „(…) nothing in this Agreement shall be construed to prevent the adoption or enforcement by any contracting party of measures:
(a) necessary to protect public morals;
(b) necessary to protect human, animal or plant life or health;
(c) relating to the importations or exportations of gold or silver;
(d) necessary to secure compliance with laws or regulations which are not inconsistent with the provisions of this Agreement (…);
(e) relating to the products of prison labour; (…)
(g) relating to the conservation of exhaustible natural resources if such measures are made effective in conjunction with restrictions on domestic production or consumption; (…)"

**GATT-widrige bzw. weniger handelsbeschränkende Maßnahme (milderes Mittel)** das angestrebte Ziel der Maßnahme erreichen kann. Allerdings ist nicht nur ein formaler Vergleich zwischen beiden Alternativen anzustellen. Vielmehr bezieht der Begriff der Notwendigkeit im WTO-Recht auch Elemente mit ein, die im deutschen Recht der Verhältnismäßigkeit im engeren Sinne zugeordnet werden. So verlangt die Prüfung der Notwendigkeit eine **Abwägung zwischen dem Schutzgut und dem Ausmaß der Handelsbeschränkung**. Der Appellate Body hielt dies – bezüglich des gleichlautenden Begriffs der Notwendigkeit in Art. XX (d) GATT – in *Korea – Beef* fest:

> „[D]etermination of whether a measure, which is not *‚indispensable'*, may nevertheless be 'necessary' within the contemplation of Article XX(d), involves in every case a process of weighing and balancing a series of factors which prominently include the contribution made by the compliance measure to the enforcement of the law or regulation at issue, the importance of the common interests or values protected by that law or regulation, and the accompanying impact of the law or regulation on imports or exports".[131]

Als allgemeine Regel gilt: **Je wichtiger** die mit der Maßnahme verfolgten **Ziele** sind, **desto eher** ist die **Notwendigkeit** der Maßnahme zu bejahen. So kann z. B. ein WTO-Mitglied die Einfuhr lebensgefährlicher Produkte auch dann verbieten, wenn theoretisch weniger einschränkende Maßnahmen, wie z. B. Verwendungskontrollen oder Etikettierungspflichten denkbar wären. Daher war im oben behandelten Fall *EC – Asbestos* das französische Importverbot für asbesthaltigen Zement nach Art. XX (b) GATT auch gerechtfertigt.[132]

342

Grundsätzlich sind alternative, weniger handelsbeschränkende Maßnahmen nur dann anzuwenden, wenn sie dem WTO-Mitglied vernünftigerweise zur Verfügung stehen **(„reasonably available")**. Hierbei spielen höhere **Verwaltungs- und Implementierungskosten** nicht immer eine Rolle. Allerdings ist eine Maßnahme dann keine vernünftige Alternative, wenn ihre Kosten prohibitiv hoch sind, wie der Appellate Body in *US – Gambling and Betting* festgestellt hat:

343

> „The requirement (…) that a measure be „necessary"—that is, that there be no „reasonably available", WTO-consistent alternative—reflects the shared understanding of Members that substantive (…) obligations should not be deviated from lightly. An alternative measure may be found not to be „reasonably available", however, where it is merely theoretical in nature, for instance, where the responding Member is not capable of taking it, or where the measure imposes an undue burden on that Member, such as prohibitive costs or substantial technical difficulties. Moreover, a „reasonably available" alternative measure must be a measure that would preserve for the responding Member its right to achieve its desired level of protection with respect to the objective pursued (…)"[133]

---

131 *Korea – Beef*, o. Fn. 125, Absatz 164.
132 Anders als der Appellate Body nahm das Panel einen Verstoß gegen Art. III:4 GATT an, der aber gemäß Art. XX GATT gerechtfertigt war. Da der Appellate Body bereits den Verstoß gegen Art. III:4 GATT ablehnte, hätte er eigentlich zu Art. XX nicht mehr Stellung nehmen müssen. Er tat dies dennoch und bestätigte die Sicht des Panels.
133 *US – Measures Affecting the Cross-Border Supply of Gambling and Betting Services*, Bericht des Appellate Body am 20. 4. 2005 angenommen, WT/DS285/AB/R, Absatz 308. Im Internet unter http://www.wto.org/english/tratop_e/dispu_e/cases_e/ds285_e.htm.

**344** Neben der Bestimmung, wann eine Maßnahme notwendig ist, stellt sich als weitere zentrale Frage des Art. XX GATT, wie die **Vorgaben der Einführungsklausel („chapeau")** erfüllt werden können. Die Anwendung einer Maßnahme, die einen der Schutzzwecke der lit. a bis j verfolgt, darf nicht
- zu einer willkürlichen Diskriminierung führen oder[134]
- zu einer ungerechtfertigten Diskriminierung führen oder
- eine verschleierte Handelsbeschränkung darstellen.

**345** In der Streitbeilegungspraxis werden die einzelnen Varianten des chapeau nicht strikt unterschieden, sondern als **einheitliches Prinzip** ausgelegt und angewandt. Danach ist eine Maßnahme nach Art. XX GATT dann nicht gerechtfertigt, wenn die für die Handelsbeschränkung benannten Schutzziele nur vorgeschoben sind, um eine willkürliche Diskriminierung zu verschleiern. Maßgeblich dafür ist die tatsächliche Anwendung der Maßnahme.

**346** Die Funktion des chapeau besteht darin, sicherzustellen, dass die nach den einzelnen Buchstaben zulässigen Abweichungen von GATT-Verpflichtungen nicht missbräuchlich ausgenutzt werden (**Verbot des Rechtsmissbrauchs**). Der chapeau ist somit eine Ausprägung des Grundsatzes von **Treu und Glauben** (good faith), da er verlangt, dass Maßnahmen nach Art. XX GATT auch tatsächlich zum Schutz der genannten Rechtsgüter erlassen werden, und nicht die Beschränkung des Handels bezwecken. Der chapeau dient damit der Schaffung eines **Ausgleichs zwischen dem WTO-Mitglied**, das sich auf die Ausnahme beruft und den **übrigen Mitgliedern**, die von der Rechtsverletzung negativ betroffen sind. Dies hat der Appellate Body in *US – Shrimp*[135], einer der Leitentscheidungen zu Art. XX GATT, festgestellt.

#### Sachverhalt
Beim Fang von Krabben (Shrimp) werden häufig Meeresschildkröten, die in den Garnelen-Schwärmen schwimmen, mitgefangen. Ein US-amerikanisches Gesetz bestimmte, dass der Krabbenfang ein „Turtle Excluder Device" (TED) (Ausstiegsklappe für Schildkröten in den Fangnetzen) erforderte. 1996 wurden Verwaltungsvorschriften verabschiedet, mit denen ein Zertifikat für Länder mit TED-Programm oder ähnlich effektivem Schutz eingeführt wurde. Gleichzeitig beschlossen die USA in einem speziellen Gesetz ein Importverbot für Krabben aus nicht-zertifizierten Ländern. Die USA schlossen mit den lateinamerikanischen Exportstaaten ein Abkommen zur technischen Unterstützung bei der Änderung der Fangmethoden, während sie mit den asiatischen Exporteuren nicht verhandelten. Indien, Malaysia, Pakistan und Thailand erhoben Beschwerde gegen das US-Importverbot. Die USA beriefen sich auf Art. XX (g) GATT zur Rechtfertigung.

#### Auszug aus dem Bericht des Appellate Body:[136]
„The chapeau of Article XX is, in fact, but one expression of the principle of good faith. This principle, at once a general principle of law and a general principle of international law, controls the exercise of rights by states. One application of this general principle, the application widely known as the doctrine

---
134 Die deutsche Übersetzung „willkürliche *und* ungerechtfertigte Diskriminierung" ist falsch. Im Original heißt es „arbitrary *or* unjustifiable discrimination".
135 *US – Import Prohibition of Certain Shrimp and Shrimp Products*, WT/DS58/AB/R, Bericht des Appellate Body am 6.11.1998 angenommen. Im Internet unter http://www.wto.org/english/tratop_e/dispu_e/cases_e/ds58_e.htm.
136 *US – Shrimp*, o. Fn. 135, Absätze 158 f.

of abus de droit, prohibits the abusive exercise of a state's rights and enjoins that whenever the assertion of a right „impinges on the field covered by [a] treaty obligation, it must be exercised bona fide, that is to say, reasonably." An abusive exercise by a Member of its own treaty right thus results in a breach of the treaty rights of the other Members and, as well, a violation of the treaty obligation of the Member so acting. Having said this, our task here is to interpret the language of the chapeau, seeking additional interpretative guidance, as appropriate, from the general principles of international law.

The task of interpreting and applying the chapeau is, hence, essentially the delicate one of locating and marking out a line of equilibrium between the right of a Member to invoke an exception under Article XX and the rights of the other Members under varying substantive provisions (e.g., Article XI) of the GATT 1994, so that neither of the competing rights will cancel out the other and thereby distort and nullify or impair the balance of rights and obligations constructed by the Members themselves in that Agreement. The location of the line of equilibrium, as expressed in the chapeau, is not fixed and unchanging; the line moves as the kind and the shape of the measures at stake vary and as the facts making up specific cases differ."

Aus der Funktion des chapeau resultiert auch eine Pflicht des WTO-Mitglieds, das die Maßnahme ergriffen hat, zur **Kooperation nach Treu und Glauben** mit den Mitgliedern, die von der Maßnahme betroffen sind, um Schwierigkeiten, die bei der Anwendung von Maßnahmen nach Art. XX GATT entstehen, zu beseitigen. Der chapeau enthält eine **Präferenz für multilaterale gegenüber unilateralen Maßnahmen**. Allerdings dürfen multilaterale Maßnahmen nicht ihrerseits diskriminierend sein. Bei der Beurteilung, ob die US-Maßnahmen in *US – Shrimp* dem chapeau entsprechen, stellte der Appellate Body unter anderem auf das unterschiedliche Verhalten der USA gegenüber verschiedenen Importländern ab, worin er eine **ungerechtfertigte Diskriminierung** sah[137]:

347

„[T]he United States negotiated seriously with some, but not with other Members (including the appellees), that export shrimp to the United States. The effect is plainly discriminatory and, in our view, unjustifiable. The unjustifiable nature of this discrimination emerges clearly when we consider the cumulative effects of the failure of the United States to pursue negotiations for establishing consensual means of protection and conservation of the living marine resources here involved, notwithstanding the explicit statutory direction in Section 609 itself to initiate negotiations as soon as possible for the development of bilateral and multilateral agreements. The principal consequence of this failure may be seen in the resulting unilateralism evident in the application of Section 609. As we have emphasized earlier, the policies relating to the necessity for use of particular kinds of TEDs in various maritime areas, and the operating details of these policies, are all shaped by the Department of State, without the participation of the exporting Members. The system and processes of certification are established and administered by the United States agencies alone. The decision-making involved in the grant, denial or withdrawal of certification to the exporting Members, is, accordingly, also unilateral. The unilateral character of the application of Section 609 heightens the disruptive and discriminatory influence of the import prohibition and underscores its unjustifiability."

---

**Lösungshinweis zum Ausgangsfall**

Die Maßnahmen, die Sanitarien getroffen hat, verstoßen gegen Art. XI GATT (mengenmäßige Beschränkung) und Art. III:2 Satz 1 GATT (diskriminierende Besteuerung). Zur Rechtfertigung könnte sich Sanitarien auf Art. XX (b) GATT (Schutz der menschlichen Gesundheit) berufen. Das Ziel – die Reduzierung des Tabakkonsums von Jugendlichen – wird von Art. XX (b) erfasst.

---

137 *US – Shrimp*, o. Fn. 135., Absätze 172 ff.

Fraglich ist aber, ob die Maßnahme notwendig ist. Dazu ist zu prüfen, ob Sanitarien WTO-konforme Alternativmöglichkeiten zur Verfügung gestanden hätten. Das GATT Panel entschied in dem dem Sachverhalt zu Grunde liegenden Fall *Thailand – Cigarettes*, dass Thailand als mildere Mittel Werbeverbote und Warnhinweise zur Verfügung gestanden hätten. Es fragt sich jedoch, ob diese Maßnahmen einem Entwicklungsland aus Kostengründen vernünftigerweise zur Verfügung stehen und ob die Maßnahmen das Schutzniveau, das Sanitarien erreichen will, tatsächlich erreichen. Angesichts des hohen Schutzgutes der menschlichen Gesundheit und des klaren wissenschaftlichen Befundes der Gefahr, die von ausländischen Zigaretten ausgeht, kann die Maßnahme als notwendig angesehen werden. Da sich Sanitarien vor Erlass der Maßnahmen um eine bilaterale Lösung mit Smokia bemüht hat, stellen die Maßnahmen auch keine willkürliche oder ungerechtfertigte Diskriminierung bzw. verschleierte Beschränkung des Handels dar.

### f) Handel und Umwelt

**Ausgangsfall**

Ecologia ist ein Industriestaat mit hohen Umweltstandards. Nach einer Landsweiten Kampagne von Umweltschützern gegen Fangtechniken von Thunfisch, die auch zur (unbeabsichtigten) Tötung von Delfinen führen, werden die Fischer in Ecologia verpflichtet, Fangtechniken einzuführen, mit denen die Tötung der Delfine ausgeschlossen wird. Gleichzeitig wird ein allgemeines Verkaufs- und Produktionsverbot für Thunfisch, der mit konventionellen Methoden gefangen wurde, erlassen und ein Importverbot für Thunfisch aus allen Ländern verhängt, die ihre Fischereiflotten nicht auf delfinschützende Fangmethoden umgestellt haben. Pescia, ein Entwicklungsland, das über eine große Thunfisch-Produktion verfügt und von Exporten nach Ecologia abhängt, sieht in dem Verbot einen Verstoß gegen WTO-Recht.

Sachverhalt nach *United States – Restrictions on Imports of Tuna (Tuna-Dolphin)*, Bericht eines GATT Panels vom 3.9.1991[138]

348 Das Spannungsverhältnis zwischen den Anforderungen des **WTO-Rechts und** den Notwendigkeiten des **internationalen Umweltschutzes** ist von großer rechtspolitischer Bedeutung.[139] Allgemein ist das Verhältnis von „Handel und Umwelt" Gegenstand zahlreicher politischer Debatten und steht im Zentrum der Kritik vieler Nichtregierungsorganisationen an der WTO. **Aus rechtlicher Sicht** sind für das Verhältnis von Umweltschutz und WTO-Recht drei Themenkreise von Bedeutung, auf die im Einzelnen näher eingegangen wird:
- Berücksichtigung von **produktionsbezogenen Merkmalen ("PPMs")**
- Umfang und Anwendbarkeit von **Art. XX GATT**
- Verhältnis des WTO-Rechts zu **Multilateralen Umweltabkommen**

**Produktionsbezogene Merkmale (PPMs) zum Schutz der Umwelt**

349 Wie oben bereits erwähnt, kann zur Bestimmung der Gleichartigkeit von Produkten gem. Art. III GATT nach h. M. nicht auf Produktionsmethoden zurückgegriffen werden. Regeln, die nach Produktionsmethoden differenzieren, diskriminieren daher häufig

---

138 Der Bericht des Panels wurde nicht angenommen und ist daher nicht verbindlich. Weitere Informationen unter http://www.wto.org/English/tratop_e/envir_e/edis04_e.htm.
139 Zum Themenfeld siehe z. B. *Kluttig*, Welthandelsrecht und Umweltschutz – Kohärenz statt Konkurrenz, Arbeitspapiere aus dem Institut für Wirtschaftsrecht, 2003, http://www.wirtschaftsrecht.uni-halle.de/Heft12.pdf.

Produkte, die aus Sicht von Art. III GATT „gleichartig" sind und verstoßen so gegen das Inländerprinzip. Diese Maßnahmen können dann nur noch auf der Grundlage von Art. XX GATT gerechtfertigt werden. Dadurch geraten viele **Umweltschutzbestimmungen** unter Druck, da diese häufig nach Herstellungsmethoden differenzieren. In vielen Fällen lassen sich ein **„umweltfreundliches"** und ein **„umweltfeindliches"** Produkt jedoch **nicht** anhand der Kriterien der Gleichartigkeit nach Art. III GATT **unterscheiden.**[140]

> **Beispiel:** Ein nationales Steuergesetz privilegiert Möbel, die aus Holz hergestellt werden, das aus nachwachsenden Wäldern stammt. Diese Möbel und Möbel aus konventionellem Holz sind gleichartig i.S.d. Art. III:2 Satz 1 GATT, da sich weder ihre Eigenschaften noch ihre Verwendung unterscheiden. Auch aus Sicht der meisten Verbraucher dürften die Produkte gleichartig sein. Das Steuergesetz knüpft somit nicht an einer Produkt- sondern einer Produktionseigenschaft an. Wenn die Anwendung des Gesetzes dazu führt, dass inländische Möbel einem günstigeren Steuersatz unterliegen als importierte Möbel, liegt ein Verstoß gegen Art. III:2 Satz 1 GATT vor. Ob die Maßnahme auf der Grundlage von Art. XX (g) GATT gerechtfertigt werden kann, ist nicht sicher.

Die Bedeutung der Berücksichtigung von PPMs kann auch anhand des Ausgangsfalls und des – insoweit ähnlichen – Falls *US – Shrimp* verdeutlicht werden: Thunfisch, der „delfinsicher" gefangen wird, unterscheidet sich physisch nicht von Thunfisch, der „delfingefährdend" gefangen wird. Auch der Endverbrauch ist gleich. Für die meisten Verbraucher besteht auch keine Präferenz zu Gunsten des einen oder anderen Produkts. Das gleiche gilt für „schildkrötensichere" und „schildkrötenunsichere" Krabben. Die Fangmethode, d. h. die **Produktionsmethode hat keinen Einfluss auf die Gleichartigkeit** der Produkte. 350

### Umfang und Anwendbarkeit von Art. XX GATT
Als Rechtfertigungsnorm erhält insbesondere Art. XX (g) GATT für den Umweltschutz eine besondere Bedeutung. Entscheidend hierfür ist die weite, evolutive Interpretation, die der Appellate Body dem Begriff **„erschöpfliche Naturschätze"** (exhaustible natural resources) in der Entscheidung *US – Shrimp*[141] gab. 351

**Sachverhalt**
(siehe oben Rn. 346)

**Auszug aus dem Bericht des Appellate Body:**[142]
(...) Textually, Article XX(g) is *not* limited to the conservation of „mineral" or „non-living" natural resources. The complainants' principal argument is rooted in the notion that „living" natural resources are „renewable" and therefore cannot be „exhaustible" natural resources. We do not believe that „exhaustible" natural resources and „renewable" natural resources are mutually exclusive. One lesson that modern biological sciences teach us is that living species, though in principle, capable of reproduction and, in that sense, „renewable", are in certain circumstances indeed susceptible of depletion, exhaustion and extinction, frequently because of human activities. Living resources are just as „finite" as petroleum, iron ore and other non-living resources.

---
140 Siehe oben Rn. 322 ff.
141 Siehe Fn. 135.
142 *US – Shrimp*, o. Fn. 135, Absätze 128 ff.; Wiedergabe ohne Fußnoten.

> The words of Article XX(g), „exhaustible natural resources", were actually crafted more than 50 years ago. They must be read by a treaty interpreter in the light of contemporary concerns of the community of nations about the protection and conservation of the environment. While Article XX was not modified in the Uruguay Round, the preamble attached to the *WTO Agreement* shows that the signatories to that Agreement were, in 1994, fully aware of the importance and legitimacy of environmental protection as a goal of national and international policy. The preamble of the *WTO Agreement* – which informs not only the GATT 1994, but also the other covered agreements – explicitly acknowledges „the objective of *sustainable development*" (...).
> 
> From the perspective embodied in the preamble of the *WTO Agreement*, we note that the generic term „natural resources" in Article XX(g) is not „static" in its content or reference but is rather "by definition, evolutionary". It is, therefore, pertinent to note that modern international conventions and declarations make frequent references to natural resources as embracing both living and non-living resources. (...) The [1982 United Nations Convention on the Law of the Sea („UNCLOS")] (...) repeatedly refers in Articles 61 and 62 to „living resources" in specifying rights and duties of states in their exclusive economic zones. The Convention on Biological Diversity uses the concept of „biological resources". Agenda 21 speaks most broadly of "natural resources" and goes into detailed statements about „marine living resources". (...)
> 
> Given the recent acknowledgement by the international community of the importance of concerted bilateral or multilateral action to protect living natural resources, and recalling the explicit recognition by WTO Members of the objective of sustainable development in the preamble of the *WTO Agreement*, we believe it is too late in the day to suppose that Article XX(g) of the GATT 1994 may be read as referring only to the conservation of exhaustible mineral or other non-living natural resources. (...) We hold that, in line with the principle of effectiveness in treaty interpretation, measures to conserve exhaustible natural resources, whether *living* or *non-living*, may fall within Article XX(g).

352 Aus der Interpretation von Art. XX (g) GATT durch den Appellate Body kann abgeleitet werden, dass diese Vorschrift grundsätzlich herangezogen werden kann, wenn **der Schutz von Tieren und Pflanzen** und anderer **endlicher Umweltgüter** (Luft, Wasser, Bodenqualität) bezweckt wird.

353 Es ist umstritten, ob die WTO-Mitglieder Maßnahmen auch zu Gunsten solcher erschöpflicher Naturschätze ergreifen können, die sich nicht in ihrer Gebietshoheit befinden, sondern der Jurisdiktion eines anderen Staats unterliegen. Am soeben als Beispiel genannten Streit über Thunfisch wird die Problematik des **extraterritorialen Umweltschutzes** deutlich: Die USA bezweckten mit dieser Maßnahme nicht (nur) den Schutz einheimischer Delfine, sondern auch der Delfine, die sich nicht in den Territorialgewässern der USA aufhielten.

354 Grundsätzlich erfordert die Regulierung eines Sachverhalts durch einen Staat nach allgemeinen völkerrechtlichen Grundsätzen eine echte Verbindung (**„genuine link"**) des Staats zu dem Sachverhalt.[143] Regelmäßig kann dieser genuine link durch das **Territorialitätsprinzip** („Jeder Staat regelt Sachverhalte auf seinem Staatsgebiet") und das **Personalitätsprinzip** („Jeder Staat regelt das Verhalten seiner Staatsbürger") begründet werden. Nach diesen Grundsätzen wäre der **Schutz extraterritorialer Umweltgüter unzulässig**, da damit Sachverhalte geregelt würden, zu denen der betreffende Staat keine echte Verbindung mehr besitzt. Eine Maßnahme zum Schutz extraterritorialer Umweltgüter wäre eine Verletzung der Souveränität des Staats, dessen Hoheitsgewalt das Umweltgut unterworfen ist.

---

143 Dazu oben § 1 Rn. 93 ff., 103.

Aufgrund der **grenzüberschreitenden Dimension** der Umweltverschmutzung und der 355
Ausbeutung natürlicher Ressourcen sind diese klassischen Anknüpfungspunkte jedoch
nicht immer sachgemäß. Vielmehr betreffen viele Umweltprobleme grenzüberschreitende Sachverhalte und machen eine internationale Regelung erforderlich.

Die Frage der Zulässigkeit extraterritorialer Maßnahmen ist **noch nicht abschließend** 356
**geklärt**. Der Appellate Body erachtet zumindest solche Maßnahmen für zulässig und
nach Art. XX (g) GATT gerechtfertigt, die Rechtsgüter schützen, welche zumindest auch
einen Bezug zum Hoheitsgebiet des Staats aufweisen, der die Maßnahme ergriffen hat.
Es genügt also, dass das geschützte **Umweltgut** zumindest zum Teil (wenn auch nur
zeitweise) **unter der Hoheitsgewalt** des die Maßnahme erlassenden Staats steht. Dies
war in US – Shrimp bei Meeresschildkröten der Fall, da es sich um „weit wandernde
Arten" (highly migratory species) handelt, deren Aufenthalt nicht auf die Territorialgewässer eines Staats beschränkt ist. Der Appellate Body führte dazu aus:[144]

> „[W]e observe that sea turtles are highly migratory animals, passing in and out of waters subject to
> the rights of jurisdiction of various coastal states and the high seas. (...) The sea turtle species here at
> stake, i.e., covered by Section 609, are all known to occur in waters over which the United States
> exercises jurisdiction. Of course, it is not claimed that *all* populations of these species migrate to, or
> traverse, at one time or another, waters subject to United States jurisdiction. Neither the appellant nor
> any of the appellees claims any rights of exclusive ownership over the sea turtles, at least not while
> they are swimming freely in their natural habitat – the oceans. We do not pass upon the question of
> whether there is an implied jurisdictional limitation in Article XX(g), and if so, the nature or extent of
> that limitation. We note only that in the specific circumstances of the case before us, there is a
> sufficient nexus between the migratory and endangered marine populations involved and the United
> States for purposes of Article XX(g)."

### Verhältnis des WTO-Rechts zu Multilateralen Umweltabkommen
Ein bedeutender Teil des Umweltvölkerrechts ist heute in Multilateralen Umweltabkommen (Multilateral Environmental Agreements, MEA) geregelt. Diese Abkommen 357
**betreffen** nicht selten auch **Handelsaspekte**, so dass sich die Frage stellt, wie ein
potentieller Konflikt zwischen WTO-Recht und einem Multilateralen Umweltabkommen zu lösen ist. Bestehen keine speziellen Konfliktregeln und führen die allgemeinen
Konfliktregeln zu keiner Lösung, kann ein **Konflikt nur durch** eine entsprechende **Interpretation der Abkommen gelöst** werden.[145]

> **Beispiel:** Nach dem noch nicht in Kraft getretenen Art. 4 A des Baseler Übereinkommens über
> die Kontrolle der grenzüberschreitenden Verbringung gefährlicher Abfälle und ihrer Entsorgung
> von 1989[146] sind Industriestaaten verpflichtet, den Export von bestimmten gefährlichen Abfallstoffen in Entwicklungsländer zu verbieten. Ein solches Exportverbot verstößt grundsätzlich gegen Art. XI GATT und kann nur über Art. XX (b) GATT gerechtfertigt werden. Im Streitschlichtungsverfahren kann das Baseler Übereinkommen zwar nicht direkt, aber als Interpretationshilfe für
> Art. XX (b) GATT benutzt werden.

---

144 US – Shrimp, o. Fn. 135, Abs. 133.
145 Dazu oben Rn. 286.
146 BGBl. 1994 II, S. 2704 = Sartorius II Nr. 460.

358 Bestehen Konflikte zwischen unterschiedlichen Abkommen, die sich nicht durch kontextuelle Interpretation lösen lassen, steht kein übergeordnetes Gremium oder Forum zur Verfügung, in dem die Konflikte verbindlich entschieden werden können. Daher müssen die Staaten bereits **bei der Aushandlung multilateraler Verträge potentielle Konflikte vermeiden.** Dies wird oft dadurch erschwert, dass auf innerstaatlicher Ebene die Materien Handel und Umwelt von unterschiedlichen Ministerien betreut werden und nicht immer ein intensiver Kontakt besteht bzw. eine Abstimmung der Positionen zwischen den einzelnen Stellen vorgenommen wird.

---

**Lösungshinweise zum Ausgangsfall**

Das Importverbot könnte sowohl von Art. XI GATT als auch von Art. III GATT erfasst werden (zur Abgrenzung siehe oben Rn. XX). Da Ecologia zugleich ein allgemeines Produktionsverbot verhängt hat, spricht viel dafür in dem Importverbot keine Grenzmaßnahme im eigentlichen Sinne zu sehen, sondern eine innerstaatliche Maßnahme, die anlässlich des Grenzübertritts angewandt wird. Eine solche Maßnahme wird von Art. III GATT erfasst. Daher ist zu prüfen, ob Thunfisch, der „delfinsicher" gefangen, und Thunfisch, der „delfingefährdend" gefangen wird, gleichartige Produkte sind. Nach den oben dargestellten Kriterien des Begriffs Gleichartigkeit wird man dies annehmen können. Die Fangmethode ist eine Produktionsmethode, die sich auf die Produkte selbst nicht auswirkt. Da Produkte aus dem Ausland folglich weniger günstig behandelt werden als gleichartige inländische Produkte, liegt ein Verstoß gegen Art. III GATT vor. Eine Rechtfertigung ist über Art. XX (b) und Art. XX (g) möglich. Art. XX (g) ist unter Berücksichtigung der Entscheidung *US – Shrimp* dahingehend zu verstehen, dass er auch den Schutz von gefährdeten Tierarten umfasst. Fraglich ist allerdings, ob Ecologia auch Delfine außerhalb seiner Hoheitsgewässer schützen darf (Extraterritorialität). Da der Lebensraum vieler Delfine – ebenso wie der von Meeresschildkröten – nicht auf ein Territorialgewässer beschränkt ist, kann man wiederum unter Hinweis auf *US – Shrimp* den Schutz dieser Tiere auch außerhalb der eigenen Hoheitsgewässer für zulässig halten.

---

▶ **Lern- und Wiederholungsfragen zu § 2 V. 1.:**

1. Welche Ausformungen des Prinzips der Nichtdiskriminierung bestehen im GATT und wodurch unterscheiden sie sich?
2. Ein wichtiger Begriff des GATT-Rechts ist der Begriff der „Gleichartigkeit" (*likeness*). Wie wird dieser Begriff in den verschiedenen GATT-Bestimmungen ausgelegt und was ist seine zentrale Funktion?
3. In welchem Umfang können bei der Feststellung der Gleichartigkeit gesundheits- und umweltpolitische Belange berücksichtigt werden? Was gilt, wenn diese Belange nur im Produktionsprozess eine Rolle spielen?
4. Wie schützt das GATT den Zugang von Waren zu ausländischen Märkten?
5. Welche Prüfungsreihenfolge hat der Appellate Body für Art. XX GATT festgelegt?
6. Können Maßnahmen zum extraterritorialen Umweltschutz nach Art. XX GATT gerechtfertigt werden?

## 2. Übereinkommen über die Anwendung gesundheitspolizeilicher und pflanzenschutzrechtlicher Maßnahmen (SPS)

**Ausgangsfall**

Zu gentechnisch veränderten Lebewesen und Organismen (GVO) in der Nahrung gehen die Meinungen bekanntlich auseinander. Ein wissenschaftlicher Nachweis, dass GVO gesundheitsgefährdend sind, wurde jedoch noch ebenso wenig erbracht, wie der Nachweis, dass GVO ungefährlich sind. Die Bevölkerung von Prudentia lehnt den Konsum von GVO überwiegend ab, da sie hierin eine Gefährdung ihrer Gesundheit sieht. Die Regierung möchte dieser Auffassung in der Bevölkerung entsprechen und erlässt ein allgemeines Importverbot für GVO und für mit GVO hergestellte Lebensmittel. Prudentia begründet diese Maßnahme auch mit den Gesundheitsgefahren, die für Tiere entstehen können und mit den Gefahren, die von gentechnisch veränderten Pflanzen für konventionelle Pflanzen ausgehen können. Innovatien, dessen GVO-Industrie an der Erschließung neuer Märkte interessiert ist, sieht hierin einen Verstoß gegen das SPS.[147]

### a) Allgemeines

Wie in den Ausführungen zu den allgemeinen GATT-Prinzipien bereits deutlich wurde, können bestimmte Anforderungen die aus Gesundheits-, Umwelt- oder Verbraucherschutzgründen an Produkte gestellt werden, zu Handelshemmnissen werden, wenn importierte Produkte diesen Standards nicht genügen. Das hieraus resultierende **Spannungsverhältnis zwischen legitimer innerstaatlicher Regulierung und der Vermeidung von Protektionismus** ist ein zentrales Problemfeld des gegenwärtigen Welthandelsrechts. 359

Vor diesem Hintergrund bezweckt das Übereinkommen über die Anwendung gesundheitspolizeilicher und pflanzenschutzrechtlicher Maßnahmen (Agreement on the Application of Sanitary and Phytosanitary Measures, SPS) ebenso wie das im nächsten Abschnitt vorgestellte Übereinkommen über technische Handelshemmnisse (TBT) einen Ausgleich zwischen den unterschiedlichen Interessen. Beide Übereinkommen betreffen **nicht-tarifäre Handelshemmnisse**, die auf innerstaatlichen Regulierungen beruhen. Es handelt sich daher um Maßnahmen, die grundsätzlich (auch) in den Anwendungsbereich von Art. III:4 oder XI GATT fallen und gem. Art. XX GATT gerechtfertigt werden können. Insofern dienen das SPS und das TBT auch der Konkretisierung von Verpflichtungen, die sich allgemein aus dem GATT ergeben. Gesundheitspolizeiliche und pflanzenschutzrechtliche Maßnahmen, wie z. B. Vorschriften über bestimmte Inhaltsstoffe in Lebensmitteln oder Tierfutter, betreffen zumeist den Handel mit landwirtschaftlichen Produkten, so dass auch eine gewisse Nähe des SPS zum Übereinkommen über Landwirtschaft besteht, mit dem das SPS auch gemeinsam ausgehandelt wurde. 360

---

147 Zur Problematik von GVO und WTO-Recht siehe auch *EC – Approval and Marketing of Biotech Products*, WT/DS291-293, http://www.wto.org/english/tratop_e/dispu_e/cases_e/ds291_e.htm. Zu diesem Streit auch *Sander/Sasdi*, Welthandelsrecht und "grüne" Gentechnik – Eine transatlantische Auseinandersetzung vor den Streitbeilegungsorganen der WTO, EuZW 2006, 140.

### b) Anwendungsbereich

**361** Nach Art. 1.1 SPS gilt das Übereinkommen „für alle gesundheitspolizeilichen und pflanzenschutzrechtlichen Maßnahmen, die sich mittelbar oder unmittelbar auf den internationalen Handel auswirken können." Art. 1.2. SPS in Verbindung mit Anhang A definiert **gesundheitspolizeiliche oder pflanzenschutzrechtliche Maßnahmen** als Maßnahmen, die angewendet werden:
a) zum Schutz des Lebens oder der Gesundheit von Tieren oder Pflanzen vor Gefahren, die durch Schädlinge, Krankheiten, und krankheitsübertragende oder krankheitsverursachende Organismen entstehen;
b) zum Schutz des Lebens oder der Gesundheit von Menschen oder Tieren vor Gefahren, die durch Zusätze, Verunreinigungen, Toxine oder krankheitsverursachende Organismen in Nahrungsmitteln, Getränken oder Futtermitteln entstehen;
c) zum Schutz des Lebens oder der Gesundheit von Menschen vor Gefahren, die durch von Tieren, Pflanzen oder Waren daraus übertragene Krankheiten oder durch die Einschleppung, das Auftreten oder die Verbreitung von Schädlingen entstehen;
d) zur Verhütung oder Begrenzung sonstiger Schäden, die durch die Einschleppung, das Auftreten oder die Verbreitung von Schädlingen entstehen.

**362** SPS-Maßnahmen zeichnen sich dadurch aus, dass sie den **Schutz des Lebens und der Gesundheit von Menschen, Tieren und Pflanzen bezwecken**. Entscheidendes Kriterium, ob eine Maßnahme dem SPS unterfällt oder nicht, ist ihr Zweck.

**363** Der bezweckte Schutz darf sich jedoch nur auf Menschen, Tiere und Pflanzen „**auf dem Gebiet des jeweiligen Mitglieds**" beziehen. Damit erlaubt das SPS-Übereinkommen keine Maßnahmen des extraterritorialen Gesundheitsschutzes.

**364** Zu SPS-Maßnahmen gehören nach Anhang A.1 „alle einschlägigen Gesetze, Erlasse, Verordnungen, Auflagen und Verfahren, einschließlich Kriterien in Bezug auf das Endprodukt, ferner Verfahren und Produktionsmethoden, Prüf-, Inspektions-, Zertifizierungs- und Genehmigungsverfahren, Quarantänemaßnahmen einschließlich der einschlägigen Vorschriften für die Beförderung von Tieren oder Pflanzen oder die für ihr Überleben während der Beförderung notwendigen materiellen Voraussetzungen, Bestimmungen über einschlägige statistische Verfahren, Verfahren der Probenahme und der Risikobewertung sowie unmittelbar mit der Sicherheit von Nahrungsmitteln zusammenhängende Verpackungs- und Kennzeichnungsvorschriften." Aus dieser ausführlichen Aufzählung wird deutlich, dass das SPS-Übereinkommen nicht nur auf produktbezogene Vorschriften, sondern auch auf **PPMs (Produktionsmethoden)** Anwendung findet.[148]

> **Merke:** Das SPS gilt für Vorschriften, die den **Schutz des Lebens oder der Gesundheit von Menschen, Tieren oder Pflanzen bezwecken** und die sich mittelbar oder unmittelbar auf den **internationalen Handel auswirken können**.

---

148 Dazu oben Rn. 329, 349 ff.

Das SPS gilt nach Art. 1.5 TBT als **lex specialis** im Verhältnis zum **TBT**, es ist also 365
gegenüber dem TBT vorrangig anzuwenden. Nach der allgemeinen Auslegungsregel zu
Anhang 1 A zum WTO-Übereinkommen beansprucht das SPS – ebenso wie alle anderen speziellen Übereinkommen zum Warenhandel – im Konfliktfall außerdem **Vorrang gegenüber dem GATT**. Von besonderer Bedeutung ist auch, dass eine Maßnahme, die alle Voraussetzungen nach dem SPS erfüllt, als mit dem GATT, insbesondere Art. XX (b) GATT, vereinbar (Art. 2.4 SPS) gilt. Einer eigenständigen Prüfung von Art. XX (b) GATT bedarf es demzufolge nicht mehr.

c) Allgemeine Prinzipien und Pflichten

**Grundsätze**
Grundsätzlich haben die WTO-Mitglieder das Recht gesundheitspolizeiliche und pflan- 366
zenschutzrechtliche Maßnahmen zu treffen. Allerdings muss sichergestellt werden,
dass die Maßnahmen zum Schutz des Lebens und der Gesundheit von Menschen,
Tieren und Pflanzen **notwendig** sind (Art. 2.1, 2.2 SPS). Damit greift das SPS den
Standard von Art. XX (b) GATT auf. Außerdem müssen die Maßnahmen auf **wissenschaftlichen Grundsätzen beruhen** und dürfen nicht ohne wissenschaftlichen Nachweis beibehalten werden (Art. 2.2 SPS).

Nach Art. 2.3 SPS sind **willkürliche oder ungerechtfertigte Diskriminierungen zwi-** 367
**schen Mitgliedern und verschleierte Handelsbeschränkungen** verboten. Die Vorschrift ähnelt dem chapeau von Art. XX GATT. Es sind damit Maßnahmen verboten, die
nur vordergründig dem Schutz der Gesundheit von Menschen, Tieren und Pflanzen
dienen, eigentlich aber den Handel zu beeinträchtigen bezwecken.

**Harmonisierung durch Verwendung internationaler Standards**
Art. 3 SPS ist mit „**Harmonisierung**" überschrieben und verpflichtet die Mitglieder **in-** 368
**ternationale Standards zu verwenden**. Die internationale Vereinheitlichung von
gesundheitspolizeilichen und pflanzenschutzrechtlichen Maßnahmen reduziert die
handelshemmende Wirkung dieser Maßnahmen, da sie zu gleichen Standards in den
Export- und Importländern führt. Im Einzelnen sieht Art. 3 SPS Folgendes vor:
- Art. 3.1 SPS: Die WTO-Mitglieder sollen ihre innerstaatlichen SPS-Maßnahmen auf
**internationale Normen, Richtlinien und Empfehlungen stützen, soweit diese
bestehen**. Nach Anhang A Nr. 3 sind dies für den Bereich Nahrungsmittelsicherheit
die Standards der **Codex Alimentarius Kommission**, einer gemeinsamen Einrichtung der Welternährungsorganisation (FAO) und der Weltgesundheitsorganisation
(WHO). In ihr sind Lebensmittelexperten aus den Mitgliedern der FAO und WHO
vertreten, deren Aufgabe in der Erarbeitung internationaler Lebensmittelstandards
besteht. Für Maßnahmen im Bereich Tiergesundheit sind die Standards des **Internationalen Tierseuchenamt**s beachtlich und im Bereich Pflanzengesundheit die
Standards des Sekretariats der **Internationalen Pflanzenschutzkonvention**. Für
Angelegenheiten, die nicht in die Zuständigkeit der genannten Organisationen fallen, sind geeignete andere internationale Standards zu benutzen, wenn die entsprechenden Organisationen für alle WTO-Mitglieder offen sind.

- Art. 3.2 SPS: Maßnahmen, die **internationalen Standards entsprechen,** gelten als notwendig zum Schutz des Lebens oder der Gesundheit von Menschen, Tieren oder Pflanzen im Sinne des GATT und des SPS. Art. 3.2 SPS enthält somit eine **Vermutung der Rechtmäßigkeit** für gesundheitspolizeiliche und pflanzenschutzrechtliche Maßnahmen, die einem internationalen Standard entsprechen.
- Art. 3.3 SPS: Die WTO-Mitglieder können Maßnahmen einführen oder beibehalten, die ein **höheres Schutzniveau** bewirken, als das der internationalen Standards, wenn hierfür eine **wissenschaftliche Begründung** vorliegt oder sich das höhere Niveau aus einer **Risikobewertung** gem. Art. 5 SPS[149] ergibt. In keinem Fall dürfen Maßnahmen, die über das Schutzniveau der internationalen Standards hinausgehen, die übrigen Bestimmungen des SPS verletzen.

369 Die verschiedenen Bestimmungen des Art. 3 SPS bewirken eine **Inkorporation internationaler Standards in das Welthandelsrecht.** Sie enthalten allerdings keine förmliche Pflicht, internationale Standards ohne eeiteres in innerstaatliches Recht umzusetzen. Eine derartige Pflicht wäre auch mit dem grundsätzlich unverbindlichen Charakter der entsprechenden Standards unvereinbar. Art. 3 SPS schafft aber einen deutlichen Anreiz, internationale Standards zu beachten, der sich **faktisch** wie eine **Harmonisierungspflicht** auswirken kann.

> **Merke:** Art. 3 SPS **inkorporiert internationale Standards** in das SPS und enthält Anreize zur **Harmonisierung gesundheitspolizeilicher und pflanzenschutzrechtlicher Maßnahmen.**

370 Dies ist nicht unproblematisch: Zum einen sind die Verfahren, mit denen internationale Standards gesetzt werden, nicht immer transparent und die jeweiligen Vertreter der Regierungen nicht immer weisungsgebundene Beamte, sondern häufig wissenschaftliche Experten. Damit leiden die Verfahren teilweise an einem **Defizit demokratischer Legitimation.**[150] Zum anderen beruhen die Verfahren teilweise auf Mehrheitsentscheidungen. Ein WTO-Mitglied kann durch Art. 3 SPS in die Lage gebracht werden, dass es einen Standard, den es im Rahmen der jeweiligen Standardorganisation ausdrücklich abgelehnt hat, nun doch – wenigstens dem Grunde nach – anwenden muss. Dies ist eine **Einschränkung der Souveränität** der WTO-Mitglieder. In *EC – Hormones*[151], der ersten Grundsatzentscheidung zum SPS, hat der Appellate Body diese Problematik auch erkannt.

**Sachverhalt (vereinfacht):**
In der EG ist die Verabreichung von bestimmten Wachstumshormonen bei der Rinderzucht verboten. Weiterhin ist verboten, dass Fleisch, das mit diesen Produkten hergestellt wurde, auf den Markt gebracht, importiert oder exportiert wird. Die EG begründet diese Maßnahmen damit, dass der Ver-

---
149 Dazu unten Rn. 373 ff.
150 Dazu *Hilf/Reuß,* Verfassungsfragen lebensmittelrechtlicher Normierung im europäischen und internationalen Recht, ZLR 1997, 289.
151 *EC – Measures Concerning Meat and Meat Products (Hormones),* WT/DS26/AB/R und WT/DS48/AB/R, Bericht des Appellate Body am 13. 2. 1998 angenommen, im Internet unter http://www.wto.org/english/tratop_e/dispu_e/cases_e/ds26_e.htm.

dacht bestehe, dass die entsprechenden Hormone beim Menschen krebserregend sein können. Die krebserregende Wirkung ist allerdings noch nicht allgemein nachgewiesen worden. Das Produktionsverbot der EG entspricht auch nicht den Standards, die die Codex Alimentarius Kommission für die genannten Hormone entwickelt hatte, wobei diese Standards gegen die Stimmen der EG in der Codex Alimentarius Kommission angenommen wurden. Die USA und Kanada, in deren Rinderzucht die genannten Hormone verwendet werden, sahen in dem EG-Verbot einen Verstoß u.a. gegen Art. 3 und 5 SPS. Das Panel bejahte einen Verstoß gegen Art. 3.1 SPS und setzte die Pflichten des Art. 3.1 und 3.2 SPS im Wesentlichen gleich. Der Appellate Body widersprach:

**Auszug aus dem Appellate Body Bericht:**[152]

„We read the Panel's interpretation that Article 3.2 „equates" measures „based on" international standards with measures which „conform to" such standards, as signifying that „based on" and „conform to" are identical in meaning. The Panel is thus saying that, henceforth, SPS measures of Members *must* „conform to" Codex standards, guidelines and recommendations.

We are unable to accept this interpretation of the Panel. In the first place, the ordinary meaning of „based on" is quite different from the plain or natural import of „conform to". (…) In the second place, „based on" and "conform to" are used in different articles, as well as in differing paragraphs of the same article. (…)

In the third place, the object and purpose of Article 3 run counter to the Panel's interpretation. That purpose, Article 3.1 states, is „[t]o harmonize [SPS] measures on as wide a basis as possible …". The preamble of the *SPS Agreement* also records that the Members „[d]esir[e] to *further the use of harmonized [SPS] measures between Members* on the basis of international standards, guidelines and recommendations developed by the relevant international organizations …". (emphasis added) (…) It is clear to us that harmonization of SPS measures of Members on the basis of international standards is projected in the Agreement, as a *goal*, yet to be realized *in the future*. To read Article 3.1 as requiring Members to harmonize their SPS measures *by conforming those measures with international standards*, guidelines and recommendations, *in the here and now*, is, in effect, to vest such international standards, guidelines and recommendations (which are by the terms of the Codex *recommendatory* in form and nature) with *obligatory* force and effect. The Panel's interpretation of Article 3.1 would, in other words, transform those standards, guidelines and recommendations into binding *norms*. But, as already noted, the *SPS Agreement* itself sets out no indication of any intent on the part of the Members to do so. We cannot lightly assume that sovereign states intended to impose upon themselves the more onerous, rather than the less burdensome, obligation by mandating *conformity* or *compliance with* such standards, guidelines and recommendations. To sustain such an assumption and to warrant such a far-reaching interpretation, treaty language far more specific and compelling than that found in Article 3 of the *SPS Agreement* would be necessary."

### Anerkennung der Gleichwertigkeit

Art. 4 SPS betrifft die **gegenseitige Anerkennung** von gesundheitspolizeilichen und pflanzenschutzrechtlichen Maßnahmen. Ein importierendes WTO-Mitglied ist gem. Art. 4.1 SPS verpflichtet, die Maßnahmen eines anderen (exportierenden) WTO-Mitglieds als gleichwertig anzuerkennen, wenn objektiv nachgewiesen wird, dass die Maßnahmen des exportierenden Mitglieds das Schutzniveau erreichen, dass das importierende Mitglied als angemessen ansieht.

371

Harmonisierung durch internationale Standards und Anerkennung der Gleichwertigkeit sind **Instrumente zur Handelsliberalisierung**, die typischerweise in **Systemen fortgeschrittener Wirtschaftsintegration** (z. B. der EG) verwandt werden. Ihre handels-

372

---

152 *EC – Hormones*, o. Fn. 151, Absätze 162 ff., zitiert ohne Fußnoten.

liberalisierende Wirkung besteht darin, dass die Anforderungen an Produkte, Produktionsmethoden oder Verkaufsvorschriften nicht mehr von Mitglied zu Mitglied verschieden sind (Harmonisierung) bzw., dass bestehende Unterschiede nicht mehr handelsbeschränkend wirken (gegenseitige Anerkennung). Voraussetzung dieser Maßnahmen ist aber, dass sich die Mitglieder über das angemessene Schutzniveau einig sind und der Beitrag der Maßnahmen zur Erreichung des Schutzniveaus objektiv nachweisbar ist. Dies ist im Bereich der Lebensmittelsicherheit, in der dieser Beitrag regelmäßig wissenschaftlich überprüft werden kann, einfacher, als in anderen Gebieten. Es ist z. B. einfacher, sich darauf zu einigen, dass bestimmte Zusatzstoffe, die krebserregend sind, in Lebensmitteln nicht verwendet werden dürfen, als darauf, dass beim Fang von Krabben keine Meeresschildkröten getötet werden sollen.[153]

### Risikobewertung

373 Nach Art. 5 SPS müssen die gesundheitspolizeilichen und pflanzenschutzrechtlichen Maßnahmen der WTO-Mitglieder auf einer den Umständen angepassten Bewertung der Gefahren für das Leben oder die Gesundheit von Menschen, Tieren oder Pflanzen beruhen (**Risikobewertung**). Eine Risikobewertung ist insbesondere erforderlich, wenn eine in Frage stehende Maßnahme über das Schutzniveau eines internationalen Standards hinausgehen soll (Art. 3.3 SPS). Der Risikobewertung sollen Methoden einschlägiger internationaler Organisationen zu Grunde liegen. Darüber hinaus ist das verfügbare wissenschaftliche Beweismaterial und eine Reihe weiterer wissenschaftlicher und wirtschaftlicher Faktoren zu berücksichtigen, die im Einzelnen in Art. 5.2 und 5.3 SPS aufgelistet sind. Die Risikobewertung soll **nicht nur naturwissenschaftlich nachweisbare Zusammenhänge**, sondern auch die **realen Umstände berücksichtigen**. Allerdings sind auch diese Umstände nach rationalen Gesichtspunkten zu bewerten. Der Appellate Body führte dazu in *EC – Hormones* aus[154]:

> „The listing in Article 5.2 begins with „available scientific evidence"; this, however, is only the beginning. We note in this connection that the Panel states that, for purposes of the EC measures in dispute, a risk assessment required by Article 5.1 is „a *scientific* process aimed at establishing the *scientific* basis for the sanitary measure a Member intends to take". To the extent that the Panel intended to refer to a process characterized by systematic, disciplined and objective enquiry and analysis, that is, a mode of studying and sorting out facts and opinions, the Panel's statement is unexceptionable. However, to the extent that the Panel purports to exclude from the scope of a risk assessment in the sense of Article 5.1, all matters not susceptible of quantitative analysis by the empirical or experimental laboratory methods commonly associated with the physical sciences, we believe that the Panel is in error. Some of the kinds of factors listed in Article 5.2 such as „relevant processes and production methods" and „relevant inspection, sampling and testing methods" are not necessarily or wholly susceptible of investigation according to laboratory methods of, for example, biochemistry or pharmacology. Furthermore, there is nothing to indicate that the listing of factors that may be taken into account in a risk assessment of Article 5.2 was intended to be a closed list. It is essential to bear in mind that the risk that is to be evaluated in a risk assessment under Article 5.1 is not only risk ascertainable in a science laboratory operating under strictly controlled conditions, but also risk in human societies as they actually exist, in other words, the actual potential for adverse effects on human health in the real world where people live and work and die."

---

153 Dazu oben Rn. 346 ff.
154 *EC – Hormones*, o. Fn. 151, Absatz 187, zitiert ohne Fußnoten.

Auch wenn die Risikobewertung nach Art. 5 SPS eine Vielzahl von Faktoren berücksichtigen kann, sind die kausalen Zusammenhänge und Wirkungen stets genau nachzuweisen. Ein lediglich **vorsorglicher Einsatz einer Maßnahme ist nur in den engen Grenzen des Art. 5.7 SPS zulässig.** Danach darf eine vorsorgliche Maßnahme nur vorrübergehend ergriffen werden. Dies ist jedoch in solchen Situationen unbefriedigend, in denen ein Gesundheitsrisiko zwar vermutet wird, jedoch noch nicht (auch nicht in absehbarer Zeit) nachweisbar oder widerlegbar ist. Das dem Umweltrecht entstammende **Vorsorgeprinzip** (precautionary principle) gestattet auch im Fall des nicht eindeutig nachweisbaren Risikos eine entsprechende Maßnahme. Auf dieses Prinzip berief sich auch die EG in *EC – Hormones*. Der Appellate Body sah in dem Vorsorgeprinzip jedoch (noch) **keinen allgemeinen völkerrechtlichen Grundsatz,** der über die in Art. 5.7 SPS eingeräumte Möglichkeit hinaus das Recht verliehe, eine Maßnahme aus Vorsorgegesichtspunkten zu ergreifen[155]:

374

„The status of the precautionary principle in international law continues to be the subject of debate among academics, law practitioners, regulators and judges. The precautionary principle is regarded by some as having crystallized into a general principle of customary international *environmental* law. Whether it has been widely accepted by Members as a principle of *general* or *customary international law* appears less than clear. We consider, however, that it is unnecessary, and probably imprudent, for the Appellate Body in this appeal to take a position on this important, but abstract, question. We note that the Panel itself did not make any definitive finding with regard to the status of the precautionary principle in international law and that the precautionary principle, at least outside the field of international environmental law, still awaits authoritative formulation.

It appears to us important, nevertheless, to note some aspects of the relationship of the precautionary principle to the *SPS Agreement*. First, the principle has not been written into the *SPS Agreement* as a ground for justifying SPS measures that are otherwise inconsistent with the obligations of Members set out in particular provisions of that Agreement. Secondly, the precautionary principle indeed finds reflection in Article 5.7 of the *SPS Agreement*. We agree, at the same time, with the European Communities, that there is no need to assume that Article 5.7 exhausts the relevance of a precautionary principle. It is reflected also in the sixth paragraph of the preamble and in Article 3.3. These explicitly recognize the right of Members to establish their own appropriate level of sanitary protection, which level may be higher (i.e., more cautious) than that implied in existing international standards, guidelines and recommendations. Thirdly, a panel charged with determining, for instance, whether „sufficient scientific evidence" exists to warrant the maintenance by a Member of a particular SPS measure may, of course, and should, bear in mind that responsible, representative governments commonly act from perspectives of prudence and precaution where risks of irreversible, e.g. life-terminating, damage to human health are concerned. Lastly, however, the precautionary principle does not, by itself, and without a clear textual directive to that effect, relieve a panel from the duty of applying the normal (i.e. customary international law) principles of treaty interpretation in reading the provisions of the *SPS Agreement*."

Können Maßnahmen somit zwar nicht auf Vorsorgegesichtspunkte gestützt werden, so akzeptierte der Appellate Body dennoch, dass ein WTO-Mitglied nicht verpflichtet ist, seine Maßnahmen auf wissenschaftliche Mehrheitsmeinungen zu stützen. **Respektable Mindermeinungen** sind ebenfalls als Basis von gesundheitspolizeilichen und pflanzenschutzrechtlichen Maßnahmen zulässig.

375

---

155 *EC – Hormones*, o. Fn. 151, Absätze 123 und 124.

> **Merke:** Gesundheitspolizeiliche und pflanzenschutzrechtliche Maßnahme müssen auf einer **rationalen Risikobewertung** beruhen, die **naturwissenschaftliche Erkenntnisse berücksichtigt** und können **nicht unter Berufung auf ein allgemeines Vorsorgeprinzip gerechtfertigt** werden.

**376** Obwohl die Bestimmung des angemessenen Schutzniveaus im Ermessen der WTO-Mitglieder steht, sind Unterschiede des Schutzniveaus, die zu einer **Diskriminierung oder zu verschleierten Handelsbeschränkungen führen, zu vermeiden** (Art. 5.5 SPS). Die Maßnahmen zur Erreichung des Schutzniveaus dürfen auch **nicht handelsbeschränkender als notwendig** sein (Art. 5.6). Nach Fußnote 3 zu Art. 5.6 SPS ist dies der Fall, „wenn keine andere Maßnahme unter vertretbaren technischen und wirtschaftlichen Bedingungen zur Verfügung steht, die das angemessene Schutzniveau erreicht und wesentlich weniger handelsbeschränkend ist". Art. 5.5 und 5.6 SPS greifen somit die Standards der Vermeidung diskriminierender und willkürlicher Handelsbeschränkungen oder der Notwendigkeit, die bereits in Art. 2 SPS und in Art. XX (b) GATT verankert sind, für den speziellen Fall der Erreichung des angemessenen Schutzniveaus wieder auf.

> **Lösungshinweise zum Ausgangsfall**
>
> Das GVO-Verbot Prudentias ist eine Maßnahme, die zum Schutz des Lebens oder der Gesundheit von Menschen, Tieren und Pflanzen erlassen wurde und die den internationalen Handel beeinträchtigt. Damit fällt sie gem. Art. 1.1 SPS i.V.m. Ziffer 1 Anhang A SPS in den Anwendungsbereich des SPS. Da die gesundheitsgefährdende Wirkung von GVO wissenschaftlich nicht nachweisbar ist, beruht die Maßnahme nicht auf wissenschaftlichen Grundsätzen gem. Art. 2.2 SPS. Es lässt sich auch argumentieren, dass das Verbot von GVO keine Maßnahme ist, die zum Schutz der Gesundheit notwendig ist, da Verpackungshinweise genügen, um die Verbraucher über ein mögliches Risiko aufzuklären. Da das Vorsorgeprinzip im SPS kein allgemein anerkanntes Prinzip ist, könnte das Verbot allenfalls gem. Art. 5.7 SPS als vorübergehende Maßnahme gerechtfertigt werden. Dem Sachverhalt ist jedoch nicht zu entnehmen, dass das GVO-Verbot nur vorrübergehend aufrecht erhalten werden soll. Insofern fehlt es an einer zentralen Voraussetzung von Art. 5.7 SPS. Da keine internationalen Standards zu GVO existieren, kommt eine Verletzung von Art. 3 SPS nicht in Betracht. Prudentia hat aber gegen Art. 5 SPS verstoßen, da es keine umfassende Risikobewertung vorgenommen hat, sondern der Meinung in der Bevölkerung gefolgt ist.

### 3. Übereinkommen über technische Handelshemmnisse (TBT)

**377** Das Übereinkommen über technische Handelshemmnisse (Agreement on Technical Barriers to Trade, TBT) betrifft allgemeine technische Vorschriften und Anforderungen, die sich handelshemmend auswirken können. Das TBT beruht in weiten Teilen auf dem sog. **Standards Code** der Tokio-Runde von 1979.

#### a) Anwendungsbereich

**378** In den Anwendungsbereich des TBT fallen **technische Vorschriften** und **Normen** für Waren (Produktstandards) und Verfahren zur Feststellung der Übereinstimmung einer

Ware mit einem Standard (sog. **Konformitätsbewertungsverfahren**). In Anhang 1 des TBT werden diese Begriffe näher definiert:

- „Technische Vorschriften" sind Festlegungen der Merkmale eines Produkts oder der sich hierauf beziehenden Verfahren und Produktionsmethoden, einschließlich der anwendbaren Verwaltungsbestimmungen, deren **Einhaltung zwingend** ist. Dies sind z. B. Festlegungen über die Terminologie, Bildzeichen sowie Verpackungs-, Kennzeichnungs- und Beschriftungsvorschriften. 379

   Beispiel: Eine Vorschrift, wonach ein Getränk nur dann als „Bier" verkauft werden darf, wenn es keine anderen Stoffe außer Wasser, Hopfen und Gerstenmalz enthält (Deutsches Bierreinheitsgebot) oder eine Vorschrift, nach der ein Produkt nur dann als „Bio" bezeichnet werden darf, wenn bei seiner Herstellung kein mineralischer Stickstoffdünger und keine chemisch-synthetischen Pflanzenschutzmittel eingesetzt wurden.

- „Normen" sind Festlegungen der Regeln, Richtlinien oder Merkmale für ein Produkt oder die entsprechenden Verfahren oder Produktionsmethoden, deren **Einhaltung nicht zwingend** ist. Die Einbeziehung freiwilliger Standards in das TBT ist praktisch relevant, da zahlreiche Produktstandards auf nicht-zwingenden Normen beruhen, die den internationalen Handel ebenso wie verpflichtende Vorschriften beeinträchtigen können. 380

   Beispiel: Die Standardmaße des Deutschen Instituts für Normung (DIN) sind Normen, deren Einhaltung nicht verpflichtend ist, die aber für die tatsächliche Vermarktung eines Produkts entscheidend sind.

- „Konformitätsbewertungsverfahren" sind **Verfahren**, die der Feststellung dienen, dass einschlägige Erfordernisse technischer Vorschriften oder Normen erfüllt sind. 381

Das TBT gilt für alle **Waren**, einschließlich Industrieprodukte und landwirtschaftliche Erzeugnisse (Art. 1.3 TBT). Anders als beim SPS ist der Anwendungsbereich des TBT nicht auf bestimmte, mit einem Standard zu verfolgende Schutzziele beschränkt. Allerdings gilt das Übereinkommen nach Art. 1.5 TBT **nicht für Maßnahmen, die unter das SPS fallen**. Nach Art. 1.4 TBT sind Einkaufsspezifikationen, die **für öffentliche Beschaffungen** gelten, ebenfalls vom Anwendungsbereich des TBT ausgenommen. Letztere werden von Art. VI des plurilateralen Übereinkommens über das öffentliche Beschaffungswesen GPA (Government Procurement Agreement) erfasst. 382

Ebenso wie das SPS beansprucht das TBT **im Konfliktfall gegenüber dem GATT Vorrang** (vgl. die „Allgemeine Auslegungsregel zu Anhang 1 A des WTO-Übereinkommens). Allerdings bleibt das GATT neben dem TBT grundsätzlich anwendbar, da dem TBT eine Vorschrift wie Art. 2.4 SPS fehlt. Eine Maßnahme, die dem TBT entspricht, gilt also nicht auch als GATT-konform. Dies hängt damit zusammen, dass das TBT – anders als das SPS – keine Einschränkungen bezüglich der mittels einer Maßnahme verfolgten Ziele vornimmt. Daher lässt sich dem TBT auch kein spezieller Ausnahmetatbestand des GATT zuordnen, so wie Art. XX (b) GATT dem SPS zugeordnet werden kann. 383

### b) Pflichten für technische Vorschriften

384 Das TBT enthält Pflichten für technische Vorschriften der Zentralregierung (Art. 2 TBT), technische Vorschriften lokaler Regierungen und nicht-staatlicher Stellen (Art. 3 TBT), Normen (Art. 4 TBT) und Konformitätsbewertungsverfahren (Art. 5 bis 8 TBT). Im Folgenden sollen nur die Anforderungen an die **Ausarbeitung, Annahme und Anwendung technischer Vorschriften durch Stellen der Zentralregierung** überblicksartig zusammengefasst werden, da die Anforderungen an technische Vorschriften lokaler Regierungen und an Normen vergleichbar sind.

385 Art. 2.1 TBT enthält die Grundsätze der **allgemeinen Meistbegünstigung und der Inländerbehandlung**. Nach Art. 2.2 TBT dürfen technische Vorschriften **keine unnötigen Handelshemmnisse** darstellen, d.h., sie dürfen nicht handelsbeschränkender als notwendig sein, um ein berechtigtes Ziel zu erreichen. Zu den berechtigten Zielen zählen u. a. Erfordernisse der nationalen Sicherheit, Verbraucherschutz, Gesundheitsschutz und Umweltschutz. Das TBT greift damit allgemeine Grundsätze auf, die bereits in Art. I, III und XX GATT verankert sind, und konkretisiert sie für technische Vorschriften.

386 Nach Art. 2.4 TBT sind die WTO-Mitglieder verpflichtet, einschlägige **internationale Normen** für ihre technischen Vorschriften zu verwenden. Damit fördert das TBT, in ähnlicher Weise wie das SPS, aber mit geringerer Intensität, die **Harmonisierung technischer Vorschriften**. Die Harmonisierung wird dadurch vorangetrieben, dass die WTO-Mitglieder nicht nur internationale Standards übernehmen müssen, sondern zusätzlich dazu verpflichtet sind, ihre technischen Vorschriften an sich ändernden internationalen Vorgaben anzupassen. Ein **Abweichen von internationalen Standards** ist gem. Art. 2.4 TBT nur zulässig, wenn diese Standards aufgrund klimatischer oder geographischer Besonderheiten oder technologischer Probleme unwirksame oder ungeeignete Mittel zur Erreichung der angestrebten, berechtigten Ziele sind. Ähnlich wie in Art. 3.2 SPS besteht nach Art. 2.5 Satz 2 TBT die **Vermutung, dass Maßnahmen, die mit internationalen Standards konform sind, keine unnötigen Handelshemmnisse** gem. Art. 2.2 TBT darstellen, wenn sie den in Art. 2.2 TBT ausdrücklich genannten Zielen dienen.

387 In *EC – Sardines*[156], einer Leitentscheidung zum TBT, in der Produktionsbezeichnungen der EG für Sardinen in Rede standen, hat der Appellate Body die Ähnlichkeiten und Unterschiede des SPS und TBT bzgl. der Verwendung internationaler Standards wie folgt analysiert[157]:

„[T]here are strong conceptual similarities between, on the one hand, Article 2.4 of the *TBT Agreement* and, on the other hand, Articles 3.1 and 3.3 of the *SPS Agreement*, and our reasoning in *EC – Hormones* is equally apposite for this case. The heart of Article 3.1 of the *SPS Agreement* is a requirement that Members base their sanitary or phytosanitary measures on international standards, guidelines, or recommendations. Likewise, the heart of Article 2.4 of the *TBT Agreement* is a require-

---

156 *EC – Trade Description of Sardines*, WT/DS231/AB/R, Bericht des Appellate Body am 23. 10. 2002, angenommen, im Internet unter http://www.wto.org/english/tratop_e/dispu_e/cases_e/ds231_e.htm.
157 *EC – Sardines*, o. Fn. 156, Absatz 274.

ment that Members use international standards as a basis for their technical regulations. Neither of these requirements in these two agreements is absolute. Articles 3.1 and 3.3 of the *SPS Agreement* permit a Member to depart from an international standard if the Member seeks a level of protection higher than would be achieved by the international standard, the level of protection pursued is based on a proper risk assessment, and the international standard is not sufficient to achieve the level of protection pursued. Thus, under the *SPS Agreement*, departing from an international standard is permitted in circumstances where the international standard is ineffective to achieve the objective of the measure at issue. Likewise, under Article 2.4 of the *TBT Agreement*, a Member may depart from a relevant international standard when it would be an „ineffective or inappropriate means for the fulfilment of the legitimate objectives pursued" by that Member through the technical regulation."

Vom **SPS unterscheidet** sich das TBT dadurch, dass keine Pflicht zur Vornahme einer Risikobewertung und kein Wissenschaftlichkeitserfordernis besteht. Eine Rechtfertigung nach dem TBT hat somit geringere Voraussetzungen. Das TBT lässt den Mitgliedern dagegen weniger Freiheit bzgl. eines Abweichens von internationalen Standards. Sie können grundsätzlich kein höheres Schutzniveau, als das von einem internationalen Standard festgelegte, anstreben. Das SPS-Übereinkommen ist allerdings im Bereich des Gesundheitsschutzes vorrangig anzuwenden, so dass dessen Anforderungen nicht unterlaufen werden können (Art. 1.5 TBT). 388

Das TBT verpflichtet die Mitglieder **nicht zur Anerkennung der Gleichwertigkeit** technischer Vorschriften anderer Mitglieder. Vielmehr genügt die wohlwollende Prüfung der Anerkennung, wenn sich ein Mitglied davon überzeugt hat, dass durch die Maßnahmen eines anderen Mitglieds die Ziele des erstgenannten Mitglieds ebenso gut erreicht werden können (Art. 2.7 TBT). Weiterhin bestehen Pflichten zur Veröffentlichung und Notifizierung technischer Vorschriften, die keinen internationalen Standards entsprechen, Art. 2.9 bis 2.12 TBT. Damit verfolgt das TBT ein allgemeines **Transparenzprinzip**. 389

Die Anforderungen des TBT an Produktstandards sind insgesamt **weniger einschneidend als die des SPS**. Dies hängt damit zusammen, dass das TBT auf Standards Anwendung findet, die einer Vielzahl unterschiedlicher Ziele dienen können und für die sich einheitliche Überprüfungsmaßstäbe wie Wissenschaftlichkeit oder Beachtung internationaler Standards nicht in dem gleichen Maße anbieten, wie bei Standards, die den Schutz der Gesundheit oder des Lebens von Menschen, Tieren und Pflanzen bezwecken. 390

> **Merke:** Das **TBT** enthält **ähnliche Prinzipien wie das SPS** (Nichtdiskriminierung, Notwendigkeit, Anerkennung, Standards), jedoch **keine strenge Verpflichtung zur Anwendung von Standards oder zur gegenseitigen Anerkennung.**

### 4. Handelspolitische Schutzinstrumente

#### a) Allgemeines

391 Von den übrigen Abkommen über den Warenhandel werden in diesem Abschnitt drei praktisch besonders bedeutsame Abkommen dargestellt. Es handelt sich um Abkommen, die die Zulässigkeit von sog. **handelspolitischen Schutzinstrumenten** betreffen. Anders als bei dem SPS- und TBT-Übereinkommen geht es hierbei weniger um Disziplinen für technische Normen, Standards oder andere innerstaatliche Regelungen, die sich (auch) auf den internationalen Handel auswirken, sondern um Maßnahmen, mit denen direkt und zielgerichtet internationale Handelsbeziehungen beeinflusst werden. Handelspolitische Schutzinstrumente werden zum Ausgleich gegen sog. unfaire Handelspraktiken eingesetzt. Es besteht jedoch auch die Gefahr, dass sie zu protektionistischen Zwecken eingesetzt werden.

392 Grundsätzlich können im WTO-Recht **drei Typen handelspolitischer Schutzinstrumente** unterschieden werden:
- Maßnahmen gegen die Einfuhr von „gedumpten", d. h. unter dem Normalpreis zum Verkauf angebotenen Waren (**Antidumpingmaßnahmen**)
- Maßnahmen gegen die Einfuhr von subventionierten Waren (**Ausgleichsmaßnahmen gegen Subventionen**)
- Maßnahmen gegen einen plötzlichen Importanstieg (**außergewöhnliche Schutzmaßnahmen**)

393 Die ersten beiden Typen von Schutzinstrumenten werden **gegen Eingriffe in das Marktgeschehen bzw. den freien Wettbewerb** eingesetzt, die aus wirtschaftsliberaler Perspektive unerwünscht sind und daher bekämpft werden dürfen. Sowohl beim Dumping als auch bei Subventionen findet ein Eingriff in das Marktgeschehen statt, gegen den sich ein importierender Staat mit Schutzzöllen wehren will. Theoretisch lassen sich diese Maßnahmen also damit begründen, dass sie das Marktgleichgewicht wieder herstellen wollen. Schutzmaßnahmen bei unvorhergesehenen Importzuwächsen sind dagegen ein **primär protektionistisches Instrument**, dessen Ziel darin besteht, einer von einem plötzlichen Importzuwachs betroffenen einheimischen Industrie die Möglichkeit zur Anpassung zu geben.

394 Für alle drei Typen von Schutzmaßnahmen enthält das **GATT bereits grundsätzliche Regelungen** (Art. VI GATT zu Antidumpingzöllen, Art. XVI GATT zu Subventionen und Art. XIX GATT zu außergewöhnlichen Schutzmaßnahmen). Allerdings erwiesen sich diese Vorschriften im Laufe der Jahre als zu unbestimmt. Die weitgehende Reduzierung von Zöllen in den verschiedenen Verhandlungsrunden und das Verbot mengenmäßiger Beschränkungen (Art. XI GATT) führten auch dazu, dass die Staaten verstärkt auf andere handelspolitische Instrumente zurückgriffen. Insbesondere Antidumpingmaßnahmen entwickelten sich in den 1960er und 1970er Jahren zu einer typischen Handelsbeschränkung, mit der vor allem die USA und die EG billige Importe aus Asien (vor allem Japan) verhindern wollten.

In der Erkenntnis, dass handelspolitische Schutzmaßnahmen den internationalen Handel erheblich beeinträchtigen können, einigten sich die GATT-Vertragsparteien bereits 1967 auf ein zusätzliches Abkommen zu Antidumping (**Antidumpingkodex**) und 1979 auf ein Abkommen zu Subventionen (**Subventionskodex**), denen allerdings nicht alle GATT- Vertragsparteien beigetreten waren (GATT à la carte).[158] Eine detaillierte Regelung zu außergewöhnlichen Schutzmaßnahmen fehlte dagegen bis 1995.

395

### b) Antidumpingübereinkommen

Das Übereinkommen zur Durchführung des Artikels VI des Allgemeinen Zoll- und Handelsabkommens 1994 (Agreement on Implementation of Article VI of the General Agreement on Tariffs and Trade 1994; Antidumpingübereinkommen) regelt, mit welchen Maßnahmen (i. d. R. Ausgleichszölle) die WTO-Mitglieder gegen „gedumpte" Einfuhren vorgehen können.

396

Unter **Dumping** wird im Allgemeinen der **Verkauf einer Ware unter ihrem Marktwert** verstanden. Generell handelt es sich um eine Geschäftspraxis, mit der Unternehmen verschiedene Ziele verfolgen, z. B. die Einführung eines neuen Produktes, die Etablierung eines Unternehmens auf einem neuen Markt oder die Erschließung neuer Käuferschichten für ein Produkt. Insofern handelt es sich um einen normalen Vorgang im Wettbewerb zwischen verschiedenen Unternehmen. Da der Verkauf von Waren unter dem Marktwert dauerhaft nicht rentabel ist, ist Dumping regelmäßig eine vorübergehende Praxis.

397

Dumping kann allerdings auch eingesetzt werden, **um eine Ware oder ein Unternehmen endgültig vom Markt zu verdrängen** oder ein Unternehmen **nachhaltig zu schädigen**. Hierin wird generell ein wettbewerbswidriges Verhalten gesehen, da ein Unternehmen seine wirtschaftliche Überlegenheit einsetzt, um der Konkurrenz dauerhaft zu schaden. Ein typischer Fall ist der Verkauf einer Ware unter dem Herstellungspreis, den sich ein großes Unternehmen länger leisten kann als ein kleines. Die Abgrenzung von „unfairem Dumping" und „fairem Preiskampf" ist in der Praxis allerdings oft sehr schwierig.

398

Art. VI GATT und das WTO-Antidumpingabkommen enthalten keine Aussagen über die Zulässigkeit von Dumping, sondern lediglich Vorschriften darüber, wie die Staaten auf die Einfuhr von gedumpten Waren reagieren können. Die WTO-Mitglieder sind ermächtigt, **Antidumpingzölle** zu erheben, wenn folgende Voraussetzungen, die bereits in Art. VI GATT angelegt sind, kumulativ gegeben sind:

399

1. Dumping
2. Schädigung eines inländischen Wirtschaftszweiges oder Gefahr einer Schädigun
3. Kausalität zwischen Dumping und Schaden

} materiell-rechtliche Voraussetzungen

4. Durchführung eines ordnungsgemäßen Antidumpingverfahrens

verfahrensrechtliche Voraussetzung

---

158 Siehe dazu oben Rn. 184.

**400** Eine Ware gilt gemäß Art. VI GATT und Art. 2.1 des Antidumpingübereinkommens als **gedumpt**, wenn der Preis der Ware bei ihrer Ausfuhr **niedriger** ist als der Preis einer gleichartigen Ware im normalen Handelsverkehr (**Normalwert**). Die genaue Berechnung des Normalwerts erweist sich dabei als zentrales Problem bei der Bestimmung von Dumping. Grundsätzlich ist auf den **normalen Handelsverkehr auf dem Inlandsmarkt des Ausfuhrlands** abzustellen. Dies ist allerdings dann problematisch, wenn eine gleichartige Ware auf dem einheimischen Markt nicht verkauft wird, oder wenn im Ursprungsland kein Marktpreis vorhanden ist, z. B. weil dort kein Markt existiert. Das Antidumpingübereinkommen verlangt dann das Abstellen auf einen vergleichbaren Drittmarkt oder den Vergleich des Preises mit den Kosten des Produktes (einschließlich Gewinne), Art. 2.2 Antidumpingübereinkommen.

**401** Die genannte Definition von Dumping i. S. d. Art. VI GATT und Art. 2 Antidumpingübereinkommen macht deutlich, dass unter Dumping im Sinne des WTO-Rechts **nicht** das sog. „**Lohn-, Umwelt- oder Sozialdumping**" verstanden wird. Hiermit wird im Allgemeinen die Ausnutzung geringerer Löhne, Umwelt- und Sozialstandards im Ursprungsland gemeint. Aus Sicht des WTO-Rechts gehören unterschiedliche Standards zu den normalen Wettbewerbsbedingungen. Wenn also in Asien T-Shirts zu sozialen und ökologischen Bedingungen produziert werden, die in Deutschland unzulässig wären, handelt es sich aus WTO-rechtlicher Sicht nicht um „unfaire" Handelspraktiken.

> **Definition:** Dumping im Sinne des WTO-Rechts liegt vor, wenn der **Ausfuhrpreis einer Ware niedriger ist, als der Preis der** zum Verbrauch im Ausfuhrland bestimmten **gleichartigen Ware im normalen Handelsverkehr (Normalwert)**.

**402** Weitere Voraussetzung für die Erhebung eines Antidumpingzolls ist, dass durch das Dumping **ein einheimischer Wirtschaftszweig geschädigt** wurde (Art. VI GATT, Art. 3 Antidumpingübereinkommen). Ob eine solche Schädigung vorliegt ist anhand **eindeutiger Beweise** und auf der Grundlage einer **objektiven Prüfung** festzustellen, die auf den Umfang der gedumpten Waren, ihre Auswirkungen auf die Preise im Inland und die Folgen für inländische Produzenten abstellt. Art. 3 des Antidumpingübereinkommens enthält detaillierte Vorschriften darüber, wie diese Merkmale zu prüfen sind. Schließlich muss nachgewiesen werden, dass zwischen dem Dumping und der Schädigung ein **kausaler Zusammenhang** besteht (Art. 3.5 Antidumpingübereinkommen).

**403** Die Erfüllung der genannten materiell-rechtlichen Kriterien genügt noch nicht für die Erhebung eines Antidumpingzolls. Vielmehr muss die Erhebung des Zolls auf einem **Antidumpingverfahren** beruhen, dessen nähere Anforderungen in Art. 5 des Antidumpingübereinkommens geregelt sind. Das Verfahren soll regelmäßig nur auf Antrag eines betroffenen Wirtschaftszweigs eröffnet werden. An seine Durchführung werden **rechtsstaatliche Anforderungen** gestellt (Art. 6 Antidumpingübereinkommen). Die Grundsätze des rechtlichen Gehörs, der Transparenz und der Vertraulichkeit sind zu wahren. Die wesentlichen Verfahrensschritte und sein Ergebnis sind öffentlich bekannt zu machen (Art. 12 Antidumpingübereinkommen). Schließlich muss die Erhebung von

Antidumpingzöllen auch durch eine externe Kontrolle überprüfbar sein (Art. 13 Antidumpingübereinkommen).

In der EG sind die Voraussetzungen, Rechtsfolgen und verfahrensrechtlichen Bedingungen des Antidumpingverfahrens in VO 384/96 **(Antidumping-Verordnung)**[159] geregelt. Danach sind Anträge auf den Erlass von Antidumpingzöllen an die Kommission zu richten, die überprüft, ob tatsächlich Dumping vorliegt. Sowohl die antragstellenden Unternehmen oder Verbände als auch die betroffenen Hersteller und Importeure können die Entscheidung der Kommission vor dem EuGH überprüfen lassen.

404

> **Merke: Antidumpingzölle** können nur erhoben werden, wenn in einem **ordnungsgemäßen Antidumpingverfahren** festgestellt wurde, dass ein **inländischer Wirtschaftszweig durch Dumping geschädigt** wurde.

Liegen die Voraussetzungen für die Erhebung eines **Antidumpingzolls** vor, so darf dieser in **Höhe der Antidumpingspanne** (Differenz zwischen Normalwert und Ausfuhrpreis) zum Ausgleich des Wettbewerbsvorteils der Exporteure erhoben werden. Durch den Antidumpingzoll soll das dumpende Unternehmen also nicht bestraft, sondern nur sein wettbewerbswidriger Vorteil ausgeglichen werden. Antidumpingzölle dürfen nur erhoben werden, solange Dumping vorliegt, höchstens jedoch für fünf Jahre.

405

Die Einhaltung des Antidumpingübereinkommens kann gemäß Art. 17 Antidumpingübereinkommen im Rahmen der WTO-**Streitschlichtung** überprüft werden. Wird ein Antidumpingzoll erhoben, können also einerseits die betroffenen Unternehmen vor den Gerichten des den Zoll erhebenden Staats vorgehen und andererseits der Heimatstaat der betroffenen Unternehmen eine Beschwerde vor dem DSB zur Überprüfung des Antidumpingzolls einreichen. Das Streitschlichtungsverfahren ist allerdings in diesen Fällen darauf beschränkt festzustellen, ob alle Tatsachen objektiv und unparteiisch von der Behörde geprüft wurden und die rechtliche Auslegung eine von mehreren zulässigen Auslegungen darstellt (Art. 17.6 (i) Antidumpingübereinkommen). Antidumpingzölle sind von großer praktischer Bedeutung, was sich auch darin zeigt, dass etwa 20 % aller WTO-Streitbeilegungsverfahren einen bezug zum Antidumping-Recht haben.

406

### c) Übereinkommen über Subventionen und Ausgleichsmaßnahmen

Das Übereinkommen über Subventionen und Ausgleichsmaßnahmen (Agreement on Subsidies and Countervailing Measures, SCM) regelt die Zulässigkeit von bestimmten Subventionstypen und ermächtigt die WTO-Mitglieder dazu, unter bestimmten Umständen Maßnahmen gegen subventionierte Einfuhren zu ergreifen. Nach Art. 1.1 SCM

407

---

159 Verordnung (EG) Nr. 384/96 des Rates vom 22. Dezember 1995 über den Schutz gegen gedumpte Einfuhren aus nicht zur Europäischen Gemeinschaft gehörenden Ländern, ABl. 1996 L 56/1.

liegt eine **Subvention** vor, wenn eine **Regierung oder öffentliche Körperschaft eine finanzielle Beihilfe** leistet oder eine Einkommens- oder Preisstützung i. S. d. Art. XVI GATT gewährt, durch die einem Unternehmen **ein Vorteil** gewährt wird. Unter finanziellen Beihilfen werden z. B. direkte Geldtransfers wie Zuschüsse und Kredite, Bürgschaften oder der Verzicht auf Abgaben verstanden. Auch die Bereitstellung von Waren oder Dienstleistungen, die nicht zur allgemeinen Infrastruktur zählen, werden als Beihilfen angesehen. Subventionen zeichnen sich also dadurch aus, dass eine staatliche Stelle einem privaten Wirtschaftsteilnehmer einen Vorteil gewährt, den er auf dem freien Markt nicht oder nicht ohne Gegenleistung erhalten hätte.

408 Das Subventionsübereinkommen findet allerdings generell nur auf **spezifische Subventionen** Anwendung (Art. 1.2 und Art. 2 SCM). Das ist der Fall, wenn die Subvention rechtlich oder faktisch nur bestimmten Unternehmen oder Wirtschaftszweigen zur Verfügung steht. Ausfuhrsubventionen gelten grundsätzlich als spezifische Subventionen.

409 Das Subventionsübereinkommen regelt sowohl die **Zulässigkeit bestimmter Subventionen** als auch die Voraussetzungen, nach denen WTO-Mitglieder auf subventionierte Einfuhren mit **Ausgleichsmaßnahmen** reagieren dürfen. Damit unterscheidet es sich vom Antidumpingübereinkommen, das – wie soeben gezeigt – sich nur auf Ausgleichsmaßnahmen bezieht und zur Zulässigkeit von Dumping keine Aussage trifft.

410 Das Subventionsübereinkommen unterscheidet grundsätzlich zwischen **verbotenen** Subventionen und **anfechtbaren** Subventionen. Bis zum 31.12.1999 bestand darüber hinaus eine dritte Gruppe von Subventionen (nichtanfechtbare Subventionen), die heute jedoch keine Rolle mehr spielt.

411 ■ **Verbotene Subventionen (Teil II des Subventionsübereinkommens)**
**Exportsubventionen** und **Importsubstitutionssubventionen** sind verboten, Art. 3 SCM. Exportsubventionen sind Subventionen, die vergeben werden, wenn eine Ware ausgeführt wird. Importsubstitutionssubventionen sind Subventionen, die vergeben werden, wenn bei der Produktion inländische Vorprodukte bevorzugt werden. Das Verbot gilt nicht für Subventionen, die im Landwirtschaftsübereinkommen geregelt sind. Exportsubventionen und Importsubstitutionssubventionen sind grundsätzlich diskriminierend und verzerren den Wettbewerb auf den internationalen Märkten.

412 ■ **Anfechtbare Subventionen (Teil III des Subventionsübereinkommens)**
Anfechtbar (*actionable*) sind spezifische Subventionen, die nicht verboten sind und die eine **nachteilige Auswirkung auf die Interessen anderer WTO-Mitglieder** haben. Dazu zählt die **Schädigung eines inländischen Wirtschaftszweigs** eines anderen WTO-Mitglieds, die Zunichtemachung und Schmälerung von Vorteilen aus dem GATT und ernsthafte Schädigungen der Interessen eines anderen Mitglieds (Art. 5 SCM). Unter einer ernsthaften Schädigung der Interessen eines anderen Mitglieds wird z. B. die **Verdrängung oder Verhinderung von Exporten** in das subventionierende Land oder die **Verdrängung** nicht-subventionierter Waren durch subventionierte Waren **auf einem Drittlandsmarkt** verstanden (Art. 6.3 a) und 6.3 b) SCM).

Gegen verbotene und anfechtbare Subventionen stellt das Subventionsübereinkommen **Abhilfemaßnahmen** durch ein Streitbeilegungsverfahren zur Verfügung, das dem normalen Verfahren nach dem DSU zwar ähnelt, jedoch zahlreiche Sondervorschriften (insbes. kürzere Fristen) vorsieht, Art. 4 und 7 SCM. Rechtsfolge der Feststellung des Vorliegens einer verbotenen oder einer anfechtbaren Subvention ist die Verpflichtung zur **Rücknahme der Subvention** bzw. bei anfechtbaren Subventionen auch die **Beseitigung der nachteiligen Auswirkungen** der Subvention (Art. 4.9 und Art. 7.8 SCM).

413

Inwieweit die WTO-Mitglieder verpflichtet sind, **bereits ausgezahlte Subventionen vollständig zurückzufordern**, ist umstritten. In *Australia – Automotive Leather*[160] bejahte das Panel eine solche Rückforderungspflicht, obwohl die beschwerdeführende Partei (die USA) dies gar nicht verlangte. Entsprechend kritisch wurde diese Entscheidung auch von den WTO-Mitgliedern aufgenommen. In der Tat stellt sich die Frage, ob das Panel die allgemeine verfahrensrechtliche Regel des „ne ultra petita" (nicht über das Beantragte hinaus) verletzt hat. Bejaht man eine generelle Rückzahlungspflicht rechtswidriger Beihilfen im WTO-Recht, stellen sich ähnliche Probleme wie bei der **Rückforderung EG-rechtswidriger Beihilfen**: Kann eine Subvention auch zurückgefordert werden, wenn dies nach nationalem Recht aus Gründen der Rechtssicherheit oder des Vertrauensschutzes nicht mehr zulässig ist?[161]

414

Neben Abhilfemaßnahmen besteht auch die Möglichkeit, einen **Ausgleichszoll** auf die subventionierten Waren zum Ausgleich des gewonnenen Vorteils zu erheben, Teil V SCM. Diese Möglichkeit besteht allerdings nur, wenn die subventionierten Waren den Inlandsmarkt erreichen, d. h. nur dann, wenn der Verdrängungswettbewerb auf dem Markt des ImportLands stattfindet. Findet er auf dem Inlandsmarkt des subventionierenden Mitglieds oder auf einem Drittlandsmarkt statt, können keine Ausgleichszölle erhoben werden, da die subventionierte Ware den eigenen Markt nicht erreicht.

415

Ausgleichszölle können sowohl gegen verbotene als auch gegen anfechtbare Subventionen erhoben werden. Dazu ist Voraussetzung, dass neben dem Vorliegen einer Subvention und einer sich daraus ergebenden Schädigung bzw. drohenden Schädigung eines inländischen Wirtschaftszweiges ein **ordnungsgemäßes Untersuchungsverfahren** durchgeführt wurde, Art. 11 ff. SCM. Die Anforderungen, die an das Verfahren gestellt werden, sind mit denen des Antidumpingübereinkommens vergleichbar. In der EG finden sich die Vorschriften über das Antisubventionsverfahren in VO 2026/97 **(Antisubventionsverordnung)**.[162]

416

---

160 *Australia – Subsidies Provided to Producers and Exporters of Automotive Leather*, Recourse to Art. 21.5 DSU, Entscheidung des Panels am 11.2.2000 angenommen, WT/DS126/RW, Rn. 6.39 ff., im Internet unter http://www.wto.org/english/tratop_e/dispu_e/cases_e/ds126_e.htm.
161 Siehe dazu *Streinz*, Europarecht, 7. Aufl., 2005, Rn. 561 und *Ruthig/Storr*, Öffentliches Wirtschaftsrecht, 2005, Rn. 683 ff.
162 Verordnung (EG) Nr. 2026/97 des Rates vom 6. Oktober 1997 über den Schutz gegen subventionierte Einfuhren aus nicht zur Europäischen Gemeinschaft gehörenden Ländern, ABl. 1997 L 288/1.

417 Der Ausgleichszoll darf die **Höhe der Subvention bzw. die Höhe des Vorteils** nicht überschreiten. Er ist also kein Strafzoll, sondern soll den erlangten Vorteil ausgleichen.

> **Merke:** Ein **Ausgleichszoll** darf gegen subventionierte Waren verhängt werden, wenn in einem **ordnungsgemäßen Untersuchungsverfahren** festgestellt wurde, dass eine **verbotene oder anfechtbare, spezifische Subvention** eine **Schädigung oder drohende Schädigung eines inländischen Wirtschaftszweigs** verursacht hat.

### d) Übereinkommen über Schutzmaßnahmen

418 Das Übereinkommen über Schutzmaßnahmen (Agreement on Safeguard Measures) regelt die Zulässigkeit von Maßnahmen zum Schutz der eigenen Wirtschaft im Fall unvorhergesehener Entwicklungen, insbesondere bei einem plötzlichen Anstieg der Importe. Schutzmaßnahmen knüpfen somit, anders als Antidumpingzölle oder Ausgleichszölle gegen Subventionen, nicht an ein wettbewerbswidriges oder -verzerrendes Verhalten eines Unternehmens (Dumping) oder eines Staats (Subventionen) an, sondern dienen der (vorübergehenden) Abfederung der Auswirkungen des Handels und dem Schutz der einheimischen Industrie. Insofern handelt es sich um **Instrumente, die den Grundprinzipien der Handelsliberalisierung durch das GATT widersprechen**, da sie in erster Linie **protektionistische Ziele** verfolgen. Schutzmaßnahmen können aber die sozialen Folgen des internationalen Handels reduzieren und Strukturanpassungen ermöglichen. Aus diesem Grunde enthielt bereits das GATT eine Vorschrift, nach der die Vertragsparteien bei unvorhergesehenen Entwicklungen ihre Zollzugeständnisse aussetzen konnten (Art. XIX GATT).

419 Allerdings erwies sich diese Vorschrift nicht als geeignet, die in den 1980er Jahren aufkommenden sog. **Grauzonenmaßnahmen** (grey-area measures), wie freiwillige Exportbeschränkungen und sonstige Selbstbeschränkungs- und Marktlenkungsabkommen, zu verhindern.[163] Mit diesen Maßnahmen versuchten vor allem die USA und die EG auf ansteigende Importe aus Japan und den südostasiatischen Schwellenländern zu reagieren. Es war umstritten, ob diese Maßnahmen gegen das GATT verstießen oder nicht. Um den Gebrauch von Grauzonenmaßnahmen einzudämmen und um die verschiedenen Begriffe des Art. XIX GATT näher zu definieren, wurde in der Uruguay-Runde ein Übereinkommen zur stärkeren Regulierung von Schutzmaßnahmen ausgehandelt.

420 Das Übereinkommen über Schutzmaßnahmen sieht für den Erlass einer **Schutzmaßnahme folgende Voraussetzungen** vor: Materiell-rechtlich muss die Ware in derart **erhöhten Mengen** und unter derartigen Bedingungen eingeführt worden sein, dass dem inländischen Wirtschaftszweig, der gleichartige oder unmittelbar konkurrierende Waren produziert, **eine ernsthafte Schädigung** zugefügt wird oder droht, Art. 2.1 Übereinkommen über Schutzmaßnahmen. Verfahrensrechtlich muss eine **ordnungsgemä-**

---

[163] Siehe dazu oben Rn. 158.

ße Untersuchung durchgeführt worden sein, Art. 3 Übereinkommen über Schutzmaßnahmen. Diese Voraussetzungen gleichen damit strukturell den Voraussetzungen für Antidumpingzölle und für Ausgleichszölle gegen Subventionen. Die verfahrensrechtlichen Vorschriften auf europarechtlicher Ebene finden sich in VO 3286/94 (sog. **„Trade Barriers Regulation")**.[164]

> **Merke:** Schutzmaßnahmen sind zulässig, wenn in einem **ordnungsgemäßen Untersuchungsverfahren** festgestellt wurde, dass ein **Importanstieg** einer Ware zu einer **tatsächlichen oder drohenden Schädigung eines inländischen Wirtschaftszweigs**, der gleiche oder unmittelbar konkurrierende Produkte herstellt, führt.

Als Schutzmaßnahmen sind Zölle und mengenmäßige Beschränkungen in Form von Quoten oder Kontingenten zulässig. Die Maßnahmen müssen **erforderlich** sein, d. h., sie dürfen nur in dem Umfang erlassen werden, in dem sie erforderlich sind, um die Schädigung zu beseitigen, Art. 5.1 Übereinkommen über Schutzmaßnahmen. Schutzmaßnahmen sind gem. Art. 2.2 Übereinkommen über Schutzmaßnahmen auf alle Waren **ungeachtet ihrer Herkunft** anzuwenden. Diese Verpflichtung kann als spezielle Ausprägung des Meistbegünstigungsgrundsatzes angesehen werden. 421

Schutzmaßnahmen dürfen im Regelfall nicht länger als vier Jahre aufrecht erhalten werden, Art. 7.1 Übereinkommen über Schutzmaßnahmen. Allerdings ist eine einmalige Verlängerung auf **insgesamt nicht mehr als acht Jahre** möglich, Art. 7.3 Übereinkommen über Schutzmaßnahmen. 422

Eine wichtige Vorschrift des Übereinkommens über Schutzmaßnahmen ist das **Verbot von Grauzonenmaßnahmen** gemäß Art. 11 (b). Danach darf ein WTO-Mitglied freiwillige Ausfuhrbeschränkungen, Selbstbeschränkungsabkommen oder ähnliche Maßnahmen weder ergreifen noch beibehalten. Das Verbot betrifft sowohl unilaterale Maßnahmen als auch bilaterale und mehrseitige Absprachen und Vereinbarungen. 423

▶ **Lern- und Wiederholungsfragen zu § 2 V. 2.–4:**
1. Worin unterscheiden sich die Anwendungsbereiche des TBT- und des SPS-Übereinkommens und in welchem Verhältnis stehen sie zum GATT?
2. Ein zentraler Aspekt des SPS-Übereinkommens besteht darin, dass gesundheitspolizeiliche und pflanzenschutzrechtliche Maßnahmen auf wissenschaftlichen Erkenntnissen beruhen sollen. Welche Vor- und Nachteile sind mit einem solchen Ansatz verknüpft?
3. Sowohl das SPS- und als auch das TBT-Übereinkommen erlauben unter bestimmten Umständen das Abweichen von internationalen Standards zu Gunsten höherer nationaler Standards. Vergleichen Sie die Voraussetzungen für die

---

164 Verordnung (EG) Nr. 3286/94 des Rates vom 22. Dezember 1994 zur Festlegung der Verfahren der Gemeinschaft im Bereich der gemeinsamen Handelspolitik zur Ausübung der Rechte der Gemeinschaft nach internationalen Handelsregeln, insbesondere den im Rahmen der Welthandelsorganisation vereinbarten Regeln, ABl. 1994 L 349/71.

Zulässigkeit einer solchen Abweichung. Welche Schlussfolgerungen lassen sich hieraus bezüglich Sinn und Zweck der beiden Abkommen ziehen?
4. Das WTO-Recht erlaubt Ausgleichszölle gegen die Einfuhr von gedumpten bzw. subventionierten Waren. Wie kann diese Abweichung vom Prinzip der Handelsliberalisierung gerechtfertigt werden?
5. Unter welchen Voraussetzungen sind Antidumpingmaßnahmen und Ausgleichsmaßnahmen gegen Subventionen zulässig?
6. Wie sind sog. Grauzonenmaßnahmen im Übereinkommen über Schutzmaßnahmen geregelt?

## VI. Dienstleistungshandel

Literatur: *Hilf/Oeter*, WTO-Recht, 2005, §§ 22, 23; *Trebilcock/Howse*, The Regulation of International Trade, 3rd ed., 2005, Kapitel 12; *Weiß/Herrmann*, Welthandelsrecht, 2003, § 18; *Pitschas*, Allgemeines Übereinkommen über den Handel mit Dienstleistungen (GATS), in: Prieß/Berrisch (Hrsg.), WTO-Handbuch, 2003, S. 495; *Pitschas*, Die Liberalisierung des internationalen Dienstleistungshandels im Rahmen des GATS, RIW 2003, 676; *Weiss*, The General Agreement on Trade in Services, CMLR 1994, 1177.

424 Die Rechtsordnung des GATT 1947 bezog sich ausschließlich auf den Handel mit Waren. Erst im Rahmen der Uruguay-Runde kam der Handel mit Dienstleistungen auf die Tagesordnung des multilateralen Handelssystems.

### 1. Hintergrund des Dienstleistungshandels

425 Der Umfang des Handels mit Dienstleistungen betrug im Jahr 2004 ca. 2100 Mrd. US$ und umfasst damit **etwa 20 % des gesamten Welthandels**. Während in der zweiten Hälfte der 1980er Jahre der Dienstleistungshandel eine höhere Wachstumsrate verzeichnete als der Warenhandel, ist die Wachstumsrate in den letzten Jahren gleich geblieben. Zwischen 2000 und 2004 betrug die durchschnittliche jährliche **Wachstumsrate** sowohl für den Waren- als auch für den Dienstleistungshandel ca. 9 %.[165] Entsprechend ist auch der Anteil des Dienstleistungshandels am internationalen Handel in den vergangenen Jahren weitgehend konstant geblieben. Das verhältnismäßig höhere Wachstum in den 1980er Jahren dürfte auch dazu beigetragen haben, dass der Dienstleistungshandel Gegenstand der Uruguay-Runde wurde.

426 Die **komparativen Kostenvorteile** im Dienstleistungshandel sind unterschiedlich verteilt. Während Industriestaaten regelmäßig Kostenvorteile in kapital- und technologieintensiven Sektoren (Finanzwesen, Telekommunikation, Verkehrsdienstleistungen) haben, weisen Entwicklungsländer eher Vorteile in personalintensiven Sektoren (Bau-

---

165 Zahlen nach WTO, International Trade Statistics 2005, 20, 25.

leistungen, Tourismus) auf. Weitere Unterschiede bestehen im Technologiebereich: Während Industrieländer häufig Vorteile bei technologischer Innovation haben, verfügen Entwicklungsländer oft über Vorteile bei der Übertragung und Anwendung von Technologien. Während nach der Theorie der komparativen Kostenvorteile somit sowohl bei Industrie- als auch bei Entwicklungsländern ein Interesse am internationalen Dienstleistungshandel bestehen müsste, überwiegt in der Realität das Interesse der Industrieländer. Gemessen am Handelsvolumen sind die wichtigsten Dienstleistungsexporteure und -importeure die USA, Großbritannien, Deutschland und Frankreich.

Dem entsprach es, dass die **Initiative zu Verhandlungen über Dienstleistungen** im Rahmen der Uruguay-Runde von den Industrieländern, vor allem den USA ausging und von Entwicklungsländern mit großer Skepsis betrachtet wurde. US-amerikanische Telekommunikations-, Finanz- und Transportunternehmen setzten sich für die Integration des Dienstleistungshandels in das Welthandelsrecht ein und betrieben aktive Lobby-Arbeit für die Liberalisierung des Dienstleistungshandels. 427

Die politischen und ökonomischen **Hintergründe** der Initiative zu Verhandlungen über Dienstleistungshandel sind vielfältig: 428
- Die Industrieländer spürten in zahlreichen Sektoren des Warenhandels, insbesondere **bei industriellen Produkten**, die stärker werdende **Konkurrenz aus Entwicklungsländern**, vor allem aus Südost- und Ostasien. Insofern sollte mit der Ausdehnung des Welthandelsregimes auf Dienstleistungen ein Bereich erschlossen werden, in dem die Industrieländer sich (noch) überlegen fühlten.
- Im Zuge **der Liberalisierung und Deregulierung** zahlreicher Dienstleistungssektoren durch das neoliberale Wirtschaftsprogramm der Reagan- und Thatcher-Regierungen in den USA und Großbritannien entstanden in vielen zuvor stark regulierten Sektoren (Telekommunikation, Post, Verkehr, Energie) privatwirtschaftliche Unternehmen. Diese Entwicklung setzte sich in anderen Staaten aufgrund eines sich **wandelnden Verständnisses von Staat und Wirtschaft** fort. Dadurch wurden Marktinteressen in Bereichen geschaffen, die zuvor von staatlichen Monopolen kontrolliert wurden.

Der Handel mit Dienstleistungen und damit auch die Liberalisierung dieses Handels im Rahmen der WTO unterscheiden sich stark vom Handel mit Gütern und dessen Liberalisierung. Dies beruht vor allem darauf, dass **Produktion und Konsum einer Dienstleistung häufig zusammen fallen** und somit einen direkten persönlichen Kontakt zwischen Dienstleistungserbringer und Dienstleistungsempfänger erforderlich machen, was bei Waren regelmäßig nicht der Fall ist. 429

Daraus ergeben sich zwei **zentrale Herausforderungen bzw. Probleme**, die mit der Liberalisierung des Handels mit Dienstleistungen verbunden sind: 430
- Der Handel mit Dienstleistungen impliziert oft den **grenzüberschreitenden Verkehr von (juristischen oder natürlichen) Personen** und berührt daher sensible politische Fragen (Niederlassung ausländischer Unternehmen, Arbeitsmigration, Einwanderung).

- Anders als bei Waren ist der Grenzübertritt einer Dienstleistung grundsätzlich kaum reguliert oder beschränkt, da es z. B. keine Zölle auf Dienstleistungen gibt (geben kann). Vielmehr wirken sich oft innerstaatliche Regulierungen der Dienstleistungserbringung handelsbeschränkend aus. Dies gilt z. B. für Anforderungen an die Qualifikationen des Dienstleistungserbringers oder spezifischer Standards, deren Erfüllung für eine Konzession erforderlich ist. Insofern ergibt sich ein **Spannungsverhältnis zwischen innerstaatlicher Regulierung und der Liberalisierung des Dienstleistungshandels.**

## 2. Allgemeines Übereinkommen über den Handel mit Dienstleistungen (GATS)

**Ausgangsfall**

In Teutonia bietet die staatliche Wettgesellschaft Fortuna auf der Grundlage eines gesetzlichen Monopols Sportwetten an. Weder inländische noch ausländische private Anbieter dürfen Sportwetten anbieten. Gambellien, das über eine florierende Sportwettindustrie verfügt, die in Teutonia Niederlassungen gründen will, sieht in dem staatlichen Monopol einen Verstoß gegen die GATS-Verpflichtungen von Teutonia. In die Liste seiner spezifischen Zugeständnisse hat Teutonia für den Sektor „Unterhaltungsdienstleistungen" keine Einschränkungen des Marktzugangs und keine Einschränkungen der Inländerbehandlung eingetragen. Teutonia verteidigt sich mit folgenden Argumenten: Erstens falle ein staatliches Monopol nicht in den Anwendungsbereich des GATS, da es sich nicht um eine im Wettbewerb erbrachte Dienstleistung handele. Zweitens sei das Verbot für private Anbieter nicht-diskriminierend und drittens sei das staatliche Monopol in jedem Fall gerechtfertigt, da es der Bekämpfung der Spielsucht und damit dem Schutz der menschlichen Gesundheit diene. Was ist von diesen Argumenten zu halten?

Sachverhalt in Anlehnung an BVerfG, NJW 2006, 1261 (Sportwettenurteil)

### a) Anwendungsbereich des GATS

431 Nach Art. I:1 GATS findet das Übereinkommen „Anwendung auf **die Maßnahmen der Mitglieder, die den Handel mit Dienstleistungen beeinträchtigen.**" Die vier Elemente dieser Definition („Dienstleistungen", „Handel (mit Dienstleistungen)", „Maßnahmen der Mitglieder" und „beeinträchtigen") werden im Folgenden näher erläutert.

#### Dienstleistungen

432 Nach Art. I:3 GATS umfasst der Begriff „Dienstleistungen" **jede Art von Dienstleistung in jedem Sektor** mit Ausnahme von Dienstleistungen, die in Ausübung hoheitlicher Gewalt erbracht werden.[166]

433 Das GATS selbst definiert den Begriff Dienstleistung nicht. Auch außerhalb des WTO-Rechts besteht **keine Einigkeit über eine Definition von „Dienstleistung"**. Vielfach

---

166 Dazu unten Rn. 477 f. Eine weitere Bereichsausnahme betrifft die Ausübung von Luftverkehrsrechten und Dienstleistungen, die damit verbunden sind (siehe die Anlage zu Luftverkehrsdienstleistungen).

wird auf den vorrübergehenden Charakter einer Dienstleistung, die anders als eine Ware nicht dauerhaft verkörpert ist, abgestellt. Andere betonen die interpersonelle Nähe der Dienstleistungserbringung. Die Abgrenzung von Waren und Dienstleistungen wird dadurch verkompliziert, dass Dienstleistungen häufig in Waren verkörpert werden (z. B. Computerprogramme auf CD ROMs, Architektenpläne oder Rechtsgutachten auf Papier).

In praktischer Hinsicht werden die Abgrenzungsprobleme im WTO-Recht dadurch relativiert, dass die WTO-Mitglieder auf die **Produktklassifizierung der UN** (Central Product Classification) abstellen, wenn einzelne Dienstleistungen in Frage stehen. Die Klassifizierung kennt zwölf Hauptsektoren und zahlreiche Untersektoren. Die Klassifizierung ist für die Definition von Dienstleistung im GATS allerdings nicht konstitutiv. Auch eine Dienstleistung, die in ihr nicht ausdrücklich enthalten ist (z. B. die Versorgung mit Trinkwasser), wird grundsätzlich vom GATS erfasst.

434

### Handel (mit Dienstleistungen)
Der Begriff „Handel mit Dienstleistungen" wird in Art I:2 GATS definiert, als „**Erbringung** einer Dienstleistung" in einer von vier Erbringungsarten (modes of supply). Als Erbringung wird nach Art. XXVIII (b) GATS die Produktion, der Vertrieb, die Vermarktung, der Verkauf und die Bereitstellung von Dienstleistungen verstanden. Das GATS versteht unter Handel mit Dienstleistungen die Erbringung einer Dienstleistung

435

a) „aus dem Hoheitsgebiet eines Mitglieds in das Hoheitsgebiet eines anderen Mitglieds" (**grenzüberschreitende Erbringung**, Modus 1): Nur die Dienstleistung selbst überschreitet die Grenze, während Dienstleistungserbringer und -empfänger in ihren Ländern verbleiben.[167] Typischerweise wird die Dienstleistung bei Modus 1 durch Telekommunikation (Internet, Telefon) übermittelt oder in verkörperter Form (z. B. Architektenpläne) von einem in ein anderes Land gesandt.

b) „im Hoheitsgebiet eines Mitglieds an den Dienstleistungsnutzer eines anderen Mitglieds" (**Konsum im Ausland**, Modus 2): Der Dienstleistungsempfänger überquert eine Grenze und empfängt eine Leistung im Ausland.[168] Dienstleistungserbringung durch Modus 2 findet oft im Tourismussektor statt, wenn z. B. ein Tourist aus einem Staat ein Hotelzimmer in einem anderen Staat mietet.

c) „durch einen Dienstleistungserbringer eines Mitglieds mittels kommerzieller Präsenz im Hoheitsgebiet eines anderen Mitglieds" (**kommerzielle Präsenz**, Modus 3): Der Dienstleistungserbringer errichtet eine juristische Person im Ausland oder gründet eine Zweigstelle oder Repräsentanz, um die Leistung zu erbringen.[169] Es handelt sich bei dieser Art der Erbringung regelmäßig um eine **Direktinvestition im Ausland**.[170] Damit wird deutlich, dass das GATS auch Elemente des Investitionsschutzes umfasst. Allerdings ist umstritten, ob das GATS Investoren bereits vor ihrer Niederlassung im Ausland schützt (*pre-establishment*) und sich aus dem GATS

---
167 EG-rechtlich entspricht dem die sog. „Korrespondenzdienstleistung" i. S. d. Art. 50 EGV.
168 EG-rechtlich entspricht dem die sog. „passive Dienstleistungsfreiheit" i. S. d. Art. 50 EGV.
169 EG-rechtlich würde dieser Tatbestand von der Niederlassungsfreiheit (Art. 43 EGV) erfasst.
170 Zu Investitionen siehe § 3 Rn. 530 ff.

insofern ein **Niederlassungsrecht** ergibt oder ob die GATS-Regeln erst greifen, wenn sich ein ausländischer Investor bereits niedergelassen hat (*post-establishment*).

d) „durch einen Dienstleistungserbringer eines Mitglieds mittels Präsenz natürlicher Personen eines Mitglieds im Hoheitsgebiet eines anderen Mitglieds" (**Präsenz natürlicher Personen,** Modus 4): Der Dienstleistungserbringer ist eine natürliche Person, die sich zur Erbringung der Leistung im Ausland aufhält und dort abhängig oder selbständig tätig ist.[171] Diese Art der Erbringung erfordert somit regelmäßig den (temporären) **Aufenthalt von Ausländern im Inland** und betrifft damit auch einwanderungs- und migrationspolitische Fragen. In einer Anlage zum GATS haben die WTO-Mitglieder jedoch vereinbart, dass das GATS weder Fragen des Zugangs zum Arbeitsmarkt noch der Staatsangehörigkeit oder des dauerhaften Aufenthaltes betrifft. Regelmäßig wird daher nur von einem temporären Aufenthalt natürlicher Personen ausgegangen.

### Maßnahmen der Mitglieder

436 Nach Art. I:3 GATS werden unter dem Begriff „Maßnahmen der Mitglieder" sowohl Maßnahmen von **Regierungen und Behörden auf allen Ebenen der staatlichen Verwaltung** (Zentralstaat, Region und lokale Einheiten) als auch Maßnahmen **nichtstaatlicher Stellen**, die in Ausübung von übertragenen Befugnissen handeln, verstanden. Unter letztere fallen z. B. Maßnahmen, die von berufsständischen Organisationen oder privaten Vereinigungen getroffen werden und die rechtlich staatlichen Regulierungen gleichgestellt sind. Das GATS erfasst damit auch den Bereich der sog. **Selbstregulierung**.

### beeinträchtigen

437 Das GATS erfasst nicht nur Maßnahmen, die den Handel mit Dienstleistungen regeln oder darauf abzielen, diesen Handel zu beeinflussen, sondern nach der deutschen Übersetzung alle Maßnahmen, die den Handel „beeinträchtigen". Diese Übersetzung ist missverständlich, da sie den Bedeutungsgehalt des Originalwortlauts („Measures *affecting* trade in services") nur eingeschränkt wiedergibt. Richtiger wäre es, von „berühren" zu sprechen. Der Appellate Body hat hierzu in *EC – Bananas*[172] ausgeführt, dass der Anwendungsbereich des GATS aufgrund dieser Formulierung sehr weit ist und, dass sich die Anwendungsbereiche des GATS und des GATT überschneiden können.

#### Sachverhalt (vereinfacht)

Nach der EG-Bananenmarktverordnung erhielten Bananen aus den Ländern der sog. AKP-Gruppe (Länder Afrikas, der Karibik und des Pazifiks, die mit der EG in einem besonderen Assoziierungsabkommen verbunden sind[173]) einen vergünstigten Zugang zum Markt der EG. Hiergegen gingen die USA und einige lateinamerikanische Staaten vor dem WTO-Streitschlichtungsmechanismus vor. Wäh-

---

171 EG-rechtlich entspricht dem die aktive Dienstleistungsfreiheit i. S. d. Art. 50 EGV bzw. die Arbeitnehmerfreizügigkeit gem. Art. 39 EGV.
172 *EC – Regime of the Importation, Sale and Distribution of Bananas*, WT/DS27/AB/R, Bericht des Appellate Body, angenommen am 25 September 1997, im Internet unter http://www.wto.org/english/tratop_e/dispu_e/cases_e/ds27_e.htm.
173 Zum Verhältnis EG-AKP siehe unten § 5 Rn. 866 ff.

rend der Schwerpunkt des Streits den Warenhandel betraf, rügten die beschwerdeführenden Staaten auch eine Verletzung des GATS. Die EG argumentierte, dass die Bananenmarktordnung den Warenhandel und nicht den Dienstleistungshandel betreffe.

**Auszug aus dem Bericht des Appellate Body**[174]
[W]e note that Article I:1 of the GATS provides that „[t]his Agreement applies to measures by Members affecting trade in services". In our view, the use of the term „affecting" reflects the intent of the drafters to give a broad reach to the GATS. The ordinary meaning of the word „affecting" implies a measure that has „an effect on", which indicates a broad scope of application. This interpretation is further reinforced by the conclusions of previous panels that the term „affecting" in the context of Article III of the GATT is wider in scope than such terms as „regulating" or „governing". We also note that Article I:3(b) of the GATS provides that „'services' includes *any service* in *any sector* except services supplied in the exercise of governmental authority" (emphasis added), and that Article XXVIII(b) of the GATS provides that the „,supply of a service' includes the production, distribution, marketing, sale and delivery of a service". There is nothing at all in these provisions to suggest a limited scope of application for the GATS. We also agree that Article XXVIII(c) of the GATS does not narrow „the meaning of the term ,affecting' to ,'in respect of'". For these reasons, we uphold the Panel's finding that there is no legal basis for an *a priori* exclusion of measures within the EC banana import licensing regime from the scope of the GATS. (…)

The second issue is whether the GATS and the GATT 1994 are mutually exclusive agreements. The GATS was not intended to deal with the same subject matter as the GATT 1994. The GATS was intended to deal with a subject matter not covered by the GATT 1994, that is, with trade in services. Thus, the GATS applies to the supply of services. (…) Given the respective scope of application of the two agreements, they may or may not overlap, depending on the nature of the measures at issue. Certain measures could be found to fall exclusively within the scope of the GATT 1994, when they affect trade in goods as goods. Certain measures could be found to fall exclusively within the scope of the GATS, when they affect the supply of services as services. There is yet a third category of measures that could be found to fall within the scope of both the GATT 1994 and the GATS. These are measures that involve a service relating to a particular good or a service supplied in conjunction with a particular good. (…) Whether a certain measure affecting the supply of a service related to a particular good is scrutinized under the GATT 1994 or the GATS, or both, is a matter that can only be determined on a case-by-case basis."

Es lässt sich somit festhalten, dass eine staatliche Maßnahme, die primär den Warenhandel betrifft, auch in den Anwendungsbereich des GATS fallen kann, wenn sie den Handel mit Dienstleistungen (vor allem mit Verkaufs-, Transport- und Lagerdienstleistungen) berührt. Das GATT und das GATS sind in einem solchen Fall nebeneinander anwendbar und überschneiden sich.

438

> **Merke:** Der **Anwendungsbereich** des GATS ist **grundsätzlich weit:** Er umfasst alle staatlichen Maßnahmen, die die grenzüberschreitende Erbringung von Dienstleistungen berühren (beeinträchtigen) können.

### b) Meistbegünstigungsgrundsatz (Art. II GATS)

Konstitutiv für das GATS ist die Unterscheidung von **allgemeinen Pflichten** (Teil II des GATS) und **spezifischen Verpflichtungen** (Teil III des GATS). Erstere gelten generell (mit einigen wenigen Ausnahmen), letztere gelten nur dann, wenn sich die WTO-

439

---

174 *EC – Bananas*, o. Fn. 172, Absätze 218 ff., zitiert ohne Fußnoten.

Mitglieder ausdrücklich dazu verpflichtet haben. Zu den allgemeinen Pflichten zählen u. a. das Meistbegünstigungsprinzip (Art. II GATS) und die Verpflichtung zur Transparenz (Art. III GATS) ebenso wie die allgemeinen Ausnahmen (Art. XIV GATS). Die wichtigsten spezifischen Verpflichtungen sind Marktzugang (Art. XVI GATS) und Inländerbehandlung (Art. XVII GATS). Der Umfang dieser Pflichten ergibt sich für jedes Mitglied aus den Listen der spezifischen Zugeständnisse.

> **Merke:** Allgemeine Pflichten des GATS gelten generell; spezifische Verpflichtungen nur, wenn und soweit sich die WTO-Mitglieder in den Listen der spezifischen Zugeständnisse verpflichtet haben.

440 Die wichtigste allgemeine Verpflichtung ist das **Meistbegünstigungsprinzip** (Art. II GATS).

> **Wichtige Norm:** Art. II:1 GATS
> Jedes Mitglied gewährt hinsichtlich aller Maßnahmen, die unter dieses Übereinkommen fallen, den Dienstleistungen und Dienstleistungserbringern eines anderen Mitglieds sofort und bedingungslos eine Behandlung, die nicht weniger günstig ist als diejenige, die es den gleichen Dienstleistungen oder Dienstleistungserbringern eines anderen Lands gewährt.

441 Art. II:1 GATS ist dem Meistbegünstigungsprinzip des GATT (Art. I GATT) vergleichbar und enthält ebenfalls drei Prüfungspunkte.[175] Zunächst ist zu prüfen, ob **Art. II GATS einschlägig** ist. Das ist der Fall, wenn es sich um Maßnahmen handelt, die unter das Übereinkommen fallen, d. h. gem. Art. I:1 GATS Maßnahmen der Mitglieder, die den Handel mit Dienstleistungen beeinträchtigen. Es sind sodann **gleichartige Dienstleistungen oder Dienstleistungserbringer** aus unterschiedlichen Ländern zu betrachten. Schließlich ist eine **Diskriminierung** festzustellen. Diese liegt vor, wenn eine Dienstleistung oder ein Dienstleistungserbringer aus dem einen Land **weniger günstig behandelt** wird als die gleichartige Dienstleistung oder der gleichartige Dienstleistungserbringer aus dem anderen Land. Das Meistbegünstigungsprinzip erfordert, dass die Dienstleistung bzw. der Dienstleistungserbringer sofort und bedingungslos nicht weniger günstig behandelt werden, als die gleichartige Dienstleistung bzw. der gleichartige Dienstleistungserbringer.

442 Ebenso wie die Meistbegünstigung im GATT, erfasst Art. II:1 GATS **sowohl rechtliche als auch faktische Diskriminierungen (*de jure* und *de facto* Diskriminierung)**. Art. II:1 GATS verbietet also nicht nur Maßnahmen, die bereits diskriminierend formuliert sind, sondern auch solche, die zwar neutral formuliert sind aber tatsächlich diskriminierende Wirkungen haben.[176] Dies hat der Appellate Body in *EC – Bananas* aus dem Kontext von Art. II:1 GATS, zu dem er Art. I:1 GATT zählt, hergeleitet. Dabei musste er sich auch mit dem unterschiedlichen Wortlaut von Art. II:1 GATS und Art. XVII GATS (Inländerbehandlung) auseinandersetzen, da letzterer eindeutig auch faktische Diskriminierun-

---
175 Siehe oben Rn. 307 f.
176 Zu *de jure* und *de facto* Diskriminierung im GATT siehe oben Rn. 311.

gen erfasst.¹⁷⁷ Zunächst wies er jedoch die Ansicht des Panels zurück, das die Erstreckung von Art II:1 GATS auf faktische Diskriminierungen durch einen Vergleich mit Art. III GATT (Inländerbehandlung) begründete. Der Appellate Body machte damit deutlich, dass sich Meistbegünstigung und Inländerbehandlung unterscheiden:¹⁷⁸

„We find the Panel's reasoning on this issue to be less than fully satisfactory. The Panel interpreted Article II of the GATS in the light of panel reports interpreting the national treatment obligation of Article III of the GATT. The Panel also referred to Article XVII of the GATS, which is also a national treatment obligation. But Article II of the GATS relates to MFN treatment, not to national treatment. Therefore, provisions elsewhere in the GATS relating to national treatment obligations, and previous GATT practice relating to the interpretation of the national treatment obligation of Article III of the GATT 1994 are not necessarily relevant to the interpretation of Article II of the GATS. The Panel would have been on safer ground had it compared the MFN obligation in Article II of the GATS with the MFN and MFN-type obligations in the GATT 1994.

Articles I and II of the GATT 1994 have been applied, in past practice, to measures involving *de facto* discrimination. (…) The question here is the meaning of „treatment no less favourable" with respect to the MFN obligation in Article II of the GATS. There is more than one way of writing a *de facto* non-discrimination provision. Article XVII of the GATS is merely one of many provisions in the *WTO Agreement* that require the obligation of providing „treatment no less favourable". The possibility that the two Articles may not have exactly the same meaning does *not* imply that the intention of the drafters of the GATS was that a *de jure*, or formal, standard should apply in Article II of the GATS. If that were the intention, why does Article II not say as much? The obligation imposed by Article II is unqualified. The ordinary meaning of this provision does not exclude *de facto* discrimination. Moreover, if Article II was not applicable to *de facto* discrimination, it would not be difficult – and, indeed, it would be a good deal easier in the case of trade in services, than in the case of trade in good – to devise discriminatory measures aimed at circumventing the basic purpose of that Article.

For these reasons, we conclude that „treatment no less favourable" in Article II:1 of the GATS should be interpreted to include *de facto*, as well as *de jure*, discrimination. (…)."

Anders als das GATT, das nur eine Diskriminierung zwischen Waren, d. h. Produkten verbietet, erfasst Art. II:1 GATS **auch die Diskriminierung zwischen Produzenten** (Dienstleistungserbringern). Hintergrund ist die Tatsache, dass viele Regulierungen im Dienstleistungssektor nicht an die Dienstleistung, sondern den Erbringer anknüpfen (z. B. Ausbildungsstandards oder sonstige persönliche Qualifikationen des Erbringers). 443

Für die Bestimmung der **Gleichartigkeit** gilt im GATS ebenso wie im GATT, dass es an einer einheitlichen und klaren Definition fehlt. Man wird aber teilweise auf ähnliche Kriterien abstellen können, wie sie im GATT-Kontext entwickelt wurden.¹⁷⁹ Insbesondere die **Vorlieben und Erwartungen der Verbraucher** sowie der **tatsächliche Gebrauch der Dienstleistung** sind von Bedeutung für die Bestimmung der Gleichartigkeit. Physische Eigenschaften und Zolltarifklassifikationen lassen sich dagegen für die Bestimmung der Gleichartigkeit im GATS nicht verwenden, da diese Merkmale auf Dienstleistungen nicht anwendbar sind. Ein Sonderproblem im GATS betrifft die Frage, ob Dienstleistungen, die in unterschiedlichen Erbringungsarten erbracht werden, „gleichartig" sind. Es ist umstritten, ob z. B. die Führung eines Kontos durch Internetbanking 443a

---

177 Dazu unten Rn. 456.
178 *EC – Bananas*, o. Fn. 172, Rn. 231 ff., zitiert ohne Fußnoten.
179 Dazu oben Rn. 323 ff.

(Modus 1) und die Führung eines Kontos in einer Filiale (Modus 3) gleichartige Dienstleistungen sind.

444 Nach Art. II:2 GATS konnte jedes WTO-Mitglied bei Vertragsschluss **Ausnahmen vom Meistbegünstigungsprinzip** erklären, solange dabei die Voraussetzungen der „Anlage zu den Ausnahmen von Artikel II" erfüllt wurden und erfüllt bleiben (Art. II:2 GATS). Im Regelfall sollten diese Ausnahmen nicht länger als zehn Jahre in Kraft sein. Tatsächlich haben jedoch viele WTO-Mitglieder unbegrenzte Ausnahmen notifiziert. Die Ausnahmen werden in speziellen **Listen** aufgeführt, welche Teil der Anlage zu Ausnahmen von Artikel II sind. Dieses Prinzip wird auch als Negativ-Listen-Ansatz bezeichnet, da die Listen nur die Ausnahmen von einer allgemein geltenden Pflicht normieren und den Umfang der Pflicht nicht positiv beschreiben.[180]

445 Eine weitere Ausnahme existiert für Staaten eines **wirtschaftlichen Integrationssystems** (z. B. die EG). Nach Art. V GATS unterliegen die Vorteile, die sich diese Staaten untereinander gewähren, nicht dem Meistbegünstigungsprinzip, d.h. solche Vorteile müssen den anderen WTO-Mitgliedern nicht gewährt werden. Die Liberalisierung des Dienstleistungshandels in regionalen Integrationssystemen ist unter bestimmten in Art. V GATS näher genannten Bedingungen zulässig. Die Parallelvorschrift zu Art. V GATS findet sich in Art. XXIV:4-12 GATT.[181]

> **Prüfungsschema Art. II GATS**
> 1. Anwendungsbereich
>    = Maßnahmen, die unter das GATS fallen, d. h. Maßnahmen gem. Art. I:1 GATS
> 2. Vergleichspaar
>    = gleichartige Dienstleistungen bzw. Dienstleistungserbringer aus verschiedenen Ländern
> 3. Diskriminierung
>    = weniger günstige Behandlung
> 4. keine Ausnahme
>    a) Liste der Ausnahmen zu Artikel II (Art. II:2 GATT)
>    b) Integrationsübereinkommen (Art. V GATS)

c) **Marktzugang (Art. XVI GATS) und Inländerbehandlung (Art. XVII GAT)**

446 Zu den spezifischen Zugeständnissen gehören der Grundsatz des **Marktzugangs** (Art. XVI GATS) und der **Inländerbehandlung** (Art. XVII GATS). Diese Prinzipien gelten nur insoweit sich die WTO-Mitglieder ausdrücklich zur Geltung dieser Prinzipien verpflichtet haben. Dabei wird sowohl nach Sektoren (und Teilsektoren) als auch nach Erbringungsarten differenziert. Der genaue Umfang der Verpflichtungen ergibt sich aus den Listen der spezifischen Zugeständnisse.[182]

---

180 Zum Positiv-Listen-Ansatz siehe unten Rn. 458.
181 Siehe allgemein dazu § 6 Rn. 929 ff.
182 Dazu unten Rn. 458 ff.

### Marktzugang (Art. XVI GATS)

Nach Art. XVI:1 GATS gewährt jedes Mitglied den Dienstleistungen und Dienstleistungserbringern der anderen Mitglieder eine **Behandlung, die nicht weniger günstig ist, als die, die in den Listen festgelegt** ist. Diese Formulierung macht deutlich, dass die Listen der Zugeständnisse für die Bestimmung des Umfangs des Marktzugangs von zentraler Bedeutung sind. Hat sich ein Mitglied zu Marktzugang verpflichtet, darf es keine der in Art. XVI:2 GATS **abschließend aufgezählten quantitativen und qualitativen Beschränkungen** des Dienstleistungsverkehrs aufrecht erhalten, wenn es diese Beschränkungen nicht ausdrücklich als Ausnahme oder Bedingung zu seinen Verpflichtungen formuliert hat. Diese Verpflichtung betrifft sowohl regionale Maßnahmen, als auch Maßnahmen, die den Gesamtstaat betreffen.

447

Zu den Maßnahmen, die ein Mitglied, das eine Marktzugangsverpflichtung übernommen hat, weder aufrechterhalten noch einführen darf, zählen:
a) Beschränkungen der **Anzahl der Dienstleistungserbringer** in Form von zahlenmäßigen Quoten, Monopolen, ausschließlichen Rechten oder einer wirtschaftlichen Bedürfnisprüfung;
b) Beschränkungen des **Gesamtwerts der Dienstleistungsgeschäfte** oder des Betriebsvermögens in Form zahlenmäßiger Quoten oder einer wirtschaftlichen Bedürfnisprüfung;
c) Beschränkungen der **Gesamtzahl der Dienstleistungen** oder des Gesamtvolumens erbrachter Dienstleistungen durch Festsetzung bestimmter zahlenmäßiger Einheiten in Form von Quoten oder einer wirtschaftlichen Bedürfnisprüfung;
d) Beschränkungen der **Gesamtzahl natürlicher Personen**, die in einem bestimmten Dienstleistungssektor beschäftigt werden dürfen oder die ein Dienstleistungserbringer beschäftigen darf in Form zahlenmäßiger Quoten oder einer wirtschaftlichen Bedürfnisprüfung;
e) Maßnahmen, die **bestimmte Arten rechtlicher Unternehmensformen** oder von Gemeinschaftsunternehmen (joint ventures) beschränken oder vorschreiben und
f) Beschränkungen der **Beteiligung ausländischen Kapitals** durch Festsetzung einer prozentualen Höchstgrenze für die ausländische Beteiligung oder für den Gesamtwert ausländischer Investitionen.

448

Die wichtigsten **quantitativen Beschränkungen** des Marktzugangs sind Monopole, zahlenmäßige Quoten, ausschließliche Rechte, Bedürfnisprüfungen und Beteiligungsbeschränkungen für ausländisches Kapital. Unter Bedürfnisprüfungen versteht man Prüfungen des wirtschaftlichen Bedarfs einer Dienstleistung. Ein Beispiel hierfür ist die Bedarfszulassung im Taxengewerbe nach § 13 Abs. 4 PBefG. Als **qualitative Beschränkung** nennt Art. XVI:2 (e) die Beschränkung auf bestimmte Rechtsformen, wie z. B. Verbot eine Leistung in Form einer GmbH&Co. KG zu erbringen.

449

Grundsätzlich ist die Liste der unzulässigen Beschränkungsformen in Art. XVI:2 GATS abschließend. Eine gewisse Ausdehnung erfährt sie allerdings in der WTO-Praxis. Die WTO-Mitglieder sehen auch das **Erfordernis der eigenen Staatsangehörigkeit** für die Erbringung einer Dienstleistung (nationality requirement) als quantitative Beschränkung in der Form einer sog. „Nullquote" an, da ein solches Erfordernis so wirkt, als

450

habe der Staat eine Quote von „Null" für ausländische Erbringer vorgesehen. Obwohl es sich bei einem Staatsangehörigkeitserfordernis in erster Linie um eine Verletzung des Inländerprinzips handelt, verletzt diese Maßnahme folglich auch das Prinzip des Marktzugangs.

451 Eine weitere Ausdehnung hat der Appellate Body in seiner umstrittenen Entscheidung in US – Gambling and Betting[183] vorgenommen, indem er auch das regulative **Verbot der Erbringung einer Leistung** als Verstoß gegen Art. XVI GATS ansah.

**Sachverhalt**

Nach US-amerikanischem Bundesrecht und nach dem Recht der meisten US-Bundesstaaten ist das Angebot von (oder die Nachfrage nach) Wett- und Glücksspielleistungen über das Internet verboten. Dieses Verbot wirkte sich negativ auf die Internet-Kasinos in Antigua und Barbuda, einem kleinen Land in der Karibik aus. Antigua und Barbuda sah in den US-amerikanischen Vorschriften eine Verletzung der spezifischen Verpflichtungen der USA, die sich im Sektor „Erholung, Kultur und Sport", zu dem auch Wetten und Glücksspiele gehören, zu vollem Marktzugang verpflichtet hatten. Antigua und Barbuda berief sich u.a. auf eine Verletzung der Marktzugangsverpflichtung gem. Art. XVI:2 (a) und (c) GATS in der Erbringungsart 1 (grenzüberschreitender Konsum). Der Appellate Body nahm einen Verstoß der USA gegen Art. XVI GATS an, der jedoch im Wesentlichen gem. Art. XIV (a) GATS gerechtfertigt werden konnte.

**Auszug aus dem Bericht des Appellate Body**[184]:

„Article XVI:2(a) prohibits „limitations on the number of service suppliers whether in the form of numerical quotas, monopolies, exclusive service suppliers or the requirements of an economic needs test." In interpreting this provision we observe, first, that it refers to restrictions „on the *number* of service suppliers", as well as to „*numerical* quotas". These words reflect that the focus of Article XVI:2(a) is on limitations relating to numbers or, put differently, to *quantitative* limitations. (...)

The words „in the form of" in sub-paragraph (a) relate to all four of the limitations identified in that provision. It follows, in our view, that the four types of limitations, themselves, impart meaning to „in the form of". Looking at these four types of limitations in Article XVI:2(a), we begin with „numerical quotas". These words are not defined in the GATS. According to the dictionary definitions provided by the United States, the meaning of the word „numerical" includes „characteristic of a number or numbers". The word „quota" means, *inter alia*, „the maximum number or quantity belonging, due, given, or permitted to an individual or group"; and „numerical limitations on imports or exports". Thus, a „numerical quota" within Article XVI:2(a) appears to mean a quantitative limit on the number of service suppliers. The fact that the word „numerical" encompasses things which „have the characteristics of a number" suggests that limitations „in the form of a numerical quota" would encompass limitations which, even if not in themselves a number, have the characteristics of a number. Because zero is *quantitative* in nature, it can, in our view, be deemed to have the „characteristics of" a number – that is, to be „numerical". (...)

Looking to the context of sub-paragraph (a), we observe that the chapeau to Article XVI:2, refers to the purpose of the sub-paragraphs that follow, namely, to define the measures which a Member shall not maintain or adopt for sectors *where market access commitments are made*. The chapeau thus contemplates circumstances in which a Member's Schedule *includes* a commitment to allow market access, and points out that the function of the sub-paragraphs in Article XVI:2 is to define certain

---

183 *United States – Measures Affecting the Cross-Border Supply of Gambling and Betting Services*, Bericht des Appellate Body angenommen am 7.4.2005, WT/DS285/AB/R, im Internet unter http://www.wto.org/english/tratop_e/dispu_e/cases_e/ds285_e.htm.
184 *US – Gambling and Betting*, o. Fn. 183, Absätze 225 ff., zitiert ohne Fußnoten und ohne Hinweise auf besondere Hervorhebungen.

limitations that are prohibited unless specifically entered in the Member's Schedule. Plainly, the drafters of sub-paragraph (a) had in mind limitations that would impose a maximum limit of *above* zero.

It follows from the above that we find the following reasoning of the Panel to be persuasive:

‚[t]he fact that the terminology [of Article XVI:2(a)] embraces lesser limitations, in the form of quotas greater than zero, cannot warrant the conclusion that it does not embrace a greater limitation amounting to zero. Paragraph (a) does not foresee a "zero quota" because paragraph (a) was not drafted to cover situations where a Member wants to maintain full limitations. If a Member wants to maintain a full prohibition, it is assumed that such a Member would not have scheduled such a sector or subsector and, therefore, would not need to schedule any limitation or measures pursuant to Article XVI:2.'

(…) [W]e are of the view that limitations amounting to a zero quota are quantitative limitations and fall within the scope of Article XVI:2(a)."

Der Appellate Body hat in der Entscheidung somit festgehalten, dass Nullquoten und Maßnahmen, die sich wie eine Nullquote auswirken, Art. XVI:2 GATS verletzen. Daher kann man festhalten, dass nicht nur die in Art. XVI:2 GATS ausdrücklich genannten Beschränkungen, sondern auch Verbote der Erbringung einer bestimmten Dienstleistung, nach Art. XVI GATS unzulässig sind, wenn sich das betreffende Mitglied vollständig zum Marktzugang verpflichtet hat. 452

Art. XVI GATS kann in gewisser Hinsicht mit **Art. XI** GATT (mengenmäßige Beschränkungen) verglichen werden. Jedoch zeigt die Entscheidung des Appellate Body in *US – Gambling and Betting,* dass der Anwendungsbereich von Art. XVI potentiell weiter ist, als der des Art. XI GATT, da Art. XVI GATS auch innerstaatliche Maßnahmen und nicht nur Grenzmaßnahmen betreffen kann. Allerdings gelten die Verpflichtungen des Art. XVI GATS wie oben ausgeführt nur insoweit sich die WTO-Mitglieder ausdrücklich dazu verpflichtet haben. Ihnen bleibt somit ein gewisser Spielraum. 453

### Inländerbehandlung (Art. XVII GATS)

Wie die Marktzugangsverpflichtung gilt auch der Grundsatz der **Inländerbehandlung** (Art. XVII GATS) nur, wenn und soweit sich die Mitglieder dazu ausdrücklich verpflichtet haben. 454

> **Wichtige Norm: Art. XVII GATS**
> (1) In den in seiner Liste aufgeführten Sektoren gewährt jedes Mitglied unter den darin festgelegten Bedingungen und Vorbehalten den Dienstleistungen und Dienstleistungserbringern eines anderen Mitglieds hinsichtlich aller Maßnahmen, welche die Erbringung von Dienstleistungen beeinträchtigen, eine Behandlung, die nicht weniger günstig ist als die, die es seinen eigenen gleichen Dienstleistungen und Dienstleistungserbringern gewährt.
> (2) Ein Mitglied kann das Erfordernis des Absatzes 1 dadurch erfüllen, dass es Dienstleistungen und Dienstleistungserbringern eines anderen Mitglieds eine Behandlung gewährt, die mit der, die es seinen eigenen gleichen Dienstleistungen oder Dienstleistungserbringern gewährt, entweder formal identisch ist oder sich formal von ihr unterscheidet.
> (3) Eine formal identische oder formal unterschiedliche Behandlung gilt dann als weniger günstig, wenn sie die Wettbewerbsbedingungen zu Gunsten von Dienstleistungen oder Dienstleistungserbringern des Mitglieds gegenüber gleichen Dienstleistungen oder Dienstleistungserbringern eines anderen Mitglieds verändert.

**455** Art. XVII:1 GATS ist mit Art. III:4 GATT vergleichbar. Die Norm stellt auf eine **weniger günstige Behandlung einer ausländischen Dienstleistung** bzw. eines ausländischen Dienstleistungserbringers im **Vergleich zu einer gleichartigen inländischen Dienstleistung** bzw. eines inländischen Dienstleistungserbringers ab. Im Rahmen einer **Prüfung** wäre somit zunächst festzustellen, ob Art. XVII GATS anwendbar ist, d. h. ob sich das jeweilige Mitglied in dem relevanten Sektor und in der relevanten Erbringungsart (Modus) zu Inländerbehandlung verpflichtet hat. Danach ist das Vergleichspaar „gleichartige ausländische und inländische Dienstleistung" bzw. „gleichartiger ausländischer und inländischer Dienstleistungserbringer" zu bilden. Schließlich ist zu prüfen, ob eine Diskriminierung in Form einer weniger günstigen Behandlung der ausländischen Dienstleistung bzw. des ausländischen Dienstleistungserbringers vorliegt.

**456** Die Frage, ob Art. XVII GATS nicht nur rechtliche, sondern auch **faktische (*de facto*) Diskriminierungen** erfasst, wird in Absatz 2 und 3 von Art. XVII beantwortet. Art. XVII:2 GATS bestimmt zunächst, dass ein Mitglied seine Verpflichtung zu Inländerbehandlung **sowohl durch formal identische Behandlung als auch durch formal unterschiedliche Behandlung** erfüllen kann. Es kommt also für die Gewährung von Inländerbehandlung nicht auf eine formale Gleichheit an. Daraus folgt, dass auch eine formal gleiche Behandlung zu einer Verletzung der Inländerbehandlung führen kann.

**457** Art. XVII:3 GATS nennt den materiellen Gesichtspunkt, der entscheidend dafür ist, ob eine weniger günstige Behandlung gegeben ist: Es kommt darauf an, ob die in Rede stehende Maßnahme die **Wettbewerbsbedingungen zu Gunsten der inländischen Dienstleistung** bzw. des inländischen Dienstleistungserbringers **verändert**. Art. XVII:3 GATS greift damit den Standard auf, der auch für eine de facto Diskriminierung im GATT gilt. Insofern gilt auch für das GATS, dass die zentrale Funktion der Inländerbehandlung die Wahrung fairer Wettbewerbschancen zwischen inländischen und ausländischen Produkten (und Produzenten) ist.[185]

> **Prüfungsschema Art. XVII GATS**
> 1. Anwendungsbereich
>    = Verpflichtung zu Inländerbehandlung im jeweiligen Sektor und Modus
> 2. Vergleichspaarbildung
>    = gleichartige inländische und ausländische Dienstleistung bzw. Dienstleistungserbringer
> 3. Diskriminierung
>    a) de jure: rechtliche Differenzierung, die inländische Dienstleistung/
>       Dienstleistungserbringer bevorzugt
>    b) de facto: tatsächliche Differenzierung, die inländische Dienstleistung/
>       Dienstleistungserbringer bevorzugt

**Listen der spezifischen Zugeständnisse**

**458** Wie bereits erwähnt, ergibt sich der Umfang der Verpflichtung zu Marktzugang und Inländerbehandlung für die einzelnen WTO-Mitglieder aus ihren jeweiligen **Listen der spezifischen Zugeständnisse**. In diesen Listen werden auch die Einschränkungen und

---

185 Siehe oben Rn. 330.

Bedingungen der Zugeständnisse festgehalten. Man spricht auch vom sog. „Positiv-Listen-Ansatz": Der Umfang der Verpflichtung ergibt sich positiv, d. h. ausdrücklich, aus den Listen. Die Listen sind gem. Art. XX:3 GATS bindend und Bestandteil des GATS. Der Listenansatz des GATS ist insoweit mit der Zollbindung durch Listen im GATT vergleichbar. Um festzustellen, ob und inwieweit ein WTO-Mitglied zu Marktzugang und Inländerbehandlung verpflichtet ist, muss die jeweilige Liste der spezifischen Zugeständnisse herangezogen werden.

Die Listen sind **nach Sektoren und Teilsektoren** unterteilt und enthalten jeweils eine Spalte für Markzugang und eine Spalte für Inländerbehandlung, in der der Umfang der Zugeständnisse und deren Einschränkungen angegeben sind. Die WTO-Mitglieder geben jeweils getrennt nach Erbringungsart an, ob sie in dem entsprechenden Sektor **keine Einschränkungen der Zugeständnisse** vornehmen („none"), d. h. sich vollumfänglich zu Marktzugang und/oder Inländerbehandlung verpflichten, ob sie **bestimmte Einschränkungen** vornehmen, die dann jeweils genau zu benennen sind, oder ob sie ungebunden („unbound") bleiben wollen, d. h. sich in dem entsprechenden Sektor **den Disziplinen Markzugang oder Inländerbehandlung nicht unterwerfen** wollen. Folgender fiktiver Auszug aus einer Liste mit spezifischen Zugeständnissen verdeutlicht den Listenansatz. 459

| Sector or Sub-Sector | Limitations on Market Access | Limitations on National Treatment |
|---|---|---|
| *I. Horizontal Commitments* | | |
| All Sectors included in the Schedule | 4) Unbound except for the entry and stay of senior managers, executives, qualified specialists and consultants with a maximum stay of one year | 4) Unbound except for the entry and stay of senior managers, executives, qualified specialists and consultants with a maximum stay of one year |
| 1. Business Services<br>F Other Business Services<br>o) Building-Cleaning Services<br>(CPC 874) | (1) Unbound (not feasible)<br>(2) None<br>(3) Only through a co-operation with a foreign equity ceiling of 51 percent<br>(4) Unbound except as indicated in horizontal section | (1) Unbound (not feasible)<br>(2) None<br>(3) None<br>(4) Unbound except as indicated in horizontal section |
| 11. Transport Services<br>F. Road Transport Services<br>a) Passenger Transportation<br>(CPC 71213, 7122) | (1) Unbound<br>(2) None<br>(3) Economic needs test for limousine services (71222) and local licenses for taxi services (71221)<br>(4) Unbound except as indicated in horizontal section | (1) Unbound<br>(2) None<br>(3) Unbound for carriers established outside the territory<br>(4) Unbound except as indicated in horizontal section and subject to the following specific limitation: Residence requirement |

*Figur 6: Auszug aus einer Liste der spezifischen Zugeständnisse*

460　Aus diesem Auszug wird zunächst deutlich, dass das WTO-Mitglied sowohl **sektorspezifische Zugeständnisse** (Sector-specific commitments) als auch sektorübergreifende, **horizontale Zugeständnisse** bzw. Einschränkungen (Horizontal commitments) eingegangen ist. Sektorübergreifend beschränkt das Mitglied sowohl den Marktzugang als auch die Inländerbehandlung in Modus 4 (Präsenz natürlicher Personen) auf Manager, Geschäftsführer und Spezialisten und begrenzt deren Aufenthalt auf maximal ein Jahr. Im Subsektor Gebäudereinigung (Building-cleaning services) wird der Marktzugang in Modus 3 (kommerzielle Präsenz) auf Unternehmensbeteiligungen von maximal 51 % beschränkt. Im Subsektor Personentransport auf der Straße (Passenger Transportation) behält sich das Mitglied in Modus 3 Bedürfnisprüfungen (economic needs tests) für Transport mit Limousinen vor und örtliche Lizenzen für das Taxengewerbe, beides Ausnahmen von der Verpflichtung zu Marktzugang. In anderen Erbringungsarten hat das Mitglied entweder keine Beschränkungen vorgenommen („none") oder bleibt ungebunden („unbound"), d. h. hat sich in dem jeweiligen Sektor und der jeweiligen Erbringungsart nicht an Marktzugang bzw. Inländerbehandlung gebunden.

461　Nach Art. XIX GATS sind die WTO-Mitglieder gehalten, in sukzessiven Verhandlungsrunden weitere Zugeständnisse einzugehen, mit dem Ziel **schrittweise einen höheren Stand der Liberalisierung** zu erreichen. Im Rahmen der Doha Development Agenda verhandeln die WTO-Mitglieder auch über weitere Zugeständnisse im Dienstleistungshandel.

### d) Disziplinen für innerstaatliche Regulierung (Art. VI GATS)

462　Neben den Grundsätzen der **Nichtdiskriminierung** (Meistbegünstigung und Inländerbehandlung) und des **Marktzugangs** enthält das GATS Disziplinen für **innerstaatliche Regulierung**. Obwohl sich die entsprechende Norm (Art. VI GATS) in Teil II befindet und damit zu den allgemeinen Verpflichtungen gehört, stehen die Verpflichtungen in einem engen Zusammenhang mit spezifischen Zugeständnissen, da sie größtenteils nur auf solche Sektoren Anwendung finden, in denen spezifische Zugeständnisse übernommen wurden.

463　Art. VI GATS **erfasst nicht-diskriminierende und nicht den Marktzugang betreffende Maßnahmen**, die den Handel mit Dienstleistungen beeinträchtigen können. So können z. B. Lizenzerfordernisse oder Genehmigungsverfahren kompliziert und wenig transparent ausgestaltet sein. Auch bestimmte Qualifikationserfordernisse können den Handel mit Dienstleistungen beeinträchtigen.

> **Beispiel:** Um eine Genehmigung für ein bestimmtes Gewerbe zu erhalten, müssen die Kopien und Übersetzungen der erforderlichen Dokumente durch die Botschaft des GastLands beglaubigt werden. Um in verschiedenen Provinzen eines Staats Filialen zu eröffnen, muss in jeder Provinz ein eigener Antrag gestellt werden. Um als Physiotherapeut tätig zu sein, muss man mindestens 25 Jahre alt sein.

464　Da komplizierte und restriktive Regulierungsvorschriften den wirtschaftlichen Wert eines spezifischen Zugeständnisses beeinträchtigen können, enthält Art. VI:1-3 GATS zunächst verschiedene **verfahrensrechtliche Anforderungen** an innerstaatliche Regulierung. Dazu zählt z. B. der Grundsatz, dass innerstaatliche Regeln angemessen, objektiv und unparteiisch angewendet werden sollen, oder dass behördliche Entscheidungen grundsätzlich gerichtlich überprüfbar sein müssen.

Neben diesen verfahrensrechtlichen Disziplinen sieht Art. VI:4 GATS vor, dass der Rat für den Handel mit Dienstleistungen (GATS-Rat) bzw. ein ihm nachgeordnetes Gremium **materielle Disziplinen** für Qualifikationserfordernisse und -verfahren, technische Normen und Zulassungserfordernisse erarbeiten soll. Diese Disziplinen sollen sicherstellen, dass innerstaatliche Regeln u. a. **auf objektiven und transparenten Kriterien** wie Kompetenz und Fähigkeit zur Erbringung der Dienstleistung beruhen und **nicht belastender sind als nötig**, um die Qualität der Dienstleistung zu gewährleisten. 465

Für das Wirtschaftsprüfungs- und Rechnungswesen (*accountancy*) sind derartige Disziplinen bereits erarbeitet worden. Über allgemeine Disziplinen für alle Dienstleistungssektoren wird in der WTO derzeit noch verhandelt. Zahlreiche Einzelheiten wie der Anwendungsbereich und die Detailliertheit der Disziplinen sind noch nicht geklärt. Besonders umstritten ist, ob und in welcher Form diese Disziplinen einen allgemeinen „Notwendigkeitstest" enthalten sollen. Mit einem solchen Notwendigkeitstest könnten innerstaatliche Regulierungen darauf hin überprüft werden, ob sie den Handel mehr beschränken als notwendig. Da über die Frage der Notwendigkeit im Zweifel der Appellate Body entscheiden würde, sehen manche WTO-Mitglieder in einem Notwendigkeitstest eine zu weitreichende **Einschränkung ihrer nationalen Regulierungsautonomie**. 466

e) Allgemeine Ausnahmen (Art. XIV GATS)

Art. XIV GATS ermöglicht es den WTO-Mitgliedern, in bestimmten Fällen von ihren GATS-Verpflichtungen abzuweichen. Dies gilt sowohl für allgemeine Verpflichtungen als auch für die spezifischen Zugeständnisse. Art. XIV GATS ist strukturell und inhaltlich **mit Art. XX GATT vergleichbar**.[186] 467

> **Wichtige Norm: Art. XIV GATS**
> Unter der Voraussetzung, dass Maßnahmen nicht in einer Weise angewendet werden, die ein Mittel zu willkürlicher oder unberechtigter Diskriminierung unter Ländern, in denen gleiche Bedingungen herrschen, oder eine verdeckte Beschränkung für den Handel mit Dienstleistungen darstellen würde, darf dieses Übereinkommen nicht dahingehend ausgelegt werden, dass es die Annahme oder Durchsetzung von Maßnahmen eines Mitglieds verhindert,
> a) die erforderlich sind, um die öffentliche Moral oder die öffentliche Ordnung aufrechtzuerhalten;
> b) die erforderlich sind, um das Leben oder die Gesundheit von Menschen, Tieren und Pflanzen zu schützen;
> c) die erforderlich sind, um die Erhaltung von Gesetzen oder sonstigen Vorschriften zu gewährleisten, die nicht im Widerspruch zu diesem Übereinkommen stehen, einschließlich solcher
>   i) zur Verhinderung irreführender und betrügerischer Geschäftspraktiken oder zur Behandlung der Folgen einer Nichterfüllung von Dienstleistungsverträgen,

---

186 Zu Art. XX GATT s. oben Rn. 338 ff.

> ii) zum Schutz der Persönlichkeit bei der Verarbeitung und Weitergabe personenbezogener Date und zum Schutz der Vertraulichkeit persönlicher Aufzeichnungen und Konten,
> iii) zur Gewährleistung der Sicherheit;
> d), e) (…)

**468** Wie Art. XX GATT zählt die Vorschrift abschließend die **legitimen Regelungsziele** auf, die eine Maßnahme verfolgen darf, wenn sie gegen eine GATS-Verpflichtung verstößt. Die Liste des Art. XIV GATS ist kürzer als die des Art. XX GATT, insbesondere fehlt ihr ein Hinweis auf den Schutz natürlicher Ressourcen. Es ist unklar, ob deshalb Umweltschutzmaßnahmen im Rahmen des GATS schwieriger zu rechtfertigen sind als im Rahmen des GATT.

**469** Nach Art. XIV (a) – (c) GATS muss die in Rede stehende Maßnahme **erforderlich** (notwendig) sein, d.h., es darf kein gleich gut geeignetes milderes Mittel zur Erreichung des Regelungsziels ersichtlich sein. In diesem Kontext gelten die gleichen Überlegungen, wie sie bezüglich des Notwendigkeitskriteriums bei Art. XX GATT angestellt wurden. Schließlich darf die Anwendung der Maßnahme nach der Einführungsklausel (sog. „**chapeau**") des Art. XIV GATS nicht zu einer willkürlichen oder unberechtigten Diskriminierung bzw. zu einer verschleierten Handelsbeschränkung führen.

**470** Die Vergleichbarkeit und Parallelität von Art. XIV GATS und Art. XX GATT betonte der Appellate Body auch in *US – Gambling and Betting*[187]:

> „Article XIV of the GATS sets out the general exceptions from obligations under that Agreement in the same manner as does Article XX of the GATT 1994. Both of these provisions affirm the right of Members to pursue objectives identified in the paragraphs of these provisions even if, in doing so, Members act inconsistently with obligations set out in other provisions of the respective agreements, provided that all of the conditions set out therein are satisfied. Similar language is used in both provisions, notably the term „necessary" and the requirements set out in their respective chapeaux. Accordingly, like the Panel, we find previous decisions under Article XX of the GATT 1994 relevant for our analysis under Article XIV of the GATS.
>
> Article XIV of the GATS, like Article XX of the GATT 1994, contemplates a "two-tier analysis" of a measure that a Member seeks to justify under that provision. A panel should first determine whether the challenged measure falls within the scope of one of the paragraphs of Article XIV. This requires that the challenged measure address the particular interest specified in that paragraph and that there be a sufficient nexus between the measure and the interest protected. The required nexus – or „degree of connection" – between the measure and the interest is specified in the language of the paragraphs themselves, through the use of terms such as „relating to" and „necessary to". Where the challenged measure has been found to fall within one of the paragraphs of Article XIV, a panel should then consider whether that measure satisfies the requirements of the chapeau of Article XIV."

**471** Vor dem Hintergrund dieser Entscheidung kann für den **Prüfungsaufbau** des Art. XIV GATS ebenfalls auf das zu Art. XX GATT Gesagte verwiesen werden.[188]

---

[187] *US – Gambling and Betting*, o. Fn. 183, Absätze 291 f., zitiert ohne Fußnoten.
[188] Siehe oben Rn. 340.

## f) Sektorale Sonderregime für Telekommunikation und Finanzdienstleistungen

Zwei Sektoren haben im GATS eine Sonderstellung: **Telekommunikation** und **Finanzdienstleistungen**. Beide Sektoren standen im Mittelpunkt des Interesses großer US-amerikanischer Unternehmen während der Uruguay-Runde und waren daher ein bedeutsamer Verhandlungsgegenstand. Allerdings konnten sich die WTO-Mitglieder **erst nach Abschluss der Uruguay-Runde** im Jahr 1997 auf spezifische Zugeständnisse in diesen Bereichen **einigen**.

472

Gleichwohl enthielt das GATS bereits bei Abschluss der Uruguay-Runde einige sektorspezifische Besonderheiten. In der **Anlage zu Finanzdienstleistungen** finden sich verschiedene Modifikationen und Präzisierungen des Anwendungsbereichs des GATS bzw. einzelner Verpflichtungen mit Bezug auf Finanzdienstleistungen. So wird z. B. klargestellt, dass die Tätigkeiten einer Zentralbank nicht vom GATS erfasst werden. Ebenso wird den Mitgliedern das Recht eingeräumt, Maßnahmen der **Bankenaufsicht** zum Schutz von Anlegern und Investoren zu ergreifen und z. B. bestimmte Mindestkapitalreserven einer Bank zu verlangen („prudential regulation"). Zudem enthält die Anlage eine umfassende **Definition von Finanzdienstleistungen**, die allgemein in Versicherungs- und Bankdienstleistungen unterteilt werden.

473

Die umfangreiche **Anlage zur Telekommunikation** enthält detaillierte Vorschriften, die verhindern sollen, dass der Wert von Zugeständnissen in anderen Sektoren durch Einschränkungen der Telekommunikation zunichte gemacht wird. Aus diesem Grund sieht die Anlage etwa vor, dass die WTO-Mitglieder einen **angemessenen und diskriminierungsfreien Zugang aller Dienstleistungsanbieter zu öffentlichen Telekommunikationsnetzen** und -diensten ermöglichen. Mit diesen Pflichten wird auf die Erkenntnis reagiert, dass Telekommunikation nicht nur ein eigenständiger Dienstleistungssektor, sondern auch **Kommunikationsmedium für andere wirtschaftliche Tätigkeiten** ist.

474

In den Verhandlungen über Telekommunikation haben die WTO-Mitglieder auch ein sog. **Referenzpapier zu Regulierungsstandards** im Telekommunikationssektor entwickelt. Dieses Referenzpapier enthält allgemeine Grundsätze, wie z. B. das Verbot der Ausnutzung einer marktbeherrschenden Stellung des ehemaligen Monopolbetreibers eines nationalen Telekommunikationsnetzes und die Errichtung einer unabhängigen Regulierungsbehörde. Die Pflichten des Referenzpapiers gelten allerdings nicht allgemein, sondern nur, wenn ein WTO-Mitglied sie ausdrücklich in seine Zugeständnisse im Telekommunikationssektor mit einbezogen hat.

475

## g) GATS und öffentliche Dienstleistungen

Die Frage, ob und in welchem Umfang das GATS die **Regulierung und Erbringung öffentlicher Dienstleistungen** (Leistungen der Daseinsvorsorge: Bildung, ÖPNV, Energie, Post, Telekommunikation, Wasser, Gesundheit, Soziales) beeinträchtigt, ist Gegenstand einer kontroversen Debatte. Die Fragen, die in dieser Debatte eine Rolle spielen drehen sich um zwei Problemkreise: Erstens, in welchem Umfang erfordert das GATS

476

die Liberalisierung bzw. Privatisierung öffentlicher Dienstleistungen? Zweitens, bewirkt das GATS einen Abbau von Regelungen, die dem besonderen Charakter dieser Leistungen geschuldet sind, wie z. B. die Verpflichtung, eine Leistung (z. B. Wasser- und Energieversorgung oder Telekommunikation) im ganzen Land zu gleichen Konditionen und Preisen anzubieten (Universaldienstverpflichtung)? Im Folgenden sollen die rechtlichen Implikationen dieser Fragen kurz dargestellt werden.[189]

477 Zunächst ist die grundsätzliche **Anwendung des GATS** auf öffentliche Dienstleistungen zu untersuchen. Das GATS findet keine Anwendung **auf Dienstleistungen, die in Ausübung hoheitlicher Gewalt erbracht werden** (Art. I:3(b) GATS). Man könnte nun annehmen, dass hiervon allgemein öffentliche Dienstleistungen erfasst werden. Die Ausnahme wird in Art. I:3(c) GATS jedoch näher definiert. Danach bedeutet der Begriff „in Ausübung hoheitlicher Gewalt erbrachte Dienstleistung" jede Art von Dienstleistung, die weder zu kommerziellen Zwecken noch im Wettbewerb mit einem oder mehreren Dienstleistungserbringern erbracht wird.

478 Die Definition kann man so auslegen, dass eine Erbringung der Leistung gegen Entgelt (kommerziell) bzw. durch mehr als nur einen Erbringer (im Wettbewerb) dazu führt, dass sie nicht von der Ausnahme von Art. I:3(b) GATS erfasst wird. Da nahezu alle öffentlichen Dienstleistungen entweder gegen Entgelt oder (bzw. und) von privaten, miteinander konkurrierenden Unternehmen erbracht werden, kann man davon ausgehen, dass **praktisch alle öffentlichen Dienstleistungen vom GATS erfasst werden** und nur genuin hoheitliche Aufgaben wie Justiz, Polizei und Militär nicht vom GATS erfasst werden.

479 Bezüglich der materiell-rechtlichen Auswirkungen des GATS ist zunächst festzuhalten, dass die WTO-Mitglieder nicht verpflichtet sind, spezifische Zugeständnisse in den öffentliche Dienstleistungen erfassenden Sektoren wie Bildung, Gesundheitswesen, Wasserversorgung, etc. einzugehen. Sie können dadurch öffentliche Dienstleistungen **von der Verpflichtung zu Marktzugang und zu Inländerbehandlung ausnehmen**. So hat die EG z. B. im Sektor audiovisueller Dienstleistungen keine Zugeständnisse gemacht und ihre Zugeständnisse im Bereich Bildungsleistungen auf privat-finanzierte Bildung beschränkt.

480 Hat sich ein Mitglied allerdings zu Marktzugang und Inländerbehandlung verpflichtet, darf es keine besonderen Privilegien oder Beschränkungen zu Gunsten öffentlicher Dienstleistungen aufrecht erhalten, die gegen Art. XVI oder Art. XVII GATS verstoßen würden. Insbesondere das **Verbot des Beibehaltens von Monopolen** nach Art. XVI:2 GATS kann in vielen Fällen dazu führen, dass die öffentliche Erbringung einer Leistung aufgegeben werden muss, da die Erbringung im Wettbewerb mit privaten Unternehmen für die öffentliche Hand oft problematisch ist. Allerdings enthält das GATS keine Verpflichtung zur **formellen Privatisierung**, d. h. zur Überführung von öffentlichem in

---

[189] Siehe dazu *Krajewski*, Public Services and Trade Liberalization: Mapping the Legal Framework, JIEL 2003, 341 und *Adlung*, Public Services and GATS, JIEL 2006, 455.

privates Eigentum. Tatsächlich geht der Abbau von öffentlichen Monopolen aber meistens mit einer Privatisierung einher.

Grundsätzlich ist es auch nicht verboten, einem Dienstleistungserbringer eine **Universaldienstverpflichtung** aufzuerlegen. Allerdings ist nicht ausgeschlossen, dass eine solche Verpflichtung oder andere Regulierungen zu Gunsten öffentlicher Dienstleistungen den Handel mehr einschränken als notwendig und damit gegen einen Notwendigkeitstest in zukünftigen Disziplinen für innerstaatliche Regulierung verstoßen könnten. 481

Zusammenfassend lässt sich daher ein **grundsätzliches Spannungsverhältnis** zwischen den Prinzipien des GATS (Liberalisierung, Nichtdiskriminierung, Marktzugang, unverfälschter Wettbewerb) und den für die Erbringung öffentlicher Dienstleistungen häufig gewährten Sonderkonditionen und Privilegien feststellen. Dieses Spannungsverhältnis kann in zwei konträre Richtungen aufgelöst werden. Entweder die Erbringung öffentlicher Dienstleistungen wird so gestaltet, dass sie in staatlicher Hand bleibt und auf einer nicht-kommerziellen Basis erbracht wird. Das hätte zur Folge, dass das GATS öffentliche Dienstleistungen nicht erfassen würde. Alternativ können die genannten Dienstleistungen vollständig von privaten Anbietern auf einem freien Markt und im Rahmen eines unverfälschten Wettbewerbs angeboten werden. Das GATS würde diese Form der Erbringung nicht behindern, sondern begünstigen. 482

> **Lösungshinweise zum Ausgangsfall**
>
> Die Veranstaltung von Sportwetten fällt in den Anwendungsbereich des GATS. Zwar wird diese Dienstleistung von einem staatlichen Monopol erbracht und insofern nicht im Wettbewerb; sie wird jedoch auf einer kommerziellen Grundlage erbracht, so dass die Ausnahme des Art. I:3 (b) GATS nicht greift. Da Teutonien sich im Sektor Unterhaltungsdienstleistungen sowohl zu Marktzugang als auch zu Inländerbehandlung verpflichtet hat, sind die Regeln der Art. XVI und XVII GATS voll anwendbar. Ein Verstoß gegen die Inländerbehandlung (Art. XVII) liegt nicht vor, da das Verbot für private Wettanbieter gleichermaßen für inländische und ausländische Anbieter gilt. Das staatliche Monopol verstößt aber gegen Art. XVI:2(a) GATS, der Monopole ausdrücklich verbietet. Fraglich ist somit noch, ob das Monopol gem. Art. XIV (b) GATS gerechtfertigt werden kann, da es für den Schutz der Gesundheit von Menschen notwendig ist oder nicht. Hierzu scheinen beide Auffassungen vertretbar. Das Bundesverfassungsgericht hielt in dem Fall zu Grunde liegenden Urteil ein staatliches Monopol für erforderlich, um Suchtgefahren effektiv zu bekämpfen. Allerdings ist diese Auffassung mit dem Hinweis kritisiert worden, dass effektive Suchtprävention durch Auflagen und Bedingungen für private Wettanbieter möglich ist. Beide Argumentationslinien sind auch für die Prüfung von Art. XIV (b) GATS relevant. Bejaht man die Notwendigkeit des Monopols sind allerdings noch die Voraussetzungen des chapeaus zu prüfen. Mangels näherer Hinweise im Sachverhalt wird man unterstellen können, dass diese Voraussetzungen erfüllt sind.

▶ **Lern- und Wiederholungsfragen zu § 2 VI.:**
1. Erläutern Sie einige politische und ökonomische Herausforderungen, die mit der Einbindung des Dienstleistungshandels in das WTO-System verbunden sind.
2. Wie definiert das GATS „Handel mit Dienstleistungen"? Warum können das GATT und das GATS auf dieselbe Maßnahme Anwendung finden?

3. Worin unterscheiden sich allgemeine Verpflichtungen und spezifische Zugeständnisse im GATS?
4. Erfassen Art. II:1 GATS (Meistbegünstigung) und Art. XVII GATS (Inländerbehandlung) auch faktische Diskriminierungen?
5. Was versteht man unter dem Grundsatz des Marktzugangs gem. Art. XVI GATS und welche Relevanz hat diesbezüglich die Entscheidung *US – Gambling and Betting*?
6. Welche Regeln enthält das GATS für innerstaatliche Regulierungen, die weder diskriminierend sind noch den Marktzugang betreffen?
7. Erläutern Sie einige Aspekte des Spannungsverhältnisses von öffentlichen Dienstleistungen und dem GATS.

## VII. Handelsbezogene Aspekte des geistigen Eigentums

Literatur: *Hilf/Oeter*, WTO-Recht, 2005, § 24; *Trebilcock/Howse*, The Regulation of International Trade, 3rd ed., 2005, Kapitel 13; *Weiß/Herrmann*, Welthandelsrecht, 2003, § 19; *Stoll/Raible*, Schutz des geistigen Eigentums und TRIPS-Abkommen, in: Prieß/Berrisch (Hrsg.), WTO-Handbuch, 2003, 565.

### 1. Hintergrund des Handelsbezugs geistiger Eigentumsrechte

#### a) Begriff und Schutz des „geistigen Eigentums" im internationalen Recht

483  Unter „geistigem Eigentum" werden **Immaterialgüterrechte**, d.h. gewerbliche Schutzrechte (Patente, Marken oder Muster) und Urheberrechte, verstanden. Diese gewähren dem Inhaber das Recht, ein Produkt, ein Werk, einen bestimmten Namen oder eine bestimmte Kombination von Zeichen für eine gewisse Zeitspanne ausschließlich zu nutzen.

484  Die Einräumung ausschließlicher Nutzungsrechte lässt sich auf verschiedene Weise **begründen**: Nach naturrechtlichem Verständnis sind Immaterialgüterrechte die **Belohnung der eigenen Kreativität** und Arbeit. Der Erfinder eines neuen Produktes habe das naturgegebene Recht, dieses allein zu benutzen. Ökonomische Theorien gehen davon aus, dass die Einräumung ausschließlicher Nutzungsrechte **Anreize für Innovationen und neue Erfindungen** schafft. Ohne diese Anreize würden keine neuen Erfindungen getätigt, was gesamtgesellschaftlich schädlich sei. In der Realität kann aber nicht immer eine Korrelation zwischen Immaterialgüterschutz und Ausgaben für Forschung und Entwicklung nachgewiesen werden. Schließlich können Immaterialgüterrechte auch als eine Art **Vertrag zwischen der Gesellschaft und dem geistig tätigen Individuum** verstanden werden: Die Gesellschaft ist generell an Innovation interessiert und gestattet daher dem Erfinder oder Urheber für begrenzte Zeit die ausschließliche Nutzung. Im Gegenzug verlangt die Gesellschaft aber Nutzungsmöglichkeiten der Inno-

vation nach Ablauf der Schutzpflicht. Mit diesem Ansatz kann man begründen, warum Immaterialgüterrechte stets zeitlich begrenzt sind.

Der Immaterialgüterschutz erstreckt sich regelmäßig **nur auf das Gebiet eines Staats** (Territorialitätsprinzip). Eine völkergewohnheitsrechtliche Pflicht zur Anerkennung ausländischer Schutzrechte existiert nicht. Eine Erfindung oder ein Werk kann im Ausland also legal nachgeahmt und verkauft werden, wenn dort keine Schutzrechte bestehen. Um international einen möglichst einheitlichen und umfassenden Schutz zu erreichen sind daher **völkerrechtliche Abkommen** erforderlich. Dieser Bedarf wurde bereits im 19. Jahrhundert erkannt. Heute existieren zahlreiche Verträge zum Schutz geistiger Eigentumsrechte, die von der **Weltorganisation für geistiges Eigentum (WIPO)** verwaltet werden, z. B. die Pariser Verbandsübereinkunft zum Schutze des gewerblichen Eigentums von 1883 bzw. 1967 (Marken), die Revidierte Berner Übereinkunft von 1908 bzw. 1971 (Urheberrecht) und das Abkommen von Rom über den Schutz der ausübenden Künstler, der Hersteller von Tonträgern und Sendeunternehmen (1961). Viele dieser Verträge verfügen allerdings über **keine effektiven Methoden und Verfahren der Streitschlichtung und Rechtsdurchsetzung**. 485

### b) Geistiges Eigentum und internationaler Handel

Der Zusammenhang zwischen geistigem Eigentum und internationalem Handel ist nicht auf den ersten Blick ersichtlich. Dennoch lassen sich einige Einflüsse von Immaterialgüterschutzrechten bzw. deren Abwesenheit **auf den internationalen Handel** beschreiben: 486

- Ohne den Schutz geistiger Eigentumsrechte haben Originalprodukte gegen nachgeahmte, zumeist günstigere Waren keine Wettbewerbschancen. Ein **Handel mit den Originalwaren** ist daher in Ländern **ohne Schutzrechte faktisch unmöglich**.
- Unternehmen, die befürchten müssen, dass ihre Produkte kopiert werden, scheuen sich vor Investitionen oder dem Verkauf ihrer Waren in Ländern ohne Schutzrechte. Es **fehlen somit Anreize** für neue Entwicklungen, **für Investitionen** in Innovationen und **für den Handel** mit neu entwickelten Produkten.
- Schutzrechtssysteme können aber häufig auch als **Beschränkungen des internationalen Handels** eingesetzt werden. Der Inhaber eines Schutzrechtes kann den Import einer Ware, die sein Recht verletzen würde, in Länder, in denen das Recht besteht, verhindern. Insbesondere aufgrund der langen Geltungsdauer vieler Schutzrechte entfalten Schutzrechtssysteme auch eine **protektionistische Wirkung**.
- Staaten mit ausgeprägten Schutzrechten können **unilaterale Handelsinstrumente** einsetzen, um gegen Staaten vorzugehen, die keinen oder nur einen geringen Immaterialgüterschutz haben. Insbesondere die USA sind vor Inkrafttreten des TRIPS mit Handelssanktionen gegen Länder mit geringem Immaterialgüterschutz vorgegangen, in denen Produkte unter Verletzung des US-amerikanischen Rechts hergestellt wurden.

Damit wird die **Ambivalenz zwischen Handelsliberalisierung und Immaterialgüterschutz** deutlich: Einerseits kann sich mangelnder Immaterialgüterschutz handelshemmend auswirken. Andererseits können Schutzrechte für geistiges Eigentum den Handel 487 beschränken. Insgesamt ist der Zusammenhang zwischen dem internationalen Handelssystem und dem Immaterialgüterschutz jedoch nicht so offensichtlich, dass die Einbeziehung des geistigen Eigentums in das Welthandelssystem in der Uruguay-Runde eine Selbstverständlichkeit war.

488 Es waren in erster Linie die **Interessen der US-amerikanischen Pharma- und Medienindustrie** an einer Ausweitung und Verbesserung des globalen Patent- und Urheberschutzes, die dazu führten, dass die handelsbezogenen Aspekte des geistigen Eigentums in das Verhandlungsmandat der Uruguay-Runde aufgenommen wurden. Ähnlich wie die Verhandlungen über das GATS waren auch die Verhandlungen über handelsbezogenen Aspekte des geistigen Eigentums durch **divergierende Interessen der Industrieländer und der Entwicklungsländer** geprägt. Die meisten Entwicklungsländer standen der US-amerikanischen Initiative zu den Verhandlungen **skeptisch bis ablehnend** gegenüber, da sie ihre komparativen Kostenvorteile eher in der Übernahme und Adaption und weniger in der Entwicklung neuer Technologien sahen.[190] Dass sich die Entwicklungsländer dennoch zu Verhandlungen bereit erklärten, lag zum einen daran, dass sie sich im Gegenzug Zugeständnisse im Landwirtschafts- und Textilbereich erhofften und zum anderen an dem **aggressiven Unilateralismus der USA** zur Durchsetzung ihrer Interessen im Bereich des geistigen Eigentums. Viele Entwicklungsländer erhofften sich daher eine ausgewogenere Lösung im Rahmen eines multilateralen Übereinkommens.

## 2. Übereinkommen über handelsbezogene Aspekte der Rechte des geistigen Eigentums (TRIPS)

**Ausgangsfall**

In Sanitarien gilt grundsätzlich ein zwanzigjähriger Patentschutz. In dieser Zeit darf nur der Patentinhaber das patentierte Produkt herstellen, verwenden, lagern, vermarkten und verkaufen. Für pharmazeutische Produkte gibt es allerdings Ausnahmen: So darf ein anderes Unternehmen bereits während der Laufzeit des Patents geringe Mengen des Produkts herstellen, wenn dies für die Durchführung eines Verfahrens zur Zulassung eines Medikaments erforderlich ist (Zulassungsausnahme). Außerdem dürfen in den letzten sechs Monaten vor Ablauf des Patents größere Mengen des patentierten Produkts hergestellt und gelagert werden (Lagerausnahme). Die (beabsichtigte) Folge dieser Ausnahmen ist es, dass generische Medikamente (d. h. Medikamente mit den gleichen Wirkstoffen wie das Originalprodukt, z. B. Aspirin und Ratiopharm ASS) bereits am Tag nach Ablauf des Patents auf den Markt gebracht werden können. Pharmazeutien, ein Staat, in dem viele internationale Pharmakonzerne beheimatet sind, sieht in den sanitarischen Regeln eine Verletzung des TRIPS. Sanitarien hält seine Regeln aus gesundheitspolitischen Gründen für notwendig, da generische Medikamente regelmäßig um ein Vielfaches günstiger seien, als Originalprodukte.

Sachverhalt nach *Canada – Patent Protection of Pharmaceutical Products*, WT/DS114/R.

---

190 Zu dieser Perspektive siehe *Hilpert*, TRIPS und das Interesse der Entwicklungsländer am Schutz von Immaterialgüterrechten in ökonomischer Sicht, GRURInt 1998, 91.

Das Ergebnis der Verhandlungen der Uruguay-Runde zum geistigen Eigentum ist das **Übereinkommen über handelsbezogene Aspekte der Rechte des geistigen Eigentums** (Agreement on Trade-related Aspects of Intellectual Property Rights, TRIPS).[191] Das TRIPS enthält allgemeine Prinzipien, Vorschriften zur Durchsetzung der Rechte des geistigen Eigentums und Regeln zur Streitbeilegung und zu institutionellen Fragen. Sein Herzstück sind jedoch die Bestimmungen zu Definition und Umfang der einzelnen Schutzrechte. Der **Geltungsbereich** des TRIPS umfasst die in den Abschnitten 1 bis 7 von Teil II TRIPS genannten Rechte (Art. 1.2 TRIPS). Es handelt sich um

- Urheberrecht und verwandte Schutzrechte
- Marken
- Geographische Angaben
- Gewerbliche Muster und Modelle
- Patente
- Layout-Designs (Topographien) integrierter Schaltkreise
- Schutz von Geschäftsgeheimnissen („nicht offenbarte Information").

### a) Ziele und Grundprinzipien des TRIPS

Die **Ambivalenz** des Verhältnisses von geistigem Eigentum und internationalem Handel kommt bereits in der Präambel des TRIPS zum Ausdruck:

„(…) Von dem Wunsch geleitet, Verzerrungen und Behinderungen des internationalen Handels zu verringern, und unter Berücksichtigung der Notwendigkeit, einen wirksamen und angemessenen Schutz der Rechte des geistigen Eigentums zu fördern sowie sicherzustellen, dass die Maßnahmen und Verfahren zur Durchsetzung der Rechte des geistigen Eigentums nicht selbst zu Schranken für den rechtmäßigen Handel werden, (…)

In der Erkenntnis, dass Rechte an geistigem Eigentum private Rechte sind,

In Erkenntnis der dem öffentlichen Interesse dienenden grundsätzlichen Ziele der Systeme der einzelnen Länder für den Schutz des geistigen Eigentums, einschließlich der entwicklungs- und technologiepolitischen Ziele, (…)"

In der Präambel betonen die WTO-Mitglieder einerseits die Notwendigkeit des Schutzes des geistigen Eigentums, andererseits aber auch das Interesse, dass Schutzrechte nicht den rechtmäßigen Handel beschränken. Grundsätzlich kommt damit das Spannungsverhältnis zwischen Privatnutzen und öffentlichem Interesse zum Ausdruck.

Die genannte Ambivalenz setzt sich fort in den in Art. 7 TRIPS genannten Zielen. Danach soll das TRIPS einen angemessenen Schutz des geistigen Eigentums gewähren, ohne dadurch unnötige Handelshemmnisse zu schaffen. Ziel des TRIPS ist einerseits die Förderung von Innovation und andererseits die Weitergabe und Verbreitung von Technologie. In normativer Hinsicht soll das TRIPS zu einem gerechten **Ausgleich zwischen Erzeuger und Nutzer** beitragen. Darin kommt die oben angedeutete Theorie vom Ausgleich zwischen Gesellschaft und Erfinder zum Ausdruck.

---

[191] BGBl. 1994 II S. 1730; ABl. 1994 L 336/214. WTO Beck-Texte Nr. 13; Völker- und Europarecht Textbuch Deutsches Recht, Nr. 105. Im Internet unter http://europa.eu.int/eur-lex/lex/LexUriServ/LexUriServ.do?uri=CELEX:21994A1223(17):DE:HTML.

493 Zugleich wird aus dieser Zielbeschreibung deutlich, dass das **TRIPS nicht auf die Liberalisierung des internationalen Handels ausgerichtet** ist und sich insofern vom GATT, den meisten anderen Übereinkommen zum Warenhandel und dem GATS deutlich unterscheidet. Insofern ist es nicht völlig unberechtigt, wenn das TRIPS als Fremdkörper im multilateralen Handelssystem angesehen wird.

494 Zu den Grundprinzipien des TRIPS zählt die **Inländerbehandlung** (Art. 3 TRIPS). Die WTO-Mitglieder verpflichten sich dazu, Angehörigen anderer WTO-Mitglieder dieselben Rechte und denselben Schutz geistigen Eigentums wie ihren eigenen Staatsangehörigen zu gewähren. Ein weiteres Grundprinzip ist der Grundsatz der **Meistbegünstigung** (Art. 4 TRIPS). Danach sind Vorteile, Vergünstigungen, Sonderrechte und Befreiungen, die von einem Mitglied den Angehörigen eines anderen Lands gewährt werden, sofort und bedingungslos den Angehörigen aller anderen Mitglieder zu gewähren.

495 Zu beachten ist, dass sowohl Inländerbehandlung als auch Meistbegünstigung lediglich den diskriminierungsfreien Zugang zu einem nationalen Schutzsystem und die diskriminierungsfreie Behandlung im Rahmen dieses Schutzsystems gewähren. Sie enthalten **keine Verpflichtung zur Einführung von Schutzrechten**. Beide Grundsätze können daher das vom TRIPS verfolgte Ziel – die Gewährung gewisser Mindeststandards – nicht erreichen. Entsprechend spielen sie im Vergleich zu ihrer Bedeutung im GATT und GATS im TRIPS nur eine **untergeordnete Rolle**.

> **Merke:** Die **Bedeutung** der Grundsätze der **Meistbegünstigung** und der **Inländerbehandlung** ist im **TRIPS geringer als im GATT oder GATS**.

496 Eine Besonderheit des TRIPS besteht in der **Inkorporation bestehender Übereinkünfte über geistiges Eigentum**. Nach Art. 2 und 9 TRIPS sind die WTO-Mitglieder verpflichtet, zentrale Vorschriften der Pariser Verbandsübereinkunft, des Rom-Abkommens und der Berner Übereinkunft[192] zu befolgen. Damit sind auch die WTO-Mitglieder, die den genannten Verträgen nicht beigetreten sind, verpflichtet, diesen Vorschriften zu folgen. Die dadurch erfolgte Koppelung des Welthandelsrechts mit dem internationalen Recht des geistigen Eigentums ist nicht unproblematisch, da sie die Autonomie der WTO-Mitglieder, den anderen Abkommen beizutreten oder nicht, in tatsächlicher Hinsicht einschränkt.

497 Die Frage der **Erschöpfung von Schutzrechten** wird in Art. 6 TRIPS angesprochen. Aufgrund seiner Bedeutung für den Themenkomplex „TRIPS und Zugang zu HIV/AIDS-Medikamenten" wird Art. 6 TRIPS im Rahmen dieses Themenkomplexes erörtert.

### b) Materielle Schutzstandards

498 Teil II des TRIPS (Art. 9 bis 40) enthält **Mindeststandards** für die verschiedenen Rechte des geistigen Eigentums. Da diese Standards von allen WTO-Mitgliedern zu erfüllen

---

192 Siehe dazu oben Rn. 485.

sind, bewirkt das TRIPS eine **Harmonisierung des Immaterialgüterschutzes**. Die Standards des TRIPS gehen teilweise erheblich über die Standards, die sich aus älteren völkerrechtlichen Verträgen ergeben, hinaus. Faktisch findet in einigen Bereichen (etwa im Patentschutz) eine **Harmonisierung auf dem Niveau der Systeme der Industrieländer** statt.

> **Merke:** Das TRIPS bewirkt eine **Harmonisierung der Mindeststandards des Immaterialgüterrechts** der Mitglieder der WTO.

Im Folgenden soll ein knapper Überblick über einige bedeutende Schutzrechte und ihre Ausprägungen im TRIPS gegeben werden:

### Urheberrechte (Art. 9–14 TRIPS)

Urheberrechte bestehen an allen Erzeugnissen auf dem Gebiet der **Literatur, Wissenschaft und Kunst**. Das TRIPS inkorporiert, wie erwähnt, zentrale Pflichten der Berner Übereinkunft von 1971 (Art. 9 TRIPS). Es erweitert den Urheberschutz auf **Computerprogramme und Datenbanken** (Art. 10 TRIPS) und um Vermietrechte (Art. 11 TRIPS). Es legt eine **Schutzdauer** von mindestens 50 Jahren fest (Art. 12 TRIPS). **Ausnahmen** vom Urheberschutz sind auf bestimmte Sonderfälle zu begrenzen, die weder die normale Auswertung des Werkes beeinträchtigen noch die Interessen des Urhebers unzumutbar beeinträchtigen (Art. 13 TRIPS).

499

### Marken (Art. 15–21 TRIPS)

Eine Marke ist ein **Zeichen oder eine Zeichenkombination**, durch die **eine Ware oder Dienstleistung** eines Unternehmens **von ähnlichen Produkten** eines anderen Unternehmens **unterschieden** werden kann. Die WTO-Mitglieder sind verpflichtet, die **Eintragungsfähigkeit von Marken sicherzustellen**. Sie können die Eintragung allerdings auf visuell wahrnehmbare Marken beschränken und die Eintragung von der Absicht der Benutzung der Marke abhängig machen (Art. 15.1 und 15.3 TRIPS). Die Eintragung einer Marke gewährt dem Inhaber das ausschließliche Recht, die Verwendung identischer oder ähnlicher Zeichen für identische oder ähnliche Waren oder Dienstleistungen bei Verwechslungsgefahr zu verbieten (Art. 16 TRIPS). Begrenzte **Ausnahmen** vom Markenschutz sind zulässig, wenn die berechtigen Interessen des Inhabers berücksichtigt werden (Art. 17 TRIPS). Die **Laufzeit** der Eintragung beträgt mindestens sieben Jahre und muss verlängerbar sein (Art. 18 TRIPS).

500

### Geographische Angaben (Art. 22–24 TRIPS)

Eine geographische Angabe ist die **Herkunftsbezeichnung einer Ware**, wenn damit eine bestimmte **Qualität, der Ruf oder sonstige Eigenschaft** der Ware verbunden ist (z. B. Bordeaux-Wein, Parma-Schinken, Parmesan-Käse). Art. 22 TRIPS gewährt Schutz für diese Bezeichnungen vor irreführenden Bezeichnungen oder Aufmachungen. Umfassender werden Angaben für Weine und Spirituosen geschützt, deren geographische Herkunftsbezeichnung gem. Art. 23 TRIPS auch dann geschützt ist, wenn der wahre Ursprung der Ware angegeben ist (z. B. „Bordeaux-Wein aus Australien"). Über den weitergehenden Schutz für andere Produkte wird derzeit in der WTO verhandelt.

501

### Muster und Modelle (Art. 25, 26 TRIPS)

502 Gewerbliche Muster und Modelle betreffen das **Design eines Produkts** (engl.: *industrial design*), d. h. seine Formen, Farben und Materialien. Insbesondere im Textilbereich ist der Schutz von Mustern besonders bedeutsam, so dass Textilmuster eine ausdrückliche Erwähnung finden (Art. 25.1 TRIPS). Die WTO-Mitglieder sind verpflichtet, Muster und Modelle vor Nachahmung zu schützen, wobei sie den Schutz auf Muster und Modelle beschränken können, die neu sind oder die eine Eigenart haben. Begrenzte **Ausnahmen** vom Schutz sind möglich (Art. 26.2 TRIPS). Die **Schutzdauer** soll mindestens zehn Jahre betragen (Art. 26.3 TRIPS).

### Patente (Art. 27–34 TRIPS)

503 Ein Patent ist ein Schutzrecht für **technische Erfindungen**. Gemäß Art. 27.1 TRIPS sind alle Erfindungen auf dem Gebiet der Technik, die neu und gewerblich nutzbar sind, patentierbar. Patente müssen sowohl für **Erzeugnisse** als auch für **Verfahren,** insbesondere für Produktionsmethoden oder -technologie, erhältlich sein. Ausdrücklich erfasst das TRIPS auch **pharmazeutische Erzeugnisse** (vgl. Art. 70.8 TRIPS). Die Einbeziehung von Pharmazeutika in den Patentschutz ist eines der umstrittenen Elemente des TRIPS, da der Patentschutz für Medikamente häufig zu höheren Preisen führt, was die öffentlichen Gesundheitssysteme belastet.

504 Von der Patentierbarkeit können diagnostische, therapeutische und chirurgische Verfahren für die Behandlung von Menschen und Tieren (Art. 27.3 lit. a) TRIPS) sowie **Pflanzen und Tiere** (mit Ausnahme von Mikroorganismen) **ausgeschlossen** werden (Art. 27.3 lit. b) TRIPS). Die WTO-Mitglieder sind jedoch verpflichtet **Pflanzensorten** entweder durch Patente oder durch besondere Schutzsysteme (sui generis Systeme) zu schützen. Der Schutz von Pflanzensorten und Mikroorganismen ist besonders umstritten, weil er die Ausbeutung der genetischen Ressourcen durch internationale Pharma- und Landwirtschaftskonzerne begünstigen kann und dadurch örtliche Gemeinschaften vom Zugang zu traditionellem Wissen und Verfahren ausgeschlossen werden können.

505 Der Patentschutz umfasst **das Recht, Dritte** von der Herstellung, dem Gebrauch, der Vermarktung und dem Verkauf eines patentierten Produkts bzw. von der Anwendung eines Verfahrens und dem Gebrauch, der Vermarktung und dem Verkauf eines durch das Verfahren gewonnenen Produkts **auszuschließen** (Art. 28.1 TRIPS). Der Inhaber hat auch das Recht, das Patentrecht zu übertragen oder Lizenzen zur Nutzung des Patents zu vergeben (Art. 28.2 TRIPS). Die **Schutzdauer** eines Patents beträgt mindestens 20 Jahre (Art. 33 TRIPS).

506 Art. 30 TRIPS lässt **begrenzte Ausnahmen** vom Patentschutz zu, sofern die Ausnahme nicht unangemessen im Widerspruch zur normalen Verwertung des Patents steht und die berechtigten Interessen des Patentinhabers nicht unangemessen beeinträchtigt. Art. 31 TRIPS räumt den WTO-Mitgliedern das Recht ein, **Zwangslizenzen** auszustellen. Eine Zwangslizenzierung liegt vor, wenn eine Regierung den Patentinhaber gegen dessen Willen dazu verpflichtet, eine Lizenz zur Nutzung/Nachahmung des patentierten Produkts oder Verfahrens an einen vom Staat benannten Hersteller auszustellen. Art. 31

TRIPS nennt eine Reihe von Voraussetzungen für die Vereinbarkeit solcher Zwangslizenzen mit dem TRIPS, auf die im Zusammenhang mit dem Sonderproblem „TRIPS und Zugang zu AIDS-Medikamenten" noch eingegangen wird.

### Layout-Designs (Topographien) integrierter Schaltkreise und Schutz von Geschäftsgeheimnissen (Art. 35–39 TRIPS)

Das TRIPS umfasst auch den Schutz von Layout-Designs (Topographien) integrierter Schaltkreise, indem es wesentliche Pflichten des **Washingtoner Vertrags über den Schutz integrierter Schaltkreise inkorporiert** (Art. 35 TRIPS). Die Schutzdauer umfasst zehn Jahre (Art. 38 TRIPS). Geschäftsgeheimnisse werden nach Art. 39 TRIPS gegen den wettbewerbswidrigen Erwerb und die Nutzung dieser Informationen geschützt. 507

### c) Durchsetzung

Die Verpflichtungen zur Schaffung effektiver Durchsetzungsverfahren zum Schutz von Immaterialgüterrechten sind im TRIPS **detailliert und umfassend** geregelt. Dies unterscheidet das TRIPS sowohl von den anderen Übereinkommen der WTO als auch von bisherigen völkerrechtlichen Verträgen zum Schutze des geistigen Eigentums. Teil III des TRIPS enthält Regelungen zur Durchsetzung der geistigen Eigentumsrechte durch zivilgerichtliche Verfahren oder Verwaltungsverfahren (Hauptsacheverfahren und einstweiliger Rechtsschutz), durch besondere Maßnahmen der Zollbehörden und durch die strafrechtliche Bewehrung bestimmter Schutzrechte. 508

Als Grundsatz gilt, dass die verschiedenen **Durchsetzungsverfahren** so anzuwenden sind, dass **Handelshemmnisse vermieden** werden. Die Verfahren müssen den **rechtsstaatlichen Grundsätzen** eines fairen und gerechten Verfahrens **genügen**, d. h. insbesondere rechtliches Gehör gewähren und die Überprüfung von Verwaltungsentscheidungen bzw. erstinstanzlichen Urteilen ermöglichen, Art. 41 TRIPS. 509

Die WTO-Mitglieder sind verpflichtet, Rechtsinhabern **zivilprozessuale Verfahren** zur Durchsetzung ihrer Rechte zur Verfügung zu stellen. Art. 42 und 43 TRIPS enthalten zentrale Verfahrensgrundsätze (rechtliches Gehör, anwaltliche Vertretung, Anforderungen an das Beweisrecht). Nach Art. 44–46 TRIPS sind die Gerichte befugt, folgende Entscheidungen zu treffen: Unterlassungsanordnungen, Verpflichtung zur Zahlung von Schadensersatz bei vorsätzlicher oder fahrlässiger Verletzung, sowie Einziehung und Vernichtung der das Schutzrecht verletzenden Ware und der Herstellungswerkzeuge. Die Gerichte sind ferner befugt, Entschädigungszahlungen an eine Partei anzuordnen, die zu Unrecht Opfer von Durchsetzungsverfahren wurde (Art. 48 TRIPS). Es ist auch zulässig, dass ein Mitglied die genannten Rechtsbehelfe in einem Verwaltungsverfahren zur Verfügung stellt (Art. 49 TRIPS). 510

Die WTO-Mitglieder müssen ferner sicherstellen, dass in den gerichtlichen Verfahren einstweilige Maßnahmen getroffen werden können. Zum einen muss **vorbeugender Rechtsschutz** zur Verhinderung einer Verletzung gewährleistet werden und zum anderen müssen **Maßnahmen zur Beweissicherung** ergriffen werden können (Art. 50 TRIPS). 511

512 Rechtsinhaber können sich auch gegen die Einfuhr eines unter Verletzung ihrer Rechte hergestellten Produktes zur Wehr setzen. Dazu müssen die WTO-Mitglieder sicherstellen, dass der Inhaber eines Urheberrechts oder eines Markenrechts befugt ist, schriftlich ein **Verbot der Einfuhr** einer nachgeahmten Markenware oder eines unerlaubt hergestellten urheberrechtlichen Werkes zu beantragen. Darüber hinaus liegt es im Ermessen des einzelnen Mitglieds, ein solches Antragsrecht auch für Waren, die unter Verstoß gegen andere geistige Eigentumsrechte (Patentrechte, Muster) hergestellt wurden, vorzusehen (Art. 51 TRIPS). Art. 52–60 TRIPS sehen detaillierte Verfahrensregelungen für diese **Maßnahmen an der Grenze** vor.

#### d) TRIPS und Zugang zu HIV/AIDS-Medikamenten

513 Die Bekämpfung der HIV/AIDS-Pandemie und die Bewältigung ihrer sozialen und ökonomischen Folgen, insbesondere in Entwicklungsländern gehören zu den größten Herausforderungen der internationalen Gemeinschaft. Eine wichtige Rolle spielt hierbei die Versorgung von HIV/AIDS-Kranken mit antiretroviralen Medikamenten, durch die die Vermehrung des HIV im Körper des Erkrankten gehemmt wird. Allerdings sind **zahlreiche Medikamente**, die in der antiretroviralen Therapie eingesetzt werden, **durch Patente geschützt**, was dazu führen kann, dass die Medikamente erheblich verteuert werden. Dies stellt die Gesundheitssysteme in vielen Entwicklungsländern vor enorme Herausforderungen. Für die meisten **HIV/AIDS-Patienten in Entwicklungsländern** sind die Kosten für die entsprechenden Medikamente zu hoch.

514 Vor diesem Hintergrund begann Ende der 1990er Jahre eine **kontroverse öffentliche Auseinandersetzung** über die Auswirkungen des TRIPS auf den Zugang zu HIV/AIDS-Medikamenten bzw. zu anderen Medikamenten für andere Seuchen (Malaria, Tuberkulose), die auch innerhalb der Mitgliedschaft der WTO geführt wird. In den Auseinandersetzungen werden vor allem **zwei Möglichkeiten für Entwicklungsländer** diskutiert, um den Erwerb der teuren, patentgeschützten Originalprodukte zu vermeiden: **Parallelimporte und Zwangslizenzen**. Die Zulässigkeit dieser beiden Möglichkeiten auf der Grundlage des TRIPS ist problematisch und umstritten.[193]

**Parallelimporte**

515 Die erste Möglichkeit des günstigeren Zugangs zu HIV/AIDS-Medikamenten besteht im **Parallelimport** des patentgeschützten Medikaments aus einem Land, in dem es günstiger produziert wird als im ursprünglichen Herkunftsland. Ein Parallelimport ist der Import eines durch ein Schutzrecht (Patent, Urheberrecht, etc.) geschützten Produkts, der neben den Import des Produkts durch einen Lizenznehmer tritt.

> **Beispiel:** Pharmaproduzent P hat in A, B, und C Patentschutz für sein Medikament M beantragt. A und B sind Industrieländer, C ist ein Entwicklungsland. P lässt M in A herstellen und durch

---

[193] Dazu auch *Sun*, The Road to Doha and Beyond, Some Reflections on the TRIPS Agreement and Public Health, EJIL 2004, 123; *Herrmann*, TRIPS, Patentschutz für Medikamente und staatliche Gesundheitspolitik: Hinreichende Flexibilität? EuZW 2002, 37 und *Rott*, TRIPS-Abkommen, Menschenrechte, Sozialpolitik und Entwicklungsländer, GRUR Int 2003, 103.

einen Lizenznehmer in B und C verkaufen. Entsprechend der unterschiedlichen Kaufkraft der Patienten verlangt P in B und C unterschiedliche Preise. Händler H kauft große Mengen von M in C auf und will sie nach B importieren, wo er M wesentlich günstiger anbietet, als der Lizenzimporteur von P. Der Import von C nach B durch H wird Parallelimport genannt, da er neben den lizenzierten Import von A nach B tritt.

Die rechtliche Zulässigkeit des Parallelimports hängt von den **Erschöpfungsregeln**, die im Herstellungsland des Originalprodukts gelten, ab. Erschöpfungsregeln bestimmen, wann ein Patentinhaber die Nutzung, Herstellung und den Verkauf des patentierten Produkts nicht mehr verhindern kann, da das Produkt von ihm oder mit seiner Zustimmung in Verkehr gebracht wurde.[194]

- Wenn ein nationales Patentgesetz dem Grundsatz der **nationalen Erschöpfung** folgt, sind **Parallelimporte verboten**. Nach diesem Grundsatz kann ein Patentinhaber die Herstellung und den Weiterverkauf des patentierten Produktes innerhalb des Lands, in dem er das Produkt (selbst oder durch einen Lizenzhersteller) auf den Markt gebracht hat, nicht (mehr) verhindern: Durch die Einführung des patentgeschützten Produkts auf einem nationalen Markt ist das Patent auf diesem Markt erschöpft. Die Erschöpfung des Patents ist aber auf den jeweiligen nationalen Markt begrenzt. Auf anderen nationalen Märkten gilt sie nicht; die Schutzrechte aus dem Patent bestehen weiter. Mit anderen Worten: Der Inhaber des Patents hat das Inverkehrbringen des Produkts erlaubt, doch ist diese Erlaubnis auf ein bestimmtes Gebiet beschränkt, so dass Exporte oder der Verkauf des Produkts an Zwischenhändler, welche ihrerseits die Ware exportieren, weiterhin vom Inhaber des Patents untersagt werden können. Damit kann der Inhaber des Patents sein Produkt in verschiedenen Ländern von unterschiedlichen Produzenten zu unterschiedlichen Preisen vermarkten lassen. Er muss keine Parallel- oder Reimporte durch Produzenten, welche das Produkt z. B. in einem Entwicklungsland günstiger vertreiben dürfen, in einen Staat, in dem das Produkt zu höheren Preisen verkauft wird, hinnehmen.
- Gilt dagegen der Grundsatz der **internationalen (weltweiten) Erschöpfung** sind Parallelimporte zulässig. Nach diesem Grundsatz ist ein Patent bereits erschöpft, wenn es (egal in welchem Land) auf den Weltmarkt gebracht wurde. Damit kann der Patentinhaber auch den Weiterverkauf in andere Länder nicht mehr verhindern.

Im o. g. **Beispiel** könnte P also den Parallelimport von C nach B verhindern, wenn in B und C das Patentrecht jeweils dem Grundsatz der nationalen Erschöpfung folgt. Gilt dagegen der Grundsatz der internationalen Erschöpfung kann der Parallelimport nicht verboten werden.

Der Grundsatz der nationalen Erschöpfung findet sich in den Patentgesetzen vieler Industriestaaten. In Entwicklungsländern ist dagegen die internationale Erschöpfung weit verbreitet. Welche **Erschöpfungsregeln im TRIPS** gelten, war lange Zeit **umstritten**. Art. 6 TRIPS, der sich mit der Frage der Erschöpfung befasst, hat einen unklaren Wortlaut: Danach darf „[f]ür die Zwecke der Streitbeilegung und vorbehaltlich der Arti-

516

517

---

[194] Die Grundsätze der Erschöpfung gelten nicht nur für Patente, sondern auch für andere gewerbliche Schutzrechte.

kel 3 und 4 (…) dieses Übereinkommen nicht dazu verwendet werden, die Frage der Erschöpfung von Rechten des geistigen Eigentums zu behandeln." Durch die **Doha Erklärung zu TRIPS und öffentlicher Gesundheit** aus dem Jahre 2001 wurde die Frage eindeutig so geklärt, dass auch der Grundsatz der **internationalen Erschöpfung TRIPS-konform** ist.[195] Zwar ist der Rechtscharakter dieser Erklärung nicht ganz unumstritten, man kann sie jedoch als authentische Interpretation nach Art. IX:2 WTO-Übereinkommen ansehen, obwohl sie nicht ausdrücklich als solche gekennzeichnet ist. Die Erklärung dürfte in jedem Fall die Streitschlichtungsorgane faktisch binden.

**Zwangslizenzen**

518  Die Ausstellung von Zwangslizenzen ist eine zweite Möglichkeit, den Zugang zu HIV/AIDS-Medikamenten zu erleichtern. Wie bereits erwähnt ist eine Zwangslizenz eine Lizenz, die von der Regierung gegen oder ohne den Willen des Patentinhabers, an einen Hersteller oder Händler ausgestellt wird, um das Produkt herzustellen oder zu importieren. Nach Art. 31 TRIPS ist die **Ausstellung von Zwangslizenzen grundsätzlich erlaubt**, aber an eine Reihe von Voraussetzungen geknüpft. Im Zusammenhang mit dem Zugang zu HIV/AIDS-Medikamenten stellen sich drei Fragen bzw. Probleme:

- Nach Art. 31 (b) TRIPS kann die Regierung bei einem **nationalen Notstand** davon absehen, vor der Erteilung der Zwangslizenz Verhandlungen mit dem Patentinhaber zur freiwilligen Ausstellung einer Lizenz zu führen. In diesem Kontext war insbesondere umstritten, wann ein nationaler Notstand vorliegt und wer dies bestimmen kann.
- Nach Art. 31 (f) TRIPS ist das Recht zur Zwangslizenzierung auf die **Versorgung des Binnenmarktes beschränkt**. Diese Beschränkung ist problematisch, da viele Entwicklungsländer nicht über ausreichende inländische Produktionskapazitäten verfügen und insofern auf den Import eines mittels Zwangslizenz hergestellten Produkts angewiesen sind. Eine Produktion für den Export ist jedoch gem. Art. 31 (f) TRIPS mit einer Zwangslizenz gerade nicht zulässig. Daher kann ein Land, das über ausreichende Produktionskapazitäten verfügt, grundsätzlich keine Zwangslizenzen zum Export der Medikamente in Länder ohne hinreichende Produktionskapazitäten ausstellen.
- Nach Art. 31 (h) TRIPS ist dem Patentinhaber auch für eine Zwangslizenz eine **angemessene Vergütung** zu entrichten. Hier stellt sich vor allem die Frage nach der Höhe einer solchen Vergütung.

519  Auf zwei dieser Fragen versuchte die Doha Erklärung zu TRIPS und öffentlicher Gesundheit eine Antwort zu finden. Zunächst hielt die Erklärung fest, dass **jedes Mitglied selbst bestimmen kann, wann eine nationale Notlage** i. S. d. Art. 31 (b) TRIPS **vorliegt**. Darüber hinaus wurde die Tatsache anerkannt, dass Mitglieder ohne hinreichende Produktionskapazitäten aufgrund der Bedingung des Buchstabens (f) keinen Ge-

---

195 Ministerial Conference, Declaration on the TRIPS Agreement and Public Health, 14 November 2001, WT/MIN(01)/DEC/W/2, http://www.wto.org/english/thewto_e/minist_e/min01_e/mindecl_trips_e.htm.

brauch von Art. 31 TRIPS machen können. Der Allgemeine Rat wurde beauftragt, eine Lösung für dieses Problem zu erarbeiten (= Absatz 6 der Doha Erklärung).

Als Antwort auf diesen Auftrag erließ der Allgemeine Rat im Sommer 2003 eine **Erklärung zur Umsetzung des Absatzes 6 der Doha Erklärung**.[196] Darin erteilte er eine generelle Ausnahme gem. Art. IX:3 WTO-Übereinkommen (waiver) von dem Erfordernis des Art. 31 (f) TRIPS zu Gunsten von Staaten ohne ausreichende Produktionskapazitäten. Allerdings kann diese Ausnahmegenehmigung nur **unter engen und komplizierten Voraussetzungen** (Notifizierungspflichten, genaue Produktbeschreibung, Benennung der Exportländer) erteilt werden. Es ist daher nicht verwunderlich, dass bisher auch noch keines der betroffenen Länder den waiver in Anspruch genommen hat. 520

Der waiver ist zeitlich begrenzt, bis sich die WTO-Mitglieder auf eine entsprechende Änderung des TRIPS geeinigt haben. Inzwischen haben die WTO-Mitglieder **eine Änderung des TRIPS beschlossen,** die von den Mitglieder allerdings erst noch in Kraft gesetzt werden muss.[197] Vorgesehen ist die Einfügung eines Artikel 31$^{bis}$ TRIPS und eines Annexes. Diese neuen Vorschriften sind nahezu identisch mit den Modalitäten des waivers von 2003. Es ist daher fraglich, ob die Änderungen des TRIPS-Abkommens zu einer größeren Bereitschaft der WTO-Mitglieder führen werden, sich des Mechanismus zu bedienen.[198] 521

Zusammenfassend lässt sich somit festhalten, dass die WTO-Mitglieder zwar die Frage nach der Zulässigkeit von Parallelimporten angemessen beantwortet haben, für die Problematik der beschränkten Zwangslizenzen jedoch keine praktisch überzeugende Lösung gefunden haben. Aus diesem Grund wird verstärkt über alternative Lösungen, wie z. B. Preissenkungen durch freiwillige Maßnahmen der Industrie nachgedacht. 522

---
**Lösungshinweise zum Ausgangsfall**

Sowohl die Zulassungs- als auch die Lagerausnahme im sanitarischen Patentgesetz verletzen den gem. Art. 28 TRIPS zu gewährenden Umfang des Patentschutzes, da sie während der Schutzzeit die Herstellung und Lagerung des geschützten Produkts erlauben. Fraglich ist daher, ob sie als Ausnahmen gem. Art. 30 TRIPS angesehen werden können. Nach dieser Vorschrift müssen Ausnahmen begrenzt sein, nicht unangemessen im Widerspruch zur normalen Verwertung des Patents stehen und die berechtigten Interessen des Patentinhabers nicht unangemessen beeinträchtigen. Da die Lagerausnahme in ihrem Umfang nicht begrenzt ist, kann man – ebenso wie das Panel in dem Originalfall[199] – annehmen, dass die Voraussetzungen des Art. 30 nicht erfüllt

---

196 General Council, Implementation of Paragraph 6 of the Doha Declaration on the TRIPS Agreement and Public Health, Decision of 30 August 2003, WT/L/540, http://www.wto.org/english/tratop_e/trips_e/implem_para6_e.htm.
197 General Council, Amendment of the TRIPS Agreement, 6 December 2005, WT/L/641, http://docsonline.wto.org/DDFDocuments/t/WT/L/641.doc.
198 Siehe auch *Wolf*, From Doha to Hong Kong – WTO Members Amendment to Make Health Flexibilities Permanent under TRIPS, Policy Papers on Transnational Economic Law No. 19, 2005, im Internet unter http://www2.jura.uni-halle.de/telc/PolicyPaper19.pdf.
199 *Canada – Patent Protection of Pharmaceutical Products*, WT/DS114/R, Bericht des Panels am 7. 4. 2000 angenommen, im Internet unter http://www.wto.org/english/tratop_e/dispu_e/cases_e/ds114_e.htm.

sind. Dies gilt jedoch nicht für die Zulassungsausnahme, da diese nur die Herstellung begrenzter Mengen des Produkts gestattet. Nach Ansicht des Panels stand diese Maßnahme auch nicht im Widerspruch zur normalen Verwertung und stellte auch keine unangemessene Beeinträchtigung der Interessen des Patentinhabers dar, so dass sie insgesamt als rechtmäßige Ausnahme angesehen wurde.

▶ **Lern- und Wiederholungsfragen zu § 2 VII.:**

1. Nennen Sie einige Zusammenhänge zwischen dem Schutz des geistigen Eigentums und dem internationalen Handel.
2. Wie unterscheidet sich das TRIPS auf der einen Seite vom GATS und GATT auf der anderen Seite? Welche Bedeutung haben die Prinzipien der Inländerbehandlung und des Meistbegünstigungsgrundsatzes im TRIPS?
3. Welche Immaterialgüter werden im Rahmen des TRIPS geschützt?
4. Welche Auswirkungen kann das TRIPS auf den Zugang zu AIDS-Medikamenten haben und wie kann der Zugang zu billigen AIDS-Medikamenten TRIPS-konform gestaltet werden? Löst die Doha Erklärung zu TRIPS und öffentlicher Gesundheit aus dem Jahr 2001 bzw. die Entscheidung über die Veränderung des TRIPS von 2005 die genannte Problematik?

# § 3 Internationales Investitionsrecht

Das Recht der **Förderung und des Schutzes internationaler Investitionen** (internationales Investitionsrecht) ist neben dem Welthandelsrecht ein weiteres zentrales Element des Wirtschaftsvölkerrechts. Zwischen dem **internationalen Investitionsrecht** und dem **Welthandelsrecht** bestehen einerseits deutliche **Unterschiede** bezüglich der zu regelnden Rechtsprobleme, der geltenden Rechtsinstrumente und der handelnden Rechtssubjekte und Personen. Andererseits ergeben sich jedoch praktisch und rechtlich eine Reihe von **Überschneidungen** zwischen beiden Rechtsgebieten, die darauf zurückzuführen sind, dass eine Investition häufig den Austausch von Waren oder Dienstleistungen voraussetzt bzw. nach sich zieht. Beide Rechtsgebiete sich dadurch geprägt, dass ihre Verrechtlichung seit den 1990er Jahren deutlich zugenommen hat. Dies beruht sowohl auf der Verdichtung der Kodifikation durch eine wachsende Zahl völkerrechtlicher Verträge, als auch auf dem sprunghaften Anstieg von Streitbeilegungsentscheidungen, die beide Rechtsmaterien weiter präzisieren und konkretisieren.

523

## I. Wirtschaftlicher Hintergrund

### 1. Umfang und Verteilung von Auslandsinvestitionen

Unter einer internationalen Investition versteht man die **Anlage von Kapital durch einen Investor** (Privatperson oder Unternehmen) **in ausländischen Produktionsmitteln**. Auch wenn Formen der Beteiligung an ausländischen Produktionsmitteln ebenso wie internationaler Handel zu nahezu allen Geschichtsepochen bestanden haben dürften, kann von internationalen Investitionen im soeben skizzierten Sinne erst seit dem **Beginn der Neuzeit** gesprochen werden. Während der Zeiten des Kolonialismus und Imperialismus wurden zwar häufig Investitionen in Kolonialgebieten getätigt. Diese können jedoch mangels einer echten grenzüberschreitenden Beziehung nicht als Auslandsinvestitionen angesehen werden. Erst **die Industrialisierung und die Herausbildung transnational tätiger Unternehmen** sowie die Differenzierung der Produktionskosten in verschiedenen Ländern machte die dauerhafte Beteiligung an der Güterproduktion im Ausland möglich und attraktiv. Internationale Investitionen sind somit im Wesentlichen ein Phänomen des 19. und 20. Jahrhunderts.

524

Das **Volumen** ausländischer Direktinvestitionen ist seit den 1980er Jahren spürbar und ab Mitte der 1990er Jahre sprunghaft angestiegen. 1980 betrug der Umfang ausländischer Direktinvestitionen noch unter 100 Mrd. US-Dollar im Jahr, 1989 bereits 200 Mrd. US-Dollar und 1995 ca. 350 Mrd. US-Dollar. Im Jahr 2000 war das Investitionsvolumen dagegen schon auf gut 1,4 Bio. US-Dollar angestiegen und lag damit bei 20 % des

525

Weltsozialprodukts. In den kommenden Jahren fiel das Volumen bis 2003 zunächst auf 560 Mrd. US-Dollar ab und begann 2004 wieder auf 648 Mrd. US-Dollar anzusteigen.[1]

526 Die **Gründe** für den generellen Anstieg ausländischer Direktinvestitionen sind zahlreich und vielschichtig: Zu nennen sind die Liberalisierung des internationalen Zahlungs- und Kapitalverkehrs ab den 1970er Jahren[2] und die Entstehung neuer Finanzinstrumente zur Betätigung und Absicherung von Investitionen im Ausland, die Rationalisierung der Produktionsprozesse, die Herausbildung globaler Oligopole durch Unternehmensfusionen und -übernahmen, die Verbesserung der Kommunikations- und Informationstechnologie, ein in einigen Entwicklungsländern gestiegenes Bildungsniveau und schließlich das – vor allem nach 1989 – gewandelte politische Klima in den meisten Staaten der Welt, das generell als investitionsfreundlich beschrieben werden kann.

527 Der dramatische Anstieg des Volumens ausländischer Direktinvestitionen bis zum Jahr 2000 und der folgende Abstieg ausländischer Direktinvestitionen ist vor allem auf die Ende der 1990er Jahre einsetzende große **Privatisierungswelle** in vielen Ländern der Welt zurückzuführen, die inzwischen wieder abebbt. Aus diesem Grunde war auch der Anteil an **Unternehmensfusionen und -übernahmen** (mergers and acquisitions, M&A) an ausländischen Direktinvestitionen von durchschnittlich 40 % Mitte der 1990er Jahre auf über 75 % in 2000 angestiegen. Unternehmensfusionen und -übernahmen bilden jedoch auch nach Ende der Privatisierungswelle den Hauptanteil internationaler Investitionen. Sie lagen im Jahr 2004 bei 381 Mrd. US-Dollar, ca. 59 % des Gesamtinvestitionsvolumens.

528 Die **regionale Verteilung** ausländischer Direktinvestitionen ist – ähnlich wie die Struktur des internationalen Handels – ausgesprochen ungleich. Ca. 80 % der weltweiten Auslandsinvestitionen finden zwischen Westeuropa (EU, Schweiz und Norwegen), Japan, den USA und Kanada statt, wobei ein großer Teil dieses Anteils auf Investitionen innerhalb der EU entfällt. Von den Entwicklungsländern profitieren vor allem die Länder Südamerikas und Asiens von ausländischen Investitionen, während nur eine verschwindend geringe Zahl von Investitionen in Afrika stattfindet (knapp 3 % des gesamten Umfangs ausländischer Investitionen). In Asien sind es vor allem China (einschließlich Hongkong) und Singapur, die von ausländischen Investitionen profitieren (14 % des globalen Volumens).

529 Ca. 67 % des Investitionsvolumens entfallen heute auf **Dienstleistungen**, 24 % auf das verarbeitende Gewerbe und 9 % auf den Primärsektor (Rohstoffe, Landwirtschaft). Der Anteil der Dienstleistungsinvestitionen am Gesamtinvestitionsvolumen hat sich in den vergangenen Jahren erheblich vergrößert: In den 1970er Jahren betrug der Anteil der Investitionen im Dienstleistungsbereich noch 25 % des Gesamtvolumens. Zu den bedeutendsten Dienstleistungssektoren für ausländische Investitionen gehören Finanz- und Wirtschaftsdienstleistungen, Handel, Verkehr und Kommunikation.

---

1 Alle Zahlen nach UNCTAD, World Investment Report 2005 – Transnational Corporations and the Internationalization of R&D, 2005.
2 Dazu § 4 Rn. 723 ff.

## 2. Formen von Auslandsinvestitionen und ihre wirtschaftliche Bewertung

Internationale Investitionen werden allgemein in **ausländische Direktinvestitionen** (Foreign Direct Investment, FDI) und **Portfolio-Investitionen** unterteilt. Sie unterscheiden sich vor allem bezüglich ihrer Funktion und dem damit verbundenen Interesse des Investors.

530

Bei einer **ausländischen Direktinvestition** will sich der Investor dauerhaft oder jedenfalls für eine gewisse Zeit wirtschaftlich im Zielland der Investition betätigen. Dies kann in verschiedenen Formen geschehen: Der Investor kann z. B. eine **neue Produktionsstätte im Ausland aufbauen** (sog. greenfield investment). Er kann damit das Ziel verbinden, günstige Produktionsbedingungen im Ausland zu nutzen oder sich ausländische Märkte zu erschließen. Anstatt eine Produktionsstätte neu aufzubauen, kann der Investor auch eine **bestehende Produktionsstätte übernehmen**, entweder in der Form einer Fusion oder einer Unternehmensübernahme (merger and acquisition). Sowohl beim Neuaufbau einer Produktionsstätte als auch bei Unternehmen und Fusionen kann der Investor die Produktionsstätte alleine betreiben oder sich mit anderen inländischen oder ausländischen Investoren rechtlich und/oder finanziell an Produktionsstätten beteiligen. Diese Form der Beteiligung wird auch als **joint venture** bezeichnet. In allen Fallkonstellationen beabsichtigt der Investor, längerfristig Waren oder Dienstleistungen im Ausland zu produzieren bzw. sich an dieser Produktion zu beteiligen und auf die jeweilige wirtschaftliche Aktivität einen **bestimmenden Einfluss** zu haben.

531

Unter einer **Portfolio-Investition** wird die zumeist kurzfristige Beteiligung an ausländischen Unternehmen in Form von Aktien oder anderen Wertpapieren verstanden. Der Investor ist hier regelmäßig nicht an der Ausübung von Einfluss auf die jeweilige wirtschaftliche Tätigkeit interessiert, sondern an einem **durch die Beteiligung zu erzielenden Gewinn**. Als Abgrenzung zwischen beiden Investitionsformen wird im Allgemeinen eine Beteiligung von 10 % (teilweise auch 20 %) am ausländischen Unternehmen angesehen, d. h. eine Beteiligung von mehr als 10 % bzw. 20 % wird als ausländische Direktinvestition angesehen. Ausländische Direktinvestitionen spielen für die wirtschaftliche Entwicklung des Ziellands eine erhebliche Rolle und sind auch für die Anwendung des internationalen Investitionsrechts von größerer Bedeutung. Die Regeln des Investitionsschutzes finden jedoch grundsätzlich auch auf Portfolio-Investitionen Anwendung.

532

Über die **wirtschaftlichen Auswirkungen** der verschiedenen Formen von Auslandsinvestitionen bestehen unterschiedliche Auffassungen. Ob sich eine Investition positiv oder negativ auf die Wirtschaft des Heimatlands bzw. des Empfängerlands auswirkt, **hängt von einer Reihe von verschiedenen Faktoren ab**. So kann der Aufbau einer neuen Produktionsstätte im Ausland neue Arbeitsplätze schaffen, die Steuerbasis des Gaststaats erhöhen und zum Transfer von Technologie und Know-how beitragen. Gleichzeitig kann diese Investition, wenn es sich um die Verlagerung einer Produktionsstätte handelt, im Heimatland zum Verlust von Arbeitsplätzen und einer Reduktion des Steuereinkommens führen. Mit einer Auslandsinvestition kann sich ein Un-

533

ternehmen jedoch auch neue Märkte erschließen und so für das Heimatland neue Exportmöglichkeiten eröffnen. Eine Beteiligung am Kapital ausländischer Unternehmen z. B. durch eine Portfolio-Investition kann deren Kapitalbasis und damit ihre Produktionsmöglichkeiten erhöhen. Kurzfristige bzw. spekulative Anlageformen können sich jedoch auch negativ auf die Wirtschaft des Gastlands auswirken. Bei Investitionen im Bereich der Rohstoffgewinnung besteht häufig die Befürchtung, dass nationale Vermögenswerte an ausländische Unternehmen „ausverkauft" werden und das Gastland zu wenig von der Rohstoffgewinnung profitiert.

534 Die wirtschaftlichen Auswirkungen der verschiedenen Investitionsformen auf das Gastland sind außerdem von den makroökonomischen und rechtlichen Gesamtbedingungen abhängig. Für positive Auswirkungen von Investitionen ist es entscheidend, dass im Gastland ein System der **Regulierung von wirtschaftlichen Aktivitäten** besteht, das einerseits negative Auswirkungen verhindert (z. B. durch ein effektives und transparentes Steuersystem) und andererseits positive Auswirkungen fördert (z. B. durch Anreize zur Re-Investition der erzielten Gewinne im Gastland). Bei der Wahl der Instrumente zur Regulierung ausländischer Investitionen und ihrer Durchsetzung sind die **Vorgaben des internationalen Investitionsrechts zu beachten.**

## II. Rechtsgrundlagen

Literatur: *Görs*, Internationales Investitionsrecht, 2005; *Dolzer/Bloch*, Der rechtliche Schutz ausländischer Investitionen, in: Kronke/Melis/Schnyder (Hrsg.), Handbuch Internationales Wirtschaftsrecht, 2005, Teil J; *Herdegen*, Internationales Wirtschaftsrecht, 5. Aufl., 2005, §§ 20, 21; *Ipsen-Gloria*, Völkerrecht, 5. Aufl., 2004, § 47; *Sornarajah*, The International Law on Foreign Investment, 2nd ed., 2004; *Häde*, Der völkerrechtliche Schutz von Direktinvestitionen im Ausland, AVR 1997, 181; *Sacerdoti*, Bilateral Treaties and Multilateral Instruments on Investment Protection, Recueil de Cours, Vol. 269, 1997, 251; *Dolzer/Stevens*, Bilateral Investment Treaties, 1995.

**Ausgangsfall**

InnoTech, ein Unternehmen der Softwarebranche mit Sitz in Industria, möchte einen Teil seiner Softwareproduktion ins Ausland verlagern, wo die Lohnkosten geringer sind als in Industria. InnoTech sucht nach geeigneten Standorten in Bengalien und Kaschastan, zwei Schwellenländern mit ähnlichem wirtschaftlichen und politischen System. Im Rahmen der Prüfung der verschiedenen Möglichkeiten stellt sich InnoTech auch die Frage nach dem Schutz von ausländischen Investitionen in den beiden Ländern. Zwischen Bengalien und Industria besteht ein bilateraler Investitionsvertrag, der Nichtdiskriminierung, Entschädigung bei Enteignungen und Zugang des Investors zu einem Investor-Staat-Streitbeilegungsverfahren vorsieht. Kaschastan hat keinen Investitionsvertrag mit Industria abgeschlossen. In den Verhandlungen mit InnoTech verweist der Vertreter des Wirtschaftsministeriums von Kaschastan jedoch auf die „inzwischen allgemein anerkannten gewohnheitsrechtlichen Standards des Investitionsschutzes". Zudem bietet er den Abschluss eines Investor-Staat-Vertrags mit Internationalisierungsklausel und Schiedsvereinbarung an. InnoTech bittet Sie um ein Rechtsgutachten zu den Vor- und Nachteilen der jeweiligen Rechtsinstrumente.

## 1. Einleitung

Im Mittelpunkt des internationalen Investitionsrechts steht die **Behandlung der ausländischen Investition bzw. des Investors** durch das jeweilige Zielland der Investition. In diesem Kontext stellen sich eine Fülle von unterschiedlichen Rechtsfragen: Das älteste Problem betrifft die Zulässigkeit von Enteignungen und eine sich daraus ergebende Entschädigungspflicht. Der Schutz vor bzw. bei Enteignungen war bereits Gegenstand des Fremdenrechts im klassischen Völkerrecht. Auch heute erweist sich die Enteignungsproblematik als ein Kern des Investitionsschutzrechts. Hinzu treten jedoch auch Fragen der Nichtdiskriminierung, des Marktzugangs und des Schutzes gegen staatliche Regulierung, die den Wert der Investition mindern kann.

535

Diese Dimensionen deuten das **Spannungsverhältnis** zwischen **wirtschaftsvölkerrechtlichem Individualrechtsschutz und der nationalen Souveränität,** die das internationale Investitionsrecht prägt, bereits an. Auf der einen Seite steht der allgemeine, völkergewohnheitsrechtliche Grundsatz der wirtschaftlichen Souveränität der Staaten, der auch das Recht der Überführung von privatem Eigentum in öffentliches Eigentum umfasst.[3] Auf der anderen Seite steht das individuelle Interesse des Investors, dass bestimmte Mindeststandards eingehalten werden, damit er mit seiner Investition auch Gewinn erwirtschaften kann. Neben diesem Spannungsverhältnis bestehen jedoch auch **übereinstimmende Interessen von Gaststaat und Investor**. Viele Staaten sind an ausländischen Investitionen interessiert, weil sie sich hiervon Kapital- und Technologietransfers erhoffen, die sich positiv auf die Entwicklung der eigenen Volkswirtschaft auswirken.

536

Das internationale Investitionsschutzrecht unterscheidet sich von anderen Gebieten des Wirtschaftsvölkerrechts vor allem durch die besondere Berücksichtigung der **Rolle des Investors**. Anders als z. B. das Welthandelsrecht enthält das Investitionsrecht Regeln, aus denen sich direkte Rechtsansprüche des Investors gegenüber dem Gaststaat ergeben können. Um diese durchzusetzen, ist der Investor zunächst darauf angewiesen, dass sein Heimatstaat im Wege des diplomatischen Schutzes[4] die entsprechenden Rechtspositionen geltend macht, da Investoren regelmäßig Personen des Privatrechts sind, denen grundsätzlich **keine Völkerrechtssubjektivität** zuerkannt wird.[5]

537

Neben dieses zwischenstaatliche Verhältnis im Investitionsrecht tritt das – z. T. rechtlich verselbständigte – **Verhältnis des Investors zum Gaststaat**. Der Investor kann z. B. seine Rechte durch einen Vertrag mit dem Gaststaat (Investor-Staat-Vertrag[6]) absichern oder seine völkerrechtlichen Rechtspositionen im Wege eines Investor-Staat-Streitschlichtungsverfahrens[7] geltend machen. In diesen Fällen löst sich der Investor also von seinem Heimatstaat und tritt selbständig gegenüber dem Gaststaat auf. Durch

538

---
3 Dazu § 1 Rn. 94.
4 Dazu § 1 Rn. 102 ff.
5 Dazu § 1 Rn. 61 f.
6 Dazu unten Rn. 576 ff.
7 Dazu unten Rn. 653 ff.

diese Sonderbeziehungen wird das zwischenstaatliche Verhältnis um eine Dimension ergänzt, die das Welthandelsrecht nicht kennt. Das internationale Investitionsschutzrecht ist insofern durch das **Dreiecksverhältnis Heimatstaat-Investor-Gaststaat** gekennzeichnet:

*Figur 6: Dreiecksverhältnis des internationalen Investitionsrechts*

539 Anders als das Recht des internationalen Handels stellt das internationale Investitionsrecht keine in sich geschlossene Rechtsmaterie unter dem Dach einer internationalen Organisation dar. Vielmehr setzt es sich aus einer **Vielzahl von völkerrechtlichen Quellen** sowohl gewohnheitsrechtlicher als auch vertraglicher Natur zusammen. Das internationale Investitionsrecht ist zudem dadurch gekennzeichnet, dass auf multilateraler Ebene vergleichsweise wenig Regelungen für den Investitionsschutz bestehen. Der völkervertragliche Investitionsschutz beruht gegenwärtig **vor allem auf bilateralen und regionalen Vereinbarungen**. Im 19. Jahrhundert und in der ersten Hälfte des 20. Jahrhunderts überwog dagegen der gewohnheitsrechtliche Schutz. Da die meisten völkervertraglichen Regeln des Investitionsschutzes auf gewohnheitsrechtlichen Regeln beruhen, erscheint es sinnvoll, diese – soweit sie heute noch relevant sind – kurz darzustellen, bevor auf die einzelnen vertraglichen Regeln näher eingegangen wird.

## 2. Gewohnheitsrecht

540 Die völkergewohnheitsrechtlichen Regeln des internationalen Investitionsschutzrechts beziehen sich in erster Linie auf Enteignungen bzw. Verstaatlichungen von ausländischem Vermögen.[8] Das Recht eines Staats zu Enteignungen und Verstaatlichungen auf seinem Territorium ergibt sich aus dem Prinzip der **staatlichen Souveränität**.[9] Aus der Gebietshoheit folgt die Zuständigkeit zur Regelung aller gebietsbezogenen Sachverhalte, zu denen die Enteignung von ausländischem Vermögen zählt. Verstärkt wird diese Befugnis in wirtschaftlicher Hinsicht durch das souveräne Recht der Staaten, die sich auf ihrem Territorium befindlichen Bodenschätze und natürlichen Ressourcen auszubeuten.

541 Das grundsätzlich unbestrittene Recht, ausländisches Vermögen zu enteignen wird jedoch durch das gewohnheitsrechtliche **Fremdenrecht** eingeschränkt. Unter dem Fremdenrecht versteht man diejenigen völkerrechtlichen Pflichten, die ein Staat bei der Behandlung von „Fremden", d. h. Ausländern, die sich auf seinem Territorium befin-

---

8 Ausführlich zu Begriff und Bedeutung von Enteignungen und Verstaatlichungen unten Rn. 600 ff.
9 Dazu § 1 Rn. 92 ff.

den, zu beachten hat.¹⁰ Über den genauen Umfang und die Reichweite dieser Pflichten bestehen bereits seit dem 17. Jahrhundert in Völkerrechtspraxis und -lehre unterschiedliche Vorstellungen.

Bezüglich der Behandlung von Ausländern, die sich legal im Inland aufhalten und wirtschaftlich tätig sind, wurden im Wesentlichen zwei Ansätze vertreten: Nach einer Vorstellung sind Fremden grundsätzlich die gleichen Rechte zuzugestehen wie Inländern (**Inländerbehandlung**). Dieses Prinzip verbietet zwar die Privilegierung von Inländern, erzwingt jedoch auch keine Sonderrechte für Ausländer. Werden also z. B. Inländer entschädigungslos enteignet, können auch Ausländer keine Entschädigung verlangen.¹¹ Nach anderer Ansicht sind über die Inländerbehandlung hinaus auch gewisse **Mindeststandards** einzuhalten, die zu einer Privilegierung von Ausländern führen können. Zu diesen Mindeststandards kann z. B. gehören, dass Enteignungen von Ausländern in jedem Fall eine Entschädigungspflicht auslösen.

542

In der Völkerrechtspraxis hat sich bis weit in die zweite Hälfte des 20. Jahrhunderts keine der beiden Ansichten universell durchsetzen können. Die Theorie der Inländerbehandlung wurde vor allem von den Staaten des Südens vertreten, während die Staaten der westlichen Welt die Einhaltung von Mindeststandards forderten. Erst **gegen Ende des 20. Jahrhunderts** bildete sich ein weitgehender **Konsens in der Staatengemeinschaft**, wonach gegenüber ausländischen Investoren **bestimmte Mindeststandards einzuhalten** sind.

543

Zu diesen Mindeststandards gehören z. B. das grundsätzliche Recht auf **Anerkennung der Rechtsfähigkeit**, das Recht auf ein **geordnetes und faires Verfahren** vor Gericht und die Gewährung der **Gleichheit vor dem Gesetz**. Ebenfalls allgemein anerkannt ist, dass eine **Enteignung** von Ausländern nur zulässig ist, wenn sie einem öffentlichen Zweck dient, keinen diskriminierenden Charakter hat und eine Entschädigung geleistet wird.¹² Ob sich allerdings eine dauerhafte und einheitliche Praxis bezüglich der **Höhe der Entschädigung** herausgebildet hat, die von einer entsprechenden Rechtsüberzeugung getragen wird, ist nicht sicher.

544

Die Standards des gewohnheitsrechtlichen Fremdenrechts werden heute durch gewohnheitsrechtliche **Menschenrechte** ergänzt und überlagert. Für die Behandlung von ausländischen Investoren und Investitionen ergibt sich hieraus jedoch kein erweiterter Schutzumfang gegenüber den fremdenrechtlichen Mindeststandards. Dies liegt vor allem daran, dass der **Schutz des Eigentums,** mit Ausnahme eines existenzsichernden Minimums, **nicht als gewohnheitsrechtliches Menschenrecht anerkannt** ist. Aus den gewohnheitsrechtlichen Menschenrechtstandards ergeben sich daher außer der Garantie rechtsstaatlicher Verfahren und einem grundsätzlichen Willkürverbot keine genauen Anforderungen an die Zulässigkeit und Rechtsfolgen von Enteignungen.

545

---

10 Dazu *Ipsen-Ipsen*, Völkerrecht, 5. Aufl., 2004, § 50, Rn. 2 ff. und *Hailbronner*, in: Graf Vitzthum (Hrsg.), Völkerrecht, 3. Aufl., 2004. 3. Abschn., Rn. 268 ff.
11 Sog. Calvo-Doktrin, dazu unten Rn. 614 ff.
12 Dazu ausführlich unten Rn. 612 f.

## 3. Völkervertragsrecht

**546** Wie eingangs bereits erwähnt, finden sich die praktisch bedeutsamsten Regeln des internationalen Investitionsrechts in **bilateralen und regionalen** Abkommen.[13] Daneben existieren Elemente des Investitionsschutzes in verschiedenen **multilateralen Übereinkommen**.

### a) Bilaterale Investitionsabkommen

**547** Das wichtigste Element des internationalen Investitionsschutzes ist das inzwischen **weit verzweigte Netz bilateraler Investitionsabkommen**. Bilaterale Investitionsverträge entstehen erst in der zweiten Hälfte des 20. Jahrhunderts. Vorläufer dieser Investitionsabkommen waren **bilaterale Verträge über Freundschaft, Handel und Schifffahrt** (Friendship, Commerce and Navigation), die ab dem Ende des 18. Jahrhunderts abgeschlossen wurden. Wie ihr Name andeutet, bezogen sich diese Abkommen auf eine Reihe von Materien, von denen der Schutz ausländischen Vermögens nur ein Teilaspekt war. Zudem lag der Fokus dieser Abkommen auf der Behandlung von Händlern und auf handelsrechtlichen Bestimmungen, da internationale Investitionen im 18. und 19. Jahrhundert noch nicht die Bedeutung hatten, die sie ab der Mitte des 20. Jahrhunderts erhielten. Die Freundschafts-, Handels- und Schifffahrtsverträge enthielten verschiedene Rechte für Händler, wie Marktzugang und Gewährung effektiven Rechtsschutzes.

**548** Auch wenn die praktische Bedeutung von Freundschafts-, Handels- und Schifffahrtsverträgen für internationale Investitionen heute nachlässt, können sie immer noch von Bedeutung sein, vor allem wenn (noch) kein bilateraler Investitionsvertrag zwischen den Parteien besteht. So konnte der Internationale Gerichtshof im *ELSI*-Fall auf den entsprechenden amerikanisch-italienischen Freundschafts-, Handels- und Schifffahrtsvertrag zurückgreifen.[14]

> **Sachverhalt (verkürzt):**
> Das US-amerikanische Unternehmen Raytheon Company beschloss wegen wirtschaftlicher Schwierigkeiten im März 1968 die Schließung einer Fabrik seiner italienischen Tochter Elletronica Sicula (ELSI) S.p.A in Palermo. Nachdem die italienischen Behörden Raytheon vergeblich um eine Weiterführung der Produktion gebeten hatten, ordnete der Bürgermeister von Palermo im April 1968 die Beschlagnahme der Fabrik an. Die Beschlagnahem wurde erst über ein Jahr später aufgehoben. Zwischenzeitlich wurde die Fabrik von den Beschäftigten besetzt, wogegen die Behörden jedoch nicht vorgingen. Die USA übten diplomatischen Schutz für Raytheon aus und machten eine Verletzung des amerikanisch-italienischen Freundschafts-, Handels- und Schifffahrtsvertrags von 1948 geltend. Nachdem diplomatische Bemühungen keine Lösung herbeiführen konnten, erhoben die USA im Jahr 1987 Klage gegen Italien zum IGH.
>
> In dem Urteil betonte der IGH u. a. den Grundsatz der Erschöpfung des innerstaatlichen Rechtswegs (local remedies) vor Geltendmachung von diplomatischem Schutz.[15] Das Nichteinschreiten der Be-

---

13 Zu regionalen Abkommen allgemein unten § 6.
14 IGH, Case concerning the Elletronica Sicula S.p.A. (ELSI), Urteil vom 10. Juli 1989, ICJ Reports 1989, 15. Siehe auch *Dörr*, Kompendium völkerrechtlicher Rechtsprechung, 2004, Fall 29.
15 Dazu oben § 1 Rn. 102 ff.

hörden gegen die Besetzung der Fabrik überprüfte der IGH an Art. V Abs. 1 und 3 des Freundschafts-, Handels- und Schifffahrtsvertrags, die einen allgemeinen Mindestschutzstandard (Abs. 1) und die Verpflichtung zu Meistbegünstigung und Inländerbehandlung (Abs. 3) enthielten. Diese Elemente finden sich auch in den meisten bilateralen Investitionsverträgen.[16]

**Auszug aus dem IGH-Urteil**:[17]

„Paragraph I of Article V provides as follows:
„1. The nationals of each High Contracting Party shall receive, within the territories of the other High Contracting Party, the most constant protection and security for their persons and property, and shall enjoy in this respect the full protection and security required by international law. (...)"

Paragraph 3 provides as follows:
„3. The nationals, corporations and associations of either High Contracting Party shall within the territories of the other High Contracting Party receive protection and security with respect to the matters enumerated in paragraphs I and 2 of this Article, upon compliance with the applicable laws and regulations, no less than the protection and security which is or may hereafter be accorded to the nationals, corporations and associations of such other High Contracting Party and no less than that which is or may hereafter be accorded to the nationals, corporations and associations of any third country."

Paragraph I thus provides for „the most constant protection and security" for nationals of each High Contracting Party, both „for their persons and property" (...) Paragraph 3 elaborates this notion of protection and security further, by requiring no less than the Standard accorded to the nationals, corporations and associations of the other High Contracting Party; and no less than that accorded to the nationals, corporations and associations of any third country. There are, accordingly, three different Standards of protection, all of which have to be satisfied. (...)

The reference in Article V to the provision of „constant protection and security" cannot be construed as the giving of a warranty that property shall never in any circumstances be occupied or disturbed. The dismissal of some 800 workers could not reasonably be expected to pass without some protest. Indeed, the management of ELSI seems to have been very much aware that the closure of the plant and dismissal of the workforce could not be expected to pass without disturbance (...). In any event, considering that it is not established that any deterioration in the plant and machinery was due to the presence of the workers, and that the authorities were able not merely to protect the plant but even in some measure to continue production, the protection provided by the authorities could not be regarded as falling below „the full protection and security required by international law"; or indeed as less than the national or third-State Standards. (...) The essential question is whether the local law, either in its terms or its application, has treated United States nationals less well than Italian nationals. This, in the opinion of the Chamber, has not been shown. The Chamber must, therefore, reject the charge of any violation of Article V, paragraphs I and 3."

Ab der Mitte des 20. Jahrhunderts wurden die traditionellen Freundschafts-, Handels- und Schifffahrtsverträge zunehmend durch **bilaterale Abkommen zur Förderung und zum Schutz von Investitionen** abgelöst, um dem wachsenden Bedürfnis nach differenzierten und genauen Investitionsschutzregeln Rechnung zu tragen. Bilaterale Investitionsabkommen regeln ausschließlich Investitionsfragen und enthalten im Allgemeinen speziellere Regelungen zum Investitionsschutz als die Freundschafts-, Handels- und Schifffahrtsverträge und als das Völkergewohnheitsrecht. 549

Das **erste bilaterale Investitionsabkommen** dieser Art wurde **1959** zwischen der Bundesrepublik Deutschland und Pakistan abgeschlossen. Andere Industriestaaten folgten 550

---

16 Dazu unten Rn. 551, 627 ff.
17 IGH, o. Fn. 14, Abs. 103 f. und 108, zitiert ohne Querverweise.

bald nach. Die **Zahl** der bilateralen Investitionsabkommen stieg vor allem nach dem Ende des Ost-West-Konflikts von 358 im Jahr 1989 auf **2.265 im Jahr 2003** sprunghaft an.[18] Mehrheitlich werden diese Abkommen zwischen Industriestaaten und Entwicklungsländern abgeschlossen. In jüngster Zeit mehren sich auch Abkommen zwischen Entwicklungsländern untereinander. Abkommen zwischen verschiedenen Industriestaaten sind dagegen eher selten. Für die Bundesrepublik Deutschland sind z. Zt. 118 bilaterale Investitionsabkommen in Kraft und 19 weitere sind bereits unterzeichnet (Stand Mai 2006).[19] Damit ist Deutschland der Staat mit den meisten derartigen Abkommen.

551 Grundlage für die meisten deutschen Übereinkommen bildet der sog. „**Mustervertrag**", der vom Bundeswirtschaftsministerium erarbeitet wurde.[20] Ebenso wie die meisten anderen Investitionsverträge enthält der Mustervertrag (MV) folgende Elemente, die in den Abschnitten III und IV dieses Kapitels näher erläutert werden:
- **Definition** des Begriffs „**Kapitalanlagen**" und „**Investor**", Art. 1 MV
- Allgemeine Verhaltenspflichten, einschließlich des Gebots der **gerechten und billigen Behandlung**, Art. 2 MV
- **Diskriminierungsverbote**, d. h. Meistbegünstigungsprinzip und Grundsatz der Inländerbehandlung, Art. 3 MV
- Voraussetzungen von **Enteignungen**, Entschädigung in Höhe des Werts der Investition und Verfahrensgarantien, Art. 4 MV
- Garantie des **Transfers von Zahlungen**, Art. 5 MV
- Regelungen zur **Streitschlichtung**, die regelmäßig den Zugang des Investors zu einem **Investor-Staat-Schiedsverfahren** vorsehen (z. B. dem International Centre for Settlement of Investment Disputes, ICSID[21]), Art. 10 und 11 MV

552 Bereits dieser Überblick zeigt, dass die typischen Elemente eines bilateralen Investitionsvertrags deutlich **über den Schutzumfang des Völkergewohnheitsrechts hinausgehen**. Dies gilt insbesondere für den Zugang zu Investor-Staat-Streitbeilegungsverfahren.

b) **Regionale Abkommen**

553 Neben die bilateralen Investitionsabkommen treten **Investitionsregeln in regionalen Abkommen,** mit denen die Vertragsparteien eines regionalen Integrationsabkommens Investoren aus den anderen Vertragsparteien Schutzrechte einräumen. An dieser Stelle können nur einige Abkommen kurz beispielhaft erwähnt werden.[22] Auf die materiellen Regeln einzelner Abkommen wird in den Abschnitten III und IV näher eingegangen.

---

18 Zahlen nach UNCTAD, Investment Instruments Online, http://www.unctadxi.org/templates/Page_1007.aspx.
19 Information des Bundesministeriums für Wirtschaft und Industrie, http://www.bmwi.de/BMWi/Navigation/aussenwirtschaft,did=10062.html.
20 Der Text des deutschen Mustervertrags findet sich in Völker- und Europarecht, Textbuch Deutsches Recht, 2. Aufl., 2005, Nr. 90 als im Internet zur Verfügung gestelltes Zusatzdokument: http://www.textbuch-deutsches-recht.de/data/resources/aba2b369e78.pdf.
21 Dazu unten Rn. 564 f., 655 ff.
22 Näher zu den einzelnen Abkommen § 6 Rn. 937 ff.

Die praktisch bedeutsamsten regionalen Investitionsschutzregeln finden sich im Nordamerikanischen Freihandelsabkommen **NAFTA**.[23] Es enthält in seinem Kapitel 11 ein ausgeprägtes Investitionsschutzregime, das Bestimmungen zum Schutz vor Enteignungen umfasst. Neben den allgemeinen Nichtdiskriminierungstatbeständen (Meistbegünstigung und Inländerbehandlung) und bestimmten Mindeststandards besteht in Art. 1110 NAFTA ein umfassender Schutz vor Enteignungen. Weiterhin enthält das NAFTA-Übereinkommen auch ausführliche Vorschriften zur Streitbeilegung, vor allem zwischen Staaten und Investoren. Dabei wird auch auf das ICSID-Übereinkommen verwiesen, dessen Zuständigkeit gem. Art. 1122 NAFTA begründet wird.

554

Ein dem NAFTA vergleichbarer Investitionsschutz findet sich in Kapitel 10 des Zentralamerikanischen Freihandelsabkommens **CAFTA**, das allerdings noch nicht in Kraft ist.[24] Zu dem südamerikanischen Integrationsabkommen **Mercosur**, das Argentinien, Brasilien, Paraguay und Uruguay umfasst, besteht ein Zusatzprotokoll über den Schutz von Investitionen (Protokoll von Colonia von 1994), das ebenfalls vergleichbare Schutzrechte enthält.[25] Das **ASEAN** Rahmenabkommen über Investitionen von 1998[26] enthält die Verpflichtung zur Gewährung der Meistbegünstigung und Inländerbehandlung. Regeln zum Enteignungsschutz und über ein Investor-Staat-Streitbeilegungsverfahren finden sich in einem Abkommen von 1987.

555

Von besonderer Bedeutung für den europäischen Raum ist der **Energiecharta-Vertrag** von 1994.[27] Der Energiecharta-Vertrag bezweckt die Schaffung eines Ordnungsrahmens für Investitionen und Handel auf dem Energiesektor, vor allem mit Blick auf die russischen und asiatischen Öl- und Gasvorräte. Vertragsparteien sind nahezu alle Staaten Europas, die Nachfolgestaaten der Sowjetunion und Japan. Die EG ist neben ihren Mitgliedstaaten eigenständige Vertragspartei. Weitere Staaten, wie z. B. die USA, Kanada und China sind Beobachter. Die Ratifikation des Energiechartavertrags durch einige Unterzeichnerstaaten des Vertrags, insbesondere durch Russland und Weißrussland steht noch aus. Letztere wenden den Vertrag allerdings vorläufig an.

556

Die Energiecharta enthält die Grundsätze der Meistbegünstigung und der Inländerbehandlung (Art. 10 Abs. 3 Energiecharta-Vertrag), allerdings zunächst als Bemühenszusage (Art. 10 Abs. 2 Energiecharta-Vertrag). Art. 13 Energiecharta-Vertrag enthält Zulässigkeitsvoraussetzungen für Enteignungen und die Verpflichtung zur Leistung von Entschädigung in Höhe des Werts der Investition. Schließlich enthält die Europäische Energie-Charta auch Bestimmungen über die Beilegung von Streitigkeiten zwischen einem Investor und einem Vertragsstaat, wobei die Streitbeilegung nach dem ICSID-Übereinkommen eine wichtige Rolle spielt (Art. 26 Energiecharta-Vertrag).

557

---

23 North American Free Trade Agreement von 1992. Text unter http://www.sice.oas.org/trade/nafta/naftatce.asp.
24 Dominican Republic – Central America – United States Free Trade Agreement von 2004, http://www.sice.oas.org/Trade/CAFTA/CAFTADR_e/CAFTADRin_e.asp.
25 Text unter http://www.cvm.gov.br/ingl/inter/mercosul/coloni-e.asp.
26 Text unter http://www.aseansec.org/6466.htm.
27 BGBl. 1997 II, S. 5. Text auch unter http://www.encharter.org/. Siehe dazu auch Gundel, Regionales Wirtschaftsvölkerrecht in der Entwicklung: Das Beispiel des Energiecharta-Vertrags, AVR 2004, 157.

### c) Multilaterale Abkommen

**558** Multilaterale Abkommen, die sich auf internationale Investitionen beziehen, **ergänzen die bilateralen und regionalen Abkommen**, enthalten jedoch keine umfassenden Regeln zum Investitionsschutz. Einzelne Elemente des Investitionsschutzes finden sich im Recht der WTO, in zwei von der Weltbank verwalteten Sonderabkommen und in OECD Kodizes. Bemühungen um ein multilaterales Investitionsabkommen in der OECD bzw. der WTO waren bislang erfolglos.

#### Elemente des Investitionsschutzes im WTO-Recht

**559** Auch wenn sich das WTO-Recht primär mit den multilateralen Handelsbeziehungen befasst, enthalten **einzelne WTO-Übereinkommen** Elemente des internationalen Investitionsschutzes.[28] Diese finden sich vor allem im Übereinkommen über handelsbezogene Investitionsmaßnahmen (Agreement on Trade-related Investment Measures, TRIMs), einem Übereinkommen zum Warenhandel.[29] Daneben sind das GATS und das TRIPS für internationale Investitionen von Bedeutung.

**560** Das im Rahmen der Uruguay-Runde ausgehandelte **TRIMs** gilt für Investitionsmaßnahmen, die sich auf den Handel beziehen (Art. 1 TRIMs). Der Inhalt des TRIMs besteht darin, dass die Pflichten gem. Art. III GATT (Inländerbehandlung) und gem. Art. XI GATT (mengenmäßige Beschränkungen) auch auf investitionsbezogene Maßnahmen anzuwenden sind (Art. 2 TRIMs). Das TRIMs zielt insbesondere auf sog. **local content** oder **local performance requirements** ab. Hierunter werden z. B. Vorschriften verstanden, nach denen ausländische Investoren (oder alle Investoren) einen bestimmten Prozentsatz ihrer Rohstoffe, Vorprodukte oder ihres sonstigen Produktionsbedarfs im Inland einkaufen müssen oder einen bestimmten Prozentsatz ihres Umsatzes im Inland erwirtschaften müssen. Da Art. III und XI GATT auf die genannten Maßnahmen allerdings ohnehin anwendbar sind, ist der eigenständige **Anwendungsbereich des TRIMs gering**.

**561** Wie im vorherigen Kapitel bereits dargestellt, umfasst die Definition des Dienstleistungshandels des **GATS** auch die Erbringung einer Dienstleistung durch eine kommerzielle Präsenz im Inland (Modus 3).[30] Damit erfasst das GATS ausländische Direktinvestitionen, die sich auf Dienstleistungen beziehen. Die zentralen GATS-Verpflichtungen der allgemeinen Meistbegünstigung (Art. II:1 GATS), des Marktzugangs (Art. XVI GATS) und der Inländerbehandlung (Art. XVII GATS) entfalten somit auch investitionsschützenden Charakter. Allerdings beschränkt sich dieser im Wesentlichen auf die Grundsätze der **Nichtdiskriminierung** bzw. auf den Marktzugang. Schutz vor Enteignungen entfaltet das GATS dagegen nicht unmittelbar. Denkbar ist allenfalls die Bewertung einer Enteignung als Schmälerung oder Zunichtemachung eines Vorteils im Rah-

---

28 *Weiß/Herrmann*, Welthandelsrecht, 2003, § 17.
29 ABl. 1994 L 336/100 = WTO, Beck-Texte im dtv, Nr. 7. Im Internet unter http://eur-lex.europa.eu/LexUriServ/LexUriServ.do?uri=CELEX:21994A1223(08):DE:HTML.
30 Siehe § 2 Rn. 435.

men eines sog. non-violation complaints nach Art. XXIII:3 GATS.[31] Standards über die Enteignungsentschädigung können dem GATS in keinem Fall entnommen werden.

Die einzelnen Schutzpflichten des **TRIPS** bewirken in einem gewissen Umfang den Schutz ausländischer Investoren.[32] So erfassen die verschiedenen Standards die **gewerblichen Schutzrechte von Investoren**. Da diese als (Teil einer) Investition angesehen werden, können die entsprechenden Mindestrechte des TRIPS auch als investitionsschützend angesehen werden. Allerdings enthält auch das TRIPS keine Standards über die Zulässigkeit von Enteignungen und über eine ggf. zu gewährende Entschädigung.

562

**Spezielle Weltbank-Abkommen zum Investitionsschutz: Streitbeilegung und Investitionsgarantien**
Im Rahmen des Rechts der Weltbank[33] bestehen zwei Sonderregime, die zum internationalen Investitionsrecht zu zählen sind: Das Internationale Zentrum zur Beilegung von Investitionsstreitigkeiten (International Centre for Settlement of Investment Disputes, ICSID) und die Multilaterale Investitions-Garantie-Agentur (Multilateral Investment Guarantee Agency, MIGA).

563

**ICSID**
Das Internationale Zentrum zur Beilegung von Investitionsstreitigkeiten **ICSID** ist ein internationales Streitschlichtungszentrum, das auf der Grundlage des Übereinkommens zur Beilegung von Investitionsstreitigkeiten zwischen Staaten und Angehörigen anderer Staaten von 1965[34] (ICSID-Übereinkommen) gegründet wurde. Zweck des ICSID ist es, Vergleichskommissionen und Schiedsgerichte zur Beilegung von Streitigkeiten zwischen Staaten und ausländischen Investoren bereitzustellen. Das ICSID-Übereinkommen regelt hierzu die Bildung und Zusammensetzung der Kommissionen und Schiedsgerichte, das anwendbare Verfahren sowie Inhalt und Durchsetzung von Entscheidungen. Das ICSID ist also selbst **kein Gericht oder Schiedsgericht**, sondern lediglich ein Forum, in dem ad hoc Vergleichskommissionen und Schiedsgerichte gebildet werden können und das die entsprechenden **Rahmenbedingungen und -regeln** zur Verfügung stellt. Materielle Rechtsgrundlage der Entscheidungen des ICSID ist das jeweils anzuwendende materielle Recht, also z. B. ein bilaterales Investitionsabkommen.

564

Die **Bedeutung** des ICSID hat in den letzten Jahren stark **zugenommen**. Zurzeit haben 143 Staaten das ICSID-Übereinkommen ratifiziert. Von den inzwischen 104 abgeschlossenen Verfahren wurden 26 zwischen 1972 und 1990 anhängig gemacht, 40 zwischen 1990 und 1999 und seit 2000 bereits 38 Verfahren. Über 100 Verfahren sind derzeit noch anhängig.[35] Die Regeln über die Zuständigkeit des ICSID, die Zusammensetzung

565

---
31 Zu non-violation complaints § 2 Rn. 259 f.
32 Zum TRIPS § 2 Rn. 489 ff.
33 Dazu § 5 Rn. 873 ff.
34 BGBl. 1969 II, S. 371 = Sartorius II, Nr. 475. Im Internet unter http://www.admin.ch/ch/d/sr/i9/0.975.2.de.pdf (Systematische Sammlung des Schweizer Bundesrechts).
35 Stand: April 2006. Informationen von http://www.worldbank.org/icsid/index.html.

von Schiedsgerichten, das anwendbare Recht und die Durchsetzung der Entscheidungen der Schiedsgerichte werden in Teil IV ausführlicher dargestellt.

**MIGA**

566 Ebenfalls im Rahmen der Weltbank besteht die Multilaterale Investitions-Garantie-Agentur **MIGA**, die auf der Grundlage des MIGA-Übereinkommens von 1985 gegründet wurde.[36] Das Übereinkommen wurde vom Gouverneursrat der Weltbank vorgeschlagen und bis heute von 167 Staaten ratifiziert.[37]

567 Zweck der MIGA ist die Förderung von wirtschaftlich produktiven Investitionen vor allem in Entwicklungsländern, um so die Tätigkeit der Weltbank zu unterstützen. Zur Erfüllung des Zwecks **versichert** die Agentur **Investitionen**, die ein Investor eines Mitgliedstaats in einem anderen Mitgliedstaat vornimmt, **vor nichtkommerziellen Risiken**. Zu den versicherungsfähigen Risiken zählen folgende vier klassische Risiken (Art. 11 MIGA-Übereinkommen):
- **Transferrisiko**, d. h. Beschränkungen des Transfers von Kapital in der Landswährung des Gaststaats in eine frei konvertible Währung (z. B. US-Dollar oder Euro)
- **Enteignung** und ähnliche Maßnahmen, d. h. legislative oder administrative Handlungen, die dem Investor das Eigentum an seinen Investitionen oder die Kontrolle darüber entziehen oder seine Erträge wesentlich schmälern.
- **Vertragsverletzung**, d. h. Nichtanerkennung oder Verletzung eines Vertrags zwischen Investor und Regierung durch die Regierung des Gaststaats, wenn dem Investor hiergegen kein angemessener Rechtsschutz zur Verfügung steht.
- **Kriege und Bürgerkriegsunruhen**, d. h. bewaffnete Konflikte oder Bürgerkriegsunruhen in den Gebieten des Empfängerlands

568 **Empfänger** einer Investitionsgarantie können natürliche und juristische Personen sein, die nicht Angehörige des Gastlands sind (Art. 13 MIGA-Übereinkommen). Zu den **versicherbaren Investitionen** zählen Direktinvestitionen, Beteiligungen und Darlehen (Art. 12 MIGA-Übereinkommen). Für die Garantie hat der Investor eine Garantieprämie zu bezahlen, deren Höhe auf der Grundlage verschiedener Risikofaktoren bestimmt wird. Die Garantie kann sich im Regelfall auf bis zu 200 Mio. US-Dollar belaufen.

569 Die MIGA-Garantien ergänzen die nationalen Investitionsgarantien, wie sie in Deutschland z. B. von der Bundesregierung für Investitionen deutscher Unternehmen im Ausland übernommen werden.[38] Sowohl MIGA-Garantien als auch nationale Garantien spielen **für die Investitionspraxis eine erhebliche Rolle**. Aufgrund der Absicherung von z. T. entwicklungspolitisch oder ökologisch bedenklichen Projekten stehen sie allerdings auch wiederholt in der öffentlichen Kritik.

---

36 BGBl. 1987 II, S. 455 = Sartorius II, Nr. 462. Im Internet unter http://www.admin.ch/ch/d/sr/i9/0.975.1.de.pdf (Systematische Sammlung des Schweizer Bundesrechts).
37 Stand: Oktober 2005. Information von http://www.miga.org/index.cfm.
38 Zu Umfang und Hintergrund dieser Garantien siehe: Investitionsgarantien der Bundesrepublik Deutschland, Jahresbericht 2004, im Internet unter http://www.bmwi.de/BMWi/Navigation/Service/bestellservice,did=72146.html.

## OECD Kodizes

Im weiteren Sinne zu den völkervertraglichen Elementen des Investitionsschutzes zählen auch zwei Kodizes der OECD über die **Liberalisierung des Kapitalverkehrs** (Code of Liberalisation of Capital Movements) und über die **Liberalisierung des grenzüberschreitenden Dienstleistungshandels** (Code of Liberalisation of Current Invisible Operations). Diese Kodizes sind zwar keine völkerrechtlichen Verträge, sondern lediglich Beschlüsse des OECD-Ministerrates. Als solche sind sie jedoch für die OECD-Mitglieder rechtsverbindlich. Inhaltlich enthalten die Kodizes im Wesentlichen die **Verpflichtung, Beschränkungen des Handels und des Kapitaltransfers abzubauen**. Damit entfalten sie eine ähnliche Wirkung wie das GATS. Weitergehende Investitionsschutzrechte, insbesondere Schutz vor oder bei Enteignungen, sind in den Kodizes nicht verankert.

570

## Verhandlungen über ein multilaterales Investitionsabkommen

In der Vergangenheit sind wiederholt **Forderungen nach einem multilateralen Regelwerk** zur Vereinheitlichung der zahlreichen bilateralen Investitionsabkommen und zur Gewährung eines einheitlichen Schutzstandards erhoben worden.

571

Aufgrund der Erfahrungen der **OECD** mit den soeben dargestellten Kodizes sahen ihre Mitglieder die OECD als ein geeignetes Forum für Verhandlungen über ein derartiges multilaterales Abkommen an. Von 1995 bis 1998 wurde daher in der OECD über ein **Multilaterales Investitionsabkommen (Multilateral Agreement on Investment, MAI)** verhandelt.[39] Dem MAI sollten jedoch nicht nur die OECD Mitglieder sondern auch andere Staaten beitreten können, damit das MAI ein möglichst umfassend geltendes Abkommen würde. Inhaltlich sollten nicht nur die verschiedenen Schutzstandards bilateraler Abkommen vereinheitlicht werden, sondern zum Teil auch ein höheres Schutzniveau und weiterreichende Investorenrechte als in manchen bilateralen Abkommen verankert werden. So sah der MAI-Entwurf umfassende Liberalisierungsverpflichtungen und Marktzugangsrechte für Investoren vor.

572

Obwohl bereits weite Teile eines Textentwurfs existierten, wurden die Verhandlungen 1998 nach einem einseitigen Rückzug Frankreichs aus den Verhandlungen ergebnislos abgebrochen. Dies lag zum einen an unüberwindbaren **Differenzen zwischen den OECD-Mitgliedern** in zahlreichen Detailfragen. So war insbesondere umstritten, in welchem Umfang das MAI Marktzugangsrechte für Investoren im kulturellen und audiovisuellen Bereich garantieren sollte. Zum anderen trug auch die von zahlreichen Nichtregierungsorganisationen geäußerte **öffentliche Kritik am MAI** zum Scheitern der Verhandlungen bei. Diese Kritik entzündete sich vor allem daran, dass durch die im MAI vorgesehenen umfassenden Investorenrechte staatliche Regulierungsmöglichkeiten erheblich eingeschränkt würden. Kritisiert wurde aber auch, dass das MAI in der OECD und damit vorwiegend von Industriestaaten ausgehandelt wurde und so die Interessen von Entwicklungsländern in den Verhandlungen kein Gehör fanden.

573

---

39 Dazu *Karl*, Das Multilaterale Investitionsabkommen, RIW 1998, 432 und *ders.*, Internationaler Investitionsschutz – Quo vadis?, ZVglRWiss 99 (2000), 143.

574 Auch in der **WTO** wurde über multilaterale Investitionsregeln diskutiert, die über die im WTO-Recht bereits vorhandenen Regeln hinausgegangen wären. Während der Ministerkonferenz von Singapur (1996) wurde zunächst eine Arbeitsgruppe zum Thema „Handel und Investitionen" eingesetzt, deren Mandat darin bestand, die Thematik zu studieren und eine Reihe von Fragen des Zusammenhangs von Handel und Investitionen zu klären. Auf der Ministerkonferenz von Doha (2001) wurde der Arbeitsgruppe dann das Mandat zu vorbereitenden Arbeiten für ein multilaterales Abkommen erteilt, obwohl viele Entwicklungsländer Verhandlungen hierüber reserviert bis ablehnend gegenüberstanden. Die konkreten Verhandlungen sollten jedoch erst nach einem positiven Beschluss der Ministerkonferenz in Cancún (2003) erfolgen. Da diese Ministerkonferenz ergebnislos abgebrochen wurde, kam es nicht zu den geplanten Verhandlungen.[40] Im Juli 2004 nahmen die WTO-Mitglieder die Verhandlungen über Investitionsschutz von der Tagesordnung der Doha-Runde und beendeten damit faktisch den Versuch, in der WTO ein Investitionsabkommen auszuhandeln.

575 Angesichts einer grundsätzlichen Skepsis vieler Entwicklungsländer gegenüber multilateralen Investitionsverhandlungen und der Kritik vieler Nichtregierungsorganisationen an einem multilateralen Investitionsabkommen, ist nicht damit zu rechnen, dass derartige Verhandlungen in absehbarer Zeit erneut begonnen werden. Das **Scheitern multilateraler Verhandlungen** führt dazu, dass die **Bedeutung von bilateralen und regionalen Abkommen** für den internationalen Investitionsschutz in Zukunft weiter **steigen wird**. Dabei ist zu beobachten, dass einige der neueren bilateralen und regionalen Abkommen ähnliche Standards enthalten, wie sie seinerzeit im MAI verankert werden sollten.

> **Merke:** Der **völkervertragliche Investitionsschutz** beruht in erster Linie auf **bilateralen und regionalen Abkommen**, die durch **multilaterale Verträge** in einzelnen Bereichen ergänzt werden.

### 4. Investor-Staat-Verträge

576 Das völkergewohnheitsrechtliche und völkervertragliche Investitionsschutzrecht kann durch **Verträge zwischen Staaten und ausländischen Investoren** ergänzt werden. Vor allem bei großen Investitionsprojekten, z. B. bei Infrastrukturmaßnahmen oder der Ausbeutung von Rohstoffen, besteht sowohl für den Investor als auch den Gaststaat ein Interesse daran, die wechselseitigen Rechte und Pflichten genau zu regeln. Die hierzu abgeschlossenen sog. Investor-Staat-Verträge können neben der Verpflichtung des Investors, bestimmte Investitionen vorzunehmen, und der Verpflichtung des Staats, dem Investor die notwendigen Konzessionen und Genehmigungen hierfür zu erteilen, auch **Schutzrechte des Investors** gegenüber Enteignungen oder anderen Eingriffen des Staats enthalten. Häufig finden sich in Investor-Staat-Verträgen auch sog. **Stabili-**

---

40 Siehe § 2 Rn. 202.

sierungsklauseln, in denen sich der Gaststaat verpflichtet, sein nationales Recht nicht zu Ungunsten des Investors zu verändern. Der Investor wird dadurch vor für **ihn nachteiligen Rechtsveränderungen des Gaststaats** geschützt. Investor-Staat-Verträge können dem Investor damit **unmittelbar Rechte verschaffen**, die ihm aus zwischenstaatlichen Abkommen nicht erwachsen.

In Praxis und Lehre ist nicht abschließend geklärt, ob Investor-Staat-Verträge dem innerstaatlichen, nationalen Recht oder dem Völkerrecht zuzuordnen sind. Rechnet man die Verträge ausschließlich dem **innerstaatlichen Recht** des Gaststaats zu, kann der Gaststaat durch entsprechende Veränderungen des nationalen Rechts auch die Wirksamkeit des Investor-Staat-Vertrags beeinträchtigen. Eine Stabilisierungsklausel bietet hiergegen auch nur begrenzten Schutz, da der Gaststaat durch entsprechende Rechtsveränderungen auch die Wirkung der Stabilisierungsklausel beschränken kann. Rechnet man den Investor-Staat-Vertrag ausschließlich dem innerstaatlichen Recht zu, bleiben dem Investor bei einer Beeinträchtigung der vertraglich verbürgten Rechte durch eine Änderung des nationalen Rechts nur innerstaatliche Rechtsbehelfe, deren Zulässigkeit und Effektivität der Gaststaat beschränken kann. Verbleibt der Vertrag zwischen dem Staat und dem Investor daher im innerstaatlichen Recht, ist der Investor nur eingeschränkt gegen Vertragsbrüche des Gaststaats geschützt, wenn diese auf Änderungen des innerstaatlichen Rechts beruhen.

577

Rechnet man Investor-Staat-Verträge **dem Völkerrecht zu,** ist eine Vertragsverletzung durch den Gaststaat zugleich eine Völkerrechtsverletzung, gegen die mit völkerrechtlichen Rechtsbehelfen vorgegangen werden kann. Gegen eine völkerrechtliche Qualifizierung von Investor-Staat-Verträgen spricht, dass multinationale Konzerne grundsätzlich keine Völkerrechtssubjekte sind und somit auch nicht an der Schaffung von Völkerrecht beteiligt sein können.[41] Sowohl der Ständige Internationale Schiedsgerichtshof (die Vorgängerinstitution des IGH) also auch der IGH haben die **Zurechnung derartiger Verträge zum Völkerrecht abgelehnt**. Im Fall *Anglo-Iranian Oil Company*, der die Verstaatlichung der iranischen Erdölindustrie betraf, erklärte der IGH, dass ein Konzessionsvertrag zwischen der britischen Anglo-Iranian Oil Company und der iranischen Regierung keine Quelle des Völkerrechts sei.[42]

578

In Teilen der Schiedsgerichtspraxis und der Lehre wird dagegen seit einigen Jahren die Ansicht vertreten, dass Investor-Staat-Verträge u. U. als **beschränkt völkerrechtliche Verträge** angesehen werden können. Dies gelte vor allem dann, wenn der Vertrag eine Stabilisierungsklausel oder eine **Internationalisierungsklausel** enthalte. Eine Internationalisierungsklausel ist eine Vertragsbestimmung, mit der die Parteien die Anwendbarkeit von Völkerrecht ausdrücklich vereinbaren. Wenn Investor-Staat-Verträge als beschränkt völkerrechtliche Verträge angesehen werden, kann multinationalen Konzernen jedenfalls im Rahmen derartiger Investor-Staat-Verträge eine **partielle Völkerrechtsfähigkeit** zuerkannt werden.

579

---
41 Dazu oben § 1 Rn. 61.
42 IGH, Anglo-Iranian Oil Co. Case (Preliminary Objection), Urt. v. 22. Juli 1952, ICJ Reports 1951, 93, 111 ff. Siehe auch *Dörr,* Kompendium völkerrechtlicher Rechtsprechung, 2005, Fall 14.

580 Als Beispiel für diese Sicht lassen sich die Schiedsgerichtsentscheidungen im sog. **libyschen Erdölstreit** anführen.[43] Nach der Verstaatlichung der Erdölindustrie durch Libyen zwischen 1971 und 1974 riefen mehrere internationale Konzerne Schiedsgerichte an und machten die Verletzung ihrer Konzessionsverträge geltend. Ein Schiedsrichter ordnete den entsprechenden Vertrag aufgrund einer entsprechenden Internationalisierungsklausel dem Völkerrecht zu. In einem anderen Fall wurde der Vertrag sogar von vornherein dem Völkerrecht zugeordnet.

> **Merke:** Die **rechtliche Einordnung von Investor-Staat-Verträgen** ist **umstritten.** Nach **einer Ansicht** können sie **ausschließlich einer innerstaatlichen Rechtsordnung** zugeordnet werden. Nach **anderer Ansicht** können sie **als beschränkt völkerrechtliche Verträge** angesehen werden.

581 Angesichts eines immer dichter werdenden Netzes bilateraler Investitionsverträge, die regelmäßig einen Zugang ausländischer Investoren zu völkerrechtlichen Streitschlichtungsmechanismen wie dem ICSID vorsehen, sind die investitionsschutzrechtlichen Elemente von Investor-Staat-Verträgen **heute weniger relevant als noch vor einigen Jahren**. Damit verliert auch der Streit über die Zuordnung von Investor-Staat-Verträgen an praktischer Bedeutung.

### 5. Richtlinien und Kodizes über Investorpflichten

582 Die **bislang behandelten Rechtsinstrumente** beziehen sich allesamt auf den Investitionsschutz und enthalten mithin hauptsächlich Rechte von Investoren, aber **keine Pflichten für Investoren**. Dies liegt daran, dass man grundsätzlich davon ausgehen kann, dass Investorpflichten im innerstaatlichen Recht des Gaststaats verankert sind. Der Investor muss die Rechtsordnung des Gaststaats beachten und die entsprechenden Vorschriften des Steuer-, Arbeits-, Umwelt- und Sozialrechts befolgen. In der Praxis zeigt sich jedoch, dass Gaststaaten häufig nicht willig oder nicht fähig sind, diese Vorschriften auch tatsächlich durchzusetzen, da ein multinationaler Konzern über verschiedene Einflussmöglichkeiten gegenüber einem Staat verfügt.

583 Aus diesem Grunde ist in mehreren internationalen Organisationen versucht worden, internationale Normen zu verfassen, mit denen das **Verhalten von Investoren** bzw. von multinationalen Konzernen **geregelt** wird.[44] Die bis dato entwickelten Normen sind jedoch alle **unverbindliche Richtlinien und Verhaltenskodizes**. Völkerrechtlich verbindliche Normen über Investorpflichten existieren dagegen nicht.

584 1976 verabschiedete die **OECD** einen **Verhaltenskodex für multinationale Unternehmen** (Guidelines for Multinational Enterprises), der im Jahr 2000 überarbeitet und revidiert wurde. In diesem Verhaltenskodex werden multinationale Unternehmen u. a.

---

43 Siehe dazu *Dolzer*, Libya-Oil Companies Arbitrations, EPIL III, 1997, 215.
44 Siehe hierzu auch *Herdegen*, Internationales Wirtschaftsrecht, 5. Aufl., 2005, § 3 Rn. 62 ff.

## II. Rechtsgrundlagen 185

aufgefordert, einen Beitrag zur wirtschaftlichen Entwicklung im Gastland zu leisten, Menschenrechte zu achten und bestimmte Arbeitnehmerrechte zu gewähren sowie zur Beseitigung von Kinderarbeit beizutragen. Bezüglich der letztgenannten Punkte greift der revidierte OECD-Verhaltenskodex auf die 1977 verabschiedete **Dreiseitige Deklaration der ILO** (Tripartite Declaration) zu Arbeitnehmerrechten zurück, die allerdings ihrerseits auch unverbindlich ist.

In eine andere Richtung weist der **UNCTAD Verhaltenskodex über restriktive Geschäftspraktiken**, der 1980 von der UN-Generalversammlung angenommen wurde. Unter restriktiven Geschäftspraktiken werden vor allem wettbewerbsverzerrende Absprachen zwischen Unternehmen und der Missbrauch einer marktbeherrschenden Stellung verstanden. Der UNCTAD Kodex enthält somit grundlegende wettbewerbsrechtliche Elemente, auch wenn er ebenfalls rechtlich nicht verbindlich ist. 585

Die – in § 1 bereits erwähnten – Normen der Vereinten Nationen für die **Verantwortlichkeiten transnationaler Unternehmen und anderer Wirtschaftsunternehmen im Hinblick auf die Menschenrechte** sind der jüngste Versuch, Unternehmensverantwortung auf internationaler Ebene zu begründen. Die Normen wurden von der Unterkommission zum Schutz und zur Förderung der Menschenrechte, einem Expertengremium, das der Menschenrechtskommission der Vereinten Nationen untergeordnet ist, im Jahr 2003 erarbeitet und verpflichten die Unternehmen zur Einhaltung zentraler menschenrechtlicher Standards. Angesichts der Auflösung der Menschenrechtskommission im Juni 2006 und ihrer Ersetzung durch den Menschenrechtsrat, ist die weitere Entwicklung der Unterkommission und ihres Vorschlags ungewiss. Da die Normen allerdings bereits auf den erheblichen Widerstand einzelnen Staaten gestoßen sind, ist nicht damit zu rechnen, dass sie in absehbarer Zeit – in welcher Form auch immer – verabschiedet werden. 586

Anders als die bislang geschilderten Initiativen bezweckt der sog. „**Global Compact" der Vereinten Nationen** keine Regulierung des Verhaltens transnationaler Unternehmen, sondern eine Kooperation zwischen den Vereinten Nationen und Unternehmen. Der Global Compact geht auf eine Initiative von UN-Generalsekretär *Kofi Annan* aus dem Jahr 1999 zurück, mit der der Generalsekretär transnationale Konzerne einlud, gemeinsam mit den Vereinten Nationen auf die Verwirklichung zentraler Sozial-, Umwelt- und Menschenrechtsstandards hinzuarbeiten. Zu den zehn Prinzipien des Global Compacts zählen u. a. die Verpflichtungen, sich nicht an Menschenrechtsverletzungen zu beteiligen, kollektive Arbeitnehmerrechte anzuerkennen, Zwangs- und Kinderarbeit abzuschaffen und das umweltrechtliche Vorsorgeprinzip zu beachten. Neben verschiedenen UN-Organisationen sind über 2000 Unternehmen sowie zahlreiche Unternehmens- und Wirtschaftsverbände Mitglieder des Global Compacts. 587

Auch wenn die genannten Instrumente lediglich unverbindliche Empfehlungen an multinationale Konzerne sind, entfalten sie dennoch eine gewisse **praktische Wirksamkeit**. Da das Verhalten multinationaler Konzerne regelmäßig kontroverse öffentliche Debatten auslöst, sind die Unternehmen grundsätzlich daran interessiert, die Standards der unverbindlichen Kodizes einzuhalten. Allerdings können die Standards der 588 verschiedenen Kodizes durch lediglich freiwillige Selbstverpflichtungen nicht vollständig effektiv umgesetzt werden, da hinter den Verhaltenskodizes keine Sanktionsdrohung steht.

> **Lösungshinweise zum Ausgangsfall**
>
> Bei dem zwischen Bengalien und Industria abgeschlossenen bilateralen Investitionsvertrag handelt es sich um einen völkerrechtlichen Vertrag, aus dem InnoTech keine unmittelbaren Rechte erwachsen. Die in dem Vertrag festgelegten Standards berechtigen und verpflichten zunächst nur die Vertragsparteien. Da der Vertrag jedoch den Zugang zu einem Investor-Staat-Streitbeilegungsverfahren vorsieht, kann InnoTech die Verpflichtungen in einem derartigen Verfahren geltend machen, ohne dass es sich auf die Ausübung des diplomatischen Schutzes durch Industria verlassen müsste. Das bilaterale Abkommen gewährt außerdem einen höheren Schutzstandard als die allgemeinen völkergewohnheitsrechtlichen Grundsätze, auf die der Vertreter von Kaschastan hinweist. Zudem ist der Umfang des gewohnheitsrechtlichen Schutzes umstritten. Durch einen Investor-Staat-Vertrag kann InnoTech den gewohnheitsrechtlichen Schutz erweitern. In einem solchen Vertrag kann InnoTech sich u. U. sogar weitreichendere Schutz- und Marktzugangsrechte zusichern lassen, als sie sich aus dem bilateralen Abkommen zwischen Bengalien und Industria ergeben. Allerdings ist zu beachten, dass der Rechtscharakter von Investor-Staat-Verträgen nicht unumstritten ist. In jedem Fall sollte InnoTech sicher stellen, dass der Vertrag ein Investor-Staat-Schiedsverfahren vorsieht. Mithilfe einer Stabilisierungsklausel und einer Internationalisierungsklausel kann InnoTech außerdem versuchen, sich gegenüber einer für InnoTech nachteiligen Änderung des innerstaatlichen Rechts zu schützen. Allerdings ist zu beachten, dass die Bewertung derartiger Klauseln durch die Praxis nicht einheitlich ist.

▶ **Lern- und Wiederholungsfragen für § 3 I. und II.:**

1. Was versteht man unter ausländischen Direktinvestitionen und was sind Portfolioinvestitionen?
2. Erläutern Sie die unterschiedlichen Rechtsbeziehungen im Dreiecksverhältnis von Heimatstaat, Gaststaat und Investor.
3. Wie unterscheiden sich traditionelle Freundschafts-, Handels- und Schifffahrtsverträge von bilateralen Investitionsabkommen? Welche Bedeutung haben bilaterale Investitionsabkommen für den internationalen Investitionsschutz?
4. Was versteht man unter einem Investor-Staat-Vertrag und wie wird dieser Vertrag rechtlich eingeordnet?

## III. Materielle Elemente des Investitionsschutzes

*Literatur: Görs,* Internationales Investitionsrecht, 2005; *Herdegen,* Internationales Wirtschaftsrecht, 5. Aufl., 2005, §§ 19, 21, Rn. 7–25; *Ipsen-Gloria,* Völkerrecht, 5. Aufl., § 47, 2004; *Sornarajah,* The International Law on Foreign Investment, 2nd ed., 2004; *Schäfer,* Der Entschädigungsstandard im Allgemeinen Völkerrecht, RIW 1998, 1999; *Häde,* Der völkerrechtliche Schutz von Direktinvestitionen im Ausland, AVR 1997, 181; *Sacerdoti,* Bilateral Treaties and Multilateral Instruments on Investment Protection, Recueil de Cours, Vol. 269, 1997, 251.

> **Ausgangsfall**
>
> Die deutsche Firma Saubermann Weltweit (SWW) bietet Entsorgungsdienstleistungen für Sonderabfälle an. Sie erwirbt im Februar 1996 eine Sondermülldeponie in Wasteland. Die Deponie wurde seit 1987 auf einem ausdrücklich für diesen Zweck ausgewiesenen Grundstück von einem öffentlichen Unternehmen betrieben. Die Deponie war bei Errichtung von den zuständigen Behörden genehmigt worden und wurde auf der Grundlage einer zehnjährigen, erneuerbaren Genehmigung betrieben. Da von der Deponie umwelt- und gesundheitsgefährdende Immissionen ausgehen, verlangen Bürgerinitiativen seit einiger Zeit deren Schließung.
>
> 1997 erneuerten die zuständigen Behörden den Betrieb der Deponie zunächst um ein weiteres Jahr. 1998 beantragte SWW eine erneute Genehmigung diesmal mit einer Laufzeit von zehn Jahren. Dieser Antrag wurde jedoch mit der Begründung abgelehnt, dass SWW Auflagen aus der Konzession betreffend Berichtspflichten nicht beachtet habe. SWW bestreitet dies nicht, ist jedoch der Auffassung, dass dies eine Ablehnung des Antrags nicht rechtfertigen könne, da die Berichte nachgereicht werden könnten. SWW meint, dass die Behörden tatsächlich aufgrund des Drucks aus der Bevölkerung die Deponie schließen wollten.
>
> SWW behauptet, die Ablehnung des Antrags verletze Bestimmungen des Investitionsabkommens zwischen Deutschland und Wasteland, das dem Mustervertrag entspricht. Zu Recht?
>
> Sachverhalt nach Tecmed/Mexiko, ICSID Fall Nr. ARB(AF)/00/2

Im vorherigen Abschnitt wurde gezeigt, dass das internationale Investitionsrecht aus einer Vielzahl unterschiedlicher Verträge und gewohnheitsrechtlicher Standards besteht. Der folgende Abschnitt stellt **zentrale Aspekte des materiellen Investitionsrechts** dar, wie sie sich aus den oben erwähnten Quellen des Investitionsschutzrechts ergeben. Die **Darstellung orientiert sich an Struktur und Inhalt der bilateralen Investitionsverträge** der Bundesrepublik Deutschland und greift dazu in erster Linie auf den sog. Mustervertrag zurück.[45] Ergänzend werden jeweils einschlägige Vorschriften einiger regionaler Abkommen und soweit vorhanden der völkergewohnheitsrechtliche Standard dargestellt.

589

### 1. Schutzumfang

Um den Schutzumfang des internationalen Investitionsschutzes festzustellen, ist zu prüfen, welche wirtschaftlichen Rechte und Interessen als „Investition" gelten und somit vom **sachlichen Anwendungsbereich** einer Regel des Investitionsschutzrechts erfasst werden und welche natürlichen und juristischen Personen als Investor gelten und somit vom **persönlichen Anwendungsbereich** einer Investitionsschutzregel erfasst werden.

590

#### a) Sachlicher Anwendungsbereich: Investition/Kapitalanlage

In sachlicher Hinsicht schützt das Investitionsschutzrecht „Investitionen". Der Begriff wird in den verschiedenen Verträgen unterschiedlich definiert. Nach Art. 1 Nr. 1 des

591

---

45 Zum Mustervertrag oben Rn. 551.

deutschen Mustervertrags (MV) „umfasst der Begriff Kapitalanlage **Vermögenswerte jeder Art**". Hierzu werden insbesondere folgende Rechtspositionen gezählt:
- **Eigentum** an beweglichen und unbeweglichen Sachen sowie sonstige **dingliche Rechte** wie Hypotheken und Pfandrechte;
- **Anteilsrechte** an Gesellschaften und andere Arten von Beteiligungen an Gesellschaften;
- **Ansprüche auf Geld**, das verwendet wurde, um einen wirtschaftlichen Wert zu schaffen, oder Ansprüche auf Leistungen, die einen wirtschaftlichen Wert haben;
- Rechte des **geistigen Eigentums**, wie insbesondere Urheberrechte, Patente, Gebrauchsmuster, gewerbliche Muster und Modelle, Marken, Handelsnamen, Betriebs- und Geschäftsgeheimnisse, technische Verfahren, Know-how und Goodwill und
- öffentlich-rechtliche **Konzessionen** einschließlich Aufsuchungs- und Gewinnungskonzessionen, d. h. Konzessionen zur Erschließung und zum Abbau von Rohstoffen.

592 Diese umfassende, aber nicht abschließende Liste verdeutlicht den grundsätzlich **weiten Anwendungsbereich der deutschen bilateralen Investitionsabkommen**. Er umfasst nicht nur das klassische Eigentumsrecht und andere dingliche Rechte sowie Anteile und Beteiligungen an Gesellschaften, die man typischerweise mit einer ausländischen Direktinvestition assoziiert, sondern auch schuldrechtliche Ansprüche, Rechte des geistigen Eigentums und sogar öffentlich-rechtliche Konzessionen.

593 Einen ähnlich weiten Investitionsbegriff legt auch **Art. 1 Nr. 6 des Energiecharta-Vertrags** zu Grunde. Unter einer Investition wird danach u. a. folgendes verstanden: Materielle und immaterielle Vermögensgegenstände, bewegliche und unbewegliche Sachen, Gesellschaften, Anteilsrechte oder sonstige Formen der Kapitalbeteiligung, investitionsbezogene Geldforderungen und Leistungsansprüche, die einen wirtschaftlichen Wert haben, geistiges Eigentum, Gewinne, und vertragliche oder gesetzliche Rechte sowie Lizenzen und Genehmigungen. Nach **Art. 1139 NAFTA** umfasst der Begriff Investition Unternehmen, Sicherheitsrechte eines Unternehmens, Kredite an Unternehmen, Ansprüche aus Beteiligungsrechten, Mobiliar- und Immobiliareigentum, geistiges Eigentum und Ansprüche aus Kapitalbeteiligungen. Ansprüche auf Geld oder öffentlich-rechtliche Konzessionen werden dagegen nicht erfasst.

594 Die genannten Definitionen des Investitionsbegriffs stellen auf die Aufzählung der jeweiligen Rechtspositionen und Vermögenswerte ab. Sie werden daher auch als *„asset-based"* bezeichnet. In der Literatur wird der **Investitionsbegriff** teilweise auch **inhaltlich definiert**. So wird z. B. vorgeschlagen, dass der Investitionsbegriff folgende Elemente enthalten solle: eine gewisse Dauer der Anlage, Erwartung eines regelmäßigen Profits, Übernahme eines unternehmerischen Risikos, substantielles Engagement des Investors und Förderung der wirtschaftlichen Entwicklung des Lands.[46] Diese teilweise der schiedsgerichtlichen Praxis entnommenen Elemente führen zu einem engeren Investitionsbegriff als er z. B. in Art. 1 Nr. 1 MV definiert wird. Letzterer umfasst

---

46 *Schreuer*, The ICSID Convention: A Commentary, 2005, Art. 25 ICSID, Rn. 122.

nicht nur dauerhafte Anlagen und solche, bei denen der Investor ein unternehmerisches Risiko eingeht, sondern jede Form der Investition, auch sog. **Portfolio-Investitionen**. Dagegen dürfte die engere Definition in erster Linie die klassische Form der **Direktinvestition** erfassen.[47]

Ob der in der Literatur vorgeschlagene Investitionsbegriff bereits gewohnheitsrechtlich anerkannt ist, ist zu bezweifeln. Vielmehr ist davon auszugehen, dass sich noch **kein einheitliches Verständnis** herausgebildet hat. Allerdings dürfte eine Anlage, die den genannten Kriterien entspricht, in jedem Fall als Investition angesehen werden. Dagegen wird man aber nicht annehmen können, dass die genannten Kriterien notwendige Voraussetzungen des Investitionsbegriffs sind.

595

> Merke: Der **deutsche Mustervertrag** und andere Investitionsverträge haben einen **weiten sachlichen Anwendungsbereich** und umfassen eine **Vielzahl von Vermögenswerten**. Inhaltliche Anforderungen an die Dauer oder den Einsatz der Vermögenswerte **stellen sie nicht**.

#### b) Persönlicher Anwendungsbereich: Investor

Der **persönliche Anwendungsbereich**, soweit er deutsche Investoren betrifft, umfasst nach Art. 1 Nr. 2 MV in Bezug auf die Bundesrepublik Deutschland **Privatpersonen**, die Deutsche im Sinne des Grundgesetzes sind, und **juristische Personen** und Gesellschaften oder Vereinigungen mit oder ohne Rechtspersönlichkeit, die ihren Sitz im Hoheitsgebiet der Bundesrepublik Deutschland haben, gleichviel, ob ihre Tätigkeit auf Gewinn gerichtet ist oder nicht. Dieser Schutzbereich entspricht der in Deutschland angewandten **Sitztheorie** zur Bestimmung der Anerkennung einer juristischen Person.[48] Danach ist für die Anerkennung das Recht des Sitzstaats der juristischen Person anwendbar. Dies hat zur Konsequenz, dass Unternehmen, die sich auf einen deutschen bilateralen Investitionsvertrag berufen wollen, regelmäßig in Deutschland ihren Sitz haben müssen und nach deutschem Recht rechtsfähig sein müssen.

596

In anderen Investitionsverträgen, wie z. B. Art. 1 Nr. 7 Energiecharta-Vertrag wird dagegen nicht auf den Sitz des Unternehmens, sondern auf das Recht, nach dem es gegründet wurde, abgestellt (**Gründungstheorie**). Teilweise wird eine Kombination aus Gründungs- und Sitztheorie gewählt (Art. 1139 NAFTA). Schließlich kann auch auf die Kontrolle des Investors durch Staatsangehörige eines Staats abgestellt werden (**Kontrolltheorie**). Diese Möglichkeit der Zuordnung eines Investors zu einem Staat ist z. B. in Art. 25 Abs. 2 lit. b) ICSID-Konvention vorgesehen, setzt allerdings voraus, dass der Gaststaat und der Investor sich auf diese Form der Zuordnung geeinigt haben.

597

Fraglich ist, ob und in welchem Umfang das internationale Investitionsrecht sog. **indirekte Investitionen** schützt. Hierunter werden die wirtschaftlichen Aktivitäten einer inländischen juristischen Person verstanden, die von ausländischen Investoren be-

598

---
47 Zum Unterschied zwischen Portfolio- und Direktinvestitionen siehe oben Rn. 530 ff.
48 Dazu oben § 1 Rn. 104.

herrscht wird, z. B. weil sie mehrheitlich in deren Eigentum steht. Für die Grundsätze der Meistbegünstigung und der Inländerbehandlung[49] trifft der deutsche Mustervertrag eine ausdrückliche Regel, indem er die Geltung dieser Grundsätze auf **Investitionen, die „unter dem Einfluss von Investoren"** stehen, ausdehnt (vgl. Art. 3 Abs. 1 und 2 MV). Darüber hinaus ist in der Schiedsgerichtspraxis jedoch auch anerkannt, dass sich ausländische Investoren auch dann auf ein Investitionsabkommen berufen können, wenn die eigentliche Investition von einer inländischen Tochtergesellschaft durchgeführt wird, wie etwa der Fall *Siemens/Argentinien*[50] zeigt.

**Sachverhalt (vereinfacht)**

Die Siemens IT Services S.A., eine Gesellschaft argentinischen Rechts, die zu 100% im Eigentum der deutschen Siemens AG stand, erhielt 1998 den Zuschlag auf eine Ausschreibung der argentinischen Regierung für die Herstellung eines Einwanderungskontroll- und Personenidentifizierungsprogramms. Der Vertrag war auf sechs Jahre angelegt. 1999 kam jedoch eine neue Regierung in Argentinien an die Macht, die den Vertrag wegen angeblicher technischer Probleme im Jahr 2001 durch Verwaltungsakt beendete. Die Siemens AG rief daraufhin ein Schiedsgericht auf der Basis des Deutsch-Argentinischen Investitionsvertrags an.

Argentinien war der Auffassung, dass der Siemens AG die Beschwerdebefugnis („ius standi") fehle, da der Vertrag eine direkte Beziehung zwischen dem Investor (Siemens AG) und der Investition verlange. Argentinien argumentierte u. a. mit der besonderen Situation des Schutzes indirekter Investitionen und vertrat die Auffassung, dass die Zugehörigkeit eines Unternehmens nur auf Grundlage der Sitztheorie bestimmt werden könne. Das Schiedsgericht wies beide Argumente zurück und bezog sich dabei sowohl auf den Wortlaut des Vertrags als auch auf die bisherige internationale Schiedsgerichtsbarkeit.

**Auszug aus dem Urteil des Schiedsgerichts:**[51]

„The arguments of the Respondent against protection of indirect investments are based on the extraordinary nature of such protection requiring specific coverage in the Treaty (…) and on the criterion defining the nationality of a company by its seat. (…)

The Tribunal has conducted a detailed analysis of the references in the Treaty to „investment" and „investor". The Tribunal observes that there is no explicit reference to direct or indirect investment as such in the Treaty. The definition of "investment" is very broad. An investment is any kind of asset considered to be such under the law of the Contracting Party where the investment has been made. The specific categories of investment included in the definition are included as examples rather than with the purpose of excluding those not listed. The drafters were careful to use the words „not exclusively" before listing the categories of „particularly" included investments. One of the categories consists of „shares, rights of participation in companies and other types of participation in companies". The plain meaning of this provision is that shares held by a German shareholder are protected under the Treaty. The Treaty does not require that there be no interposed companies between the investment and the ultimate owner of the company. Therefore, a literal reading of the Treaty does not support the allegation that the definition of investment excludes indirect investments. (…)

The parties have also referred to the case law of the ICJ and ICSID tribunals related to indirect claims and the extent to which they are permissible. The parties have widely different interpretations of the significance of *Barcelona Traction* and *ELSI* regarding the extent of the right of a State under public international law to grant diplomatic protection to nationals who are shareholders in foreign companies. The Tribunal considers it unnecessary to discuss the relevance of these cases to the current

---

49  Dazu unten Rn. 627 ff., 633 ff.
50  Siemens AG v. Argentine Republic, ICSID Case No. ARB/02/8, Decision on Jurisdiction, 3. August 2004, im Internet unter http://www.worldbank.org/icsid/cases/siemens-decision-en.pdf.
51  Siemens/Argentinien, o. Fn. 50, Absätze 136 f. und 142 ff., zitiert ohne Fußnoten.

proceedings. The issues before this Tribunal concern not diplomatic protection under customary international law but the rights of investors, including shareholders, as determined by the Treaty.

As regards ICSID case law dealing with the issue of the right of shareholders to bring a claim before an arbitral tribunal, the decisions of arbitral tribunals have been consistent in deciding in favor of such right of shareholders. (…)

The Tribunal considers further that the Respondent has failed to establish that the effective seat criterion for determining nationality of a company limits the possibility of advancing indirect claims under the Treaty. In the opinion of the Tribunal, the two matters are unrelated. If indirect claims are permitted, those would be permitted irrespective of the criterion chosen in the Treaty to determine the nationality of investors.

For the above reasons, the Tribunal considers that Siemens has ius standi in these proceedings as an investor (…)"

Die Einbeziehung von indirekten Investitionen in den Anwendungsbereich des Investitionsschutzrechts führt dazu, dass ein **Rechtsstreit**, der tatsächlich zwischen einem inländischen Unternehmen (im Fall Siemens/Argentinien die Siemens IT Services S.A.) und dem Staat und der daher eine **innerstaatliche Dimension** hat, auch **nach internationalem Investitionsschutzrecht** zu beurteilen ist. 599

## 2. Enteignungen

Der **Schutz vor Enteignungen und Verstaatlichungen** ist das **Kernelement des internationalen Investitionsschutzrechts**. Dabei ist sowohl die genaue Bestimmung derjenigen staatlichen Maßnahmen, die unter den Begriff der Enteignung fallen, als auch der Voraussetzungen und Rechtsfolgen einer Enteignung in Praxis und Wissenschaft oft umstritten gewesen und kontrovers beurteilt worden. 600

### a) Begriff

Grundsätzlich kann im internationalen Investitionsschutzrecht zwischen **direkten und indirekten Enteignungen** bzw. Verstaatlichungen unterschieden werden. Während bis in die 1970er Jahre der Schutz vor direkten Enteignungen im Mittelpunkt des Investitionsschutzes stand, geraten seitdem zunehmend indirekte Enteignungen in den Blickwinkel des Investitionsschutzrechts. 601

Unter einer **direkten Enteignung** versteht man im Allgemeinen den formalen Entzug der Verfügungsgewalt einer Person über ihr Eigentum durch einen staatlichen Hoheitsakt. So wird von einer Enteignung z. B. gesprochen, wenn einem Privateigentümer die Verfügungsgewalt über ein Grundstück entzogen wird, um darauf eine öffentliche Straße zu bauen. Werden in einem Wirtschaftssektor alle Produktionsmittel enteignet und dem Staat übertragen, damit dieser selbst die Produktion durchführt, spricht man von einer **Verstaatlichung**. Verstaatlichungen betreffen häufig die Ausbeutung von Rohstoffen. Ihr Ziel ist es, den Staat in die Position zu versetzen, die Rohstoffe selbst auszubeuten. 602

Direkte Enteignungen und Verstaatlichungen sind **wirtschaftspolitische Instrumente**, mit denen die private Verfügungsgewalt über Produktionsmittel beendet wird. Sowohl 603

Staaten mit einem marktwirtschaftlichen System als auch Staaten mit einem planwirtschaftlichen System haben diese Instrumente zu unterschiedlichen Zeiten und zu unterschiedlichen Zwecken eingesetzt. Verstaatlichungen wurden regelmäßig als Instrument eingesetzt, um eine Wirtschaft (oder Teile davon) der Kontrolle der Marktkräfte zu entziehen und sie direkt staatlich zu steuern. Daneben können Verstaatlichungen und Enteignungen aber auch als Instrumente der Wirtschaftsregulierung eingesetzt werden, wenn bestimmte ordnungs- oder verteilungspolitische Ziele durch weniger stark eingreifende Instrumente nicht erreicht werden können.

604 Unter einer **indirekten Enteignung** wird der Entzug der Eigentümerposition mit anderen Mitteln als durch einen staatlichen Enteignungsakt verstanden. Die meisten modernen bilateralen und regionalen Investitionsabkommen erfassen sowohl direkte als auch indirekte Enteignungen und Verstaatlichungen.

605 Zum Teil wird darüber hinaus noch auf **Maßnahmen, die in ihrer Auswirkung einer Enteignung oder Verstaatlichung gleichkommen** („measures tantamount to expropriation") abgestellt (z. B. Art. 4 Abs. 2 MV und Art. 1110 (1) NAFTA). Andere Abkommen stellen dagegen nur auf Enteignungen bzw. Verstaatlichungen und Maßnahmen gleicher Wirkung ab (Art. 13 Abs. 1 Energiecharta-Vertrag). Ob durch die ausdrückliche Bezugnahme auf Maßnahmen, die wie Enteignungen und Verstaatlichungen wirken, eine eigenständige Kategorie neben indirekten Enteignungen gebildet werden sollte, ist nicht klar. Oft werden die Begriffe synonym gebraucht. Teilweise wird auch von einer **De-facto-Enteignung** gesprochen. Wenn die Enteignung schrittweise erfolgt und der Eigentümer erst nach und nach aus seiner Position verdängt wird, kann auch von einer **schleichenden Enteignung** (creeping expropriation) gesprochen werden.

606 Die genannten Formulierungen zielen darauf ab, neben direkten Enteignungen und Verstaatlichungen auch solche Maßnahmen zu erfassen, die sich in ihren tatsächlichen Auswirkungen wie direkte Enteignungen und Verstaatlichungen darstellen. Allerdings besteht **noch kein allgemein anerkanntes Verständnis** darüber, welche Maßnahmen hierunter konkret zu verstehen sind. Die begrifflichen Schwierigkeiten hat das Schiedsgericht im Fall *Tecmed/Mexiko* so zusammengefasst[52]:

„Generally, it is understood that the term „... equivalent to expropriation ..." or „tantamount to expropriation" included in the Agreement and in other international treaties related to the protection of foreign investors refers to the so-called „indirect expropriation" or „creeping expropriation", as well as to the above-mentioned *de facto* expropriation. Although these forms of expropriation do not have a clear or unequivocal definition, it is generally understood that they materialize through actions or conduct, which do not explicitly express the purpose of depriving one of rights or assets, but actually have that effect. This type of expropriation does not necessarily take place gradually or stealthily – the term „creeping" refers only to a type of indirect expropriation – and may be carried out through a single action, through a series of actions in a short period of time or through simultaneous actions. Therefore, a difference should be made between creeping expropriation and *de facto* expropriation,

---

52 Técnicas Medioambientales Tecmed, S.A. v. United Mexican States, ICSID Case No. ARB(AF)/00/2, Award of the Tribunal, 29. Mai 2003, Abs. 114, im Internet unter http://www.worldbank.org/icsid/cases/laudo-051903%20-English.pdf.

although they are usually included within the broader concept of „indirect expropriation" and although both expropriation methods may take place by means of a broad number of actions that have to be examined on a case-by-case basis to conclude if one of such expropriation methods has taken place."

> **Merke:** Der **internationale Investitionsschutz erfasst** sowohl **direkte als auch indirekte (faktische) Enteignungen.**

Ein inzwischen klassisches Beispiel für eine indirekte Enteignung stammt aus einer Entscheidung des Schiedsgerichts, das über die Enteignungen US-amerikanischen Eigentums nach der Revolution im Iran 1979 zu entscheiden hatte (Iran-US-Claims-Tribunal). Das Iran-US-Claims-Tribunal sah die **faktische Verdrängung des Investors aus der Eigentümerposition** durch Einsetzung eines staatlichen Verwalters als indirekte Enteignung an, da die Dispositionsbefugnis des Eigentümers unter Beibehaltung der formalrechtlichen Eigentümerposition so erheblich eingeschränkt wurde, dass nur eine eigentumsrechtliche „Hülse" verblieb.

607

Schiedsgerichtliche Entscheidungen aus jüngerer Zeit haben den Enteignungsbegriff auf **Maßnahmen der innerstaatlichen Verwaltungsrechts**, wie z. B. des Umwelt-, Planungs- oder Baurechts ausgedehnt (sog. *regulatory takings*). So hat das Schiedsgericht im Fall *Metalclad/Mexiko*[53] auf der Grundlage von Art. 1110 NAFTA entschieden, dass die Nichterteilung einer Genehmigung und das faktische Verbot einer Tätigkeit durch Ausweisung eines Naturschutzgebiets als indirekte Enteignungen angesehen werden können.

608

### Sachverhalt (vereinfacht)

Die US-amerikanische Unternehmen Metalclad erwarb im Jahr 1993 das mexikanische Unternehmen COTERIN und ein in der Stadt Guadalcazar gelegenes Grundstück, auf dem COTERIN eine Sondermülldeponie betreiben wollte. Die für den Betrieb dieser Deponie erforderlichen Bundes- und Landsgenehmigungen waren COTERIN erteilt worden und gingen auf Metalclad über. Eine kommunale Genehmigung fehlte dagegen, wobei zwischen den Parteien streitig war, ob und aus welchen Gründen eine solche Genehmigung verweigert werden durfte. Metalclad errichtete 1994 die Deponie und nahm sie im März 1995 in Betrieb. Im Dezember 1995 lehnte die Stadt Guadalcazar den Antrag auf Erteilung einer kommunalen Genehmigung ab und ordnete die Schließung der Deponie an. In den folgenden Jahren bemühte sich Metalclad vergeblich um eine Genehmigung zur Fortführung des Betriebs. Im September 1997 wurde das Gebiet, auf dem sich die Deponie befand, vom Gouverneur des mexikanischen Bundesstaats San Luis Potosi (SLP) zum Naturschutzgebiet erklärt, wodurch die Nutzung des Grundstücks faktisch unmöglich gemacht wurde.

In seiner Entscheidung stellte das Schiedsgericht maßgeblich darauf ab, dass die mexikanischen Bundesbehörden Metalclad vor dem Kauf der Deponie zugesichert hatten, dass weitere Genehmigungen nicht erforderlich seien und dem Projekt nichts im Wege stand. Zudem hielt das Schiedsgericht die Ablehnung der Genehmigung durch die Stadt Guadalcazar für rechtswidrig, da die Stadt nach mexikanischem Recht unzuständig gewesen sei.

---

53 Metalclad Corp. vs. United Mexican States, ICSID (Additional Facilty), ARB(AF)/97/1, Award of the Tribunal 30 August 2000, im Internet http://www.worldbank.org/icsid/cases/mm-award-e.pdf.

**Auszug aus der Entscheidung des Schiedsgerichts:**[54]

„NAFTA Article 1110 provides that „[n]o party shall directly or indirectly ... expropriate an investment ... or take a measure tantamount to ... expropriation" (...) Thus, expropriation under NAFTA includes not only open, deliberate and acknowledged takings of property, such as outright seizure or formal or obligatory transfer of title in favour of the host State, but also covert or incidental interference with the use of property which has the effect of depriving the owner, in whole or in significant part, of the use or reasonably-to-be-expected economic benefit of property even if not necessarily to the obvious benefit of the host State.

By permitting or tolerating the conduct of Guadalcazar in relation to Metalclad (...) and by thus participating or acquiescing in the denial to Metalclad of the right to operate the landfill, notwithstanding the fact that the project was fully approved and endorsed by the federal government, Mexico must be held to have taken a measure tantamount to expropriation in violation of NAFTA Article 1110(1). (...)

As determined earlier (...), the Municipality denied the local construction permit in part because of the Municipality's perception of the adverse environmental effects of the hazardous waste landfill and the geological unsuitability of the landfill site. In so doing, the Municipality acted outside its authority. As stated above, the Municipality's denial of the construction permit (...) effectively and unlawfully prevented the Claimant's operation of the landfill.

These measures, taken together with the representations of the Mexican federal government, on which Metalclad relied, and the absence of a timely, orderly or substantive basis for the denial by the Municipality of the local construction permit, amount to an indirect expropriation. (...)

Although not strictly necessary for its conclusion, the Tribunal also identifies as a further ground for a finding of expropriation the Ecological Decree issued by the Governor of SLP on September 20, 1997. (...) This Decree had the effect of barring forever the operation of the landfill. (...)

The Tribunal need not decide or consider the motivation or intent of the adoption of the Ecological Decree. Indeed, a finding of expropriation on the basis of the Ecological Decree is not essential to the Tribunal's finding of a violation of NAFTA Article 1110. However, the Tribunal considers that the implementation of the Ecological Decree would, in and of itself, constitute an act tantamount to expropriation.

In conclusion, the Tribunal holds that Mexico has indirectly expropriated Metalclad's investment without providing compensation to Metalclad for the expropriation. Mexico has violated Article 1110 of the NAFTA."

**609** Entscheidungen wie die im Fall *Metalclad/Mexiko* zeigen, dass durch die Erweiterung des Enteignungsbegriffs das **internationale Investitionsschutzrecht in ein Spannungsverhältnis zu nationaler Regulierung** gerät. Die Unterscheidung zwischen einer zulässigen Maßnahme der Regulierung des Wirtschaftslebens und einer unzulässigen Beeinträchtigung bzw. dem Entzug eines vermögenswerten Rechts wird dadurch gleichermaßen wichtiger und schwieriger. Internationale Schiedsgerichte können auf diese Weise zu Rechtsmittelinstanzen werden, die über die Rechtmäßigkeit innerstaatlicher Verwaltungsmaßnahmen entscheiden.

**610** In der Schiedsgerichtspraxis wird allerdings nicht jede staatliche Maßnahme, die eine Investition unrentabel macht, als indirekte Enteignung angesehen. So wurde z. B. das Verbot eines gesundheitsgefährdenden Benzinzusatzstoffs[55] oder das Verbot des Ex-

---

54 Metalclad/Mexiko, oben Fn. 53, Abs. 102 ff.
55 Methanex Corp./USA, Arbitration under NAFTA Chapter 10 and UNCITRAL, Final Award, 9. August 2005, Part IV, Chapter D, Abs. 6 ff., im Internet unter http://naftaclaims.com/Disputes/USA/Methanex/Methanex_Final_Award.pdf.

ports von Giftmüll nicht als indirekte Enteignung angesehen. Problematisch ist jedoch, dass sich in der Schiedsgerichtspraxis noch **keine einheitliche Definition des Begriffs der indirekten Enteignung und seiner Abgrenzung von legitimer Regulierung** durchgesetzt hat. Nicht selten kommen Schiedsgerichte auch zu unterschiedlichen Bewertungen eines ähnlichen oder sogar des gleichen Sachverhalts. Dies kann zu erheblichen Rechtsunsicherheiten führen.

### b) Voraussetzungen und Rechtsfolgen einer Enteignung

Grundsätzlich ist **jeder Staat** aufgrund seiner Territorialhoheit **befugt**, direkte und indirekte **Enteignungen vorzunehmen**, wenn sich das betroffene Vermögen auf seinem Staatsgebiet befindet. Diese grundsätzliche Befugnis kann durch innerstaatliches Verfassungsrecht (z. B. Art. 14 Abs. 3 GG) oder spezielle Menschenrechte (Art. 1 des ersten Zusatzprotokolls zur EMRK) eingeschränkt werden. Der völkerrechtliche Investitionsschutz ergänzt insoweit den innerstaatlichen bzw. internationalen grund- und menschenrechtlichen Enteignungsschutz. 611

Einigkeit besteht darin, dass eine Enteignung **im öffentlichen Interesse** bzw. zum allgemeinen Wohl erfolgen muss und **nicht diskriminierend** sein darf, d. h. nicht gegen den Meistbegünstigungsgrundsatz und das Inländerbehandlungsprinzip verstoßen darf. Diese Voraussetzungen gehören zum völkergewohnheitsrechtlichen Standard und finden sich auch in den meisten bilateralen und regionalen Investitionsverträgen (vgl. z. B. Art. 3, 4 MV und Art. 1110 (1) NAFTA). In vielen Investitionsverträgen ist auch das Erfordernis verankert, dass die Enteignung in einem **rechtsstaatlichen Verfahren** erfolgen und **gerichtlich überprüfbar** sein muss. Diese Voraussetzung dürfte allerdings noch nicht gewohnheitsrechtlich verfestigt sein. 612

Umstritten war im Völkergewohnheitsrecht lange Zeit, ob und ggf. in welcher Höhe eine Enteignung **entschädigt** werden muss. Nach der überwiegend von den westlichen Industriestaaten und der europäischen und nordamerikanischen Völkerrechtslehre vertretenen Ansicht erfordert eine Enteignung stets eine Entschädigung, die den Anforderungen entspricht, die der US-amerikanische Außenminister *Cordell Hull* 1938 auf die Formel „**prompt, adequate and effective compensation**" brachte. Im Einzelnen bedeutet dies: 613

- Die Entschädigung muss zeitgleich oder in engem zeitlichen Zusammenhang mit der Enteignung, d. h. unverzüglich, ausgezahlt werden („prompt").
- Die Entschädigung muss dem vollen Wert oder dem Marktwert des enteigneten Vermögensobjekts entsprechen („adequate").
- Die Entschädigung muss regelmäßig in einer konvertiblen Währung oder in börsenfähigen Wertpapieren erfolgen und darf keinen Devisenbeschränkungen unterliegen („effective").

> **Merke:** Nach der **Hull-Formel** muss die **Entschädigung für eine Enteignung** umgehend („**prompt**"), wertentsprechend („**adequate**") und tatsächlich verwertbar („**effective**") sein.

614 Die Hull-Formel steht im Gegensatz zur älteren, vor allem in Lateinamerika vertretenen Ansicht, die Ende des 19. Jahrhunderts von dem argentinischen Völkerrechtler und Diplomaten *Carlos Calvo* (1822-1906) formuliert wurde. Nach der sog. **Calvo-Doktrin** bestehen keine absoluten Schutzstandards für Ausländer und ihr Vermögen. Vielmehr gilt für Entschädigungen das **Inländerprinzip**. Demzufolge sind Ausländer bezüglich Umfang und Bedingungen einer Entschädigung nicht schlechter (aber auch nicht besser) zu behandeln als Inländer. Ausländische Investoren werden hiernach also nur dann entschädigt, wenn auch Inländer entschädigt werden. Neben den Staaten Lateinamerikas wurde der Grundsatz der Inländerbehandlung auch von anderen Staaten als ausreichender Schutz ausländischer Investoren propagiert (z. B. von der Sowjetunion).

615 Insbesondere nach dem Zweiten Weltkrieg nahmen viele Entwicklungsländer von der Calvo-Doktrin in ihrer radikalen Form Abstand und vertraten die Auffassung, dass eine gewisse Mindestentschädigung bei Enteignungen zu leisten sei. Allerdings lehnten sie weiterhin den Standard der Hull-Formel ab. Da die Staaten auf unterschiedlichen Standards beharrten, konnte sich kein universelles Völkergewohnheitsrecht herausbilden. 1974 wurde im Rahmen der **Charta der wirtschaftlichen Rechte und Pflichten der Staaten**[56], der Versuch einer Kompromisslösung unternommen. Die Charta verlangte für Enteignungen und Verstaatlichungen allgemein eine **angemessene Entschädigung ("appropriate compensation")**. Damit sollte einerseits dem Bedürfnis der Industriestaaten, einen Mindestschutz zu gewähren, Rechnung getragen werden und andererseits auf die Interessen der Entwicklungsländer, Enteignungen auch ohne volle Entschädigung des Marktwerts vornehmen zu können, eingegangen werden. Diese Charta wurde durch die Generalversammlung der UN zwar mit großer Mehrheit, aber mit Gegenstimmen oder Enthaltungen der wichtigsten Industriestaaten angenommen. Insofern kann man auch in der Charta keinen Ausdruck eines allgemeinen Konsenses sehen, der als Ausdruck von Gewohnheitsrecht ("opinio juris") zu werten gewesen wäre.

616 Die gewohnheitsrechtliche Frage nach der Höhe der Entschädigung hat inzwischen an Bedeutung verloren. In der **Praxis der regionalen und bilateralen Investitionsverträge** werden zumeist Standards vereinbart, die auf der Hull-Formel beruhen. In den politischen und wissenschaftlichen Debatten wird die Calvo-Doktrin nur noch selten vertreten. Insofern kann davon ausgegangen werden, dass sich die Hull-Formel jedenfalls in ihren Grundzügen weitgehend durchgesetzt hat. Auch einige jüngere Schiedsgerichtsentscheidungen gehen davon aus, dass das Völkergewohnheitsrecht vom Grundsatz der vollen Entschädigung bei Enteignungen ausgeht. Die Höhe der vollen Entschädigung muss sich nach diesen Entscheidungen grundsätzlich am Marktwert des entzogenen Vermögensgegenstands orientieren.

617 Eine typische Formulierung über die Voraussetzungen einer Enteignung und den **Umfang der Entschädigung** findet sich im deutschen Mustervertrag:

---

56 Siehe dazu auch § 5 Rn. 835.

Art. 4 Abs. 2 MV
Kapitalanlagen von Investoren eines Vertragsstaats dürfen im Hoheitsgebiet des anderen Vertragsstaats nur zum allgemeinen Wohl und gegen Entschädigung direkt oder indirekt enteignet, verstaatlicht oder anderen Maßnahmen unterworfen werden, die in ihren Auswirkungen einer Enteignung oder Verstaatlichung gleichkommen. Die Entschädigung muss dem Wert der enteigneten Kapitalanlage unmittelbar vor dem Zeitpunkt entsprechen, in dem die tatsächliche oder drohende Enteignung, Verstaatlichung oder vergleichbare Maßnahme öffentlich bekannt wurde. Die Entschädigung muss unverzüglich geleistet werden und ist bis zum Zeitpunkt der Zahlung mit dem üblichen bankmäßigen Zinssatz zu verzinsen; sie muss tatsächlich verwertbar und frei transferierbar sein. Spätestens im Zeitpunkt der Enteignung, Verstaatlichung oder vergleichbaren Maßnahme muss in geeigneter Weise für die Festsetzung und Leistung der Entschädigung Vorsorge getroffen sein. Die Rechtmäßigkeit der Enteignung, Verstaatlichung oder vergleichbaren Maßnahme und die Höhe der Entschädigung müssen in einem ordentlichen Rechtsverfahren nachgeprüft werden können.

Ähnliche Standards finden sich in den meisten anderen Investitionsverträgen (vgl. z. B. Art. 1110 NAFTA oder Art 13 Abs. 1 Energiecharta-Vertrag). Vor diesem Hintergrund hat eine **weitgehende Angleichung von gewohnheitsrechtlichem und vertraglichem Enteignungsschutz** stattgefunden, sieht man einmal von der Frage der Gewährung von Rechtsschutz gegen Enteignungen ab. Insofern kann man auch ein allgemeines Prüfungsschema entwickeln. 618

> **Prüfungsschema** Enteignung
> I. Enteignung
>   1. Direkte Enteignung
>      = rechtlicher Entzug des Eigentums durch Hoheitsakt
>   2. Indirekte Enteignung
>      = faktischer Entzug der Dispositionsbefugnis oder Beschränkung des Werts einer Investition (Einzelheiten str.)
> II. Voraussetzungen der Enteignung
>   1. Öffentlicher Zweck
>   2. Nichtdiskriminierende Anwendung
>      = Inländerbehandlung und Meistbegünstigung
>   3. wenn in einem Investitionsvertrag vorgesehen: Rechtsstaatliches Verfahren und Gewährung von Rechtsschutz
>   4. Gewährung einer Entschädigung
>      a) unverzüglich
>      b) dem Wert entsprechend
>      c) nutzbar, d. h. frei transferierbar

Der **Anspruch auf Entschädigung** ist insbesondere **bei indirekten Enteignungen** nicht unproblematisch: In der Praxis ist zu beobachten, dass drohende Entschädigungszahlungen für indirekte Enteignungen, die auf innerstaatlichen Regulierungsmaßnahmen beruhen, dazu führen, dass Staaten die entsprechenden Maßnahmen zurücknehmen oder darauf verzichten, um sich Schadensersatzforderungen nicht aussetzen zu müssen. Damit wird die **staatliche Regulierungsautonomie nicht unerheblich eingeschränkt**. 619

Außerdem kann die Möglichkeit des Investors, vor einem internationalen Schiedsgericht Enteignungsentschädigungen zu verlangen, ohne die Rechtswidrigkeit einer Maßnahme überprüfen zu lassen, zu einer direkten Klage auf Schadensersatz gegen direkte 620 und indirekte Enteignungen führen (**"Dulde und liquidiere"**). Die Möglichkeit Schadensersatz zu verlangen ohne zunächst Primärrechtsschutz gegen eine staatliche Maßnahme zu suchen, ist jedoch nach den Grundsätzen des deutschen innerstaatlichen Enteignungsschutzes gerade ausgeschlossen.[57] Das **internationale Investitionsschutzrecht** kann auf diese Weise auch in **Konflikt mit nationalem Verfassungsrecht** geraten.

### c) Anerkennung ausländischer Enteignungen im innerstaatlichen Recht

621 Die unter b) erläuterten Grundsätze betreffen die völkerrechtliche Zulässigkeit einer Enteignung und ihre völkerrechtlichen Rechtsfolgen. Damit ist noch nichts über die **innerstaatliche Anerkennung einer ausländischen Enteignung** gesagt. Das Völkerrecht enthält diesbezüglich keine allgemeinen Grundsätze: Die Staaten sind weder daran gehindert, ausländischen Enteignungen die Anerkennung zu versagen, noch dazu verpflichtet, die Zulässigkeit einer Enteignung stets zu prüfen.

622 In der **deutschen Rechtspraxis** hat sich für diese Frage folgende **Differenzierung** herausgebildet: Es wird grundsätzlich unterschieden, ob das einer Enteignung unterfallende Vermögen aus dem Staat, der die Enteignung vollzogen hat, in das Ausland verbracht wird (**Verbringung ins Ausland**) oder ob das Vermögen sich bei der Enteignung bereits im Ausland befand (**echtes Auslandsvermögen**).

623 Wird das Vermögen ins Ausland verbracht, gilt in der deutschen Rechtsprechung grundsätzlich das Prinzip der Anerkennung einer Enteignung unabhängig von ihrer völkerrechtlichen Zulässigkeit, wenn sich das ins Ausland verbrachte Vermögen zum Zeitpunkt der Enteignung auf dem Territorium des enteignenden Staats befand. Dem liegt die Überlegung zu Grunde, dass ein ausländischer Staat die Territorialhoheit über sein Staatsgebiet ausübt und daher auch die Eigentumsverhältnisse der vermögenswerten Gegenstände, die sich auf seinem Gebiet befinden, bestimmen darf, ohne dass sich andere Staaten in diese Bewertung einmischen sollen (**positives Territorialitätsprinzip**).

> **Beispiel** (nach LG Hamburg, chilenischer Kupferfall[58]): In Chile wurden Anfang der 1970er Jahre die Kupferminen verstaatlicht. Nach der Verstaatlichung wurde ein Teil des Kupfers ins Ausland exportiert und gelangte u. a. in den Hafen von Hamburg. Dort begehrten die ehemaligen Eigentümer die Beschlagnahme des Kupfers mit dem Argument, es handele sich um ihr Eigentum. Das LG Hamburg musste die Frage klären, ob es die Enteignung der Antragsteller durch Chile akzeptieren solle oder ihre völkerrechtliche Zulässigkeit überprüfen solle. Auf der Grundlage des positiven Territorialitätsprinzips akzeptierte das LG die Enteignung durch den chilenischen Staat, da sich das Kupfer zum Zeitpunkt der Enteignung in Chile befand.

624 Eine Ausnahme vom positiven Territorialitätsprinzip wird dann angenommen, wenn der Sachverhalt einen **hinreichenden Inlandsbezug** aufweist, z. B. wenn das Vermögen eines Deutschen enteignet wurde. In einem solchen Fall prüft das deutsche Ge-

---

57 BVerfGE 58, 300, 324 (Nassauskiesung). Siehe auch *Pieroth/Schlink*, Grundrechte – Staatsrecht II, 21. Aufl., 2005, Rn. 940, 947.
58 LG Hamburg, AWD (heute: RIW) 1973, 163 und AWD 1974, 410.

richt, ob die Enteignung völkerrechtskonform ist, und verweigert einer völkerrechtswidrigen Enteignung die Anerkennung im nationalen Recht.

Anders liegen die Dinge, wenn ein Staat versucht, das Eigentum seiner Staatsbürger zu enteignen, das sich im Ausland befindet. Die **Enteignung von Auslandsvermögen** ist völkerrechtlich grundsätzlich nicht verboten. Da es sich hierbei jedoch um Vermögenswerte handelt, die sich auf dem Territorium eines anderen Staats befinden, verweigern viele Staaten, darunter auch Deutschland, die Anerkennung der Enteignung (sog. **negatives Territorialitätsprinzip**).[59]

625

> **Beispiel:** Die Konfiszierung eines Kontos, das ein Staatsangehöriger eines anderen Staats in Deutschland hält (Auslandskonto), stellt eine Enteignung von echtem Auslandsvermögen dar. Nach dem negativen Territorialitätsprinzip wird eine solche Enteignung nicht anerkannt. Der Kontoinhaber könnte somit weiterhin über sein Vermögen in Deutschland verfügen.

> **Merke:** Enteignungen ausländischer Staaten werden im deutschen Recht anerkannt, wenn das **Vermögen nach der Enteignung ins Ausland verbracht** wurde. Enteignungen von **Vermögen, das sich zum Zeitpunkt der Enteignung im Ausland befindet**, werden dagegen **nicht anerkannt**.

### 3. Weitere Schutzstandards

Neben dem Schutz vor Enteignungen bzw. dem Anspruch auf Entschädigung umfasst das internationale Investitionsschutzrecht weitere Standards, mit denen Investoren und Investitionen abgesichert werden sollen. Zu den wichtigsten weiteren Standards zählen die **Nichtdiskriminierungsgrundsätze** der allgemeinen Meistbegünstigung und der Inländerbehandlung sowie die **völkerrechtlichen Mindeststandards**, von denen das Gebot der billigen und gerechten Behandlung das bedeutsamste ist. Auf diese Standards wird im Folgenden näher eingegangen. Ebenfalls kurz erläutert werden sog. **Abschirmklauseln**, die eine Besonderheit in manchen bilateralen Investitionsverträgen darstellen sowie die Sicherstellung der **Transferfreiheit** von Kapital.

626

#### a) Inländerbehandlung

Die Grundsätze der Inländerbehandlung und der Meistbegünstigung finden sich in Art. 3 MV und den meisten anderen **Investitionsverträgen** (vgl. z. B. Art. 1102 und 1103 NAFTA und Art. 10 Abs. 3 Energiecharta-Vertrag).

627

Art. 3 MV
(1) Jeder Vertragsstaat behandelt Kapitalanlagen in seinem Hoheitsgebiet, die im Eigentum oder unter dem Einfluss von Investoren des anderen Vertragsstaats stehen, nicht weniger günstig als Kapitalanlagen der eigenen Investoren oder Investoren dritter Staaten.
(2) Jeder Vertragsstaat behandelt Investoren des anderen Vertragsstaats hinsichtlich ihrer Betätigung im Zusammenhang mit Kapitalanlagen in seinem Hoheitsgebiet nicht weniger günstig als seine eigenen Investoren oder Investoren dritter Staaten.

---
59  BGHZ 25, 134, 143.

628 Inländerbehandlung und Meistbegünstigung sind nach dem deutschen Mustervertrag sowohl auf **Investitionen** als auch auf **Investoren** anwendbar. Insoweit ähnelt der Mustervertrag dem GATS, das die Grundsätze der Meistbegünstigung und der Inländerbehandlung sowohl auf Dienstleistungen als auch auf Dienstleistungserbringer anwendet.

629 Inländerbehandlung und Meistbegünstigung gelten **gewohnheitsrechtlich für Enteignungen und Entschädigungszahlungen**. Ausländische Investoren dürfen hinsichtlich einer Enteignung und einer Entschädigung somit nicht schlechter behandelt werden, als inländische Investoren bzw. ausländische Investoren aus einem anderen Land. Ob sie darüber hinaus gewohnheitsrechtlich auch für andere staatliche Maßnahmen, wie z. B. Steuervorschriften oder Zulassungsvoraussetzungen, gelten, ist zweifelhaft.

630 Für die Feststellung der Verletzung des Prinzips der **Inländerbehandlung** ist – ähnlich wie im WTO-Recht – zunächst ein **Vergleichspaar** zu bilden, wobei im Investitionsschutzrecht grundsätzlich auf die Vergleichbarkeit von Situationen abzustellen ist. Danach ist zu prüfen, ob eine **Diskriminierung** des ausländischen Investors vorliegt, wobei sowohl rechtliche als auch faktische Diskriminierungen in Betracht kommen (*de jure* und *de facto* Diskriminierung).[60] In der Schiedsgerichtsbarkeitspraxis ist teilweise auf **WTO-Entscheidungen zur Inländerbehandlung,** insbesondere zum Kriterium der Gleichartigkeit von Waren abgestellt worden. Dabei wurde aber auch darauf hingewiesen, dass die WTO-Kriterien nicht ohne Weiteres auf Investitionsverträge übertragbar seien.

631 Ein bedeutsamer Unterschied zur WTO-Praxis ist die **Berücksichtigung der Zielsetzung einer Ungleichbehandlung**. In einigen schiedsgerichtlichen Entscheidungen wurde anerkannt, dass Maßnahmen, die einem legitimen Zweck dienen, wie z. B. Umweltschutz, eine Ungleichbehandlung rechtfertigen können. Auf diese Praxis wird in der **Protokollnotiz zu Art. 3 des Deutschen Mustervertrags** Bezug genommen: „Maßnahmen, die aus Gründen der öffentlichen Sicherheit und Ordnung, der Volksgesundheit oder Sittlichkeit zu treffen sind, gelten nicht als „weniger günstige" Behandlung im Sinne des Artikels 3." Zu beachten ist allerdings, dass in dieser Protokollnotiz nur auf die öffentliche Sicherheit und Ordnung und den Gesundheitsschutz abgestellt wird, aber nicht auf den Umweltschutz.

632 Durch die Berücksichtigung der Ziele einer Maßnahme bei der Prüfung, ob eine Ungleichbehandlung vorliegt, werden Standards in die Prüfung der Inländerbehandlung einbezogen, die im WTO-Recht Teil der allgemeinen Rechtfertigungstatbestände (Art. XX GATT oder Art. XIV GATS) sind. Hintergrund dieser Berücksichtigung der Ziele einer Maßnahme dürfte sein, dass **internationale Investitionsverträge häufig keine allgemeinen Rechtfertigungstatbestände** enthalten, die eine zweigeteilte Prüfung von Tatbestand und Rechtfertigung ermöglichen. Werden die Ziele einer Maßnahme folglich

---

60 Dazu § 2 Rn. 311 ff., 321.

nicht bereits bei der Feststellung, ob eine Diskriminierung vorliegt, berücksichtigt, verstößt eine Diskriminierung ausländischer Investoren immer gegen das Inländerbehandlungsprinzip unabhängig davon, ob es für eine Diskriminierung legitime Gründe gibt.

### b) Meistbegünstigungsgrundsatz

Dem **Meistbegünstigungsgrundsatz** kommt im Investitionsschutzrecht eine besondere **dynamische Funktion** zu. Er führt nämlich dazu, dass sich Investoren grundsätzlich auf das jeweils günstigere Investitionsschutzrecht berufen können, solange es sich um vergleichbare Situationen handelt. Da das Investitionsschutzrecht im Wesentlichen auf bilateralen Verträgen beruht, können sich die Investoren im Sinne einer „**Rosinentheorie**" aus den verschiedenen bilateralen Verträgen die für sie jeweils günstigste Rechtsfolge heraussuchen und sich darauf berufen. 633

> **Beispiel:** In dem oben bereits erwähnten Investitionsstreit zwischen Siemens und Argentinien berief sich Siemens unter Hinweis auf das Meistbegünstigungsprinzip in Art. 3 des Deutsch-Argentinischen Vertrags auf den Investitionsvertrag zwischen Argentinien und Chile. Anders als der Deutsch-Argentinische Vertrag sah der Argentinisch-Chilenische Vertrag nämlich nicht vor, dass die Erschöpfung des innerstaatlichen Rechtswegs (local remedies) eine Voraussetzung für die Einleitung eines Investor-Staat-Verfahrens war. Argentinien argumentierte, dass es mit Deutschland ausdrücklich eine solche Voraussetzung vereinbart hatte und war der Auffassung, dass allenfalls der gesamte Argentinisch-Chilenische Vertrag Anwendung finden könne, nicht jedoch lediglich einzelne Elemente davon. Das angerufene ICSID-Schiedsgericht gab jedoch Siemens in diesem Punkt Recht. Siemens konnte sich somit auf eine Klausel aus dem Argentinisch-Chilenischen Vertrag berufen, obwohl Siemens kein chilenisches Unternehmen war.

Durch diese Interpretation des allgemeinen Meistbegünstigungsgrundsatzes werden die Möglichkeiten der Vertragsparteien, ihr bilaterales Verhältnis autonom zu gestalten, stark beschränkt. Der allgemeine Meistbegünstigungsgrundsatz führt so zu einer Vereinheitlichung des Investitionsschutzrechts auf dem Niveau, das **dem Investor den weitest reichenden Schutz** gewährt. 634

Eine **Begrenzung** erfährt diese weitreichende Geltung dadurch, dass auch der Meistbegünstigungsgrundsatz nur dann Anwendung findet, wenn es sich um **vergleichbare Situationen** handelt (*eiusdem generis*-Prinzip). Dabei ist die **Bestimmung** dessen, was unter einer vergleichbaren Situation zu verstehen ist, **in der Praxis nicht einheitlich**. So war z. B. das Schiedsgericht im *Siemens/Argentinien*-Fall der Meinung, dass die Regeln über den Zugang zur Streitschlichtung in unterschiedlichen bilateralen Investitionsabkommen miteinander vergleichbar seien. Ein anderes Schiedsgericht lehnte dagegen die Anwendung des Meistbegünstigungsgrundsatzes in folgendem Fall ab: Die Anwendbarkeit des dem Streit zu Grunde liegenden Investitionsabkommens war auf Investitionen begrenzt, die nach Inkrafttreten des Abkommens getätigt wurden. Der Investor berief sich unter Hinweis auf das Meistbegünstigungsprinzip auf ein anderes Investitionsabkommen des Gastlands, dessen zeitlicher Anwendungsbereich auf Investitionen ausgedehnt war, die vor Inkrafttreten des Abkommens getätigt wurden. Das Schiedsgericht wies die Berufung auf das Meistbegünstigungsprinzip ab, da die beiden Abkommen nicht vergleichbar seien. 635

> **Merke:** Das **allgemeine Meistbegünstigungsprinzip** erlaubt es dem Investor, sich auf **jeweils günstigere Schutzstandards aus anderen Investitionsverträgen zu berufen, wenn eine vergleichbare Situation vorliegt.**

### c) Gerechte und billige Behandlung

**636** Nach Art. 2 Abs. 2 MV behandelt jeder Vertragsstaat Kapitalanlagen von Investoren des anderen Vertragsstaats in jedem Fall gerecht und billig („fair and equitable treatment") und gewährt ihnen den vollen Schutz des Vertrags. Eine ähnliche Formulierung findet sich in Art. 1105 (1) NAFTA und in Art. 10 Abs. 1 des Energiecharta-Vertrags. Der **Grundsatz der gerechten und billigen Behandlung** entstammt dem Völkergewohnheitsrecht. Gewohnheitsrechtlich **verbietet** der Grundsatz die **willkürliche Verweigerung von Rechtsschutz.**

**637** Man kann dem Prinzip der gerechten und billigen Behandlung auch ein allgemeines **Transparenzgebot** entnehmen, nach dem nationale Rechtsvorschriften klar und deutlich formuliert sein müssen und ihre Anwendung objektiv und vorhersehbar sein muss. Ebenso erfordert der Grundsatz der gerechten und billigen Behandlung ein Mindestmaß an **Rechtssicherheit** und **Vertrauensschutz.** So sah es das Schiedsgericht im oben erwähnten Fall *Metalclad/Mexiko* als Verstoß gegen Art. 1105 (1) NAFTA an, dass die mexikanischen Bundesbehörden dem Investor mehrfach zu verstehen gaben, dass seine Sondermülldeponie keiner weiteren Genehmigung bedürfe bzw., dass die städtische Genehmigung ohne Weiteres erteilt werde. Ob man daraus allerdings eine generelle Regel ableiten kann, dass ein Investor sich stets auf Aussagen von Regierungsbeamten verlassen können muss, ist fraglich.

**638** Da es sich bei dem Begriff „gerechte und billige Behandlung" um einen eher vagen Rechtsbegriff handelt, haben Schiedsgerichte auf das generelle **Ziel eines Investitionsvertrags**, Investitionen durch ein sicheres Geschäftsklima zu ermöglichen, abgestellt. Hierauf hat auch das Schiedsgericht im Fall *CMS/Argentinien*[61] abgestellt.

**Sachverhalt (vereinfacht)**

Argentinien privatisierte 1989 die öffentliche Gasversorgung und erteilte u.a. der argentinischen Gesellschaft TGN eine Lizenz zur Gasversorgung. Das US-amerikanische Unternehmen CMS hielt knapp 30 % der Anteile an TGN. Die Lizenz sah das Recht des Unternehmens vor, die Gaspreise halbjährlich an die Entwicklung des Preisindexes in den USA anzupassen. Als Reaktion auf eine Wirtschafts- und Finanzkrise in Argentinien rief die Regierung im Jahr 2002 den Staatsnotstand aus. In dem entsprechenden Gesetz wurde das Recht zur Berechnung der Gaspreise auf der Grundlage der Preisentwicklung in den USA widerrufen und die Gaspreise eingefroren. CMS berief sich auf die Verletzung des Grundsatzes der billigen und gerechten Behandlung gem. Art. II (2) (a) des US-argentinischen Investitionsvertrags, da die argentinische Regierung die Stabilität und Vorhersehbarkeit des Investitionsklimas erheblich verändert hatte. Das Schiedsgericht stimmte dieser Einschätzung im Ergebnis zu.

---

61 CMS Gas Transmission Company v. Argentine Republic, ICSID Case No. ARB/01/8, Award of the Tribunal, 12. Mai 2005, im Internet unter http://www.worldbank.org/icsid/cases/CMS_Award.pdf.

**Auszug aus der Entscheidung des Schiedsgerichts**[62]:

„The Treaty, like most bilateral investment treaties, does not define the Standard of fair and equitable treatment and to this extent Argentina's concern about it being somewhat vague is not entirely without merit.

The Treaty Preamble makes it clear, however, that one principal objective of the protection envisaged is that fair and equitable treatment is desirable „to maintain a stable framework for Investments and maximum effective use of economic resources." There can be no doubt, therefore, that a stable legal and business environment is an essential element of fair and equitable treatment.

The measures that are complained of did in fact entirely transform and alter the legal and business environment under which the investment was decided and made. The discussion above, about the tariff regime and its relationship with a dollar Standard and adjustment mechanisms unequivocally shows that these elements are no longer present in the regime governing the business operations of the Claimant. It has also been established that the guarantees given in this connection under the legal framework and its various components were crucial for the investment decision.

In addition to the specific terms of the Treaty, the significant number of treaties, both bilateral and multilateral, that have dealt with this Standard also unequivocally shows that fair and equitable treatment is inseparable from stability and predictability. Many arbitral decisions and scholarly writings point in the same direction.

It is not a question of whether the legal framework might need to be frozen as it can always evolve and be adapted to changing circumstances, but neither is it a question of whether the framework can be dispensed with altogether when specific commitments to the contrary have been made. The law of foreign investment and its protection has been developed with the specific objective of avoiding such adverse legal effects.

It was held by the Tribunal in the Metalclad case that Mexico had in several ways failed to provide a „… predictable framework for Metalclad's business planning and investment. The totality of these circumstances demonstrate a lack of orderly process and timely disposition in relation to an investor of a Party acting in the expectation that it would be treated fairly and justly …". (…)

The Tribunal believes this is an objective requirement unrelated to whether the Respondent has had any deliberate Intention or bad faith in adopting the measures in question. Of course, such intention and bad faith can aggravate the Situation but are not an essential element of the Standard.

The Tribunal, therefore, concludes against the background of the present dispute that the measures adopted resulted in the objective breach of the Standard laid down in Article II(2)(a) of the Treaty."

### d) Transferfreiheit und Abschirmklauseln

**Transferfreiheit**

Wesentliche Voraussetzung für die wirtschaftliche Rentabilität einer Investition im Ausland ist die Möglichkeit des Investors, **Kapital**, das im Zusammenhang mit der Investition steht, **frei zu transferieren**. Dazu zählt insbesondere das Recht, Erträge in das Heimatland des Investors zurück zu übertragen. Die Transferfreiheit ist in Art. 5 MV verankert. Der freie Transfer umfasst alle „im Zusammenhang mit einer Kapitalanlage stehenden Zahlungen", wozu z. B. sowohl der Transfer zusätzlichen Kapitals zur Aufrechterhaltung oder Ausweitung der Investition wie auch der Transfer der Erträge zählt.

639

Die Transferfreiheit **reduziert** die Möglichkeiten des Gaststaats, den Investor zu einer **Re-Investition** seiner Gewinne in die Wirtschaft des Gaststaats anzuhalten. Re-Investi-

640

---

62 CMS/Argentinien, o. Fn. 61, Absätze 273 ff., zitiert ohne Fußnoten.

tionen tragen jedoch erheblich zum ökonomischen Nutzen einer ausländischen Investition für das Gastland bei. Verschiedentlich enthalten andere Investitionsabkommen, wie z. B. Art. 1109 (4) NAFTA und Art. 14 Abs. 4 Energiecharta-Vertrag zwar **Einschränkungen der Transferfreiheit**. Dazu zählen u. a. Beschränkungen aus Gründen des Gläubigerschutzes, zur Einhaltung von Vorschriften über den Wertpapierhandel oder zur Gewährleistung der Vollstreckung von Urteilen. Einschränkungen aus wirtschafts- oder entwicklungspolitischen Gründen sind jedoch regelmäßig nicht vorgesehen.

### Abschirmklauseln

641 Eine Besonderheit des Investitionsschutzrechts ist – wie oben bereits erwähnt – das Bemühen, die Rechtsbeziehungen des Investors und des Gaststaats zu internationalisieren, so dass sich der Investor gegen Rechtsverletzungen des Gaststaats nicht nur innerstaatlich bzw. nur bei gleichzeitigem Verstoß gegen ein Investitionsabkommen wehren kann. Dazu werden sog. **Abschirmklauseln** (umbrella clauses) oder *Pacta-sunt-servanda*-Klauseln vereinbart. Ein typisches Beispiel findet sich im deutschen Mustervertrag:

> Art. 8 Abs. 2 MV
> Jeder Vertragsstaat wird jede andere Verpflichtung einhalten, die er in Bezug auf Kapitalanlagen von Investoren des anderen Vertragsstaats in seinem Hoheitsgebiet übernommen hat.

642 Eine ähnliche Formulierung findet sich in Art. 10 Energiecharta-Vertrag. Das NAFTA-Übereinkommen enthält dagegen keine entsprechende Klausel. Die Klausel scheint auf den ersten Blick lediglich die allgemeine Regel der Vertragstreue (*pacta sunt servanda*) zu wiederholen. Sie entfaltet jedoch vor allem dann eine zusätzliche Wirkung, wenn sich ein Investor in einem Investor-Staat-Verfahren darauf berufen kann. Mithilfe einer Abschirmklausel kann der Investor nämlich auch die **Verletzung von vertraglichen Verpflichtungen** zwischen ihm und dem Gaststaat **in einem völkerrechtlichen Verfahren geltend** machen. Abschirmklauseln erfüllen damit ähnliche Funktionen wie die sog. Stabilisierungs- und Internationalisierungsklauseln in Investor-Staat-Verträgen.[63]

643 Abschirmklauseln können dazu führen, dass **Konditionen**, auf deren Grundlage ein Investor seine Investitionsentscheidung getroffen hat, **festgeschrieben werden**, wenn die entsprechenden Bedingungen vertraglich zugesichert wurden. So sah das Schiedsgericht in *CMS/Argentinien* in den Maßnahmen Argentiniens einen Verstoß gegen die Abschirmklausel, da sich Argentinien gegenüber CMS verpflichtet hatte, dass die Gaspreise nicht eingefroren werden und dass die wesentlichen Grundlagen der Lizenz nicht ohne die schriftliche Zustimmung des Lizenznehmers geändert würden.

---

63 Siehe oben Rn. 576, 579.

## 4. Marktliberalisierung als neues Element des Investitionsrechts

Die bislang dargestellten Elemente des internationalen Investitionsrechts betreffen den Schutz von Investoren bzw. Investitionen, denen **bereits Zugang zu einem Markt gewährt wurde** und die sich bereits etablieren konnten (sog. post-establishment phase). Sie können jedoch Unternehmen, die noch nicht auf einem Markt präsent sind, keinen Schutz und insbesondere keinen Anspruch auf Marktzugang gewähren.

644

Ein **Marktzugangsrecht** vermittelt dagegen das GATS, allerdings nur in dem Umfang, in dem sich die WTO-Mitglieder für einen bestimmten Sektor hierzu verpflichtet haben.[64] Auch einige neuere bilaterale Investitionsabkommen der USA und NAFTA enthalten ein Marktzugangsrecht. Anders als im GATS gelten diese Verpflichtungen jedoch nach einem Negativlisten-Ansatz[65], d. h. die Verpflichtung gilt generell, wenn sich der Staat nicht spezielle Ausnahmen ausbedungen hat. Auch das geplante Multilaterale Investitionsabkommen der OECD (MAI)[66] sollte Marktzugangsrechte enthalten.

645

Marktzugangsrechte gehen über das hinaus, was typischerweise Regelungsgegenstand und Schutzstandard des Investitionsschutzrechts ist. Marktzugangsrechte führen zu Marktöffnungen und weitgehender Liberalisierung. Das bereits im Kontext des WTO-Rechts beschriebene **Spannungsverhältnis zwischen Liberalisierung und Regulierung** wird auch bei Investitionsabkommen, die Marktzugangsregeln enthalten, sichtbar. Vor diesem Hintergrund bleibt abzuwarten, ob andere Investitionsabkommen dem Modell der NAFTA und der Investitionsabkommen der USA folgen werden. Der deutsche Mustervertrag enthält derzeit keine Marktzugangsrechte, sondern beschränkt sich auf den Investitionsschutz für Investoren, die bereits Zugang zum Markt haben.

646

> **Merke: Investitionsschutzrecht** erfasst üblicherweise nur den **Schutz von bereits auf dem Markt operierenden Unternehmen. Marktzugang** wird dagegen im **GATS, NAFTA** und in einigen **Investitionsabkommen der USA** gewährt.

---

**Lösungshinweise zum Ausgangsfall**

Zu prüfen ist zunächst, ob der Anwendungsbereich des Investitionsabkommens zwischen Wasteland und Deutschland (IA) eröffnet ist. Die SWW ist ein deutsches Unternehmen und damit vom persönlichen Anwendungsbereich erfasst. Streitgegenstand ist die Nutzung eines Grundstücks, mithin eine Investition im Sinne des Art. 1 Abs. 1 IA. Sodann könnte geprüft werden, ob es sich bei der Ablehnung der Genehmigung um eine indirekte Enteignung gem. Art. 4 Abs. 2 IA handelte. Die Nutzung des Grundstücks durch SWW wird durch die Nichtgenehmigung faktisch unmöglich gemacht. Man kann daher – ebenso wie das Schiedsgericht im Fall *Tecmed/Mexiko*[67] – von einer indirekten Enteignung ausgehen. Diese erfordert eine Entschädigung, die dem Standard des Art. 4 Abs. 2 S. 2 bis 5 MV entsprechen muss. Das Schiedsgericht nahm außerdem einen Verstoß gegen den Grundsatz der billigen und gerechten Behandlung an.

---

64 Dazu § 2 Rn. 446 ff.
65 Dazu § 2 Rn. 444.
66 Dazu oben Rn. 572 f.
67 Tecmed/Mexiko, o. Fn. 52.

▶ **Lern- und Wiederholungsfragen für § 3 III.:**
1. Wie wird der Begriff „Kapitalanlage" im deutschen Mustervertrag für bilaterale Investitionsverträge definiert?
2. Was versteht man unter einer „indirekten Enteignung"?
3. Wie unterscheiden sich die *Hull*-Formel und die *Calvo*-Doktrin und welcher Standard hat sich im vertraglichen Investitionsschutzrecht durchgesetzt?
4. Wie wirken sich der Meistbegünstigungsgrundsatz und der Grundsatz der Inländerbehandlung im internationalen Investitionsschutzrecht aus?
5. Welche weiteren Schutzstandards kennt das internationale Investitionsschutzrecht?
6. In welchem Umfang gewähren Investitionsverträge auch Marktzugangsrechte?

## IV. Streitbeilegung

**Literatur:** *Schöbener/Markert,* Das International Centre for Settlement of Investment Disputes (ICSID), ZvglRWiss 105 (2006), 65; *Tietje,* Grundstrukturen und aktuelle Entwicklungen des Rechts der Beilegung internationaler Investitionsstreitigkeiten, Arbeitspapiere aus dem Institut für Wirtschaftsrecht, 2003, http://www.wirtschaftsrecht.uni-halle.de/Heft10.pdf; *Escher,* Weltbank-Schiedszentrum: Zuständigkeit für die Beilegung von Investitionsstreitigkeiten, RIW 2001, 20; *Schreuer,* The ICSID Convention: A Commentary, 2001; *Sacerdoti,* Bilateral Treaties and Multilateral Instruments on Investment Protection, Recueil de Cours, Vol. 269, 1997, S. 251–460.

---
**Ausgangsfall**

InnoTech (vgl. Ausgangsfall zu Teil II) hat sich für Bengalien als Standort eines Softwareentwicklungszentrums entschieden und mit der Produktion begonnen. Nach einem Jahr kommt in Bengalien eine neue Regierung an die Macht, die ein Gesetz erlässt, nach dem ausländische Investoren mindestens 25 % ihres Gewinns in Bengalien re-investieren müssen. InnoTech ist der Auffassung, dass dieses Gesetz die Transferfreiheit verletzt, die in Art. 5 des Investitionsabkommens zwischen Bengalien und Industria verankert ist. Da die Regierung von Industria aus politischen Gründen die neue bengalische Regierung nicht kritisieren will, möchte InnoTech selbst gegen die Verletzung vorgehen. Welche Möglichkeiten bestehen für InnoTech und wie kann InnoTech eine schiedsgerichtliche Entscheidung ggf. vollstrecken lassen?

Unterstellen Sie, dass das Investitionsabkommen zwischen Bengalien und Industria dem deutschen Mustervertrag weitgehend entspricht und dass sowohl Bengalien als auch Industria Vertragsparteien des ICSID-Übereinkommens von 1965 sind.

---

647 Entsprechend dem oben skizzierten Dreiecksverhältnis Heimatstaat-Gaststaat-Investor[68] lassen sich grundsätzlich **zwei unterschiedliche Fallkonstellationen** bezüglich der Streitbeilegung unterscheiden: Zunächst kann ein investitionsrechtlicher Streit zwischen dem Heimatstaat und dem Gaststaat entstehen. Auch wenn ein solcher Streit regelmäßig auf Beschwerden des Investors gegenüber seinem Heimatstaat beruht bzw. die Folge von diplomatischem Schutz ist, handelt es sich hierbei um einen **zwischen-**

---
68 Siehe oben Rn. 538.

staatlichen Streit und somit um eine klassische völkerrechtliche Konstellation. Daneben können – wie bereits mehrfach erwähnt – unter bestimmten Umständen auch die Investoren gegen den Gaststaat vorgehen. Diese **Investor-Staat-Streitverfahren** (auch gemischte Schiedsgerichtsbarkeit) sind eine Besonderheit des internationalen Investitionsrechts. Das Recht des Investors auf Zugang zu einem solchen Verfahren ergibt sich zumeist aus einer entsprechenden Klausel in bilateralen und regionalen Investitionsverträgen. Dabei verweisen diese Verträge regelmäßig auf unterschiedliche Verfahren zur Streitbeilegung. Ein einheitliches Recht der Beilegung von Investitionsstreitigkeiten, das dem Streitbeilegungssystem der WTO vergleichbare wäre, existiert nicht.

## 1. Zwischenstaatliche Verfahren

Zwischenstaatliche Streitigkeiten auf der Grundlage des gewohnheitsrechtlichen oder vertraglichen Investitionsrechts können grundsätzlich mit allen im Völkerrecht bekannten **Mitteln der friedlichen Streitbeilegung** beigelegt werden.[69] Dazu zählen neben bilateralen Verhandlungen bzw. Verhandlungen unter Einschaltung einer dritten Partei vor allem die Streitbeilegung durch Schiedsgerichte oder den Internationalen Gerichtshof (IGH). In vielen Investitionsverträgen wird diese grundsätzliche Freiheit der Mittel der Streitbeilegung eingeschränkt und neben der Möglichkeit von bilateralen Verhandlungen auf eine **schiedsgerichtliche Streitbeilegung** abgestellt. Eine entsprechende Regel trifft z. B. der deutsche Mustervertrag:

648

Artikel 10
(1) Meinungsverschiedenheiten zwischen den Vertragsstaaten über die Auslegung oder Anwendung dieses Vertrags sollen, soweit möglich, durch die Regierungen der beiden Vertragsstaaten beigelegt werden.
(2) Kann eine Meinungsverschiedenheit auf diese Weise nicht beigelegt werden, so ist sie auf Verlangen eines der beiden Vertragsstaaten einem Schiedsgericht zu unterbreiten.

Nach Art. 10 Abs. 1 und 2 MV ist also zunächst grundsätzlich zu versuchen, einen Streit auf dem Verhandlungswege beizulegen. Ähnlich wie im WTO-Recht soll somit stets versucht werden, eine gütliche **Einigung im diplomatisch-politischen Raum** herbeizuführen, bevor andere Institutionen bemüht werden. Gelingt dies nicht, ist die Streitigkeit einem **Schiedsgericht** zu unterbreiten. Eine ähnliche Regel enthält Art. 27 Energiecharta-Vertrag, wobei die Parteien hiernach auch vereinbaren können, den Streit nicht durch ein Schiedsgericht sondern auf anderem Wege beizulegen. Das NAFTA-Abkommen sieht ebenfalls die Möglichkeit eines zwischenstaatlichen schiedsgerichtlichen Verfahrens vor (Art. 2008 ff. NAFTA), verweist die Parteien aber auch auf andere Streitbeilegungsmethoden (Konsultationen, Vermittlung, Gute Dienste, etc.).

649

Die **Bildung eines Schiedsgerichts** erfolgt generell *ad hoc*. Zumeist schlägt jede Partei einen Schiedsrichter vor und beide Mitglieder einigen sich dann auf einen neutralen

650

---

69 Zu den Mitteln der friedlichen Streitbeilegung siehe § 1 Rn. 95 ff.

Dritten als Vorsitzenden. Gelingt diese Einigung nicht, so kann vorgesehen sein, dass eine neutrale Person von hohem Rang (z. B. der Präsident des IGH) den Vorsitzenden vorschlägt.

651 Das **Verfahren**, nach dem das Schiedsgericht entscheidet, kann entweder vom Schiedsgericht selbst bestimmt werden oder sich an einem in der internationalen Praxis üblichen Verfahren, z. B. einem Verfahren nach den Schiedsregeln der Kommission der Vereinten Nationen zum internationalen Handelsrecht (UNCITRAL), orientieren.[70] Zumeist entscheidet ein Schiedsgericht mit der Mehrheit der Stimmen.

652 Die **Entscheidung** eines zwischenstaatlichen Schiedsgerichts ist regelmäßig für die Parteien **rechtlich bindend**. Die unterlegene Partei ist also völkerrechtlich verpflichtet, die Entscheidung zu befolgen. Für die **Durchsetzung** einer schiedsgerichtlichen Entscheidung stehen allerdings – anders als im WTO-Recht – keine speziellen Überwachungs- und Sanktionsmöglichkeiten zur Verfügung. Die obsiegende Partei ist für die Durchsetzung somit auf die **allgemeinen völkerrechtlichen Möglichkeiten** in Form von Gegenmaßnahmen angewiesen.[71]

## 2. Investor-Staat-Verfahren

### a) Bedeutung und Verfahrensarten

653 Streitbeilegungsverfahren zwischen dem Investor und dem Gaststaat sind im internationalen Investitionsschutzrecht von **erheblich größerer Bedeutung als zwischenstaatliche Verfahren**. Dies hängt vor allem damit zusammen, dass der Investor in einem direkten Verfahren seine Rechte regelmäßig effektiver und unmittelbarer durchsetzen kann, da er nicht vom politischen Ermessen seines Heimatstaats über die Ausübung von diplomatischem Schutz abhängig ist. An einem Investor-Staat-Verfahren sind diejenigen Parteien beteiligt, die tatsächlich und unmittelbar von dem Rechtsstreit betroffen sind und ein eigenes Interesse an seinem Ausgang haben.

654 Die meisten bilateralen und regionalen Investitionsverträge sehen die Möglichkeit von Investor-Staat-Streitbeilegungsverfahren vor (vgl. Art. 11 MV, Art. 1115 ff. NAFTA, Art. 26 Energiecharta-Vertrag). Einige Grundstrukturen des Investor-Staat-Verfahrens und des zwischenstaatlichen Verfahrens sind vergleichbar. Grundsätzlich soll auch bei einem Investor-Staat-Streit zunächst versucht werden, den Streit durch **Verhandlungen** beizulegen (vgl. Art. 11 Abs. 1 MV, Art. 1118 NAFTA, Art. 26 Abs. 1 Energiecharta-Vertrag). Gelingt dies nicht, ist die Streitigkeit einem **Schiedsgericht** vorzulegen.

655 Die meisten Investitionsabkommen sehen hierzu **verschiedene Möglichkeiten** vor. So kann der Streit einem Schiedsgericht, das auf der Grundlage der UNCITRAL Regeln

---

70 Die UNCITRAL ist ein Unterorgan der UN-Generalversammlung, dessen Aufgabe in der Vereinheitlichung des internationalen Handels- und Wirtschaftsrechts besteht.
71 Dazu § 1 Rn. 100.

gebildet wurde, einem Schiedsrichter der Internationalen Handelskammer (ICC) oder einem *ad hoc* nach den ICC-Regeln gebildeten Schiedsgericht vorgelegt werden. Die praktisch bedeutsamste Methode der Beilegung von Investor-Staat-Streitigkeiten ist das Schiedsverfahren nach den Regeln des **Internationalen Zentrums zur Beilegung von Investitionsstreitigkeiten** (International Centre for Settlement of Investment Disputes, **ICSID**).[72] Auf eine Streitbeilegung nach ICSID-Regeln stellen z. B. Art. 11 Abs. 2 MV, Art. 1120 (1) NAFTA und Art. 26 Abs. 4 Energiecharta-Vertrag ab.

Zweck des ICSID ist es, Vergleichs- und Schiedseinrichtungen für die Beilegung von Investitionsstreitigkeiten zwischen Vertragsstaaten und Angehörigen anderer Vertragsstaaten zur Verfügung zu stellen (Art. 1 Abs. 1 ICSID-Übereinkommen). ICSID-Verfahren können daher nur angewandt werden, wenn **sowohl der Heimatstaat des Investors als auch der Gaststaat Vertragsparteien des ICSID-Übereinkommens** sind. Aus diesem Grund verweisen die bilateralen Investitionsverträge der Bundesrepublik Deutschland mit Staaten, die keine ICSID-Vertragsparteien sind, auch nicht auf das ICSID-Verfahren. Stattdessen sehen sie die Bildung eines *ad hoc* Schiedsgerichts analog des zwischenstaatlichen Verfahrens vor (vgl. Art. 11 Abs. 2 MV, Variante II).

656

Für Staaten, die nicht Partei des ICSID-Übereinkommens sind, bzw. für Investoren, die nicht Staatsangehörige eines Vertragsstaats sind, wurden im Rahmen des ICSID 1978 die sog. **Additional Facility Rules** geschaffen, die für derartige Streitigkeiten zur Verfügung gestellt werden. Sie sind von erheblicher praktischer Bedeutung für NAFTA-Streitigkeiten, da Mexiko und Kanada nicht Vertragsparteien des ICSID-Übereinkommens sind.

657

### b) Zuständigkeit eines ICSID-Schiedsgerichts

Aufgrund der praktischen Bedeutung der ICSID-Schiedsgerichtsbarkeit werden im Folgenden die wesentlichen Verfahrensvorschriften und der Ablauf eines Verfahrens kurz erläutert. ICSID ist gem. Art. 25 Abs. 1 ICSID-Übereinkommen **zuständig** für
- Streitigkeiten zwischen einem Vertragsstaat des ICISD-Übereinkommens und einem Angehörigen eines anderen Vertragsstaats (ausländischer Investor),
- die unmittelbar mit einer Investition zusammenhängen und
- wenn beide Parteien schriftlich in die Zuständigkeit von ICSID eingewilligt haben.

658

Art. 25 Abs. 1 und 2 ICSID-Übereinkommen
(1) Die Zuständigkeit des Zentrums erstreckt sich auf alle unmittelbar mit einer Investition zusammenhängenden Rechtsstreitigkeiten zwischen einem Vertragsstaat (…) einerseits und einem Angehörigen eines anderen Vertragsstaats andererseits, wenn die Parteien schriftlich eingewilligt haben, die Streitigkeiten dem Zentrum zu unterbreiten. Haben die Parteien ihre Zustimmung erteilt, so kann keine von ihnen sie einseitig zurücknehmen.
(2) Der Ausdruck „Angehöriger eines anderen Vertragsstaats" bedeutet:
    a. jede natürliche Person, die im Zeitpunkt, zu dem die Parteien der Unterwerfung der Streitigkeit unter ein Vergleichs- oder Schiedsverfahren zugestimmt haben, sowie im Zeitpunkt, zu dem das Begehren (…) registriert worden ist, die Staatsangehörigkeit eines anderen Vertragsstaats beses-

---

72 Dazu bereits oben Rn. 564 ff.

sen hat als des Staats, der Streitpartei ist; ausgenommen sind Personen, die in einem dieser Zeitpunkte auch die Staatsangehörigkeit des Vertragsstaats besessen haben, der Streitpartei ist,
b. jede juristische Person, die im Zeitpunkt, zu dem die Parteien der Unterwerfung der Streitigkeit unter ein Vergleichs- oder Schiedsverfahren zugestimmt haben, die Staatsangehörigkeit eines anderen Vertragsstaats besessen hat als des Staats, der Streitpartei ist, sowie jede juristische Person, die im gleichen Zeitpunkt die Staatsangehörigkeit des Vertragsstaats besessen hat, der Streitpartei ist, wenn die Parteien übereingekommen sind, diese juristische Person wegen der von ausländischen Interessen über sie ausgeübten Kontrolle als Angehörigen eines anderen Vertragsstaats im Sinne dieses Übereinkommens zu betrachten.

659 Zu den Voraussetzungen der Zuständigkeit im Einzelnen: Die Streitigkeit muss zwischen einem **Staat** und einem **Investor eines anderen Staats** bestehen. Nach Art. 25 Abs. 2 bestimmt sich die **Staatsangehörigkeit** einer natürlichen Person bzw. die **Staatszugehörigkeit** einer juristischen Person nach den allgemein anerkannten Regeln.[73] Wie bereits erwähnt, können sich die Streitparteien darauf einigen, eine juristische Person wegen ihrer ausländischen Kontrolle als Angehörigen eines anderen Staats anzusehen. Umgekehrt hindert die Kontrolle einer ausländischen juristischen Person durch Inländer nicht die Anwendbarkeit eines Investor-Staat-Verfahrens.

> **Beispiel:** Im Fall *Tokios Tokelés/Ukraine*[74] hatten ukrainische Staatsangehörige eine Gesellschaft litauischen Rechts gegründet, deren Tochtergesellschaft in der Ukraine wirtschaftlich tätig war. Die litauische Gesellschaft berief sich gegenüber den ukrainischen Behörden auf das ukrainisch-litauische Investitionsabkommen. Die Ukraine argumentierte, dass Tokios Tokelés tatsächlich kein litauisches Unternehmen, sondern ein ukrainisches Unternehmen sei. Das Schiedsgericht solle daher den „Schleier des Gesellschaftsrechts" lüften (sog. *lifting the corporate veil*) und auf die Staatsangehörigkeit der Gesellschafter und den Geschäftssitz des Unternehmens abstellen. Dabei berief sich die Ukraine auch auf das IGH-Urteil im Fall *Barcelona Traction*[75], in dem der IGH es für zulässig gehalten hatte, das Gesellschaftsstatut außer Acht zu lassen und auf die Staatsangehörigkeit der Gesellschafter abzustellen, um Rechtsmissbrauch zu verhindern. Das ICSID-Schiedsgericht war jedoch der Auffassung, dass Tokios Tokelés das litauische Gesellschaftsrecht nicht missbräuchlich ausgenutzt habe und lehnte es daher ab, Tokios Tokelés als ukrainische Gesellschaft anzusehen. Allerdings kritisierte der Vorsitzende des Schiedsgerichts diese Entscheidung in einem Sondervotum.[76] Er vertrat die Auffassung, dass das ICSID-Verfahren nicht zur Beilegung von Streitigkeiten, die faktisch einen Staat und seine Staatsangehörigen betrafen, gedacht sei, sondern nur für wirklich internationale Investitionsstreitigkeiten zur Verfügung stehen sollte.

660 Das ICSID-Verfahren kann nur bei Streitigkeiten, die unmittelbar mit einer Investition zusammenhängen, angewandt werden. Der **Begriff der Investition** wird im ICSID-Übereinkommen allerdings **nicht definiert**, so dass auf den Investitionsbegriff in dem jeweils streitgegenständlichen Investitionsabkommen abgestellt werden kann.

661 Schließlich müssen sowohl der Investor als auch der Staat der **Zuständigkeit zugestimmt** haben. Die Zustimmung kann ad hoc erteilt werden oder in einem Investor-Staat-Vertrag vereinbart werden. Häufig unterwerfen sich die **Vertragsparteien eines**

---

73 Siehe § 1 Rn. 102 ff.
74 Tokios Tokelés v. Ukraine, ICSID Case No. ARB/02/18, Decision on Jurisdiction, 29. April 2004, im Internet unter http://www.worldbank.org/icsid/cases/tokios-decision.pdf.
75 Dazu § 1 Rn. 104.
76 Tokios Tokelés v. Ukraine, ICSID Case No. ARB/02/18, Dissenting Opinion, im Internet unter: http://www.worldbank.org/icsid/cases/tokios-dissenting_opinion.pdf.

bilateralen Investitionsvertrags generell der Zuständigkeit des ICSID. In einem solchen Fall erlangt der ausländische Investor somit die Möglichkeit, das ICSID direkt anzurufen. Im deutschen Mustervertrag ist dies so geregelt:

Art. 11 Abs. 2 MV
Kann die Meinungsverschiedenheit innerhalb einer Frist von sechs Monaten ab dem Zeitpunkt ihrer Geltendmachung durch eine der beiden Streitparteien nicht beigelegt werden, so wird sie auf Verlangen des Investors des anderen Vertragsstaats einem Schiedsverfahren unterworfen. Sofern die Streitparteien keine abweichende Vereinbarung treffen, wird die Meinungsverschiedenheit einem Schiedsverfahren im Rahmen des Übereinkommens vom 18. März 1965 zur Beilegung von Investitionsstreitigkeiten zwischen Staaten und Angehörigen anderer Staaten unterworfen.

Ähnliche Klauseln finden sich z. B. auch in Art. 1122 NAFTA und in Art. 26 Abs. 3 Energiecharta-Vertrag.   662

Die Zustimmung zur Zuständigkeit des ICSID ist **unwiderruflich** und gilt regelmäßig nach Art. 26 Satz 1 ICSID-Übereinkommen als **Verzicht auf andere Rechtsbehelfe**. Nach Art. 27 ICSID-Übereinkommen ist die **Gewährung von diplomatischem Schutz** durch den Heimatstaat **ausgeschlossen**, wenn sich der Investor und der Gaststaat auf ein ICSID-Verfahren geeinigt haben, es sei denn, der Gaststaat befolgt die ICSID-Entscheidung nicht. Beide Vorschriften tragen zur Effektivität und Exklusivität des ICSID-Verfahrens bei.   663

Die Voraussetzungen der Zuständigkeit des ICSID, die sich aus dem ICSID-Übereinkommen ergeben, können durch **Zulässigkeitsvoraussetzungen aus den jeweiligen Investitionsabkommen** ergänzt werden. Eine typische Zulässigkeitsvoraussetzung ist der **Ablauf einer Frist**, die zu Verhandlungen zwischen Staat und Investor genutzt werden soll (Wartefrist oder cooling off period). So bestimmt z. B. Art. 11 Abs. 2 MV, dass der Investor die Streitigkeit erst nach einem Ablauf von sechs Monaten ICSID unterbreiten kann.   664

Weiterhin kann in Investitionsverträgen vorgesehen sein, dass der Investor zunächst den **innerstaatlichen Rechtsweg erschöpft** haben muss (exhaustion of local remedies), vgl. auch Art. 26 Satz 2 ICSID-Übereinkommen. Wie bereits erwähnt, handelt es sich bei dieser Regel um eine völkergewohnheitsrechtliche Voraussetzung für die Ausübung von diplomatischem Schutz.[77] Im Anwendungsbereich eines Investitionsvertrags dürfte die Regel allerdings nur gelten, wenn der Vertrag dies – anders als der deutsche Mustervertrag – ausdrücklich vorsieht. Ansonsten ist davon auszugehen, dass der innerstaatliche Rechtsweg vor der Einleitung eines Investor-Staat-Verfahrens zwar beschritten werden kann, seine Erschöpfung jedoch keine allgemeine Voraussetzung hierfür ist. Nach Einleitung des Investor-Staat-Verfahrens ist der innerstaatliche Rechtsweg allerdings gem. Art. 26 Satz 1 ICSID-Übereinkommen ausgeschlossen.   665

Das Verhältnis zwischen innerstaatlichem Rechtsschutz und Investor-Staat-Schiedsverfahren wird auch von sog. „**Gabelungsklauseln**" (fork in the road provisions) betroffen.   666

---

77 Siehe § 1 Rn. 102 ff.

Eine solche Klausel bestimmt, dass sich der Investor entweder für einen innerstaatlichen Rechtsbehelf oder für ein Staat-Investor-Schiedsverfahren entscheiden muss. Hat er eine Variante gewählt, ist eine Berufung auf den jeweils anderen Rechtsbehelf ausgeschlossen. Eine Gabelungsklausel ergänzt somit Art. 26 ICSID-Übereinkommen. Sie schließt allerdings nur aus, dass sich der Investor vor unterschiedlichen Organen auf eine **Verletzung des Investitionsvertrags** beruft. Es bleibt dem Investor gestattet, die Verletzung des Investitionsvertrags vor einem Investor-Staat-Schiedsgericht geltend zu machen und gegen die Verletzung eines Vertrags zwischen ihm und dem Gaststaat den innerstaatlichen Rechtsweg zu beschreiten. Der deutsche Mustervertrag enthält keine Gabelungsklausel.

667 **Weitere Voraussetzungen** der Zuständigkeit eines ICSID-Schiedsgerichts bzw. der Zulässigkeit eines ICSID-Verfahrens können sich aus den jeweiligen Investitionsverträgen oder aus Vereinbarungen zwischen dem Staat und dem Investor ergeben, soweit diese Voraussetzungen nicht dem ICSID-Übereinkommen widersprechen.

> **Prüfungsschema** Zulässigkeit eines Verfahrens vor einem ICSID-Schiedsgericht
> I. Zuständigkeit des Schiedsgerichts (Art. 25 ICSID-Übereinkommen)
>   1. Heimatstaat und Gaststaat = Vertragsparteien des ICSID-Übereinkommen
>   2. Investor = Angehöriger des Heimatstaats
>      a) bei Privatpersonen: Staatsangehörigkeit
>      b) bei juristischen Personen: Staatszugehörigkeit des Heimatstaats (nach Gesellschaftsstatut: z. B. Geschäftssitz oder Gründung) oder Kontrolle durch Staatsangehörige des Heimatstaats nach entsprechender Vereinbarung
>   3. Streitigkeit über Investition
>      = regelmäßig Investitionsbegriff aus Investitionsvertrag
>   4. Zustimmung der Streitparteien
>      a) Gaststaat: regelmäßig durch Investitionsvertrag
>      b) Investor: regelmäßig durch Beschwerde
> II. Zulässigkeitsvoraussetzungen nach Investitionsvertrag
>   1. Wartefrist
>   2. Erschöpfung des innerstaatlichen Rechtswegs
>   3. Gabelungsklauseln
>   4. sonstige Sondervorschriften
> III. Voraussetzungen aufgrund besonderer Vereinbarung

### c) Zusammensetzung eines ICSID-Schiedsgerichts und anwendbares Recht

668 Ein ICSID-Schiedsgericht besteht regelmäßig aus **drei Schiedsrichtern,** die von den Parteien ausgewählt werden. Können sich die Parteien nicht einigen, benennt jede einen Schiedsrichter und der dritte wird im gegenseitigen Einvernehmen bestimmt (Art. 37 ICSID-Übereinkommen). Gelingt auch dies nicht, kann der Präsident der Weltbank in seiner Eigenschaft als Vorsitzender des Verwaltungsrats des ICSID die Schiedsrichter benennen (Art. 38 ICSID-Übereinkommen).

669 Nach Art. 42 Abs. 1 ICSID-Übereinkommen entscheidet das Schiedsgericht den Fall auf der Grundlage von zwischen den Parteien **vereinbarten Rechtsvorschriften.** Die Rechtswahl kann sich z. B. aus einem Investor-Staat-Vertrag ergeben. Fehlt es an einer sol-

chen Vereinbarung, wendet das Schiedsgericht das **Recht des Gaststaats** sowie die einschlägigen Regeln des Völkerrechts an. Ergibt sich die Zuständigkeit des ICSID aus einem Investitionsvertrag wird das Schiedsgericht in erster Linie diesen, ggf. ergänzt durch gewohnheitsrechtliche Regeln, anwenden. Indem Art. 42 Abs. 1 ICSID-Übereinkommen auch das Recht des Gaststaats für anwendbar erklärt, erhält ein Schiedsgericht die Kompetenz, innerstaatliches Recht, einschließlich des nationalen Verwaltungs- und Verfassungsrechts, anzuwenden.

Wendet ein Schiedsgericht einen völkerrechtlichen Vertrag an, ist dieser nach den **allgemeinen Regeln der Vertragsauslegung** (Art. 31, 32 WVK) zu interpretieren.[78] In diesem Zusammenhang stellte das Schiedsgericht im Fall *Siemens/Argentinien* heraus, dass sich aus diesen Regeln weder eine Vermutung zu Gunsten einer engen, noch zu Gunsten einer weiten Auslegung von Investitionsverträgen ergibt. Allerdings sei der **Zweck eines Investitionsabkommens**, nämlich der Schutz und die Förderung von Investitionen, zu **berücksichtigen**[79]: 670

„Both parties have based their arguments on the interpretation of the Treaty in accordance with Article 31(1) of the Vienna Convention. This Article provides that a treaty be „interpreted in good faith in accordance with the ordinary meaning to be given to the terms of the treaty in their context and in the light of its object and purpose." The Tribunal will adhere to these rules of interpretation in considering the disputed provisions of the Treaty. The first question posed by the Respondent's allegations is whether the Treaty should be interpreted restrictively or broadly.

The Tribunal considers that the Treaty has to be interpreted neither liberally nor restrictively, as neither of these adverbs is part of Article 31(1) of the Vienna Convention. The Tribunal shall be guided by the purpose of the Treaty as expressed in its title and preamble. It is a treaty „to protect" and „to promote" investments. The preamble provides that the parties have agreed to the provisions of the Treaty for the purpose of creating favorable conditions for the investments of nationals or companies of one of the two States in the territory of the other State. Both parties recognize that the promotion and protection of these investments by a treaty may stimulate private economic initiative and increase the well-being of the peoples of both countries. The intention of the parties is clear. It is to create favorable conditions for investments and to stimulate private initiative."

### d) Inhalt, Rechtsfolgen und Überprüfbarkeit von ICSID-Entscheidungen

Ein ICSID-Schiedsspruch soll alle aufgeworfenen Fragen beantworten (Art. 48 Abs. 3 ICSID-Übereinkommen). Der Schiedsspruch kann die Rechtswidrigkeit oder Rechtmäßigkeit einer staatlichen Maßnahme **feststellen** und **Entschädigungszahlungen bzw. Schadensersatz zusprechen**. Eine Entschädigung wird regelmäßig auf der Grundlage der jeweiligen Vorschrift über die Voraussetzungen und Rechtsfolgen einer Enteignung gewährt. Für andere Verletzungen des internationalen Investitionsschutzrechts ist nach den Grundsätzen der allgemeinen völkerrechtlichen Verantwortlichkeit Schadensersatz zu leisten, wenn die Rechtsverletzung zu einem Schaden geführt hat.[80] Dazu führte das Schiedsgericht im bereits erwähnten Fall *CMS/Argentinien* aus[81]: 671

---

78 Dazu § 1 Rn. 79 ff.
79 Siemens/Argentinien, o. Fn. 50, Abs. 80 f., zitiert ohne Fußnoten.
80 Dazu § 1 Rn. 98 ff.
81 CMS/Argentinien, o. Fn. 61, Abs. 399 ff., zitiert ohne Fußnoten.

„It is broadly accepted in international law that there are three main standards of for injury: restitution, compensation and satisfaction. (...)

Compensation is designed to cover any "financially assessable damage including loss of profits insofar as it is established." Quite naturally compensation is only called for when the damage is not made good by restitution. The decision in *Lusitania*, another landmark case, held that „the fundamental concept of ‚damages' is...reparation for a *loss* suffered; a judicially ascertained *compensation* for wrong. The remedy should be commensurate with the loss, so that the injured party may be made whole."

The loss suffered by the claimant is the general standard commonly used in international law in respect of injury to property, including often capital value, loss of profits and expenses. The methods to provide compensation, a number of which the parties have discussed, are not unknown in international law. Depending on the circumstances, various methods have been used by tribunals to determine the compensation which should be paid but the general concept upon which commercial valuation of assets is based is that of „fair market value". That concept has an internationally recognized definition which reads as follows:

the price, expressed in terms of cash equivalents, at which property would change hands between a hypothetical willing and able buyer and a hypothetical willing and able seller, acting at arms length in an open and unrestricted market, when neither is under compulsion to buy or sell and when both have reasonable knowledge of the relevant facts."

672 Soweit die Parteien nichts anderes vereinbart haben, setzt das Schiedsgericht auch die **Kosten des Verfahrens** fest und fällt eine Entscheidung über ihre Aufteilung (Art. 61 Abs. 2 ICSID-Übereinkommen).

673 Der Schiedsspruch ist für die Parteien **bindend** (Art. 53 ICSID-Übereinkommen). Er **unterliegt keiner Berufung** zu einem anderen internationalen Gericht und kann auch regelmäßig nicht mehr von einem innerstaatlichen Gericht überprüft werden. Dadurch wird die ICSID-Entscheidung für den ausländischen Investor besonders attraktiv. Zu bedenken ist aber, dass der Ausschluss der Überprüfbarkeit einer schiedsgerichtlichen Entscheidung problematische Konsequenzen haben kann, wenn das Schiedsgericht nationales Recht in einer anderen Weise auslegt als innerstaatliche Gerichte.

674 Soweit ein Schiedsspruch finanzielle Leistungen (Schadensersatz, Entschädigungszahlungen oder Kosten) zuspricht, wird er im nationalen Recht als **vollstreckbarer Titel** anerkannt (Art. 54 ICSID-Übereinkommen). Art. 11 Abs. 3 MV bestimmt ebenfalls, dass Entscheidungen eines Schiedsgerichts bindend und unanfechtbar und nach innerstaatlichem Recht vollstreckbar sind, wobei Art. 11 Abs. 3 MV für alle schiedsgerichtlichen Entscheidungen und nicht nur für ICSID-Entscheidungen gilt. Die Vollstreckbarkeit eines ICSID-Schiedsspruchs im innerstaatlichen deutschen Recht ergibt sich aus Art. 2 Abs. 1 des Zustimmungsgesetzes zum ICSID-Übereinkommen von 1969.[82] Die Vollstreckbarkeit anderer internationaler Schiedsgerichtsentscheidungen beruht auf § 1061 Abs. 1 Satz 2 ZPO, mit dem die entsprechende Vorschrift des New Yorker Übereinkommens über die Anerkennung und Vollstreckung ausländischer Schiedssprüche von 1958 umgesetzt wird. Auch die Titelfunktion eines Schiedsspruchs trägt zu seiner Attraktivität für den Investor bei.

---

82 BGBl. 1969 II, S. 369; geändert durch Gesetz vom 22. 12. 1997, BGBl. 1997 I, S. 3224 = Sartorius II Nr. 475a.

Eine **Überprüfung von ICSID-Entscheidungen** ist nur im Rahmen des eingeschränkt zulässigen Wiederaufnahme- oder Aufhebungsverfahrens gem. Art. 51 und 52 ICSID-Übereinkommen möglich. Dabei verdient vor allem das **Aufhebungsverfahren** besondere Beachtung. Nach Art. 52 ICSID-Übereinkommen kann jede Partei unter Berufung auf einen besonderen Aufhebungsgrund die Aufhebung eines Schiedsspruchs beantragen. Zu den Aufhebungsgründen zählen die fehlerhafte Bildung des Schiedsgerichts, die offensichtliche Überschreitung der Befugnisse, die Bestechung eines Schiedsrichters, schwerwiegende Verfahrensfehler und das Fehlen einer Begründung. Die Aufhebungsentscheidung trifft ein Schiedsgericht, dessen Mitglieder nicht Mitglied des ursprünglichen Schiedsgerichts gewesen sein dürfen. Das Aufhebungsschiedsgericht kann den ursprünglichen Schiedsspruch lediglich aufheben, aber nicht abändern. Nach Aufhebung des Schiedsspruchs können die Streitparteien ein neues Verfahren einleiten.

675

In den letzten Jahren ist wiederholt darüber diskutiert worden, ob innerhalb des ICSID-Systems eine reguläre **Rechtsmittelinstanz** geschaffen werden soll, die Entscheidungen der ICSID-Schiedsgerichte noch einmal überprüfen könnte.[83] Befürworter dieses Vorschlags erhoffen sich von einer derartigen Instanz einen Beitrag zur **Vereinheitlichung der schiedsgerichtlichen Entscheidungspraxis**. Einige neuere US-amerikanische Investitionsverträge sehen die Möglichkeit einer Rechtsmittelentscheidung vor, wenn eine solche Instanz geschaffen wird.

676

Allerdings ist zu beachten, dass die Entscheidungen der ICSID-Schiedsgerichte regelmäßig auf der Grundlage von, zwar ähnlich formulierten, aber dennoch nicht identischen völkerrechtlichen Abkommen ergehen. Einer Vereinheitlichung der Entscheidungspraxis sind schon aus diesem Grunde Grenzen gesetzt. Eine Überprüfung wäre nur auch dann zulässig, wenn das entsprechende Investitionsabkommen dies vorsieht oder, wenn sich die Parteien auf eine Überprüfung einigen würden. Anders als im Welthandelsrecht hätte die unterlegene Partei also nicht automatisch die Möglichkeit, die Rechtsmittelinstanz anzurufen. Außerdem würde eine ICSID-Rechtsmittelinstanz nur für ICSID-Schiedssprüche gelten und nicht für Schiedsgerichte, die nach anderen Verfahren entscheiden. Vor diesem Hintergrund wären divergierende Entscheidungen verschiedener Schiedsgerichte weiterhin nicht ausgeschlossen.

677

---

**Lösungshinweise zum Ausgangsfall**

Wenn sich InnoTech und Bengalien über ihren Streit nicht durch Verhandlungen einigen können, kann InnoTech ein Verfahren vor einem ICSID-Schiedsgericht anstreben. Das ICSID-Schiedsgericht wäre gem. Art. 25 ICSID-Übereinkommen zuständig: Bengalien ist Vertragspartei des ICSID-Übereinkommens und InnoTech ein Investor aus einem anderen Vertragsstaat. Der Streit ist ein Streit, der sich auf eine Investition bezieht. Auch wenn der Investitionsbegriff gem. Art. 25 Abs. 1 ICSID-Übereinkommen nicht abschließend definiert ist, dürfte das Errichten einer Produktions-

---

83 Dazu *Tams*, An Appealing Option? The Debate about an ICSID Appellate Structure, Beiträge zum Transnationalen Wirtschaftsrecht, Heft 57, 2006, http://www.wirtschaftsrecht.uni-halle.de/Heft57.pdf.

stätte in jedem Fall darunter fallen. Schließlich hat Bengalien auch dem ICSID-Verfahren in dem Investitionsvertrag zwischen Bengalien und Industria zugestimmt. InnoTech stimmt dem ICSID-Verfahren implizit durch die Erhebung der Beschwerde zu. Da der Sachverhalt zu einer möglichen Rechtswahl schweigt, ist zu unterstellen, dass das ICSID-Schiedsgericht auf der Grundlage des bengalischen Rechts und des Völkerrechts entscheidet. Es wird eine Verletzung der Transferfreiheit feststellen.[84] Hat InnoTech hierdurch einen Schaden erlitten, kann das ICSID-Schiedsgericht InnoTech nach den allgemeinen Regeln der völkerrechtlichen Verantwortlichkeit auch Schadensersatz zusprechen. Die Entscheidung ist gem. Art. 53 ICSID-Übereinkommen verbindlich und kann innerstaatlich vollstreckt werden.

▶ **Lern- und Wiederholungsfragen für § 3 IV.:**

1. Warum sind Investor-Staat-Verfahren im internationalen Investitionsrecht von größerer Bedeutung als zwischenstaatliche Streitbeilegungsverfahren?
2. Unter welchen Voraussetzungen ist ein ICSID-Schiedsgericht für einen Investitionsstreit zuständig?
3. Wie kann das Verhältnis von innerstaatlichem Rechtsschutz und Investor-Staat-Streit in einem Investitionsvertrag geregelt sein?
4. Welche Regeln zur Bindungswirkung und Durchsetzung eines ICSID-Schiedsspruchs tragen zur Attraktivität des ICSID-Verfahrens für einen ausländischen Investor bei?
5. Nennen Sie einige Unterschiede zwischen der Überprüfung von Entscheidungen der WTO Panels durch den Appellate Body und der Überprüfung von Entscheidungen der ICSID-Schiedsgerichte durch eine ICSID-Rechtsmittelinstanz, wenn diese realisiert würde?

---

84 Dazu oben Rn. 639 f.

# § 4 Internationales Währungs- und Finanzrecht

Das internationale Währungs- und Finanzrecht umfasst die völkerrechtlichen Regeln der **zwischenstaatlichen Währungsbeziehungen** (internationale Währungsordnung) und des **grenzüberschreitenden Zahlungs- und Kapitalverkehrs**. Aus institutioneller Perspektive kann unter dem internationalen Währungs- und Finanzrecht auch das **Recht der internationalen Finanzinstitutionen** verstanden werden, zu denen neben dem Internationalen Währungsfonds und der Weltbank auch die Bank für Internationalen Zahlungsausgleich zu zählen ist. Beide Definitionsansätze sind nicht völlig deckungsgleich: Insbesondere die Vergabe von Krediten an Entwicklungsländer durch die Weltbank betrifft nicht die Währungsbeziehungen bzw. den Kapital- und Zahlungsverkehr.

678

Die folgende Darstellung behandelt sowohl institutionelle als auch materielle Aspekte: Im Mittelpunkt steht die **internationale Währungsordnung.** Neben der Erläuterung einiger außenwirtschaftstheoretischer Grundlagen der internationalen Währungs- und Finanzbeziehungen und einem kurzen Überblick über die geschichtliche Entwicklung des internationalen Währungssystems werden vor allem die Struktur und die Aufgaben des **Internationalen Währungsfonds** erläutert. In diesem Kontext wird auch die Zulässigkeit der Regulierung des Zahlungs- und Kapitalverkehrs nach dem IWF-Recht erörtert. Schließlich wird auf die **Bank für Internationalen Zahlungsausgleich** eingegangen, deren Tätigkeit zentrale Aspekte des grenzüberschreitenden Kapital- und Zahlungsverkehrs betrifft. Dagegen werden die Weltbank und ihre Aufgaben sowie die Instrumente zur Bewältigung der Verschuldenskrise aufgrund der besonderen Bedeutung dieser Aspekte für Entwicklungsländer im Kapitel über das Entwicklungsvölkerrecht erörtert.

679

## I. Wirtschaftstheoretische Grundlagen

Literatur: *Rose/Sauernheimer*, Theorie der Außenwirtschaft, 14. Aufl., 2006; *Krugman/Obstfeld*, Internationale Wirtschaft – Theorie und Praxis der Außenwirtschaft, 6. Aufl., 2004; *Huffschmid*, Politische Ökonomie der Finanzmärkte, 2. Aufl., 2002; *Dieckheuer*, Internationale Wirtschaftsbeziehungen, 5. Aufl., 2001; *Koch*, Internationale Wirtschaftsbeziehungen, Band 2: Internationale Wirtschafts- und Finanzbeziehungen, 2. Aufl., 1998.

Für das Verständnis des Rechts der internationalen Währungs- und Finanzbeziehungen ist die Kenntnis einiger Begriffe und Konzepte der Außenwirtschaftstheorie unerlässlich. Wie bereits das Kapitel über das Welthandelsrecht beginnt daher auch dieses Kapitels mit einem kurzen Überblick über einige wirtschaftstheoretische Grundlagen. Dabei beschränkt sich die Darstellung auf drei grundlegende Aspekte, die für die in den folgenden Abschnitten erörterten Rechtsfragen von Bedeutung sind.

680

## 1. Formen des internationalen Finanzverkehrs

681 Internationale Finanztransaktionen treten in einer **Vielzahl unterschiedlicher Formen** auf: Von der einfachen Überweisung einer Geldsumme ins Ausland über die Anlage von Geld im Ausland bis zu hochkomplexen Devisentransaktionen und Spekulationsgeschäften. Die internationalen Finanzmärkte entwickeln zudem ständig neue Anlage- und Transaktionsformen, deren rechtliche und wirtschaftliche Erfassung oft schwierige Abgrenzungsfragen aufwirft. Trotz der Komplexität der Transaktionsformen lassen sich grundsätzlich Finanztransaktionen des **internationalen Zahlungsverkehrs** und **Transaktionen des internationalen Kapitalverkehrs** unterscheiden.

682 Unter dem **internationalen Zahlungsverkehr** wird die grenzüberschreitende Übertragung von Zahlungsmitteln verstanden, d. h. die Übertragung von Geld bzw. einer geldwerten Leistung als Gegenleistung für eine andere Leistung (Kaufpreis, Entgelt, Lohn, Darlehenszinsen, etc.). Der internationale Zahlungsverkehr stellt damit die **Kehrseite des internationalen Waren- und Dienstleistungshandels** dar. Beschränkungen des internationalen Zahlungsverkehrs können den internationalen Handel erheblich beeinflussen. Da Finanztransaktionen des Zahlungsverkehrs Folge einer anderen vorgelagerten Transaktion sind, werden sie auch als **induzierte Transaktionen** bezeichnet.

683 Unter dem **internationalen Kapitalverkehr** wird die grenzüberschreitende Übertragung von Kapital verstanden. Dazu gehört die Übertragung von Immobilien, Gesellschaftsanteilen (Aktien), Schuldverschreibungen, Devisen oder anderen Finanzmitteln (z. B. Derivate). Auch die Übertragung von Zinsen und Gewinnen wird zum internationalen Kapitalverkehr gezählt. Damit wird deutlich, dass der internationale Kapitalverkehr die **Grundlage ausländischer Investitionen** darstellt. Beschränkungen des Kapitalverkehrs können somit Art und Umfang ausländischer Investitionen beeinflussen. Die Übertragung von Kapital ist keine Folge einer anderen Transaktion, sondern eine eigenständige wirtschaftliche Aktivität. Transaktionen des Kapitalverkehrs werden daher auch als **autonome Transaktionen** bezeichnet.

684 Die Unterscheidung zwischen Zahlungs- und Kapitalverkehr ist für das internationale Währungs- und Finanzsystem von zentraler Bedeutung. Sie bestimmt die Zuordnung der jeweiligen Finanztransaktionen zu den verschiedenen Posten der **Zahlungsbilanz**.[1] Beschränkungen des Zahlungsverkehrs und Beschränkungen des Kapitalverkehrs werden im Recht des **Internationalen Währungsfonds** unterschiedlich behandelt.[2]

*Exkurs:* Auch für das europäische Gemeinschaftsrecht ist die Unterscheidung zwischen beiden Formen grenzüberschreitender Finanztransaktionen relevant: Für den Kapitalverkehr gilt die Kapitalverkehrsfreiheit gem. Art. 56 Abs. 1 EGV. Für den Zahlungsverkehr gilt die Zahlungsverkehrsfreiheit gem. Art. 56 Abs. 2 EGV. Die Herstellung des freien Kapitalverkehrs erfolgte schrittweise bis 1994. Die Freiheit des Zahlungsverkehrs ist wesentliche Voraussetzung für eine wirksame Ausübung der Waren-,

---

1 Dazu unten Rn. 687.
2 Dazu unten Rn. 739 ff.

Personen- und Dienstleistungsfreiheit und war bis zum Inkrafttreten des Vertrags von Maastricht (1993) auf Zahlungen im Zusammenhang mit der Ausübung der Grundfreiheiten beschränkt.[3]

Gemessen am Volumen sind heute die meisten Finanztransaktionen solche des internationalen Kapitalverkehrs. Nur ca. 2 % des weltweiten Transaktionsvolumens von 500 Bio. US$ sind induzierte Transaktionen.[4] Die große Menge an autonomen Transaktionen ist vor allem den in den letzten Jahrn sprunghaft angestiegenen **kurzfristigen Finanztransaktionen** zu verdanken. Deutlich wird dies insbesondere im Rahmen von sog. Arbitragegeschäften, die darin bestehen, dass große Summen von Geld von einer Währung in eine andere Währung getauscht und dann innerhalb kürzester Zeit (z. T. innerhalb von wenigen Stunden) wieder zurückgetauscht werden, um minimale Kursschwankungen auszunutzen. 685

> **Beispiel:** Ein Devisenhändler kauft am Morgen für 10 Mio. € US-Dollar als der Kurs bei 0,792 € für einen US-Dollar steht. Er erhält dafür 12,62 Mio. US$. Im Laufe des Tages beginnt der Dollarkurs zunächst zu fallen, steigt dann aber wieder und liegt am Nachmittag bei 0,795 €. Verkauft der Devisenhändler bei diesem Kurs 12,62 Mio. US$, erhält er 10,03 Mio. €. Er hat also einen Gewinn von 30 000 € gemacht. Beide Transaktionen werden als getrennte Transaktionen gezählt, so dass insgesamt 20,03 Mio. € bewegt wurden.

**Spekulative Geschäfte**, die minimale Devisen- oder Kursschwankungen ausnutzen, tragen nicht unerheblich zur Volatilität der Wechselkurse und damit auch zur **Instabilität des internationalen Finanz- und Währungssystems** bei. Da sie auf keiner realwirtschaftlichen Grundlage beruhen und somit auch kaum zur Produktion von Gütern und Dienstleistungen beitragen, ist ihr volkswirtschaftlicher Nutzen begrenzt. Aus diesen Gründen mehren sich in jüngster Zeit Forderungen nach einer **Devisentransaktionssteuer** (auch Tobin Steuer, benannt nach dem Wirtschaftsnobelpreisträger *James Tobin*), mit denen kurzfristige Spekulationsgeschäfte unattraktiv würden ohne langfristige Investitionen zu beeinträchtigen.[5] Eine solche Steuer könnte zur Stabilität des internationalen Finanzsystems beitragen. 686

## 2. Struktur und Bedeutung der Zahlungsbilanz

Eine für das internationale Finanz- und Währungssystem zentrale wirtschaftswissenschaftliche Größe ist die Zahlungsbilanz (*Balance of payments*).[6] In der Zahlungsbilanz wird der **Wert aller wirtschaftlicher Transaktionen zwischen Inländern und Ausländern** abgebildet. Dazu zählen Ex- und Importe, Auslandsinvestitionen, Kapital- und 687

---

3 Dazu *Streinz*, Europarecht, 7. Aufl., 2005, Rn. 895 ff.; *Oppermann*, Europarecht, 3. Aufl., 2005, § 23.
4 *Koch*, Internationale Wirtschaftsbeziehungen, Band 2: Internationale Wirtschafts- und Finanzbeziehungen, 2. Aufl., 1998, 104.
5 Dazu *Hessler*, Neue Regulierungsmodi für neue Finanzmärkte, Die Friedens-Warte 2002, 249.
6 Dazu *Rose/Sauernheimer*, Theorie der Außenwirtschaft, 14. Aufl., 2006, 1 ff.; *Koch*, Internationale Wirtschaftsbeziehungen, Band 2: Internationale Wirtschafts- und Finanzbeziehungen, 2. Aufl., 1998, 3 ff. und *Dieckheuer*, Internationale Wirtschaftsbeziehungen, 5. Aufl., 2001, 1 ff.

Zahlungstransfers. Die Zahlungsbilanz ist für die Außenwirtschaftswissenschaft und die Wirtschaftspolitik von erheblicher praktischer Bedeutung, da sie das empirische Material für Analysen, Prognosen und die Formulierung von Politikzielen zur Verfügung stellt. In verschiedenen wirtschaftsvölkerrechtlichen Abkommen, vor allem dem IWF-Übereinkommen, aber auch im WTO-Recht (z. B. Art. XII GATT, Art. XII GATS) wird auf sie Bezug genommen.

688 Die Hauptbestandteile der Zahlungsbilanz sind die Leistungsbilanz und die Kapitalbilanz. In der **Leistungsbilanz** werden im Wesentlichen die Handelsbilanz (Saldo von Warenexporten und -importen), die Dienstleistungsbilanz (Saldo von Dienstleistungsexporten und -importen) sowie die Einkommensbilanz (Saldo von empfangenem und geleistetem Einkommen) zusammengefasst. In der **Kapitalverkehrsbilanz** werden die internationalen Finanztransaktionen zusammengefasst. Dazu zählen z. B. Direktinvestitionen, der Erwerb von Wertpapieren und der Kreditverkehr. Zinsen und Gewinne aus Investitionen werden allerdings als Einkommen und sind daher Teil der Leistungsbilanz. Schließlich gehört zur Zahlungsbilanz auch die sog. **Devisenbilanz**, in der die Veränderungen der Währungsreserven der Zentralbank festgehalten werden.

689 Die Zahlungsbilanz beruht auf dem Prinzip der **doppelten Buchführung**, d. h. für jede Transaktion wird sowohl die ursprüngliche Leistung, als auch die Gegenleistung gebucht. Bei einem Export wird also nicht nur Transfer der Ware in der Handelsbilanz notiert. Vielmehr erscheint der Wert des Kaufpreises ebenfalls in der Zahlungsbilanz. An welcher Stelle der Kaufpreis gebucht wird, hängt davon ab, wie er bezahlt wurde: Wird z. B. die Ware in einer ausländischen Währung bezahlt, führt dies zu einem Devisenzufluss, der die Devisenreserven der Zentralbank erhöht. Gewährt dagegen der Exporteur dem Importeur für den Warenkauf einen Handelskredit, ist dieser in der Kapitalverkehrsbilanz (Kreditverkehr) zu buchen. Da jede Transaktion folglich sowohl positiv als auch negativ gebucht wird, ist die **Zahlungsbilanz immer ausgeglichen**.

690 Dagegen sind unausgeglichene Teilbilanzen nicht selten. So ist z. B. das Handelsbilanzsaldo der Bundesrepublik Deutschland in den letzten Jahren grundsätzlich positiv gewesen, d. h. es besteht ein **Handelsbilanzüberschuss**, da Deutschlands Exporte seine Importe überstiegen.[7] Die Dienstleistungsbilanz war dagegen negativ, was insbesondere mit einer negativen Reiseverkehrsbilanz zusammen hängt: Deutschland importiert mehr Dienstleistungen im Tourismus (Leistungen, die deutsche Touristen im Ausland nachfragen) als es Dienstleistungen exportiert (Leistungen, die ausländische Touristen in Deutschland nachfragen). Insgesamt besteht in Deutschland ein Leistungsbilanzüberschuss. Kein eindeutiger Trend lässt sich dagegen für die Kapitalverkehrsbilanz feststellen, deren Saldo in den vergangenen Jahren teils negativ und teils positiv war.

---

7 Die folgenden Aussagen beziehen sich auf die Jahre 1990 bis 2004. Siehe *Koch*, Internationale Wirtschaftsbeziehungen, Band 2: Internationale Wirtschafts- und Finanzbeziehungen, 2. Aufl., 1998, 5 ff.; *Dieckheuer*, Internationale Wirtschaftsbeziehungen, 5. Aufl., 2001, 10 und Deutsche Bundesbank, Die Deutsche Zahlungsbilanz 2004, in: Monatsbericht März 2005, 27 ff.

Wenn ein **außenwirtschaftliches Gleichgewicht** bzw. eine ausgeglichene Zahlungsbilanz als wirtschaftspolitisches Ziel genannt wird (vgl. z. B. § 1 Stabilitätsgesetz[8]), bezieht sich dies aufgrund der formal immer ausgeglichenen Zahlungsbilanz grundsätzlich auf Teilbilanzen. Dabei zielen die Bestrebungen meist auf eine **ausgeglichene Devisenbilanz** ab, d. h. ein Staat strebt danach, dass sich die Salden der einzelnen Positionen der Leistungsbilanz und der Kapitalverkehrsbilanz ausgleichen. Einem Handelsbilanzüberschuss kann etwa durch die Reduzierung von Zöllen begegnet werden. Auf ein Handelsbilanzdefizit kann mit einer Politik reagiert werden, die sich um die Öffnung von Auslandsmärkten bemüht. So kann man z. B. die teilweise aggressive US-amerikanische Handelspolitik, die auf die Erschließung von Märkten für US-amerikanische Produzenten abzielt, auch mit dem erheblichen Handelsdefizit erklären, das die USA seit Beginn der 1980er Jahre aufweisen.

691

Gelingt es nicht, eine ausgeglichene Devisenbilanz zu erreichen, müssen die **Währungsreserven der Zentralbank angepasst** werden. Dies kann vor allem dann problematisch werden, wenn dauerhaft oder strukturell ein Devisenbilanzdefizit besteht, d. h. wenn eine Volkswirtschaft auf längere Sicht mehr Devisen benötigt, als sie einnimmt.

692

Um derartigen **Zahlungsbilanzproblemen** zu begegnen, kann die Zentralbank Kredite aufnehmen. Die Gewährung von Krediten zum Ausgleich von Zahlungsbilanzschwierigkeiten, ist eine wichtige Aufgabe des Internationalen Währungsfonds (IWF).[9]

693

> Merke: **Zahlungsbilanzprobleme** entstehen, wenn die **Devisenbilanz eines Lands dauerhaft bzw. strukturell unausgeglichen** ist.

## 3. Aspekte des Währungssystems

Der grenzüberschreitende Austausch von Waren, Dienstleistungen und Kapital erfordert regelmäßig auch den Austausch von Geld. Da Geld jedoch nur in dem Land, in dem es als gesetzliches Zahlungsmittel anerkannt ist, allgemein akzeptiert wird, sind für **internationale Wirtschaftsbeziehungen** regelmäßig **ausländische Zahlungsmittel (Devisen) erforderlich**. In diesem Zusammenhang ist entscheidend, ob und zu welchem Preis inländische und ausländische Zahlungsmittel getauscht werden können. Damit sind zwei zentrale Aspekte des Währungssystems eines Lands angesprochen: Währungskonvertibilität und Wechselkurssystem.

694

---

8 Gesetz zur Förderung der Stabilität und des Wachstums der Wirtschaft, BGBl. 1967 I, S. 582 = Sartorius I, Nr. 720.
9 Dazu unten Rn. 739 ff.

## a) Währungskonvertibilität

695 Unter der Währungskonvertibilität versteht man die grundsätzliche **Möglichkeit, eine Währung gegen eine andere auszutauschen.** Da Währungen gesetzliche Zahlungsmittel betreffen und von Staaten ausgegeben werden, kann jeder Staat grundsätzlich autonom darüber entscheiden, ob die eigene Währung frei austauschbar sein soll (freie Konvertibilität) oder ob die Austauschbarkeit eingeschränkt und staatlich gelenkt wird (Devisenbewirtschaftung).[10]

696 Von einer **vollständig frei konvertiblen Währung** wird gesprochen, wenn die Austauschbarkeit einer Währung in keiner Weise eingeschränkt ist. Inländern wie Ausländern ist es gestattet, beliebige Mengen der Währung zu halten und gegen andere Währungen auszutauschen, unabhängig davon, zu welchem Zweck die Währungen getauscht werden. Die Währungen der meisten OECD-Staaten gelten heute als vollständig frei konvertibel.

697 Zahlreiche andere Staaten gestatten nur für laufende Geschäfte, d. h. für Transaktionen innerhalb der Leistungsbilanz, eine Konvertibilität ihrer Währung (**Leistungsbilanzkonvertibilität**). In einem solchen System sind z. B. Guthaben konvertibel, mit denen eine Ware aus dem Ausland bezahlt werden soll. Dagegen wird die Konvertibilität für Kapitaltransaktionen, z. B. für den Kauf von Wertpapieren eingeschränkt. Dieser Unterschied ist auch für das internationale Währungsrecht von Bedeutung: Nach Artikel VIII Abschnitt 4 des IWF-Übereinkommens[11] müssen diejenigen Mitglieder, die sich zur Einhaltung dieser Vorschrift verpflichtet haben (Art. XIV Abschn. 1 IWF-Übereinkommen), lediglich die Konvertibilität für laufende Geschäfte gewähren. Eine Verpflichtung die Konvertibilität auch für den internationalen Kapitalverkehr zu gewähren, besteht jedoch nicht.

698 Neben einer Beschränkung der Konvertibilität auf laufende Geschäfte können Staaten auch lediglich eine **interne Konvertibilität** vorsehen, d. h. die Währung kann nur im Inland gegen ausländische Devisen getauscht werden. Schließlich kann die Konvertibilität auch auf Inländer oder Ausländer beschränkt sein.

699 Entschließt sich ein Staat zur **Devisenbewirtschaftung**, unterwirft er den Austausch von Währungen regelmäßig einem staatlichen Monopol und führt eine Ablieferungspflicht für Devisen ein. Um die vorhanden Devisen zu verteilen, werden Kontingente eingeführt. Eine staatliche Devisenbewirtschaftung ist, bzw. war, typischerweise in Staaten mit planwirtschaftlichen Systemen anzutreffen. Darüber hinaus wird staatliche Devisenbewirtschaftung auch eingesetzt, um nach wirtschaftlichen Krisen Stabilität zu erreichen. So wurde die D-Mark z. B. erst im Jahr 1958 vollständig konvertibel.

---

10 Dazu *Koch*, Internationale Wirtschaftsbeziehungen, Band 2: Internationale Wirtschafts- und Finanzbeziehungen, 2. Aufl., 1998, 39 ff.
11 Dazu unten Rn. 739.

## b) Wechselkurssystem

Neben der Frage der grundsätzlichen Austauschbarkeit von Währungen spielt der "Preis" für Devisen im Inland, d. h. der **Wechselkurs**, eine zentrale Rolle. Der Wechselkurs gibt das Austauschverhältnis zwischen zwei Währungen an. Wechselkurse verknüpfen die nationale mit der internationalen Wirtschaft („Scharnier"[12]) und ermöglichen so erst den Außenhandel.

700

Die **Höhe des Wechselkurses** beeinflusst die Attraktivität von internationalen Transaktionen. Steigt z. B. der Kurs des Euros im Verhältnis zum US-Dollar, wird der Euro auf- und der Dollar abgewertet. Europäische Produkte, die in die USA importiert werden, werden dann teurer, während US-amerikanische Exporte nach Europa billiger werden. Die Abwertung der eigenen Währung erhöht die Exportchancen, während die Aufwertung der eigenen Währung Exportchancen verringert. Der Wechselkurs ist daher für den Umfang von realen Austauschbeziehungen mitverantwortlich. Staatliche Interventionen zur Beeinflussung des Wechselkurses lassen sich somit auch als handelspolitisches Instrument zur Verbesserung der Wettbewerbsfähigkeit der einheimischen Wirtschaft nutzen.

701

Neben der Höhe des Wechselkurses ist auch die **Wechselkursstabilität** von großer Bedeutung. Zum einen ist die Wechselkursstabilität Teil der Währungsstabilität und damit der Geldwertstabilität, d. h. sie trägt zur Verhinderung einer Inflation oder einer Deflation bei. Die Stabilität der Wechselkurse ist zum anderen für den grenzüberschreitenden Handel und ausländische Investitionen wichtig, da stabile Wechselkurse die **Transparenz und Kalkulierbarkeit wirtschaftlicher Transaktionen** erhöhen und so den Umfang des internationalen Handels und der Investitionen zwischen zwei Staaten erhöhen können.

702

Höhe und Stabilität des Wechselkurses werden durch das jeweilige Wechselkurssystem bestimmt, dessen Grundlagen sich aus dem jeweiligen nationalen Recht ergeben. In der Praxis dominieren derzeit **drei unterschiedliche Modelle,** deren Grundzüge im Folgenden kurz dargestellt werden.[13]

703

- In einem völlig freien bzw. **flexiblen Wechselkurssystem** (free floating) wird der Wechselkurs durch das Marktverhalten auf den Devisenmärkten bestimmt. Welche Faktoren hierbei eine Rolle spielen, wird durch verschiedene wechselkurstheoretische Ansätze erklärt. Bislang hat sich allerdings noch keine allgemeine **Wechselkurstheorie** etablieren können. Bei vollkommener Flexibilität können die Währungen starken Wechselkursschwankungen unterworfen sein. Flexible Wechselkurse gelten derzeit vor allem in den OECD-Staaten.

704

---

12 *Koch,* Internationale Wirtschaftsbeziehungen, Band 2: Internationale Wirtschafts- und Finanzbeziehungen, 2. Aufl., 1998, 44.
13 *Dieckheuer,* Internationale Wirtschaftsbeziehungen, 5. Aufl., 2001, 247 ff.; *Koch,* Internationale Wirtschaftsbeziehungen, Band 2: Internationale Wirtschafts- und Finanzbeziehungen, 2. Aufl., 1998, 44 ff.

> **Beispiel:** Der Wechselkurs des Euro zu US-Dollar oder Schweizer Franken ist ein flexibler Wechselkurs, was sich daraus ergibt, dass die Gemeinschaft mit diesen Staaten keine Wechselkursvereinbarung nach Art. 111 Abs. 1 EGV geschlossen hat. Die Höhe des Wechselkurses wird durch den Markt bestimmt und tagesaktuell festgelegt. Dass der Wechselkurs stark schwanken kann zeigt sich im Verhältnis Euro/US-Dollar: Im Zeitraum zwischen Oktober 2000 und Dezember 2004 schwankte der Wechselkurs des Euro zwischen 0,83 US$ und 1,36 US$.

705 ▪ Eine Variante des Systems freier Wechselkurse ist das von vielen Ländern benutzte System **kontrollierter Flexibilität** (*managed floating*), mit dem negative Folgen von starken Wechselkursschwankungen abgefedert werden sollen. Auch in diesem System sind die Wechselkurse grundsätzlich flexibel, allerdings greift die Zentralbank durch die Nachfrage oder das Angebot von Devisen in das Marktgeschehen ein und versucht, den Wechselkurs stabil zu halten. Verkauft die Zentralbank ausländische Devisen und kauft sie die eigene Währung, verringert sie die Menge der auf dem Markt zur Verfügung stehenden eigenen Währung und kann so deren Preis erhöhen. Um derartige „Stützungskäufe" der eigenen Währung durchzuführen, muss die Zentralbank über ausreichende Devisenbestände verfügen. Systeme kontrollierter Flexibilität gelten teilweise noch in Industriestaaten und in Schwellen- bzw. Transformationsländern.

706 ▪ Das Gegenmodell zu flexiblen Wechselkursen sind **feste Wechselkurse**. Sie zeichnen sich dadurch aus, dass eine Währung fest an einen Gegenwert gebunden ist. Bei dem Gegenwert kann es sich eine Währung eines anderen Lands (z. B. US-Dollar oder Euro) oder um einen Währungsverbund handeln. Absolut feste Wechselkurse lassen sich in der Praxis nur schwer einhalten.

707 Die Festlegung des Wechselkurses **innerhalb einer bestimmten Bandbreite** ist daher gebräuchlicher als absolut feste Wechselkurse. Der Wechselkurs kann in diesem Fall innerhalb eines Bandes von z. B. ± 1 % schwanken. Droht der Wechselkurs diese Bandbreite zu über- bzw. unterschreiten, besteht die Pflicht der Zentralbank zu intervenieren (Interventionspunkt). Feste Wechselkurse setzen voraus, dass Angebot und Nachfrage für die einheimische und die Referenzwährung stabil sind, bzw. von den Zentralbanken der beteiligten Länder durch Stützungskäufe oder -verkäufe von Devisen stabil gehalten werden. Gelingt es nicht, den Wechselkurs durch Intervention zu halten oder entsprechen die ökonomischen Rahmenbedingungen nicht mehr den Gegebenheiten eines einmal festgelegten festen Wechselkurs, muss der Kurs verändert werden (Auf- oder Abwertung). Feste Wechselkurse gelten derzeit vor allem in Entwicklungsländern.

> **Beispiel:** Die Währung von vierzehn frankophonen Staaten Afrikas, der CFA Franc, war aufgrund einer Vereinbarung zwischen diesen Ländern und Frankreich an den französischen Franc gebunden. Nach Einführung des Euro gilt diese Bindung nun gegenüber dem Euro, wobei die notwendigen Interventionen auf europäischer Seite in die alleinige Verantwortung Frankreichs fallen.

708 Als Variante eines Modells fester Wechselkurse kann vorgesehen werden, dass die **Wechselkurse** in regelmäßigen Abständen bzw. im Rahmen eines festgelegten Umfangs **angepasst** werden. Denkbar ist aber auch, dass die Anpassungen unregelmäßig und je nach Bedarf vorgenommen werden.

Feste Wechselkurse (innerhalb einer Bandbreite) können auch zur Grundlage eines **multilateralen Währungssystems** gemacht werden. In diesem Fall werden Wechselkurse für alle beteiligten Währungen gegenüber einer Leitwährung oder einem Währungskorb, der aus mehreren Währungen festgelegt. Die Interventionspflicht gilt dann für alle beteiligten Zentralbanken.

709

> **Beispiel:** Das Europäische Währungssystem (EWS) vor Einführung des Euro war ein System fester Wechselkurse innerhalb einer Bandbreite, das sporadische Anpassungen vorsah. Die Wechselkurse der beteiligten Währungen waren innerhalb eines Bandes von ± 2,25% festgelegt und mussten von den beteiligten Zentralbanken gestützt werden. Nach verschiedenen politischen Krisen und Spekulationsangriffen auf einige der beteiligten Währungen in den Jahren 1992/1993 wurden zunächst einige Währungen auf- bzw. abgewertet. Als dies die Währungskrise nicht beendete, wurde die Bandbreite im Juli 1993 auf ± 15% ausgedehnt und damit das System fester Wechselkurse faktisch aufgegeben.

Das Risiko von Wechselkursschwankungen und von Devisenspekulation besteht grundsätzlich bei allen Systemen. Es kann vollständig nur durch eine **Einheitswährung** wie den Euro beseitigt werden. Eine Einheitswährung setzt jedoch eine hohe Homogenität der beteiligten Volkswirtschaften voraus. Sie erfordert nämlich die **Festlegung eines gemeinsamen Leitzinssatzes**, der von der Zentralbank festgelegt wird und die Konjunktur entscheidend prägt. Je heterogener die beteiligten Volkswirtschaften sind, umso schwieriger ist es, einen Leitzins festzulegen, der allen Wirtschaftsteilnehmern Vorteile verschafft. Das Funktionieren einer Einheitswährung setzt also grundsätzlich auch eine einheitliche Wirtschaftspolitik der beteiligten Staaten voraus.

710

> ▶ Lern- und Wiederholungsfragen zu § 4 I:
> 1. Wie unterscheiden sich der internationale Zahlungs- und der internationale Kapitalverkehr und warum ist diese Unterscheidung von Bedeutung?
> 2. Durch welchen Mechanismus kann ein Handelsbilanzdefizit in der Zahlungsbilanz ausgeglichen werden?
> 3. Welche Aufgabe hat die Zentralbank in einem Wechselkurssystem mit kontrollierter Flexibilität bzw. in einem Wechselkurssystem mit innerhalb einer Bandbreite festgelegten Wechselkursen?

## II. Entwicklung der internationalen Währungsordnung

*Literatur*

*Lowenfeld,* International Economic Law, 2002, Kapitel 16; *Gramlich,* Eine neue internationale „Finanzarchitektur" oder: der IMF in der Krise, AVR 2000, 399; *Eichengreen,* Globalizing Capital – The History of the International Monetary System, 1996 (deutsch: Vom Goldstandard zum Euro – Die Geschichte des internationalen Währungssystems, 2000); *Tetzlaff,* IWF und Weltbank, 1996; Hahn, Währungsrecht, 1990, § 13.

Das internationale Währungs- und Finanzrecht ist eine vergleichsweise junge Rechtsordnung: Anders als im Bereich des internationalen Handels bilden sich verbindliche internationale Rechtsregeln für den internationalen Währungs- und Finanzverkehr erst ab der Mitte des 20. Jahrhunderts heraus. Die internationale Währungsordnung ist

711

§ 4 Internationales Währungs- und Finanzrecht

ebenso wie die Kernprinzipien des Welthandelsrecht eine Reaktion auf die Erfahrungen der Weltwirtschaftskrise und des zweiten Weltkrieges.

## 1. Internationale Währungsordnung bis zur Konferenz von Bretton Woods

712 Unterschiedliche Geldeinheiten bestehen seit der Antike. Kupfer-, Silber- und Goldmünzen waren die gängigen Zahlungsmittel bis in die Neuzeit. Probleme der Konvertibilität und des Wechselkurses bestanden nicht, solange die Münzen einen **realen Metallwert** besaßen und bei Bedarf eingeschmolzen werden konnten.

713 Gegen Ende des 19. Jahrhunderts setzte sich aus verschiedenen Gründen in den wichtigsten Industriestaaten (USA, Großbritannien, Frankreich und Deutschland) der **Goldstandard** gegenüber einem auf Silber- und Goldmünzen bestehenden System (Bimetallismus) durch. Die gesamte in Umlauf befindliche Geldmenge einer Währung wurde durch ihren Goldwert abgesichert. Für Papiergeld und Münzen, die nicht aus Gold bestanden, hielt die Zentralbank den Gegenwert in Gold bereit, so dass die Währung jederzeit in Gold umgetauscht werden konnte. Der Goldstandard führt zu weitgehend festen Wechselkursen, die den internationalen Handel erheblich erleichterten.

714 Der Goldstandard als Grundlage des internationalen Währungssystems beruhte auf dem Konsens der betroffenen Regierungen. Zum Ausgleich von Zahlungsbilanzdefiziten konnten sich die Zentralbanken untereinander Gold leihen. Eine **völkerrechtliche Grundlage hierfür gab es nicht**. Die internationale Solidarität und der Konsens der Regierungen endete mit dem Ausbruch des zweiten Weltkrieges, so dass auch der Goldstandard mit Kriegsbeginn zusammenbrach.

715 In der Zeit nach dem ersten Weltkrieg blieb von den wichtigen Währungen zunächst nur der US-Dollar an den Goldwert gebunden. Andere Währungen waren dagegen nicht fixiert. Angesichts der **Wirtschafts- und Währungskrisen** in den späten 1920er und 1930er Jahren versuchten viele Regierungen durch währungs- und handelspolitische Maßnahmen einseitige Vorteile auf Kosten anderer Länder zu erzielen (**„Beggar-thy-neighbour"-Politik**). Es kam z. B. zu Abwertungswettläufen, d. h. Länder werteten ihre Währungen wiederholt ab, um so Vorteile für die eigene Exportwirtschaft zu erlangen. Außerdem verfolgten viele Länder protektionistische Politiken in Form von Importbeschränkungen. Diese Politiken und ihre Auswirkungen wurden als mitursächlich für den Faschismus und zweiten Weltkrieg angesehen.[14]

716 Den Architekten der **internationalen Wirtschafts- und Währungsordnung der Nachkriegszeit** standen sowohl die Wirtschafts- und Währungskrisen der Zwischenkriegszeit als auch die Periode relativer wirtschaftlicher Stabilität und Prosperität vor dem ersten Weltkrieg vor Augen. Die internationale Währungsordnung sollte Teil einer umfassenden Friedens- und Stabilitätsordnung sein, zu der auch die Neugestaltung der

---

14 Dazu auch § 2 Rn. 172.

Welthandelsordnung gehören sollte.¹⁵ Anders als für die Welthandelsordnung begannen die Überlegungen allerdings bereits während des Krieges. Treibende Kräfte waren das US-amerikanische und das britische Finanzministerium.

Auf Initiative der USA und Großbritanniens fand im Juli 1944 in **Bretton Woods,** New Hampshire (USA) die „United Nations Monetary and Financial Conference" statt, an der 44 Staaten teilnahmen. Den Verhandlungen lagen zwei unterschiedliche Vorschläge der USA *(Harry Dexter White)* und Großbritanniens *(John Maynard Keynes)* zu Grunde. Zwar sahen beide eine internationale Organisation zur Bewältigung von Zahlungsbilanzkrisen vor, unterschieden sich jedoch bezüglich der Aufgaben und Kompetenzen dieser Institution. Unterschiede bestanden auch in der Frage, ob die Bewältigung von Zahlungsbilanzdefiziten in erster Linie Aufgabe der Defizitländer sein sollte (so der Vorschlag der USA) oder ob auch die Überschussländer mit in die Verantwortung genommen werden sollten (so der Vorschlag von Keynes). Im Ergebnis setzten sich die USA überwiegend durch. Die teilnehmenden Entwicklungsländer waren vor allem daran interessiert, dass die geplante internationale Bank nicht nur für den Wiederaufbau kriegsbedingter Zerstörungen zuständig sein sollte, sondern auch für Entwicklungsfinanzierung.

717

Durch die Abkommen von Bretton Woods vom 22. Juli 1944 wurden zwei Organisationen gegründet: der **Internationale Währungsfonds, IWF** (International Monetary Fund, IMF) und die Internationale Bank für Wiederaufbau und Entwicklung (International Bank für Reconstruction and Development), die kurz auch als **Weltbank** bezeichnet wird.¹⁶ Beide Abkommen traten am 27. 12. 1945 in Kraft. Die Weltbank nahm 1946, der IWF 1947 die Geschäftstätigkeit auf.

718

## 2. Das Bretton-Woods System (1945 bis 1976)

### a) Feste Wechselkurse und Währungskonvertibilität

**Hauptziele** des auf der Konferenz von Bretton Woods gegründeten Internationalen Währungsfonds waren die Förderung der internationalen währungspolitischen Zusammenarbeit, der Währungsstabilität und von geordneten Währungsbeziehungen sowie die Verringerung von Ungleichgewichten in den Zahlungsbilanzen der Mitglieder.¹⁷ Ein wichtiges **Mittel** zur Verwirklichung dieses Ziels ist die grundsätzliche Möglichkeit des IWF, seinen Mitgliedern Kredite für die Bewältigung von Zahlungsbilanzschwierigkeiten zu gewähren.

719

Diese Ziele und die Möglichkeit der Kreditvergabe durch den IWF bestehen auch heute noch.¹⁸ Dagegen unterscheidet sich das **Wechselkurssystem** der in Bretton Woods

720

---

15 Dazu § 2 Rn. 173.
16 Zur Weltbank siehe § 5 Rn. 873 ff.
17 Dazu oben Rn. 690 ff.
18 Dazu unten Rn. 765 ff.

geschaffenen internationalen Währungsordnung erheblich von der gegenwärtigen Währungsordnung. In Literatur und Praxis wird das ursprüngliche Wechselkurssystem zumeist als „Bretton Woods-System" bezeichnet. Weltbank und IWF werden dagegen auch weiterhin „Bretton Woods-Organisationen" genannt.

721 In seiner ursprünglichen Form sah das IWF-Übereinkommen im Wesentlichen feste Wechselkurse und eine freie Währungskonvertibilität vor. Eine Schlüsselrolle nahm der US-Dollar als Leitwährung ein. Das Währungssystem von Bretton Woods beruhte auf folgenden zentralen Elementen:

- **Goldwertparität des US-Dollars**: Der US-Dollar wurde als Leitwährung festgelegt und an den Goldwert gebunden. Eine Feinunze Gold entsprach dem Wert von 35 US$. Gleichzeitig verpflichtete sich die US-Zentralbank gegenüber ausländischen Zentralbanken US-Dollar jederzeit zu diesem Kurs zu kaufen und zu verkaufen. Damit musste zwar nicht der gesamte im Umlauf befindliche Bestand an US-Dollar einen Goldgegenwert haben. Durch das Versprechen, jederzeit Dollar gegen Gold zu tauschen, bekam der Dollar jedoch einen Wert, der dem Goldwert faktisch entsprach. Tatsächlich war der US-Dollar 1944 jedoch „nur" zu 25 % von den Goldbeständen der USA gedeckt.
- **Dollarparität der übrigen Währungen**: Die anderen Mitglieder des IWF legten für ihre Währungen eine Dollarparität, also einen festen Wechselkurs gegenüber dem US-Dollar, fest. Die Dollarparität der anderen Währungen unterlag einer gewissen Flexibilität. So waren Kursschwankungen innerhalb eines Bandes von 1 % zulässig. Um den Kurs in diesem festgelegten Band zu halten, waren die Zentralbanken der IWF-Mitglieder verpflichtet, im Bedarfsfall auf den Devisenmärkten zu intervenieren. Dies geschah typischerweise entweder durch den Ankauf der eigenen Währung mit US-Dollar oder den Verkauf der eigenen Währung gegen US-Dollar. Um dieser Verpflichtungen nachzukommen, mussten die Zentralbanken über eine hinreichende Summe an US-Dollar verfügen, was dazu führte, dass die Nachfrage nach US-Dollar wuchs.
- **Paritätsanpassungen im Ausnahmefall**: Das IWF-Übereinkommen sah vor, dass die einmal festgelegten Wechselkurse im Falle „fundamentaler Zahlungsbilanzungleichgewichte" angepasst werden konnten. Allerdings musste zuvor der IWF konsultiert werden, der Anpassungen ablehnen konnte, wenn ein fundamentales Ungleichgewicht nach seiner Meinung nicht vorlag.
- **Freie Währungskonvertibilität**: Die beteiligten Währungen mussten grundsätzlich frei konvertibel sein. Allerdings bezog sich die Verpflichtung zur Konvertibilität nur auf den laufenden Zahlungsverkehr. Dagegen bestanden in vielen Staaten, z. B. auch der Bundesrepublik Deutschland, Kapitalverkehrsbeschränkungen.

> Merke: Das **ursprüngliche „Bretton Woods-System"** beruhte auf **festen Wechselkursen** und **Währungskonvertibilität für den internationalen Zahlungsverkehr**.

722 Für das ursprüngliche Bretton Woods-System war somit die **politischen Steuerung** des Wechselkurses und des Kapitalverkehrs unter internationaler Aufsicht bzw. im Rahmen einer **internationalen Kooperation** prägend. Damit wurde sowohl unilatera-

len Währungs- und finanzpolitischen Maßnahmen, wie einseitigen Abwertungen, als auch dem völlig freien Spiel der Marktkräfte eine Absage erteilt. Das Bretton Woods-System schuf die Voraussetzungen für ein **stabiles Weltwährungssystem** und trug auf diese Weise maßgeblich zum Wiederaufbau der internationalen Wirtschaftsbeziehungen nach dem zweiten Weltkrieg bei.

### b) Niedergang des Bretton Woods-Systems und Liberalisierung der Finanzbeziehungen

Die Funktionsfähigkeit des ursprünglichen Bretton Woods-Systems beruhte darauf, dass die **USA und der US-Dollar als Garanten des Systems zur** Verfügung standen, was angesichts der Wirtschaftskraft der USA im Verhältnis zu den meisten anderen Staaten unmittelbar nach dem zweiten Weltkrieg auch realistisch war. Die wirtschaftliche und politische Position der USA änderte sich jedoch im Laufe der kommenden Jahre. Dadurch gerieten die Prämissen des Systems ins Wanken und riefen eine Krise hervor, die letztlich zur Abschaffung des Systems fester Wechselkurse führte. Der Niedergang des ursprünglichen Systems vollzog sich in folgenden Schritten: 723

- Gegen Ende der 1960er Jahre wuchs der **Druck auf den US-Dollar** und die Kosten der US-Notenbank, ihn zu stützen, wurden immer größer. Die Gründe hierfür waren wirtschaftlicher und politischer Natur: Das Leistungsbilanzdefizit der USA war u. a. durch den Anstieg japanischer Importe enorm angewachsen. Hinzu kamen die Kosten des Vietnam-Krieges und das große Ausmaß US-amerikanischer Auslandsinvestitionen. Außerdem war der Goldbestand der US-Notenbank seit Gründung des IWF deutlich zurückgegangen.
- Als erste Reaktion wurden 1969 **Sonderziehungsrechte** als eine künstliche Ersatzwährung eingeführt[19], mit der die Zentralbanken ihren Interventionspflichten ebenso nachkommen konnten, wie mit US-Dollar. Dadurch sollte der US-Dollar als Hauptwährung für Devisenreserven entlastet werden. Allerdings konnte dies den Druck auf den US-Dollar auch nicht spürbar mindern. Im August 1971 **kündigten die USA die Goldparität** des US-Dollars einseitig und beschlossen, sich an Interventionen zur Stabilität der Wechselkurse nicht mehr zu beteiligen.
- Als Reaktion hierauf einigten sich die Mitglieder des IWF auf eine Änderung des Systems („**Smithonian Agreement**"). Diese Änderung sah die Wiedereinführung der Goldparität des Dollars zu einem neu festgesetzten Wert und eine Anpassung der übrigen Wechselkurse durch eine **Aufwertung der anderen Währungen** gegenüber dem US-Dollar vor. Zudem wurde die **Bandbreite** für Kursschwankungen auf ± 2,25 % **erweitert**.
- Die Kursänderungen durch das Smithonian Agreement hielten knapp ein Jahr. Nach erneuten Versuchen der Wechselkursanpassungen wurde das **System der festen Wechselkurse** im Sommer 1973 **faktisch aufgegeben**. Angesichts des steigenden Ölpreises und der sich abzeichnenden Wirtschaftskrisen in verschiedenen Ländern, bestand kein politischer Konsens mehr, ein System fester Wechselkurse wiederherzustellen.

---

19 Zu Sonderziehungsrechten siehe unten Rn. 744 f.

- Das **IWF-Übereinkommen** wurde schließlich 1976 an die veränderten politischen und wirtschaftlichen Rahmenbedingungen **angepasst**, indem das System fester Wechselkurse auch rechtlich abgeschafft wurde. Die Veränderungen bezogen sich auf verschiedene Artikel des Übereinkommens. Im Mittelpunkt stand eine völlige **Neuformulierung von Art. IV des Übereinkommens**, der die grundlegenden Pflichten der IWF-Mitglieder bezüglich Wechselkursregelungen betrifft.[20] Die Revision des IWF-Übereinkommens trat 1978 in Kraft.

724 Parallel zur Aufgabe der festen Wechselkurse wurden ab 1971 in den meisten OECD-Staaten **Devisenbeschränkungen sukzessive abgeschafft**. Heute bestehen in den Industriestaaten, aber auch in vielen Entwicklungs- und Transformationsländern nur noch wenige Beschränkungen des Devisenaustauschs.

725 Nach der Aufgabe fester Wechselkurse und der Abschaffung von Devisenbestimmungen beruhte das internationale Währungs- und Finanzsystem ab Anfang der 1980er Jahre auf einer weitgehenden **Liberalisierung des Zahlungs- und Kapitalverkehrs** und der freien Wechselkurse. Das Weltwährungssystem wird gegenwärtig **weniger politisch** und **stärker durch ökonomische Mechanismen gesteuert** als dies im alten Bretton Woods-System der Fall war.

726 Diese Veränderungen des Weltwährungssystems führten auch zu einem Wandel der Aufgaben und des Selbstverständnisses des IWF: Während der IWF im alten Bretton Woods-System in erster Linie für die Absicherung der festen Wechselkurse verantwortlich war, spielte er ab Mitte der 1980er Jahre vor allem im **Management der internationalen Verschuldenskrise**[21] eine Rolle und trat neben die Weltbank als Geber von allgemeinen Krediten an Entwicklungsländer. Hinzu trat vermehrt die Politikberatung und -überwachung im Rahmen der Konditionalität dieser Kredite.[22]

### 3. Probleme und Herausforderungen des gegenwärtigen Systems

#### a) Währungs- und Finanzkrisen

727 Die Liberalisierung des Kapital- und Devisenverkehrs, die Aufgabe fester Wechselkurse und die dramatische Ausweitung des internationalen Finanzverkehrs vor allem bezüglich kurzfristiger und spekulativer Investitionen[23], hat das Risiko von **starken Wechselkursschwankungen und Währungskrisen deutlich** erhöht. Dies wurde insbesondere in der mexikanischen Währungskrise 1994–1995 (sog. Tequila-Krise) und in der Asienkrise 1997–1998 deutlich.[24]

---

20 Dazu unten Rn. 791 ff.
21 Dazu § 5 Rn. 882 ff.
22 Dazu unten Rn. 780.
23 Dazu oben Rn. 685 f.
24 Zum Folgenden *Lowenfeld*, International Economic Law, 2002, 585–596. Speziell zur Asienkrise *Dieter*, Die Asienkrise – Ursachen, Konsequenzen und die Rolle des Internationalen Währungsfonds, 1999.

Trotz einer guten makroökonomischen Situation in den frühen 1990er Jahren, wertete die mexikanische Regierung Ende 1994 nach einer Reihe von innen- und außenpolitischen Krisen den mexikanischen Peso, der innerhalb eines engen Bandes an den US-Dollar gebunden war[25], ab. Die folgende Vertrauenskrise des mexikanischen Peso und Währungsspekulationen führten dazu, dass die Zentralbank die Wechselkursbindung nicht mehr aufrecht halten konnte und der **Peso innerhalb von wenigen Wochen die Hälfte seines Werts** verlor. Das Wirtschaftswachstum ging in der Folge um 7 % zurück und die Lebenshaltungskosten stiegen überproportional stärker als Löhne und Gehälter.

728

Durch die dramatische Abwertung des Peso hätte Mexiko außerdem einen Großteil seiner kurzfristigen in US-Dollar notierten Auslandsschulden nicht mehr bedienen können. Da die Folgen eines mexikanischen Zahlungsmoratoriums vor allem für zahlreiche US-amerikanische Geschäftsbanken fatal gewesen wären, stellte die internationale Gemeinschaft unter Führung der USA und des IWF Mexiko einen **Rekordkredit** in Höhe von knapp **50 Mrd. US-Dollar** zur Verfügung. Als Bedingung musste Mexiko jedoch weitreichenden Einschränkungen der Verwendung der Einnahmen aus seinen Erdölexporten zustimmen.

729

Die **südostasiatischen Märkte** („emerging markets") galten in den 1990er Jahren als attraktive Anlagemöglichkeit für ausländische Investitionen, wobei kurzfristige Kapitalanlagen (Portfolio-Investitionen[26]) im Vordergrund standen. Ab Mitte 1997 setzte jedoch ein **Kapitalabzug** ein, der wiederum gepaart mit Währungsspekulationen zu einer Aufgabe der Bindung der Währungen an den US-Dollar in Thailand, Philippinen, Malaysia und Indonesien führte. Ähnlich wie im Falle Mexikos verloren die Währungen innerhalb kurzer Zeit drastisch an Wert, was auch zu einem Rückgang des Volkseinkommens und der Zunahme der Armut in den jeweiligen Ländern führte.

730

Auch auf die Asien-Krise reagierte der IWF mit **Sonderkrediten in Milliardenhöhe**, verlangte von den betroffenen Ländern jedoch die Einhaltung strikter Sparkurse sowie eine Reihe von strukturellen Reformen der Wirtschafts- und Finanzpolitik bis hin zu konkreten Vorgaben für die Sozial-, Arbeitsmarkt- und Gesundheitspolitik. Da Malaysia hiermit nicht einverstanden war, verzichtete es auf den IWF-Kredit und bemühte sich um eine eigenständige Bewältigung der Krise.

731

Obwohl die Ursachen und Hintergründe der Krisen vielschichtig sind, zeigen sie deutlich die **Folgen der Liberalisierung des internationalen Finanzverkehrs** und der **Freigabe von Wechselkursen**: Der Wert einer Währung kann – vor allem nach Spekulationsangriffen – innerhalb von wenigen Wochen verfallen, was weitreichende Auswirkungen auf die Binnenwirtschaft und das Volkseinkommen hat. Das „Krisenmanagement" der genannten Währungskrisen macht die **Veränderung der Rolle des IWF** deutlich: Unter maßgeblicher Beteiligung des IWF wurden den Staaten jeweils Sonderkredite eingeräumt und den Empfängerländern konkrete Vorgaben für wirtschaftspoli-

732

---

25  Zum System fester Wechselkurse siehe oben Rn. 706 f.
26  Dazu § 3 Rn. 532.

tische Reformen gemacht. Damit ging eine erhebliche **Ausweitung des Mandats des IWF** einher.[27]

733 Allerdings hatte sich auch gezeigt, dass der IWF nicht in der Lage war, die Krisen zu verhindern oder sogar vorherzusagen. Vielmehr konnte er jeweils erst nach dem die Krisen ihren Höhepunkt bereits erreicht hatten mit Kreditzusagen reagieren. Die jüngsten Währungskrisen haben insofern auch deutlich gemacht, dass der **IWF die Stabilität** des internationalen Währungs- und Finanzsystems **nicht mehr sicher stellen** kann.

### b) Eine „neue internationale Finanzarchitektur"?

734 Nicht zuletzt weil der IWF die Währungs- und Finanzkrisen der 1990er Jahre nicht verhindern konnte, haben in jüngerer Zeit **weitere Akteure der internationalen Finanzbeziehungen** an Bedeutung gewonnen.[28]

735 Zu nennen ist vor allem die finanz- und währungspolitische Zusammenarbeit der sog. **„G8"-Staaten** (USA, Kanada, Großbritannien, Frankreich, Italien, Deutschland, Japan und Russland).[29] Der zunächst ohne Russland erfolgte Zusammenschluss der wirtschaftlich wichtigsten Industrieländer (G7) geht auf eine deutsch-französische Initiative aus dem Jahr 1975 zurück. Es handelt sich – trotz einer institutionellen Verfestigung und Verstetigung – um eine **rechtlich unverbindliche Zusammenarbeit**, die neben finanz- und währungspolitischen Aspekten auch wirtschaftspolitische Fragen umfasst. Obwohl ihr eine verbindliche rechtliche Struktur fehlt, können die Beschlüsse der G7/G8 von großer praktischer Relevanz sein. Im Rahmen der G8 vereinbarte Maßnahmen können aufgrund des großen Einflusses der Staaten **in IWF und Weltbank effektiv umgesetzt** werden. So ging z. B. das Aktionsprogramm des IWF, das eine Reaktion auf die Asienkrise war, maßgeblich auf eine Initiative der G7 zurück.

736 Auch das 1999 ins Leben gerufene **Forum für Finanzstabilität** (*Financial Stability Forum*) geht auf einen Bericht, den die G7 in Auftrag gab, zurück.[30] Das Forum für Finanzstabilität soll Probleme und Schwachpunkte des internationalen Finanzsystems aufdecken, entsprechende Maßnahmen, insbesondere Standards für das internationale Finanzwesen, vorschlagen und deren Umsetzung verfolgen und als Forum für Koordination und Austausch dienen. Dem Forum gehören die Finanzministerien, Zentralbanken und Finanzaufsichtsbehörden der G8 und weiterer Staaten (Australien, Singapur, Niederlande und Hong Kong), Vertreter von internationalen Finanzinstitutionen (IWF, Weltbank, OECD und Bank für internationalen Zahlungsausgleich, BIZ[31]) und verschiedenen internationalen Regulierungsinstitutionen an.

---

27 Dazu auch unten Rn. 768, 789.
28 Dazu Deutsche Bundesbank, Weltweite Organisationen und Gremien im Bereich von Währung und Wirtschaft, 2003, 216–237, im Internet unter: http://www.bundesbank.de.
29 Dazu *Gramlich,* Eine neue internationale „Finanzarchitektur" oder: der IMF in der Krise, AVR 2000, 414 ff., 425 ff.
30 Dazu *Gramlich,* Eine neue internationale „Finanzarchitektur" oder: der IMF in der Krise, AVR 2000, 433 ff. Weitere Informationen unter http://www.fsforum.org/.
31 Dazu unten Rn. 807 ff.

II. Entwicklung der internationalen Währungsordnung    233

Neben den genannten Formen bestehen **weitere informelle Zusammenschlüsse** verschiedener Staaten, z. T. auch unter Einbeziehung wichtiger Entwicklungsländer, mit deren Hilfe die beteiligten Staaten versuchen, Währungskrisen und Instabilität auf den internationalen Finanzmärkten zu vermeiden. Ob und wie dies gelingt, kann nicht Gegenstand eines völkerrechtlichen Lehrbuchs sein. Aus völkerrechtlicher Sicht ist jedoch bemerkenswert, dass sich die Elemente einer möglicherweise entstehenden „neuen internationalen Finanzarchitektur" **nicht in den Bahnen traditioneller völkerrechtlicher Organisationsformen** bewegen, sondern auf deutlich flexibleren und unverbindlicheren Mechanismen und Verfahren beruhen. Diese Form der Steuerung des internationalen Währungs- und Finanzsystems ist insofern ein gutes Beispiel für die mit dem Stichwort „Global Econmic Governance" beschriebenen neuen Formen des Regierens in den internationalen Wirtschaftsbeziehungen.[32] Ob durch diese neuen Formen ein Zugewinn an Effizienz zu verzeichnen ist, kann noch nicht endgültig beurteilt werden. Immerhin zeigt die Einbeziehung von IWF und Weltbank in die neue Architektur, dass jedenfalls nicht vollständig auf institutionalisierte Formen der Kooperation verzichtet werden kann.

737

Zu berücksichtigen ist auch das **Legitimationsproblem** dieser neuen Kooperationsformen: Während die in diesem Rahmen getroffenen Entscheidungen Auswirkungen auf das gesamte internationale Währungs- und Finanzsystem haben, sind an ihrem Zustandekommen nur wenige Staaten beteiligt, die sich im Wesentlichen selbst dazu ermächtigt haben, diese Entscheidungen zu treffen. Aus diesem Grund wird zunehmend gefordert, dass auch die **Zusammensetzung informeller Zusammenschlüsse repräsentativ** sein muss. So wurde vorgeschlagen, die G8-Struktur um weitere Staaten insbesondere wirtschaftlich bedeutende Entwicklungsländer zu einer G20 auszuweiten.[33] Ob die Legitimationsfrage damit hinreichend beantwortet wäre, ist allerdings fraglich.

738

▶ **Lern- und Wiederholungsfragen zu § 4 II:**
1. Was versteht man unter dem Goldstandard?
2. Welche Erfahrungen der Zeit vor dem ersten Weltkrieg und der Zwischenkriegszeit beeinflussten die Schaffung des internationalen Währungssystems auf der Konferenz von Bretton Woods 1944?
3. 1976 wurde das internationale Währungssystem grundlegend verändert. Skizzieren Sie die wesentlichen Aspekte dieser Veränderung.
4. Welche Zusammenhänge bestehen zwischen der Liberalisierung des Währungs- und Finanzsystems und den Krisen in Mexiko (1994–1995) und Südost-Asien (1997–1998)?

---

32  Zu Global Economic Governance § 1 Rn. 129 ff.
33  Siehe z. B. *Bradford/Linn*, Ist die G-8 noch zeitgemäß? Internationale Politik 2004, Heft 7, 90.

## III. Der Internationale Währungsfonds (IWF)

Literatur: *Herdegen,* Internationales Wirtschaftsrecht, 5. Aufl., 2005, §§ 22, 24, Rn. 1–7; Deutsche Bundesbank, Weltweite Organisationen und Gremien im Bereich von Währung und Wirtschaft, 2003, 14–76, im Internet unter: http://www.bundesbank.de; *Lowenfeld,* International Economic Law, 2002, Kapitel 16–18; *Kempen,* Die Zukunft des Internationalen Währungsfonds, ZEuS 2000, 13; *Gramlich,* Eine neue internationale „Finanzarchitektur" oder: der IMF in der Krise, AVR 2000, 399; *Lucke,* Internationaler Währungsfonds, 1997; *Steinhauer,* Die Auslegung, Kontrolle und Durchsetzung mitgliedstaatlicher Pflichten im Recht des Internationalen Währungsfonds und der Europäischen Gemeinschaft, 1997; *Tetzlaff,* IWF und Weltbank, 1996.

### 1. Institutionelle Grundlagen

739 Der Internationale Währungsfonds (IWF; englisch: International Monetary Fund, IMF) wurde auf der **Konferenz von Bretton Woods**, die vom 1. bis 22. Juli 1944 statt fand, gegründet. Das IWF-Übereinkommen *(Articles of Agreement)* trat am 27.12.1945 in Kraft.[34] Die Bundesrepublik Deutschland wurde 1952 Mitglied des IWF.

#### a) Rechtsstellung

740 Der IWF ist eine **internationale Organisation**. Die **Völkerrechtssubjektivität** des IWF ergibt sich nach einer Auffassung explizit aus Art. IX Abschnitt 2 des IWF-Übereinkommens („Der Fonds besitzt volle Rechtspersönlichkeit"). Daneben wird vertreten, dass die Völkerrechtssubjektivität des IWF – ähnlich wie die der Vereinten Nationen – implizit aus den Funktionen und Aufgaben des IWF hergeleitet werden muss, weil sich Art. IX Abschnitt 2 nur auf die Rechtsfähigkeit im innerstaatlichen Recht bezieht.[35] Da die Völkerrechtssubjektivität des IWF in Wissenschaft und Praxis jedoch nicht in Frage gestellt wird, ist der Streit von keinem praktischen Interesse. Der Sitz des IWF ist in Washington, D.C.

741 Der IWF ist eine **Sonderorganisation der Vereinten Nationen** und hat ein Übereinkommen gem. Art. 57, 63 UN-Charta mit dem Wirtschafts- und Sozialrat der Vereinten Nationen (ECOSOC) abgeschlossen.[36] Er ist damit zwar Teil des UN-Systems und koordiniert seine Aktivitäten mit den UN-Organen und anderen Organisationen. Die UNO übt allerdings keine Aufsicht oder Kontrolle über den IWF aus und kann ihm auch keine Vorgaben für seine Politik machen.

742 Der IWF hat heute 184 **Mitglieder** (Stand: Mai 2006) und ist damit eine nahezu universelle Organisation. Alle 25 Mitgliedstaaten der EG, **nicht aber die EG selbst**, sind

---

34 BGBl. 1952 II, S. 638. Neufassung vom 30. 4. 1976, BGBl. 1978 II, S. 13 = Sartorius II, Nr. 44. Im Internet unter http://www.admin.ch/ch/d/sr/i9/0.979.1.de.pdf (Systematische Sammlung des Schweizer Bundesrechts).
35 *Lucke,* Internationaler Währungsfonds, 1997, 59 ff. Zur Völkerrechtssubjektivität internationaler Organisationen allgemein § 1 Rn. 53 ff.
36 *Ipsen-Epping,* Völkerrecht, 5. Aufl., 2004, § 32, Rn. 84 ff.; *Klein,* in: Graf Vitzthum (Hrsg.), Völkerrecht, 3. Aufl., 2004, 4. Abschnitt, Rn. 226 ff.

Mitglieder des IWF. Zwar besteht in Art. 111 Abs. 3 EGV eine gemeinschaftsrechtliche Kompetenzgrundlage für währungs- und devisenpolitische Abkommen zwischen der EG und internationalen Organisationen, nach Art. II Abschnitt 2 IWF-Übereinkommen können jedoch nur Staaten Mitglied im IWF werden. Eine Art. XI:1 WTO-Übereinkommen entsprechende Vorschrift, die eine Mitgliedschaft der EG ermöglicht, fehlt im IWF-Übereinkommen.[37]

### b) Bedeutung von Quoten und Sonderziehungsrechten

Für die Bestimmung der Rechte und Pflichten der Mitglieder des IWF ist die **Zuteilung von Quoten**, die in Sonderziehungsrechten ausgedrückt werden, von zentraler Bedeutung (Art. III IWF-Übereinkommen). Die Höhe der Einzahlungspflicht, der Umfang bestimmter Kreditansprüche[38] und vor allem die Stimmgewichtung in den Organen richten sich maßgeblich nach der Quote.[39]

743

Ein **Sonderziehungsrecht** (SZR: englisch: Special Drawing Right, SDR) ist eine **künstliche Währungseinheit**. Es besteht aus einem Währungskorb, der sich aus den Währungen der vier IWF-Mitglieder mit dem größten Waren- und Dienstleistungsexportvolumen zusammensetzt: Es handelt sich um US-Dollar, Euro, Yen und Pfund Sterling. Der Anteil der einzelnen Währungen an einem SZR wird durch die Stärke und Bedeutung der einzelnen Währungen für das internationale Handels- und Finanzsystem festgelegt und periodisch überprüft. Seit der letzten Anpassung im Jahr 2005 setzt sich ein SZR derzeit aus 44 % US-Dollar, 34 % Euro, 11 % Yen und 11 % Pfund Sterling zusammen. Aufgrund seiner Zusammensetzung schwankt der Gegenwert eines SZR in dem gleichen Umfang wie die Währungen, aus denen er sich zusammensetzt. Im Juni 2006 entsprach ein SZR ca. 1,49 US$.

744

Ursprünglich sollten SZR die **Leitwährung US-Dollar und Gold** als Reserven für internationale Devisen ergänzen.[40] SZR bilden damit einen Teil der Währungsreserven eines Staats. Durch die Aufgabe fester Wechselkurse ist diese Funktion zurückgedrängt. Die Hauptfunktion des SZR besteht heute darin, dass es sich um eine **Rechnungseinheit** für die Rechte und Pflichten der IWF-Mitglieder handelt, vor allem Beteiligungsrechte und Kreditziehungsrechte.

745

Gesamthöhe und Verteilung der Quoten werden aufgrund **allgemeiner volkswirtschaftlicher Daten** festgelegt. Nach der letzten Erhöhung im Jahr 1998 beträgt die Gesamtheit aller Quoten ca. 213,5 Mrd. SZR. Alle fünf Jahre werden sie durch den Gouverneursrat überprüft und ggf. verändert (Art. III Abschn. 2 lit. a) IWF-Übereinkommen). Für eine Quotenänderung sind 85 % der Stimmen erforderlich (Art. III Abschn. 2 lit. c) IWF-Übereinkommen). Die letzte Überprüfung der Quoten fand 2003 statt, bei der aber keine Änderungen beschlossen wurden. Derzeit haben die USA mit ca. 37,1 Mrd.

746

---
37 Dazu § 2 Rn. 217.
38 Dazu unten Rn. 773.
39 Dazu unten Rn. 751 ff.
40 Dazu oben Rn. 723.

SZR die höchste Quote. Die Bundesrepublik Deutschland verfügt über eine Quote von ca. 13 Mrd. SZR und damit nach Japan (ca. 13,3 Mrd. SZR) über die drittgrößte Quote der IWF-Mitglieder. Der Inselstaat Palau hat die kleinste Quote (3,1 Mio. SZR).

> **Merke:** Die **nach wirtschaftlichen Daten festgelegte Quote** der Mitglieder des IWF bestimmt den **Umfang der Rechte und Pflichten der IWF-Mitglieder.**

747 Die IWF-Mitglieder sind verpflichtet, eine **Einzahlung** an den IWF **in Höhe ihrer Quote** zu leisten (Art. III Abschn. 1 IWF-Übereinkommen). 25 % der Quote müssen in SZR oder in einer allgemein akzeptierten Währung (Dollar, Euro, Yen, Pfund, etc.) gezahlt werden; 75 % können in Landswährung gezahlt werden.

### c) Organe und Entscheidungsfindung

748 Nach Art. XII Abschnitt 1 IWF-Übereinkommen verfügt der IWF über **drei Hauptorgane**: Gouverneursrat, Exekutivdirektorium und Geschäftsführenden Direktor einschließlich des Personals des IWF. Das IWF-Übereinkommen sieht auch die Möglichkeit der Errichtung eines Rates auf Ministerebene vor (Art. XII Abschn. 1 IWF-Übereinkommen). Hiervon haben die IWF-Mitglieder jedoch keinen Gebrauch gemacht. Ein Streitbeilegungsmechanismus, wie ihn das WTO-Recht kennt, fehlt im IWF-Recht.

**Gouverneursrat (Art. XII Abschn. 2 IWF-Übereinkommen)**

749 Der Gouverneursrat ist **das höchste Entscheidungsorgan** des IWF. Ihm stehen alle Befugnisse aus dem IWF-Übereinkommen zu, die nicht einem der beiden anderen Organe zugewiesen sind. Der Gouverneursrat kann seine Befugnisse auf das Exekutivdirektorium übertragen, wenn die Befugnisse nicht ausdrücklich dem Gouverneursrat vorbehalten sind.

750 Der Gouverneursrat tagt grundsätzlich einmal jährlich. Er setzt sich aus **je einem Gouverneur und einem Stellvertreter pro Mitgliedstaat** zusammen. In der Regel handelt es sich um den Präsidenten der Noten- bzw. Nationalbank und/oder den Finanzminister. Deutschland wird durch den Bundesbankpräsidenten als Gouverneur und den Bundesfinanzminister als Stellvertreter repräsentiert.

751 Die **Entscheidungsfindung** im Gouverneursrat (und im Exekutivdirektorium) unterscheidet sich erheblich von der Entscheidungsfindung in anderen internationalen Organisationen. Im IWF (ebenso wie in der Weltbank) gilt nicht das Prinzip „one country, one vote". Vielmehr sind die **Stimmen entsprechend der Quoten gewichtet.**[41] Dadurch erhalten die Industriestaaten ein deutliches Stimmübergewicht. Die fünf Mitglieder mit den größten Quoten verfügen zusammen über mehr als ein Drittel aller Stimmen (USA: 17,08 %, Japan 6,13 %, Deutschland 5,99 %, Großbritannien und Frankreich je 4,95 % der Stimmen). Die Stimmgewichtung der Entwicklungsländer ist

---

41 Eine vollständige Liste der Quoten und der Stimmgewichtungen findet sich unter http://www.imf.org/external/np/sec/memdir/members.htm.

trotz ihrer großen Bevölkerungszahl deutlich geringer (z. B. China: 2,94 %, Indien: 1,92 %, Brasilien 1,41 %, Argentinien 0,98 %, Indonesien 0,97 %, Südafrika 0,87 % und Nigeria 0,82 % der Stimmen). Insgesamt verfügen die Industrieländer über ca. 62 % der Stimmen (siehe Figur 7).

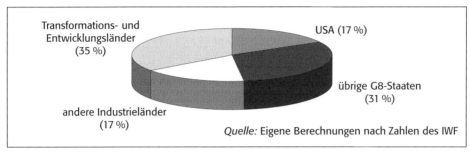

*Figur 7: Stimmengewichtung im IWF*

Diese Stimmgewichtung ist eine **Durchbrechung** des allgemeinen völkerrechtlichen Grundsatzes **der souveränen Gleichheit aller Staaten,** aus dem sich das „one country, one vote"-Prinzip ergibt. Hintergrund der Stimmgewichtung im IWF ist seine Rolle als Finanzinstitution: Da er seinen Mitgliedern u. a. als Kreditgeber zur Verfügung steht, sollen diejenigen Mitglieder, die die meisten Einzahlungen in den IWF getätigt haben, auch den größten Einfluss auf die IWF-Politik haben. Es ist aber auch nicht verwunderlich, dass Entwicklungsländer und Nichtregierungsorganisationen die Stimmgewichtung im IWF als ungerecht kritisieren, da die Kreditvergabe des IWF und die daran geknüpften Bedingungen Politik und Wirtschaft in vielen Entwicklungsländern erheblich beeinflussen.

752

> **Merke:** Die **Stimmgewichtung** im IWF **weicht vom Grundsatz „one country, one vote" ab** und ermöglicht den **finanzstarken Mitgliedern einen größeren Einfluss** auf den IWF.

Der Gouverneursrat wird durch **zwei beratende Ausschüsse** unterstützt, in denen jeweils nur eine begrenzte Zahl von IWF-Mitgliedern vertreten sind. Die Ausschüsse sind im IWF-Übereinkommen nicht ausdrücklich erwähnt. Ihre Errichtung beruhte auf praktischen Bedürfnissen und findet ihre Rechtsgrundlage in Art. XII Abschn. 2 lit. j) IWF-Übereinkommen, demzufolge der Gouverneursrat und das Exekutivdirektorium Ausschüsse einsetzen können, „wie sie es für ratsam halten".

753

Von erheblicher praktischer Bedeutung ist das **International Monetary and Financial Committee** (IMFC), das sich aus 24 Finanzministern bzw. Notenbankpräsidenten zusammen setzt, die in gleicher Weise bestimmt werden, wie die Mitglieder des Exekutivdirektoriums.[42] Neben den fünf IWF-Mitgliedern mit den größten Quoten sind weitere fünf Industrieländer und 14 Entwicklungs- und Transformationsländer vertreten.[43] Das

754

---
42 Dazu unten Rn. 756 f.
43 Zur genauen Zusammensetzung siehe http://www.imf.org/external/np/exr/facts/groups.htm.

IMFC tritt zweimal jährlich zusammen. Seine Aufgaben beziehen sich vor allem auf Grundfragen des internationalen Währungs- und Finanzsystems und auf die Behandlung von Krisen, die das System bedrohen könnten. Das IMFC wurde 1999 als Nachfolgegremium dem sog. *Interim Committee* gegründet, das 1974 errichtet wurde, um angesichts der Veränderungen des internationalen Währungs- und Finanzsystems eine bessere Kommunikation zwischen dem Exekutivdirektorium und den Finanzministerien der IWF-Mitglieder zu schaffen.

755 Das **Development Committee**[44] ist ein gemeinsamer Ausschuss des Gouverneursrats des IWF und des Gouverneursrats der Weltbank und berät diese in entwicklungspolitischen Fragen. Das Development Committee besteht seit 1974. In ihm sind ebenfalls 24 IWF-Mitglieder vertreten. Die Zusammensetzung ist mit der des IMFC vergleichbar.

**Exekutivdirektorium (Art. XII Abschn. 3 IWF-Übereinkommen)**

756 Das Exekutivdirektorium ist für die **Geschäftsführung des IWF** verantwortlich und übt die ihm durch den Gouverneursrat übertragenen Befugnisse aus. Es tagt mehrfach wöchentlich unter dem Vorsitz des Geschäftsführenden Direktors. Da der Gouverneursrat von seiner Kompetenz zur Aufgabenübertragung auf das Exekutivdirektorium umfassend Gebrauch gemacht hat, entscheidet das Exekutivdirektorium über alle wichtigen Fragen des laufenden Betriebs des IWF.

757 Das Exekutivdirektorium entscheidet auch über die **Auslegung des IWF-Übereinkommens**, wenn zwischen dem IWF und einem Mitglied die Bedeutung einer Vorschrift umstritten ist (Art. XXIX lit. a) IWF-Übereinkommen). Die Entscheidung des Exekutivdirektoriums kann auf Antrag des Mitglieds vom Gouverneursrat überprüft werden. Die zu überprüfende Entscheidung wird zunächst dem **Auslegungsausschuss** vorgelegt, dessen Entscheidung als Entscheidung des Gouverneursrats gilt, wenn der Gouverneursrat nicht mit 85 % seiner Stimmen widerspricht (Art. XXIX lit. b) IWF-Übereinkommen).

758 Das Exekutivdirektorium besteht aus fünf Direktoren, die von den Ländern mit den höchsten Quoten (USA, Japan, Deutschland, Großbritannien und Frankreich) ernannt werden (**ernannte Direktoren**) und weiteren Direktoren, die von den übrigen Vertragsstaaten gewählt werden (**gewählte Direktoren**). Drei der gewählten Direktoren vertreten jeweils nur ein Land (Russland, China und Saudi Arabien). Die übrigen gewählten Direktoren werden von einer zumeist regional zusammengesetzten Gruppe von Mitgliedern gewählt, die durch den jeweiligen Direktor vertreten wird. Gem. Art. XII Abschn. 3 (b) (ii) IWF-Übereinkommen sollen dem Exekutivdirektorium fünfzehn gewählte Direktoren angehören. Diese Zahl kann jedoch durch den Gouverneursrat verändert werden. Derzeit gibt es 19 gewählte Direktoren (Stand Juni 2006). Die Variabilität der Anzahl der übrigen Direktoren erklärt sich dadurch, dass es für die 179 Staaten,

---

44 Die genaue Bezeichnung lautet: Joint Ministerial Committee of the Boards of Governors of the Band and Fund on the Transfer of Real Resources to Developing Countries.

die keinen „permanenten" Direktor haben, schwierig ist, sich auf (nur) 15 Direktoren zu einigen.

Die Stimmgewichtung im Exekutivdirektorium **entspricht der Stimmgewichtung im Gouverneursrat**, wobei die von einer Gruppe von Ländern gewählten Direktoren über die Stimmen aller Länder, die sie gewählt haben, verfügen (Art. XII Abschn. 3 i) IWF-Übereinkommen). Folglich ist jeder Mitgliedstaat auch im Exekutivdirektorium stimmenmäßig vertreten. 759

> **Beispiel:** Belgien, Luxemburg, Österreich, Tschechien, die Slowakei, Ungarn, die Türkei, Weißrussland und Kasachstan haben einen Direktor gewählt, der diese Staatengruppe auch im Exekutivdirektorium vertritt. Er verfügt über die Stimmen der Länder, die ihn gewählt haben, das sind insgesamt 5,13% der Stimmen im Exekutivdirektorium.

Die Exekutivdirektoren stehen gewissermaßen zwischen den Gouverneuren, die politische Vertreter der jeweiligen IWF-Mitglieder sind (Finanzminister oder Notenbankpräsidenten) und dem Personal des IWF, das von den IWF-Mitglieder völlig unabhängig ist. Die Exekutivdirektoren werden zwar von den IWF-Mitgliedern ernannt bzw. gewählt. Sie vertreten diese daher und können auch nach Weisung der jeweiligen Mitglieder handeln. Da die Exekutivdirektoren jedoch ihr Gehalt vom IWF direkt erhalten und am Sitz des IWF amtieren (Art. XII Abschn. 3 lit. g) IWF-Übereinkommen), werden sie in der Praxis eher als IWF-Vertreter denn als Vertreter der Staaten angesehen. 760

**Geschäftsführender Direktor und Personal (Art. XII Abschn. 4 IWF-Übereinkommen)**
Der Geschäftsführende Direktor **führt** nach Weisung des Exekutivdirektoriums die **gewöhnlichen Geschäfte** des IWF. Er ist zudem Vorsitzender des Exekutivdirektoriums, hat aber grundsätzlich kein Stimmrecht, außer bei einer Stimmengleichheit. Der Geschäftsführenden Direktor ist auch der Dienstvorgesetzte des IWF-Personals. 761

Der Geschäftsführende Direktor wird **vom Exekutivdirektorium gewählt**. Er darf weder Gouverneur noch Exekutivdirektor sein. Nach einer ungeschriebenen Vereinbarung zwischen den USA und den europäischen Staaten wird der IWF-Direktor stets von den Europäern, der Weltbankpräsident von den USA gestellt. Von 2000 bis 2004 war der heutige Bundespräsident *Horst Köhler* Geschäftsführender Direktor des IWF. Seit 2004 bekleidet der Spanier *Rodrigo de Rato* dieses Amt. 762

Das **Personal** des IWF umfasst ca. 2700 Beschäftigte. Ebenso wie der Geschäftsführende Direktor sind die Mitarbeiter des IWF ausschließlich dem IWF verantwortlich und dürfen keine Weisungen von nationalen Regierungen annehmen. 763

**Entscheidungsfindung**
Bei Abstimmungen im Gouverneursrat bzw. im Exekutivdirektorium werden die Stimmen entsprechend der oben genannten Verteilung gewichtet. Die gewählten Exekutivdirektoren können ihre Stimme nicht entsprechend der Mitglieder, die sie gewählt haben, aufteilen, sondern können nur einmal abstimmen. Beschlüsse werden mit **einfacher Mehrheit** gefasst (Art. XII Abschn. 5 lit. c) IWF-Übereinkommen). Für eine Reihe von wichtigen Entscheidungen sind jedoch besondere Mehrheiten vorgesehen: 764

So ist für eine Quotenänderung oder die Veränderung der Zahl der Exekutivdirektoren eine **Mehrheit von 85** % aller Stimmen erforderlich (Art. III Abschn. 2 lit. c) bzw. Art. XII Abschn. 3 lit. b) IWF-Übereinkommen). In diesen Fällen haben die USA somit ein Vetorecht, da sie über rund 17 % der Stimmen verfügen. In der Praxis des IWF werden die meisten Entscheidungen jedoch einvernehmlich getroffen, so dass es selten zu formellen Abstimmungen kommt.

### 2. Aufgaben des IWF

> **Ausgangsfall**
>
> In der Republik Neuland herrscht ein vom Militär und der gesellschaftlichen Oberschicht gestützter Präsident. Er verfolgt zahlreiche ehrgeizige Infrastrukturprojekte und vergrößert den Staatsapparat beträchtlich. Die notwendige Finanzierung konnte nur über eine erhebliche Ausweitung der Staatsverschuldung finanziert werden. Um einem drohendem Staatsbankrott zu entgehen, bat er im Jahr 2001 den IWF, dem Neuland als Mitglied angehört, um finanzielle Unterstützung in Form eines Stand-By Arrangements. Nach Konsultationen mit dem IWF, verfasste der Finanzminister von Neuland dazu einen Letter of intent an den Geschäftsführenden Direktor des IWF, in dem er wirtschaftliche Reformen, u. a. einen Personalabbau im öffentlichen Sektor und die Privatisierung staatlicher Unternehmen versprach. Der Letter of intent wurde in eine Vereinbarung zwischen dem IWF und Neuland aufgenommen, aus der sich die genauen Kreditkonditionen ergeben.
>
> Im Jahr 2004 wird der Präsident abgewählt und eine neue Regierung kommt an die Macht. Die neue Regierungspartei hat im Wahlkampf versprochen, die Privatisierungspolitik sofort zu stoppen und den Personalabbau im öffentlichen Sektor nicht fortzusetzen. Der Finanzminister möchte nun wissen, ob dies Verpflichtungen Neulands gegenüber dem IWF verletzen würde und bittet Sie um gutachterliche Stellungnahme zu dieser Frage.

#### a) Allgemeine Grundlagen

765   Laut Art. I IWF-Übereinkommen verfolgt der IWF **sechs Ziele**, die neben genuin währungspolitischen Aspekten auch allgemeine wirtschaftspolitische Ziele umfassen.

**Art. I IWF-Übereinkommen**
Der Internationale Währungsfonds hat folgende Ziele:
i) die internationale Zusammenarbeit auf dem Gebiet der Währungspolitik durch eine ständige Einrichtung zu fördern, die als Apparat zur Konsultation und Zusammenarbeit bei internationalen Währungsproblemen zur Verfügung steht;
ii) die Ausweitung und ein ausgewogenes Wachstum des Welthandels zu erleichtern und dadurch zur Förderung und Aufrechterhaltung eines hohen Beschäftigungsgrads und Realeinkommens sowie zur Entwicklung des Produktionspotentials aller Mitglieder als oberste Ziele der Wirtschaftspolitik beizutragen;
iii) die Stabilität der Währungen zu fördern, geordnete Währungsbeziehungen unter den Mitgliedern aufrechtzuerhalten und Währungsabwertungen aus Wettbewerbsgründen zu vermeiden;
iv) bei der Errichtung eines multilateralen Zahlungssystems für die laufenden Geschäfte zwischen den Mitgliedern und bei der Beseitigung von Devisenverkehrsbeschränkungen, die das Wachsen des Welthandels hemmen, mitzuwirken;
v) das Vertrauen der Mitglieder dadurch zu stärken, dass ihnen zeitweilig unter angemessenen Sicherungen die allgemeinen Fondsmittel zur Verfügung gestellt werden und ihnen so Gelegenheit gegeben wird, Unausgeglichenheiten in ihrer Zahlungsbilanz zu bereinigen, ohne zu Maßnahmen Zuflucht nehmen zu müssen, die dem nationalen oder internationalen Wohlstand schaden;

vi) in Übereinstimmung mit Vorstehendem die Dauer der Ungleichgewichte der internationalen Zahlungsbilanzen der Mitglieder abzukürzen und den Grad der Ungleichgewichte zu vermindern.

Der Fonds lässt sich in seiner Geschäftspolitik sowie bei allen Beschlüssen von den in diesem Artikel niedergelegten Zielen leiten.

Der Zielkatalog des Art. I IWF-Übereinkommen zeigt deutlich, dass mit dem IWF auf die **Probleme der Zwischenkriegszeit** reagiert werden sollte: Es soll eine Einrichtung für internationale Konsultationen und Zusammenarbeit geschaffen werden (Art. I Ziffer (i)). Auf Währungsabwertungen aus Wettbewerbsgründen soll verzichtet werden (Art. I Ziffer (iii)). Unausgeglichene Zahlungsbilanzen sollen durch Fondsmittel bereinigt werden, damit keine (einseitigen) Maßnahmen, die dem internationalen Wohlstand schaden, getroffen werden müssen (Art. I Ziffer (v)). Gleichzeitig wird die **Bedeutung des internationalen Währungssystems für den Welthandel, Beschäftigung und Wachstum** (Art. I Ziffer (ii) und (iv)) betont. Währungsstabilität und geordnete Währungsbeziehungen waren für die Gründer des IWF keine Werte an sich, sondern Mittel, um bestimmte wirtschaftspolitische Ziele zu verwirklichen. 766

Wie oben bereits erwähnt, hat sich das tatsächliche Aufgabenspektrum des IWF seit seiner Gründung im Jahr 1944 erheblich gewandelt. So ist die ursprüngliche (Haupt-) Aufgabe des IWF, die Sicherung stabiler Wechselkursbeziehungen, in den vergangenen Jahren zurückgetreten. Die **gegenwärtigen Aufgaben des IWF** umfassen im Wesentlichen die finanzielle Unterstützung seiner Mitglieder durch die **Vergabe von Krediten**, vor allem an Entwicklungs- und Transformationsländer, und die **Politiküberwachung** der IWF-Mitglieder. 767

### b) Kreditvergabe

Gem. Art. I Ziffer v) und Art. V IWF-Übereinkommen kann der IWF seinen Mitgliedern **Kredite** aus seinen Mitteln zur Verfügung stellen, um ihnen bei der **Lösung von Zahlungsbilanzproblemen** zu helfen. Wie sich aus Art. I Ziffer v) IWF-Übereinkommen ergibt, bestand der ursprüngliche Zweck dieser Kredite darin, zu verhindern, dass die Mitglieder ihre Zahlungsbilanzprobleme durch Maßnahmen bereinigen, die sich nachteilig auf andere Volkswirtschaften bzw. die Weltwirtschaft insgesamt auswirken. Vor allem als Reaktion auf die seit den 1980er Jahren zunehmende Verschuldenskrise der Entwicklungsländer hat der IWF seine Kreditvergabepraxis erheblich ausgedehnt. Die Kreditvergabe hat sich so zur **Hauptaufgabe des IWF** entwickelt. 768

In der **Terminologie des IWF-Übereinkommens** wird ein Kredit des IWF als „Kauf" von Mitteln des IWF in der Währung anderer IWF-Mitglieder oder in SZR bezeichnet, vgl. Art. V Abschn. 3 lit. b) IWF-Übereinkommen. Diese Begriffswahl ist jedoch ungenau und kann nicht als rechtliche Charakterisierung der Transaktion angesehen werden. Rechtlich wie tatsächlich handelt es bei der Vergabe von Mitteln durch den IWF um Kredite, was auch der IWF-interne Sprachgebrauch („IMF lending") deutlich macht. 769

**Kreditinstrumente**

770 Der IWF hat im Laufe der Jahre verschiedene **Kreditinstrumente** (sog. facilities) entwickelt, die sich durch Umfang, Dauer, Verzinsung und Zugangsberechtigung unterscheiden und mit denen auf die unterschiedlichen Bedürfnisse der IWF-Mitglieder reagiert wird. Generell sind allgemeine Kredite und Kredite, die nur ärmeren Entwicklungsländern (Low-income countries) zur Verfügung stehen, zu unterscheiden.[45]

771 Grundtyp eines allgemeinen Kredits ist das sog. **Stand-By Arrangement (SBA)**. Der Begriff bezeichnet sowohl die dem Kredit zu Grunde liegende Vereinbarung (vgl. Art. XXX lit. b) IWF-Übereinkommen)[46] als auch den Kredittyp selbst. SBA sind die in der Praxis am häufigsten vergebene Kredite. Sie dienen der Überbrückung kurzfristiger Zahlungsbilanzprobleme. Sie haben eine Länge von maximal 18 Monaten und müssen innerhalb von bis zu vier Jahren zurückgezahlt werden. SBA werden durch **spezielle Instrumente** ergänzt, wie z. B. Kredite bei strukturellen Zahlungsbilanzproblemen (Extended Fund Facility, EFF) oder bei kurzfristig besonders hohem Kreditbedarf (Supplemental Reserve Facility, SRF). Die SRF wurden in Reaktion auf die Asienkrise 1997 eingeführt.[47] Die verschiedenen Kredittypen haben unterschiedlich lange Laufzeiten, werden jedoch alle mit dem normalen IWF-Zinssatz verzinst.[48]

772 Speziell für **ärmere Entwicklungsländer** stehen die Poverty Reduction and Growth Facility (PRGF) und die Exogenous Shocks Facility (ESF) zur Verfügung. Während PRGF-Kredite generell zur Verfügung stehen, jedoch ein Armutsbekämpfungsprogramm voraussetzen[49], stehen ESF-Kredite bei „externen Schocks", d. h. einem Ereignis, das von der Regierung nicht kontrolliert werden kann (Naturkatastrophen, Krieg im Nachbarland, Rohstoffpreisveränderungen) zur Verfügung. PRGF und ESF-Kredite werden nur mit einem Zinssatz von 0,5 % verzinst und haben generell eine längere Laufzeit als die normalen Kredittypen.

773 Die **Höhe des Kredites**, den ein Mitglied beim IWF aufnehmen kann, orientiert sich grundsätzlich an seiner **Einlage (Quote)**.[50] Für die unterschiedlichen Kreditprogramme gelten unterschiedliche Höhen: Im Rahmen der Extended Fund Facility (EFF) sind die Kredite auf jährlich 100 % der Quote und insgesamt 300 % beschränkt. Im Rahmen der Poverty Reduction and Growth Facility (PRGF) ist normalerweise eine Beschränkung auf 140 % der Quote vorgesehen, die in außergewöhnlichen Umständen bis auf 185 % ausgedehnt werden kann. Die meisten tatsächlich vergebenen Kredite liegen jedoch deutlich unter 100 % der Quote.

774 Die **wirtschaftliche Bedeutung** der IWF-Kredite besteht nicht nur darin, dass den Ländern zusätzliche Mittel zur Verfügung gestellt werden. In manchen Fällen ist die

---

45 Eine Übersicht findet sich im „Factsheet IMF Lending" unter http://www.imf.org/external/np/exr/facts/howlend.htm.
46 Dazu unten Rn. 778.
47 Dazu oben Rn. 730 f.
48 Der normale Zinssatz („basic rate of charge") betrug im März 2006 4,85 %.
49 Dazu unten Rn. 779.
50 Dazu oben Rn. 743 ff.

beantragte und zur Verfügung gestellte Summe sogar vergleichsweise niedrig. Praktisch bedeutsam ist jedoch, dass ein **IWF-Kredit** in vielen Fällen als **Voraussetzung für Kredite privatwirtschaftlicher Kreditgeber** (z. B. große Geschäftsbanken) und anderer öffentlicher Kreditgeber (z. B. Staaten) angesehen wird. Dies hängt damit zusammen, dass ein IWF-Kredit nur vergeben wird, wenn sich die Regierung des jeweiligen Staats zu wirtschaftspolitischen Reformen verpflichtet hat, die auch von den anderen Kreditgebern als wichtige Voraussetzung angesehen werden.

### Rechtsgrundlagen der Kreditvergabe

Die Vergabe von Krediten durch den IWF ist **nur teilweise** durch **rechtliche Vorgaben** strukturiert. Daher sind auch nicht alle Aspekte der Kreditvergabe mit rechtlichen Kategorien zu bewerten. Finanz- und allgemein wirtschaftspolitische Erwägungen stehen im Vordergrund. 775

Nach Art. V Abschn. 3 lit. b) IWF-Übereinkommen ist ein IWF-Mitglied grundsätzlich **berechtigt**, einen Kredit aus IWF-Mitteln in Anspruch zu nehmen, wenn **bestimmte Voraussetzungen** erfüllt sind. Dazu zählt, dass der Antrag mit den vom IWF beschlossenen Geschäftsgrundsätzen in Einklang steht, dass die Mittel für Zahlungsbilanz- oder Währungsreservenprobleme eingesetzt werden sollen, und dass die Mittel 200 % der Quote nicht übersteigen. Auf die letztgenannte Bedingung kann der IWF in Ausnahmefällen verzichten (Art. V Abschn. 4 IWF-Übereinkommen). 776

Ob diese Voraussetzungen vorliegen, wird vom IWF geprüft (Art. V Abschn. 3 lit. c) IWF-Übereinkommen), dem insoweit ein **Beurteilungsspielraum** zukommt. Faktisch steht die Entscheidung über die Vergabe eines Kredits und seine Konditionen damit im Ermessen des IWF. Der IWF muss sich bei der Ausübung dieses Ermessens allerdings von den allgemeinen Grundsätzen des Art. I IWF-Übereinkommen leiten lassen. 777

Grundlage eines IWF-Kredites bildet eine **Vereinbarung des betreffenden Staats mit dem IWF**, die je nach Kreditart unterschiedlich ausgestaltet ist. Es kann sich entweder um ein Bereitschaftskredit-Vereinbarung (Stand-By Arrangement) oder um eine ergänzende Vereinbarung (Extendend Arrangement) handeln. Voraussetzung für die Vereinbarung ist ein sog. **Letter of intent** des betreffenden Staats an den IWF, in welchem der Staat seine Verpflichtung zu konkret benannten politischen und wirtschaftlichen Reformen erklärt.[51] Diese zielen häufig auf eine Konsolidierung der öffentlichen Finanzen durch Sparmaßnahmen und die Liberalisierung des Handels und der Binnenwirtschaft ab. Der Letter of intent wird in die Vereinbarung übernommen und ist der wesentliche inhaltliche Teil der Vereinbarung. 778

> **Merke:** Voraussetzung für die Vergabe eines Kredits durch den IWF ist ein **Letter of intent**, in dem der betreffende Staat **konkrete wirtschaftspolitische Reformen verspricht**.

---

51 Zahlreiche Letters of Intent werden auf den Internetseiten des IWF veröffentlicht: http://www.imf.org/external/np/loi/mempub.asp.

779 Eine spezielle Voraussetzung für PRGF-Kredite[52] ist ein sog. **Poverty Reduction Strategy Paper (PRSP)**. Diese beinhalten eine **umfassende Politikstrategie** zur Armutsbekämpfung, die von den Kreditnehmern in Eigenverantwortung unter Beteiligung der verschiedenen gesellschaftlichen Gruppen erstellt wird. Internationale Organisationen und internationale Nichtregierungsorganisationen sollen bei der Erstellung der Armutsstrategien beratend tätig werden. IWF und Weltbank sind ebenfalls an der Ausarbeitung beteiligt. Die Inhalte eines PSRP werden in den entsprechenden Letter of intent aufgenommen. In diesen 1999 eingeführten Strategien soll neben der Armutsbekämpfung die soziale Dimension von Entwicklung im Vordergrund stehen.

780 Die Bindung der IWF-Kredite an wirtschaftliche und politische Reformen bezeichnet man als **Konditionalität** der Kredite. Diese Konditionalität ist eine deutliche **Beschränkung der wirtschaftspolitischen Souveränität** des kreditnehmenden Staats. Ihre völkerrechtliche Zulässigkeit ist nicht unbestritten.[53] So wird von Kritikern angeführt, dass einige Staaten von den Krediten des IWF abhängig sind und damit gezwungen sind, auf die Bedingungen und Vorgaben des IWF einzugehen. Es ist jedoch zu sehen, dass es sich hierbei nicht um ein rechtliches, sondern um ein **politisches Problem** handelt. Rechtlich sind die IWF-Mitglieder frei, die IWF-Konditionen abzulehnen und auf IWF-Kredite zu verzichten.

**Rechtscharakter der Vereinbarungen zwischen IWF und Kreditnehmer**

781 Es ist **umstritten**, ob es sich bei den Vereinbarungen zwischen IWF und kreditbegehrenden Staaten um **völkerrechtliche Verträge** handelt.[54] Der **IWF** selbst und ein **Teil des Schrifttums** gehen davon aus, dass die Vereinbarungen **keine Verträge** sind, sondern das dem Kreditantrag eines Lands durch das IWF Exekutivdirektorium lediglich zugestimmt wird. Demzufolge würde es sich bei einem Stand-By Arrangement um eine einseitige Entscheidung des IWF handeln. Dem scheint auch die Rechtsauffassung der Staaten, die einen Kredit beantragen, zu entsprechen, da die Vereinbarungen regelmäßig nicht innerstaatlich ratifiziert werden.[55] Dagegen nimmt eine **andere Auffassung** an, dass die Vereinbarungen **vertraglichen Charakter** haben, da sie umfassende Verpflichtungen des jeweiligen Staats und des IWF statuierten.

782 Die besseren Argumente dürften für die erstgenannte Auffassung sprechen: Wenn sowohl der IWF als auch der kreditbegehrende Staat davon ausgehen, dass die Vereinbarung kein völkerrechtlicher Vertrag ist, dürfte es beiden Seiten bereits **am Rechtsbindungswillen** *(animus contrahendi)* **fehlen**. Entsprechend einer Entscheidung des Exekutivdirektorium aus dem Jahr 1979[56] vermeidet der **Wortlaut** der Vereinbarungen Begriffe, die eine vertragliche Bindung nahe legen. Typischerweise wird davon gespro-

---

52 Dazu oben Rn. 772.
53 Dazu *Lucke,* Internationaler Währungsfonds, 1997, 198–216.
54 Dazu *Qureshi,* International Economic Law, 1999, 198–209 und *Lucke,* Internationaler Währungsfonds, 1997, 91–125 jeweils m.w.N.
55 Zur Ratifikation völkerrechtlicher Verträge siehe § 1 Rn. 77.
56 Entscheidung des Exekutivdirektoriums 6056-(79/38) vom 2. März 1979. Dazu *Lucke,* Internationaler Währungsfonds, 1997, 98.

chen, dass der IWF einer Vereinbarung zustimmt, um die im Letter of intent vorgesehenen Maßnahmen zu unterstützen.

**Auszug aus dem Muster eines Stand-By Arrangement**[57]

Attached hereto is a letter [, with annexed memorandum,] dated __ from (Minister of Finance and/or Governor of Central Bank) requesting a stand-by arrangement and setting forth:
(a) the objectives and policies that the authorities of (member) intend to pursue for the period of this stand-by arrangement;
(b) the policies and measures that the authorities of (member) intend to pursue the [first year] of this stand-by arrangement; and
(c) understandings of (member) with the Fund regarding [a] review[s] that will be made of progress in realizing the objectives of the program and of the policies and measures that the authorities of (member) will pursue for the remaining period of this stand-by arrangement.

To support these objectives and policies the International Monetary Fund grants this stand-by arrangement in accordance with the following provisions: (…)

Auch aus dem **Letter of intent** kann keine völkerrechtliche Verpflichtung abgeleitet werden. Zwar kann sich ein Staat nach allgemeinen Völkerrechtsgrundsätzen auch durch eine einseitige Erklärung rechtlich selbst verpflichten. Dies setzt jedoch auch den Willen zu einer derartigen Verpflichtung voraus, der bei einem Letter of intent nicht vorhanden ist. Der Letter of intent ist lediglich eine politische Absichtserklärung.

783

> **Merke:** Der **Rechtscharakter der Vereinbarungen zwischen IWF und einem kreditsuchenden Mitglied** über die Kreditvergabe ist **umstritten**. Nach **einer überwiegend in der Praxis vertretenen Auffassung** handelt es sich um eine **Entscheidung des IWF**. Nach **einer im Schrifttum vertretenen Auffassung** handelt es sich um **völkerrechtliche Verträge**.

Die Ablehnung einer Charakterisierung der Vereinbarungen zwischen IWF und Mitgliedstaat als völkerrechtliche Verträge hat bedeutsame Folgen: Eine **Verletzung** der Vereinbarung bzw. die Nichteinhaltung der im Letter of intent angekündigten Maßnahmen stellt **kein völkerrechtliches Delikt** dar. Eine Regierung kann die angekündigten Maßnahmen somit revidieren, ohne gegen den Grundsatz *pacta sunt servanda* zu verstoßen.[58] Der IWF kann darauf aber reagieren, indem er entweder die weitere Auszahlung von Mitteln stoppt oder zukünftig keine Mittel mehr zur Verfügung stellt. Dadurch kann die Kreditwürdigkeit des jeweiligen Staats auch gegenüber anderen Finanzgebern erheblich leiden. Die Reaktionsmöglichkeiten des IWF und ihre Konsequenzen sind insofern einschneidend. Trotz der mangelnden Vertragseigenschaft der Vereinbarungen stehen dem IWF somit **effektive Sanktionen** zur Verfügung, um die Einhaltung der Vereinbarung sicher zu stellen.

784

Problematisch ist der nicht-vertragliche Charakter der Vereinbarungen aber aus innerstaatlicher und verfassungsrechtlicher Perspektive: Wie bereits erwähnt, bedürfen die

785

---

57 Entscheidung des Exekutivdirektoriums 10464-(93/130) vom 13. September 1993. Im Internet unter http://www.imf.org/external/pubs/ft/sd/index.asp. Der entsprechende Mustertext eines Extended Arrangements ist nahezu identisch.
58 Dazu § 1 Rn. 83.

Vereinbarungen typischerweise keiner Ratifikation, da es sich nicht um Verträge handelt. Dadurch haben die **nationalen Parlamente** keine formale Möglichkeit, sich mit dem Inhalt der Vereinbarungen, insbesondere mit den im Letter of intent angekündigten Reformen, zu befassen. Das sich hieraus ergebende **Demokratiedefizit** wird durch den nicht-verbindlichen Charakter der Vereinbarung nur teilweise relativiert. Eine echte Autonomie der Staaten bezüglich der Nicht-Einhaltung der Vereinbarung besteht nämlich nur in seltenen Fällen.

### c) Politiküberwachung

786  Gem. Art. IV Abschn. 3 lit. a) IWF-Übereinkommen **überwacht** der IWF die Einhaltung der **allgemeinen Verpflichtungen** seiner Mitglieder.[59] Diese Überwachung (*surveillance*) umfasst nicht nur währungs- und devisenpolitischen Fragen, sondern betrifft die **Wirtschafts- und Finanzpolitik der IWF-Mitglieder** insgesamt.[60] Der IWF bewertet im Rahmen seines Überwachungsmandats z. B. das Wechselkursregime eines Staats, die Stärken und Schwächen des Finanzsektors und die Risiken, die sich aus internationalen Kapitalströmen für ein Land ergeben können. Weiterhin werden institutionelle Fragen, wie die Unabhängigkeit der Zentralbank und die Finanzmarktaufsicht untersucht. Schließlich befasst sich der IWF auch mit strukturellen Fragen, wie der Außenhandels- oder Arbeitsmarktsituation in einem Land. Jedes IWF-Mitglied wird **in regelmäßigen Abständen** in dieser Weise überwacht.

787  Umfang und Reichweite der Überwachung durch den IWF finden eine **Grenze** in Art. IV Abschn. 3 lit. b) IWF-Übereinkommen, wonach der IWF die „**innerstaatliche sozial- und allgemeinpolitische Ausrichtung**" zu beachten hat. In der Praxis wird diese Grenze allerdings weit ausgelegt. In den IWF-Berichten finden sich regelmäßig auch Einschätzungen und Vorschläge zu arbeits- und sozialpolitischen Maßnahmen, sofern sie sich auf die makroökonomische Situation des jeweiligen Staats auswirken können. So nimmt die im Juni 2005 abgeschlossene **Überprüfung Deutschlands** z. B. zu Reformen des Arbeitsmarktes durch die sog. „**Hartz IV**"-Gesetzgebung Stellung. Der IWF-Bericht schlägt u. a. vor, dass die Leistungen des Arbeitslosengeld II weiter gekürzt werden sollen, wenn Arbeitsuchende zumutbare Arbeit ablehnen.[61]

788  Grundlage der Überwachung sind **Informationen**, die das betreffende Mitglied dem IWF zur Verfügung stellen muss und **Konsultationen** (sog. Art. IV-Konsultationen) zwischen dem IWF und dem betreffenden Mitglied. Auf der Basis dieser Konsultationen erstellen **Mitarbeiter des IWF einen Bericht** für das Exekutivdirektorium. Bericht und Stellungnahme des Exekutivdirektoriums werden dem betroffenen Land übermittelt. Zusammenfassungen des Berichts und der Stellungnahmen (sog. Public Information

---

59 Dazu unten Rn. 790 ff.
60 Ein Überblick über die einzelnen Bereiche findet sich im „Factsheet IMF Surveillance", unter http://www.imf.org/external/np/exr/facts/surv.htm.
61 International Monetary Fund, Germany – 2005 Article IV Consultation, Concluding Statement of the Mission, 28.6.2005. Im Internet unter http://www.imf.org/external/np/ms/2005/062805.htm.

Notice) werden nach Zustimmung des betroffenen Lands zumeist veröffentlicht. Zunehmend werden – allerdings ebenfalls nur mit Zustimmung des betroffenen Lands – auch die Berichte selbst veröffentlicht.[62]

Sowohl die Empfehlungen des IWF im Rahmen der Politiküberwachung als auch die Konditionen der Kredite orientieren sich einseitig an einem **monetaristischen und neoliberalen Wirtschaftsmodell**. Sie umfassen regelmäßig Maßnahmen wie Handelsliberalisierung, Reduzierung öffentlicher Ausgaben, Steuersenkungen und Abbau von Subventionen. Der Zusammenhang zwischen diesen Reformvorschlägen und der Stabilität des internationalen Währungs- und Finanzsystems ist nicht immer zwingend gegeben. Insofern ist es nicht verwunderlich, wenn in jüngster Zeit wiederholt **Kritik an der umfangreichen Aufgabenerweiterung des IWF** geübt wird und gefordert wird, dass der IWF sich auf Kernaufgaben im Bereich der Währungsbeziehungen konzentrieren soll.

789

---

**Lösungshinweise zum Ausgangsfall**

Der Kredit, den der IWF Neuland zur Verfügung gestellt hat, beruht auf Art. V Abschn. 3 IWF-Übereinkommen. Um zu beurteilen, welche rechtlichen Konsequenzen die Nichteinhaltung der im Letter of intent versprochenen Reformen hat, ist der Rechtscharakter der Vereinbarung zwischen dem IWF und Neuland zu bestimmen, da der Letter of intent Teil dieser Vereinbarung ist. Sieht man in dieser Vereinbarung mit einem Teil des Schrifttums einen völkerrechtlichen Vertrag, würde Neuland gegen den Grundsatz *pacta sunt servanda* verstoßen und ein völkerrechtliches Delikt begehen. Hält man dagegen die Vereinbarung mit der Praxis und anderen Teilen der Literatur nicht für einen Vertrag, sondern lediglich für eine einseitige Genehmigung des Kredits durch den IWF liegt kein Völkerrechtsverstoß vor. Überzeugender ist die letztgenannte Auffassung, da sie berücksichtigt, dass sowohl der IWF als auch das kreditsuchende Mitglied regelmäßig keinen Vertragsbindungswillen haben. Aus diesem Grunde ist die neue Regierung von Neuland rechtlich nicht gehindert, die Verpflichtungen aus dem Letter of Intent nicht mehr einzuhalten. Allerdings sollte der Finanzminister in dem Gutachten auf die politischen und wirtschaftlichen Folgen der Nichteinhaltung aufmerksam gemacht werden: Der IWF wird sich in Zukunft mit weiteren Kreditzusagen zurückhalten. Außerdem kann die Nichteinhaltung die Kreditwürdigkeit Neulands auf den privaten Kapitalmärkten verschlechtern. Im Ergebnis dürften daher – trotz der rechtlichen Zulässigkeit – gewichtige Gründe gegen die Nichteinhaltung der Zusagen des Letters of intent sprechen.

---

62 Die Public Information Notices werden im Internet unter http://www.imf.org/cgi-shl/create_x.pl?pn veröffentlicht. Die veröffentlichten Berichte finden sich unter http://www.imf.org/cgi-shl/create_x.pl?ms.

### 3. Verpflichtungen der IWF-Mitglieder

**Ausgangsfall**

A, eine Bank in der Rechtsform einer Aktiengesellschaft nach dem Recht des Staats Autarkia, ist als Kommanditistin an der B GmbH & Co KG, einer Gesellschaft deutschen Rechts, beteiligt. Auf einer Gesellschafterversammlung wird formal ordnungsgemäß die Erhöhung des Gesellschaftskapitals beschlossen. A soll eine erhöhte Einlage von 7 Mio. € zahlen. In der Folgezeit zahlt A die Einlage jedoch trotz wiederholter Mahnung nicht. Die B GmbH & Co KG fällt nach einiger Zeit in Insolvenz. Der Insolvenzverwalter verlangt nun von A die Zahlung der Einlage. A weigert sich jedoch und beruft sich u. a. auf Devisenkontrollbestimmungen von Autarkia. Nach den einschlägigen Regelungen bedarf die Ausfuhr von Devisen im Wert von mehr als 1000 € der Genehmigung durch das Finanzministerium von Autarkia. Diese Genehmigung ist A aus politischen Gründen unbestritten nicht erteilt worden. Daraufhin erhebt der Insolvenzverwalter Klage vor dem zuständigen Landgericht. Im Verfahren beruft sich A auf Art. VIII Abschn. 2 lit. b) IWF-Übereinkommen, wonach „aus Devisenkontrakten", die einer Devisenkontrollbestimmung zuwider laufen, „nicht geklagt" werden darf. Hat die Klage des Insolvenzverwalters Aussicht auf Erfolg?

*Anmerkung:* Autarkia hat dem IWF mitgeteilt, dass es von Art. XIV Abschn. 2 IWF-Übereinkommen Gebrauch macht.

Sachverhalt nach BGH, NJW 1994, 390.

790 Neben der Verpflichtung zur Einzahlung ihrer Quote[63] bestehen für die Mitglieder des IWF Verpflichtungen auf dem Gebiet der Wechselkursregelungen (Art. IV IWF-Übereinkommen) und weitere allgemeine Verpflichtungen (Art. VIII IWF-Übereinkommen), von denen vor allem die Regelungen zur Zulässigkeit von Devisenkontrollen und deren Anerkennung im Ausland von praktischer Bedeutung sind.

#### a) Wechselkursregelungen

791 Wie oben ausgeführt, beruhte das **ursprüngliche System von Bretton Woods** auf **festen Wechselkursen** und der Verpflichtung der IWF-Mitglieder, die Wechselkurse durch entsprechende Transaktionen zu stützen. Nachdem das System in der ersten Hälfte der 1970er zusammenbrach und die Hauptwährungsländer zu **flexiblen Wechselkursen** übergingen, musste auch das IWF-Übereinkommen geändert werden. Kern der Veränderungen war eine **Neugestaltung des Art. IV IWF-Übereinkommen**. Diese Vorschrift enthält nunmehr den rechtlichen Rahmen für das gegenwärtige System der Wechselkursregelungen.

792 Nach Art. IV Abschn. 1 IWF-Übereinkommen sind die Mitglieder zur Zusammenarbeit mit dem IWF und den anderen Mitgliedern verpflichtet, um **geordnete Wechselkursregelungen** zu gewährleisten und ein **stabiles Wechselkurssystem** zu fördern. Dazu sollen die Mitglieder bestrebt sein, ihre Wirtschafts- und Währungspolitik auf Wachstum und Preisstabilität auszurichten und sich um Währungsstabilität bemühen, indem sie Währungssysteme anstreben, die erratische Störungen vermeiden.

---

63 Dazu oben Rn. 747.

Weiterhin sind die IWF-Mitglieder nach Art. VI Abschn. 1 IWF-Übereinkommen verpflichtet, solche **Manipulationen der Wechselkurse** und des internationalen Währungssystems **zu vermeiden**, die das Ziel haben „eine wirksame Zahlungsbilanzanpassung zu verhindern oder einen unfairen Wettbewerbsvorteil gegenüber anderen Mitgliedern zu erlangen". Damit sind insbesondere Abwertungen verboten, mit denen ein IWF-Mitglied Vorteile für die eigene Exportwirtschaft erzielen will. 793

Die **Einhaltung der Verpflichtungen** aus Art. IV Abschn. 1 wird **durch den IWF** nach Art. IV Abschn. 3 IWF-Übereinkommen **überwacht**.[64] Wie oben bereits erwähnt, beschränkt der IWF seine Überwachung jedoch nicht auf wechselkurs- und währungspolitische Fragen, sondern hat das Überwachungsmandat auf weitere wirtschafts- und finanzpolitische Aspekte ausgedehnt. 794

Nach Art. IV Abschn. 2 lit. b) IWF-Übereinkommen steht den Mitgliedern ein **weites Ermessen bei der Gestaltung ihrer Wechselkursregelungen** zu. Sie können einseitig oder im Rahmen von Währungsvereinbarungen feste Wechselkurse aufrechterhalten oder „andere Wechselkursregelungen nach Wahl des Mitglieds" vorsehen. Die IWF-Mitglieder sind lediglich verpflichtet, den IWF **über ihre Wechselkursregelung zu informieren** (Art. IV Abschn. 2 lit. a) IWF-Übereinkommen). 795

### b) Devisenkontrollen

Art. VIII Abschn. 2 IWF-Übereinkommen verpflichtet die IWF-Mitglieder **Zahlungen** und Übertragungen **für laufende internationale Geschäfte nicht** ohne Zustimmung des IWF **zu beschränken**. Bei der Vorschrift handelt es sich um ein **Verbot** der Beschränkung von Zahlungen für laufende Geschäfte **mit Erlaubnisvorbehalt**. Unter Zahlungen für laufende Geschäfte sind gem. Art. XXX lit. d) IWF-Übereinkommen Zahlungen zu verstehen, „die nicht der Übertragung von Kapital dienen." Im Einzelnen zählen hierzu Zahlungen im Zusammenhang mit dem Außenhandel, sonstigen laufenden Geschäften und normalen Bankgeschäften, Zahlungen von Kreditzinsen und Erträgen aus Anlagen, Zahlungen zur Tilgung von Krediten oder für die Abschreibung von Direktinvestitionen und Zahlungen zur Bestreitung des Familienunterhalts. Diese Definition macht deutlich, dass Art. VIII Abschn. 2 Devisenbeschränkungen betrifft, die sich auf den **internationalen Zahlungsverkehr** beziehen.[65] 796

Devisenbeschränkungen im **Kapitalverkehr** sind dagegen von der Bestimmung nicht erfasst. Aus Art. VI Abschn. 3 IWF-Übereinkommen ergibt sich vielmehr sogar ausdrücklich, dass die Mitglieder „die zur Kontrolle internationaler Kapitalbewegungen notwendigen Maßnahmen treffen" dürfen. Da sich Zahlungs- und Kapitalverkehr nicht immer trennscharf voneinander abgrenzen lassen, bestimmt Art. VI Abschn. 3 IWF-Übereinkommen weiter, dass Kapitalverkehrskontrollen nicht so eingesetzt werden dürfen, dass Zahlungen für laufende Geschäfte beschränkt werden. 797

---

64 Dazu oben Rn. 786 ff.
65 Siehe zum Unterschied zwischen Zahlungs- und Kapitalverkehr oben Rn. 682 f.

798 Von dem Verbot von Devisenbeschränkungen im Zahlungsverkehr besteht eine wichtige **Ausnahme** gem. Art. XIV Abschnitt 2 IWF-Übereinkommen. Diese Bestimmung sah ursprünglich vor, dass IWF-Mitglieder Devisenbeschränkungen im Zahlungsverkehr während einer Übergangsphase der Nachkriegszeit beibehalten konnten und sie erst nach einer gewissen Übergangsfrist aufheben mussten. Im Rahmen der Änderung des IWF-Übereinkommens von 1976 wurde der Bezug auf die Nachkriegszeit gestrichen, das Recht Devisenbeschränkungen nicht abzuschaffen, jedoch beibehalten. Daher gilt die Verpflichtung zur Abschaffung von Devisenbeschränkungen im Zahlungsverkehr faktisch nicht, so lange ein IWF-Mitglied gegenüber dem IWF erklärt hat, von der Ausnahme des Art. XIV Abschn. 2 Gebrauch zu machen.

799 Vor dem Hintergrund der Genehmigung von Devisenbeschränkungen im Zahlungsverkehr durch den IWF und der generellen Möglichkeit, diese gem. Art. XIV Abschn. 2 IWF-Übereinkommen beizubehalten, stellt sich die Frage, wie **zulässige Devisenbeschränkungen im Ausland zu bewerten** sind. Auf diese Frage gibt Art. VIII Abschn. 2 lit. b) IWF-Übereinkommen eine Antwort, als er die Mitglieder zur gegenseitigen **Anerkennung dieser Devisenbeschränkungen** verpflichtet.

800 Um diese Anerkennung sicher zu stellen, wählt das IWF-Übereinkommen ein bemerkenswertes Mittel: Nach Art. VIII Abschn. 2 lit. b) IWF-Übereinkommen sind „**Devisenkontrakte**" (englisches Original: „Exchange contracts"), die einer nach IWF-Recht zulässigen Devisenkontrollbestimmung zuwiderlaufen, in jedem IWF-Mitgliedstaat **uneinklagbar** (englisch: „unenforceable").

> **Wichtige Norm: Art. VIII Abschn. 2 lit. b) IWF-Übereinkommen**
> Aus Devisenkontrakten, welche die Währung eines Mitglieds berühren und den von diesem Mitglied in Übereinstimmung mit diesem Übereinkommen aufrechterhaltenen oder eingeführten Devisenkontrollbestimmungen zuwiderlaufen, kann in den Hoheitsgebieten der Mitglieder nicht geklagt werden. (...)

801 Diese Vorschrift ist von **erheblicher praktischer Bedeutung**.[66] Umstritten ist zum einen, ob die Bezeichnung „unenforcable" eine Sachurteilsvoraussetzung, d. h. eine Frage der Zulässigkeit, betrifft (so die Rechtsprechung) oder ob die Bezeichnung materiellrechtlich zu verstehen ist (so Teile des Schrifttums).

802 Zum anderen ist die **Interpretation des Begriffs „Devisenkontrakt"** streitig. Nach einer Auffassung ist der Begriff weit auszulegen und erfasst alle Verpflichtungen, die sich auf die Zahlungsbilanz eines Staats auswirken. Danach fallen auch Kreditverträge und andere Kapitalverkehrsgeschäfte in seinen Anwendungsbereich. Anders als Art. VIII Abschn. 2 lit. a) würde sich lit. b) somit nicht auf den Zahlungsverkehr beschränken. Nach einer anderen Auffassung, ist der Begriff Devisenkontrakt eng auszulegen und erfasst nur Transaktionen, die den Zahlungsverkehr betreffen.

---

[66] Hierzu ausführlich *Ebke*, Das Internationale Devisenrecht im Spannungsfeld völkerrechtlicher Vorgaben, nationaler Interessen und parteiautonomer Gestaltungsfreiheit, ZVglRWiss 100 (2001), 365 und *Ebenroth/Müller*, Der Einfluss ausländischen Devisenrechts auf zivilrechtliche Leistungspflichten unter besonderer Berücksichtigung des IWF-Abkommens, RIW 1994, 269.

In einer Grundsatzentscheidung aus dem Jahr 1994 hat der **BGH** den Begriff Devisenkontrakt im Sinne der zweiten Auffassung **eng ausgelegt**.[67] Dabei hat er sich auf die Systematik und den Zweck der Vorschrift bezogen. Der BGH hat darauf abgestellt, dass das IWF-Übereinkommen grundsätzlich zwischen dem Zahlungs- und dem Kapitalverkehr unterscheidet. Devisenkontrollen, die den Kapitalverkehr betreffen, sind nicht beschränkt und die IWF-Mitglieder müssen insoweit keine Einschränkungen ihrer Souveränität hinnehmen. Aus diesem Grunde hielt es der BGH nicht für notwendig, auch Devisenbeschränkungen des Kapitalverkehrs durch die Beachtenspflicht des Art. VIII Abschn. 2 lit. b) IWF-Übereinkommen zu privilegieren. Der BGH sieht folglich zwischen Art. VIII Abschn. 2 lit. a) und Art. VIII Abschn. 2 lit. b) einen engen Zusammenhang.

803

**Auszug aus dem BGH-Urteil**[68]

Art. VIII Abschn. 2 IWF-Ü[bereinkommen (IWFÜ)] trägt die Überschrift „Vermeidung von Beschränkungen laufender Zahlungen". Auch die systematische Stellung des Art. VIII Abschn. 2 (b) IWFÜ legt die Deutung nahe, daß sich die Regelung nicht auf Kapitalübertragungen erstreckt. Da das Abkommen durchgängig zwischen Kapitalübertragung und Zahlungen für laufende Geschäfte unterscheidet, ergibt sich aus der genannten Überschrift, daß in dem durch sie bezeichneten Abschnitt die Beschränkungen von Zahlungen für laufende Geschäfte i. S. von Art. XXXd des Abkommens im Gegensatz zu Kapitalübertragungen geregelt werden sollen. (…)

b) Diese Deutung folgt auch aus Sinn und Zweck des Übereinkommens sowie der Regelung des Art. VIII Abschn. 2 (b) IWFÜ. Das mit dem Abschluß des Bretton Woods-Übereinkommens angestrebte Ziel ist die Erleichterung eines ausgewogenen Wachstums des Welthandels und die Mitwirkung bei der Errichtung eines multilateralen Zahlungssystems sowie die Beseitigung wachstumshemmender Devisenverkehrsbeschränkungen. Beschränkungen des laufenden Zahlungsverkehrs durch Devisenkontrollen sollen mithin unter der Geltung dieses Abkommens Ausnahmecharakter haben. Jedenfalls sollen einseitige Devisenkontrollen durch dieses Abkommen eher ab- als ausgebaut werden. Eine diesen Zielen dienende internationale Kooperation unter der Führung des Internationalen Währungsfonds war jedoch nur für Devisenkontrollen in laufenden internationalen Geschäften erreichbar, die im Interesse des internationalen Leistungsaustausches durch solche Maßnahmen nicht mehr als unbedingt erforderlich eingeschränkt werden sollten. Dagegen waren die Mitgliedstaaten nicht zu dem Souveränitätsverzicht bereit, der darin gelegen hätte, zu Gunsten einer internationalen Instanz Einschränkungen ihres Rechtes auf Einführung von ihnen für richtig gehaltener Kontrollen des Kapitalverkehrs hinzunehmen. Infolgedessen blieben Beschränkungen des internationalen Kapitalverkehrs von vornherein aus dem Geltungsbereich des Bretton Woods-Abkommens ausgeklammert. Der Kontrolle (im wesentlichen in Form eines Zustimmungsvorbehalts) des Fonds wurden lediglich devisenrechtliche Beschränkungen für laufende internationale Geschäfte unterworfen. Beschränkungen des freien Kapitalverkehrs durch einseitige Maßnahmen einzelner Länder blieben (und bleiben) dagegen auch unter der Geltung des Bretton Woods-Abkommens weiterhin zulässig, ohne der Zustimmung des Fonds zu bedürfen. Der internationale Währungsfonds hat ebenso nicht die Befugnis, abkommenswidrige Kapitalverkehrskontrollen für ungültig zu erklären. (…)

c) Dieser aus dem Text und systematischen Zusammenhang folgenden Auslegung kann nicht mit Erfolg entgegengehalten werden, die Vorschrift müsse heute anders, nämlich im Sinne der Regelung auch von Beschränkungen des Kapitalverkehrs, interpretiert werden, weil sich inzwischen der Aufgabenbereich des Fonds gegenüber dem ursprünglichen Bretton Woods-Übereinkommen aus dem Jahr 1944 geändert habe. (…) Diese Ergänzung hat jedenfalls an dem Recht der Mitgliedstaaten, die zur Kontrolle internationaler Kapitalbewegungen notwendigen Maßnahmen einseitig zu treffen, nichts geändert. Die Mitgliedstaaten können bei der Ausübung dieses Rechtes weiterhin nach eigenem freien Ermessen einseitig ohne Zustimmung des Internationalen Währungsfonds handeln, ohne ir-

---

67 Siehe nur BGH, II ZR 216/92, NJW 1994, 390 und BGH, XI ZR 16/93, NWJ 1994, 1868.
68 BGH, NJW 1994, 391, zitiert ohne Hinweise in Klammern.

gendwelchen Sanktionen des Fonds ausgesetzt zu sein. Ihr Recht zur einseitigen Beschränkung des Kapitalverkehrs ist nach wie vor ausdrücklich lediglich dadurch begrenzt, daß durch solche Kontrollen nicht Zahlungen für laufende Geschäfte eingeschränkt oder Übertragungen von Mitteln zur Erfüllung von Verbindlichkeiten ungebührlich verzögert werden dürfen.

804 Aus der Definition des Zahlungsverkehrs in Art. XXX lit. d) IWF-Übereinkommen entnahm der BGH, dass **Auslandsinvestitionen** typischerweise als **Übertragung von Kapital** anzusehen sind und daher nicht von Art. VIII Abschn. 2 IWF-Übereinkommen erfasst werden.

> **Merke:** Nach der **BGH-Rechtsprechung** erfasst **Art. VIII Abschn. 2 lit. b)** IWF-Übereinkommen nur Finanztransaktionen des internationalen Zahlungsverkehrs und nicht des internationalen Kapitalverkehrs.

805 Die neuere Rechtsprechung des BGH befindet sich in **Einklang mit der Rechtsprechung englischer und US-amerikanischer Gerichte.** Gerichte anderer IWF-Mitglieder halten dagegen an einer weiten Interpretation des Begriffs „Devisenkontrakt" fest. Zu beachten ist, dass der Wortlaut des Begriffs keine eindeutige Bedeutung hat. Insofern unterscheiden sich die Gerichte vor allem in der Bewertung der systematischen Stellung von Art. VIII Abschn. 2 lit. b) und in der Interpretation des Zwecks der Vorschrift. In Ermangelung einer autoritativen Interpretation des Begriffs durch das Exekutivdirektorium des IWF[69], wird der Begriff daher in der Tradition der jeweiligen Rechtsordnung ausgelegt.

806 Eine Konsequenz der engen Auslegung ist, dass die Frage, ob Devisenbeschränkungen, die den Kapitalverkehr betreffen, im Ausland zu beachten sind, nach **nationalem Kollisionsrecht** zu bewerten sind. Nach der Rechtsprechung der deutschen Gerichte kann ein ausländischer Schuldner derartige Kapitalverkehrskontrollen einem Zahlungsanspruch nicht entgegenhalten. Diese, den inländischen Gläubiger schützende, Rechtsprechung kann die Effektivität ausländischer Devisenkontrollen, die den Kapitalverkehr betreffen, beeinträchtigen. Indem sie einseitig innerstaatliche Interessen berücksichtigt, steht sie zudem in einem gewissen Widerspruch zu dem auf internationale Kooperation ausgerichteten IWF-Übereinkommen.[70]

> **Lösungshinweise zum Ausgangsfall**
>
> Die Klage hat Aussicht auf Erfolg, wenn dem Zahlungsanspruch Art. VIII Abschn. 2 lit. b) IWF-Übereinkommen nicht entgegen gehalten werden kann. Dazu ist zunächst zu prüfen, ob es sich bei der Einlagepflicht im einen „Devisenkontrakt" im Sinne der Vorschrift handelt. Versteht man den Begriff weit, fallen alle Transaktionen darunter, die sich auf die Zahlungsbilanz eines Staats auswirken, d. h. auch die Anlage von Kapital. Da die in Rede stehende Devisenbeschränkung Autarkias gem. Art. XIV lit. b) IWF-Übereinkommen zulässig ist, wird sie von Art. VIII Abschn. 2 lit. b) IWF-Übereinkommen erfasst. Die Zahlungsanspruch wäre damit nicht einklagbar. Be-

---

69 Zu dieser Möglichkeit oben Rn. 757.
70 *Ebke*, Das Internationale Devisenrecht im Spannungsfeld völkerrechtlicher Vorgaben, nationaler Interessen und parteiautonomer Gestaltungsfreiheit, ZVglRWiss 100 (2001), 365, 379.

schränkt man dagegen die Anwendung des Art. VIII Abschn. 2 lit. b) IWF-Übereinkommen auf Transaktionen, die den Zahlungsverkehr betreffen, wird die Einlagepflicht der A nicht von der Vorschrift erfasst. Für die letztgenannte Ansicht lässt sich die systematische Stellung der Vorschrift, vor allem ihrer Nähe zu Art. VIII Abschn. 2 lit. a), der sich unstreitig nur auf den Zahlungsverkehr bezieht, anführen. Da sie auch vom BGH vertreten wird, dürften die deutschen Gerichte ihr grundsätzlich folgen. Der Zahlungsklage kann daher Art. VIII Abschn. 2 lit. b) IWF-Übereinkommen nicht entgegengehalten werden.

▶ **Lern- und Wiederholungsfragen zu § 4 III:**
1. In welcher Weise durchbrechen die Regeln über die Stimmgewichtung im IWF den völkerrechtlichen Grundsatz der souveränen Gleichheit und wie lässt sich diese Durchbrechung rechtfertigen?
2. Was versteht man unter einem Letter of intent bzw. einem Stand-By Arrangement und wie sind sie völkerrechtlich zu charakterisieren?
3. Aus welcher Vorschrift ergibt sich, dass das gegenwärtige internationale Währungssystem nicht mehr auf festen Wechselkursen beruht?
4. Unter welchen Voraussetzungen sind Devisenkontrollbestimmungen nach IWF-Recht zulässig?
5. Wie wird der Begriff „Devisenkontrakte" in Art. VIII Abschn. 2 lit. b) des IWF-Übereinkommens in der deutschen Rechtsprechung interpretiert?

## IV. Die Bank für Internationalen Zahlungsausgleich (BIZ)

Literatur: Deutsche Bundesbank, Weltweite Organisationen und Gremien im Bereich von Währung und Wirtschaft, 2003, 202–214, im Internet unter: http://www.bundesbank.de; *Lowenfeld*, International Economic Law, 2002, Kapitel 19.2, 21.2 und 21.3; *Baer*, Bank für Internationalen Zahlungsausgleich, in: Redaktion der Zeitschrift für das gesamte Kreditwesen (Hrsg.), Lexikon des Geld-, Bank- und Börsenwesens, 4. Aufl., 1999, 136–140; *Schuster*, Bank for International Settlements, EPIL Bd. 1, 1992, 342.

Die Bank für Internationalen Zahlungsausgleich (BIZ, englisch: Bank for International Settlements, BIS) ist sowohl eine Bank als auch eine internationale Organisation. Sie dient der Förderung der Zusammenarbeit der Zentralbanken und stellt diesen verschiedene Dienstleistungen zur Verfügung. Sie wird daher auch als „**Bank der Zentralbanken**" bezeichnet. Die BIZ ist für die Funktionsfähigkeit und Stabilität des internationalen Währungs- und Finanzordnung von erheblicher praktischer Bedeutung. 807

### 1. Institutionelle Grundlagen

Die BIZ wurde 1930 von den Zentralbanken Belgiens, Deutschlands, Frankreichs, Großbritanniens, Italiens und Japans und einer Gruppe US-amerikanischer Banken gegründet. Sie ist somit die älteste internationale Finanzinstitution und hat ihren Sitz in Basel. Ursprünglich sollte die BIZ die **deutschen Reparationszahlungen** nach dem ersten Weltkrieg treuhänderisch **verwalten** und die deutsche Zahlungsfähigkeit fördern. Da 808

Deutschland bereits 1931 seine Reparationszahlungen einstellte, konnte die BIZ diesen Zweck nicht mehr erfüllen. Die Abwicklung der deutschen Reparationszahlungen war jedoch nur der konkrete Anlass für die Gründung der BIZ. Hintergrund war das Bedürfnis verschiedener Zentralbanken nach einer Institution, die ihre Zusammenarbeit unterstützt und ihnen als Finanzdienstleister zur Verfügung steht. Zwar konnte die BIZ auch diese Aufgabe angesichts der Verschlechterung der internationalen Wirtschaftsbeziehungen und des Kriegsausbruchs zunächst nur begrenzt wahrnehmen. Nach der Neuordnung der internationalen Währungs- und Finanzbeziehungen nach dem Ende des Zweiten Weltkriegs erlangte sie jedoch zunehmend an Bedeutung, obwohl zunächst sogar ihre Abschaffung und die Übertragung ihrer Aufgaben auf den IWF gefordert wurde.

### a) Rechtsstellung

809   Die BIZ ist eine im Wirtschaftsvölkerrecht einzigartige Institution: Sie ist einerseits eine Bank in der Rechtsform einer **Aktiengesellschaft** und andererseits eine zwischenstaatliche **internationale Organisation**. Die Rechtsstellung der BIZ ergibt sich aus drei Gründungsdokumenten[71]: In einem völkerrechtlichen Übereinkommen, dem sog. **Haager Übereinkommen von 1930** zwischen Deutschland, Belgien, Frankreich, Großbritannien, Italien und Japan einerseits und der Schweiz andererseits verpflichtet sich die Schweiz als designierter Sitzstaat ein spezielles „Grundgesetz" für die BIZ zu schaffen, das Gesetzeskraft haben soll. Dieses von der Schweiz ebenfalls im Januar 1930 erlassene **Grundgesetz** verleiht der BIZ Rechtspersönlichkeit und befreit sie von verschiedenen steuerrechtlichen Pflichten. Der eigentliche „Gesellschaftsvertrag" sind die **Statuten der BIZ**, aus denen sich die Aufgaben und Befugnisse, das Stammkapital und die Organe der BIZ ergeben. Das Schweizer Banken- und Aktienrecht gilt für die BIZ nicht.

810   Das **Stammkapital** der BIZ beträgt drei Mrd. SZR, d. h. umgerechnet ca. 4,47 Mrd. US$.[72] Nach Art. 15 der Statuten können nur **Zentralbanken** oder besonders hierzu ermächtigte Finanzinstitute Aktien der BIZ erwerben. Bis 2001 bestand auch die Möglichkeit, dass Privataktionäre Aktien der BIZ hielten, allerdings ohne in der Generalversammlung teilnahme- und stimmberechtigt zu sein. Die Möglichkeit des Privatbesitzes von Aktien wurde 2001 abgeschafft und die Aktien wurden zurückgekauft. Seitdem befindet sich die BIZ ausschließlich im öffentlichen Eigentum. Derzeit sind 55 Zentralbanken oder Währungsbehörden Mitglied der BIZ, darunter auch die Europäische Zentralbank.

811   Die BIZ hat mit der Schweiz 1987 ein **Sitzabkommen** abgeschlossen, in dem der BIZ und ihren Bediensteten die für eine internationale Organisation üblichen Vorrechte und Befreiungen zugestanden wurden. Aus dem Sitzabkommen ergibt sich auch ausdrücklich die **Anerkennung der Völkerrechtspersönlichkeit** der BIZ.

> **Merke:** Die **Bank für Internationalen Zahlungsausgleich** ist eine **internationale Organisation** und eine **Aktiengesellschaft**, deren Mitglieder bzw. Aktionäre **Zentralbanken** sind.

---

71 Die Texte der verschiedenen Normen finden sich unter http://www.bis.org/about/legal.htm.
72 Bis 2003 wurde das Stammkapital in Schweizer Goldfranken ausgedrückt.

## b) Organe

Die BIZ verfügt über drei **Hauptorgane**: die Generalversammlung, den Verwaltungsrat und die Geschäftsleitung. Zu dem organisatorischen Umfeld der BIZ gehören auch verschiedene **Ausschüsse**, die von der BIZ personell und institutionell unterstützt werden, die jedoch keine Organe der BIZ sind. Der praktisch bedeutsamste dieser Ausschüsse ist der Baseler Ausschuss für Bankenaufsicht, auf den unten näher eingegangen wird.[73]

812

Die jährlich tagenden **Generalversammlung** (*Annual General Meeting*) ist die Vollversammlung der Aktionäre der BIZ, deren Stimmen im Verhältnis zu ihrem Aktienbesitz gewichtet sind. Die Generalversammlung hat einige wenige, aber grundsätzliche Aufgaben und Befugnisse. Sie nimmt den Jahresbericht entgegen und entlastet den Vorstand. Außerdem entscheidet sie über die Änderung der Statuten, eine Kapitalerhöhung und die Liquidation der BIZ.

813

Der **Verwaltungsrat** (*Board of Directors*) bestimmt die strategische Ausrichtung der Bank und die Grundsätze ihrer Geschäftspolitik, überwacht die Geschäftsleitung und ernennt den Generaldirektor. Der Verwaltungsrat tagt mindestes alle zwei Monate. Er setzt sich aus sechs *ex officio*-Mitgliedern, bis zu sechs berufenen und bis zu neun gewählten Mitgliedern zusammen. Die sechs *ex officio*-Mitglieder sind die jeweiligen Zentralbankpräsidenten Belgiens, Deutschlands, Frankreichs, Großbritanniens, Italiens und der USA. Jedes dieser *ex officio*-Mitglieder kann eine Person aus dem Finanz- oder Wirtschaftslebens seiner Heimat als weiteres Mitglied berufen. Schließlich können die *ex officio*-Mitglieder bis zu neun weitere Präsidenten von Zentralbanken aus dem Kreis der Aktionäre der Bank wählen. Auf dieser Grundlage sind gegenwärtig die Zentralbankpräsidenten der Niederlande, Schwedens, der Schweiz, Japans und Kanadas Mitglieder des Verwaltungsrats. Jedes Mitglied des Verwaltungsrats hat eine Stimme. Der Verwaltungsrat wählt aus seiner Mitte einen Vorsitzenden, der auch als Präsident der BIZ fungiert.

814

Die **Geschäftsleitung** der BIZ besteht aus dem Generaldirektor (*General Manager bzw. Chief Executive Officer*), seinem Stellvertreter und weiteren Fachdirektoren. Der Generaldirektor führt die vom Verwaltungsrat beschlossene Politik der BIZ durch und ist diesem gegenüber rechenschaftspflichtig. Die BIZ hat ca. 550 Beschäftigte und damit ungefähr so viele wie das Sekretariat der WTO.[74]

815

Insgesamt zeigt sich in der Organstruktur der BIZ ein deutliches **Übergewicht zu Gunsten der europäischen Länder**. In der Generalversammlung sind sie mit ca. 80 % der Stimmen vertreten, da dies dem Aktienbesitz der europäischen Zentralbanken entspricht. 13 der derzeit 17 Mitglieder des Verwaltungsrats kommen aus Europa. Die BIZ versucht zwar seit einigen Jahren, sich auch gegenüber nichteuropäischen Staaten zu öffnen. Bislang hat sich dadurch an der Dominanz der Europäer aber noch nichts geändert.

816

---

73 S. unten Rn. 821 ff.
74 Siehe § 2 Rn. 227.

## 2. Aufgaben

817 Zu den wichtigsten Aufgaben der BIZ gehört die Förderung der Zusammenarbeit der Zentralbanken und die Bereitstellung verschiedener Dienstleistungen, die im Interesse der Zentralbanken liegen.

818 Zur Förderung der **Kooperation der Zentralbanken** stellt die BIZ Räumlichkeiten und Sekretariatsdienste für Treffen von Vertretern der Zentralbanken zur Verfügung. Ziel derartiger Treffen ist neben dem Informationsaustausch auch die Koordination von währungspolitischen Aktivitäten der einzelnen Zentralbanken, z. B. zur Abwehr von Spekulationsangriffen gegen eine bestimmte Währung. Wie oben bereits erwähnt, ist die BIZ auch am Forum für Finanzstabilität beteiligt. Indem die BIZ die Kooperation der Zentralbanken erleichtert, kann sie auch zur Stabilität des internationalen Währungssystems beitragen.

819 Die BIZ **verwaltet** auch **Gold- und Währungsreserven** von Zentralbanken und internationalen Organisationen und investiert die Währungseinlagen auf den internationalen Märkten. Die Währungseinlagen der Zentralbanken bei der BIZ belaufen sich auf ca. 6 % der Weltwährungsreserven. Die BIZ bietet auch kurzfristige Kredite für Zentralbanken an. Die Geschäfte der BIZ müssen gem. Art. 19 der Statuten mit der Geschäftspolitik der Zentralbanken der beteiligten Länder übereinstimmen. Aufgrund ihres Angebots an Bankdienstleistungen für Zentralbanken wird die BIZ auch als „Bank der Zentralbanken" bezeichnet. Die BIZ ist nicht befugt, Kredite an Regierungen zu vergeben. Die BIZ wurde jedoch zur kurzfristigen Vorfinanzierung von Krediten eingesetzt, die von IWF und Weltbank vergeben wurden. Die BIZ kann auch keine Dienstleistungen für Privatpersonen und Unternehmen erbringen.

820 Schließlich kann die BIZ Aufgaben als **Treuhänder** oder **Agent** für internationale Zahlungsgeschäfte übernehmen, die ihr auf Grund von Verträgen übertragen wurden. So war die BIZ Agentin für das Europäische Währungssystem (EWS) von 1979 bis 1994.

## 3. Baseler Ausschuss für Bankenaufsicht

821 Im Umfeld der BIZ haben sich im Laufe der Jahre verschiedene **Ausschüsse** gebildet, die zwar institutionell nicht Teil der BIZ sind, von der BIZ jedoch logistisch und technisch unterstützt werden („Trabanten der BIZ"[75]). In diesen Ausschüssen kommen Vertreter wichtiger Zentralbanken zusammen, um über bestimmte Aspekte des internationalen Währungs- und Finanzsystems zu beraten und ggf. ein gemeinsames Vorgehen zu vereinbaren. Neben dem Baseler Ausschuss für Bankenaufsicht sind vor allem der Ausschuss für das weltweite Finanzsystem (Committee on the Global Financial System), dessen Mandat sich auf die Beobachtung des Finanzsystems und die Erarbeitung von Vorschlägen zur Stabilisierung desselben erstreckt und der Ausschuss für Zah-

---

75 *Gramlich*, Eine neue internationale Finanzarchitektur, AVR 2000, 399, 417.

lungsverkehrs- und Abrechnungssysteme (Committee on Payment and Settlement Systems), der sich mit der Effizienz der Zahlungsverkehrssysteme befasst und hierzu Leitlinien erarbeitet, zu erwähnen.

Der **Baseler Ausschuss für Bankenaufsicht** (kurz: Baseler Ausschuss, Basel Committee on Banking Supervision) wurde 1974 als Reaktion auf den Zusammenbruch des deutschen Bankhauses Herstatt und weiterer Banken in verschiedenen Industriestaaten ins Leben gerufen. In ihm sind die Zentralbanken und/oder Finanzaufsichtsbehörden der sog. G10-Länder (USA, Deutschland, Japan, Frankreich, Großbritannien, Italien, Kanada, Niederlande, Belgien und Schweden) sowie Luxemburgs, der Schweiz und Spaniens vertreten. Deutschland wird durch die Deutsche Bundesbank und die Bundesanstalt für Finanzdienstleitungsaufsicht (BAFin) vertreten. 822

Die Aufgabe des Baseler Ausschusses besteht in der Formulierung von **Leitlinien für die Bankenaufsicht**. Zu den bedeutendsten Leitlinien des Baseler Ausschusses gehören die Leitlinien zur Aufsicht über international tätige Bankkonzerne („Baseler Konkordat") und die Leitlinien zur Mindestkapitalsausstattung ausländischer Banken („Baseler Akkord") von 1988 und deren neueste Fassung („Basel II"). 823

Das Baseler Konkordat von 1975, das 1988 umfassend überarbeitet wurde, bezweckt eine **lückenlose und effektive Aufsicht über Banken**, die in verschiedenen Ländern niedergelassen sind. Dazu legt es u. a. fest, welche Aufsichtsbehörden für die Überwachung von Mutter- und Tochtergesellschaften zuständig sind. 824

Die Notwendigkeit von Richtlinien zur Aufsicht über internationale Bankkonzerne wurde im Zuge der so. **BCCI Affäre** erneut deutlich.[76] Die Bank for Credit and Commerce International (BCCI), Anfang der 1990er Jahre eine der weltweit größten Banken mit einem Vermögen von 20 Mrd. US$, bestand im Wesentlichen aus zwei Teilen, die in Luxemburg und auf den Cayman Inseln inkorporiert waren. Anders als andere internationale Banken hatte BCCI keine „Muttergesellschaft", für die die Aufsichtsbehörde des HeimatStaats zuständig war, sondern praktisch zwei, voneinander getrennte Unternehmensteile. Dadurch war keine Aufsichtsbehörde für das gesamte Unternehmen zuständig. Zudem war es BCCI gelungen, beide Unternehmensteile von verschiedenen Wirtschaftsprüfern prüfen zu lassen, so dass niemand einen Gesamtüberblick über BCCI hatte. Im Jahr 1991 kam ein Bericht für die Bank von England zu dem Schluss, dass BCCI über Jahre in hohem Maß in betrügerische Machenschaften verwickelt war. BCCI wurde daraufhin im Juli 1991 in einer konzertierten Aktion von verschiedenen Aufsichtsbehörden geschlossen. Als Reaktion auf die BCCI Affäre wurde der Baseler Konkordat überarbeitet und die aufsichtsrechtliche Zuständigkeit für Doppelzulassungen und die Voraussetzungen hierfür präzisiert. 825

Vor dem Hintergrund der internationalen Verschuldenskrise und der Bedrohung vieler Geschäftsbanken durch ausstehende ausländische Kredite, begann sich der Baseler Ausschuss ab den 1980er Jahren mit der **Eigenkapitalausstattung** von Banken zu 826

---

76 Zum Folgenden *Lowenfeld,* International Ecomomic Law, 2002, 674 ff.

befassen. Der erste Baseler Akkord von 1988 sah eine Mindesteigenkapitalausstattung von 8 % der Aktiva einer Bank vor, wobei diese nach dem Grad ihres Risikos gewichtet wurden. Zwischen 1999 und 2005 wurden die Richtlinien grundlegend überarbeitet. Diese neuen sog. **Basel II-Richtlinien** bestehen aus drei Säulen: Erstens sollen die Kapitalausstattungsverpflichtungen besser mit den tatsächlichen Risiken der Aktiva abgestimmt werden. Zweitens soll die Aufsicht über die Kapitalausstattung und das Risikomanagement verbessert werden. Drittens werden die Publizitätspflichten für Banken ausgedehnt.[77] Der Baseler Ausschuss erwartet, dass die neuen „Basel II"-Richtlinien bis Ende 2006 umgesetzt werden.

827 Da der Baseler Ausschuss im Konsensprinzip arbeitet und in ihm die für die Bankenaufsicht zuständigen Behörden der Mitgliedstaaten vertreten sind, ist gewährleistet, dass die Leitlinien in nationales Recht umgesetzt werden. Die Leitlinien sind **völkerrechtlich zwar nicht verbindlich**, da der Baseler Ausschuss keine internationale Organisation ist, deren Beschlüsse umgesetzt werden müssen und auch keine Regierungskonferenz, die völkerrechtliche Verträge ausarbeitet. Praktisch werden die Leitlinien jedoch von den im Baseler Ausschuss vertretenen Ländern befolgt.

828 Der Baseler Ausschuss kommuniziert seine Leitlinien auch an Zentralbanken und Aufsichtsbehörden, die nicht zu seinen Mitgliedern gehören. Diese übernehmen seine Leitlinien oft, da die Befolgung der Baseler Standards auch die internationale Wettbewerbsfähigkeit der betroffenen Banken erhöht. So wird z. B. der Baseler Akkord von über 100 Ländern angewandt. Den Leitlinien des Baseler Ausschusses kommt **faktisch** eine **Harmonisierungsfunktion** für die in dem Ausschuss vertretenen aber auch für zahlreiche andere Staaten zu.

> **Merke:** Die vom **Baseler Ausschuss für Bankenaufsicht** formulierten **Leitlinien** sind **rechtlich unverbindlich**, werden jedoch **faktisch von allen wichtigen Aufsichtsbehörden angewandt**.

▶ **Lern- und Wiederholungsfragen zu § 4 IV.:**
1. Wodurch zeichnet sich der besondere Rechtsstatus der Bank für Internationalen Zahlungsausgleich (BIZ) aus?
2. Inwiefern ist die BIZ eine „Bank der Zentralbanken"?
3. Mit welchen Aspekten der Bankenaufsicht hat sich der Baseler Ausschuss für Bankenaufsicht befasst und welche rechtlichen und tatsächlichen Wirkungen gehen von seinen Leitlinien aus?

---

[77] Dazu *Volkenner/Walter*, Die Endfassung der Neuen Baseler Eigenkapitalvereinbarung (Basel II), DStR 2004, 1399. Der Text der Basel II-Richtlinien ist unter http://www.bis.org/publ/bcbs118.htm abrufbar.

# § 5 Entwicklungsvölkerrecht

In der bisherigen Darstellung des Wirtschaftsvölkerrechts ist bereits deutlich geworden, dass Welthandelsrecht, Investitionsschutzrecht und internationales Währungs- und Finanzrecht die Rahmenbedingungen für wirtschaftliche und soziale Entwicklung in den Ländern des Südens erheblich beeinflussen können. In allen Teilgebieten des Wirtschaftsvölkerrechts finden sich daher Regeln, mit denen auf die besondere Situation der Entwicklungsländer reagiert werden soll. Diese besonderen Regeln werden durch allgemeine Grundsätze und Prinzipien ergänzt. Die **völkerrechtlichen Regeln und Prinzipien,** die sich speziell mit der **wirtschaftlichen und sozialen Entwicklung in Entwicklungsländern** befassen, können als Recht der internationalen Entwicklung bzw. Entwicklungsvölkerrecht zusammengefasst werden.   829

Das Entwicklungsvölkerrecht enthält jedoch nicht nur Elemente des Wirtschaftsvölkerrechts, sondern umfasst auch die entwicklungsrelevanten Regeln anderer Teilgebiete des Völkerrechts, z. B. des Umweltvölkerrechts und der internationalen Menschenrechte. Im Folgenden stehen jedoch die **wirtschaftsvölkerrechtlichen Elemente des Entwicklungsvölkerrechts** im Mittelpunkt.   830

## I. Grundlagen

**Literatur:** *Meng u. a.,* Das internationale Recht im Nord-Süd-Verhältnis, Berichte der Deutschen Gesellschaft für Völkerrecht Band 41, 2005; *Kaltenborn,* Entwicklungsvölkerrecht und Neugestaltung der internationalen Ordnung: rechtstheoretische und rechtspolitische Aspekte des Nord-Süd-Konflikts, 1998; *Odendahl,* Grundlagen des Entwicklungsvölkerrechts, JA 1998, 163; *Schütz,* Solidarität im Wirtschaftsvölkerrecht: Eine Bestandsaufnahme zentraler entwicklungsspezifischer Solidarrechte und Solidarpflichten im Völkerrecht, 1994.

### 1. Hintergrund

Rechtstatsächlicher Hintergrund des Entwicklungsvölkerrechts ist die **wirtschaftliche Ungleichheit** zwischen Industriestaaten und Entwicklungsländern. Zwar ist innerhalb der Gruppe der Entwicklungsländer zu differenzieren, da sich die wirtschaftliche Basis einiger großer Schwellenländer (z. B. Mexiko, Brasilien, Argentinien, Indonesien, Thailand, teilweise auch China und Indien) deutlich von der Lage der am wenigsten entwickelten Länder vor allem in der Karibik und im südlichen Afrika unterscheidet. Dennoch ist bei der Verteilung des materiellen Wohlstands auf der Erde ein deutliches Nord-Süd-Gefälle festzustellen. Hinzu tritt eine faktische Abhängigkeit der Volkswirtschaften vieler Entwicklungsländer von den Industriestaaten bzw. von dem durch diese dominierten internationalen Wirtschaftssystem. An dieser faktischen Ungleichheit vermag die souveräne Gleichheit der Staaten nichts zu ändern.   831

832 Historischer Hintergrund des Entwicklungsvölkerrechts ist der **Prozess der Dekolonisation** vor allem nach dem Zweiten Weltkrieg. Im Zuge der Dekolonisation entstand eine Vielzahl neuer Staaten, deren wirtschaftliche Entwicklung weit hinter den Industriestaaten zurücklag, was auch auf die wirtschaftliche Ausbeutung durch den Kolonialismus zurückzuführen ist. Daraus folgt eine grundsätzliche Verantwortlichkeit der Industriestaaten gegenüber den Entwicklungsländern.

833 Der ideengeschichtliche Hintergrund des Entwicklungsvölkerrechts ist eng mit der Kritik vieler Entwicklungsländer an dem kapitalistischem Wirtschaftssystem der (westlichen) Industrieländer verknüpft. Hinzu kam die Erkenntnis, dass das **Völkerrecht** im Allgemeinen und das Wirtschaftsvölkerrecht im Speziellen vor allem **auf europäischen Vorstellungen** beruhten (und noch immer beruhen). Die vor allem dem Welthandelsrecht und dem Investitionsschutzrecht zu Grunde liegenden wirtschaftsliberalen Prinzipien wie Handelsliberalisierung und Individualschutz des Eigentums, wurden nicht zu Unrecht als einseitiger Ausdruck der Interessen der Industrieländer angesehen.

834 Erstmals artikuliert wurden die Grundideen des Entwicklungsvölkerrechts im Rahmen der **Forderungen nach einer neuen Weltwirtschaftsordnung (NWWO)**. Die besondere Stellung der Entwicklungsländer wurde in den Abkommen von Bretton Woods und im GATT 1947 nur ansatzweise berücksichtigt. Daher forderten viele Entwicklungsländer ab den 1960er Jahren vor allem in der UN-Generalversammlung und in der 1964 gegründeten **UNCTAD (United Nations Conference on Trade and Development)** eine auf internationalen Ausgleich und eine gerechte Verteilung der Ressourcen ausgerichtete Weltwirtschaftsordnung.

835 Die Forderungen nach einer NWWO fanden ihren Höhepunkt in der 1974 von der UN-Generalversammlung verabschiedeten **Charta der wirtschaftlichen Rechte und Pflichten der Staaten** (Charta of Economic Rights and Duties of States)[1]. Zu den wichtigsten Prinzipien der Charta gehören die wirtschaftspolitische Souveränität (Art. 1 der Charta), die Souveränität über die natürlichen Ressourcen (Art. 2), das Recht, Erzeugervereinigungen von Rohstoffen (= Rohstoffkartelle) gründen zu dürfen (Art. 5), die Verpflichtung zum Abschluss von Rohstoffabkommen (Art. 6), die Verpflichtung der Industriestaaten, Entwicklungsländern Präferenzzölle zu gewähren (Art. 18) und die Erhöhung des Finanztransfers in die Entwicklungsländer (Art. 22).

836 Vor allem die handels- und entwicklungspolitischen Verpflichtungen der Charta wurden von den Industriestaaten abgelehnt. Daher stimmten die meisten Industriestaaten in der UN-Generalversammlung gegen die Charta der wirtschaftlichen Rechte und Pflichten der Staaten oder enthielten sich der Stimme. Aus diesem Grunde lässt sich die Resolution nicht als Ausdruck einer gemeinsamen Rechtsüberzeugung werten.[2] Sie kann daher auch nicht als **Nachweis von Völkergewohnheitsrecht** herangezogen werden.

---

1 Erklärung der UN-Generalversammlung vom 12.12.1974, Nr. 3281 (XXIX).
2 Siehe zur Bedeutung von Resolutionen der UN-Generalversammlung für den Nachweis von Völkergewohnheitsrecht § 1 Rn. 90.

## 2. Allgemeine Prinzipien des Entwicklungsvölkerrechts

Zwar existiert bislang kein in sich geschlossenes und kodifiziertes Entwicklungsvölkerrecht, gleichwohl können aus dem Recht der WTO, des IWF und der Weltbank, aus zahlreichen allgemeinen Erklärungen der Staatengemeinschaft und aus der entsprechenden Praxis einige allgemeine **Prinzipien** des Entwicklungsvölkerrechts abgeleitet werden, über die im Grundsatz weitgehend Konsens besteht, deren genauer rechtlicher Gehalt jedoch noch nicht abschließend geklärt ist.

837

### Wirtschaftliche Souveränität

Die wirtschaftliche und wirtschaftspolitische Souveränität ist Teil der allgemeinen Souveränität und umfasst das Recht, die eigene Wirtschaftspolitik selbst zu bestimmen (d. h. keine Festlegung auf ein bestimmtes wirtschaftpolitisches Modell), und das Recht, die eigenen Boden- und Naturschätze ausbeuten zu dürfen.[3] Zu letzterem gehört auch das Recht zur Enteignung und Verstaatlichung, soweit internationales Investitionsschutzrecht nicht verletzt wird. Für den Kontext des Entwicklungsvölkerrechts bedeutet der Grundsatz der wirtschaftlichen Souveränität vor allem, dass Industriestaaten und internationale Organisationen das grundsätzliche Recht von Entwicklungsländern, ihren eigenen wirtschaftspolitischen Weg zu gehen, nicht negativ sanktionieren dürfen.

838

### Kooperation und Solidarität zwischen Industriestaaten und Entwicklungsländern

Generell ist heute anerkannt, dass Industrieländer sich gegenüber Entwicklungsländern solidarisch verhalten und deren Sonderstellung in den internationalen Wirtschaftsbeziehungen berücksichtigen müssen. So gilt im Welthandelsrecht das Prinzip der besonderen und differenzierten Behandlung (**"special and differential treatment"**), nachdem von Entwicklungsländer nicht erwartet wird, dass sie alle Verpflichtungen in gleicher Weise einhalten wie Industriestaaten.[4] Im Umweltvölkerrecht hat sich das Konzept der **"common, but different responsibilities"** herausgebildet, das von einer gemeinsamen Verantwortung aller Staaten für die globale Umwelt ausgeht, von Entwicklungsländern und Industriestaaten aber unterschiedliche Verpflichtungen zur Durchsetzung internationaler Umweltstandards verlangt. Außerdem unterliegen die Industriestaaten weiteren Verpflichtungen, z. B. zum Technologietransfer und zu gemeinsamen Projekten mit Entwicklungsländern. Es besteht allerdings **keine völkergewohnheitsrechtliche Pflicht** der Industriestaaten, konkrete Sonderkonditionen einzuräumen oder **Entwicklungshilfe** in einer bestimmten Höhe **zu leisten**, da es insoweit sowohl an einer allgemeinen Rechtsüberzeugung als auch an einer durchgängigen Praxis fehlt. Das von den Vereinten Nationen geforderte Ziel, mindestens 0,7 % des BIP für Entwicklungshilfe aufzuwenden, ist lediglich ein politisches Ziel. Gewohnheitsrechtlich anerkannt dürfte nur die **Pflicht zur Hilfe bei Naturkatastrophen** sein, allerdings ohne dass ein bestimmter Umfang anerkannt wäre.

839

---

3 Dazu auch § 1 Rn. 94 und § 3 Rn. 540.
4 Dazu unten Rn. 849 ff.

### Nachhaltige Entwicklung

840 Unter nachhaltiger Entwicklung wird eine Entwicklung verstanden, die den Bedürfnissen der heutigen Generation entspricht, ohne die Möglichkeiten künftiger Generationen zur Bedürfnisbefriedigung zu gefährden. Dabei muss der Wechselwirkung zwischen Umwelt (ökologisches Gleichgewicht), Wirtschaft (Befriedigung ökonomischer Bedürfnisse) und Gesellschaft (soziale Gerechtigkeit) Rechnung getragen werden, d. h. es muss der Versuch unternommen werden, umweltrechtliche und entwicklungsspezifische Elemente derart in Einklang miteinander zu bringen, dass nachfolgende Generationen nicht geschädigt werden. Der Grundsatz der nachhaltigen Entwicklung wurde zum Leitprinzip der **UN-Konferenz über Umwelt und Entwicklung in Rio de Janeiro** (1992) und hat inzwischen Eingang in zahlreiche internationale Übereinkommen gefunden (vgl. etwa die Präambel des WTO-Übereinkommens). Gleichwohl ist sein rechtlicher Gehalt noch umstritten. So bezeichnete der IGH im Gabčíkovo-Nagymaros-Urteil[5] 1997 die Idee der nachhaltigen Entwicklung lediglich als völkerrechtliches Konzept, nicht aber als völkerrechtliches Prinzip. Diese vorsichtige Bewertung des IGH bezog sich aber auf einen umweltvölkerrechtlichen und nicht auf einen entwicklungsvölkerrechtlichen Kontext. Man wird trotz des vorsichtigen Urteils des IGH den Gedanken der **nachhaltigen Entwicklung als Grundlage des Entwicklungsvölkerrechts** bezeichnen können. Daraus ergibt sich, dass neben den wirtschaftlichen und sozialen Folgen einer Politik auch deren ökologische Auswirkungen berücksichtigt werden müssen.

### Recht auf Entwicklung

841 Ein **menschenrechtliches Recht auf Entwicklung** ist im Grundsatz heute allgemein anerkannt. Wer Rechtsträger dieses Rechts ist, welchen Inhalt es hat und gegenüber wem es geltend gemacht werden kann, ist allerdings umstritten. Da auf das Recht auf Entwicklung noch ausführlicher eingegangen wird[6], genügt hier der Hinweis, dass es trotz fehlender Einigkeit über seinen Inhalt, einen prägenden Einfluss auf das Entwicklungsvölkerrecht haben kann.

### 3. Problemkreise

842 Aus dem bisher Dargestellten ergeben sich bereits einige Problemkreise des Entwicklungsvölkerrechts:
- **Inhalt und Rechtscharakter der Elemente des Entwicklungsvölkerrechts** sind noch sehr vage. Es fehlt an einer die Rechtsdurchsetzung ermöglichenden Klarheit der verbindlichen Elemente des Rechts der internationalen Entwicklung. Dabei ist zum einen unklar, welche Pflichten bereits Teil des Völkergewohnheitsrechts sind (z. B. nachhaltige Entwicklung). Zum anderen sind allgemein anerkannte Rechte

---

[5] IGH, Case Concerning the Gabèíkovo-Nagymaros Project (Hungary/Slovakia), ICJ Reports 1997, 7, Abs. 140 = *Dörr*, Kompendium völkerrechtlicher Rechtsprechung, 2005, Fall 33.
[6] Dazu unten Rn. 894 ff.

der Entwicklungsländer, z. B. das Recht auf wirtschaftliche Souveränität, inhaltlich zu unbestimmt, um hieraus konkrete Verpflichtungen der Industriestaaten ableiten zu können.
- Die zentralen **Begriffe Entwicklung und Entwicklungsland** sind im Entwicklungsvölkerrecht bzw. in den Teilgebieten des Wirtschaftsvölkerrechts **nicht eindeutig definiert**. Die Bestimmung des Begriffs „Entwicklung" erweist sich als besonders komplex, da er einen Konsens über politische, wirtschaftliche, gesellschaftliche und kulturelle Ziele erfordern würde. Der Entwicklungsbegriff wird auch stark durch institutionelle Kontexte bestimmt: Während die Weltbank einen wachstums- und makroökonomischen Entwicklungsbegriff verfolgt, der auf das Bruttoinlandsprodukt, Wachstumsraten und andere ökonomische Indikatoren abstellt, geht das UN-Entwicklungsprogramm (UNDP) von einem Entwicklungsbegriff aus, der die Grundbedürfnisse des Menschen in den Mittelpunkt stellt. Keine einheitliche Definition besteht auch für den Begriff „Entwicklungsland". In der Regel bestimmt ein Staat selbst, ob er sich als ein Entwicklungsland sieht oder nicht. Allgemein anerkannt ist nur die Definition der am **wenigsten entwickelten Länder** (Least Developed Countries, LDCs) des Wirtschafts- und Sozialrats der Vereinten Nationen (ECOSOC). Danach gehören derzeit 50 Staaten mit einem durchschnittlichen Pro-Kopf-Einkommen von weniger als 750 US$ pro Jahr zu dieser Gruppe.
- Das Entwicklungsvölkerrecht ist ein Rechtsgebiet, das durch **(rechts-)politische Gegensätze geprägt** ist. Dies hat sich z. B. an den Diskussionen um die NWWO gezeigt. So unbestritten das Ausmaß der Probleme von Unterentwicklung und Armut waren, so wenig bestand und besteht zwischen Industrie- und Entwicklungsländern Konsens über die Strategien zur Lösung der Probleme. Wie im Folgenden gezeigt wird, sind politische Gegensätze auch für die einzelnen Teilbereiche des Entwicklungsvölkerrechts prägend.

## II. Handel und Entwicklung

Wie in § 2 bereits erwähnt ist das **Verhältnis von internationalem Handel und Entwicklung ambivalent**. Einerseits kann Handel zu wirtschaftlichem Wachstum führen und sich positiv auf die Entwicklung eines Lands auswirken. Insofern erhalten Forderungen nach dem Abbau von protektionistischen Maßnahmen der Industrieländer (Agrarsubventionen, Zolleskalation[7], etc.) aber auch nach einer Reduzierung von Handelsschranken der Entwicklungsländer ihre entwicklungspolitische Berechtigung. Andererseits kann die uneingeschränkte Öffnung der Märkte von Entwicklungsländern für Importe aus dem Ausland oder der ungeschützte Einfluss der internationalen Marktkräfte auf die ökonomische Basis von Entwicklungsländern negative Konsequenzen haben. Dies legitimiert spezielle Schutzmaßnahmen für Entwicklungsländer im Welt-

843

---

[7] Dazu § 2 Rn. 200.

handelsrecht. Vor dem Hintergrund der Ambivalenz des Verhältnisses von Handel und Entwicklung haben sich im Wirtschaftsvölkerrecht verschiedene Sonderregime herausgebildet, von denen drei praktisch bedeutsame im Folgenden kurz vorgestellt werden.

## 1. Sonderregeln für Entwicklungsländer im WTO-Recht

**Ausgangsfall**

Die Benevolentische Gemeinschaft (BG), ein Mitglied der WTO, hat ein allgemeines Präferenzsystem (Generalized System of Preferences, GSP) zu Gunsten aller Entwicklungsländer eingeführt, das auf der sog. Enabling Clause der WTO beruht. Dieses System sieht reduzierte Zölle für die meisten Produkte aus Entwicklungsländern vor. Neben den allgemeinen Präferenzen gewährt die BG im Rahmen ihres GSP fünf konkret benannten Ländern weitere Zugeständnisse in Form eines zollfreien Marktzugangs für ausgewählte Produkte, wenn diese Länder effektive Programme im Kampf gegen die Produktion und den Handel mit Drogen durchführen (sog. „Drug Arrangements"). Bei diesen Ländern handelt es sich um LDCs, in denen die Produktion von Opium und Kokain einen wesentlichen Teil der wirtschaftlichen Aktivitäten ausmacht. Cleanland ist kein LDC und gehört daher nicht zu den fünf genannten begünstigten Ländern. Cleanland führt aber ebenfalls effektive Drogenbekämpfungsprogramme durch und sieht in den „Drug Arrangements" eine Verletzung des WTO-Rechts.

Sachverhalt nach *EC – Conditions for the Granting of Tariff Preferences to Developing Countries*, Bericht des Appellate Body am 20. 4. 2004 angenommen, WT/DS246.

844 Das WTO-Recht kennt eine Reihe von Sondervorschriften, mit denen der speziellen Situation von Entwicklungsländern Rechnung getragen werden soll.[8] Diese wurden jedoch erst schrittweise in das GATT/WTO-Recht eingeführt. Die Berücksichtigung der besonderen Probleme und Bedürfnisse von Entwicklungsländern ist heute allerdings ein wesentliches **Prinzip der WTO-Rechtsordnung** und wird dem Grunde nach von keiner Seite in Frage gestellt. Umstritten ist jedoch, ob die bestehenden Regeln ausreichen bzw. die richtigen Akzente setzen.

### a) Geschichtlicher Hintergrund

845 Die **Dekolonialisierung** nach dem Zweitem Weltkrieg, vor allem ab 1960 führte dazu, dass vermehrt Entwicklungsländer Vertragsparteien des GATT 1947 wurden. Dementsprechend erlangte die Wechselwirkung von Handel und Entwicklung zunehmend an Bedeutung. Wie bereits erwähnt, wurde 1964 im Rahmen der Vereinten Nationen die **UNCTAD** gegründet. Ziel der UNCTAD war die Integration der Entwicklungsländer in das Welthandelssystem, so dass sich Handelsbeziehungen positiv auf die Entwicklungsziele von Entwicklungsländern auswirken würden. Dazu sollte die besondere Situation von Entwicklungsländern berücksichtigt werden. Die UNCTAD wurde daher von vielen Entwicklungsländern als Gegenmodell zum GATT angesehen, in dem die Interessen der Industrieländer an globaler Handelsliberalisierung gegenüber den Interessen der Entwicklungsländer an differenzierten Regeln überwogen.

---

8 Siehe dazu *Hilf/Oeter*, Welthandelsrecht, 2005, § 31; *Weiß/Herrmann*, Welthandelsrecht, 2003, § 20.

Da die UNCTAD jedoch in erster Linie als Forum des internationalen Austauschs und der Debatte diente und keine neuen Rechtsregeln schaffen konnte, musste auch das GATT-Regelwerk geändert werden, um den Forderungen der Entwicklungsländer gerecht zu werden. Daher erweiterten die GATT-Vertragsparteien 1966 das **GATT** um einen **Teil IV**, der mit „Handel und Entwicklung" überschrieben ist (Art. XXXVI bis XXXVIII GATT). Darin wird die besondere und differenziertere Behandlung („special and differential treatment") von Entwicklungsländern ermöglicht. Allerdings enthält Teil IV GATT kaum verbindliche Verpflichtungen, sondern in erster Linie Absichtserklärungen. Allenfalls Art. XXXVI:8 GATT kann als verbindliche Regelung angesehen werden. Diese Vorschrift befreit Entwicklungsländer vom Grundsatz der Reziprozität.[9] Die Industriestaaten erwarten danach keine gleichwertigen Zugeständnisse von Entwicklungsländern im Rahmen von multilateralen Verhandlungen. Entwicklungsländern wird somit die Möglichkeit gegeben, verstärkt an Handelsschranken festzuhalten. Eine Verpflichtung der Industrieländer zu bestimmten Zugeständnissen folgt daraus jedoch nicht.

846

Nach Vorarbeiten in der UNCTAD führten einige Industrieländer **allgemeine Präferenzsysteme** (Generalized System of Preferences, GSP) für Waren aus Entwicklungsländern ein. Hierbei handelt es sich um Präferenzzölle und andere besondere Zugeständnisse für Entwicklungsländer, die von einem Industrieland gewährt werden. Zunächst erteilten die GATT VERTRAGSPARTEIEN für jedes Präferenzsystem eine spezielle Ausnahmegenehmigung (waiver). 1979 wurde in Form der sog. „**Enabling Clause**" eine dauerhafte Rechtsgrundlage für allgemeine Präferenzsysteme zu Gunsten von Entwicklungsländern geschaffen.[10]

847

Trotz dieser Maßnahmen blieb die Situation der meisten Entwicklungsländer prekär. Das lag auch daran, dass zahlreiche Produkte, die von besonderem Interesse für Entwicklungsländer waren, aus den jeweiligen Präferenzsystemen ausgeklammert blieben. Für **landwirtschaftliche Produkte und Textilwaren** bestanden sogar Sonderrechtsordnungen außerhalb des GATT, mit denen vor allem die USA und die EG ihre eigene Agrar- und Textilproduktion schützen wollten. Damit waren zwei für Entwicklungsländer bedeutsame Sektoren von den multilateralen Handelsregeln und der Handelsliberalisierung weitgehend ausgeschlossen.

848

### b) Besondere und differenzierte Behandlung als Grundsatz des WTO-Rechts

In der Rechtsordnung der WTO nimmt der **Grundsatz der besonderen und differenzierten Behandlung von Entwicklungsländern** einen zentralen Stellenwert ein. Bereits in der Präambel des WTO-Übereinkommens wird die Integration der Entwicklungsländer in das Welthandelssystem als Ziel der WTO anerkannt und festgestellt, dass es dazu besonderer Anstrengungen bedarf. Die speziellen Probleme der LDCs werden ausdrücklich erwähnt.

849

---

9 Dazu § 2 Rn. 300.
10 Dazu unten Rn. 853 ff.

> IN DER ERKENNTNIS, dass es positiver Bemühungen bedarf, damit sich die Entwicklungsländer, insbesondere die am wenigsten entwickelten unter ihnen, einen Anteil am Wachstum des internationalen Handels sichern, der den Erfordernissen ihrer wirtschaftlichen Entwicklung entspricht (…)

850 Eine ähnliche Formulierung findet sich in der Präambel des GATS:

> IN DEM WUNSCH, die zunehmende Beteiligung der Entwicklungsländer am Handel mit Dienstleistungen und die Ausweitung ihrer Dienstleistungsausfuhren unter anderem durch die Stärkung der Kapazität, Leistungsfähigkeit und Wettbewerbsfähigkeit ihrer inländischen Dienstleistungen zu erleichtern;
>
> UNTER BESONDERER BERÜCKSICHTIGUNG der schwerwiegenden Probleme der am wenigsten entwickelten Länder angesichts ihrer besonderen wirtschaftlichen Lage und ihrer Bedürfnisse im Entwicklungs-, Handels- und Finanzbereich (…)

851 Der Grundsatz der besonderen und differenzierten Behandlung wird im WTO-Recht vor allem durch **verlängerte Übergangsfristen** zur Umsetzung der Verpflichtungen des WTO-Rechts für Entwicklungsländer (z. B. Art. 10.2 SPS und Art. 65 und 66 TRIPS) und die **Relativierung einzelner Verpflichtungen** (z. B. Art. 12.4 und 12.8 TBT) konkretisiert. In allgemeiner Form bestimmt auch Art. XI:2 WTO-Übereinkommen, dass LDCs Verpflichtungen und Zugeständnisse nur insoweit übernehmen müssen, „als diese mit ihren jeweiligen Entwicklungs-, Finanz- und Handelserfordernissen oder ihrer administrativen und institutionellen Leistungsfähigkeit vereinbar sind". LDCs müssen Verpflichtungen des WTO-Rechts somit nur befolgen, wenn dies mit ihrem Entwicklungsstand vereinbar ist.

852 Trotz der zahlreichen Wiederholungen des Grundsatzes der besonderen und differenzierten Behandlung ist sein **genauer Inhalt nicht eindeutig geklärt**. Soweit sich aus den einzelnen Bestimmungen keine konkreten Rechte (wie Fristverlängerungen oder Ausnahmeregelungen) ergeben, dürfte es schwer fallen, aus dem allgemeinen Grundsatz verbindliche und einklagbare Rechte der Entwicklungsländer abzuleiten. Der Grundsatz der besonderen und differenzierten Behandlung entfaltet aus diesem Grunde auch eine **größere Bedeutung in handelspolitischen Auseinandersetzungen und Verhandlungen,** da er hier von den Entwicklungsländern genutzt werden kann, um Sonderkonditionen zu verlangen. Allerdings ist die Beachtung des Grundsatzes nur ein Aspekt derartiger Verhandlungen und kann das grundsätzliche Machtungleichgewicht zwischen Industrie- und Entwicklungsländern kaum ausgleichen.

### c) Präferenzsysteme und die Enabling Clause

853 Handelspräferenzen für Entwicklungsländer verstoßen grundsätzlich gegen den Grundsatz der Meistbegünstigung gem. Art. I GATT[11], da nach diesem Grundsatz alle WTO-Mitglieder gleich zu behandeln sind. Um Handelspräferenzen zu legitimieren sind daher Ausnahmeregelungen erforderlich. 1979 beschlossen die GATT VERTRAGSPARTEIEN eine allgemeine **Ausnahmegenehmigung** für alle Präferenzen, die auf einem **Allgemeinen Präferenzsystem** für Entwicklungsländer beruhen. Diese sog. Enabling Clause hat auszugsweise folgenden Wortlaut:

---

11 Dazu § 2 Rn. 304 ff.

1. Notwithstanding the provisions of Article I of the General Agreement, contracting parties may accord differential and more favourable treatment to developing countries, without according such treatment to other contracting parties.
2. The provisions of paragraph 1 apply to the following:
   (a) Preferential tariff treatment accorded by developed contracting parties to products originating in developing countries in accordance with the Generalized System of Preferences,³ (…)
   (d) Special treatment of the least developed among the developing countries in the context of any general or specific measures in favour of developing countries.
3. Any differential and more favourable treatment provided under this clause: (…)
   (c) shall in the case of such treatment accorded by developed contracting parties to developing countries be designed and, if necessary, modified, to respond positively to the development, financial and trade needs of developing countries.

---

³ As described in the Decision of the CONTRACTING PARTIES of 25 June 1971, relating to the establishment of "generalized, non-reciprocal and non discriminatory preferences beneficial to the developing countries" (BISD 18S/24).

Nach der Enabling Clause sind Abweichungen von Art. I GATT zulässig, wenn das Allgemeine Präferenzsystem „allgemein, nicht-reziprok und nicht-diskriminierend" ist (vgl. Fußnote 3 zu Ziffer 2 (a) der Enabling Clause. Bedeutung und Umfang dieser Verpflichtung zur Nichtdiskriminierung waren Gegenstand der Streitsache *EC – Tariff Preferences*.¹² In dem Fall, auf dessen Grundlage der Ausgangsfall beruht, stritten die EG und Indien, das von den Sonderzugeständnissen der EG zu Gunsten bestimmter Entwicklungsländer nicht profitierte, darüber, ob im Rahmen eines Allgemeinen Präferenzsystems zwischen verschiedenen Entwicklungsländern differenziert werden darf:

**Auszug aus dem Appellate Body Bericht¹³:**

[T]he participants in this case agree that developing countries may have „development, financial and trade needs" that are subject to change and that certain development needs may be common to only a certain number of developing countries. We see no reason to disagree. Indeed, paragraph 3(c) contemplates that „differential and more favourable treatment" accorded by developed to developing countries may need to be „modified" in order to „respond positively" to the needs of developing countries. (…) Moreover, the very purpose of the special and differential treatment permitted under the Enabling Clause is to foster economic development of developing countries. It is simply unrealistic to assume that such development will be in lockstep for all developing countries at once, now and for the future.

In addition, the Preamble to the *WTO Agreement*, which informs all the covered agreements including the GATT 1994 (and, hence, the Enabling Clause), explicitly recognizes the „need for positive efforts designed to ensure that developing countries, and especially the least developed among them, secure a share in the growth in international trade commensurate with the needs of their economic development". The word „commensurate" in this phrase appears to leave open the possibility that developing countries may have different needs according to their levels of development

---

12 *EC – Conditions for the Granting of Tariff Preferences to Developing Countries*, Bericht des Appellate Body am 20.4.2004 angenommen, WT/DS246/AB/R, im Internet unter http://www.wto.org/english/tratop_e/dispu_e/cases_e/ds246_e.htm. Siehe hierzu *Schmahl*, „Enabling Clause" versus Meistbegünstigungsprinzip, AVR 2004, 389; *Bartels*, The WTO Enabling Clause and Positive Conditionality in the European Community's GSP Program, JIEL 2003, 507 und *Howse*, India's WTO Challenge to Drug Enforcement Conditions in the European Community Generalized System of Preferences, Chicago Journal of International Law 2003, Vol. 4, No. 2, 385, im Internet unter http://faculty.law.umich.edu/rhowse/.
13 *EC – Tariff Preferences*, o. Fn. 12, Rn. 160 ff., Wiedergabe ohne Fußnoten.

and particular circumstances. The Preamble to the *WTO Agreement* further recognizes that Members' „respective needs and concerns at different levels of economic development" may vary according to the different stages of development of different Members.

In sum, we read paragraph 3(c) as authorizing preference-granting countries to „espond positively" to „needs" that are *not* necessarily common or shared by all developing countries. Responding to the „needs of developing countries" may thus entail treating different developing-country beneficiaries differently. (…)

Having examined the text and context of footnote 3 to paragraph 2(a) of the Enabling Clause, and the object and purpose of the *WTO Agreement* and the Enabling Clause, we conclude that the term „non-discriminatory" in footnote 3 does not prohibit developed-country Members from granting different tariffs to products originating in different GSP beneficiaries, provided that such differential tariff treatment meets the remaining conditions in the Enabling Clause. In granting such differential tariff treatment, however, preference-granting countries are required, by virtue of the term „non-discriminatory", to ensure that identical treatment is available to all similarly-situated GSP beneficiaries, that is, to all GSP beneficiaries that have the „development, financial and trade needs" to which the treatment in question is intended to respond."

855 Mit dieser Entscheidung hat der Appellate Body einen weiten Maßstab des Begriffs nicht-diskriminierend angewandt, der gewisse Differenzierungen zwischen Entwicklungsländern ermöglicht, solange es sich nicht um **Entwicklungsländer in ähnlicher Situation** („similarly situated") handelt. Differenzierende Präferenzbehandlungen von Entwicklungsländern sind nach WTO-Recht nur zulässig, wenn sie grundsätzlich allen Entwicklungsländern, die sich in einer ähnlichen Situation befinden, offen stehen. Vor diesem Hintergrund hielt der Appellate Body die Drug Arrangements der EG nicht für gerechtfertigt. Die Drug Arrangements schlossen nämlich bestimmte Länder (u. a. Indien) von vornherein vom Genuss der Präferenzbehandlung aus, obwohl sie mit ähnlichen Problemen zu kämpfen hatten, wie die privilegierten Länder. Die Drug Arrangements zählten nämlich enumerativ die begünstigten Länder auf und legten zudem die Kriterien für deren Privilegierung nicht offen.

> **Merke:** Zollpräferenzen für Entwicklungsländer können auf der **Grundlage der Enabling Clause** gerechtfertigt werden, wenn sie Teil eines **Allgemeinen Präferenzsystems** sind, das **nicht zwischen Entwicklungsländern diskriminiert,** die sich in einer ähnlichen Situationen befinden.

---

**Lösungshinweise zum Ausgangsfall**

Die Drug Arrangements der DG verstoßen gegen Art. I GATT, da sie nicht für Produkte aus allen Ländern in gleicher Weise gelten. Fraglich ist, ob sie als Teil des GSP über die Enabling Clause gerechtfertigt werden können. Dazu müssten sie insbesondere nicht-diskriminierend sein. Die Tatsache, dass die Drug Arrangements zwischen Cleanland und den anderen fünf Ländern differenzieren, genügt dabei noch nicht für eine Verletzung der Enabling Clause. Vielmehr ist entsprechend der Entscheidung des Appellate Body in *EC – Tariff Preferences* zu prüfen, ob sich die betroffenen Länder in einer ähnlichen Situation befinden. Da die fünf privilegierten Länder LDCs sind und Cleanland nicht, kann man bereits auf dieser Grundlage eine ähnliche Situation ablehnen. Auch die Tatsache, dass die Opium- und Kokain-Produktion in den fünf privilegierten Ländern einen wesentlichen Teil der Wirtschaft ausmacht, könnte ein Kriterium sein. Allerdings ist hier Vorsicht geboten: Es ist auf die entwicklungspolitische Dimension dieses Phänomens abzustellen und nicht auf die sicherheitspolitischen Interessen der DG an der Drogenbekämpfung. Die Enabling Clause gestattet eine Differenzierung von Ländern nach ihrer Entwicklungssituation, aber nicht nach ihrer strategischen Bedeutung für das Land, das die Zollpräferenzen gewährt. Vor diesem Hintergrund kann man die Differenzierung im GSP der DG als gerechtfertigt ansehen, da eine Differenzierung unter entwicklungsökonomischen Gesichtspunkten vorgenommen wurde.

## 2. Rohstoffabkommen

Viele Entwicklungsländer sind von Rohstoffexporten und damit von der Entwicklung auf den Märkten der Industriestaaten als Hauptabnehmer dieser Rohstoffe abhängig. Entwicklungsländer haben daher ein besonderes Interesse daran, dass sich die **"terms of trade"** für Rohstoffe nicht verschlechtern und Rohstoffpreise zumindest stabil bleiben.[14] Aus diesem Grund ist die **Regulierung des Rohstoffhandels** eine zentrale Forderung der Entwicklungsländer. Soweit diese Regulierung zu Produktions- und Preissicherheit führt, ist sie auch im Interesse der Industrieländer, wenn diese auf Rohstoffe angewiesen sind. Ein Mittel zur Erreichung dieses Zwecks sind internationale Rohstoffabkommen.[15]

856

Unter einem Rohstoffabkommen werden **Abkommen zwischen Erzeuger- und Abnehmerstaaten eines Rohstoffs** verstanden. Häufig werden Rohstoffabkommen von einer internationalen Rohstofforganisation verwaltet. Von besonderer Bedeutung sind die internationalen Organisationen für Kaffee (International Coffee Organisation, ICO), Kakao (International Cocoa Organisation, ICCO), Zucker (International Sugar Organization, ISO) und Tropenholz (International Tropical Timber Organization, ITTO). Andere Rohstofforganisationen, die in der Vergangenheit bestanden, wie z. B. die Organisationen für Kautschuk und Zinn wurden inzwischen aufgelöst.

857

Ziel eines Rohstoffabkommens ist die **Angebots- und Preisstabilität.** Dieses Ziel dient sowohl den Interessen der Industrie- als auch der Entwicklungsländer. Während den Entwicklungsländern an der Stabilität der Rohstoffpreise gelegen ist, steht für die Industriestaaten die Angebotsstabilität, also die regelmäßige Versorgung mit einer ausreichenden Menge von Rohstoffen, im Vordergrund.

858

Von Rohstoffabkommen abzugrenzen sind **Rohstoffkartelle**, in denen nur die Erzeugerstaaten zusammengeschlossen sind und den Preis und die Angebotsmenge eines bestimmten Rohstoffs durch Absprachen festlegen. Beispiel für ein Rohstoffkartell ist die OPEC (Organisation of the Petroleum Exporting Countries, Organisation Erdöl exportierender Staaten). Rohstoffkartelle können entwicklungspolitisch erfolgreich sein, wenn sie einen Rohstoff betreffen, von dem die Industriestaaten in besonderer Weise

859

---

14 Zu terms of trade § 2 Rn. 150.
15 Dazu *Herdegen*, Internationales Wirtschaftsrecht, 4. Aufl., 2005, § 10 und *Dolzer*, in: Graf Vitzthum (Hrsg.), Völkerrecht, 3. Aufl., 2004, Rn. 115 ff. Siehe auch Siebter Bericht der Bundesregierung über die Aktivitäten des Gemeinsamen Fonds für Rohstoffe und der einzelnen Rohstoffabkommen, 4. 10. 2004, BT-Drs. 15/3888.

abhängig sind, und wenn sie nahezu die gesamte Produktion umfassen. In der Praxis dürften diese Voraussetzungen nur bei Rohöl gegeben sein. Auf Seiten der Industriestaaten besteht zudem ein Interesse an der Verhinderung weiterer Rohstoffkartelle.

860 Der Abschluss von Rohstoffabkommen für die wichtigsten Rohstoffe der Entwicklungsländer gehörte zu den Forderungen der NWWO und wurde vor allem im Rahmen der **UNCTAD** gefördert. 1976 verabschiedete die UNCTAD eine Resolution mit der ein Integriertes Rohstoffprogramm gefordert wurde, das verschiedene Rohstoffabkommen, Maßnahmen zur Regulierung der Märkte und einem Gemeinsamen Fonds zur Finanzierung dieser Maßnahmen umfassen sollte.

861 Zur **Marktregulierung** wurden Quotensysteme und Interventionsmechanismen gefordert. Diese Instrumente waren daher auch das **Kernstück traditioneller Rohstoffabkommen** und bildeten die wichtigsten Teile von Rohstoffabkommen in den 1970er und 1980er Jahren.

862 ▪ **Import- und Exportquoten** regulieren Angebot und Nachfrage und können so zu Preisstabilität beitragen. Quotensysteme verstoßen zwar grundsätzlich gegen Art. XI GATT, können jedoch auf der Grundlage von Art. XX (h) GATT, einem speziellen Rechtfertigungstatbestand für Rohstoffabkommen, gerechtfertigt werden. Quotensysteme sind entwicklungspolitisch problematisch, da sie die Abhängigkeit der Entwicklungsländer vom Export bestimmter Rohstoffe zementieren und keine Anreize für eine Diversifizierung der Exporte schaffen.

863 ▪ Rohstoffabkommen enthielten in der Vergangenheit auch häufig die Verpflichtung der internationalen Rohstofforganisationen, **durch gezielten An- und Verkauf steuernd in das Marktgeschehen einzugreifen**. Die Organisation sollte eine bestimmte Menge des Rohstoffs aufkaufen, wenn das Angebot die Nachfrage überstieg, um einen Preisverfall zu verhindern, und Vorräte verkaufen, wenn die Produktion die Nachfrage nicht decken konnte, um so das Angebot stabil zu halten. Aufgabe eines derartigen Interventionsmechanismus war also zum einen, den vereinbarten Absatz für die Entwicklungsländer zu gewährleisten, und zum anderen, auf erhöhte Nachfrage der Industriestaaten zu reagieren. Dies führte zu einer Schaffung von Ausgleichslagern („buffer stocks") für den jeweiligen Rohstoff. Die für die Intervention erforderlichen Transaktionen waren häufig mit einem **hohen ökonomischen Risiko** verbunden und erforderten große Kapitalbestände und einen hohen organisatorischen Aufwand (z. B. Lagermöglichkeiten) seitens der Organisation. Diese Voraussetzungen waren nicht immer vorhanden, sodass die Interventionsmechanismen nicht immer ihren Aufgaben gerecht werden konnten. Teilweise trieben die Mechanismen die Organisation auch in den Konkurs, wie z. B. die internationale Zinnorganisation, die aufgrund ihrer Zahlungsunfähigkeit im Jahr 1985 aufgelöst werden musste.

864 Im Rahmen von Rohstoffabkommen und -organisationen werden gegenwärtig kaum noch Instrumente zur Beschränkung von Märkten oder zur Intervention in das Marktgeschehen benutzt. Statt dessen spielen **Informationsaustausch** und **Konsultationen** mit dem Ziel der Marktbeobachtung eine größere Rolle. Darüber hinaus werden **For-**

schungs- und Entwicklungsprojekte zur Erreichung bestimmter Qualitätsstandards gefördert und Entwicklungshilfe gewährleistet. Insofern hat eine Schwerpunktverlagerung von marktinterventionistischen zu marktkonformen Instrumenten stattgefunden.

Diese Schwerpunktverlagerung von Rohstoffabkommen zeigt sich deutlich an dem jüngsten Beispiel eines Rohstoffabkommens, dem **Gemeinsamen Fonds für Rohstoffe** (Common Fund for Commodities), dessen Gründungsabkommen 1989 in Kraft trat.[16] Der Gemeinsame Fonds ist mit Kapital aus Industrie- und Entwicklungsländern ausgestattet und dient der Finanzierung rohstoffpolitischer Maßnahmen durch zwei sog. „Schalter". Der „erste Schalter" (First Account) des Gemeinsamen Fonds sollte speziellen Rohstoffabkommen und -organisationen zur Finanzierung internationaler Ausgleichslager zur Verfügung stehen. Dieser Schalter ist jedoch nicht genutzt worden, da derartige Maßnahmen – wie erwähnt – keine praktische Bedeutung mehr haben. Der „zweite Schalter" (Second Account) dient der Förderung sektorübergreifender rohstoffpolitischer Projekte und der Unterstützung von Koordinierung und Konsultationen. Die geförderten Projekte betreffen Forschung und Entwicklung bei der Rohstoffgewinnung, Produktivitäts- und Qualitätsverbesserungen, den Transfer von Technologien und die Diversifizierung von Exportprodukten. Dieses Element des Rohstoff-Fonds wird rege genutzt.

865

### 3. EG-AKP-Assoziierungsabkommen

Eine besondere Form der Handelsbeziehungen zwischen Industrie- und Entwicklungsländern sind die Sonderbeziehungen der EG zu den Staaten der sog. AKP-Gruppe. Zu den AKP-Staaten zählen im Wesentlichen die ehemaligen Kolonien Frankreichs, Belgiens und Großbritanniens in Afrika, der Karibik und im Pazifik, mit denen die ehemaligen Kolonialmächte auch nach der Unabhängigkeit der Kolonien weiterhin besondere Beziehungen aufrecht erhielten. Aus diesen bilateralen Sonderbeziehungen wuchs eine spezielle handels- und entwicklungspolitische Kooperation zwischen der EG und den inzwischen 77 AKP-Staaten.

866

Diese Sonderbeziehungen beruhen auf **Assoziierungsabkommen** auf der Grundlage von Art. 310 EGV. Die Abkommen zielen auf ein partnerschaftliches Modell der Wirtschafts- und Entwicklungskooperation ab. Die Abkommen haben grundsätzlich eine mehrjährige Laufzeit und werden nach ihrem Unterzeichnungsort benannt. Das ersten beiden Abkommen wurden 1963 und 1969 in Jaunde (Kamerun) abgeschlossen. Zwischen 1975 bis 2000 wurden insgesamt vier Abkommen abgeschlossen, die nach der Hauptstadt Togos, Lomé, benannt waren (**Lomé I bis Lomé IV**).

867

Wesentliches Element der bisherigen Abkommen war der **präferenzielle und weitgehend zollfreie Marktzugang** für Produkte aus den AKP-Staaten in die EG. Einschränkungen galten jedoch für sensible Agrarprodukte wie Zucker, Bananen und Rindfleisch.

868

---

16 BGBl. 1985 II, S. 714. Dazu *Michaelowa/Naini*, Der Gemeinsame Fonds und die Speziellen Rohstoffabkommen, 1995.

Außerdem sahen die Abkommen Mechanismen zur Stabilisierung von Exporterlösen für Agrar- und Bergbauprodukte vor. Aufgrund der Handelspräferenzen mussten die EG und ihre Vertragspartner für die Assoziierungsabkommen in der WTO jeweils Ausnahmegenehmigungen (waiver) von den GATT-Pflichten beantragen. Ein weiteres bedeutsames Element der Abkommen waren sog. **Menschenrechts- und Demokratieklauseln**, mit denen der Schutz von Menschenrechten in den AKP-Staaten und Prinzipien des guten Regierens („good governance"), Demokratie, Menschenrechte und Rechtsstaatlichkeit einschließlich der Bekämpfung von Korruption, durchgesetzt werden sollen.

869 Im Jahr 2000 wurde ein neues Rahmenabkommen abgeschlossen, das nach der Hauptstadt Benins, Cotonou, benannt ist (**Cotonou-Abkommen, CA**).[17] Hauptziele des neuen Rahmenabkommens sind die Bekämpfung der Armut, nachhaltige Entwicklung und die schrittweise Integration der AKP-Staaten in die Weltwirtschaft (Art. 1 und 19 CA). Das CA enthält Vorschriften zur Unterstützung von Entwicklungsstrategien und zur finanziellen Unterstützung der AKP-Staaten. Neben der entwicklungs-, handels- und wirtschaftspolitischen Dimension enthält das CA ebenfalls eine politische Dimension, die den Menschenrechtsschutz, Demokratie, und „good governance" mit einschließt (Art. 9 CA).

870 Die **Handelsbeziehungen** zwischen der EG und den AKP-Staaten werden durch das Cotonou-Abkommen auf eine **völlig neue Grundlage** gestellt. An die Stelle einheitlicher handelspolitischer Regeln sollen mehrere Abkommen zwischen der EG und regionalen Gemeinschaften oder Zusammenschlüssen der AKP-Staaten treten. Das CA selbst enthält lediglich allgemeine Rahmenvorschriften. Die konkreten Regeln müssen durch **Wirtschaftspartnerschaftsabkommen** (Economic Partnership Agreements, EPAs) zwischen der EG und den jeweiligen Regionen ausgefüllt werden, über die seit dem Jahr 2002 verhandelt wird.

871 Hierbei sind vor allem **zwei Probleme** zu beachten: Zum einen sollen die Wirtschaftspartnerschaftsabkommen dem WTO-Recht entsprechen. Dazu müssen die Abkommen die Form regionaler Handelsabkommen i. S. d. WTO-Rechts annehmen, d. h. die Vertragsparteien müssen sich die jeweiligen **Rechte wechselseitig gewähren**.[18] Einseitige Präferenzen sind damit nicht vereinbar. Daher müssen sich auch die AKP-Staaten zum Abbau von Handelsschranken verpflichten. Insofern nehmen das CA und die Wirtschaftspartnerschaftsabkommen Abschied von einem zentralen Grundsatz der Lomé-Abkommen. Zum anderen ist die **Bildung der Regionen** nicht unproblematisch: Teilweise handelt es sich um Regionen, in denen bereits Ansätze der regionalen Integration bestehen, teilweise müssen diese erst entwickelt werden. Es stellt sich daher die Frage, ob die jeweilige Region, mit denen die EG ein Abkommen aushandeln will, entsprechend auch – als Gruppe – ein Abkommen mit der EG aushandeln will.

---

17 ABl. 2000 L 317/13. Vgl. dazu zur Einführung, *Oppermann*, Europarecht, 3. Aufl., 2005, § 31, Rn. 98 ff. Zur Vertiefung Arts, ACP-EU relations in a new era: The Cotonou Agreement, CMLR 2003, 95; *Matambalya/Wolf*, The Cotonou Agreement and the challenges of making the new EU-ACP trade regime WTO compatible, JWT 2001, 123 und *Martenczuk*, From Lomé to Cotonou: The ACP-Partnership Agreement in a legal perspective, EFARev 2000, 461.
18 Dazu § 6 Rn. 929 ff.

## III. Finanzierung und Verschuldung

Neben der handelsrechtlichen Dimension des Entwicklungsvölkerrechts sind die Finanzierung von Entwicklung durch internationale Geberorganisationen und völkerrechtliche Mechanismen zur Bewältigung der internationalen Schuldenkrise, insbesondere bei drohender Zahlungsunfähigkeit eines Staats, von großer Bedeutung für das Entwicklungsvölkerrecht.

872

### 1. Entwicklungsfinanzierung durch die Weltbank

Die ebenfalls auf der Konferenz von Bretton Woods 1944 gegründete Internationale Bank für Wiederaufbau und Entwicklung (**Weltbank,** englisch: International Bank for Reconstruction and Development, IBRD)[19], verfolgt heute ausschließlich **entwicklungspolitische Aufgaben** und dient – anders als ihr voller Name es nahe legen würde – nicht mehr dem wirtschaftlichen Wiederaufbau nach dem Zweiten Weltkrieg. Rechtsgrundlage der Weltbank ist das Abkommen über die Internationale Bank für Wiederaufbau und Entwicklung von 1944 (Weltbank-Abkommen).[20]

873

Die Weltbank ist politisch und organisatorisch **eng mit dem IWF verbunden**. Das zeigt sich vor allem darin, dass Voraussetzung für eine **Mitgliedschaft** in der Weltbank eine IWF-Mitgliedschaft ist (Art. II Abschn. 1 Weltbank-Abkommen). Alle 184 IWF-Mitglieder sind auch Weltbank-Mitglieder. Die Weltbank ist auch eine UN-Sonderorganisation. Ähnlich wie die Quoten des IWF sind die mitgliedschaftlichen Rechte in der Weltbank durch **Anteile**, die jedes Mitglied zu zeichnen hat, bestimmt. Die Mindestzahl der zu zeichnenden Anteile ist vorgegeben. Die Staaten können allerdings auch Anteile hinzuerwerben.

874

Die **institutionelle Struktur** der Weltbank ähnelt der des IWF: An der Spitze der Weltbank steht der **Gouverneursrat**, in den jedes Mitgliedsland einen Gouverneur und einen Stellvertreter entsendet (zumeist den Finanz- oder Entwicklungsminister). Deutschland wird durch den Bundesminister für wirtschaftliche Zusammenarbeit und Entwicklung vertreten. Das **Direktorium** der Weltbank besteht derzeit aus 24 Direktoren, von denen fünf von den Ländern mit den größten Quoten ernannt und die übrigen von den anderen Ländern gewählt werden. Der jeweilige Direktor vertritt die Länder, die ihn gewählt haben. Die Weltbank wird von einem **Präsidenten** geleitet, der vom Direktorium gewählt wird. Derzeit ist der ehemalige US-Vizeverteidigungsminister *Paul Wolfowitz* Präsident der Weltbank.

875

---

19 Dazu Bundesbank, Weltweite Organisationen und Gremien im Bereich von Währung und Wirtschaft, 2003, S. 78–121, im Internet unter: http://www.bundesbank.de; *Lowenfeld,* International Economic Law, 2002, Kapitel 19.1 und *Tetzlaff,* IWF und Weltbank, 1996.
20 BGBl. 1952 II, 644 = Sartorius II, Nr. 45. Im Internet unter http://www.admin.ch/ch/d/sr/i9/0.979.2.de.pdf (Systematische Sammlung des Schweizer Bundesrechts).

876 Die **Stimmengewichtung** in der Weltbank folgt den Anteilen (Art. V Abschn. 3 Weltbank-Übereinkommen) und ist ähnlich verteilt wie die Stimmengewichtung im IWF: Die USA verfügen mit 16,4 % über den größten Anteil an Stimmen. Ihnen folgen Japan mit 7,9 % der Stimmen und Deutschland mit 4,5 % der Stimmen. Die von der Stimmengewichtung im IWF abweichenden Prozentzahlen ergeben sich daraus, dass die Weltbank-Mitglieder neben ihrem Pflichtanteil weitere Anteile an der Weltbank zeichnen können.

877 Die **Weltbank** hat vier „Schwesterinstitutionen", die gemeinsam mit ihr die **Weltbank-Gruppe** bilden, formal jedoch selbständige internationale Organisationen sind: Die Multilaterale Investitions-Garantie-Agentur (MIGA)[21], das Internationale Zentrum zur Beilegung von Investitionsstreitigkeiten (ICSID)[22], die International Development Association (IDA) und die International Finance Corporation (IFC).

878 Die IDA wurde 1960 gegründet und hat 165 Mitglieder. Sie gewährt den **am wenigsten entwickelten Ländern** Kredite zu besonders günstigen Konditionen. Die IFC wurde 1956 gegründet und hat 178 Mitglieder.[23] Sie vergibt **Kredite an private Investoren** für Projekte in Entwicklungs- und Schwellenländern.

879 Die Weltbank-Gruppe hat verschiedene **Aufgaben** (vgl. Art. I Weltbank-Übereinkommen). Hauptaufgabe ist die Unterstützung der wirtschaftlichen Entwicklung durch die Finanzierung einzelner Projekte in Entwicklungsländern (**Projektfinanzierung**). Diese Aufgabe wird von der Weltbank selbst und der IDA wahrgenommen. Die Kredite der Weltbank sind fest verzinsliche Darlehen mit einer Laufzeit von 15–20 Jahren (sog. „harte Kredite"). Die IDA vergibt „weiche Kredite", die z. T. eine Laufzeit von bis zu 50 Jahren haben, oft zinslos sind und deren Tilgung teilweise erst nach 10 Jahren einsetzt. Nicht selten hat die Weltbank in der Vergangenheit industrielle Großprojekte oder große Infrastrukturmaßnahmen finanziert. Der entwicklungspolitische Nutzen dieser Großprojekte ist nicht unumstritten; sie stehen oft auch aus ökologischen oder sozialen Gesichtspunkten in der Kritik.

880 Als eine Reaktion auf diese Kritik errichtete die Weltbank 1993 ein **Inspection Panel** für Beschwerden gegen Weltbank-Projekte.[24] Das Panel besteht aus drei unabhängigen Personen und soll die sozialen, ökologischen und wirtschaftlichen Auswirkungen von Weltbank-Projekten überprüfen. Dazu können NGOs, örtliche Gemeinschaften oder andere organisierte Gruppen von Individuen in den jeweiligen Ländern, deren Interessen von den Projekten negativ betroffen werden eine Beschwerde vor dem Inspection Panel erheben. Hält das Inspection Panel die Beschwerde für zulässig und für glaubwürdig, kann es eine förmliche Untersuchung des Sachverhalts anordnen. Die generelle Überprüfbarkeit umstrittener Projekte durch eine unabhängige Instanz soll zur **Trans-**

---

21 Siehe oben § 3 Rn. 566 ff.
22 Siehe oben § 3 Rn. 564 f.
23 Dazu *Woicke*, Geschäftszweck: Förderung des privaten Sektors: Die Internationale Finanz-Corporation, Vereinte Nationen (VN) 1999, 157.
24 Dazu *Schlemmer-Schulte*, The World Bank's Experience With Its Inspection Panel, ZaöRV 1998, 353 und *Tjardes*, Das Inspection Panel der Weltbank, 2003.

parenz und **Legitimität der Weltbank beitragen**. Das Inspection Panel ist allerdings nicht befugt, die Weltbank-Projekte unter rechtlichen Gesichtspunkten zu bewerten. Insofern findet vor dem Inspection Panel **keine Rechtskontrolle** der Weltbank statt.

Eine weitere satzungsmäßige Aufgabe der Weltbank besteht in der Förderung und Anregung von **privaten ausländischen Investitionen**, u. a. durch die Übernahme von Garantien oder durch Beteiligung an Darlehen. Für diese Aufgaben sind IFC, MIGA und ICSID zuständig. Schließlich **berät** die Weltbank **Regierungen** mit Blick auf allgemeine entwicklungs- und wirtschaftspolitische Fragen und koordiniert die Finanzhilfen anderer internationaler Organisationen oder einzelner Staaten. Auch die Beratertätigkeit der Weltbank ist in der Vergangenheit kritisiert worden, da sie sich einseitig an neoliberalen Wirtschaftsmodellen orientierte und die vorgeschlagenen Maßnahmen z. T. nur wenig auf die spezifischen Gegebenheiten in einem jeweiligen Land angepasst waren. 881

## 2. Staatsverschuldung und Zahlungskrisen

> **Ausgangsfall**
>
> Insolvenzien befindet sich in einer schweren wirtschaftlichen Krise. Das Volkseinkommen wächst seit mehreren Jahren nicht mehr. Insolvenzien ist hochverschuldet; für die Tilgung der Zinsen müssen die gesamten Deviseneinnahmen des Staats aufgewendet werden. Nach einer erheblichen Abwertung des an den US$ gebundenen insolventischen Pesos beginnen sich internationale Anleger und Investoren aus Insolvenzien zurückzuziehen. Um den drohenden vollständigen Zusammenbruch der Staatsfinanzen und des Wechselkurses abzuwenden, erklärt Insolvenzien durch Gesetz vom 2. Januar 2006 den allgemeinen öffentlichen Notstand. Das Gesetz sieht eine sofortige Beschränkung des Zahlungs- und Kapitalverkehrs vor. Devisen können nur noch mit Genehmigung des Finanzministers ein- und ausgeführt werden. Außerdem wird der Finanzminister ermächtigt, ausländische Schulden auf unbestimmte Zeit nicht mehr zu bedienen. Von dieser Ermächtigung macht der Finanzminister am 4. Januar Gebrauch. Insolvenzien beginnt daraufhin multilaterale Verhandlungen mit verschiedenen Staaten und dem IWF über eine Umstrukturierung seiner Schulden. Max Wucherpfennig ist Inhaber einer Staatsanleihe Insolvenziens (Teilschuldverschreibung) in Höhe von 100 000 €, deren Rückzahlung am 1. Januar 2006 fällig geworden wäre. Als Insolvenzien sich unter Berufung auf das Gesetz vom 2. Januar 2006 weigert, die Summe zurückzuzahlen, erhebt Max Klage zum zuständigen Landgericht. Mit Erfolg?
>
> Sachverhalt nach LG Frankfurt a. M., JZ 2003, 1010 und LG Frankfurt a. M., WM 2003, 783.

### a) Hintergrund und Maßnahmen zur Reduzierung der Verschuldungskrise

Ein zentrales Problem für die wirtschaftliche Entwicklung vieler Länder ist die Höhe ihrer Auslandsverschuldung. Viele Entwicklungsländer sind in einem Ausmaß verschuldet, in dem der **Schuldendienst (Zinszahlung und Tilgung) den Exporterlös überschreitet**. Dadurch sind kaum noch öffentliche Investitionen in Infrastruktur, Ernährungssicherheit, Bildung und soziale Sicherung möglich. Um dennoch derartige Investitionen zu tätigen oder um laufende Zinsen zu zahlen, müssen viele Länder neue Kredite aufnehmen und befinden sich so in einer **Verschuldungsspirale**. Damit wird deutlich, dass die Bewältigung der Verschuldenskrise eine zentrale Herausforderung des Entwicklungsvölkerrechts ist. 882

883 Zu unterscheiden sind öffentliche und private Schulden. **Öffentliche Schulden** entstehen durch Kredite, die ein Entwicklungsland von anderen Staaten oder von internationalen Organisationen erhalten hat. **Private Schulden** beruhen auf Krediten privater Banken bzw. auf von einem Staat an private Anleger ausgegebenen Staatsanleihen. Staatliche und private Gläubiger haben sich zusammengeschlossen, um die Schulden einzelner Länder besser managen zu können und um sich zu koordinieren. Der sog. Pariser Club vereint derzeit 19 staatliche Gläubiger, an deren Sitzungen der IWF regelmäßig teilnimmt. Im sog. Londoner Club kommen die privaten Gläubiger zusammen.

884 In Wissenschaft und Praxis werden verschiedene **Maßnahmen**, die zur **Verringerung der Auslandsverschuldung** von Entwicklungsländern beitragen, diskutiert.[25] Eine Möglichkeit wäre ein genereller **Schuldenerlass**, wie er z. B. von zahlreichen Nichtregierungsorganisationen im Rahmen der sog. „Erlassjahr 2000"-Kampagne gefordert wurde.[26] Die meisten Regierungen der Gläubigerländer sind jedoch (noch) nicht bereit, sich auf einen generellen Schuldenerlass für alle Entwicklungsländer oder zumindest für die am wenigsten entwickelten Länder einzulassen.

885 Im Rahmen der 1996 eingeführten sog. **HIPC-Initiative** (heavily indebted poor countries) von IWF und Weltbank besteht die Möglichkeit einer weitgehenden Reduzierung von Schulden, die Entwicklungsländer gegenüber IWF und Weltbank haben. Voraussetzung für die Teilnahme an dieser Initiative ist, dass ein Land eine untragbar hohe Schuldenlast hat, wirtschaftspolitische Reformen nach Vorschlag von IWF und Weltbank durchführt, und ein sog. „Poverty Reduction Strategy Paper (PRSP)"[27] erstellt hat.

886 Für die 29 an der HIPC-Initiative beteiligten Länder hat das Programm bereits zu einer Schuldenreduzierung geführt. Seit 1999 beteiligen sich auch einige staatliche Gläubiger an der HIPC-Initiative. Auf dem G8-Gipfel 2005 in Gleneagles (Schottland) wurde ein vollständiger Erlass der IWF- und Weltbankschulden für 19 Länder, die an der HIPC-Initiative beteiligt sind, beschlossen. Obwohl die HIPC-Initiative damit zu einer nominalen Reduzierung der Schuldenlast beigetragen hat, sind ihre **Auswirkungen** auf die einzelnen Länder **noch unklar**. So hat die Reduzierung nicht in allen Fällen zu einer Reduktion des tatsächlichen Schuldendienstes geführt, da sie teilweise Schulden betraf, die von den entsprechenden Ländern nicht mehr bedient wurden. Noch nicht abzusehen ist auch, in wie weit die Schuldenreduzierung zur Verbesserung der Armutsbekämpfung beiträgt.

887 Eine von privaten Investoren abhängende Möglichkeit der Entschulung sind sog. **„debt equity swaps"**. In diesem Fall erwirbt ein Investor Schuldtitel eines Entwicklungslands (debt), die anschließend gegen eine Beteiligung dieses Investors an staatlichen Unternehmen (equity) des SchuldnerLands eingetauscht werden. Durch „debt equity swaps" können Entwicklungsländer somit ihre Auslandsschulden durch den Verkauf von Anteilen an ihren Staatsunternehmen an ausländische Investoren reduzieren.

---

25 Dazu Herdegen, Internationales Wirtschaftsrecht, 5 Aufl., 2005, § 24, Rn. 14–27.
26 Siehe dazu http://www.erlassjahr.de.
27 Dazu § 4 Rn. 779.

## b) Zahlungsnotstand und Insolvenzverfahren für Staaten

Im Zusammenhang mit Zahlungskrisen aufgrund erheblicher Staatsverschuldung wird kontrovers diskutiert, ob ein Staat in Ausübung eines **völkerrechtlichen Notstandsrechts** Zahlungen auf seine **Auslandsschulden verweigern** kann (Zahlungsnotstand).[28] Im Völkerrecht ist anerkannt, dass sich ein Staat auf einen Notstand als außergewöhnlichen Rechtfertigungstatbestand für die Verletzung von Pflichten berufen kann. Eine Kodifizierug findet sich in Art. 25 ILC-Entwurf zur Staatenverantwortlichkeit:[29]

888

> Art. 25 Notstand
> 1. Ein Staat kann sich nur dann auf einen Notstand als Grund für den Ausschluss der Rechtswidrigkeit einer Handlung, die mit einer völkerrechtlichen Verpflichtung dieses Staats nicht im Einklang steht, berufen, wenn die Handlung
> a) die einzige Möglichkeit für den Staat ist, ein wesentliches Interesse vor einer schweren und unmittelbar drohenden Gefahr zu schützen, und
> b) kein wesentliches Interesse des Staats oder der Staaten, gegenüber denen die Verpflichtung besteht, oder der gesamten internationalen Gemeinschaft ernsthaft beeinträchtigt.
> 2. In keinem Fall kann ein Staat sich auf einen Notstand als Grund für den Ausschluss der Rechtswidrigkeit berufen,
> a) wenn die betreffende völkerrechtliche Verpflichtung die Möglichkeit der Berufung auf einen Notstand ausschließt oder
> b) wenn der Staat zu der Notstandssituation beigetragen hat.

Der IGH hat diese Regel im *Gabcikovo-Nagymarus*-Urteil als Kodifizierung von Völkergewohnheitsrecht angesehen.[30]

889

Fraglich ist insbesondere, ob der völkerrechtliche Notstand die Verletzung von Zahlungsverpflichtungen gegenüber privaten Gläubigern rechtfertigen kann. Die Frage hat anlässlich der **Finanzkrise**, in die **Argentinien** Ende der 1990er Jahre geriet, aktuelle Bedeutung gewonnen. Das LG Frankfurt a. M. lehnte in einem Urteil aus dem Jahr 2003 die Anerkennung eines Zahlungsnotstandes jedenfalls im Erkenntnisverfahren ab und wollte dies erst im Vollstreckungsverfahren thematisieren.[31] Dagegen hielt es das OLG Frankfurt a. M. nicht für ausgeschlossen, dass sich ein völkerrechtlicher Notstand auch auf die Zahlungsverpflichtungen eines Staats gegenüber ausländischen Schuldnern beziehen kann. Ebenso wie einige andere Gerichte, die mit ähnlichen Fragen befasst waren, hat das OLG daher dem BVerfG gem. Art. 100 Abs. 2 GG die Frage vorgelegt, ob eine allgemeine Regel des Völkerrechts i. S. d. Art. 25 GG[32] bestehe, nach der ein Staat sich für zahlungsunfähig erklären und Zahlungen auf private Anlei-

890

---

28 Dazu *Ohler*, Der Staatsbankrott, JZ 2005, 590; *Tietje*, Die Argentinien-Krise aus rechtlicher Sicht: Staatsanleihen und Staateninsolvenz, Beiträge zum Transnationalen Wirtschaftsrecht, Heft 37, 2005, im Internet unter: http://www.wirtschaftsrecht.uni-halle.de/Heft37.pdf und *Pfeiffer*, Zahlungskrisen ausländischer Staaten im deutschen und internationalen Rechtsverkehr, ZvglRWiss (102) 2003, 141–194.
29 Dazu § 1 Rn. 98 ff.
30 IGH, Case Concerning the Gabèikovo-Nagymaros Project (Hungary/Slovakia), ICJ Reports 1997, 7, Abs. 50 ff. = *Dörr*, Kompendium völkerrechtlicher Rechtsprechung, 2005, Fall 33.
31 LG Frankfurt a. M., JZ 2003, 1010.
32 Dazu § 1 Rn. 112.

hen verweigern könne.³³ Eine Entscheidung des BVerfG wird noch im Jahr 2006 erwartet.

891 Sowohl die International Law Commission als auch verschiedene Stimmen in der Literatur gehen davon aus, dass ein Staatsnotstand auch zu einer Suspendierung von Zahlungspflichten führen kann. Allerdings sind die **Voraussetzungen** hierfür **verhältnismäßig eng**. So muss eine Gefahr für vitale Staatsinteressen vorliegen. Ferner muss die Zahlungsaussetzung erforderlich sein, um die drohenden Gefahren abzuwenden. Es darf keine milderen Mittel geben, die ebenso gut wirken würden. Schließlich darf ein Staat die Notstandssituation nicht selbst herbeigeführt haben, was im Fall von Zahlungskrisen so zu verstehen sein dürfte, dass dem Staat jedenfalls kein evidentes finanzpolitisches Versagen vorgeworfen werden kann. Um die Probleme einer drohenden Zahlungsunfähigkeit eines Staats zu bewältigen wird *de lege ferenda* ein **internationales Insolvenzrecht für Staaten** gefordert.³⁴ Zweck eines derartigen Verfahrens wäre die geordnete Abwicklung und Restrukturierung von Auslandsschulden. Dabei geht es um die Frage, ob insolvenzrechtliche Grundsätze auch auf Situationen extremer Überschuldung von Staaten anwendbar sind. Hintergrund eines Insolvenzrechts für Staaten ist die Erkenntnis, dass sowohl die uneingeschränkte Geltendmachung von Schuldenrückzahlungen durch die Gläubiger als auch die einseitige Verweigerung von Zahlungen durch den Schuldner einem Ausweg aus der Krise im Wege stehen. Kernelement eines Insolvenzverfahrens für Staaten wäre eine vorübergehende Aussetzung der Einklagbarkeit von Forderungen und eine Restrukturierung der Schulden. Gleichzeitig müssen dem insolventen Land weitere Kredite angeboten werden, die daran geknüpft sind, dass das Land sich zu einer Politik verpflichtet, die eine Stabilisierung der öffentlichen Haushalte erwarten lässt.

892 Die Diskussionen erhielten durch Vorschläge der stellvertretenden Geschäftsführenden Direktorin des IWF, *Anne O. Krueger,* im Jahr 2002 neuen Auftrieb. Der von ihr vorgeschlagene „**Sovereign Debt Restructuring Mechanism**" ist an das US-amerikanische Insolvenzrecht angelegt und würde dem IWF zentrale Aufgaben bei der Durchführung des Insolvenzverfahren übertragen. Ein solches Insolvenzverfahren könnte auf der Grundlage einer Änderung des IWF-Übereinkommens oder eines eigenen völkerrechtlichen Vertrags eingerichtet werden. Allerdings hat sich in den vergangenen Jahren gezeigt, dass der Verwirklichung eines internationalen Insolvenzrechts für Staaten noch erhebliche Hürden im Wege stehen. Die Staaten sind vor allem nicht bereit, ihre Souveränität zu Gunsten einer internationalen Insolvenzinstanz einzuschränken.

893 Eine Variante des Insolvenzrechts für Staaten besteht in der Möglichkeit, dass Gläubiger und Schuldner ein kollektives Umstrukturierungsverfahren vertraglich vereinbaren

---

33 OLG Frankfurt a. M., NJW 2003, 2688. Das Verfahren vor dem BVerfG wird unter den Aktenzeichen 2 BvM 1/03-8/03, 2 BvM 9/03 geführt.
34 *Paulus,* Rechtlich geordnetes Insolvenzverfahren für Staaten, ZRP 2002, 383; *Schwarz,* Neue Mechanismen zur Bewältigung der Finanzkrise überschuldeter Staaten, ZRP 2003, 170 und *Mayer,* Wie nähert man sich einem internationalem Insolvenzverfahren für Staaten? ZInsO 2005, 454.

(**collective action clauses, CAC**). Dadurch kann das Problem des Souveränitätsverlusts teilweise reduziert werden, da Schuldner und Gläubiger die Umstrukturierung in der Hand behalten und der Schuldnerstaat keiner externen Institution untergeordnet werden muss. Allerdings können derartige Verfahren nur in neue Kreditvereinbarungen aufgenommen werden. Insofern würde der Mechanismus erst in einigen Jahren Platz greifen.

---

**Lösungshinweise zum Sachverhalt**

Der Anspruch von Max Wucherpfennig gegen Insolvenzien auf Rückzahlung der Staatsanleihe besteht. Fraglich ist aber, ob er einklagbar ist und ob Insolvenzien dem Anspruch erfolgreich einen Einwand entgegensetzen kann. Zu prüfen ist zum einen eine Berufung auf Art. VIII Abschn. 2 lit. b) IWF-Übereinkommen (dazu LG Frankfurt a. M., WM 2003, 783). Diese ist im Rahmen der Zulässigkeit zu prüfen ist, da es sich nach h. M. um eine Sachurteilsvoraussetzung handelt. Zum anderen käme eine Berufung auf den allgemeinen völkerrechtlichen Notstand in Betracht (dazu LG Frankfurt a. M., JZ 2003, 1010). Nach Art. VIII Abschn. 2 lit. b) IWF-Übereinkommen kann aus Devisenkontrakten, die IWF-konformen Devisenkontrollbestimmungen zuwiderlaufen, nicht geklagt werden (dazu § 4 Rn. 800 ff.). Bei der Staatsanleihe handelt es sich jedoch nicht um einen Devisenkontrakt, da dieser Begriff nur Finanztransaktionen erfasst, die dem Zahlungsverkehr zuzurechnen sind. Eine langfristige Anlage von Kapital, wie sie bei einer Staatsanleihe typischerweise vorliegt, ist jedoch dem Kapitalverkehr zuzurechnen. Eine Staatsanleihe kann insoweit mit anderen Wertpapieren verglichen werden. Aus diesem Grunde scheitert die Klage nicht bereits an dieser Norm. Fraglich ist, ob sich Insolvenzien auf einen Zahlungsnotstand berufen kann. In der Literatur überwiegen Meinungen, die davon ausgehen, dass sich Staaten bei akuten Zahlungskrisen auf den Notstand berufen können. Das BVerfG hat über die Frage noch nicht abschließend entschieden, so dass die Rechtsfrage im deutschen Recht noch offen ist. Nimmt man an, dass sich Insolvenzien auf den Notstand berufen kann, sind dessen Voraussetzungen zu prüfen. Zu prüfen wäre u.a., ob anstatt des Notstands und des Zahlungsmoratoriums andere, gleich gut geeignete, mildere Mittel vorhanden sind, wie z. B. ein umfassendes Schuldenmanagement.

---

## IV. Recht auf Entwicklung als Menschenrecht?

*Literatur*

*Nuscheler*, „Recht auf Entwicklung": ein „universelles Menschenrecht" ohne universelle Geltung, in: von Schorlemer (Hrsg.), Praxishandbuch UNO, 2003, 305; *Vandenhole*, The human right to development as a paradox, VRÜ 2003, 377; *Auprich*, Das Recht auf Entwicklung als kollektives Menschenrecht, 2000; *von Schorlemer*, Recht auf Entwicklung – Quo Vadis? Die Friedenswarte 72 (1997) 121.

**894** Seit Anfang der 1980er Jahre wird die Diskussion über Inhalt und Charakter des Entwicklungsvölkerrechts durch eine **menschenrechtliche Dimension** erweitert. In der UNO und in der Literatur wird diskutiert, ob im Rahmen der Menschenrechte der dritten Generation ein Recht auf Entwicklung als Menschenrecht anerkannt werden soll und welchen Inhalt ein solches Menschenrecht haben könnte.

**895** Unter den **Menschenrechten der dritten Generation** werden **kollektive Rechte** wie das Recht auf Frieden, auf eine gesunde Umwelt, auf Teilhabe am gemeinsamen Erbe der Menschheit (common heritage of mankind) und das Recht auf Entwicklung verstanden. Grundgedanke der Idee von den Menschenrechten der dritten Generation ist, dass die Inanspruchnahme der Menschenrechte der ersten Generation (bürgerliche und politische Rechte) und der zweiten Generation (wirtschaftliche, soziale und kulturelle Rechte) das Bestehen bestimmter Mindeststandards voraussetzt, welche durch diese dritte Generation von Menschenrechten gewährleistet werden sollen.

896 Im internationalen Diskurs wurden diese Rechte vor allem von den Entwicklungsländern eingefordert. Anders als die Rechte der ersten und zweiten Generation, die im Internationalen Pakt über die bürgerlichen und politischen Rechte von 1966 (Zivilpakt) und im Internationalen Pakt über wirtschaftliche, soziale und kulturelle Rechte von 1966 (Sozialpakt) kodifiziert wurden, sind die Menschenrechte der dritten Generation bislang **noch nicht umfassend und rechtsverbindlich kodifiziert.**

897 Die Grundsätze des Rechts auf Entwicklung sind in der **Erklärung der UN-Generalversammlung über das Recht auf Entwicklung** von 1986 („Declaration on the Right to Development") festgehalten.[35] Ihr wesentlicher Inhalt umfasst folgende Grundsätze:
- Das Recht auf Entwicklung ist ein unveräußerliches Menschenrecht, das Menschen und Völker („peoples") berechtigt, an Entwicklung in einem umfassenden Sinne teilzuhaben, dazu beizutragen und Entwicklung zu beanspruchen (Art. 1).
- Der Mensch ist zentrales Subjekt von Entwicklung (Art. 2).
- Staaten tragen die primäre Verantwortung für die Schaffung eines nationalen und internationalen Systems, in dem Entwicklung möglich wird (Art. 3 und 4).
- Staaten sind zur Kooperation verpflichtet (Art. 3) .

898 Als Erklärung der Generalversammlung ist die Erklärung nicht bindend.[36] Sie kann auch nicht als Ausdruck von Völkergewohnheitsrecht angesehen werden, da die USA gegen diese Resolution stimmten und sich einige Industriestaaten (u. a. Deutschland) der Stimme enthielten. Eine rechtsverbindliche Anerkennung des Rechts auf Entwicklung findet sich dagegen in **Art. 22 der Afrikanischen Charta der Menschenrechte und Rechte der Völker** von 1981 (Banjul Charta), die 1986 in Kraft trat. Damit gilt das Recht auf Entwicklung jedoch nur auf regionaler Ebene.

899 Auf universeller Ebene wurde das Recht auf Entwicklung erst im Abschlussdokument der **Wiener Menschenrechtskonferenz von 1993** anerkannt. In der Erklärung bekennen sich erstmals auch alle Industriestaaten zum Recht auf Entwicklung als individuelles und unveräußerliches Menschenrecht. Insofern ist das Recht auf Entwicklung **grundsätzlich gewohnheitsrechtlich anerkannt.**

900 Diese grundsätzliche Anerkennung sollte aber nicht darüber hinwegtäuschen, dass in der Staatengemeinschaft **kein Konsens** über **Inhalt, Träger und Verpflichtete des Rechts auf Entwicklung** besteht.

---

35 Erklärung der Generalversammlung A/RES/41/128 vom 4. 12. 1986.
36 Dazu § 1 Rn. 89 f.

- **Inhalt** des Rechts auf Entwicklung: Der Inhalt des Rechts wird maßgeblich durch den verwendeten Entwicklungsbegriff geprägt. Konsens dürfte insoweit bestehen, dass die Befriedigung der materiellen und sozialen Grundbedürfnisse eines Individuums hinzuzuzählen sind. Über deren Umfang und darüber hinausgehende Inhalte des Entwicklungsbegriffs besteht allerdings keine Einigkeit.
- **Träger** des Rechts auf Entwicklung: Nach der Erklärung von 1986 sind Berechtigte des Rechts auf Entwicklung sowohl Individuen als auch Völker. Mit der kollektiven Dimension soll deutlich gemacht werden, dass Entwicklung kein ausschließlich individuelles Konzept ist, sondern stets in einer Gemeinschaft stattfindet. Allerdings ist unklar, was unter dem Begriff „Volk" zu verstehen ist und welchen Rechtscharakter ein Volk hat.
- **Verpflichtete**, d. h. Adressaten des Menschenrechts auf Entwicklung sind die Staaten, d.h. sowohl Entwicklungs- und Industriestaaten als auch die Staatengemeinschaft insgesamt. Industrie- und Entwicklungsländer betonen jedoch unterschiedliche Verantwortlichkeiten. Während die Industriestaaten das Recht auf Entwicklung in erster Linie als Anspruch der Menschen und Bevölkerungen in Entwicklungsländern an ihren Heimatstaat sehen, betonen Entwicklungsländer die besondere Verantwortung der Industrieländer und des internationalen Wirtschaftssystems.

Damit wird deutlich, dass eine inhaltliche Konkretisierung des Rechts auf Entwicklung noch aussteht. Angesichts der Interessengegensätze zwischen Industrie- und Entwicklungsländern ist jedoch fraglich, ob es zu einer näheren Ausgestaltung kommt. In der Literatur wird aus diesem Grunde auch zum Teil vertreten, das Recht auf Entwicklung nicht als Menschenrecht, sondern als **Ausdruck des Prinzips der internationalen Solidarität** anzusehen. 901

Dem ist entgegenzuhalten, dass das Recht auf Entwicklung in der Staatenpraxis als Menschenrecht benutzt wird und eine „Aberkennung" seines menschenrechtlichen Charakters rechtlich keinen Gewinn darstellt. Zuzugeben ist der Kritik allerdings, dass mit dem **Recht auf Entwicklung keine einklagbaren Rechte und Pflichten begründet** werden (können). 902

Die Anerkennung des Rechts auf Entwicklung als Menschenrecht verdeutlicht vielmehr eine **Wende** im **Verständnis von Menschenrechten** und im **Verständnis von Entwicklung**: Menschenrechtlich wird durch das Recht auf Entwicklung anerkannt, dass Menschenrechte nicht losgelöst von sozialen und ökonomischen Entwicklungen in einem Staat betrachtet werden können und dass gewisse materielle Grundbedürfnisse befriedigt sein müssen, bevor Menschenrechte realisiert werden können. Entwicklungspolitisch signalisiert das Recht auf Entwicklung als Menschenrecht ein neues Verständnis von Entwicklung, das den individuellen Menschen und die Befriedigung seiner Rechte und Bedürfnisse in den Mittelpunkt stellt. Damit wird eine Abkehr vom staatenzentrierten Entwicklungsbegriff, der noch in der Charta der wirtschaftlichen Rechte und Pflichten der Staaten vorherrschte, deutlich. Das **Entwicklungsvölkerrecht** wird insofern **menschenrechtlich angereichert**. 903

▶ **Lern- und Wiederholungsfragen zu § 5:**

1. Vor welchem geschichtlichen Hintergrund ist die Herausbildung des Entwicklungsvölkerrechts zu sehen?
2. Was versteht man unter dem Prinzip der besonderen und differenzierten Behandlung im WTO-Recht und wie wird dieses Prinzip konkretisiert?
3. Mit welchen Mechanismen versuchten internationale Rohstoffabkommen in der Vergangenheit Rohstoffpreise zu stabilisieren?
4. Vor welchen rechtlichen und politischen Herausforderungen stehen die neuen Wirtschaftspartnerschaftsabkommen zwischen der EG und den AKP-Staaten?
5. Erläutern Sie die Funktion eines internationalen Insolvenzrechts für Staaten zur Bewältigung der Verschuldenskrise.
6. In welchem Umfang ist das Recht auf Entwicklung als Menschenrecht völkerrechtlich anerkannt und welche Aspekte sind noch umstritten?

# § 6 Regionale Wirtschaftsintegration

Literatur

*Herdegen*, Internationales Wirtschaftsrecht, 5. Aufl., 2005, § 11; *Lehmann*, Wirtschaftsintegration und Streitbeilegung außerhalb Europas, 2004; *Weiß/Herrmann*, Welthandelsrecht, 2003, § 13; *Dunker*, Regionale Integration im System des liberalisierten Welthandels, 2002.

Das Wirtschaftsvölkerrecht der Gegenwart wird zunehmend von **regionalen Wirtschaftsintegrationsabkommen** geprägt. Diese Abkommen regeln die zwischenstaatlichen Wirtschaftsbeziehungen der Vertragsparteien in unterschiedlichen Integrationsformen. Ziel eines Integrationsabkommens ist stets, die Wirtschaftsbeziehungen zwischen den Vertragsparteien stärker zu liberalisieren als dies im Verhältnis zu Staaten geschieht, die nicht an dem Integrationsabkommen beteiligt sind. Dadurch wird zwar ein höherer Integrationsgrad der betroffenen Volkswirtschaften erreicht, der jedoch in einem Spannungsverhältnis zur Integration im globalen Rahmen steht. Entsprechend ist auch das Verhältnis zwischen regionalen und multilateralen Abkommen nicht spannungsfrei. 904

## I. Grundlagen

### 1. Formen regionaler Integration

Die wirtschaftswissenschaftliche **Integrationstheorie** unterscheidet folgende **Grundtypen regionaler Integration**, die sich durch unterschiedliche Integrationsgrade auszeichnen: Präferenzzone, Freihandelszone, Zollunion, Gemeinsamer Markt und Wirtschafts- bzw. Währungsunion.[1] Bei den genannten Integrationsformen handelt es sich um Idealtypen. Die in der Realität vorzufindenden Integrationsabkommen stimmen nicht immer vollständig mit den typisierten Formen überein, sondern enthalten z. T. auch Elemente verschiedener Formen. Außerdem ist zu sehen, dass die Rechtsgrundlagen mancher Integrationsabkommen eine bestimmte Integrationsform vorsehen oder verlangen, deren tatsächliche Umsetzung auf wirtschaftliche und politische Probleme stoßen kann. 905

Die Kategorisierung und die Definitionen der einzelnen Integrationsformen sind durch die **Integrationsgeschichte der Europäischen Gemeinschaft** beeinflusst. Dies rechtfertigt sich dadurch, dass die Europäische Gemeinschaft global gesehen die am weitesten fortgeschrittene Integrationsgemeinschaft ist. Sie wird teilweise auch von anderen Integrationsgemeinschaften als Vorbild angesehen. 906

---

1 Dazu auch *Dieckheuer*, Internationale Wirtschaftsbeziehungen, 5. Aufl., 2001, 193 ff.

### Präferenzzone

907 In einer Präferenzzone gewähren sich die Vertragspartner wechselseitig **günstigere Marktzugangsbedingungen**, als sie anderen Staaten gewährt werden. Typischerweise reduzieren die Vertragspartner Zölle und andere Handelsschranken untereinander oder gewähren Zollfreiheit für bestimmte Produkte. Die **Handelsliberalisierung** ist damit oft **auf Teilmärkte** beschränkt. Typische Beispiele für Präferenzzonen sind die Allgemeinen Präferenzsysteme der Industriestaaten für Entwicklungsländer oder die EG-AKP-Assoziierungsabkommen vor Inkrafttreten des Cotonou-Abkommens.[2]

### Freihandelszone

908 Im Gegensatz zu einer Präferenzzone zeichnet sich eine Freihandelszone durch eine **vollständige Liberalisierung** des Handels zwischen den Vertragsparteien aus. Diese beruht grundsätzlich auf einer **Abschaffung der Zölle zwischen den Vertragsparteien** (Binnenzölle). Meist werden auch nichttarifäre Handelshemmnisse reduziert. In Freihandelszonen wird jedoch **kein gemeinsamer Außenzoll** eingeführt. Jeder Staat behält also seinen eigenen Außenzoll gegenüber Drittstaaten bei. Eine Freihandelszone kann sich (zunächst) nur auf den Warenverkehr beziehen oder zusätzlich die Liberalisierung des Dienstleistungshandels, Regeln über geistiges Eigentum und Investitionsschutzregeln vorsehen.

909 Die große **Mehrzahl** (über 80 %) **der regionalen Abkommen**, die der WTO notifiziert wurden, sind Freihandelsabkommen. Zu den bekanntesten Freihandelszonen zählen die NAFTA, die Europäische Freihandelszone EFTA (Schweiz, Liechtenstein, Norwegen und Island) oder der Europäische Wirtschaftsraum (EWR), der die EFTA-Staaten (mit Ausnahme der Schweiz) und die EG vereint.

910 Ein besonderes Problem bei Freihandelszonen besteht bei der Schaffung von **Ursprungsregeln**.[3] Eine Ursprungsregel legt fest, nach welchen Kriterien das **Herkunftsland einer Ware** bestimmt werden soll. Ursprungsregeln sind für regionale Integrationsabkommen von entscheidender Bedeutung, da festgestellt werden muss, ob eine Ware aus einem Mitgliedstaat des Integrationsabkommens oder aus einem Drittstaat stammt. In Freihandelszonen stellt sich das Problem in besonderer Weise: Ohne genaue Ursprungsregeln könnten Importeure Waren aus Drittstaaten in den Mitgliedstaat der Freihandelszone mit dem niedrigsten Außenzoll einführen und anschließend versuchen, sie von dort unter Umgehung des höheren Außenzolls der anderen Mitglieder weiter zu verkaufen.

> **Beispiel:** A, B, und C gründen eine Freihandelszone. In A und B gilt ein Zoll von 20 % auf T-Shirts; in C dagegen nur von 10%. Textilhändler T führt T-Shirts aus dem Staat D nach C ein und lässt dort auf die T-Shirts das Logo einer Modefirma nähen. Anschließend sollen die T-Shirts in A und B verkauft werden. Ohne Ursprungsregeln kann nicht festgestellt werden, ob die T-Shirts aus C stammen und damit zollfrei eingeführt werden können oder ob sie als T-Shirts „Made in D" anzusehen sind und ggf. erneut zu verzollen wären.

---

2 Siehe dazu § 5 Rn. 869 ff.
3 Dazu auch § 2 Rn. 333.

Regelmäßig verlangen Ursprungsregeln einen bestimmten **Mindestanteil an der Wert-** 911
**schöpfung** in einem Land, um dieses als Herkunftsland zu bezeichnen. Praktisch ergeben sich zahlreiche Probleme bei der genauen Bestimmung und Bemessung der einzelnen Schritte der Wertschöpfungskette.[4]

Freihandelszonen verfügen regelmäßig nur über ein **lockeres institutionelles Gefüge**. 912
Neben einem Organ, in dem die Vertreter der Vertragsparteien zusammen kommen,
besteht oft nur noch ein Sekretariat. Organe, die befugt sind, Entscheidungen zu treffen, fehlen zumeist. Ausgeprägter ist in vielen Freihandelszonen allerdings der **Streitschlichtungsmechanismus**. Häufig ist eine verbindliche Schiedsgerichtsbarkeit (z. B.
NAFTA), teilweise sogar ein ständiger Gerichtshof (z. B. EFTA-Gerichtshof) vorgesehen.

## Zollunion
Eine Zollunion verfügt typischerweise über alle Merkmale einer Freihandelszone. Zu- 913
sätzlich gilt für die Mitgliedstaaten einer Zollunion ein **gemeinsamer Außenzoll**. Mit
der Vereinheitlichung des Außenzolls wird oft auch eine **gemeinsame Handelspolitik**
eingeführt, d. h. die Außenwirtschaftspolitik wird nach einheitlichen Grundsätzen gestaltet. Bei Zollunionen müssen Ursprungsregeln festlegen, wann ein Produkt als **Dritt-
landsprodukt** angesehen wird. Ursprungsregeln für die einzelnen Mitglieder der Zollunion sind dagegen nicht erforderlich. Sobald ein Produkt in die Zollunion eingeführt
ist, ist es innerhalb der Zollunion keinen weiteren Zollschranken ausgesetzt.

Die Europäische Gemeinschaft beruht gem. Art. 23 EGV auf einer Zollunion. Art. 23 2. 914
HS EGV enthält eine Definition einer Zollunion:

Art. 23 EGV
Grundlage der Gemeinschaft ist eine Zollunion; sie umfasst das Verbot, zwischen Mitgliedstaaten Ein-
und Ausführzölle und Abgaben gleicher Wirkung zu erheben, sowie die Einführung eines Gemeinsame Zolltarifs gegenüber dritten Ländern.

Weitere Beispiele für Zollunionen sind der Mercosur und die karibische Gemeinschaft 915
CARICOM, wobei in beiden Fällen die Zollunion noch nicht vollständig verwirklicht ist.[5]

Die Festlegung eines gemeinsamen Außenzolls und ggf. einer gemeinsamen Handels- 916
politik erfordern eine stärkere Kooperation der Mitglieder untereinander, weswegen
sich Zollunionen oft durch eine **institutionelle Verfestigung**, d. h. die Bildung von
gemeinsamen Organen, auszeichnen.

## Gemeinsamer Markt
Ein gemeinsamer Markt baut auf einer Zollunion auf. Zusätzlich zur Abschaffung der 917
Binnenzölle und der Einführung eines gemeinsamen Außenzolls werden in einem
gemeinsamen Markt bzw. Binnenmarkt **alle Beschränkungen des Waren-, Personen-
und Kapitalverkehrs abgeschafft**. Ein gemeinsamer Markt zeichnet sich ökonomisch

---
4 Siehe dazu auch § 2 Rn. 333.
5 Zum Mercosur s. unten Rn. 949 ff.

gesprochen somit durch die Freiheit der Faktorbewegungen aus. Rechtlich gesehen werden in einem gemeinsamen Markt die **Grundfreiheiten** (Warenverkehrsfreiheit, Dienstleistungsfreiheit, Niederlassungsfreiheit, Arbeitnehmerfreizügigkeit und Kapitalverkehrsfreiheit) gewährt. Häufig werden sie jedoch sukzessive hergestellt und können Einschränkungen unterworfen bleiben. Die Definition des Binnenmarktes nach Art. 14 Abs. 2 EGV kann auch als allgemeine Definition eines gemeinsamen Marktes verstanden werden.

Art. 14 Abs. 2 EGV
Der Binnenmarkt umfasst einen Raum ohne Binnengrenzen, in dem der freie Verkehr von Waren, Personen, Dienstleistungen und Kapital gemäß den Bestimmungen dieses Vertrags gewährleistet ist.

918 Durch die Abschaffung der Beschränkungen des grenzüberschreitenden Wirtschaftsverkehrs wird häufig die **gegenseitige Anerkennung** oder die **Harmonisierung** von Produkt- und Produktionsanforderungen, beruflichen Qualifikationen und anderen Standards erforderlich. Schließlich können andere Politiken, insbesondere im Bereich **Wettbewerb und Beihilfen**, koordiniert bzw. vereinheitlicht (vergemeinschaftet) werden.

919 Der hohe Grad an materiell-rechtlicher Integration wird in einem gemeinsamen Markt durch einen hohen Grad an **Institutionalisierung** ergänzt. Neben Organen der Mitgliedstaaten (Ministerrat) wird oft ein Organ eingerichtet, welches das Integrationsinteresse vertritt (Kommission). Auch die Streitbeilegung ist in einem gemeinsamen Markt stärker ausgeprägt, z. B. durch einen ständigen Gerichtshof. Bekanntestes und gegenwärtig einziges Beispiel für einen gemeinsamen Markt ist die Europäische Gemeinschaft. Mercosur, CARICOM und die Andinische Gemeinschaft streben die Errichtung eines gemeinsamen Marktes als Ziel an.

**Wirtschafts- bzw. Währungsunion**

920 Die in einem gemeinsamen Markt bereits angelegte Vereinheitlichung verschiedener Politiken wird in einer Wirtschaftsunion durch eine **nach gemeinsamen Grundsätzen** gestaltete **Wirtschaftpolitik** vervollständigt. Dadurch werden auch Politiken zur Angleichung der Lebens- und Arbeitsbedingungen erforderlich, die durch die Angleichung der Systeme der sozialen Sicherheit (Krankenversorgung, Rente, etc.) ergänzt werden. Aufgrund der starken Wechselwirkungen zwischen Wirtschafts- und Währungspolitik kann eine Wirtschaftsunion auch durch Formen der monetären Integration, z. B. ein System fester Wechselkurse oder eine gemeinsame Währung ergänzt werden.[6] Die **Währungsunion** stellt somit die höchste Stufe der Wirtschaftsintegration dar. Die Europäische Gemeinschaft hat diese Stufe nach der Einführung der Wirtschafts- und Währungsunion (WWU) jedenfalls für die Teilnehmerländer der Währungsunion erreicht. Andere Integrationssysteme sind hiervon noch weit entfernt.

---

6 Dazu § 4 Rn. 706, 709 f.

*Übersicht über die Formen regionaler wirtschaftlicher Integration*

|  | Präferenzzone | Freihandelszone | Zollunion | Gemeinsamer Markt | Wirtschaftsunion | Währungsunion |
|---|---|---|---|---|---|---|
| Präferenzzölle | X | – | – | – | – | – |
| keine Binnenzölle |  | X | X | X | X | X |
| Gemeinsamer Außenzoll |  |  | X | X | X | X |
| Grundfreiheiten |  |  |  | X | X | X |
| Gemeinsame Wirtschaftspolitik |  |  |  |  | X | X |
| Gemeinsame Währung |  |  |  |  |  | X |

> **Merke:** Regionale Integrationsabkommen lassen sich nach dem **Grad ihrer Integrationsdichte** unterscheiden: **Präferenzzone, Freihandelsabkommen, Zollunion, Gemeinsamer Markt, Wirtschaftsunion und Währungsunion.**

## 2. Proliferation und Wandel regionaler Integration

Die Anzahl regionaler Integrationsabkommen hat in den letzten Jahren stark zugenommen.[7] Im Jahr 2006 waren knapp **200** der WTO notifizierte **regionale Abkommen** in Kraft. 2000 waren es noch ca. 90 und 1990 ca. 30. Die überdurchschnittliche Zunahme regionaler Abkommen dürfte auch mit einer gewissen Unzufriedenheit verschiedener Akteure gegenüber dem Fortschritt der Liberalisierung in der WTO zusammenhängen. So äußerte der damalige US-Handelsbeauftragte *Robert Zoellick* nach dem Scheitern der WTO-Ministerkonferenz von Cancún, dass die USA zukünftig vermehrt regionale Freihandelsabkommen abschließen würden, wenn die Liberalisierungsbemühungen im Rahmen der WTO die USA nicht zufrieden stellen würden.

921

Unter einem „regionalen" Abkommen werden traditionellerweise Zusammenschlüsse von mehreren Staaten verstanden, die in einer gewissen geographischen Nähe zueinander liegen (z. B. EG, NAFTA, Mercosur oder ASEAN). In jüngerer Zeit schließen jedoch vermehrt Staaten, die **keine unmittelbaren Nachbarn** sind, Freihandelsabkommen ab. Beispiele sind die Freihandelszonen zwischen der EG und Chile (2003), Korea und Chile (2004), den USA und Australien (2005) oder Kanada und Israel (1997). Derartige Freihandelsabkommen sind in erster Linie von wechselseitigen **Marktzugangsinteressen** geprägt. Die Wahl der Partner beruht hauptsächlich auf **strategischen Gründen** und weniger auf regionaler Nachbarschaft. Obwohl man bei nicht-benachbarten Staaten insofern nicht von einer „Region" sprechen kann, werden auch diese Abkommen im Wirtschaftsvölkerrecht als regionale Integrationsabkommen bezeichnet.

922

---

7 Dazu *Crawford/Fiorentino*, The Changing Landscape of Regional Trade Agreements, WTO Discussion Paper No. 8, 2005. Im Internet unter http://www.wto.org/english/res_e/booksp_e/discussion_ papers8_e.pdf.

923 Bilaterale Freihandelsabkommen zwischen nicht-benachbarten Staaten sind eher mit traditionellen bilateralen Präferenzabkommen vergleichbar, als mit traditionellen Regionalabkommen. Auch wenn sie eine Freihandelszone zwischen den beteiligten Staaten begründen, stellt sich das Abkommen aus Sicht der anderen Staaten als privilegierte bilaterale Beziehung dar, von der die Nachbarn der jeweiligen Vertragspartner ausgeschlossen sind. „Regionaler" Handel wird durch sie jedenfalls nicht gefördert. Aus diesem Grunde sind bilaterale Freihandelsabkommen zwischen nicht-benachbarten Staaten auch eine große **Herausforderung für das multilaterale Handelssystem**. Die GATT/WTO-Regeln über die Zulässigkeit von regionalen Integrationsabkommen[8] und die diesen Regeln zu Grunde liegenden Überlegungen wurden jedenfalls nicht in erster Linie mit Blick auf derartige Freihandelsabkommen entwickelt.

## II. Verhältnis regionaler zu multilateraler Integration

### 1. Grundsätzliche Perspektiven

924 Die Bewertung des Verhältnisses von regionaler und multilateraler Integration ist durch **zwei unterschiedliche Perspektiven** geprägt. Die beiden Perspektiven werden durch die Frage, ob regionale Integrationsabkommen Stolpersteine („stumbling block") oder Ecksteine („building block") für das multilaterale Handelssystem sind, auf den Punkt gebracht.

925 **Nach einer Sicht** verhalten sich regionale und multilaterale Integration **konträr** zueinander (regionale Integration als „stumbling block"). Hierzu werden folgende Argumente angeführt:
- Regionale Integration behindert multilaterale Integration durch die drohende Bildung von **„Handelsblöcken"**. So entsteht ein amerikanischer Block (mit der NAFTA als Kern), ein euro-mediterraner Block (mit dem EWR als Kern) und ein asiatischer Block. Die Blockbildung und die Proliferation regionaler Integrationsabkommen führt auch dazu, dass die **WTO-Regeln an praktischer Bedeutung verlieren**, da für große Teile des transnationalen Handels primär die – günstigeren – Regeln eines Regionalabkommens eine Rolle spielten.
- Regionale Integration beeinträchtigt den weltweiten Handel, da durch regionale Integration primär der Handel innerhalb der Mitgliedstaaten ausgedehnt wird, was zu einer Verdrängung der Produkte aus Nichtmitgliedstaaten führt. Der in Folge einer regionalen Integration gestiegene Handelsumfang innerhalb des Integrationsabkommens (Binnenhandel) wird durch eine Reduktion des Handelsumfangs zwischen den Mitgliedern des Integrationsabkommens und Drittstaaten (Außenhandel) kompensiert. Dies wird auch als **handelsumlenkender Effekt** (trade diverting effect) eines regionalen Abkommens bezeichnet. Dieser Effekt kann ins-

---

8 Dazu unten Rn. 928 ff.

besondere Entwicklungsländer, die nicht an einem regionalen Abkommen beteiligt sind, hart treffen.
- Das **Interesse an weiterer Liberalisierung** auf globaler Ebene **lässt** in dem Umfang **nach**, in dem die WTO-Mitglieder ihre Handelsinteressen zunehmend in regionalen Integrationsabkommen verfolgen, da sie dort leichter durchzusetzen sind und ein Entgegenkommen nur gegenüber einer begrenzten Zahl von Staaten erforderlich ist. Die Bereitschaft, Zugeständnisse auf globaler Ebene zu machen, sinkt mit der Größe des zollfreien Integrationsraums.

**Nach einer anderen Sicht begünstigen** regionale Integrationsbestrebungen die Integration auf multilateraler Ebene (regionale Integration als „building block"). Dies wird mit folgenden Argumenten untermauert: 926
- Die Mitglieder eines Integrationsabkommens streben untereinander einen höheren Grad an Liberalisierung an und tragen damit grundsätzlich zur Liberalisierung des Handels insgesamt bei. Insoweit wird gehofft, dass **„spill-over"-Effekte** stattfinden, d. h., dass sich die Handelsliberalisierung auch auf Drittstaaten überträgt. Dieser Gedanke hat in Art. 131 Abs. 1 EGV Ausdruck gefunden, in dem sich die EG zu einem Abbau der Handelsbeschränkungen auch gegenüber Drittstaaten bereit erklärt.

Art. 131 Abs. 1 EGV
Durch die Schaffung einer Zollunion beabsichtigen die Mitgliedstaaten, im gemeinsamen Interesse zur harmonischen Entwicklung des Welthandels, zur schrittweisen Beseitigung der Beschränkungen im internationalen Handelsverkehr und zum Abbau von Zollschranken beizutragen.

- Da regionalen Integrationszonen eine **Tendenz zur Erweiterung** und zur Assoziierung weiterer Staaten innewohnt, werden sukzessive immer mehr Staaten in Regime zur Liberalisierung des Handels einbezogen. Dieser Gedanke trifft insbesondere auf die EG zu: Die EG hat sich im Laufe ihrer Geschichte nicht nur von sechs auf 25 Mitgliedstaaten erweitert, sondern verfügt auch über Freihandelsabkommen mit zahlreichen anderen Staaten des europäischen Kontinents und mit Anrainerstaaten des Mittelmeeres.
- Regionale Integration trägt zu wirtschaftlichem Wachstum bei, was sich auch positiv auf die Nachfrage nach Produkten aus Drittstaaten auswirkt. Dadurch werden auch **dem internationalen Handel Wachstumsimpulse** verliehen (trade creating effect).
- Schließlich kann das höhere Integrationsniveau auf regionaler Ebene auch **Anstöße für weitere Integrationsschritte** auf multilateraler Ebene geben. So werden häufig Vergleiche der GATT/WTO-Regeln mit den Regeln regionaler Integrationsabkommen, insbesondere der EG und der NAFTA angestellt und diskutiert, in wie weit die Erfahrungen im Rahmen regionaler Integrationsabkommen auf die WTO übertragbar seien.

Beiden Perspektiven ist zuzugeben, dass sie ihre Thesen auf reale Beobachtungen stützen können. Allerdings wird man daraus **keine generelle Aussage** über das Verhältnis von regionaler und multilateraler Integration ableiten können. Vielmehr kommt es auf die rechtliche Gestaltung eines Integrationsabkommens und die wirtschaftliche 927

Realität der regionalen Handelsbeziehungen **im jeweiligen Einzelfall** an, um entscheiden zu können, ob regionale Integration globale Integration begünstigt oder behindert.

## 2. Regionale Integrationsabkommen und WTO-Recht

928 Regionale und multilaterale Integration stehen nicht nur aus wirtschaftlicher und politischer Sicht in einem Spannungsverhältnis zueinander, sondern auch aus rechtlichen Gesichtspunkten, da regionale Integrationszonen regelmäßig **gegen das Meistbegünstigungsprinzip**[9] des WTO-Rechts verstoßen. Die Mitglieder einer Freihandelszone, einer Zollunion oder eines Gemeinsamen Marktes gewähren einander Vorteile, die sie nicht an Drittstaaten weitergeben wollen, da dies dem Sinn einer regionalen Integration widersprechen würde. Ohne eine Regel, die diesen Verstoß rechtfertigt, würden regionale Integrationsabkommen grundsätzlich gegen das WTO-Recht verstoßen.

929 Das WTO-Recht hält mit Art. XXIV:4-8 GATT, Art. V und V$^{bis}$ GATS und der Vereinbarung zur Auslegung des Artikels XXIV des GATT, Regeln bereit, mit denen die **Kompatibilität von regionalen Integrationsabkommen** und dem **WTO-Recht** hergestellt werden soll. Die Regeln versuchen, einen Kompromiss zwischen den soeben geschilderten unterschiedlichen Positionen über das Verhältnis zwischen regionaler und multilateraler Integration herzustellen, indem sie einerseits regionale Integrationsabkommen zulassen, ihre negativen Auswirkungen auf den internationalen Handel jedoch weit gehend einzuschränken versuchen. Dieses Ziel wird in Art. XXIV:4 GATT ausgedrückt:

> Die Vertragsparteien erkennen an, dass es wünschenswert ist, durch freiwillige Vereinbarungen zur Förderung der wirtschaftlichen Integration der teilnehmenden Länder eine größere Freiheit des Handels herbeizuführen. Sie erkennen ferner an, dass es der Zweck von Zollunionen und Freihandelszonen sein soll, den Handel zwischen den teilnehmenden Gebieten zu erleichtern, nicht aber dem Handel anderer Vertragsparteien mit diesen Gebieten Schranken zu setzen.

930 Die **konkreten Zulässigkeitsvoraussetzungen** von regionalen Abkommen im Bereich des Warenhandels ergeben sich vor allem aus Art. XXIV:5 GATT und Art. XXIV:8 GATT. Die wichtigsten Voraussetzungen sind, dass das regionale Integrationsabkommen nahezu den gesamten Handel der Mitgliedstaaten erfasst und, dass im Zuge der Bildung eines regionalen Integrationsabkommens Zölle und Handelsschranken gegenüber Drittstaaten nicht erhöht werden.

931 Nach Art. XXIV:8 werden Zollunionen und Freihandelszonen als Gebiete definiert, in denen Zölle und beschränkende Handelsvorschriften für **„annähernd den gesamten Handel"** mit Waren aus dem Gebiet der Zollunion oder Freihandelszone abgeschafft sind. Die Liberalisierung des Warenverkehrs durch ein regionales Abkommen darf sich nach Art. XXIV:8 GATT aber nicht nur auf einen Handelszweig (z. B. Textilien) oder auf die Vereinbarung von reduzierten Zöllen beziehen. Präferenzzonen[10] können daher

---

9 Dazu § 2 Rn. 304 ff., 439 ff.
10 Dazu oben Rn. 907.

nicht nach Art. XXIV GATT gerechtfertigt werden. Sie bedürfen stets einer speziellen Ausnahmeregelung (waiver) oder einer Rechtfertigung durch die Enabling Clause.[11] Grund der Erfassung von annähernd dem gesamten Handel ist, dass durch das jeweilige Regionalabkommen spürbare Handelserleichterungen erreicht werden sollen, damit tatsächlich eine Ausweitung des Handelsvolumens zwischen den betroffenen Staaten stattfindet.

Die Bestimmung, was unter „annähernd dem gesamten Handel" zu verstehen ist, erweist sich als schwierig. In der **WTO-Praxis** ist über diese Frage noch keine Entscheidung getroffen worden. Der Appellate Body hat in *Turkey-Textiles* das Problem nur umrissen.

932

### Sachverhalt

Im Rahmen der Bildung einer Zollunion zwischen der EG und der Türkei ab dem 1. 1. 1996 verpflichtete sich die Türkei, quantitativen Beschränkungen für Textilien aus Drittstaaten einzuführen, die den Beschränkungen der EG entsprachen. Dazu führte die Türkei mit 24 Staaten bilaterale Verhandlungen zur Einführung entsprechender Quoten. Gegenüber weiteren 28 Staaten verhängte die Türkei unilaterale Beschränkungen, darunter auch Indien. Indien sah in diesen Beschränkungen eine Verletzung von Art. XI GATT. Die Türkei berief sich zur Rechtfertigung auf Art. XXIV GATT. Der Appellate Body untersuchte zunächst, ob die geplante Zollunion den Voraussetzungen des Art. XXIV GATT entsprach.

### Auszug aus dem Bericht des Appellate Body:[12]

„Sub-paragraph 8(a)(i) of Article XXIV establishes the standard for the *internal trade* between constituent members in order to satisfy the definition of a „customs union". It requires the constituent members of a customs union to eliminate „duties and other restrictive regulations of commerce" with respect to „substantially all the trade" between them. Neither the GATT Contracting Parties nor the WTO Members have ever reached an agreement on the interpretation of the term „substantially" in this provision. It is clear, though, that „substantially all the trade" is not the same as *all* the trade, and also that „substantially all the trade" is something considerably more than merely *some* of the trade. We note also that the terms of sub-paragraph 8(a)(i) provide that members of a customs union may maintain, where necessary, in their internal trade, certain restrictive regulations of commerce that are otherwise permitted under Articles XI through XV and under Article XX of the GATT 1994. Thus, we agree with the Panel that the terms of sub-paragraph 8(a)(i) offer „some flexibility" to the constituent members of a customs union when liberalizing their internal trade in accordance with this subparagraph. Yet we caution that the degree of „flexibility" that sub-paragraph 8(a)(i) allows is limited by the requirement that „duties and other restrictive regulations of commerce" be „eliminated with respect to substantially all" internal trade."

Nach Art. XVIII:5 GATT dürfen die **Handelsbeschränkungen** für Drittstaaten nach Gründung einer Freihandelszone bzw. einer Zollunion insgesamt **nicht höher als vor der Gründung** der Freihandelszone oder Zollunion sein. Diese Voraussetzung ist vor allem bei Zollunionen von großer Bedeutung. Der gemeinsame Außenzoll einer Zollunion kann im Einzelfall höher sein als der Zoll, der in einigen Mitglieder der Zollunion vor deren Gründung galt. Eine Erhöhung ist allerdings nur dann zulässig, wenn der Zollsatz der Zollunion insgesamt nicht höher ist, als der durchschnittliche Zoll der Mitglieder vor

933

---

11 Dazu § 5 Rn. 853 ff.
12 *Turkey – Restrictions on Imports of Textile and Clothing Products*, WT/DS34/AB/R, Bericht des Appellate Body am 19.11.1999 angenommen, Abs. 48, zitiert ohne Fußnoten. Im Internet unter http://www.wto.org/english/tratop_e/dispu_e/cases_e/ds34_e.htm.

Gründung der Zollunion. Die Vereinbarung zur Auslegung des Artikels XXIV des GATT enthält nähere Regeln zur Berechung der verschiedenen Zollsätze.

> **Beispiel:** A, B und C gründen eine Zollunion. Der durchschnittliche Zollsatz für alle Produkte betrug vor Gründung der Zollunion in A und B 10 %, in C dagegen nur 5 %. Sind die Handelsvolumen der drei Staaten annähernd gleich, kann man von einem gemeinsamen Durchschnittszoll von 8,33 % ausgehen. Diesen Wert darf der durchschnittliche gemeinsame Außenzoll der Zollunion nicht überschreiten.

934 Eine mit Art. XXIV GATT vergleichbare Regelung zur Zulässigkeit der regionalen Integration im **Dienstleistungshandel** findet sich in Art. V GATS. Da der Dienstleistungshandel nicht von Zöllen behindert wird, spricht Art. V GATS nicht von Zollunionen oder Freihandelszonen, sondern von Übereinkommen der wirtschaftlichen Integration. Um GATS-konform zu sein, müssen diese einen „beträchtlichen sektoralen Geltungsbereich haben". Nach Art. V:4 GATS darf ein solches Übereinkommen das allgemeine Niveau der Hemmnisse des Dienstleistungshandels „gegenüber dem vor Abschluss der Übereinkunft geltenden Niveau nicht erhöhen".

935 Sowohl Art. XXIV GATT als auch Art. V GATS rechtfertigen nicht nur Verstöße gegen das Meistbegünstigungsprinzip, sondern auch gegen andere Normen des GATT oder GATS. **Zulässig sind alle Maßnahmen**, die für die Errichtung einer Freihandelszone, Zollunion oder regionalem Integrationsabkommen **notwendig** sind, d. h., ohne die das entsprechende Abkommen nicht errichtet werden kann. Während die Verletzung des Meistbegünstigungsgrundsatzes stets notwendig ist, bedarf es in anderen Fällen einer genauen Prüfung. Auf dieser Grundlage hat der Appellate Body in *Turkey-Textiles* die mengenmäßigen Beschränkungen gegenüber Indien für unzulässig erklärt:

> „Accordingly, (…), we are of the view that Article XXIV may justify a measure which is inconsistent with certain other GATT provisions. However, in a case involving the formation of a customs union, this „defence" is available only when two conditions are fulfilled. First, the party claiming the benefit of this defence must demonstrate that the measure at issue is introduced upon the formation of a customs union that fully meets the requirements of sub-paragraphs 8(a) and 5(a) of Article XXIV. And, second, that party must demonstrate that the formation of that customs union would be prevented if it were not allowed to introduce the measure at issue. Again, *both* these conditions must be met to have the benefit of the defence under Article XXIV. (…)
>
> With respect to the second condition that must be met to have the benefit of the defence under Article XXIV, Turkey asserts that had it not introduced the quantitative restrictions on textile and clothing products from India that are at issue, the European Communities would have „exclud[ed] these products from free trade within the Turkey/EC customs union". According to Turkey, the European Communities would have done so in order to prevent trade diversion. Turkey's exports of these products accounted for 40 per cent of Turkey's total exports to the European Communities. Turkey expresses strong doubts about whether the requirement of Article XXIV:8(a)(i) that duties and other restrictive regulations of commerce be eliminated with respect to „substantially all trade" between Turkey and the European Communities could be met if 40 per cent of Turkey's total exports to the European Communities were excluded. In this way, Turkey argues that, unless it is allowed to introduce quantitative restrictions on textile and clothing products from India, it would be prevented from meeting the requirements of Article XXIV:8(a)(i) and, thus, would be prevented from forming a customs union with the European Communities.
>
> We agree with the Panel that had Turkey not adopted the same quantitative restrictions that are applied by the European Communities, this would not have prevented Turkey and the European Communities from meeting the requirements of sub-paragraph 8(a)(i) of Article XXIV, and conse-

quently from forming a customs union. We recall our conclusion that the terms of sub-paragraph 8(a)(i) offer some – though limited – flexibility to the constituent members of a customs union when liberalizing their internal trade. As the Panel observed, there are other alternatives available to Turkey and the European Communities to prevent any possible diversion of trade, while at the same time meeting the requirements of sub-paragraph 8(a)(i). For example, Turkey could adopt rules of origin for textile and clothing products that would allow the European Communities to distinguish between those textile and clothing products originating in Turkey, which would enjoy free access to the European Communities under the terms of the customs union, *and* those textile and clothing products originating in third countries, including India."[13]

> **Merke: Verletzungen des WTO-Recht durch ein regionales Integrationsabkommen** können **gerechtfertigt** werden, wenn das Abkommen **nahezu den gesamten Handel** erfasst und, wenn **gegenüber Drittstaaten insgesamt keine höheren Handelsschranken** errichtet werden. Allerdings müssen die getroffenen **Maßnahmen für die Schaffung des regionalen Integrationsabkommens notwendig** sein.

Regionale Integrationsabkommen müssen der WTO **notifiziert werden**, Art. XXIV:7 GATT und Art. V:7 GATS. Die Zulässigkeit der regionalen Integrationszone wird anschließend vom **Ausschuss für regionale Handelsabkommen** (CRTA, Committee on Regional Trade Agreements) überprüft. Von den 166 der WTO seit dem 1.1.1995 notifizierten regionalen Abkommen wurde allerdings erst ein Abkommen durch das CRTA abschließend bewertet, was vor allem auf politische Differenzen zurückzuführen ist. 936

## III. Beispiele regionaler Integration

Im Folgenden sollen einige regionale Integrationsabkommen, die oben teilweise schon erwähnt wurden, näher vorgestellt werden. Dadurch soll die Vielfalt und Varianz regionaler Abkommen dargestellt und deutlich gemacht werden, dass reale regionale Integrationsabkommen nur teilweise mit den oben dargestellten Typen regionaler Integration übereinstimmen. 937

### 1. NAFTA

Das Nordamerikanische Freihandelsabkommen (North American Free Trade Agreement, NAFTA)[14] wurde 1994 von den USA, Kanada und Mexiko gegründet. NAFTA baut auf dem CUSFTA (Canada-United States Free Trade Agreement) von 1988 auf, das eine Freihandelszone zwischen den USA und Kanada schuf. 938

---

13 *Turkey-Textiles,* o. Fn. 12, Abs. 58, 61 f., zitiert ohne Fußnoten.
14 Der Text des NAFTA-Abkommens findet sich im Internet unter http://www.sice.oas.org/trade/nafta/naftatce.asp. Dazu *Sagasser/Kau,* Das Nordamerikanische Freihandelsabkommen NAFTA, RIW 1993, 573; *de Mestral,* The North American Free Trade Agreement: a comparative analysis, Recueil de Cours, Vol. 275, 1998, 219.

### Materiell-rechtliche Liberalisierungsverpflichtungen

939 Als Freihandelsabkommen zielt NAFTA hauptsächlich auf die **Liberalisierung des Warenhandels** ab. Dazu inkorporiert Art. 301 (1) NAFTA den Grundsatz der Inländerbehandlung gem. Art. III GATT in das NAFTA-Regime. Nach Art. 302 NAFTA werden, von Ausnahmen abgesehen, alle Zölle abgeschafft. Für die verbleibenden Zölle gilt das Meistbegünstigungsprinzip (Art. 308 NAFTA). Nach Art. 309 NAFTA werden sonstige (quantitative) Ein- und Ausfuhrbeschränkungen abgeschafft.

940 Kapitel 4 NAFTA enthält die für ein Freihandelsabkommen erforderlichen, umfassenden **Ursprungsregeln**.[15] Danach gilt ein Produkt als Produkt aus dem NAFTA-Gebiet, wenn es entweder vollständig in einem NAFTA-Mitglied produziert wurde oder so in einem NAFTA-Land verarbeitet wurden, dass es die Voraussetzungen für einen Zolltarifwechsel erfüllt. Schließlich sind auch Waren, die einen bestimmten Mindestanteil an Wertschöpfung in den NAFTA-Staaten haben, als Waren aus dem NAFTA-Gebiet anzusehen.

941 NAFTA enthält eine Reihe von **Vorschriften, die dem WTO-Recht ähneln**. Da NAFTA und WTO nahezu zeitgleich verhandelt wurden, haben sich die Verhandlungen auch wechselseitig beeinflusst, so dass die Parallelität nicht von ungefähr kommt. NAFTA enthält Regeln über gesundheitspolizeiliche und pflanzenschutzrechtliche Maßnahmen (Art. 709–724 NAFTA), außergewöhnliche Schutzmaßnahmen (Art. 801–805 NAFTA) und über Produktstandards, insbesondere technische Handelshemmnisse (Art. 901–915 NAFTA), die mit den Regeln des SPS, SCM und TBT verglichen werden können. In Kapitel 17 finden sich Mindeststandards für den gewerblichen Rechtsschutz (geistiges Eigentumsrecht), die mit den Regeln des TRIPS vergleichbar sind.

942 Kapitel 10 NAFTA befasst sich mit dem **öffentlichen Auftragswesen** und enthält neben dem Inländerbehandlungsgrundsatz unfangreiche Regeln zu den Voraussetzungen für die öffentliche Auftragsvergabe. Der **Investitionsschutz** ist in Kapitel 11 NAFTA geregelt. Wie bereits ausgeführt, enthält NAFTA ein regionales Investitionsschutzregime u. a. mit Regeln über Enteignungsschutz und einem Streitbeilegungsverfahren, das es Investoren ermöglicht, direkt gegen den betroffenen Staat vorzugehen.[16]

943 Kapitel 12 NAFTA betrifft die Liberalisierung des **Dienstleistungshandels**. Dieses Kapitel enthält Verpflichtungen zu Inländerbehandlung (Art. 1202 NAFTA), Meistbegünstigung (Art. 1203 NAFTA) und quantitativen Beschränkungen (Art. 1207 NAFTA). Anders als im GATS gelten jedoch alle genannten Verpflichtungen allgemein, d. h. die Staaten müssen nicht erst spezifische Zugeständnisse eingehen, um an diese Pflichten gebunden zu sein. Die Staaten können allerdings an speziellen Ausnahmen von den Verpflichtungen festhalten (sog. Negativ-Listen-Ansatz[17]). Sondervorschriften zum Telekommunikationssektor und zu Finanzdienstleistungen finden sich in Kapitel 13 und

---

15 Dazu oben Rn. 910.
16 Siehe § 3 Rn. 653 ff.
17 Dazu § 2 Rn. 444.

Kapitel 14 NAFTA. Die Sonderbehandlung dieser Sektoren spiegelt die Sonderregeln im GATS wider.

NAFTA enthält **keine Arbeitnehmerfreizügigkeit**. Lediglich die vorrübergehende Einreise von Geschäftsleuten wird gestattet (Art. 1801 ff. NAFTA). Einige wenige NAFTA-Vorschriften betreffen den **Wettbewerb**. Nach Art. 1501 NAFTA besteht die generelle Pflicht, Wettbewerbsregeln zu erlassen. Für das weitere Vorgehen enthält Art. 1504 NAFTA ein Verhandlungsmandat im Bereich des Wettbewerbs. 944

Dieser kurze Überblick über die materiellen Inhalte des NAFTA-Übereinkommens zeigt, dass das NAFTA-Übereinkommen über die typischen Merkmale einer **Freihandelszone** verfügt. Es übernimmt jedoch in einzelnen Bereichen, vor allem im Dienstleistungshandel, Investitionsschutz und geistigen Eigentum **Elemente weiterer Integrationsformen**. Der dadurch geschaffene Integrationsgrad geht somit über den Grad einer klassischen Freihandelszone hinaus. 945

### Streitbeilegung und institutionelle Struktur

Das NAFTA-Recht unterscheidet investitionsschutzrechtliche Streitbeilegungsverfahren (Kapitel 11)[18], Streitbeilegungsverfahren zur Überprüfung handelspolitischer Maßnahmen (Kapitel 19) und allgemeine Verfahren, die die übrigen Fragen betreffen (Kapitel 20). Das Verfahren zur **Überprüfung handelspolitischer Maßnahmen** betrifft vor allem den Bereich Antidumpingmaßnahmen und Ausgleich für Subventionen. NAFTA enthält selbst keine materiellen Vorschriften über Anti-Dumping und Subventionen. Die NAFTA-Mitglieder verfügen daher bezüglich Dumping und Subventionen über eigenständige nationale Regeln. Das NAFTA-Recht sieht in diesen Bereichen im Wesentlichen vor, dass die Anwendung des nationalen Rechts durch binationale Schiedsgerichte überprüft wird. Die Entscheidungen sind bindend (Art. 1904 (4) NAFTA). Das **allgemeine Streitbeilegungsverfahren** sieht die Entscheidung eines ad hoc einzusetzenden Panels aus fünf Personen vor, die einen Streit im Rahmen von verhältnismäßig engen Fristen entscheiden müssen. Die Entscheidungen sind rechtlich zwar nicht bindend (Art. 2018 NAFTA), berechtigen das obsiegende Mitglied jedoch ggf. Handelszugeständnisse auszusetzen (Art. 2019 NAFTA). 946

NAFTA hat mit der Free Trade Commission und dem NAFTA-Sekretariat lediglich zwei Organe und damit eine **eingeschränkte institutionelle Struktur**. Beide Organe haben neben der Unterstützungsfunktion im Streitbeilegungsverfahren kaum andere Aufgaben, insbesondere können sie keine verbindlichen Entscheidungen über die Auslegung des Vertrags treffen und auch kein NAFTA-Sekundärrecht erlassen. Die **Free Trade Commission** besteht aus den Handelsministern der Mitglieder und trifft sich nur einmal pro Jahr. Sie soll auch Anstöße für künftige Entwicklungen des Vertrags geben. Außerdem überwacht die FTC die Umsetzung des Vertrags. Die FTC kann nur einstimmig entscheiden. Zur Erfüllung ihrer Aufgaben kann sie Arbeitsgruppen und Ausschüsse einsetzen. Das **NAFTA-Sekretariat** ist dezentral aufgebaut, d. h. es existieren drei 947

---

18 Dazu § 3 Rn. 647 ff.

nationale NAFTA-Sekretariate, welche ihre Arbeit allerdings koordinieren. Das NAFTA-Sekretariat hat keine eigenen Entscheidungskompetenzen, kann also keine verbindlichen Empfehlungen aussprechen.

## 2. Integrationsabkommen in Lateinamerika und der Karibik

948 Seit den 1960er Jahren wurden in Lateinamerika und der Karibik eine Vielzahl von regionalen Integrationsabkommen gegründet, die in ihrer praktischen Umsetzung unterschiedlich erfolgreich waren.[19] Die folgende Darstellung beschränkt sich auf eine kleine Auswahl der bedeutenderen Integrationsabkommen.

**Mercosur**

949 Der Mercosur (Mercado Común des Sur, Gemeinsamer Markt des Südens) wurde 1991 durch den Vertrag von Asunción von Argentinien, Brasilien, Paraguay und Uruguay gegründet.[20] Im Juli 2006 trat Venezuela dem Mercosur bei. Assoziierte Mitglieder des Mercosur sind Chile, Bolivien und Peru. Darüber hinaus ist der Mercosur seit dem 1. Juli 2004 mit der Andengemeinschaft in einer Freihandelzone verbunden. Langfristiges Ziel des Vertrags von Asunción ist die **Schaffung eines gemeinsamen Marktes**. Als Zwischenschritte sind die Errichtung einer **Freihandelszone** bzw. einer **Zollunion** vorgesehen. Die Binnenzölle sind inzwischen fast vollständig abgeschafft. Der gemeinsame Außenzoll gilt für 80–90 % der Einfuhren.

950 Der Mercosur verfügt über eine seit seiner Gründung wiederholt reformierte **institutionelle Struktur**, die im Vergleich zur institutionellen Struktur der EG als moderat angesehen werden kann, jedoch umfangreicher als die NAFTA-Struktur ist. Als oberstes Lenkungs- und Entscheidungsorgan fungiert der „Rat des Gemeinsamen Marktes", der aus den Außen- und Wirtschaftsministern der Mitgliedstaaten besteht. Die „Gruppe des Gemeinsamen Marktes" besteht aus je vier Vertretern der Mitgliedstaaten und ist das zentrale Exekutivorgan des Mercosur. Sie verfügt über ein Initiativrecht und führt die Beschlüsse des Rats aus. Die Handelskommission ist der Gruppe beigeordnet und verfügt über Kompetenzen im Bereich des Binnen- und Außenhandels. Alle genannten Organe können Entscheidungen treffen, die in allen Mitgliedstaaten verbindlich sind. Die Organe müssen ihre Beschlüsse jedoch einstimmig fassen. Insofern kann der Mercosur **noch nicht als supranationale Organisation** wie die EG angesehen werden, sondern lediglich als Form der intergouvernementalen Integration.

951 Die **Streitbeilegung** im Mercosur beruht auf einem 1994 beschlossenen Protokoll und wurde 1999 erstmals genutzt. Das Verfahren sieht eine Streitentscheidung durch ad hoc-Schiedsgerichte vor. Seit 2004 verfügt der Mercosur auch über ein ständiges Schiedsgericht, das Revisionsinstanz für die Entscheidungen von ad hoc-Schiedsgerich-

---

19 Siehe die Überblicke bei *Hummer,* Integration in Lateinamerika und der Karibik, VRÜ 2005, 6 und *ders.,* Neuerungen im lateinamerikanischen und karibischen Integrationsrecht, VRÜ 2006, 66.

ten ist und von den betroffenen Staaten direkt angerufen werden kann. Das Gericht hat im Dezember 2005 seinen ersten Schiedsspruch gefällt.[21]

### Andengemeinschaft

Die **Andengemeinschaft** wurde bereits 1969 durch den Vertrag von Cartagena gegründet.[22] Sie umfasst heute Bolivien, Ecuador, Kolumbien, Peru und Venezuela. Das andinische Integrationsprojekt musste im Laufe der Jahre wiederholt Rückschläge hinnehmen, die auch auf internen (wirtschafts-)politischen Differenzen beruhten. Nach dem gegenwärtigen Integrationsstand ist in der Andengemeinschaft eine **Freihandelszone weitgehend verwirklicht**, darüber hinaus besteht ein gestaffelter, gemeinsamer Außenzoll, der aber nicht von allen Staaten gleichermaßen angewendet wird. Schließlich finden sich auch **Elemente eines gemeinsamen Marktes**.

952

Die Andengemeinschaft verfügt über eine **institutionelle Struktur**, die der Struktur der EG nachempfunden ist. In den Organen können verbindliche Entscheidungen teilweise mehrheitlich getroffen werden. Seit 1979 besteht in der Andengemeinschaft auch eine beratende parlamentarische Versammlung (Andenparlament).

953

### CARICOM

Zur 1973 gegründeten **CARICOM** (Carribean Community) gehören 14 karibische Staaten und ein abhängiges Territorium.[23] Gegenwärtige Rechtsgrundlage der CARICOM ist der Revidierte Vertrag von Chaguaramas von 2001[24], der zwar noch nicht in Kraft ist, aber von den meisten CARICOM Staaten auf der Grundlage eines Protokolls von 2002 provisorisch angewandt wird. 1992 beschloss die CARICOM **schrittweise einen Gemeinsamen Markt zu errichten**. Langfristiges Ziel ist sogar die Errichtung einer Währungsunion. Der Revidierte Vertrag von Chaguaramas ist ein umfangreiches Regelwerk, das sich teilweise deutlich am Europäischen Gemeinschaftsrecht orientiert. Bislang hat die CARICOM allerdings erst eine Zollunion errichtet, die zudem auch noch nicht vollständig implementiert ist. Ein praktisches Problem der CARICOM besteht darin, dass die meisten ihrer Mitglieder eine extrem einseitige Handelsstruktur aufweisen, die von Exporten in und Importen aus den Industriestaaten geprägt ist. Das Potenzial für den intraregionalen Handel ist somit ohne eine Veränderung der wirtschaftlichen Struktur der Mitgliedstaaten noch gering.

954

---

20 Siehe dazu *Samtleben,* Der Südamerikanische Gemeinsame Markt (MERCOSUR) und seine neue Verfassung, WM 1996, 1997 und *Schmidt,* Neue Impulse durch institutionelle Reformen – der Mercosur ist wieder auf Kurs, EuZW 2005, 139. Der Vertrag von Asunción findet sich im Internet unter http://www.sice.oas.org/trade/mrcsr/mrcsrtoc.asp.
21 Dazu *Piscitello/Schmidt,* Der EuGH als Vorbild: Erste Entscheidung des ständigen Mercosur-Gerichts, EuZW 2006, 301.
22 Zur Andengemeinschaft *Lehmann,* Wirtschaftsintegration und Streitbeilegung außerhalb Europas, 2004, 132 ff. Der Vertrag von Cartagena findet sich im Internet unter http://www.sice.oas.org/trade/JUNAC/Decisiones/dec563e.asp.
23 Zur CARICOM *Lehmann,* Wirtschaftsintegration und Streitbeilegung außerhalb Europas, 2004, 180 ff.
24 Revised Treaty of Chaguaramas Establishing the Caribbean Community including the CARICOM Single Market and Economy, Text im Internet unter http://www.caricom.org/jsp/community/revised_treaty-text.pdf.

## CAFTA

955 Das 2004 unterzeichnete **CAFTA** (Central American Free Trade Agreement), das noch nicht in Kraft getreten ist, soll eine **Freihandelszone** zwischen mehreren Staaten Zentralamerikas (Costa Rica, El Salvador, Guatemala, Honduras, Nicaragua und Dominikanische Republik) und den USA errichten. CAFTA basiert im Wesentlichen auf dem Modell der NAFTA und enthält ähnliche Vorschriften.

### 3. ASEAN

956 Die **ASEAN** (Accociation of Southeast Asian Nations) wurde 1967 von fünf südostasiatischen Staaten gegründet und hat heute folgende zehn Mitgliedstaaten: Brunei Darussalam, Kambodscha, Indonesien, Laos, Malaysia, Myanmar, die Philippinen, Singapur, Thailand und Vietnam.[25] Die ASEAN ist eine Regionalorganisation, die nicht nur nach Wirtschaftsintegration strebt, sondern auch Kooperationen in kulturellen, sozialen und anderen Bereichen bezweckt. Sie versteht sich zudem als eine politische Organisation, die auf Sicherheit und Stabilität der Region abzielt.

957 Nachdem die ASEAN Staaten zunächst Mitte der 1970er Jahre erfolglos versucht hatten, ihre wirtschaftliche Zusammenarbeit zu vertiefen, nahmen sie ab Anfang der 1990er Jahre einen neuen Anlauf. 1992 vereinbarten die ASEAN Staaten, schrittweise eine **Freihandelszone** (ASEAN Free Trade Area, AFTA) zu errichten. Die Währungs- und Finanzkrise in Südostasien in den Jahren 1997/1998[26] warf die Integrationsbemühungen zunächst zurück. Seit Ende der 1990er Jahre wird das Integrationsprojekt jedoch wieder intensiver verfolgt. Die geplante Freihandelszone konnte daher auch bereits 2002 und damit früher als geplant verwirklicht werden. Vorbereitet wurde die Freihandelszone durch verschiedene Liberalisierungsschritte.

958 Die AFTA wird durch die ASEAN Investment Area (AIA) von 1998 ergänzt, mit der ab 2010 **Investoren** aus ASEAN Staaten und ab 2020 auch Investoren aus Drittstaaten Marktzugang und Inländerbehandlung gewährt werden soll. ASEAN zielt zudem auf eine Liberalisierung des **Dienstleistungshandels** ab, über die aber noch verhandelt wird.

959 Die ASEAN bemüht sich auch um **Integrationsbeziehungen zu ihren Nachbarn**. Im November 2001 vereinbarten China und ASEAN, innerhalb von zehn Jahren eine Freihandelszone zu gründen. Mit Japan bzw. Indien existieren Vereinbarungen über eine vertiefte wirtschaftliche Zusammenarbeit einschließlich der Gründung einer Freihandelszone. Schließlich bestehen Überlegungen, eine Ostasiatische Freihandelszone zwischen China, Japan, Südkorea und ASEAN zu gründen.

---

25 Weitere Informationen zu ASEAN unter http://www.aseansec.org/.
26 Dazu § 4 Rn. 730 f.

▶ **Lern- und Wiederholungsfragen zu § 6:**
1. Was zeichnet eine Freihandelszone, eine Zollunion und einen gemeinsamen Markt aus? Nennen Sie jeweils Beispiele.
2. Die Auswirkungen regionaler Integration auf das multilaterale Handelssystem können positiv und negativ bewertet werden. Nennen Sie Argumente für beide Seiten.
3. Gegen welchen Grundsatz des WTO-Rechts verstoßen regionale Integrationsabkommen und nach welchen Voraussetzungen sind sie dennoch zulässig?
4. Vergleichen Sie die Integrationssysteme der NAFTA und des Mercosur mit der EG. Welche wesentlichen Unterschiede fallen Ihnen auf?

# Sachverzeichnis

Die Zahlen verweisen auf die Randnummern.

Abschirmklausel 641 ff.
absolute Kostenvorteile 142
AKP-Staaten 866 ff.
Allgemeine Rechtsgrundsätze 87
Allgemeines Abkommen über den Handel mit Dienstleistungen s. GATS
Allgemeines Präferenzsystem 853 ff.
Allgemeines Zoll- und Handelsabkommen s. GATT
Amicus curiae brief 253
Andengemeinschaft 952 f.
Anerkennung, gegenseitige 371 f., 389
Anti-Dumping-Übereinkommen 208, 396 ff.
Appellate Body, s. DSU
Asbest-Fall (EC – Asbestos) 326 f., 329
ASEAN 555, 956 ff.
Ausgleichszoll 415
Außenwirtschaftsrecht 6, 31
Außenwirtschaftstheorie 117 ff., 141 ff.

Bananenmarkt-Fall (EC – Bananas) 262, 437
Bank für Internationalen Zahlungsausgleich s. BIZ
Bankenaufsicht 823 ff.
Basel II 823, 826 ff.
Baseler Ausschuss für Bankenaufsicht 822 f., 827 f.
Beggar-thy-neighbour-Politik 715
besondere und differenzierte Behandlung 849 ff.
BIZ 808 ff.
– Ausschüsse 821  s. auch Baseler Ausschuss für Bankenaufsicht
– Organe 812 ff.
– Rechtsstellung 809 ff.
Bretton Woods
– Konferenz von 717 ff.
– System von 719 ff.
„built in" agenda 193, 203a

CAFTA 555, 955
Calvo-Doktrin 542, 614 ff.
CARICOM 954
Charta der wirtschaftlichen Rechte und Pflichten der Staaten 94, 615, 835
CISG 14, 28
Codex Alimentarius Kommission 368
Collective Action Clauses 893

Compliance panel 272
Cotonou-Abkommen 869 ff.

de facto Diskriminierung 331 ff., 321, 442, 456 f.
de jure Diskriminierung 311 ff., 321, 442
Debt equity swaps 887
Dekolonisierung 832, 845
Deregulierung 428
Devisenbilanz 688, 691 f.
Devisenkontrakt 800 ff.
Devisenkontrollen 796 ff.
Devisentransaktionssteuer (Tobin Steuer) 686
Dienstleistungen, Handel mit, 425 ff.
diplomatischer Schutz 102 ff., 537 f.
Direktinvestition, ausländische 530 ff.
Dispute Settlement Body, s. DSB
Dispute Settlement Understanding, s. DSU
Doha Development Agenda 199 ff.
DSB 222, 246, 263 ff.
DSU 209, 235 ff.
– Appellate Body 243, 267 f.
– Panel 242, 258 ff.
Dumping 397 ff.

EG 187 f., 197 f., 217 f., 914, 919 f.
Eigenkapitalausstattung 826
Einheitsrecht 13 ff.
Enabling Clause 314, 853 ff.
Energiecharta-Vertrag 556 f.
Enteignung 544, 600 ff.
– Anerkennung im Ausland 621 ff.
– direkte 602 f.
– indirekte 604 ff.
– schleichende 605
Entwicklungsland, Begriff 842
Entwicklungsländer 198 ff., 488, 513 f., 834 ff., 839, 844 ff.
Entwicklungsvölkerrecht 829 f.
Europäische Gemeinschaft  s. EG
Europäisches Währungssystem 709
Europäisches Wirtschaftsrecht 17 ff.
Extended Arrangement 778
Extraterritorialer Umweltschutz 353 ff.

Finanzdienstleistungen 472 f.
Forum für Finanzstabilität 736
Freihandel 145, 299
Freihandelszone 908 ff.

freiwillige Selbstbeschränkungen 158, 423
Fremdenrecht 541
Freundschafts-, Handels-, und Schifffahrts-
  verträge 547 ff.

G8-Staaten 735, 738
Gabelungsklausel 666
GATS 206, 431 ff., 561
– Anwendungsbereich 431 ff.
– Ausnahmen 467 ff.
– Disziplinen für innerstaatliche Regulierung
  462 ff.
– spezifische Zugeständnisse 439, 446 ff.
GATT 207, 298 ff.
– Grundsätze 298 ff.
– Ausnahmen 338 ff.
GATT 1947 163 ff., 174 ff., 207
GATT 1994 207
GATT à la carte 184
Gegenseitigkeit s. Reziprozität
Geistiges Eigentum 483 ff.
Gemeinsamer Fonds für Rohstoffe 865
Gemeinsamer Markt 917 ff.
General Agreement on Tariffs and Trade
  s. GATT
General Agreement on Trade in Services
  s. GATS
Generalized System of Preferences
  s. Allgemeines Präferenzsystem
geographische Angaben 501
Gerechte und billige Behandlung 636 ff.
Gesellschaftsrecht, internationales 105
Gleichartigkeit (likeness) 307 ff., 323 ff., 443a,
  455
Global Compact 587
Global Economic Governance 129 ff.
Globalisierung 128
Goldstandard 713 f.
Gründungstheorie 105, 597

Handelsbilanzüberschuss 690
Handelsliberalisierung 145 f., 299, 493
Handelspolitik, Theorie der 155 ff.
Harmonisierung 368 ff., 386 f., 498
Havanna Charta 175
Heckscher-Ohlin-Theorem 147
HIPC-Initiative 885
HIV/AIDS 523 f.
Hormonfleisch-Fall (EC – Hormones) 370,
  373 f.
Hull-Formel 613 ff.

ICC 28, 655
ICSID 564 ff., 655 ff.
– anwendbares Recht 669 f.

– Rechtsmittel 673, 676 f.
– Überprüfbarkeit einer Entscheidung 673,
  675
– Vollstreckbarkeit einer Entscheidung 674
– Zusammensetzung eines Schiedsgerichts
  668
– Zuständigkeit 658 ff.
IDA 878
IFC 878
IGH 96 f., 240
ILO 195, 584
INCOTERMS 28
indirekte Enteignungen s. Enteignungen
indirekte Investitionen 598
infant industries 151
Inländerbehandlung
– GATT 301a, 315 ff.
– GATS 454 ff.
– Investitionsschutzrecht 627 ff.
– TRIPS 494
Insolvenzrecht für Staaten 891 ff.
International Centre for Settlement of
  Investment Disputes s. ICSID
International Chamber of Commerce s. ICC
International Development Association s. IDA
International Finance Corporation s. IFC
International Labour Organisation s. ILO
International Trade Organization s. ITO
Internationale Bank für Wiederaufbau und
  Entwicklung s. Weltbank
Internationale Handelskammer s. ICC
Internationale Handelsorganisation s. ITO
internationale Organisationen 52 ff.
– Entscheidungen 88 ff.
– Völkerrechtssubjektivität 53 ff.
Internationale Politische Ökonomie 122 ff.
internationale Standards 25 ff., 368 ff., 386 f.
Internationaler Gerichtshof s. IGH
Internationaler Währungsfonds s. IWF
internationales Privatrecht (IPR) 7 ff.
internationales Steuerrecht 37
internationales Wirtschaftsrecht 2 f.
Internationalisierungsklausel 579
Investition 524, 591 ff.
Investitionsabkommen
– bilaterale 549 ff.
– deutscher Mustervertrag 551, 589
– multilaterales 558 ff., s. auch MAI
– regionale 553 ff.
Investor 596 ff.
Investorpflichten 582 ff.
Investor-Staat-Verfahren 653 ff.
Investor-Staat-Vertrag 576 ff.
ITO 173 ff.
ius cogens 71, 83

# Sachverzeichnis

IWF 739 ff.
- Aufgaben 765 ff.
- Exekutivdirektorium 756 f.
- Geschäftsführender Direktor 761 f.
- Gouverneursrat 749 f.
- Kreditvergabe 768 ff.
- Quoten 743 ff.
- Stimmengewichtung 751 ff.
- Überwachung 786 ff.
IWF-Übereinkommen 739

Kapitalanlage 591 ff.
Kapitalverkehr 681 ff.
Kapitalverkehrsbilanz 688
Kolonialismus 150, 171, 832
komparative Kostenvorteile 143 ff., 426
Konsens 229 ff.
- negatives Konsensprinzip 263
konservative Wohlfahrtsfunktion 121

LDCs 842, 849 ff.
Least developed countries  s. LDCs
Leistungsbilanz 688
Letter of intent 778, 783
Lex mercatoria 27
List, Friedrich 151
local remedies rule 103, 665
Lomé-Abkommen 867 f.

MAI 572 ff.
Marken 500
Marrakesch Übereinkommen zur Gründung der WTO  s. WTO-Übereinkommen
Mechanismus zur Überprüfung der Handelspolitik  s. TPRM
Meistbegünstigungsprinzip
- GATT 301a, 304 ff.
- GATS 439 ff.
- Investitionsschutzrecht 633 ff.
- TRIPS 494
mengenmäßige Beschränkungen 157, 334 f.
Menschenrechte 59
- kollektive 895 ff., s. auch Recht auf Entwicklung
Mercosur 555, 949 ff.
Merkantilismus 141, 169
MIGA 566 ff.
Multilateral Agreement on Investment  s. MAI
Multilaterale Umweltabkommen 357
Multinationale Unternehmen
   s. Transnationale Unternehmen
Muster 502

nachhaltige Entwicklung 840
NAFTA 554, 938 ff.

Neue Weltwirtschaftsordnung (NWWO) 834
NGOs 65 ff.
Nichtdiskriminierung  s. Inländerbehandlung und Meistbegünstigungsprinzip
Nichtregierungsorganisationen  s. NGOs
Non-governmental organisations  s. NGOs
non-violation complaint 259 f.
Notwendigkeit 341 ff.
nullification and impairment 259

OECD 570 ff., 584
öffentliche Dienstleistungen 476 ff.
OPEC 859

Panel  s. DSU
Parallelimporte 515 ff.
Patente 503 ff.
Portfolio-Investition 532 ff.
Poverty Reduction Strategy Paper 779, 885
PPMs 329, 349 ff.
Präferenzzone 907
Process and Production Methods  s. PPMs

Quote 157, 334, 449

Recht auf Entwicklung 841, 894 ff.
regionale Integrationsabkommen 314, 445, 904 ff.
- Grundtypen 905 ff.
- nicht-benachbarter Staaten 922 f.
- und WTO-Recht 924 ff.
Reziprozität 300
Ricardo, David 143 f.
Risikobewertung 373 ff.
Rohstoffabkommen 856 ff.
Rohstoffkartelle 859

Schiedsgericht 95, 97, 242
- investitionsrechtliches 649 ff., 654 ff.
Schuldendienst 882
Schuldenerlass 884
Schutzmaßnahmen 418 ff.
SCM 208, 407 ff.
Seattle, Ministerkonferenz von 197 ff.
Shrimp-Turtle-Fall (US – Shrimp) 346 f., 351, 356
single undertaking 190
Sitztheorie 104, 596
Smith, Adam 141
soft law 90
Sonderziehungsrechte (SZR) 723, 744 f.
souveräne Gleichheit 92 ff., 225, 752
Souveränität, wirtschaftliche 94
Sovereign Debt Restructuring Mechanism 892

special and differental treatment
  s. besondere und differenzierte Behandlung
SPS   208, 359 ff.
Staaten   44 ff.
Stabilisierungsklausel   576 ff.
Stand-By Arrangement   778, 781 ff.
Streitbeilegung
– friedliche   95 ff.
– investitionsrechtliche   647 ff.
– WTO-rechtliche   s. DSU
Subventionen   407 ff.

Tariffs only-Grundsatz   336
TBT   208, 377 ff.
Telekommunikation   474 ff.
terms of trade   150, 856
Tokio Runde   184
Transferfreiheit   639 f.
Transnationale Unternehmen   60 ff., 582 ff.
Trade Policy Review Mechanism   s. TPRM
TPRM   209
TRIMs   208, 560
TRIPS   16, 206, 489 ff., 562
– Erschöpfungsregeln   497, 516 f.
– Geltungsbereich   489
– Rechtsdurchsetzung   508 ff.

Übereinkommen über die Anwendung
  gesundheitspolizeilicher und pflanzen-
  schutzrechtlicher Maßnahmen   s. SPS
Übereinkommen über Schutzmaßnahmen
  208, 418 ff.
Übereinkommen über Subventionen und
  Ausgleichsmaßnahmen   s. SCM
Übereinkommen über technische Handels-
  hemmnisse   s. TBT
Umweltschutz   348 ff.
UNCITRAL   651, 655
UNCTAD   585, 834, 845 ff., 860
Universaldienstverpflichtung   481
unmittelbare Anwendbarkeit
– des Völkerrechts   114
– des WTO-Rechts   289 ff.
UNO   52, 56, 587
Unternehmen   s. Transnationale Unternehmen
Urheberrechte   499
Ursprungsregeln   333, 910 f.
Uruguay Runde   185 ff.
USA   187 f., 198, 427, 488, 717, 721 ff., 938

Vereinte Nationen   s. UNO
Verschuldenskrise   882

Verstaatlichung   602
Völkergewohnheitsrecht   68, 84 ff.
völkerrechtliche Verantwortlichkeit   98 ff.
völkerrechtliche Verträge   68, 73 ff.
Völkerrechtsquellen   67 ff.
Völkerrechtssubjekte   41 ff.
Vorsorgeprinzip (precautionary principle)   374

Währungskonvertibilität   695 ff.
Währungssystem   694
Währungsunion   920
Warenhandel, Übereinkommen über den
  206, 208
Welthandelsorganisation   s. WTO
Wechselkurse   700 ff.
– feste   706
– flexible   704
– managed floating   705
Wechselkursregelungen   703 ff.
Weltbank   873 ff.
– Aufgaben   879
– Inspection Panel   880
– Organe   875
– Stimmgewichtung   876
– Weltbank-Gruppe   877
Welthandelsorganisation   s. WTO
Weltwirtschaftskrise   172, 715
Wiener Übereinkommen über das Recht
  der Verträge   s. WVK
Wirtschaftsunion   920
Wohlfahrtsökonomie   120 f.
WTO   205 ff.
– Allgemeiner Rat   222
– Generaldirektor   228
– Ministerkonferenz   195 ff., 221
– Sekretariat   227
– Streitschlichtung   s. DSU
WTO-Übereinkommen   205
WVK   74 ff., 281 ff.

Zahlungsbilanz   687 ff.
Zahlungsbilanzprobleme   693
Zahlungsnotstand   888 ff.
Zahlungsverkehr   682
Zoll   156
Zollbindung   331 f.
Zolleskalation   200
Zollnomenklatur   333
Zollrecht   5
Zollunion   913 ff.
Zollwert   333
Zwangslizenzen   506, 518 ff.